मुण्डा एवं उरांव का धार्मिक इतिहास

मुण्डा एवं उरांव का धार्मिक इतिहास

डॉ. दिवाकर मिंज

KALPAZ

पुनर्मुद्रित 2024

भारत में सन् 2009 में प्रकाशित

कल्पाज पब्लिकेशन

सी–30, सत्यवती नगर,
दिल्ली–110052

वेब साइट: www.kalpazpublications.com
ई–मेल: kalpaz@hotmail.com

Distribution Network
gyanbooks.com
India, USA, Canada, UK, Australia, France

मुण्डा एवं उरांव का धार्मिक इतिहास

ISBN: 978-81-7835-743-0 (HB)

मुद्रित: ज्ञान प्रेस, दिल्ली

समर्पण
अपने पूज्य पिताजी

स्व0 सिरि गोयन्दा मिंज, बी.एस.सी, एल.एल.बी. आई. ए.एस.
(जन्म 28.02.1923 मृत्यु 24 जुलाई 1992)

जिनके प्रतिभापूर्ण जीवन का शुभारम्भ मैट्रिक परीक्षा के उत्कृष्ट परीक्षा–परिणाम के लिए पुरस्कृत छात्रवृत्ति से हुआ और जिनके बहुमुखी प्रतिभा–सम्पन्न व्यक्तित्व ने, प्रथम जनजातीय बिहार सिविल सर्विस (अनारक्षित) के अधिकारी,, एवं पुनः प्रोन्नत होकर आई.ए.एस. के रूप में, बिहार सरकार के विशेष–सचिव के पद को सुशोभित करते हुए छोटानागपुर के जन–जातीय समाज को गौरवान्वित किया तथा जो एक प्रखर आकाश–दीप के समान निस्तेज एवं उपेक्षित जन–जातीय बन्धुओं के लिए सदैव प्रेरणीय मार्ग–दर्शक बने रहे तथा जिनकी आन्तरिक इच्छा थी कि जन–जातीय जीवन के धार्मिक इतिहास पर विगत एक दशक से किया जा रहा मेरा प्रयास पुस्तक के रूप में उनके सम्मुख आ सके, किन्तु जिनकी अभिलाषा मैं उनके जीवन काल में पूरी न कर सका, उन्हीं अजस्त्र प्रेरणा–स्रोत प्रातः नित्य स्मरणीय पूज्य पिताजी की

पुण्य स्मृति को सादर समर्पित।

(डॉ0 दिवाकर मिंज)

विषय–सूची

दो शब्द

प्रस्तुत ग्रंथ का मूल उद्देश्य मुण्डा एवं उरांव जनजातियों के धर्मों को उनके ऐतिहासिक परिप्रेक्ष्य में प्रस्तुत करना है। इसके पूर्व इन धर्मों पर मानवशास्त्रीय एवं समाजशास्त्रीय दृष्टि से कुछ काम हुआ है और एतद् संबंधित पुस्तकें भी प्रकाश में आई हैं। इन प्रकाशित कार्यों को लेखकीय दृष्टि से तीन वर्गों में विभाजित किया जा सकता है। एक वर्ग ईसाई मिशनरियों के पादरियों का है जिन्होंने मुण्डा एवं उरांव धर्मों एवं लोकाचारों का अध्ययन इस आवश्यकता को पूरा करने के लिए किया है कि 'जिस जाति को ईसाई बनाना चाहते हो पहले उस जाति के धर्म को जानो।' लेखकों का दूसरा वर्ग कम्पनी सरकार में कार्यरत उच्च पदाधिकारी थे। यद्यपि इनका अध्ययन एवं लेखन पूर्वाग्रहों से मुक्त एवं तटस्थ होता था फिर भी उन्हें यह याद रखना पड़ता था कि वे एक सरकारी अधिकारी थे, तथा उनके लेखों से सरकार की छवि सुगढ़ होती हो। ऐसे कुछ ही अधिकारी थे जिन्होंने मुण्डा और उरांवों के जीवन एवं धर्म पर प्रकाश डाला था किन्तु इनका भी अध्ययन ईसाई मिशनरीज से बहुत भिन्न नहीं होता था। तीसरा वर्ग भारतीय समाजशस्त्रियों एवं मानवशास्त्रियों को रहा है, जो जनजातियों के प्रजातीय गुणों तथा धर्म के सामाजिक पक्षों तक सीमित रहे हैं, किन्तु ये भी अपने पूर्व के मिशनरी लेखकों द्वारा जनजातियों के धर्मों के प्रति अपनाए गए दृष्टिकोण तथा उनके निष्कर्षों को खूब प्रचारित और प्रसारित भी किया जिससे मुण्डा एवं उरांवों के मन में अपने धर्म के प्रति हीन भावना उत्पन्न हो जाय। मिशनरियों द्वारा धर्म संबंधित किए गए प्रचार--प्रसार का गहरा प्रभाव मुण्डा एवं उरांवों के एक बहुत बड़े वर्ग पर पड़ा जिन्होंने अपने धर्म को अन्य धर्मों से निम्न एवं निकृष्ट माना। धर्म के प्रति फैलाई गई इस भ्रान्ति से अधिकांश लेखक एवं बुद्धिजीवी भी पूरी तरह प्रभावित हुए और उनकी सोच की दिशा, मिशनरियों की परम्परा से हटकर, स्वतंत्र नहीं हो पाई। सभी लेखक तथा उनकी पुस्तकें लगभग उसी लीक को पकड़कर चलीं जिसे मिशनरियों ने बना दी थी। जिससे देश एवं विश्व में जनजातियों की गलत छवि बन गई। किसी ने जनजातीय धर्मों के अतीत के स्वरूप को देखने का प्रयास नहीं किया जिसकी पृष्ठभूमि में मुण्डा एवं उरांव धर्मों के वर्त्तमान स्वरूप का तर्कसंगत मूल्यांकन हो पाता। फलतः आपसी सामंजस्य के अभाव में सरकार के सम्मुख गई सामाजिक एवं राजनीतिक संकट उठ खड़े हुए हैं।

मुण्डा एवं उरांव धर्मों को उनके ऐतिहासिक परिप्रेक्ष्य में प्रस्तुत करने का उद्देश्य मात्र इतना है कि इन धर्मों के प्रति फैली हुई भ्रान्तियों को दूर करके इनके वास्तविक स्वरूप को उदघाटित किया जा सके। संसार की अधिकांश सभ्य मानी जाने वाली

जातियों के देवताओं का आधिभौतिक आधार कोई न कोई प्राकृति तत्त्व, घटना या देदिप्यमान दृश्य रहा है। मुण्डा एवं उरांव धर्म इस सिद्धांत के अपवाद नहीं हैं। इन धर्मों में भी परमेश्वर सिङ्बोंगा एवं धरमेस के साथ तथाकथित असुरों की मृत विधवाओं की आत्माएं विभिन्न क्षेत्रों से संबंधित, उस क्षेत्र का अधिकारी देवी/देवता हो गए हैं। उनकी पहचान या संज्ञा क्षेत्र–विशेष के नाम से ही जन्मी और विकसित हुई है तथा देवत्व की शक्ति का स्वरूप ग्रहण करने में सक्षम हुई है। इन देवी/देवताओं के देवतत्त्व के उद्भव में उनका आधिप्राकृतिक रूप, प्रकृति का वह क्षेत्रीय भाग है जिनसे उन्हें संज्ञा मिली है, नाम एवं पहचान प्राप्त हुआ है किन्तु विश्लेषकों ने उन्हें असुर की विधवाओं की अतृप्त आत्मा के रूप में देखा है जिससे अतार्किक एवं भ्रमपूर्ण स्थिति उत्पन्न हो गई है कि आकाश में रहने वाला (सिङ) बोंगा जिसका अधिप्राकृतिक आधार सूर्य है, परमेश्वर हो गया तथा धरती की प्राकृतिक वस्तुओं एवं घटनाओं से संयुक्त बोंगा भूत हो गए, उन्हें मुण्डा एवं उरांवों को व्याधियां भेजने एवं उनसे चढ़ावा प्राप्त करने की आदत हो गई है।

देवताओं का रूष्ट होकर व्याधियां देना एवं तुष्ट होकर रोग वापस ले लेना प्रायः सभी धर्मों के देवताओं में पाया जाता है। ऋग्वेद के देवताओं के सम्राट वरूण असंतुष्ट होने पर इक्ष्वाकु वंशीय हरिश्चन्द्र को जलोदर से पीड़ित कर देते हैं और तुष्ट होने पर रोग मुक्त कर देते हैं। वह स्थिति अन्य भारतीय आर्य–धर्मों में भी पाई जाती है। पुनः संसार में कदाचित् ही किसी धर्म का कोई देवता हो जिसे किसी न किसी प्रकार का चढ़ावा न चढ़ता हो, तथा जो अपनी उपेक्षा से रूष्ट न होता हो। मिशनरियों का यह कथन कि मुण्डा एवं उरांव धर्म एकेश्वरवादी है तथा सिङबोंगा एवं धरमेस ही एकमात्र देवता है तथा शेष भूत हैं, इन धर्मों के क्षेत्रीय देवताओं के महत्त्व को नकारना है। इस प्रसंग में मुण्डा धर्म की "नगे एरा" देवी तथा उरांवों की "चाला–पच्चो" के महत्त्व को भी देखा जा सकता है जिन्होंने "भइया–बहिन" युग्म की रक्षा कर जाति के अस्तित्व को निर्मूल होने से बचाया था। इस प्रकार "नगे–एरा" "चाला–पच्चो" अपनी–अपनी जातियों की मातृ–देवियां हैं। ऐसे चरित्र को कल्याणकारी कहा जायेगा और ऐसा स्तुत्य कार्य भूत–प्रेत नहीं कर सकते। अतः यह मानना कि इन धर्मो में मात्र एक ही देवता सिङ्बोंगा या धरमेस हैं तथा मुण्डा एवं उरांव धर्म एकेश्वरवादी है, तर्क संगत नहीं प्रतीत होता।

मुण्डा एवं उरांव धर्मों में प्रचलित लोकाचार तथा विकसित विभिन्न धार्मिक–संस्थाएं भी उपरोक्त मान्यता की पुष्टि करती हैं। यह सही है कि इन धर्मों पर सर्वाधिक कार्य ईसाई मिशनरियों ने किया है तथा उनके योगदान के महत्त्व को नकारा नहीं जा सकता, किन्तु यह भी सही है कि उन्होंने इन धर्मों को जो स्वरूप प्रदान किया वह सतही था और पूर्वाग्रह से ग्रसित था। इससे मुण्डा एवं उरांव धर्मों से संबंधित अनेक भ्रान्तियाँ जनजातियों में व्याप्त हो गई हैं। यदि हम इन जातियों के धर्मों से

संबंधित विभिन्न संस्थाओं एवं देवताओं के उद्भव एवं विकास की पृष्ठभूमि में धर्मों के वर्त्तमान स्वरूप का मूल्यांकन करें तो ज्ञात होगा कि मुण्डा एवं उरांव धर्मों का एक स्वतंत्र स्वरूप है तथा सिंगबोंगा और धरमेस के अतिरिक्त कुछ क्षेत्रीय देवता भी हैं जिन्हें मुण्डा एवं उरांव समाज ने स्वीकारा है। इसके अतिरिक्त मुण्डा एवं उरांव धर्म की एक अन्य विशेषता है कि "पाप और पापियों" का विनाश करने के लिए "खसरा बालक" के रूप में सिंगबोंगा और धरमेस ने अवतार लिया था। अवतारवाद मुण्डा एवं उरांव धर्म की एक अन्य विशेषता है।

प्रस्तुत पुस्तक में जिस परिकल्पना को ऐतिहासिक साक्ष्यों के आधार पर प्रमाणित करने का प्रयास किया गया है उसका बीजारोपण एवं अंकुरण बचपन में ही हो चुका था। पूज्य पिताजी का सानिध्य एवं उनके मित्रों के मध्य होने वाले धर्म–विषयक विचार–विमर्शों ने बाल–मन में यह धारणा बैठा दी थी कि हमारे धर्म को सही रूप में प्रस्तुत नहीं किया जा रहा है। चूंकि मुण्डा एवं उरांव जातियों का कोई धर्म–ग्रन्थ नहीं है अतः अपनी दृष्टि से जिसने जैसा देखा, लिखा और कहा। अतः मेरे सम्मुख दो प्रश्न चुनौती स्वरूप आ खड़े हुए एक धर्म–विषयक, भ्रान्तियों का निराकरण करना तथा दूसरा जाति का धर्म–ग्रंथ तैयार करना। पहली चुनौती का परिणाम पाठकों के सम्मुख है। जहां तक 'जाति का धर्म–ग्रंथ' तैयार करने का प्रश्न है यह अत्यन्त जटिल एवं दुष्कर प्रतीत होता है, यद्यपि मैट्रिक के विद्यार्थी के रूप में मैंने सोचा था कि वेद भी तो श्रुतजीवी मंत्रों के संग्रह हैं अतः अपने धर्म में परम्परा से चली आ रही सभी बातों का संग्रह एवं सम्पादन कर एक ग्रंथ तैयार किया जा सकता है,आगे चलकर यही प्रमाण हो जाएगा। किन्तु यह मात्र वैसा नहीं है जैसा बाल–मन ने सोचा था। इस प्रयास को अत्यन्त कठिन एवं श्रम–साध्य मानकर सम्प्रति मौन हूँ।

मेरे विचारों को संवारने और चिंतन की वर्त्तमान दिशा देने का पूरा श्रेय मेरे पारिवारिक वातावरण को जाता है। शोध निदेशक डॉ0 हरिशंकर पाण्डेय, जो इतिहास के प्रतिष्ठित विद्वान के साथ–साथ धर्मों के भी ज्ञाता हैं, का मैं आभारी हूँ जिन्होंने आदिवासियों की पहचान को एक दिशा देने का कार्य किया। मैं अपने मित्रों, सहयोगियों तथा विशेषकर उन अनपढ़ ग्रामीण आदिवासियों का आभारी हूँ, जिन्होंने मुझे गाँवों में शरण देकर काफी परिश्रम से हर पहलू पर प्रकाश डाला। पुस्तक के प्रकाशन में ओरियंट पब्लिकेशन्स, नई दिल्ली के श्री ललित राजपाल, को उनके सहयोग के लिए मैं उनका आभारी हूँ।

(डॉ0 दिवाकर मिंज)

मुण्डारी शब्द एवं उनकी व्याख्या

शब्द		व्याख्या
अदिंग	=	मुण्डा घरों में वह स्थान जहाँ 'रोवा' को स्थापित किया जाता है। घर में किसी की मृत्यु के 6–7 दिनों के उपरान्त एक धार्मिक कृत्य 'उम्बुल–अदेर' मनाया जाता है, जिसमें 'अदिंग' में उम्बुल को लाकर स्थापित किया जाता है। उम्बुल = रोवा = मृतक की आत्मा।
अदोबा–सूतम	=	ताजा काता हुआ शुद्ध रूई का सूत जो धार्मिक कृत्यों में इस्तेमाल होता है। परम्परागत धार्मिकमान्यता के अनुसार ताजा सूत जीवित माना जाता है जिस पर बोंगा चढ़कर सूत के दूसरे कोने से होते हुए ऊपर आकाश की ओर चला जाता है।
असुर	=	लोहा बनाने वाली एक आदिम जाति, जो मुण्डाओं के अवदान के अनुसार मुण्डाओं के पूर्व छोटानागपुर में राज करती थी।
असुलो	=	चढ़ावा या भेंट या बोंगाओं की प्रसन्नता हेतु अर्पित किया गया भोजन।
ओमेदंदा	=	वह स्थान जहाँ रोहतासगढ़ से पहुँचकर मुण्डा दो टोलियों में विभक्त हो गए थे। एक टोली संताल परगना गई और वे 'संताल' कहलाए तथा दूसरी टोली के मुण्डा लोहरदगा होते हुए राँची पहुँचे।
इकासि पीड़ी ते.. तिरासी बदी ते..	=	'इकासी टांड तिरासी मैदान' में भगवान राजा सिङ्बोंगा बारह विद्या के द्वारा गायब होकर पहुँच गए। असुर अवदान में इस स्थान का उल्लेख यह संकेत करता है कि छोटानागपुर प्रवेश के पूर्व अपने प्रवजन–काल में मुण्डा उक्त स्थान पर कुछ समय रहे थे। यह स्थान उत्तर भारत में कहीं अवस्थित था।
उम्बुल	=	छाया। मनुष्य की मृत्यु के उपरान्त रोवा शरीर से बाहर हो जाता है। यह रोवा ही मुनष्य का उम्बुल है।
किलि	=	गोत्र
कोम्पाट	=	शुद्ध मुण्डा।

खोरपोश	=	राजा के संबंधियों को भरण–पोषण के लिए दिया गया गॉव या जागीर।
खूँट	=	उप–गोत्र या गोत्र की स्थानीय शाखा।
गरा	=	ईश्वरीय दण्ड।
गिति–ओरा	=	जवान लड़के–लड़कियों की शयन–शाला: एक प्रकार की सामाजिक अनुशासित संस्था।
गोमके	=	प्रभु,स्वामी।
चटी–जोआर	=	शिशु के जन्म पर उसकी शुद्धता हेतु किया गया संस्कार। यह प्रायः जन्म के आठवें दिन मनाया जाता है। इस किया के उपरान्त ही बालक परिवार का सदस्य माना जाता है।
चरपंडुः	=	एक प्रकार का चूर्ण जो हड़िया बनाने में काम आता है।
चटु	=	पानी भरा घड़ा ढोना। तात्पर्य बालिकाएँ जो पानी भरा घड़ा ढो सकती हैं, अर्थात् युवती।
चौंरा–भौंरा	=	दो कुत्तों का नाम जिन्होंने मानव–पुतले को तोड़ने वाले घोड़े को भगाया था। 'घोड़ा' दुष्कर्मों अर्थात् पाप का प्रतीक माना गया है।
जी	=	जो मनुष्य के अन्दर रहकर मनुष्य को जीवित रखता है।
जोनोम–जुगरे	=	अनन्त काल तक।
जेम–सकम	=	एक पत्तल भर भोजन अर्थात् 'निश्चित आयु'। भोजन समाप्त होने पर पत्तल की तरह शरीर निरर्थक हो जाता है। भोजन (आयु) निश्चित है।
डिंडा	=	अविवाहित युवक–युवती जिसने किसी से यौन संबंध स्थापित नहीं किया है।
तपन–इलि	=	पवित्र धार्मिक कृत्यों के अवसर पर प्रयुक्त की जाने वाली चावल–मदिरा, जैसे बोगाओं को भेंट या बलि चढ़ाते समय, पूजा–पाठ आदि। इसे पाहन की पत्नी समय से 4–5 दिन पूर्व तैयार कर लेती है। बंडा या घड़ा जिसमें इलि सड़ाया जाता है जो पूरी तरह नया और काला या कोई अन्य दाग विहीन होता है। पाहन

की पत्नी ठीक मध्य रात्रि के बाद निकट के कुँए या सोते से पानी लाकर इलि में डालती है क्योंकि यह पहला जल अस्पर्शित होता है अतः शुद्ध एवं पवित्र माना जाता है। इलि तैयार करने तक पाहन पत्नी व्रत पर रहती है तथा हर तरह की पवित्रता का ध्यान रखती है। इलि = हड़िया = चावल की मदिरा।

दन्तरी = वह मनुष्य जिसे सिङ्बोंगा ने सर्वप्रथम सर्वप्रथम 'देंवड़ा' का ज्ञान प्रदान किया। इस प्रकार दन्तरी सिङ्बोंगा का प्रथम शिष्य था। दन्तरी को 'सिरजन गुरू' या 'उपजन गुरू' की संज्ञा भी दी जाती है। वह चिकित्सकीय–विद्या का महापंडित था। यहाँ 'दन्तरी' एवं 'धनवन्तरी' का शब्द–साम्य ध्यातव्य है।

देउस ओतिओसस = वह देवता जो मुनष्य एवं संसार से उदासीन या विरक्त हो जाए।

देंवड़ा = पुजारी जो धार्मिक कृत्य, मन्त्रोच्चारण, भजन आदि करता है। यह ओझा का भी काम करता है तथा वैद्यकीय एवं चिकित्सा तंत्र–मंत्र का ज्ञान रखता है।

दोखा–बिंग = पारम्परिक गाथा में प्रयुक्त सर्प जिसके दिख जाने पर मृत्यु सन्निकट मानी जाती है।

नङ्–नङाते = अनादि काल से।

नगुरी दिशुम = खूंटी के पश्चिम का क्षेत्र जिसमें दोएसा, सिसई,पालकोट और बसिया पड़ते हैं। यहॉ निवसित मुण्डाओं पर सदान संस्कृति का प्रभाव पड़ा है। यहॉ के मुण्डाओं के शव के सिर उत्तर और पॉव दक्षिण दिशा में रखे जाते हैं जो हसदा प्रथा के विपरीत है।

नगे–एरा = (1) एक देवी जो गॉव के लोगों के संरक्षण का दायित्व निर्वाह करती है तथा छिछले पोखरों में निवास करती है।

(2) सभी पुरूष–असुरों के भस्म हो जाने तथा स्त्रियों के बोंगा में परिवर्तित हो जाने के उपरान्त क्षेत्र में असुर–युग का अन्त होता है। तथा जो नया युग प्रारम्भ होता है उसको 'नगे एरा' कहा गया है। इसमें गर्भवती स्त्रियाँ शेष थीं जिनके गर्भ से उत्पन्न बच्चे असुर जाति के अस्तित्व एवं विकास के कारण हुए। (देखिए परिशिष्टःसोसो–बोंगा)

पिटुसिंग	=	एक पौधा जिसकी जड़ हड़िया बनाने में काम आती है।
बंडा–पुडुः	=	हड़िया पीने के लिए पत्ते का प्याला जिसका एक कोना कुपुट लिया जाता है। इसीलिए इसे बंडा (पूँछ विहीन) कहा जाता है। समारोह में एकत्रित लोगों के बीच प्रधानवक्ता द्वार पत्ता कुपुटते ही हड़िया (इलि)–पान शुरू हो जाता है।
बतौली	=	मान्यतानुसार प्रत्येक गाँव में एक मा–बुरू (महा–बुरू), एक देसाउली तथा एक चन्डोरइकिर देवताओं का वास माना जाता है। ये तीनों क्षेत्र के स्वामी एवं रक्षक माने जाते हैं। गॉव के लोग इनको प्रसन्न रखने के लिए एक आयोजन करते हैं, जिसमें इन्हें भोग दिया जाता है। यह आयोजन 'बतौली' कहलाता है।
बा–जयार (बा–जाइयर)	=	साल का वह वृक्ष जो लुटकुम हड़म और लुटकुम बुढ़िया को समर्पित किया गया है तथा जिसपर इस मूल पूर्वज का निवास माना जाता है। सिङ्बोंगा के आदेश से कुछ गाँवों के एक समूह के बीच ऐसा एक साल वृक्ष का होना आवश्यक है। यह वृक्ष या तो अकेला रहेगा या कुछ वृक्षों के साथ एक अलग 'सरना' बना लेगा। सरना समूह में यह वृक्ष सबसे ऊंचा तथा पवित्र होगा और भूमि पर गिरी इसकी एक छोटी को भी पाहन के अतिरिक्त कोई अन्य नहीं हटा सकता। पाहन को भी इस कार्य के लिए लुटकुमों को प्रसन्न रखना पड़ता है जिसके लिए मुर्गे की बलि चढ़ानी पड़ती है। सभी साल वृक्ष पंवित्र होते हुए भी 'बा–जाइयर' नहीं होते अर्थात् इन पर मुण्डाओं के आजा–आजी लुटकुमों का निवास नहीं होता।
बा या बाहा	=	वर्ष के प्रारम्भ में मनाया जाने वाला पर्व, जब सरजोम (साल) वृक्ष अपने पूरे उभार पर पुष्पित होता है। इस पर्व के लिए कोई निश्चित तिथि नहीं है। प्रत्येक गॉव वाले इसके लिए अपनी सुविधानुसार दिन निश्चित करते हैं, किन्तु यह कोई भी दिन फरवरी–मार्च के बीच ही पड़ता है, जब प्रकृति नए पल्लव एवं कोंपलों से परिपूर्ण रहती है।

बुरू	=	ईश्वर। हाफमैन के अनुसार 'सिङ्बोंगा' मुण्डाओं के मूल देवता नहीं हो सकते अपितु मूल देवता 'बुरू' के होने की संभावना है। संभवतः 'सिङ्बोंगा' काल–कम में बाद की उत्पत्ति हैं। (जे.बी. हॉफमैन,ईसाई पादरी ने मुण्डा धर्म का अध्ययन किया है और विस्तृत 'एन्साइक्लोपीडिया मुंडारिका' तैयार की है। यह उन्हीं के विचार है।)
बोंगा*	=	देवता/प्रेतात्मा
सिंङ्बोंगा	=	सर्वश्रेष्ठ एवं सर्वशक्तिमान देवता, दैवी–राजा, भगवान। मेनास ओड़िया के अनुसार सिङ्बोंगा को मुण्डाओं के प्रथम पूर्वज (तोता हड़म एवं तोता बूढ़ा) एवं लुटकुमों (बूढ़ा–बूढ़ी युग्म), केवल चार लोगों ने देखा था।
इकिर–बोंगा	=	गहरे जल में रहने वाला देवता।
नगे बोंगा	=	घाटी का देवता।
मरंग बुरू–बोंगा	=	पहाड़ की ऊँची चोटी पर निवास करने वाला देवता।
देसउली बोंगा	=	गॉव की सीमा पर गॉव की रक्षा करने वाला देवता।
चोंडोर–इकिर–बोंगा	=	किसी पोखर के निकट कुंज में बसने वाला देवता।
चण्डी–बोंगा	=	वृत्ताकार चट्टान या पाषाण–पिण्ड में बसने वाला देवता जो 'शिकार' में सहयोग एवं सुरक्षा प्रदान करता है।
मरंग कन्दा	=	जाति से निष्कासित व्यक्ति को जाति में पुनः स्थापित करने की धार्मिक–किया।
मझियस	=	जमींदार की विशेषाधिकारी जमीन।
मागे	=	यह एक पवित्र पर्व है। पर्वों की श्रृंखला का यह अन्तिम पर्व होता है जब आसामी एवं जमींदारों या नौकर एवं

***टिप्पणी**: असुर–अवदान देखिए परिशिष्ट, सोसोबोंगा के अनुसार–आकाश की ओर उड़ते सिङ्बोंगा को असुरों की विधवा पत्नियों ने पकड़ लिया और उससे लिपट गई तथा अपने लिए काम माँगा। उनको काम बताते हुए सिङ्बोंगा ने उन्हें झटक दिया। जो जिस स्थान पर गिरीं उसी स्थान की बोंगा हो गई। अब इन मृतात्माओं को नारी आत्मा या प्रेत नहीं माना जाता यद्यपि उनकी प्रार्थना करते समय 'ना' प्रत्यय उनके साथ जोड़ दिया जाता है। यह प्रत्यय मुण्डारी भाषा में स्त्रियों से बात करते समय जोड़ा जाता है। ईसाई लेखकों ने बोंगाओं को प्रेतात्मा प्रचारित किया है तथा मुंडा धर्म को 'एकेश्वरवाद' के अन्तर्गत माना है जबकि मुण्डा लोग बोंगाओं की पूजा उन्हें देवता मानकर करते हैं। सिङ्बोंगा को जब सर्वश्रेष्ठ देवता माना जाता है तो अन्य 'बोंगा' भी देवता हैं प्रेतात्मा या भूत नहीं हैं।

स्वामी के बीच विगत वर्ष का लेन–देन (कन्ट्रैक्ट) का खाता समाप्त कर दिया जाता है और नया शुरू किया जाता है। हसदा क्षेत्र में यह पर्व दिसम्बर तथा नगुरी क्षेत्र में जनवरी में मनाया जाता है।

मानकी = पट्टी या कुछ गॉवों का प्रधान।

मुआ–मसांकों = प्रेतात्मा जो विनाशकारी है।

रोवा = आत्मा। मनुष्य की मृत्यु के साथ रोवा शरीर से मुक्त हो जाता है किन्तु यह शव से मोह–भंग नहीं कर पाता। यह कब्रिस्तान तक शव के ऊपर'– ऊपर' जाता है। कब्र से एक काता हुआ सूत शव को जोड़ता हुआ ऊपर हवा में निकाल दिया जाता है जिससे रोवा चढ़कर ऊपर आ जाये। कुछ दिनों पश्चात् रोवा उम्बुल या शरीर की छाया मान लिया जाता है। जानवरों का 'रोवा' नहीं होता। रोवा अनश्वर है।

राजहस = राजा के लिए नियमित लगान वाली बन्दोबस्ती के लिए उपलब्ध जमीन।

लिपि–सुसरी = स्वामी भक्त चातक(पक्षी) जिसे असुरों को समझाने के लिए सिङ्बोंगा ने भेजा था। मुण्डा–प्रथा के अनुसार प्रारम्भ में सभी पक्षी श्वेत थे, किन्तु असुरों की भट्ठी की राख से जलने के कारण काले, भूरे विभिन्न रंगों के हो गए।

लुटकुम (बूढ़ा एवं बूढ़ी) = असुरों के गॉव की सीमा पर रहने वाले मुण्डा 'आजा–आजी' जिनकी सेवा खसरायुक्त बालक सिङ्बोंगा करता था। इन्हें मुण्डा अपना प्रथम पूर्वज भी मानते हैं। इन्हें सिङ्बोंगा का दर्शन प्राप्त था।

सरना = पवित्र–उपवन। वनों को काटकर खेती और निवास हेतु भूमि साफ करने के कम में जंगल का एक भाग सुरक्षित छोड़ दिया जाता था। तबसे यह भाग पवित्र एवं पूजनीय माना जाता है, तथा इसके अंश के वृक्ष नहीं काटे जाते हैं। सरना–धर्म का प्रारंभ आदिम जीवन की इसी भावना से जुड़ा हुआ है। इनका आचार, विचार (दर्शन) एवं भक्ति अथवा भावना सम्यक रूप से 'सरना–धर्म' कहलाता है।

ससान	=	कब्रिस्तान जहाँ एक गोत्र के मृतकों की अस्थि पत्थर के नीचे धार्मिक क्रिया के उपरान्त दफना दी जाती है। ससान पर, संबंधित गॉव का अधिकार एवं पैतृक निवास का प्रभाव होता है।
सोसोटपा	=	कुदृष्टि एवं विनाशक—पूजा (दुश्मनों के विनाश के लिए अनुष्ठान) के विरूद्ध प्रतिकार स्वरूप की गई धार्मिक क्रिया।
सेबेन लेल्तन...	=	वह जो सबकुछ देख एवं सुन सकता है अर्थात् सिङ्बोंगा।
सिरमारेनि	=	शीर्षस्थ।
हड़म	=	सृष्टि रचयिता/बूढ़ा
हसदा	=	खूंटी के पूर्व का मुण्डा क्षेत्र जिसमें मुरहू तथा खूँटी थाना आता है। यहाँ की प्रथा के अनुसार शव का सिर दक्षिण तथा पॉव उत्तर दिशा में रखा जाता है। इसके विपरीत नगुरी दिशुम के शव का सिर उत्तर तथा पॉव दक्षिण दिशा में रखने की प्रथा है जो हिन्दू प्रभाव को दर्शाती है।
हिर्चो—गिड़ि	=	पानी छिड़क कर शुद्ध करना। यह पवित्र जल हड़िया बनाने वाली खमीर, हल्दी का पानी और सफेद मुर्गे की टांग से निकाले गए रक्त की बूँदों से तैयार होता है और इतना पवित्र माना जाता है कि इसके स्पर्श मात्र से व्यक्ति दोष या पाप मुक्त हो जाता है।
होड़ो	=	मुण्डा (मानव)।

कुड़ुख शब्द एवम् उनकी व्याख्या

शब्द		व्याख्या
अखड़ा	=	गाँव के मध्य विस्तृत गोलाकार स्थान जहाँ सामूहिक नृत्य,गीत, पंचायत या धार्मिक कृत्य आयोजित किया जाता है।
अगिया	=	कहीं–कहीं अगुआ भी कहते हैं। विवाह कराने में इनकी प्रमुख भूमिका रहती है। अगिया वर एवं वधू दोनों पक्षों को अलग–अलग होता है। वर की तरफ से अगिया के नेतृत्व में कुछ लोग वधू के घर विवाह निश्चित करने जाते हैं और यदि राह में कोई अपशकुन हो जाता है तो यह टोली वापस लौट आती है तथा विवाह का यह प्रयास यहीं समाप्त कर दिया जाता है। अपशकुन में अगिया धरमेस की अस्वीकृति समझता है अतः किसी दूसरे वधू की तालाश पुनः शुरू करनी पड़ती है। इसी प्रकार अपशकुन का संकेत मिलने पर वधू पक्ष का भी अगिया विवाह संबंध तोड़ सकता है। अपशकुन न मिलने पर अगिया की देख–रेख में विवाह सम्पन्न होता है।
ओझा	=	भगत की तरह ओझा भी रोग व्याधियों को दूर करने का काम करते हैं। इनकी स्थिति मती एवं भगत के बीच की होती है।
उला	=	अर्थात् घर का भीतरी कोना। यहाँ मृतक के 'एख' को हड़बोड़ी (अस्थि–समर्पण) के पूर्व अस्थायी रूप से स्थापित किया जाता है।
कमान	=	इसे गमी भी कहते हैं तथा अब अनेक उरांव हिन्दुओं से प्रभावित इसे दशकर्म की संज्ञा देते हैं। इस दिन परिवार के सभी पुरूष बाल मुड़वा लेते हैं तथा स्नानकर शुद्ध होते हैं। इस दिन मृतक के एख को पूर्वजों में सम्मिलित करने के क्रम में अस्थायी निवास 'उला' में प्रतिष्ठित किया जाता है।

करम = एक महत्वपूर्ण पर्व। इसमें 'करम' वृक्ष की पूजा तथा इसके एक डंठल का घर में आरोपण होता है। इस दिन उरांव अपने अच्छे समय के लिए धरमेस की आराधना करते हैं। कृषि की सम्पन्नता के साथ–साथ कुंआरी लड़कियों के लिए उनके अच्छे वर एवं संततियुक्त जीवन की कामना भी की जाती है।

कुड़ुख = उरांव तथा उरांव की भाषा इस नाम से अभिज्ञापित होती है।

कुण्डी = जल–कुण्ड से बना शब्द। वह जलीय स्थान जहाँ पुल्खी का पत्थर रखा रहता है जिसके नीचे मृतक की हड्डी गाड़ी जाती है। एक गोत्र की एक कुण्डी निश्चित होती है।

कोहा–बेंजा = महान विवाह। मृत्यु–संस्कार के अवसर पर किया गया धार्मिक कृत्य एवं उत्सव। यह मृत्यु संस्कार की महत्त्वपूर्ण किया है जिसमें मृतक का 'एख' अपने पितरों के पच–बालर में जाकर मिल जाता है।

खद्दी/खद्दी = सरहुल पर्व। मार्च–अप्रैल में मनाया जाता है जब साल के वृक्ष फूलों से लदे हुए होते हैं। इस पर्व का कृषि–प्रधान उरांव जीवन में सर्वाधिक महत्त्व है क्योंकि इसी दिन चाला–पच्चो देवी का विवाह धरमेस से या धरती माँ का विवाह सूर्य से किया जाता है जिससे धरती की उर्वरता में वृद्धि होती है। व्यावहारिक रूप में प्रतीक स्वरूप पहनाइन का विवाह इस दिन पाहन से रचाया जाता है।

गोतोर या गोत्र = गोत्र का विकास छोटानागपुर में हुआ है। अपने गोत्र में विवाह–संबंध वर्जित है। गोत्र का विचार अनेक धार्मिक कृत्यों एवं संस्कारों में किया जाता है। गोत्र की पहचान के लिए प्रत्येक गोत्र के साथ टोटम जुड़े हुए हैं।

चण्डी = विशेषकर अविवाहित युवकों तथा पाहन द्वारा पूजित। शिकार की देवी, जो न केवल अच्छा शिकार कराती हैं अपितु शिकार के समय जानवरों से रक्षा भी करती हैं। इनका निवास स्थान गाँव के किनारे की पहाड़ी या खुले स्थान पर 'चण्डी टांड़' नाम से जाना जाता है।

चाला–पच्चो = सरना बुढ़िया या सरना देवी। छोटानागपुर प्रवेश के पूर्व उरांव धर्म में चाला–पच्चो का विकास हो चुका था। यह कृषि की देवी मानी जाती हैं। सरना स्थल, जहाँ मुण्डाओं ने गाँव की सुरक्षा के लिए हातु बोंगाको का स्थान माना था वहीं उरांवों के धर्म में चाला–पच्चो या सरना देवी प्रतिष्ठित हुई हैं।

जोदा–कमना = प्रथम बार शिशु को जन्म देने पर यह किया सम्पन्न की जाती है। उरांव मान्यता के अनुसार विवाहित होने के उपरान्त लड़की अपने परिवार एवं गाँव के नादों एवं भूतों को साथ ले आती है। इस क्रिया में भाग लेने के लिए लड़की के घर से उसका पिता या अन्य कोई वृद्ध आता है जो पूजा कर लड़की को अपने पितरों के प्रभाव तथा गाँव के भूत से मुक्त कराता है।

डंडा कट्टा = इस क्रिया को डंडा–रेंगना या भेलवा–फाड़ी भी कहते हैं। यह पूजा प्रायः सभी मुख्य अवसरों पर अनिष्टकारी प्रभावों के निवारण हेतु किया जाता है। उरांव एवं मुण्डा दोनों जनजातियों में यह अत्यन्त प्रचलित धार्मिक कृत्य है। किसी शुभ कर्म के प्रारम्भ में इस पूजा का आयोजन होता है। धरमेस की स्तुति के साथ उन्हें सफेद मुर्गे की बलि अथवा अण्डा अर्पित किया जाता है। यह पूजा एक सांकेतिक चित्र बनाकर किया जाता है जिसमें कोयले का चूरा, आटा और चूल्हे की लाल मिट्टी का प्रयोग होता है।

धरमेस = उरांवों के ईश्वर। उरांवों के सृष्टिकर्ता, परमपिता परमेश्वर। छोटानागपुर आने के पूर्व उरांव 'सूर्य' को एक मात्र देवता मानते थे एवं उनकी पूजा करते थे। धरमेस का विकास छोटानागपुर में हिन्दुओं के परमेश्वर के तुल्य हुआ है । यद्यपि यह अवधारणा सूर्य से ही विकसित हुई है किन्तु उरांव सूर्य को 'सूरज भगवान' कहते हैं तथा धरमेस को भगवान मानते हैं। सफेद मुर्गे के चढ़ावे के साथ प्रायः सभी प्रमुख धार्मिक कृत्यों में धरमेस की स्तुति की जाती है।

नजर–गुजर = बाई–भाक की तरह नजर–गुजर भी है। उरांव इसे कष्ट एवं बुरे दिनों के कारण मानते हैं। इसके प्रभाव

को नष्ट करने के लिए धरमेस से प्रार्थना की जाती है तथा डंडा–कट्टा या भेलवाफाड़ी पूजा किया जाता है।

नाद = मृतक की आत्मा जिसे प्रायः ईसाई तथा अन्य अध्ययनकर्त्ताओं ने 'भूत' की संज्ञा दी है। उरांव धर्म के अनुसार नाद दो प्रकार के होते हैं एक जिनकी स्वाभाविक मृत्यु होती है तथा अन्य वे जिनकी अस्वाभाविक मृत्यु होती है। स्वाभाविक मृत्यु के नाद पच्चबालर अर्थात् पितरों के बीच स्थान पा लेते हैं तथा अस्वाभाविक मृत्यु के नाद अतृप्त होते हैं तथा अन्य वे जिनकी अस्वाभाविक मृत्यु होती है। स्वाभाविक मृत्यु के नाद पच्चबालर अर्थात् पितरों के बीच स्थान पा लेते हैं तथा अस्वाभाविक मृत्यु के नाद अतृप्त होते हैं तथा प्रतिशोध की भावना से उत्प्रेरित लोगों के प्राण लेने एवं कष्ट देने में तृप्ति पाते हैं। कष्टमय त्रिशंकु स्थिति से, निर्धारित आयु पूर्ण होने पर मृतक की आत्मा की मुक्ति हो जाती है।

नामे–पिजना = नामरकण संस्कार। शिशु के साथ माँ सामने रखे थाल के सम्मुख बैठती है जिसमें जल भरा होता है। शिशु के नाम पर एक चावल जल में डाल दिया जाता है। इसके उपरांत पूर्वजों का नाम लेकर एक–एक कर चावल डाला जाता है। जिस नाम के साथ डाला गया चावल शिशु के नाम के चावल के साथ जुड़ जाता है वही नाम शिशु का होता है। वैसे सामान्यतः बुलाने का नाम जन्म के दिन के आधार पर पड़ जाता है जैसे–सोमरा, सोमरी,,मंगरा, मंगरी आदि।

नैग = पूरे समुदाय का प्रतिनिधि पुजारी। पारिवारिक या व्यक्तिगत कल्याण के लिए पूजा एवं बलि अर्पित करने का कार्य स्वयं गृह स्वामी निष्पादित कर लेता है किन्तु पूरे गाँव एवं समुदाय के कल्याण के लिए पूजा एवं धार्मिक कृत्यों का निष्पादन नैग करता है। गाँव में नैग का सम्मानजनक स्थान होता है।

पच–बालर = पितरों का परिवार। स्वाभाविक मृत्यु के उपरान्त मृतक का एख कोहा–बेंजा या हड़बोड़ी कृत्य के उपरान्त पितरों में सम्मिलित करा दिया जाता है और इस प्रकार वह पच–बालर का सदस्य बन जाता है। उरांव धर्मानुसार

पच–बालर धरती के नीचे पाताल लोक में निवास करते हैं। पृथ्वी की तरह पाताल–लोक के पच–बालर भी अपने–अपने गोत्रों में विभक्त होकर–निवास करते हैं।

पाट–राजा = गाँव की सीमा के पहाड़ पर प्रतिष्ठित नाद या देवता। उरांव विश्वास के अनुसार पाट–राजा छोटे टट्टु पर सवार होकर गाँव की परिक्रमा करते रहते हैं तथा किसी भी आने वाली बीमारी या आपदा से गॉव की रक्षा करते हैं। उरांव उनकी समय पर पूजा करते हैं तथा मुर्गे की बलि चढ़ाते हैं।

पुल्खी = एक पाषाण–खण्ड जो कुण्डी में गाड़ा रहता है। इसके नीचे हड़बोड़ी क्रिया करते समय मृतक की अस्थि दफनाई जाती है। उरांव स्त्रियॉ पुल्खी पत्थर को साफ–सुथरा करती एवं पानी से धोती हैं तथा इसे सिन्दूर एवं तेल घोल से टीकती भी हैं। प्रत्यके गोत्र का एक पुल्खी–खण्ड होता है जिसके नीचे केवल उसी गोत्र के मृतकों की अस्थियॉ दफनाई जाती हैं। उरांव विश्वास के अनुसार इस प्रकार मृतक का एख पच–बालर अर्थात् पितरों के समूह में सम्मिलित कर लिया जाता है।

बाई–भाक = श्राप या मुँह से निकली अनिष्टकारी भाषा। उरांव अंधविश्वास के अनुसार इस प्रकार के श्राप के पीछे दुष्ट आत्मा का प्रभाव रहता है अतः इसे निरस्त करने के लिए दंडा–कट्टा या भेलवा–फाड़ी की पूजा की जाती है।

बिड़ि–बेलास = छोटानागपुर प्रवेश के पूर्व उरांवों के सर्वोच्च देवता "सूय"। इस नाम में हिन्दुओं जैसी भगवान की प्रतिष्ठा नहीं थी जो छोटानागपुर में धरमेस के नाम के साथ विकसित हुई।

बेन्जा = विवाह। यह शब्द विवाह तथा विवाह संबंधी समस्त धार्मिक कृत्यों के लिए प्रयुक्त होता है।

भगत = मतियों की तरह भगत भी जादू–टोना के प्रभाव को निरस्त कर आग्रस्त रोगियों को निरोग करने में निपुण होते हैं किन्तु इनकी कुशलता किसी प्रशिक्षण का परिणाम न होकर महादेव की कृपा से स्वतः प्राप्त मानी जाती है। इनका खान–पान आचार–विचार सात्विक नेम–धर्म युक्त होता है।

भईया–बहिन	=	पुरूष एवं स्त्री का प्रथम युग्म जिससे उरांव की संतति एवं जाति का विस्तार हुआ।
भुंईफूट–महादेव	=	किसी साधारण किन्तु संवेदनशील उरांव को स्वप्न होता है कि महादेव अमुक स्थान पर भूमि में हैं या भूमि तोड़ कर बाहर निकल रहे हैं। तुम्हें स्वप्न होता है कि तुम उनकी पूजा करो। स्वप्न की बात प्रचारित कर उस स्थान से भूमि से शिवलिंग पत्थर प्राप्त कर लिया जाता है। यह शिवलिंग 'भुंई फूट महादेव' कहलाता है।
महादेव–मांडा	=	वह स्थान जहाँ महादेव की पूजा भगत, ओझा, माती करते हैं। इस स्थान पर त्रिशूल गड़ा हुआ होता है। कुछ स्थानों पर झण्डा भी टंगा रहता है। मांडा का अर्थ मण्डप से है।
माती	=	माती को देंवड़ा भी कहा जाता है। डायनों या जादू–टोना साधकों द्वारा भेजे गए रोग एवं व्याधियों तथा अन्य प्रभावों से आग्रस्त रोगियों को ठीक करने के व्यवसाय में कुशल। यह कुशलता गुरू परम्परा से प्रशिक्षण द्वारा प्राप्त की जाती है। माती महादेव की पूजा करते हैं। कभी–कभी ये नादों को भी साधते हैं तथा अपने असमियों की स्वार्थ–पूर्ति के लिए दूसरों पर रोग–व्याधियॉ या अन्य मारक शक्तियॉ भेजने का कार्य भी करते है।
सरना–सूप/ चाला–केतेर	=	उरांव धर्म के अनुसार यह वह सूप है जिसमें सरना देवी बैठती हैं तथा सूप के साथ–साथ वह चलती रहती हैं। इसी सूप की सहायता से पाहन की चुनाव होता है।
सरना–कुटी या चाला–कुट्टी	=	पाहन के घर में एक अलग बनी कुटी या कमरा जिसमें सरना–सूप रखा जाता है। एक खूंटी इस प्रकार गाड़ी रहती है जिस पर सूप टांगने से वेग से हवा चलने पर भी सूप नहीं हिल पाता। सूप हिलने से सरना देवी रूष्ट होकर उरांवों को महामारी भेज सकती हैं। यह अत्यंत पवित्र स्थान होता है जिसमें पाहन या पाहन के आदेश से ही कोई अन्य प्रवेश कर सकता है।
सिरा–सिता	=	पारम्परिक धर्मगाथा में वर्णित वह दलदली स्थान जहाँ अग्निवर्षा के समय भाई–बहन के रूप में उरांवों के

पूर्वज 'भइया–बहिन' सुरक्षित पाये गए थे और जिन्हें लेकर धरमेस ने उरांव जाति का विस्तार किया था।

हड़बोड़ी = मृत्यु संस्कार, जिसे उरांव धर्मानुसार "कोहा बेंजा" अर्थात् महान–विवाह की संज्ञा दी जाती है, के अन्तर्गत अस्थि–समर्पण की एक विशेष क्रिया होती है। इस किया के अनुसार गोत्र की 'कुण्डी' में मृतक की अस्थियाँ इस आग्रह से समर्पित की जाती हैं कि मृतक का एख पाताल–लोक स्थित पितरों में जाकर मिल जाये। चूंकि कुण्डी में अस्थि समर्पित किया जाता है अतः सदानी भाषा में इस किया को "हड़बोड़ी" कहा जाने लगा। यह शब्द इस प्रकार कुड़ुख शब्द नहीं है तथा बाहर से आरोपित है। "हड़बोड़ी" कोहा–बेंजा नहीं है जैसा कि पादरियों एवं अन्य लेखकों ने इस शब्द की व्याख्या की है, अपितु यह कोहा–बेंजा के अन्तर्गत मात्र एक महत्त्वपूर्ण क्रिया है।

शब्द–संक्षेप तालिका

A.I.	:	Ancient India (R.C.Majumdar)
A.R.	:	Archeological Report (Cunningham)
C.I.	:	Caste in India (J.H.Hutton)
E.B.	:	Ethonology of Bengal (E.Dalton)
E.B.	:	Encyclopaedia Mundarica (J.B.Hoffmanne)
J.A.S.B.	:	Journal of Asiatic Society of Bengal
J.B.O.R.S.	:	Journal of Bihar and Orissa Research Society
J.R.A.S.	:	Journal or Royal Asiatic Society
M.C.	:	The Mundas and Their Country (S.C.Roy)
O.C.	:	The Oraons of Chotanagpur (S.C.Roy)
O.R.C.	:	Oraon Religion & Customs (S.C.Roy)
R.S.M.T.	:	The Religious System of the Muda Tribe
ए.मु.	:	एन्साइक्लोपीडिया मुण्डारिका
पु.	:	पुराण
ब्रा.	:	ब्राह्मण
भा.सं.क.	:	भारतीय संस्कृति एवं कला
म.भा.	:	महाभारत
मु.कं.	:	द मुण्डाज एण्ड देयर कंट्री
मु.लो.	:	मुण्डा लोक–कथाएं

1
भूमिका

भारतवर्ष में जनजातियों की घनी आबादी झारखण्ड राज्य के दक्षिण स्थित गोंदवाना पठार के वन–प्रान्तरों में केन्द्रित है। समुद्र तल से 300 से 1200 मीटर की ऊँचाई तथा 22° से 25° उत्तरी अक्षांश के बीच अवस्थित यह क्षेत्र 85° से 87–45° देशान्तर तक विस्तृत है। यह क्षेत्र छोटानागपुर प्रमण्डल के अन्तर्गत आता है जिसमें प्रस्तुत पाँच प्रमुख जिले राँची (गुमला एवं लोहरदगा सहित), पलामू, हजारीबाग, धनबाद और सिंहभूम आते हैं। इसी पठार के पूर्वोत्तर विस्तार पर मुण्डाओं के सहोदर संथाल जन–जाति की घनी आबादी है। यह क्षेत्र संथाल परगना कहलाता है और प्रशासनिक दृष्टि से भागलपुर प्रमण्डल के अन्तर्गत आता था जो झारखण्ड राज्य निर्माण के साथ संथाल परगना प्रमण्डल में परिणत हो गया।

झारखण्ड राज्य में जनजातियों की आबादी राज्य की समस्त जनसंख्या की लगभग 28% प्रतिशत (1991 सेसस के अनुसार) है तथा जनजातियों की कुल संख्या 33 है। इन जनजातियों में न केवल संख्या की दृष्टि से अपितु आर्थिक, शैक्षिक, सामाजिक, सांस्कृतिक एवं धार्मिक दृष्टि से भी मुण्डा एवं उरांव जनजातियाँ अन्य जनजातियों की तुलना में काफी आगे और उन्नत हैं। अतः छोटानागपुर में इनका स्थान प्रमुख माना जाता है।

विगत 3–4 दशकों से झारखण्ड का महत्त्व भारत के नक्शे पर बढ़ता जा रहा है। यद्यपि भारत सरकार एवं अन्य राज्य सरकारें जनजातियों के जीवन स्तर को ऊँचा उठाने तथा उनकी चिन्तन धारा को राष्ट्र की मुख्य–धारा से जोड़ने का अनवरत प्रयास कर रही हैं किन्तु उनकी मानसिकता अब भी स्वयं को शोषित मानती है तथा सदैव सशंकित रहती है कि उनकी 'पहचान' कहीं विलुप्त न हो जाये। उनकी यह शंका अकारण नहीं है। मुण्डा एवं उरांवों की पहचान, उनकी विलक्षण संस्कृति, उनके विशिष्ट धर्म, उनकी पारम्परिक जीवन–पद्धतियों में स्पष्ट दिखलाई पड़ती है तथा इनके धर्म के इतिहास की एक व्यवस्थित जानकारी उपलब्ध हो सके। हिन्दू, मुस्लिम,सिख, ईसाई प्रायः सभी धर्मों के पवित्र धर्म–ग्रन्थ हैं। किंतु मुण्डा एवं उरांव जन–जातियों का कोई धर्म–ग्रन्थ नहीं है और चिन्ता का विषय है इस दिशा में कोई प्रयास भी न ही हो रहा है।

मुण्डा एवं उरांव जन–जातियों के धर्म और उनके इतिहास पर किंचित् कार्य ईसाई मिशनरियों द्वारा प्रारम्भ हुआ है किन्तु इन कार्यों में ऐतिहासिक वस्तुनिष्ठता का पूरी तरह निर्वाह नहीं हो सका है। मुण्डाओं के जीवन पर अधिकारिक रूप से सर्वप्रथम 1866 ई. में कर्नल इ.टी.डाल्टन ने "द कोल्स आफ छोटानागपुर" लेख में प्रकाश डाला जो "जर्नल आफ द एशियाटिक सोसाइटी आफ बंगाल" में प्रकाशित हुआ। 1871ई. में ए. नौट्राट का मुण्डारी भजनों का एक–संकलन प्रकाशित हुआ। 1903 ई. में रेवरेण्ड फादर पी.डेहन की पुस्तक "द रिलिजन एण्ड कस्टम आफ उरांव" प्रकाशित हुई और दो वर्ष पश्चात् 1905 ई. में रेवरेण्ड एफ. हन्(भिद) का "कुडुख फोक लोर" प्रकाशित हुआ जो उरांव जनजाति की धर्म–कथाओं, धार्मिक रीति–रिवाजों एवं पर्वों से संबंधित लोक–गीतों का एक सराहनीय संग्रह है। इस विशाल संग्रह को संकलित करने में फादर हन् ने दस वर्षों (1890–1900) के कठिन श्रम एवं धैर्य का परिचय दिया है। इस दिशा में बी. धरमदास लकड़ा का लोहरदगा एवं गुमला क्षेत्रों से 1930–34 वर्षों के मध्य 1200 पद्यों का संकलन "लील खो–रआ खे–खेल" उरांव धर्म के स्वरूप एवं इसके इतिहास पर कुछ प्रकाश अवश्य डालता है।

मुण्डा धर्म एवं विश्वासों तथा परम्पराओं पर सर्वाधिक कार्य फादर जे. हाफमैन ने किंया है। मुण्डारी व्याकरण, मुण्डारी डिक्शनरी के अतिरिक्त फादर हाफमैन का "एन्साइक्लोपीडिया मुण्डारिका" (1930–79) मुण्डा धर्म एवं दर्शन पर विस्तार एवं गहराई से प्रकाश डालने वाला एक मात्र ग्रन्थ है। हाफमैन की ही परम्परा में फादर पी. पोनेट की 'मुण्डा एथिक्स' (1978) तथा फादर ए.वॉन. एक्जम की 1982ई. में आगस्टीन से प्रकाशित पुस्तक " द रिलिजस सिस्टम आफ द मुण्डा ट्राइब" मुण्डा धर्म एवं इसके परम्परागत इतिहास पर प्रकाश डालने वाली उल्लेखनीय पुस्तके हैं।

विगत दशकों में उरांव धर्म एवं प्रथाओं पर कुछ कार्य प्रकाशित हुए हैं जिनमें 1967 में प्रकाशित रेखा ओ. धान की पुस्तक "दीज आर माई ट्राईब्स मेन–उरांव" रेवरेण्ड एडमण्ड कैम्पियन की 1980 में प्रकाशित पुस्तक "माई उरांव कल्चर" बोनिफेस तर्की का ओरांव सिम्बल्स" 1980 तथा "स्माइलिंग उरांव" 1989 ई. उल्लेखनीय है।

भारतीय विद्वानों में एस.सी. राय की प्रकाशित पुस्तकें "मुण्डाज एण्ड देयर कंट्री" 1912 ई., "द उरांव आफ छोटानागपुर–1915 तथा "मैन इन इण्डिया" पत्रिका में जन–जातीय धार्मिक जीवन पर प्रकाशित विभिन्न शोधपूर्ण लेख ऐतिहासिक महत्त्व की सामग्री है। किन्तु अब तक कोई ऐसा प्रयास नहीं हुआ है जो मुण्डा एवं उरांव जन–जातियों के धर्म का व्यवस्थित एवं क्रमबद्ध ऐतिहासिक अध्ययन प्रस्तुत कर सका हो। विगत दशकों में इन जनजातियों का दिनोंदिन महत्त्व बढ़ने के कारण यह अध्ययन अब और भी आवश्यक एवं उपयोगी हो गया है।

छोटानागपुर की प्रमुख जन–जातियों मुण्डा एवं उरांव के "धार्मिक इतिहास" का अध्ययन निम्नलिखित पॉच चरणों को दृष्टि में रख कर किया गया है–

मुण्डा जनजाति के संदर्भ में :

प्रथम चरण :	मूल स्थान से रोहतासगढ़ तक के भटकाव–क्रम में जनजाति एवं धर्म की स्थिति (पृष्ठभूमि स्वरूप)	(आदिकाल से छठी शती ई.पू. तक)
द्वितीय चरण :	छोटानागपुर प्रवेष, असुरों का पतन तथा सरना धर्म का अभ्युदय।	मुण्डा धर्म = सरना धर्म । (छठी शती ई.पू. चौथी शती ई.पू. तक)
तष्तीय चरण :	(क) I. सरना धर्म में बोंगाओं का उदय एवं महत्त्व II. सरना धर्म में देवताओं एवं बोंगाओं का वर्गीकरण (ख) सरना धर्म में बोंगाओं की संख्या में वषद्धि (ग) 'विपरीत धर्मी' धारा, जादू–टोना का प्रभाव विस्तार (घ) सरना धर्म की 'समानान्तर धर्मी' प्रणाली देंवड़ा, ओझा एवं सोखा की संस्था का विकास।	(चौथी शती ई.पू. से 16वीं शती तक)
चतुर्थ चरण :	सरना धर्म पर कबीर पंथियों एवं वैष्णव धर्मियों का प्रभाव।	(16–18वीं शती ई0)
पंचम चरण :	सरना धर्म में सुधारवादी प्रवृत्तियों का उदय तथा सुधारवादी आन्दोलन	(19वीं शती से 1947 तक)

उरांव जनजाति के संदर्भ में :

प्रथम चरण :	मूल स्थान से शाहाबाद एवं रोहतासगढ़ तक भटकाव–क्रम में जनजाति एवं धर्म की स्थिति–(पृष्ठभूमि स्वरूप)	(आदिकाल से चौथी शती ई.पू.)

द्वितीय चरण :	छोटानागपुर में प्रवेश एवं मुण्डाओं द्वारा स्वागत तथा सम्पक्र–जन्य आर्थिक, सामाजिक परिवर्तन।	(चौथी शती ई.पू. से क्रमशः)
तृतीय चरण :	(क) मुण्डा एवं उरांवों में सांस्कृतिक, धार्मिक आदान–प्रदान एवं रक्त मिश्रण।	(.....16वीं शती तक)
	(ख) धार्मिक संक्रमण काल : कुडुख धर्म = सरना धर्म	
	(ग) सरना धर्म में चाला–पच्चो एवं अन्य क्षेत्रीय देवी–देवताओं का महत्त्व एवं वर्गीकरण	
	(घ) I. सरना धर्म में नाद एवं जादू–टोना की 'विपरीत धर्मी' धारा का क्रमिक प्रभाव–विस्तार	
	II. सरना धर्म का 'समानान्तर धर्मी' प्रणाली ओझा, माती भगत एवं सोखाओं की संस्था का विकास	
	(ङ) महादेव, भुई–फूट महादेव, देवी माई, दुर्गा, काली,, हिन्दू देती–देवताओं की पूजा एवं 'मांडा' अर्थात् मंडप एवं 'कुटि' का प्रचलन।	
चतुर्थ चरण :	सरना–धर्म पर विभिन्न धार्मिक सम्प्रदायों कबीरपंथियों वैष्णव–धर्मियों, आदि का प्रभाव।	(16–18 शती)
पंचम चरण :	सरना धर्म में सुधारवादी धनात्मक प्रवृत्तियाँ तथा नेहा एवं टाना–भगतों का आन्दोलन	(19वीं षती से 1947 तक)

स्रोत

मुण्डा एवं उरांव जन–जातियों का अपना कोई धर्म–ग्रन्थ या साहित्य नहीं है। भारतीय वाङ्मय के महाकाव्यों एवं पुराणों में इन जन–जातियों का विभिन्न

संदर्भों ये यत्र–तत्र उल्लेख हुआ है जिससे इन जन–जातियों के सामाजिक एवं धार्मिक जीवन पर क्षीण प्रकाश पड़ता है। इनके प्रजातीय गुणों एवं भाषागत लक्षणों के आधार पर उन स्थानों एवं जातियों को ढूँढ़ निकालने का प्रयास किया गया है जिनसे ये संबंधित रही थीं तथा जिनके धार्मिक जीवन के आधार पर तुलनात्मक संपरीक्षण द्वारा मुण्डा एवं उरांवों के धार्मिक इतिहास की कड़ी जोड़ने का प्रयास किया गया है। मुण्डाओं के पूर्व छोटानागपुर में असुरों के निवास एवं जीवन–पद्धति की जानकारी क्षेत्र से प्राप्त विभिन्न पत्थर के औजारों, बर्तन एवं तांबें के आभूषणों तथा 1867 में तमाड़ के बूढ़ाडीह पहाड़ी के निकट एवं 1915–20 ई. में चैनपुर के मझगांव अवशेषों की खोदाई से प्राप्त सामग्री से होती है। इसी प्रकार मुण्डाओं के ससानदरी और उरांवों के पुल्खी के पाषाण–खण्डों एवं शव तथा अस्थियों के साथ दफन की गई वस्तुओं के अध्ययन से इन जनजातियों में मनुष्य के मृत्योपरान्त जीवन–दर्शन, पितरों का महत्त्व,किली प्रथा आदि अनेक धार्मिक पक्षों पर अच्छा प्रकाश पड़ता है। किन्तु सर्वाधिक ऐतिहासिक सामग्री इन जन–जातियों की धर्मगाथाओं, मिथकों, गीतों एवं स्तुतियों में पाई जाती है जो परम्परा से श्रुतजीवी होकर इनमें सुरक्षित हैं। एस.सी. राय ने इन्हें अर्ध–ऐतिहासिक सामग्री की संज्ञा दी है।

इस स्थल पर इतिहास लेखन की विधा एवं ऐतिहासिक सामग्री पर विचार कर लेना आवश्यक है। मुण्डा एवं उरांव धर्मगाथाओं, मिथकों, पारम्परिक रीति–रिवाजों, विभिन्न स्तुतियों एवं गीतों में, जो पुरातन मुण्डा एवं उरांवों तथा पाहनों के पास कंठस्थ सुरक्षित हैं, धार्मिक इतिहास लेखन के प्रमुख सामग्री स्रोत हैं। धर्म का इतिहास जाति विशेष के विचारों एवम् दर्शन का इतिहास होता है जो विभिन्न रीति–रिवाजों एवं धार्मिक कृत्यों में परम्पराओं से रूढ़िस्थ हो जाता है। यह समष्टि–परक होता है, व्यक्ति–परक अथवा घटना प्रधान नहीं होता। मानव इतिहास की संरचना में कल्पना का योगदान स्पष्टतः रहा है। इसके पूर्व इतिहास–बुद्धि मनीषियों ने इतिहास में विभिन्न जातियों के आदर्शों को कल्पना के आधार पर संजोया है और ये कल्पना ही उनकी पुराण–कथाएँ रहीं हैं। पुराण–कथाओं का तात्पर्य ऐसे विचारों एवं आदर्शों से है जो जन–जाति के प्रत्यक्ष दिखलाई पड़ने वाले साक्ष्यों से उद्भवित हुए और जनवाणी द्वारा सर्वत्र प्रकाशित भी हुए। ये विचार या आदर्श भूत की अनेक पीढ़ियों तक अलिखित ही रहे और मौखिक रूप से "श्रुत–जीवी" होकर आगे की पीढ़ियों को हस्तान्तरित होते रहे। उन्हें जब क्रमबद्ध रूप से संकलित कर प्रस्तुत किया गया तो इतिहास कहलाया। ये इतिहास का सत्य बनकर अतीत को वर्तमान से जोड़ते हैं और इतिहास की अविच्छिन्न परम्परा का निर्माण करते हैं।

पृथ्वी, की उत्पत्ति, वनस्पति एवं जीव–जन्तुओं की उत्पत्ति, मानव का जन्म एवं जाति का विस्तार, समय का विभाजन, प्रथम हल, अग्नि–वर्षा, असुर–अवदान,

बोंगाओं एवं नादों की उत्पत्ति आदि अनेक धर्म–गाथाएँ जो श्रुतजीवी होकर युगों से जन–जातियों के कण्ठ में सुरक्षित चली आ रही हैं, धर्म के इतिहास की मूल्यवान सामग्री का महत्त्व रखती हैं। इन्हीं से मुण्डा एवं उरांव जन–जातियों के विभिन्न संस्कार,पर्व,पूजा–विधियाँ, पितरों का महत्त्व, देवताओं के प्रभाव एवं सोपान–क्रम में उत्थान एवं पतन आदि का ज्ञान होता है। इतिहासकार इनकी कथाओं एवं भजनों को सुनकर तथा इन जन–जातियों के विभिन्न धार्मिक विधि–विधानों को देखकर जो ज्ञान अर्जित करता है उसकी पुष्टि इनसे टूटकर बनी हुई अन्य जन–जातियों के धार्मिक कृत्यों, विचारों एवं दर्शनों के तुलनात्मक अध्ययन द्वारा होती है जिससे क्षेपक तथा अन्य इतिहासेतर सामग्री को अलग–थलग करने में मदद मिलती है। इनके अतिरिक्त वर्णित भौगोलिक स्थानों एवं घटनाओं के अवशिष्ट चिन्हों से प्राप्त साक्ष्य भी परिकल्पना की पुष्टि में सहायक होते हैं।

यद्यपि छोटानागपुर की मुण्डा एवं उरांव जन–जातियों के धर्म का प्रभाव इनकी न्याय–व्यवस्था तथा सम्पत्ति के अधिकार तक विस्तृत है किन्तु मूलरूप से इनके धार्मिक इतिहास का अध्ययन, संस्कारों, धार्मिक कृत्यों, पितरों, पर्वों,देवताओं के उदय एवं विकास, बोंगाओं एवं नादों का प्रादुर्भाव, विपरीत धर्मी प्रणाली जादू–टोना एवं इनके प्रभाव को निरस्त करने के लिए विकसित होने वाली विभिन्न समानान्तर धर्मी संस्थाएँ जैसे– देंवड़ा,माती,, भगत,ओझा,सोखा आदि एवं हिन्दू देवी–देवताओं एवं मंत्रों का उपयोग तथा सुधारवादी धनात्मक प्रवृत्तियों एवं विभिन्न आन्दोलनों तक सीमित रखा गया है।

सम्पूर्ण कार्य निम्नलिखित अध्यायों में नियोजित है–

प्रथम अध्याय : प्रस्तावना

द्वितीय अध्याय : मुण्डा एवं उरांव जन–जातियों का ऐतिहासिक परिचय

तृतीय अध्याय : मुण्डा धर्म : सरना धर्म

चतुर्थ अध्याय : उरांव धर्म : सरना धर्म

पंचम अध्याय : उपसंहार

प्रथम अध्याय : प्रस्तावना

इस अध्याय में विषय का महत्त्व एवं मुण्डा तथा उरांव धर्मों पर अब तक किए गए महत्त्वपूर्ण कार्यों का आकलन किया गया है। सामग्री–स्रोत की तलाश में पुरातत्त्वीय सामग्री के अतिरिक्त ससानदिरी एवं पुल्खियों में गड़े हुए पाषाण–खण्डों से पर्याप्त सहायता मिली है किन्तु सर्वाधिक सामग्री इन जन–जातियों की पारम्परिक गाथाओं, विभिन्न धार्मिक–कृत्यों से जुड़ी हुई स्तुतियों, पर्व संबंधी–गीतों आदि में पाई जाती है, जो वर्षों से अतीत की कहानी समेटे पीढ़ी–दर–पीढ़ी हस्तान्तरित होती हुई आज भी श्रुतजीवी हैं।

द्वितीय अध्याय : मुण्डा एवं उरांव जन–जातियों का ऐतिहासिक परिचय

यह अध्याय दो खण्डों में विभक्त है। प्रथम खण्ड में मुण्डा जनजाति एवं द्वितीय खण्ड में उरांव जन–जाति के मूल स्थान से छोटानागपुर तक की यात्रा पर विचार किया गया है और उन समस्याओं को विशेष रूप से विश्लेषित किया गया है जो विवादास्पद हैं तथा इन जन–जातियों के धार्मिक जीवन से संबंधित हैं। पारम्परिक गाथाओं में मुण्डा जाति का मूल स्थान (उत्तर प्रदेश का एक जिला आजमगढ़) माना गया है किन्तु ऐतिहासिक दृष्टि से यह सही सिद्ध नहीं होता। अब तक के भाषागत, प्रजातीय एवं पुरातत्त्वीय उपलब्ध साक्ष्यों के आधार पर कोल कही जाने वाली मुण्डा जन–जाति का मूल स्थान पश्चिम–दक्षिण चीन का 'जवान' क्षेत्र निश्चित होता है जहां से भारत आव्रजन के दो मार्ग उपकल्पित हैं– (क) दक्षिण–पूर्वी मार्ग, विलियम श्मिट एवं साथियों के अनुसार– हिन्दचीन, वियतनाम, मलय, बर्मा होते हुए आसाम तथा (ख) उत्तरी मार्ग, हाड्गसन, हट्टन आदि के अनुसार दक्षिण चीन से मंगोलिया, तिब्बत होते हुए हिमालय के दर्रे से पश्चिमी भारत पहुँचना और पश्चिम भारत से कुरूक्षेत्र, गंगा–यमुना मैदान पार करते हुए रोहतासगढ़ पहुँचना और यहाँ से इ.पू.छठी शती के लगभग अपने 'ओटे दिसुम' छोटानागपुर में प्रवेश, छोटानागपुर में पहले से रह रहे असुरों को पराजित कर स्थायी रूप से रहने के क्रम में सरना–धर्म के विकास की पृष्ठभूमि।

द्रविड़ (?) मूल की उरांव जन–जाति के मूल–स्थान तथा भारत में छोटानागपुर तक की उनकी यात्रा को लेकर प्रमुख दो प्रकार की उपकल्पनाओं का विश्लेषण किया गया है। मानवशास्त्रियों ने प्रजातीय आधार पर द्रविड़ों को भूमध्यसागर की ईजीयन (प्रोटो–आस्ट्रेलायड) तथा एशिया माइनर की आर्मेनाइड प्रजातियों के विलयन का प्रतिफल माना है और इस आधार पर द्रविड़ों का भूमध्यसागर क्षेत्र से अरब होते हुए पश्चिमोत्तर भारत आना माना गया है। एम.एल.तिर्की की परिकल्पना के अनुसार उरांव जनजाति पश्चिमोत्तर भारत से गंगा–यमुना मैदान पार करते हुए शाहाबाद–रोहतासगढ़ तक पहुँची थी जबकि ई.डाल्टन, डेहन तथा एस.सी. राय ने उरांवों के दक्षिण के कोंकण से गुजरात में नर्मदा नदी के तट को पकड़ते हुए पूर्व दिशा की ओर विन्ध्य की पहाड़ियों को पार कर बिहार के शाहाबाद तक पहुँचने की परिकल्पना की है।

द्रविड़ों के मूल स्थान की तालाश के क्रम में इस संभावना की परीक्षा की गई है कि उरांवों के पूर्वजों की उत्पत्ति या तो दक्षिण भारत में हुई है या वे दक्षिण भारत से उस युग से सम्बद्ध है जिसके अंधकारपूर्ण मोटे परत को इतिहास अब तक भेद नहीं पाया है।

मूल–स्थान तथा मुण्डा एवं उरांव जनजाति के छोटानागपुर तक पहुँचने के मार्ग निर्धारण का उद्देश्य उनके सहस्रों वर्षों की इस यात्रा में उन पर हुए

सांस्कृतिक एवं धार्मिक प्रभावों की पृष्ठभूमि तैयार करना है। कोल कही जानेवाली मुण्डा जनजाति, जिसने कुरूक्षेत्र के युद्ध में कौरवों का पक्ष लिया था, पश्चिम से रोहतासगढ़ तक पहुँचने के क्रम में आर्यों से प्रभावित होकर अनेक उपजातियों में विखंडित हुई है। इसी प्रकार आर्यों के सानिध्य का प्रभाव उरांवों पर भी पड़ा है। छोटानागपुर पहुँचते–पहुँचते यह जन–जाति मुण्डाओं से अपेक्षाकृत अधिक परिष्कृत और उन्नत अवस्था में थी।

मुण्डा एवं उरांवों के "सरना–धर्म" का उद्‌भव एवं विकास छोटानागपुर के वन–प्रान्तरों में हुआ है किन्तु नाम एक होते हुए भी दोनों धर्मों के दर्शन एवं उनकी संरचना में तथा विभिन्न धार्मिक संस्थाओं के विकास में पर्याप्त अन्तर पाया गया है जिसे उनके वर्त्तमान परिवेश पर पूर्व अर्जित एवं आत्मसात की गई धार्मिक वृत्तियों का प्रभाव माना जा सकता है।

तृतीय अध्याय : मुण्डा धर्म, सरना धर्म

असुरों से युद्ध के पूर्व मुण्डा–धर्म एवं असुरों पर विजय के उपरान्त मुण्डा–धर्म के तुलनात्मक अध्ययन में 'बोंगाओं का उद्‌भव एवं उनके प्रभाव का विस्तार एक महत्त्वपूर्ण ऐतिहासिक घटना मानी जा सकती है। छोटानागपुर प्रवेश के पूर्व मुण्डाओं के इष्टदेव सूर्य थे जिन्हें कालान्तर में हड़म एवं सिंङ्‌बोंगा नाम से पूजा गया। रेव.फादर हाफमैन का मानना है कि मुण्डा जनजाति पर छोटानागपुर के पूर्व, भटकाव–काल में 'सन–कल्ट' मानने वाले किसी सम्प्रदाय का प्रभाव पड़ा था। इस संदर्भ में देखा गया है कि संसार की प्रायः अधिकांश जनजातियों के धर्म की प्रारम्भिक अवस्था में सूर्य का महत्त्व सर्वोपरि रहा है। मुण्डा जनजाति इसका अपवाद नहीं है।

मुण्डाओं के सरना–धर्म का उदय उनके छोटानागपुर प्रवेश से प्रारम्भ होता है। जंगलों की कटाई एवं सफाई के क्रम में गाँव के छोर पर जंगल का कुछ भाग सीमाबद्ध कर छोड़ दिया जाता था जिसे 'सरना–स्थल' कहा जाता था और जिसमें 'हातु–बोंगाको' के निवास की धारणा बन चुकी थी। 'हातु बोंगाको' गाँव की सुरक्षा का दायित्व निभाता था। कालान्तर में सरना–बूढ़ी या सरना देवी का विकास होता है। सरना–बूढ़ी गांव की सुरक्षा एवं कृषि सम्पन्नता की देवी हैं।

मुण्डा धर्म कथाओं में जल–प्लावन से पृथ्वी की उत्पत्ति,नक्षत्र, वनस्पति एवं जीव–जन्तुओं की सृष्टि, मानव का जन्म एवं जाति का विस्तार, प्रथम हल, समय का विभाजन और पाप–वृत्तियों की वृद्धि एवं अग्निवर्षा द्वारा मानव जाति का विनाश आदि विवरण छोटानागपुर प्रवेश के पूर्व की धार्मिक स्थितियों पर प्रकाश डालते हैं। छोटानागपुर में प्रवेश के साथ ही मुण्डाओं का यहाँ पहले से रह रहे असुरों से सामना हुआ तथा असुरों के पराजय के साथ–साथ सरना धर्म में सिंङ्‌बोंगा के आदेश से असुरों की विधवाओं को 'बोंगा' के रूप में स्वीकार किया गया।

काल–क्रम में बोंगाओं की बढ़ती हुई संख्या एवं 'जादू–टोना' के कुप्रभाव से मुण्डा जनजाति आग्रस्त हो गयी। 'जादू–टोना' को धर्म से जोड़ने के प्रयास में सिङ्बोंगा की पत्नी 'पार्वती' को प्रथम डायन की संज्ञा दी गई तथा 'सात परबतिया' सम्प्रदाय को प्रचारित किया गया। जादू–टोना के कुप्रभाव को निरस्त करने के लिए देंवड़ा,ओझा,सोखा की संस्थाएँ हिन्दू देवता प्रभावित सरना–धर्म की 'समानान्तर–धर्मी' धारा के अन्तर्गत विश्लेषित की गई।

किली या गोत्र तथा इनसे युक्त टोटम का विकास सरना धर्म का एक अन्य ऐतिहासिक पक्ष है। सुतिआम्बे में वैवाहिक पवित्रता एवं रक्त की शुद्धता के लिए 'इक्कीस पड़हा : इक्कीस किली' की व्यवस्था का प्रारम्भ इक्कीस परगना के अध्यक्षों की सहमति से हुआ। जन्म से लेकर मृत्यु तक के सभी संस्कारों में किली का विचार प्रधान रूप से किया गया है।

मुण्डा धर्म में पर्वों का आयोजन लगभग पूरे वर्ष ऋतु एवं कृषि व्यवस्था को संतुलित करते हुए किया गया है। कतिपय विद्वानों ने मुण्डा पर्वों पर हिन्दू पर्वों के प्रभाव के देखने का प्रयास किया है किन्तु अधिकांश पर्वों को विश्लेषित करने के उपरान्त पाया गया कि मूल रूप से वे मुण्डा–धर्म की देन हैं।

चतुर्थ अध्याय : उरांव धर्म : सरना धर्म

पूर्व–द्रविड़ मूल की उरांव जनजाति का प्रारम्भिक जीवन दक्षिण के पठार के वन प्रान्तरों में बीता है। उरांवों में प्रचलित विभिन्न पारम्परिक धर्मगाथाओं के कथ्यों एवं विवरणों की पुष्टि बाल्मीकि रामायण में वर्णित घटनाओं एवम् वर्णनों से होती है जिसमें दाशरथी राम के सुहृद के रूप में इनका उल्लेख हुआ है। 'सूर्य' अर्थात् 'बिड़ि–बेलास' को सर्वशक्तिमान ईश्वर मानने वाले उरांवों के धर्म में छोटानागपुर निवास काल में 'धरमेस' की अवधारणा का विकास हुआ है। विकास की प्रारम्भिक अवस्था में धरमेस ही सूर्य थे किन्तु विकसित अवस्था में सूर्य के गुणों को समाहित करते हुए हिन्दुओं के भगवान तुल्य प्रतिष्ठित हुए। क्रमशः धरमेस एवं दाशरथी राम के बीच का विभेद भी सिमटता हुआ दिखलाई पड़ता है। ऐसी अनेक धर्मगाथाएँ हैं जिनमें धरमेस की पत्नी के रूप में 'मां सीता' और भतीजे के रूप में 'हलुमान' (हनुमान) का उल्लेख आया है। आर्यों के सम्पर्क में रहने के कारण उरांव जनजाति मुण्डाओं से खान–पान एवं रहन–सहन में सामाजिक दृष्टि से श्रेष्ठ थी। मुण्डाओं ने उरांवों से कृषि का ज्ञान प्राप्त किया था।

रोहतासगढ़ से पराजित होकर लगभग उन्हीं परिस्थितियों में उरांव जनजाति छोटानागपुर पहुँची थी जिन परिस्थितियों में मुण्डा जनजाति। उरांवों के दबाव में मुण्डा जनजाति अपना घर बार एवं साफ की गई भूमि छोड़कर पूर्व एवं पूर्व–दक्षिण दिशा की ओर पलायित हुई। स्वाभाविक है कि घर–द्वार के साथ मुण्डाओं का सरना–स्थल तथा अन्य वे सभी क्षेत्र उरांवों के अधिकार में आ गए जो मुण्डाओं

के धर्म या देवताओं से संबंधित थे। उरांव लोग मुण्डा देवी–देवताओं का कोपभाजन नहीं होना चाहते थे अतः उन्होंने पूजा करने वाले मुण्डा–पुजारियों का उपयोग किया और इस प्रकार सरना–स्थल तथा क्षेत्रीय देवी–देवताओं की मुण्डानुसार धार्मिक व्यवस्था छिन्न–भिन्न नहीं होने पाई । कालक्रम में इन्हीं पूजा–स्थलों या क्षेत्रों से जुड़े हुए उरांवों की अवधारणा के अनुरूप उनके देवी–देवता एवं नाद विकसित हुए। उरांव धर्म में चाला पच्चो के अतिरिक्त पहाड़ या पाट राजा, डाढ़ा देसौली, चतुरसीमान आदि का मुण्डा धर्म के समानान्तर परवर्ती विकास माना जा सकता है।

जादू–टोना तथा प्रेतात्माओं के अनिष्टकारी प्रहारों को निरस्त करने के लिए उरांव धर्म में माती, ओझा, सोखा एवं भगत की एक समानान्तर संस्था विकसित हुई जिसमें महादेव, भुईफूट–महादेव, चण्डी, काली,, दुर्गा एवं देवी माई की शक्ति का आह्वान किया गया। इनकी पूजा विधि में पशु–बलि की अपेक्षा अन्न, फल–फूल दूध को अधिक महत्त्व मिलने लगा। भुई–फूट महादेव के भक्त पूर्णतः शाकाहारी और नेम–व्रत का पालन करने वाले होते थे। इस बीच कबीरपंथियों एवं वैष्णव धर्म का प्रभाव उरांव धर्म को एक सुसंस्कृत दिशा प्रदान करने लगा जिसे टाना भगतों के विकास की पृष्ठभूमि माना जा सकता है।

उरांव धर्म मृत्योपरान्त संबंध में विश्वास रखता है। शरीर के नष्ट हो जाने एवं जीव के समाप्त हो जाने के पशचात् मनुष्य का अजर–अमर 'एख' (आत्मा) भूलोक एवं पाताल लोक में विचरण करता है। 'एख' को "शरीर विहीन व्यक्ति" की संज्ञा दी जाती है। मृत्यु के उपरान्त शरीर न रहने पर भी वह अपने बाल–बच्चों, निकट संबंधियों से मिलता–जुलता है तथा उनका हिंत–चिन्तन करता रहता है। उरांव धर्म–दर्शन के अनुसार पृथ्वी के नीचे पाताल लोक में भूलोक जैसी व्यवस्था है। मृत्यु के उपरान्त उरांव का 'एख' अपने पितरों अर्थात् 'पच बालर' के साथ जाकर मिल जाता है। मृत्यु संस्कार में गोत्र का विचार किया जाता है। उरांव जीवन जन्म से मृत्यु तक संस्कारों से आबद्ध है।

उरांव पर्व, ऋतु–चक्र के अनुसार वर्ष भर चलते रहते हैं। इन पर्वों पर किस सीमा तक हिन्दू धर्म का प्रभाव है, इसका आकलन किया गया है। स्वभाव से उरांव लोग हंसमुख सहज, धैर्यशील, परिश्रमी एवं उदार होते हैं जबकि मुण्डा लोग अधिक विद्रोही एवं रूढ़िवादी होते हैं। फलतः उरांव धर्म में सुधार एवं विकास की गति तेज रही है।

पंचम अध्याय : उपसंहार

इस अध्याय में पिछले चार अध्यायों के महत्त्वपूर्ण विषयों को संक्षेप में स्पर्श करते हुए उन सुधारवादी आन्दोलनों पर विचार किया गया है जो मुण्डा एवं उरांव

जन–जातियों को धनात्मक दिशा प्रदान कर सके हैं। मुण्डाओं का धर्म जो छोटानागपुर में प्रवेश के पूर्व 'सूर्य' को प्रमुख देवता मानता था छोटानागपुर में असुरों को पराजित करने के उपरान्त भूत–प्रेतों एवं मायावी अदृश्य शक्तियों से युक्त हो गया। छोटानागपुर में दो प्रकार के बोंगाओं का विकास हुआ। इनमें एक कल्याणकारी एवं धर्म सम्मत बोंगा थे तथा दूसरे कष्टदायक बोंगा थे। कष्टदायी बोंगाओं को मुण्डा धर्म के बाहर माना जाता था तथा इनकी पूजा पाहन नहीं करते थे। छोटानागपुर में मुण्डाओं के व्यवस्थित हो जाने के पश्चात् उरांव प्रविष्ट हुए तथा उरांवों एवं मुण्डाओं के बीच पर्याप्त सांस्कृतिक, धार्मिक एवं प्रजातीय मिश्रण हुआ। इस मिश्रण के फलस्वरूप उरांव लोग, जो आर्यों के सम्पक्र–जन्य प्रभाव के कारण मुण्डाओं से सामाजिक एवं धार्मिक दृष्टि से उच्चतर थे, उनके समकक्ष आ गए। टाना भगतों का मानना है कि उरांवों का मूल–धर्म 'कुड़ुख' है तथा उस धर्म में भूत–प्रेत एवं दुष्ट नादों का आयात मुण्डा धर्म से हुआ है।

15वीं शती में महाप्रभु चैतन्य के सम्पक्र में आने से पंचपरगना के अधिकांश मुण्डा आचार–विचार से वैष्णव हो गए और उनमें भक्ति भावना का उदय हुआ। कबीर पंथियों का भी प्रभाव मुण्डाओं के खान–पान एवं रहन–सहन पर पड़ा। कुछ मुण्डाओं ने कबीर पंथ को अंगीकार भी कर लिया। बिरसा आन्दोलन ईसाई एवं वैष्णव धर्म के गुणों को समाहित किये हुए था। इस आन्दोलन द्वारा मांस एवं मदिरा से मुण्डाओं को दूर रखने में कुछ हद तक सफलता मिली थी। 16वीं शताब्दी में दुर्जनसाल के छोटानागपुर लौटने के उपरान्त कुछ क्षेत्रों के मुण्डाओं में हिन्दुओं के सामाजिक –स्तर तक पहुँचने की होड़–सी लग गई थी। मुण्डाओं की न केवल पूजा विधियों, विभिन्न संस्कारों एवं पर्वों में हिन्दू प्रभाव दिखलाई पड़ने लगा, अपितु उन्होंने अपना और गोत्र का नाम भी हिन्दुओं के आधार पर रखा। पंचपरगना क्षेत्र के सांडी किलि वाले मुण्डा शताब्दियों के अन्तराल के उपरान्त क्रमशः 'शाण्डिल्य' गोत्र से जाने गए। क्षेत्र में विभिन्न धर्म मतावलम्बियों द्वारा बनाये गए मंदिरों से भी मुण्डाओं के धार्मिक चिन्तन पर प्रभाव पड़ा है। खुले समाज के सम्पक्र में आने के फलस्वरूप मुण्डाओं के देवताओं, संस्कार विधि एवं पर्वों, पूजा– पद्धतियों आदि में, अंधविश्वास से दूर ऊर्ध्वमुखी धनात्मक प्रवृत्तियों का विकास हुआ है।

मुण्डाओं की अपेक्षा उरांवों का प्रजातिगत स्वभाव अधिक सरल, विनम्र, उदार एवं किसी प्रभाव को अल्प–अवरोध के उपरान्त स्वीकार कर लेने वाला है। छोटानागपुर प्रवेश करने पर उरांवों ने मुण्डाओं के पहले से स्थापित सरना–स्थल तथा अन्य धार्मिक स्थलों एवं कतिपय धार्मिक प्रचलनों को सहज ही अंगीकार कर लिया था। अन्तर केवल इतना था कि उरांवों ने अपने देवी–देवताओं को उन स्थानों पर आरोपित कर दिया था जहाँ मुण्डाओं के देवी–देवता पहले से थे।

जिस सरना स्थल में मुण्डाओं के चण्डी बोंगा प्रतिष्ठित थे वहाँ उरांवों की 'चाला–पच्चो' देवी प्रतिष्ठित हुई। उसी प्रकार छोटानागपुर प्रवेश के पूर्व की उरांवों की कतिपय धार्मिक अवधारणाओं में छोटानागपुर की धरती पर परिष्कार हुआ है। देवताओं में श्रेष्ठ "बिड़ि–बेलास" जो उरांव धर्म में 'सूर्य' के रूप में पूजित थे छोटानागपुर में क्रमशः 'धरमेस' के रूप में प्रतिष्ठित हुए। यद्यपि यह विकास 'सूर्य' का ही विकास है किन्तु दोनों प्रवृत्तियाँ सूर्य एवं धरमेस की पूजा साथ–साथ चलती रहीं। 'सूर्य' या 'सूरज भगवान' नष्ट न होकर अपने स्थान पर बने रहे तथा इन्हीं से विकसित 'धरमेस' में दाशरथी राम के लक्षण दिखलाई पड़ने लगे और इस प्रकार क्रमशः 'धरमेस' सूर्य से श्रेष्ठ परमेश्वर के रूप में पूजित हुए।

उरांव धर्म के विभिन्न अंगों जैसे देवता, पूजा विधियाँ, संस्कार, पर्व आदि के विकास पर मुण्डाओं एवं हिन्दुओं के सम्पक्र का प्रभाव दिखलाई पड़ता है। उरांवों में भुईफूट महादेव, देवी माई एवं देवी–कुटि तथा भगतों की परम्परा निसंदेह हिन्दू प्रभाव का परिणाम है। भूत–प्रेतों तथा जादू–टोना का प्रभाव मुण्डाओं की देन माना जाता है। यह समस्त विकास विभिन्न चरणों में क्रमिक हुआ है।

उन्नीसवीं शती के प्रारम्भिक दशकों में मध्य प्रदेश के रायपुर एवम् विलासपुर जिलों में कबीर पंथियों का आगमन हुआ और सिमडेगा, गुमला,घाघरा आदि पश्चिमी क्षेत्रों के आदिवासियों के बीच इन्होंने सुधारवादी अभियान चलाया। उन्होंने 'चौका' विधि द्वारा आदिवासियों को कबीरपंथी बनाया तथा इन्हें मांस–मंदिरा का त्याग तथा मात्र एक परमब्रह्म में लीन होने का उपदेश दिया। उरांव धर्म को नई दिशा प्रदान करने में 'भगत' आन्दोलनों उरांव जीवन में व्याप्त जादू–टोना के प्रभाव को कम करने में तथा उरांवों के धर्म के विभिन्न अंगों में तक्रसंगत सुधार लाने में सफल रहा है।

इस अध्याय में मुण्डा एवं उरांव धर्मों का संक्षेप में तुलनात्मक अध्ययन भी किया गया है। यह अध्ययन ऐतिहासिक पृष्ठभूमि में किया गया है। आर्य समाजियों के शुद्धिकरण अभियान के अतिरिक्त 'संस्कृत बिहार' तथा बालयोगेश्वर के 'डिवाइन लाइट मिशन' के कार्यों की भी संक्षिप्त समीक्षा की गई है। इस प्रकार छोटानागपुर प्रवेश के पूर्व की धार्मिक पृष्ठभूमि पर, छोटानागपुर में मुण्डा एवं उरांव जन–जातियों के धर्म के विभिन्न पक्षों का विभिन्न चरणों में क्रमबद्ध अध्ययन प्रस्तुत किया गया है।

ख– क्षेत्र के प्रमुख हिन्दू देव–स्थान

छोटानागपुर की जन–जातियों पर हिन्दू प्रभाव का एक अन्य स्रोत क्षेत्र के असंख्य प्राचीन देवालय हैं। इन देवालयों को सूलि रूप से पाँच वर्गों में रखा जा सकता है –

(क) वे देवालय जिनमें देवी–देवताओं की मूर्तियाँ स्थापित हैं किन्तु मंदिर की वास्तुकला प्रमुख हो गयी है। ऐसे देवालय इतिहास एवं वास्तुकला की दृष्टि से या शिव–शक्ति सम्प्रदाय से प्रभावित उड़ीसा के मंदिरों की वास्तुकला के अनुसार हैं या वैष्णव समूह के मंदिर हैं। इनमें प्रमुख निम्नलिखित हैं –

शिव–शक्ति–सूर्य समूह के मंदिर	पंच क्षेत्र (रांची) में	परगना	बूढ़ाडीह, हाराडीह, बमला, पलना, पानाडीह स्थानों में।
महामाया का मंदिर	घाघरा (रांची)		हापामुनी में
	मझगांव (रांची)		टांगीनाथ में
	पलाम		वेतार
वैष्णव मंदिर	समूह के रांची		देओसानगर, जगरनाथपुर, बोड़या, कोराम्बे में।
	पलाम		नगरउटारी तथा चेरों के किला में।

(ख) ऐसे मंदिर जो मात्र अवशेष रह गए हैं या शिवलिंग अथवा अन्य देवी–देवताओं की मूर्ति के रूप में अवशिष्ट हैं। कांची और करकरी नदियों की घाटियों में मन्दिरों के जो अवशेष मिलते हैं वे लगभग 14–15वीं शती के प्रतीत होते हैं। वे इस तथ्य के प्रमाण हैं कि उनपर भुवनेश्वर की वास्तुकला का प्रभाव है। देवालय मुख्यतः रांची में निम्नलिखित स्थानों में पाये जाते है–

(*i*) राम–रेखा, अन्जन, नागफेनी, देवकी, पालकोट

(*ii*) रजरप्पा (हजारीबाग) ।

(ग) सती–स्थान : जहाँ कोई सती हुई थी और समय बीतने पर वह क्रमशः सती–स्थान के रूप में पूजित हो गया, जैसे– पालकोट (रांची), सोले (पलामु), झरिया एवं बीसा (धनबाद), सेरेंगदाग (हजारीबाग) ।

(घ) मठ या पुराने संतों से जुड़े हुए स्थान जहाँ जन–जातियाँ प्रायः उपदेश सुना करती थीं जैसे–कतुआ (रांची), खेरा पहाड़ (पलामु), कुतुलआ तथा वितुल खुर्द (हजारीबाग)।

(ङ) ऐसे स्थान जो पहले बौद्ध धर्मावलम्बियों से संयुक्त थे तथा जिन पर कालान्तर में हिन्दुओं का अधिकार हो गया जैसे– गुहियापाल (सिंहभूम), उर्वत्रुरिया (धनबाद), सेराज कुण्ड, जमुना और भदुली (हजारीबाग)

निर्माण काल : अधिकांश मन्दिरों का निर्माण काल पाल युग से 15वीं शती के बीच का है, किन्तु कुछेक बौद्ध काल से भी पहले के निश्चित हुए हैं।

2

मुण्डा एवं उरांव जन–जातियों का ऐतिहासिक परिचय

भारत में बसने वाली जन–जातियों के मूल स्थान तथा भारत आगमन के उनके मार्ग की जानकारी साहित्यिक एवं ठोस पुरातात्त्विक सामग्री श्रोतों के अभाव में उनकी शारीरिक संरचना तथा भाषागत तुलनात्मक अध्ययन के निष्कर्षों को विश्लेषित कर प्राप्त की जा सकती है। नृ–शास्त्रियों का मानना है कि शारीरिक संरचना के गुण यद्यपि जातियों के अन्तर्मिश्रण के कारण विकृत हो जाते हैं फिर भी कुछ मौलिक विशेषताएँ विद्यमान रहती हैं जिनके आधार पर मूल वंश की तलाश की जा सकती है, अथवा उन उप–जातियों की शाखाओं का पता लगाया जा सकता है जिनसे ये जाति सम्बद्ध रही हैं। जन–जातियों के मूल वंश की पहचान के क्रम में यद्यपि भाषागत प्रमाण ग्राह्य हो सकते हैं किन्तु इसे वैज्ञानिक इतिहास विधा के अन्तर्गत नहीं लिया जा सकता है। आवश्यक नहीं है कि एक ही मूल की भाषा बोलने वाली जन–जातियाँ एक ही वंश से उद्‌भवित हों। किन्तु इतना अवश्य है कि संसार के जिन क्षेत्रों में किसी जन–जाति की भाषा बोली जाती है, वहाँ के लोग इस जन–जाति के सम्पक्र में अवश्य रहे होंगे। भाषा के आधार पर श्मिट ने उस मार्ग को तलाशने का प्रयास किया है जिस मार्ग से कोई जन–जाति भारत में प्रविष्ट हुई है, क्योंकि उसी जैसी भाषा संसार के जिन स्थानों में बोली जाती है, निश्चित रूप में उन स्थानों से यह जन–जाति संबंधित रही थी। यद्यपि श्मिट की कार्य–प्रणाली मुख्यतः भाषा–विज्ञान पर आधारित हैं किन्तु उसके भाषा संबंधी निष्कर्ष भाषा वैज्ञानिकों की नवीनतम खोजों के कारण टिक नहीं पाये हैं।

भारत की प्रागैतिहासिक प्रजातियों के मूल–स्थान, आव्रजन मार्ग एवं संस्कृति तथा प्रजातीय चरित्र संबंधी कतिपय प्रमुख अवधारणाएँ और सिद्धान्त विचारणीय हैं –

सर हर्वर्ट रिजले का सिद्धान्त

नृशास्त्रियों ने भारतीय आबादी की प्रजातीय समस्याओं पर समय–समय पर अपने विचार अभिव्यक्त किए हैं। इन विचारकों में हर्बर्ट रिजले की विचारधारा

सम्मानित और अधिक दिनों तक सर्वमान्य रही थी। रिजले ने भारत की समस्त प्रजातियों को सात वर्गों में विभाजित किया है–

(क) द्राविड़	(Dravidian)
(ख) तुक्र–ईरानी	(Turko-Iranian)
(ग) भारतीय–आर्य	(Indo-Aryan)
(घ) सीथो–द्रविड़	(Scytho-Dravidian)
(ङ) आर्य–द्रविड़	(Aryo-Dravidian)
(च) मंगोलीय	(Mongoloid)
(छ) मंगोलीय–द्रविड़	(Mongolo-Dravidian)

सर हर्बर्ट रिजले के वर्गीकरण में द्रविड़ प्रजाति का प्रभाव अधिकांश प्रजाति–समूहों में दिखलाई पड़ता है। रिजले के अनुसार द्रविड़ प्रकार की प्रजातियाँ मुख्यतः दक्षिण भारत में पाई जाती हैं। द्रविड़ों की ऊँचाई सामान्य से छोटी होती है, वर्ण अत्यन्त श्याम लगभग काला होता है, सिर लम्बा और बाल घने और कभी–कभी घुंघराले होते हैं। द्रविड़ों की नाक चौड़ी और बीच में दबी हुई होती हैं। किन्तु इतनी दबी नहीं रहती कि चेहरा चिपटा प्रतीत हो।

भारतीय–आर्य समूह की प्रजातियाँ मुख्यतः काश्मीर, पंजाब, एवं राजपूताना में पाई जाती हैं। उनकी लम्बाई ऊँची, वर्ण गोरा, आँखों की पुतलियाँ काली, शरीर एवं मुँह पर घने बाल, सिर लम्बा और नाक चेहरे पर नुकीली और प्रमुखता से उभरी हुई किन्तु अधिक लम्बी नहीं होती।

तुक्र–इरानी प्रजाति के भारतीयों का समूह मुख्यतः सिन्ध नदी के पश्चिमी भाग में निवसित है जिसमें बुलोचिस्तान, सिन्ध नदी के पश्चिम स्थित पंजाब एवं सिन्ध के जिले तथा ब्रिटिश कालीन उत्तर–पश्चिमी सीमान्त प्रदेश का क्षेत्र प्रमुख हैं। तुर्की–आर्यों की ऊँचाई सामान्य से अधिक एवं गौर वर्ण तथा सिर चौड़ा होता है। मुँह एवं शरीर पर घने बाल, आँखें प्रायः काली किन्तु कभी–कभी भूरी भी दिखलाई पड़ती हैं और नाक लम्बी और नुकीली होती है।

सीथो–द्रविड़ प्रजाति के लोग पूर्वी सिन्ध, गुजरात एवं महाराष्ट्र प्रान्त में प्रमुखता से पाये जाते हैं। इनकी शारीरिक संरचना तुर्की–इरानी प्रजाति से थोड़ी भिन्न है। इनकी ऊँचाई अपेक्षाकृत कम, सर की लम्बाई अधिक, नाक छोटी ऊँची उठी हुई, किन्तु गोलाई कम होती है। आर्य–द्रविड़ प्रजाति, रिजले के अनुसार पूर्वी पंजाब, उत्तर प्रदेश और बिहार राज्यों में पाई जाती है। इनके सर लम्बे किन्तु क्रमशः छोटे होते जाने की प्रवृत्ति दिखलाते हुए, वर्ण बदलता हुआ गेहुंआ

एवं सांवला, नाक मध्यम एवं चौड़ी दोनों तरह की,, भारतीय–आर्यों से तुलना में चौड़ी,, इसी प्रकार ऊँचाई सामान्य तथा कुछ औसत से कम होती है।

भारत में मंगोलीय प्रजातियाँ प्रमुखता से आसाम हिमालय के दक्षिण पूर्वी तराई का क्षेत्र तथा ब्रिटिशकालीन बर्मा में पाई जाती हैं। इनके सिर चौड़े, वर्ण भूरा पीला, चेहरे पर बाल की मात्रा अत्यंत अल्प, ऊँचाई सामान्य से कम काफी छोटी,, नाक चौड़ी तथा चेहरा कुछ चपटा होता है। इनकी आँखें प्रायः छोटी और कुचकुची होती हैं। इसी प्रकार मंगोलीय द्रविड़ प्रजाति के भारतीय प्रमुखता से बंगाल एवं उत्कल राज्यों में पाये जाते हैं। इनके सिर चौड़े, वर्ण श्याम, ऊँचाई छोटी या औसत, चेहरे एवं सिर पर बाल घना, नाक मध्यम किन्तु नोकीली न होकर चौड़ी किन्तु चिपटी नहीं।

डॉ. जे.एच.हट्टन के विचार :

सर हर्बर्ट रिजले की स्थापना इस अनुमान पर आधारित प्रतीत होती है कि भारत के प्रथम निवासी द्रविण थे। किन्तु इस प्रकार का कोई तथ्यगत प्रमाण रिजले प्रस्तुत नहीं कर सके। वस्तुतः द्रविड़ों के पूर्व भी एक प्रजाति भारत में रहती थी जिसे इतिहासकार पूर्व–द्रविड़ या प्री–द्रविड़ की संज्ञा देते हैं। नई जानकारियों के कारण पुरानी मान्याताएँ तक्रसंगत न होने के कारण क्रमशः दुर्बल पड़ जाती हैं। रिजले की एक पक्षीय विचारधारा की अपेक्षा डॉ. जे.एच. हट्टन की अवधारणाएँ अधिक तक्रसंगत हैं। डॉ. जे.एच. हट्टन ने भारत में आव्रजित प्रागैतिहासिक प्रजातियों का अध्ययन अपने ढंग से किया है। हट्टन ने अपने अध्ययन के आधार पर सन् 1933 में रिजले से हटकर एक अन्य विचार रखा, जिसके अनुसार भारत में बाहर से आने वाली प्रजातियों को आठ समूहों में वर्गीकृत किया जा सकता है। हट्टन के अनुसार वे समूह हैं–1. नीग्रीटो, 2. प्रोटो–आस्ट्रेलायड, 3. प्राचीन भूमध्यसागरीय, 4. सुसंस्कृत एवं सभ्य भूमध्य सागरीय, 5. आर्मेनायड, 6. अल्पाइन्स, 7. वैदिक आर्यन या नार्दिक तथा 8. मंगोलायड ।

हट्टन के वर्गीकरण का आधार पूर्णतः नृशास्त्री न होकर कुछ भाषा–साम्य, सभ्यता एवं संस्कृति के आधार को भी लिए हुए है। यद्यपि आज के विद्वान यह आवश्यक मानने को तैयार नहीं हैं कि भाषा एवं सांस्कृतिक साम्य के कारण किसी एक प्रजाति को दूसरी प्रजाति के साथ संबंधित किया जा सकता है, किन्तु ऐसे साम्य की पूरी तरह उपेक्षा भी नहीं की जा सकती है।

वस्तुतः भाषा एवं संस्कृति की समरूपता तथा कतिपय शारीरिक लक्षणों के आधार पर प्रजातियों को समूहों में बांटना कठिन है। हजारों वर्षों से होते आ रहे रक्त–समिश्रण तथा सानिध्यगत भाषा एवं सांस्कृतिक संक्रमण के फलस्वरूप प्रजातियों को अलग–अलग सीमांकित करना दुष्कर है। फिर भी नृशास्त्री आइक्स्टेड (म्पबोजमक)

ने शारीरिक एवं सांस्कृतिक नृशास्त्रीय अध्ययन के आधार पर 1933 में निष्कर्ष निकालते हुए भारत की प्रजातियों को तीन मुख्य समूहों में विभाजित किया है– 1. यूरोपिड, 2. नेग्रिड, 3. मंगोलायड । आइक्स्टेड ने पुनः इन्हें अठारह उप–प्रजातियों में वर्गीकृत किया है। भारत के वनों में रहने वाली जन–जातियों में आइक्स्टेड ने गोडिड तथा मोलिड उप–प्रजातियों की भी पहचान की है। आइक्स्टेड का वर्गीकरण यद्यपि रिजले और हट्टन की उपलब्धियों को ध्यान में रखते हुए अधिक आधुनिक है किन्तु भारत के नृशास्त्रियों ने प्रजातीय–समूहों का निर्धारण अपने ढंग से किया है।

प्रस्तुत भारतीय नृ–शास्त्रियों ने भारत में निवसित जन–जातिंयों का गहन अध्ययन किया है और उन्होंने पता लगाया है कि भारत में रहने वाले लोगों को 6 मूल वंशों से जोड़ा जा सकता है। यद्यपि ये जन–जातियाँ सहस्त्रों वर्षों के भौगोलिक और पर्यावरण संबंधी आघातों के साथ–साथ अन्य प्रजातियों से मिश्रण के फलस्वरूप अपने वंशगत गुणों को काफी खो चुकी हैं फिर भी सूक्ष्म अध्ययन द्वारा इनके मूल वंश का पता लगाया जा सकता है। मुण्डा एवम् उरांव जन–जातियों के मूल और भारत प्रवेश मार्ग का इसी आधार पर पता लगाया गया है। नृ–शास्त्री डॉ. बी. एस. गुहा ने आधुनिकतम उपलब्ध साक्ष्यों के आधार पर भारत में रहने वाली जातियों को संसार के छः मानव वंशों से संबंधित माना है। उन्होंने निष्कर्ष निकाला है कि दक्षिण भारत में मध्य भारत की अपेक्षा प्रजातीय सम्मिश्रण अधिक हुआ है। छः मानव वंश प्रजातियाँ निम्नलिखित हैं –

(क) नीग्रिटो (Negrito) = नीग्रो आकार

(ख) प्रोटो–आस्ट्रेलायड (Proto-Australoid) = प्राथमिक दक्षिणाकार

(ग) मंगोलायड (Mongoloid) = मंगोलाकार

(घ) मेडिटरेनियन (Mediterranean) = भूमध्य सागरीय

(ङ) ब्रेशीफाल्स (Brachycephale) = वृत्त कपालधारी

(च) नोर्दिक (Nordic) = पश्चिमोत्तरी

इनमें से प्रथम तीन नीग्रिटों, प्रोटो–आस्ट्रेलायड एवं मंगोलायड प्रजातियाँ आदिम–जातियों से संबंधित हैं, जो भारत में पश्चिमोत्तर, पूर्वात्तर या तिब्बत देश पार कर भारत में प्रविष्ट हुई थीं। इनमें से सबसे पुरानी नीग्रिटो प्रजाति है जो अफ्रीका से प्रागैतिहासिक युग में अरब–इरान के समुद्र तटों से होते हुए भारत आई थी। ये लोग उषः प्रस्तर (पूर्व–पाषाण) युग के मानव थे।

नीग्रिटो :

भारत के निवासियों में नीग्रिटों प्रजाति सबसे पुरानी मानी जाती है। काला रंग, सिर पर रोएँ जैसे घुँघराले केश, चिपटी,, नाक, मोटे होंठ, नीग्रिटो की पहचान

है। ये लोग पूर्व–पाषाण युग के मानव थे, पशु–पालन एवं कृषि से अनभिज्ञ थे तथा शिकार एवं कंद–मूल पर जीविका निर्वाह करते थे। ये अफ्रीका से अरब एवं इरान का समुद्र तट पकड़ते हुए भारत के पश्चिमोत्तर भाग में आ बसे थे। इस प्रजाति की कुछ जातियॉ अंडमान द्वीप–समूह में रहती हैं। कोचीन एवं त्रावनकोर तथा दक्षिण के पनियन, इरूला, कसम्बा, कादिर तथा आसाम के नागाओं में इस प्रजाति के लक्षण अब भी अवशिष्ट हैं। भारत से जल–थल मार्ग से होती हुई यह प्रजाति मलय प्रायद्वीप, न्यूगिनी तथा सुदूर पूर्व मिलानेसिया द्वीप समूह तक जा बसी थी।

प्रोटो–आस्ट्रेलायड :

नीग्रिटो के उपरान्त भारत में दूसरी प्रजाति–प्रोटो–आस्ट्रेलायड आई। इस प्रजाति के मानव काले रंग, चिपटी नाक और लम्बे सिर वाले थे। ये लोग क्रमशः सारे भारत में फैल गए। यह प्रजाति भी प्रागैतिहासिक युग में भूमध्य सागर से (फिलिस्तीनी प्रोटो–आस्ट्रेलायड वंश के) भारत आयी थी। आस्ट्रिक या आग्नेय इसी जाति की प्राचीन शाखा थी। इस आदिम जाति के वंशधर भारत में कोल, भील मुण्डा आदि के रूप में विद्यमान हैं। ये अपने साथ भाषा एवं संस्कृति संबंधी जो भी उपकरण लाए थे उसका परिष्कार एवं विकास भारत में हुआ था। इन्होंने ही भारत में उत्तर पाषाण युग की सभ्यता की नींव रखी थी और आदिम संस्कृति को जीवन की अनेक दिशाओं में आगे बढ़ाया तथा दूर तक पहुंचाया था।

आग्नेयों के पश्चात् आने वाले मंगोलायड एवं आर्य जातियों का जब इन पर दबाव पड़ना प्रारम्भ हुआ तो इनकी अनेक शाखाओं ने दक्षिण–पूर्व के देशों एवं द्वीप–पुंजों की राह पकड़ी। भाषा के स्वरूप एवं संस्कृति से पता चलता है कि श्री लंका में जाने वाली व्याध (बेद्दा) तथा आस्ट्रेलिया तक पहुँच जाने वाली आदिम जातियॉ इन्हीं आग्नेयों की वे शाखाएँ हैं जो बहुत प्रारम्भ में ही भारत से जाकर वहॉ बस गई थीं। दक्षिण–देशों के प्रयाण के पूर्व भारत में आग्नेयों की निरी आदिम अवस्था बीत चुकी थी और उन्होंने अब तक अपनी भाषा एवं संस्कृति विकसित कर ली थी।

मंगोलायड :

इस जाति के दो प्रमुख उप–विभाग हैं : एक आसाम चिटगांग की पहाड़ियों, बर्मा, हिन्द–चीन सीमा प्रान्त के निवासी तथा दूसरा सिक्किम एंव भूटान में निवसित तिब्बती मंगोलायड जो तिब्बत से प्रव्रजन कर सिक्किम एवं भूटान पहुँचे थे। अधिकांश मान ख्मेर भाषा–भाषी तथा इसके अन्तर्गत नागा, गारो, कूकी, मिकिर दफला, अनोर और खासी जन–जातियों की भी गणना मंगोलायड के अन्तर्गत की गई है।

भूमध्यसागरीय :

प्राचीन भारत में आनेवाली एक अन्य महत्त्वपूर्ण प्रजाति द्रविड़ है। भूमध्यसागर की ईजियन (प्रोटो–आस्ट्रेलायड) और पश्चिम एशिया माइनर की आर्मनाइड प्रजातियों ने परस्पर विलयित होकर द्रविड़ जाति को जन्म दिया और यह जाति पश्चिमोत्तर भाग से भारत में प्रविष्ट होकर सारे देश में फैल गई। यद्यपि इस समय द्रविड़ भाषिओं का दक्षिण भारत में ही प्रभाव है किन्तु एक समय था जब द्रविड़ों का प्रभाव पंजाब, सिन्ध से लेकर गुजरात, महाराष्ट्र, असम, बंगाल लगभग पूरे देश में व्याप्त था। प्रस्तुत ब्राहुई भाषा द्रविड़ भाषा के स्वरूप में अब भी ब्लूचिस्तान में बोली जाती है।

पश्चिमी–ब्रेशीफाल्स :

अल्पाइन, दिनारिक और अर्मेनायड प्रजाति के उपसमूह, जिनकी शारीरिक संरचना लगभग एक प्रकार की थी, पश्चिमी ब्रेशीफाल्स के अन्तर्गत आते हैं। अधिकांश विद्वानों के अनुसार ये मध्य–एशिया से भारत में आए। बंगाल, उड़ीसा तथा गुजरात के निवासियों में इनके लक्षण विशेष रूप से पाये जाते हैं। भारत के दक्षिणी पठार में भी इस प्रजाति के लोग यत्र–तत्र बिखरे हुए हैं।

नौर्दिक :

भारत की वर्त्तमान जन–संख्या में इन प्रजातियों का पर्याप्त मिश्रण हो चुका है। ये सभी उप–जातियॉ अपनी प्रजातीय शुद्धता को कमो–बेश खो चुकी हैं। जहॉ तक इनकी बोली का प्रश्न है प्रस्तुत आस्ट्रिक, तिब्बत–चीनी, द्रविण एवम् आर्य भाषाएँ ही प्रचलन में हैं। प्रथम एवं पांचवीं प्रजाति की बोली विलुप्त हो चुकी है। इससे एक तथ्य सामने उभर कर आता है कि आवश्यक नहीं एक ही बोली को बोलने वाली जातियॉ एक ही मानव–वंश से उद्भवित हों या एक ही मूल वंश से विभिन्न शाखाओं में विभाजित उपजातियॉ एक ही प्रकार की भाषा का प्रयोग करें। फिर भी भाषा की एकता या समानता उप–जातियों की एकता या निकट–संबंधों का प्रमाण अवश्य है। इसी प्रकार भाषा की असमानता प्रजातीय पार्थक्य को प्रमाणित करती है। जब प्रजातियों के निर्धारण का आधार नृ–शास्त्रियों ने मात्र 'मानुष–मिति' मान रखा था तब भारत से आस्ट्रेलिया तथा मैडागास्कर से फिलीपाइन्स तक की सभी जातियों के आवागमन एवं फैलाव में सहायक था तथा जो अब सागर के भीतर डूब चुका है। किन्तु बाद में जब द्रविड़ एवं आस्ट्रिक भाषाओं की सूक्ष्मता से तुलना की गई और जो विभेद सामने आया उससे 'लेमुरी' द्वीप की कल्पना निरर्थक जान पड़ने लगी । यद्यपि पूर्ववर्ती विद्वानों ने इसी कल्पना के आधार पर भारत की आग्नेय जातियों को द्रविड़ वंश की एक शाखा माना था। वस्तुतः इस भ्रम का निवारण फादर श्मिट ने किया जब उन्होंने 'आस्ट्रिक' भाषा

परिवार का सूत्रपात किया तथा द्रविड़ भाषा परिवार को इससे भिन्न पाया। आस्ट्रिक भाषा एवं आस्ट्रेलायड प्रजाति के अन्तर्गत मुण्डा जन–जाति आती है जबकि उरांव जनजाति का उद्‌गम द्रविड़ प्रजाति से सिद्ध होता है तथा उनकी भाषा भी द्रविड़ मूल की है। इस प्रकार छोटानागपुर में साथ–साथ रहने वाली मुण्डा एवं उरांव जन–जातियों का वंशमूल एवं भाषा स्रोत पूर्णतः भिन्न हैं। मुण्डा एवं उरांव दोनों ही पूर्णतः भिन्न जन–जातियाँ हैं और इनका उद्‌भव एवं विकास भी भिन्न–भिन्न परिस्थितियों में हुआ है, अतः इनका अध्ययन भिन्न–भिन्न उप–अध्यायों में करना अभीष्ट है।

मुण्डा जन–जाति : उद्‌भव एवं विकास :

प्रोटो–आस्ट्रेलायड परिवार की मुण्डा एक उपजाति है और आस्ट्रिक परिवार की मुण्डा–भाषाओं में मुण्डारी एक उपभाषा है। 'मुण्डाभाषाओं' का अर्थ है भारतीय आग्नेय भाषा का वह समुदाय जो आग्नेय वंश की संथाल, मुण्डा, हो, खड़िया,

बिरहोर जैसी अनेकशः जन–जातियों द्वारा प्रयुक्त होने वाली भाषाओं से मिलकर बना है। भारत में आग्नेयों की कुल आबादी, जार्ज गियर्सन के सर्वेक्षण के अनुसार उस समय दो करोड़ से ऊपर थी जिसमें मुण्डा–भाषाओं भाषी लगभग चालीस लाख तथा इनमें मुण्डारी–भाषी लगभग साढ़े छः लाख थे। बिहार में मुण्डारीभाषा–भाषी मुण्डाओं की संख्या सर्वाधिक लगभग साढ़े छः लाख है, जिसका एक बड़ा भाग छोटानागपुर में रहता है।

मुण्डाओं के छोटानागपुर में आगमन तथा इसके पूर्व का इतिहास अंधकार के ऐसे परतों से आच्छादित है जिसे अब तक विद्वान पूरी तरह अनावृत्त नहीं कर सके हैं। इतिहास–लेखन की तथ्य–परक विधा के अनुसार ऐसे सामग्री स्रोतों का पूर्णतः अभाव है जो मुण्डाओं के मूल–स्थान, उनकी भारत तक की यात्रा, भारतीय प्रागैतिहासिक जीवन तथा इसके बाद के जीवन–विकास के अध्ययन का आधार प्रस्तुत कर सके। इस आदिम जन–जाति के पास अपनी भाषा, अपना रंगरूप, स्वभाव, लोक–गीत, गाथाओं एवं अवदानों के अतिरिक्त अन्य कोई ऐसा साहित्य या स्रोत नहीं है जिससे इस जाति का इतिहास–लेखन संभव हो सके। नृ–शास्त्रियों ने मुण्डाओं की शारीरिक संरचना के आधार पर उस मानव–वंश को ढूँढ़ निकालने का प्रयास किया है जिसकी प्रजातीय उप–जाति के रूप में यह जन–जाति विभिन्न भौगोलिक एवं पर्यावरण–जन्य आघातों को झेलती हुई अपने वर्त्तमान बोली के आधार पर उस भाषा–परिवार को ढूँढ़ निकालने का प्रयत्न किया है जिससे इनकी मुण्डारी भाषा जुड़ी हुई है तथा जो संसार के विभन्न भागों में बोली जाती है। विद्वानों ने मुण्डा जन–जाति के लोकगीतों एवं गाथाओं के आधार पर इनके मूल स्थान, इनके उद्भव एवं विकास का इतिहास ज्ञात करने तथा अपने कथन की पुष्टि में कतिपय पुरातत्त्वीय साक्ष्यों को जुटाने का प्रयास किया है क्योंकि विद्वानों का मानना है कि साहित्य के अभाव में लोकगीत एवं गाथाएँ भी अलिखित साहित्य का दायित्व निर्वाह करती हैं जिसमें किसी जाति का सामाजिक, राजनैतिक एवं धार्मिक इतिहास प्रच्छन्न रूप से निहित रहता है।

भाषा–गत प्रमाण :

छोटानागपुर की मुण्डा जन–जाति उस विशाल परिवार की एक उप–जाति मानी जाती है जिसे 'कोल' नाम दिया गया है तथा जिनकी भाषा को ग्रियर्सन ने 'कोलेरियन' नाम दिया है। फेडरिक मिलर ने इन भाषाओं को 'मुण्डा' भाषा नाम दिया है। मुण्डा एक प्रसिद्ध प्रजाति है और आग्नेय भाषा सर्वाधिक मौलिक रूप में मुण्डा भाषाओं में सुरक्षित है। 'कोलेरियन' शब्द की अपेक्षा 'मुण्डा' शब्द अधिक सम्मान–जनक एवं सुसंस्कृत है अतः इन भाषाओं के लिए भारतीय विद्वानों ने 'मुण्डा' शब्द को वरीयता पूर्ण मान्यता प्रदान की है तथा आज यह पूर्णतः प्रचलन

में है। मुण्डा भाषा में जिन बोलियों की गणना होती है वे हैं : खेरवारी, संथाली, मुण्डारी, भूमिज, बिरहोर, कोरा, हो, तुरी, आसुरी, अगारी, बिरजिया, कोरवा, कोरकू, खरिया, जुआंग, सवर और गोदाब।

मुण्डा भाषा की गणना, आस्ट्रिक (आग्नेय) भाषा समूह के आस्ट्रो–एशियाटिक वर्ग की एक भाषा के रूप में होती है। आस्ट्रो–एशियाटिक भाषा परिवार में निम्नलिखित भाषाएँ तुलनात्क विश्लेषणों के उपरान्त निर्धारित की गई हैं –

भाषाएँ		**स्थान**
क. मुण्डा–समुदाय	:	मध्य एवं पूर्व भारत
ख. खासी	:	पूर्वोत्तर भारत...... बर्मा की सीमा तक प्रविष्ट
ग. निकोबारी	:	निकोबार द्वीप–समूह
घ. पालोंग तथा वा	:	बर्मा की जन–जातियाँ
ङ. ख्मेर या कम्बोडियन	:	हिन्द–चीन
च. चाम	:	वियतनाम
छ. सकाई	:	मलाया

उपरोक्त भाषा परिवार (आस्ट्रो–एशियाटिक) के साथ श्मिट ने दक्षिण पूर्व के अनके द्वीपों में बोली जाने वाली भाषाओं की तुलना की तथा ऐसे संबंध–सूत्रों को ढूँढ़ निकाला जिनके प्रमाण पर, भाषा–विज्ञान के आधार पर इन दोनों भाषा समूहों में पूर्णतः एकता सिद्ध हुई है जिसे लक्ष्य कर डब्लू. श्मिट ने एक विशाल 'आस्ट्रिक' भाषा परिवार की स्थापना की । दक्षिण पूर्व की भाषाओं को आस्ट्रोनेशियन नाम दिया गया जिसे विद्वानों ने पाँच परिवारों में विभक्त किया है –

भाषा परिवार		**क्षेत्र एवं क्षेत्रीय भाषाएँ**
1. मलायाई या इन्डोनेशियाई	:	मलाया–सुमात्रा में 'मलायी' भाषा, जावा (तीन चौथाई में यवद्वीपीय तथा शेष भाग में 'सुथियन', बोर्नियो में 'दयका' फिलीपाइन्स में 'तांगलौंग' फारमसा में 'फारमासी' मेडागास्कर में 'मलगसी'। इनके अतिरिक्त 'बालिद्वीपीय', 'मदुरी', 'सुन्दा', 'विसाया' आदि भाषाएँ भी इस क्षेत्र में बिखरी हुई हैं।
2. मलेशियाई	:	काले द्वीप पुंज की भाषाएँ

3. पालिनेशियाई : बहु द्वीप पुंज की भाषाएँ : 'समोआ', 'तोंगा', तुआमोतु, 'हवाई' (हवाई द्वीप समूह) तथा 'माओरी' न्यूजीलैण्ड में निवसित जन–जातियों की प्रधान भाषा। ये भाषाएँ इन्डोनेशियन या 'मलायी' परिवार के अत्यन्त निकट हैं।

4. पापुआई : मलाया एवं पालिनेशियाई के मध्य न्यूगिनी द्वीप समूह में बोली जाती है।

5. आस्ट्रेलियाई : आस्ट्रेलिया के विभिन्न क्षेत्रों के मूल–निवासियों द्वारा बोली जाने वाली भाषाएँ 'दिप्पिल', 'तुरुकुल', 'ओडी–ओडी', 'किंकी' तथा 'कमलि रोव' हैं।

डब्लू शिमट द्वारा प्रस्तुत आस्ट्रिक–भाषा परिवार के विशाल क्षेत्र को देखते हुए कतिपय विद्वानों ने शिमट की उप–कल्पना पर प्रश्नवाचक चिन्ह लगाए हैं तो कुछ विद्वानों ने ऐसे गहन और श्रमसाध्य प्रयास के लिए शिमट की प्रशंसा भी की है। यद्यपि कार्य की विशालता को देखकर भूलों तथा गलत निष्कर्षों की संभावनाएँ अवश्य हैं पर अन्य कोई भाषाई अध्ययन विकल्प के रूप में सामने नहीं आया है जिसको आधार मानकर शिमट के प्रयास का मूल्यांकन किया जा सके फिर भी मुण्डा–भाषा को जिस प्रकार द्रविड़ भाषा के भ्रमजाल से अलग कर उसे आस्ट्रो–एशियाटिक भाषा परिवार से शिमट ने जोड़ा है वह न केवल मुण्डाओं के भारत में क्रमशः प्रसार का एक चित्र उपस्थित करता है अपितु उस दिशा का भी संकेत देता है, जिस मार्ग से मुण्डाओं ने भारत में प्रवेश किया था।

शिमट ने भाषा वैज्ञानिक तथ्यों के आधार पर मुण्डा भाषाओं का संबंध ख्मेर भाषा समूह से, विशेषतः मोन एवं खासी भाषाओं से स्थापित किया है। विभिन्न तुलनाओं द्वारा शिमट ने इन भाषाओं के उच्चारण, वाक्य–विन्यास, व्याकरण तथा शब्द–भण्डार में एक–रूपता प्रमाणित की है। शिमट ने इन भाषाओं में मुण्डा भाषाओं के 345 शब्दों का प्रयोग पाया है साथ ही व्याकरण संबंधी अध्ययन में पाया गया है कि व्यक्तिवाचक सर्वनाम (प्रथम पुरूष बहुवचन) का प्रयोग स्वतंत्र तथा संयुक्त दोनों रूपों में इन सभी भाषाओं में किया जाता है, संबंध सूचक अव्यय (Prepositional genitive) के प्रयोग में भाषाओं में पूर्णतः एकरूपता पाई गई है, प्रत्यय (Possessive suffix) का स्वरूप भी सभी भाषाओं में एक जैसा मिला है। जहाँ तक उच्चारण का संबंध है शिमट ने शब्दों के उच्चारण में ध्वनात्मक समानता का उल्लेख किया है, साथ ही मूल–शब्दों में प्रत्यय जोड़ना एवं शब्द को प्रभावी बनाने के लिए अनुनासिक ध्वनि जोड़ना इन भाषाओं का सहज चरित्र बतलाया है।[1]

डब्लू शिमट से सहमति व्यक्त करते हुए इस विषय पर अन्य भाषाशास्त्रियों ने भी मोन–ख्मेर तथा मुण्डा भाषाओं के बीच निकट संबंध की स्थापना विभिन्न प्रमाणों के आधार पर की है। बी.एच. हागसन तथा स्टेन कोनो ने न केवल शिमट

के सिद्धान्तों का समर्थन किया है बल्कि उसके द्वारा इन भाषाओं के नामकरण से भी सहमति व्यक्त की है तथा नए भाषा परिवार की श्मिट की अवधारणा को स्वीकारा है। श्मिट द्वारा किए गए मुण्डा एवं मोन ख्मेर भाषा के वर्गीकरण को प्रसिद्ध भाषा–वैज्ञानिक टी. बरो तथा एस.के. चटर्जी ने सही माना है किन्तु टी. बरो ने यह टिप्पणी भी की है कि मुण्डा एवं मोन–ख्मेर भाषाओं के एक परिवार के होने के प्रचुर प्रमाण उपलब्ध हैं किन्तु श्मिट ने उन सबका उपयोग अपनी पुस्तक में पुरी तरह नहीं किया है।[2]

श्मिट के सिद्धान्त एवं निष्कर्षों की प्रसिद्ध भाषा–वैज्ञानिक डब्लू वॉन हेव्सी ने न केवल आलोचना की है अपितु उसे गलत मानकर पूरी तरह अस्वीकार कर दिया है।[3] हेव्सी ने मुण्डा भाषाओं एवं मोन–ख्मेर भाषा समुदाया के संबंधों को अस्वीकार करते हुए इसके स्थान पर मुण्डा–भाषाओं का संबंध 'फिनो–उग्रीयन' भाषा–समूह से स्थापित किया है। हेव्सी ने स्पष्ट किया है कि फिनो–उग्रीयन भाषा के सभी गुण एवं चरित्र आश्चर्यजनक रूप से मुण्डा भाषाओं से मिलते हैं। वाक्य–विन्यास, उच्चारण–ध्वनि एवं व्याकरण की समानता के अतिरिक्त हेव्सी ने ग्यारह–सौ से अधिक शब्द–समूहों को ढूँढ़ निकाला था जो फिनो–उग्रीयन एवम् मुण्डा–भाषाओं में समान रूप से व्यवहृत थे। हेव्सी ने मोन–ख्मेर तथा मुण्डा भाषाओं के संरचनात्मक विभेद का उल्लेख करते हुए टिप्पणी की कि प्रतीत होता है श्मिट ने दोनों भाषाओं के संरचनात्मक विभेद पर ध्यान नहीं दिया था साथ ही वह दोनों भाषाओं के प्रत्यय एवं उपसर्गों का भी पहचान करने में असमर्थ रहा। यदि उसने शब्दों के प्रत्यय एवं उपसर्गों पर ध्यान दिया होता तो, हेव्सी के अनुसार दोनों भाषाओं में उसके गिनाए गए उभय–निष्ट शब्दों की संख्या 345 से घटकर 100 तक पहुँच जाती।[4]

यदि श्मिट के सिद्धान्त को सही माना जाता है तथा मोन–ख्मेर भाषाओं तथा मुण्डा–भाषाओं का भारत में प्रवेश बर्मा होते हुए कल्पित किया जा सकता है। हेविट ने मुण्डाओं का भारत प्रवेश पूर्वोत्तर दिशा से माना है।[5] हेव्सी द्वारा श्मिट की आलोचना के कारण श्मिट का सिद्धान्त संदेह के घेरे में आ गया है और इसे अकाट्य या विश्वसनीय नहीं माना जा सकता है। यद्यपि हेव्सी स्वयं अपने सिद्धान्तों को पूरी तरह स्थापित करने में उसी प्रकार विफल रहे जिस प्रकार उसके अन्य पूर्ववर्ती भाषा–वैज्ञानिक जो इस उप–कल्पना के आधार पर काम कर रहे थे कि मुण्डा प्रजाति मध्य–एशिया से भारत में उत्तरी भाग से प्रविष्ट हुई है। किन्तु हेव्सी निश्चित रूप से श्मिट के सिद्धान्तों को गलत साबित करने में एक सीमा तक सफल रहा। श्मिट की आलोचना मात्र हेव्सी ने नहीं की है अपितु टी.ए. सेव्योक ने आस्ट्रो–एशियाटिक भाषा परिवार संबंधी सिद्धान्त को अस्पष्ट एवं दुर्बल आधारों पर रचा हुआ बतलाया है। उसने मुण्डा, खासी एवं मोन–ख्मेर भाषाओं को एक

भाषा परिवार का प्रमाणित करने के लिए पर्याप्त ठोस आधारों की आवश्यकता पर बल दिया है। सेव्योक ने दोषारोपण करते हुए लिखा है कि श्मिट ने जिन आधारों पर (because of different position of genitive) जापानी भाषा को आस्ट्रिक समूह में नहीं रखा उन्हीं आधारों को अनदेखी कर उसने मुण्डा भाषा को आस्ट्रो एशियाटिक भाषा समूह में सम्मिलित कर लिया।[6] यदि श्मिट का मापदण्ड एक जैसा होता तो मुण्डा भाषा–एशियाटिक परिवार की भाषा नहीं होती।

भाषा–शास्त्री बी. एच. हागसन ने भारत–तिब्बती भाषाओं पर गंभीरता से काम किया है। इनके निष्कर्षों के अनुसार भारत एवं तिब्बत के मध्य में स्थित नेपाल तथा हिमाचल प्रदेश क्षेत्रों में तिब्बती–बर्मी बोलने वाली अलग–थलग पड़ी ऐसी जन–जातियाँ हैं जिनकी बोली में मुण्डाओं जैसे वाक्य–विन्यास, व्याकरण तथा उनके बहुत सारे शब्द मिलते हैं। हागसन ने मुण्डा–भाषा के इन तत्त्वों को पहाड़ी की कनौरी, कनाशी, रंगकस, रंग्लाय, मनचाती, बुनान, तिमान, चौदांग्ली, व्यांग्सी, धीमल, धमिया, वायु, जिन्दार, यक्का, खम्बू लिम्बू बोलियों में ढूँढ़ निकाला है।[7] स्टेन कोनो ने भी जो भारत–तिब्बती भाषा के विशेष जानकार माने जाते हैं इन पहाड़ी भाषाओं की चार उन प्रमुख विशेषताओं की ओर ध्यान आकृष्ट किया है जो मुण्डा भाषाओं में भी समान रूप से पाई जाती हैं । वे हैं–

1. वाइजेसियल गणना पद्धति,
2. संयुक्त एवं असंयुक्त रूप में एक, द्वि एवं बहुवचन सर्वनामों का स्वरूप,
3. व्यक्तिवाचक सर्वनाम को प्रत्यय जोड़कर क्रिया शब्दों के रूप में बदलना तथा
4. क्रिया में कर्म को समाहित कर लेना।

इस प्रकार हागसन एवं स्टेन कोनो दोनों ने प्रमाणित करने का प्रयास किया है कि मुण्डा या इनसे सम्बद्ध जन–जातियॉ कभी हिमालय भू–भाग पर रहती थीं। विशेषकर 'कनवार' में बोली जाने वाली बोली के व्याकरण पूरी तरह मुण्डारी से मिलते–जुलते हैं।[1]

उपरोक्त भाषा–शास्त्रियों द्वारा स्थापित मुण्डा भाषा का हिमालय प्रदेश में बोली जाने वाली भाषा से सम्बन्ध इस बात पर बल देता है कि मुण्डा–जनजाति ने भारत में नेपाल तथा हिमाचल प्रदेश के मार्गों से प्रवेश किया था। अब भी ख्मेर भाषा–भाषियों एवं फिनो–उग्रीयन भाषा–भाषियों के पूर्वज दक्षिण चीन में बसे हुए मिलते हैं। इन तथ्यों से स्पष्ट होता है कि मुण्डाओं ने बर्मा एवं आसाम होते हुए भारत में प्रवेश नहीं किया था अपितु उस मार्ग से प्रवेश किया था जो तिब्बत से भारत को जोड़ता है। तिब्बत से मुण्डा दक्षिण की ओर चल कर नेपाल एवं

हिमाचल प्रदेश पहुँचे, जबकि खासी जन–जाति इनसे बहुत पहले ही भारत में प्रवेश कर उन पहाड़ियों में बस गई थी जो इनके नाम से विख्यात हैं। चूँकि मुण्डाओं की प्रकृति एक स्थान पर टिककर खेती करने की नहीं है तथा वे पहाड़ एवं जंगलों के उन्मुक्त वातावरण में रहना अधिक पसन्द करते हैं अतः हिमाचल प्रदेश एवं नेपाल से क्रमशः वे गंगा के मैदान में उतर आए थे।

यद्यपि गंगा के मैदानी भाग में रहने वाली चेरो जन–जाति (जो एक शक्तिशाली मुण्डा जाति के रूप में प्रसिद्ध थी) आर्य भाषा एवं संस्कृति के प्रभाव में अपनी भाषा एवं संस्कृति भूल चुकी है, इसी तरह भुइंया जाति भी जो मुण्डा प्रजाति की एक उपजाति है, दबाव में आकर या स्वेच्छा से या विकास की गति के प्रवाह में मुण्डा भाषा एवं संस्कृति भूल चुकी है, किन्तु वे प्रजातीय–लक्षण जो मुण्डाओं में हैं इन चेरों एवं भुइंया जन–जातियों में पाई जाती हैं। इस प्रकार चेरों एवं भुइयां जन–जातियां जो पूरी तरह मुण्डा हैं इस सत्य को प्रमाणित करती हैं कि मुण्डा लोग गंगा के मैदानों में रहते थे तथा कालान्तर में दक्षिण या दक्षिण–पूर्व की ओर चल पड़े थे।

श्मिट, जो मुण्डा लोगों के भारत में प्रवेश के दक्षिण–पूर्वी मार्ग के पक्षधर हैं, इस तथ्य से पूरी तरह अवगत थे कि मुण्डा की कुछ उपजातियां गंगा के मैदानों में रहती (थीं) हैं। श्मिट इस तथ्य से नहीं सहमत हैं कि मुण्डा हिमाचल प्रदेश या नेपाल या तिब्बत मार्ग से गंगा के मैदानी भाग में आए। अपितु इसके विपरीत उनका कहना है कि मुण्डा जाति दक्षिण पूर्व भारत से गंगा के मैदान की ओर गई तथा वहाँ जाकर फैल गई । श्मिट के अनुसार इस क्षेत्र में रहने वाले मुण्डा अधिक प्रगतिशील तथा उन्नत हैं जो घुमक्कड़ के रूप में पूर्व से गए थे।

श्मिट का प्रभाव भाषा–शास्त्रियों पर इतनी गहराई से था कि उसके सुझाए हुए मुण्डा जन–जाति के भारत प्रवेश के 'दक्षिण–पूर्व मार्ग' के अतिरिक्त गंभीरतापूर्वक किसी अन्य मार्ग की ओर ध्यान नहीं दिया गया। वस्तुतः हाल में कतिपय विद्वानों ने मुण्डा भाषा से न केवल 'तिब्बती–भारत' भाषाओं में एकरूपता ढूँढ निकाली है बल्कि विशुद्ध तिब्बती भाषा एवं मुण्डा भाषा में भी समानता के लक्षण पाए है।[1] इससे तिब्बत से हिमालय के रास्ते मुण्डा लोगों का हिमाचल प्रदेश एवं नेपाल आने की संभावना और दृढ़तर हो गई है।

यह आवश्यक नहीं है कि भारत में प्रवेश करने वाले मुण्डाओं की संख्या अधिक रही हो। वे शनैः शनैः शताब्दियों में तिब्बत, हिमाचल प्रदेश एवं नेपाल में छोटे–छोटे समूहों में आकर बसते रहे थे और क्रमशः उनकी संख्या में वृद्धि होती रही थी। अद्यतन अध्ययनों के उपरान्त मुण्डाओं के भारत–प्रवेश के हिमालय–मार्ग के पक्षधरों की संख्या में उल्लेखनीय वृद्धि हुई है। इ. डाल्टन, एच.बी. हॉगसन

तथा जे.एच. हट्टन ने श्मिट के तर्कों को अपर्याप्त पाया है और हिमालय मार्ग को प्रमाण संगत माना है। हट्टन ने तिब्बती–भारत भाषाओं के साथ मोन–ख्मेर भाषाओं का भी मुण्डा भाषा से संबंध प्रमाणित किया है और इस आधार पर वह मुण्डाओं के भारत में प्रवेश के दो मार्ग प्रस्तावित करता है। हट्टन के अनुसार चूँकि भारत में आस्ट्रिक परिवार की दो भाषाएँ बोली जाती हैं अतः संभावना है कि मुण्डा जाति दो मार्गों से भारत में प्रविष्ट हुई हो। मध्य एशिया से चलकर यह जाति हिमालय के पश्चिमी छोर से तथा कुछ हिमालय के पूर्वी छोर से भारत में प्रविष्ट हुई हैं, प्रथम स्थिति में ये कोलेरियन या मुण्डा भाषा तथा दूसरी स्थिति में मोन ख्मेर भाषा–भाषी थे, जो आसाम क्षेत्र तक सीमित है।[8]

भारतीय जन–जातियों की शारीरिक संरचना में प्रोटो–आस्ट्रेलायड वर्ग के लक्षण स्पष्ट रूप से मिलते हैं, विशेषकर कोल या मुण्डा एवं मोन ख्मेर जन–जातियों में जो क्रमशः नीग्रिटो तथा मंगोलायड प्रजातियों के मिश्रण के प्रतिफल हैं। मुण्डारी भाषा, जो आस्ट्रो–एशियाटिक परिवार की एक भाषा है, मध्य भारत के पूर्वी तथा हिमालय एवं काश्मीर के दक्षिण एवं नेपाल के पूर्वी क्षेत्र में किसी–न–किसी रूप में बोली जाती है। डॉ. स्टेन कोनो के अनुसार एक समय ऐसा था जब पूरे उत्तर भारत तथा दक्षिण भारत में कोलों का आधिपत्य था। आर्यों से युद्ध और कालान्तर में होने वाले सम्पक्र और मिश्रण के फलस्वरूप मुण्डाओं से आर्यों की भाषा में सामान्य प्रचलन के अनेक शब्द प्राप्त हुए हैं। कतिपय विद्वान इसे आग्नेय भाषा का भी प्रभाव मानते हैं। कुछ मुण्डारी शब्द जो आर्यों की भाषा में प्रतिष्ठित हुए निम्नलिखित हैं –

पक्षियों के नाम, कतिपय, वृक्षों के नाम, कुछ मानव अंगों के नाम तथा सामान्य औजारों के नाम। शब्दों में 'शालमली' अर्थात् सूती सिल्क, बाल अर्थात् केश, कम्बल आदि मुण्डारी मूल के शब्द हैं। करपास = कपास, ताम्बूल अर्थात् पान आर्यों ने मुण्डारी भाषा से ग्रहण किये हैं।

भारतीय समुद्र तट तथा चीन के भी समुद्री भाग में प्रोफेसर प्राइलुस्की के अनुसार "कौड़ियों" का उपयोग सिक्कों के रूप में किया जाने लगा था। यह क्षेत्र आस्ट्रो–एशियाटिक भाषा परिवार के अन्तर्गत आता है। संस्कृत का शब्द गण्डक या गण्डा, जिसका अर्थ चार कौड़ी होता था, आस्ट्रिक भाषा से लिया गया है। इसी प्रकार बांग्ला भाषा में पान का अर्थ एक आना या 80 कौड़ी होता था। यह 'पान' शब्द मुण्डारी भाषा का है।

इस प्रकार भाषा के तुलनात्मक अध्ययन से निष्कर्ष निकलता है कि मुण्डा–जन–जाति अपने मूल–स्थान पूर्व दिशा से भारत में दो मार्गों से प्रविष्ट हुई थी, एक बर्मा और आसाम होते हुए तथा दूसरा तिब्बत से हिमालय के मार्गों द्वारा

हिमाचल प्रदेश में। प्रारम्भ में श्मिट द्वारा निर्धारित दक्षिणी मार्ग अधिकांश विद्वानों द्वारा मान लिया गया था किन्तु अद्यतन अध्ययनों से श्मिट का सिद्धान्त उतना सुदृढ़ नहीं प्रतीत हुआ। यही कारण है कि भाषा के आधार पर विद्वानों ने मुण्डाओं के भारत आने के दक्षिणी मार्ग की अपेक्षा तिब्बत से होकर हिमालय के पश्चिम तथा नेपाल के मार्गों को अधिक प्रमाण संगत माना है। नृ–शास्त्रियों द्वारा मुण्डाओं में मंगोलीय मिश्रण का पाना इनके तिब्बतीय मार्ग की ओर भी पुष्टि करता है।

नृ–शास्त्रीय प्रमाण :

विलियम श्मिट ने नृ–शास्त्री इ.वॉन हेनलेडेन के सहयोग से मुण्डा संबंधी अपने भाषा गत सिद्धान्त के समर्थन में मुण्डा, खासी तथा दक्षिण–पूर्व एशिया के अन्य मोन एवं ख्मेर भाषा--भाषियों के बीच शारीरिक संरचना या वंशगत प्रजातीय

एकरूपता स्थापित करने का प्रयास किया एवं कतिपय प्रजातीय एकरूपताओं को ढूँढ निकाला था।[9] शिमट ने जिन प्रजातीय एकरूपताओं को ढूँढ निकाला था, वह स्वयं उससे आश्वस्त नहीं था। वह जानता था कि इन थोड़ी एकरूपताओं के आधार पर वह इन जन–जातियों के बीच जो एक दूसरे से काफी दूर हैं तथा मिश्रण के दोष से भी मुक्त नहीं हैं, दृढ़तापूर्वक प्रजातीय संबंध की बात नहीं कही जा सकती। किन्तु इस प्रयास से शिमट ने एक अन्य निष्कर्ष अवश्य निकाला कि ये प्रजातियाँ यद्यपि मंगोलों एवं आर्यों से घिरी हुई थीं परन्तु इनमें मंगोलों या आर्यों के प्रजातीय तत्त्व मिश्रित नहीं हो पाए हैं। शिमट का उद्देश्य मुण्डाओं का दक्षिण–पूर्व से आना प्रमाणित करना था। चूँकि मंगोल तिब्बत के उत्तर या सीमान्त क्षेत्र में रहते हैं अतः मुण्डाओं पर मंगोलीय प्रभाव उनके प्रवास को तिब्बती क्षेत्र में प्रमाणित कर देता और इस प्रकार उनका भारत प्रवेश पूर्वोत्तर मार्ग से संयुक्त कर देता और तब शिमट का भाषागत सिद्धान्त अपने ही निष्कर्षों से खण्डित हो जाता। फिर भी शिमट तथा अक्स्टेड ने मुण्डाओं की शरीर–रचना में कुछ मंगोलीय तत्त्वों के सत्य को स्वीकारा है।

शिमट के उपरोक्त निष्कर्षों का, एच.एच.रिजले एवं पी.ओ बोदिंग ने, जिन्होंने 'संथालों में मंगोलियन प्रजाति के प्रभाव' पर काम किया है, खण्डन किया है तथा स्पष्ट रूप से प्रमाणित किया है कि मुण्डाओं में मंगोलीय प्रजातीय लक्षण विद्यमान हैं।[1] जे.एच. हट्टन ने अपने अध्ययन के आधार पर लिखा है कि जहाँ तक शारीरिक संचना का संबंध है इन जन–जातियों में प्री–द्राविड़ियन तथा प्रोटो–आस्ट्रेलायड तत्त्वों का भी समावेश मिलता है।[10]

किन्तु मुण्डाओं में मंगोलीय प्रजातीय तत्त्वों की उपस्थिति से यह प्रमाणित नहीं होता कि मुण्डा जन–जाति भारत के पूर्वी मार्ग से आसाम–बर्मा होती हुई आयी है। ऊपर उल्लेख किया जा चुका है कि तिब्बत का उत्तरी सीमान्त क्षेत्र मंगोलों से निवसित है अतः मुण्डाओं का हिमालय मार्ग से हिमाचल प्रदेश या नेपाल होते हुए भारत आना ही उचित प्रतीत होता है जहाँ मंगोलों से मिश्रण की संभावना तथा उनके शारीरिक लक्षणों का मुण्डाओं मं समावेश संभव है। अतः जब मुण्डाओं में मंगोलीय तत्त्वों के चिह्न मिलते हैं तो बहुत संभावना है कि मुण्डा जन–जाति मंगोलों के सानिध्य में काफी समय तक रही हो। कालान्तर में क्रमशः छोटे–छोटे समूहों में ये दक्षिण की ओर बढ़ते हैं तथा हिमाचल प्रदेश एवं नेपाल पहुँचते हैं, जहाँ से सिंध–गंगा के मैदानी भाग में आना सहज प्रतीत होता है। हैविट भी उत्तर–पूर्वी मार्ग के पक्ष में तक्र प्रस्तुत करते हैं।[11]

जी. टी. बाउल्स खासी एवं मोन–ख्मेर भाषा–भाषियों (जो असम की पहाड़ियों तथा बर्मा तक फैले हैं) से मुण्डाओं की शारीरिक संरचना की तुलना करते हुए निष्कर्ष निकालते हैं कि इनके बीच एक–रूपता प्रमाणित करने वाले तत्त्व न्यून एवं

दुर्बल हैं। इस प्रकार बाउल्स परोक्ष रूप से बर्मा एवं आसाम मार्ग से जन–जाति के भारत प्रवेश को नकारते हैं।[12] प्रस्तुत कुछ भी प्रामाणिक रूप से नहीं कहा जा सकता। एक समय था जब श्मिट की अवधारणा को अधिकांश विद्वान सही मानते थे तथा मुण्डा जन–जाति के भारत प्रवेश का 'दक्षिण–पूर्वी' मार्ग सर्वसम्मत स्वीकृत था किन्तु कालान्तर में तिब्बत भारत भाषाओं के अध्ययन तथा मुण्डाओं में मंगोलीय प्रजातीय लक्षण मिलने से, तथा अन्य भाषागत अध्ययनों से परिकल्पना विकसित हुई कि मुण्डा लोग दक्षिण–चीन से तिब्बत और पुनः तिब्बत से (1) कुछ नेपाल होते हुए गंगा के मैदान एवं आसाम की पहाड़ियों की ओर और (2) कुछ तिब्बत से हिमालय मार्ग द्वारा हिमाचल प्रदेश और पुनः यहाँ से पश्चिमोत्तर भारत एवं गंगा के मैदान की ओर फैले हैं।

प्रागैतिहासिक–प्रमाण :

मानव वंशों का पता लगाने के साधनों में प्रागैतिहासिक मानव के अवशिष्ट अस्थि–कंकाल तथा उसके द्वारा निर्मित विभिन्न उपकरणों का उपयोग इतिहासकार करते हैं। इन अस्थि–पंजरों एवं विभिन्न उपकरणों के आधार पर विद्वानों ने विभिन्न प्रजातियों के मूल एवं विभिन्न देशों की प्रागैतिहासिक तथा पुरा–ऐतिहासिक परिस्थितियों का पता लगाया है। विभिन्न देशों में बिखरे हुए मानव–वंशों से सम्बद्ध प्रमाण–सामग्री के तुलनात्मक अध्ययन से विद्वानों को इस निष्कर्ष तक पहुँचने में सहायता मिली है कि मूल मानव–वंश का प्रसार विश्व के किस भू–भाग से हुआ है। भारत में भी समय–समय पर उत्खनन कार्य हुए हैं और यहाँ से प्राप्त सामग्री के आधार पर अनेक संदिग्ध एवं अपूर्ण तथ्यों के स्थिरीकरण में महत्त्वपूर्ण सहायता मिली है तथा नयी जिज्ञासाओं के जन्म लेने तथा नवीन प्रश्नों के उभरने के प्रति उत्कण्ठा भी जगी है।

भारत में प्रागैतिहासिक और पुरा–ऐतिहासिक महत्त्व के बहु–संख्यक पत्थरों के औजार उत्तर प्रदेश, मध्य प्रदेश, आंध्र प्रदेश, गुजरात और सिन्ध से प्राप्त हुए हैं। इस दृष्टि से मैसूर के ब्रह्म–गिरि स्थान की खुदाइयों से प्राप्त सामग्री का विशेष महत्त्व है। इस सामग्री को पुरातन पाषाण युगीन कहा गया है जो कि सिंधु–सभ्यता से भी काफी प्राचीन है। सिन्धु तथा तौहन नदी (पंजाब) से जो हाथ की कुल्हाड़ियाँ और औजार मिले हैं ऐतिहासिक महत्त्व के हैं। भारत की प्रागैतिहासिक संस्कृति की आदिम–स्थितियों का ज्ञान इन्हीं तथ्यों को आधार मानकर प्राप्त करने का प्रयास भी किया गया है। सिन्धु–सीमा के क्षेत्रों से प्राप्त लगभग 50 (पचास) अस्थि–पंजरों तथा अन्य उपकरणों के अध्ययन एवं विश्लेषण से विद्वानों ने हड़प्पा तथा मोहन जोदड़ो के विस्तृत क्षेत्र को पुरा–आस्ट्रेलीय, भूमध्य–सागरीय तथा आर्मीनी (अल्वाइन) आदि विभिन्न प्रजातियों के सांस्कृतिक तत्त्वों का सम्मिश्रण

स्थल माना है। पुरा–आस्ट्रेलीय वंश–परिवार से, विभिन्न साक्ष्यों के आधार पर, मुण्डा जन–जाति का उद्भव अधिकांश विद्वानों ने माना है। सिन्धु घाटी से प्राप्त कुल्हाड़ियाँ एवं अन्य औजारों से तथा मुण्डा प्रजातीय अस्थि पंजरों से इस क्षेत्र में मुण्डाओं के निवास की बात सिद्ध होती है।

आज से लगभग अर्ध–शती पूर्व आर.वॉन हीन–गेल्डर्न ने दक्षिण–पूर्व एशिया के प्रागैतिहासिक तथ्यों के अध्ययन क्रम में पता लगाया कि आस्ट्रो–एशियाटिक परिवार जिस प्रकार के पत्थर के बसूले (एक औजार) का प्रयोग करता था उस विशेष प्रकार के बसूले हिन्द–चीन के बर्मा तथा पूर्वोत्तर मध्यय भारत में पाए गए हैं, जो मुण्डाओं का निवास स्थान रहे हैं। इस प्रकार हीन–ग्लेडर्न ने निष्कर्ष निकाला है कि चूँकि ये औजार उन स्थानों में मिले हैं जो आस्ट्रो–एशियाटिक–भाषा परिवार की मुण्डा भाषा–भाषी बहुल क्षेत्र रहे हैं अतः भारत में मुण्डाओं के आने का मार्ग इसी क्रम में बनता है। अर्थात् मुण्डा लोग दक्षिण–पूर्व एशिया से भारत आये। ग्लेडर्न ने पुनः कहा कि चूँकि ये आस्ट्रो–एशियाटिक भाषा–भाषी,, आर्यों से भारत में बहुत पहले आये हैं तथा इस विशिष्ट प्रकार के तराशे हुए वसूले जो दक्षिण–पूर्व एशिया की ओर बढ़ने के पूर्व निर्मित प्रतीत होते हैं, इस तथ्य के प्रमाण हैं कि आस्ट्रोनेशियन्स का हिन्देशियन्स का हिन्देशिया में आव्रजन लगभग 2000 ई.पू. हुआ था। निर्मित बसूलों जैसे औजार की प्रकृति तथा भाषा तुलना के आधार पर ग्लेडर्न मोन–ख्मेर एवं मुण्डाओं को, श्मिट की तरह, एक मूल के मानते हैं।[1]

किन्तु ए.एच. दानी ने उपरोक्त निष्कर्षों का खण्डन किया है। दानी के अनुसार नवीनतम अध्ययन एवं पुरातात्त्विक प्रमाण हीन ग्लेडर्न द्वारा वर्णित औजारों को तथा–कथित आस्ट्रो एशियाटिकों से संबंधित नहीं प्रमाणित करते। दानी के अनुसार इन औजारों में, तथा जिन स्थितियों मे ये औजार भारत में पाये गए हैं, ऐसा कोई लक्षण दिखलाई नहीं पड़ता जिससे प्रमाणित हो सके कि ये ईसा से 1500 वर्ष पूर्व या आर्यों के भारत में आने से पूर्व अस्तित्व एवं प्रचलन में आ चुके थे। वस्तुतः नव–पाषाण युगीन संस्कृति ईसा के शताब्दियों बाद तक भी उन पर्वतीय क्षेत्रों में क्रमशः विद्यमान थी। दानी का विश्वास है कि तराशे गए पत्थर के चिकने एवं वर्गाकार औजारों तथा विशेषकर जिन पाषाण बसुलों (facetted stone aØes) को खोदाई में हिन्द चीन में तथा मुण्डाओं के देशों में पाया गया है, इन्हें मृतात्माओं के भेंट स्वरूप ससान में गाड़ दिया जात था। वे मात्र उन कुल्हाड़ियों की प्रतिकृत थीं जो धार्मिक संस्कारों में प्रयुक्त होती थीं। दानी ने मत व्यक्त किया है कि तराशे गए पत्थर, बसुले तथा जिन वर्गाकार औजारों का गेल्डर्न ने उल्लेख किया है उनके निर्माण में विशेष तकनीक की आवश्यकता पड़ती है। वर्गाकार तराशे गए पत्थर चिकनें एवं उनके कोने पूर्णतः समकोणीय हैं जिसे साधारण रूप से घिस

कर नहीं उभारा जा सकता है। इतने बारीक काम के लिए आरी आदि से काटने की कोई तकनीक अवश्य अपनाई गई होगी या इस प्रकार के किसी धातु निर्मित औजार की नकल की गई होगी। इस प्रकार दानी ने निष्कर्ष निकाला है कि हिन्द चीन एवं मुण्डा–बहुल क्षेत्रों में पाये गए तराशे हुए पत्थर के बसुले तांबे की बनी कुल्हाड़ियों की नकल हैं, जिनका उपयोग शव को दफनाने के कृत्यों के अवसर पर किया जाता था। दानी के अनुसार दक्षिण चीन में इन कुल्हाड़ियों का अस्तित्व 1300–1000 ई.पू. प्रतीत होता है अतः भारत में निसन्देह ये बाद में अस्तित्व में आये होंगे।[13]

इस प्रकार हीन–ग्लेडर्न का प्रमाणित करने का प्रयास कि मुण्डाओं का सांस्कृतिक संबंध मोन–ख्मेर, भाषा–भाषियों से था तथा मुण्डा जन–जाति बर्मा एवं आसाम से होती हुई भारत आयी थी, जिन तथ्यों पर आधारित हैं, वे बहुत कमजोर हैं एवं सन्देह से परे नहीं हैं। यद्यपि ग्लेडर्न का निष्कर्ष श्मिट से मेल खाता है किन्तु हम देख चुके हैं कि पूर्वात्तर भारत सीमा पर तिब्बतीय एवं मंगोलीय प्रभाव मुण्डाओं के भारत–प्रवेश के दावे को अधिक बल प्रदान करता है। मुण्डाओं का भारत–प्रवेश छोटे–छोटे समूहों में पूर्वात्तर भारत–नेपाल तथा पश्चिमोत्तर भारत में हिमाचल–प्रदेश मार्ग से हुआ प्रतीत होता है। जे.एन. हट्टन ने अपनी पुस्तक में इस आधार पर कि भारत में आस्ट्रिक भाषा परिवार की दो बोलियाँ बोली जाती हैं मुण्डाओं के भारत प्रवेश के दो संभावित मार्गों का उल्लेख किया है। पूर्वोत्तर हिमालय मार्ग से आये कोल (मुण्डा) विभिन्न मुण्डारी भाषा बोलते हैं।[14] चूँकि भारत में मुण्डाओं के मानवमितीय अध्ययन के उपरान्त उनकी संरचना में कुछ मंगोल प्रजातीय लक्षण प्राप्त हुए हैं अतः भाषा के तथा कतिपय पुरातत्त्व के आधार पर बनी यह अवधारणा कि मुण्डा भारत में आने के पहले तिब्बत–मंगोल सीमा में रहते थे, अधिक प्रमाण संगत प्रतीत होती है।

परम्परागत प्रमाण

मुण्डाओं की प्राचीन परम्पराएँ जो उनकी धर्म गाथाओं, अवदानों, लोक–कथाओं एवं लोकगीतों में अनुस्यूत हैं, उनके उद्‌भव और विकास पर अपने ढंग से प्रकाश डालती हैं। यद्यपि कथाएँ कमोबेश परिवर्तन के साथ समस्त मुण्डा–समाज में प्रचलित हैं किन्तु इनकी विषय–वस्तु या कथानक की प्रामाणिकता पूरी तरह असंदिग्ध नहीं है और ये ऐतिहासिक या पुरातात्त्विक साक्ष्यों से समर्थित भी नहीं हैं अथवा क्षीण रूपेण ही समर्थित हैं। इनकी विषय–वस्तु पर वेदों एवं पुराणों का प्रभाव भी लक्षित होता है। पुराणों में वर्णित कथाएँ मुण्डाओं के धर्म एवं परिवेश में ढल कर यद्यपि नया कलेवर ग्रहण कर लेती हैं किन्तु केन्द्रबिन्दु वही रहता है जो पौराणिक कथाओं का है। सृष्टि और पृथ्वी पर मानव जीवन के अवतरण की परिकल्पना

हिन्दू एवं मुण्डा दोनों धर्मों में लगभग एक ही जैसी है। मुण्डा धर्मगाथा में महाप्रलय की कथा (मनोवा कोवः दोबड़ा जनम) मनु की कथा का ही रूपान्तर है। यहाँ भी मनु ही हैं जो लोटे के पानी में तैरती मछली को नदी में सुरक्षित छोड़ते हैं और वह मछली महाप्रलय आने पर मनु की नाव सुरक्षित बचा लेती है और इस प्रकार मनु से क्रमशः मुण्डा, रोड़ा, ननका तथा सोद्तो का जन्म होता है और इस पृथ्वी पर पुनः मानव–जीवन का प्रादुर्भाव होता है।[15]

जल–प्लावन एवं इसके पश्चात् पृथ्वी एवं इस पर वनस्पति तथा जीव की सृष्टि की कथा अन्य क्षेत्रों में भी परम्परागत अवदानों में प्रचलित है। त्रिगुणायत संकलित लोक कथाओं में भगवान एवं लक्ष्मी को[2] तथा एस.सी. राय द्वारा उद्धृत कथा में सूर्यदेव सिंङ्बोंगा को सृष्टि निर्माण के लिए चिन्तित दिखलाया गया है। पृथ्वी या 'ओटे दिशुम' की सृष्टि में जिस प्रकार कछुआ, बिच्छु, जोंक (केंचुआ) का उपयोग कथाओं में किया गया है वह हिन्दू अवतारों की विकासवादी विचारों का संकेत करता है जहाँ मत्स्य–कूर्म–वाराह तथा नरसिंह अवतारों का उल्लेख हुआ है। सर्वशक्तिमान सिंङ्बोंगा ने छोटे–बड़े पक्षियों के साथ 'हुर' नाम के एक पक्षी की सृष्टि की जिसने एक अंडा दिया। इसी अण्डे से संसार के प्रथम स्त्री–पुरूष पैदा हुए। ये युवा हुए किन्तु यौन–संबंधों से अपरिचित थे। सिंङ्बोंगा ने स्त्री पुरूष के इस जोड़े को, जो तोता बुढ़ी एवं तोता हरम (नग्न स्त्री–पुरूष पूर्वज) कहलाए, चावल की शराब (इलि) बनाना सिखलाया, जिसे पीकर वे मदमस्त हुए। इनसे तीन पुत्र पैदा हुए जो क्रमशः मुण्डा, ननका, रोड़ा थे। यह घटना आजमगढ़ (उत्तर प्रदेश का एक जिला) में घटी थी।[16] अपने माँ–बाप की मृत्यु के उपरान्त इन लड़कों ने उस भूमि के पहाड़ एवं जंगल में चलना प्रारम्भ किए जो किसी मनुष्य के चरणों का प्रथम स्पर्श प्राप्त कर रहा था। अर्थात् इनके पूर्व मानव के रूप में मात्र इनके माता–पिता ही प्रथम स्त्री–पुरूष के रूप में इस धरती पर पैदा हुए थे।

इस प्रकार मुण्डाओं की पारम्परिक लोक कथाओं एवं गीतों के अध्ययन से यह तथ्य सामने उभर कर आता है कि ये गाथाएँ एवं गीत इनके मूल स्थान को 'भारत' मानती हैं। मुण्डा लोग भारत के किसी बाहर की धरती पर जन्मे, विकसित हुए और खाना–बदोशी की स्थिति में, घुमक्कड़ जीवन व्यतीत करते हुए भारत पहुँचे–ऐसा कोई उल्लेख गाथाओं में नहीं मिलता। इनके प्रारम्भिक लोक कथाओं एवं गीतों से अनेक ऐतिहासिक एवं पौराणिक युद्धों एवं घटनाओं की पुष्टि होती है किन्तु भारत के बाहर की धरती पर घटी किसी भी ऐसी घटना का उल्लेख नहीं है जिसके आधार पर इनके जीवन के किसी भी पक्ष के संबंधों की तलाश बाहर की धरती पर करने का प्रयास किया जा सके। एम.टोपनो द्वारा संकलित कथाओं में लुटकुम हरम का उल्लेख आया है जो मुण्डाओं का प्रथम पूर्वज माना गया था

तथा जिसका मूल स्थान कहीं मध्य–एशिया में था। इस कथा को एस.सी. राय ने भी उद्धृत किया है।[17] जिसके अनुसार लुटकुम हड़म, होरोको (मुण्डाओं) के प्रथम पूर्वज थे। लुटकुम का पुत्र हेम्बो, हेम्बो का कुस, और कुस का मोरीह पुत्र था। मोरीह ने अपनी जन्म–भूमि मध्य–एशिया से अपने पशु–पक्षियों के साथ तिब्बत मार्ग से होते हुए पूर्वात्तर भारत में प्रवेश किया और क्रमशः बिहार, बुन्देलखण्ड, जबलपुर, होसंगाबाद से नर्मदा के तट तक अर्थात् पूरे उत्तर भारत में फैल गया। मोरिह के वंश में कोरकू, मारकी, संथाल, हो या लरका, भूमिज, कोंको, कोरवा, पिंजी तथा ऐसी ही अन्य जन–जातियाँ थीं, जो मुण्डा जन–जाति कहलाती हैं। इन्होंने सशक्त राज्य स्थापित किए, किले, गढ़ और टीले बनवाए। आर्यों से पश्चिमोत्तर भारत में भीषण युद्ध किया। यद्यपि ये पराजित होकर पूर्व एवं दक्षिण की ओर पलायन करते रहे किन्तु इनकी युद्ध क्षमता एवं कौशल की प्रशंसा हिन्दू ग्रन्थों महाकाव्यों और पुराणों में हुई है। ये जन–जातियॉ भारत के इतिहास में अपने अस्तित्व का बोध कराती रही थीं।

यह स्पष्ट किया जा चुका है कि पारम्परिक लोक–कथाएँ एक सीमित दायरे तक ही ऐतिहासिक तथ्य प्रदान कर पाती हैं किन्तु मध्य एशिया में मुण्डाओं के प्रथम पूर्वज लुटकुम का जन्म एवं इनके वंशजों का पूर्वोत्तर हिमालय के तिब्बत–नेपाल मार्ग से भारत में प्रवेश हाड्गसन आदि के निष्कर्षों के अनुकूल भाषा एवं मानवमिति प्रमाणों से समर्थित है। हमने देखा है कि अधिकांश इतिहासकारों ने विभिन्न साक्ष्यों के आधार पर मुण्डाओं के वंशजों को विदेशों में उत्पन्न बतलाया है। यदि सभी के विचारों को संक्षेप रूप में प्रस्तुत किया जाये तो कुछ विद्वानों का मानना है कि यह जनजाति अफ्रीका मेडगास्कर, लुमुरिया (प्रच्छन्न) द्वीप से होते हुए ईरान, अरब के तटों का सहारा लेकर भारत पहुँची है, तो कुछ उन्हें दक्षिण–पूर्व मार्ग से भारत में प्रविष्ट मानते हैं पर अधिकांश विद्वान दक्षिण–चीन को इनका मूल स्थान मानते हैं और वहाँ से चलकर ये जातियाँ तिब्बत–मंगोलिया सीमा क्षेत्र में कुछ समय रहने के उपरान्त छोटे–छोटे समूहों में (क) नेपाल होते हुए तथा (ख) हिमाचल प्रदेश होते हुए भारत में प्रविष्ट हुई हैं। यद्यपि यह निष्कर्ष नृशास्त्रीय प्रमाणों एवं भाषा–परिवारों के तुलनात्मक अध्ययन के आधार पर निकाला गया है किन्तु कतिपय भारतीय विद्वानों का तर्क है कि बहुत सारी जन–जातियॉ जो मुण्डारी भाषा बोलती हैं एक ही मूल से उत्पन्न हैं और एक ही पिता की वंशज हैं और इनके पूर्वजों का विकास भारत की अरावली–विन्ध्य पहाड़ियों में हुआ है जिसका विस्तार पूर्व में कैमूर पर्वत श्रेणियों और सरगुजा तथा छोटानागपुर तक है क्योंकि इन क्षेत्रों से जो औजार और अन्य पुरातात्विक सामग्री प्राप्त हुए हैं पाषाण–युगीन हैं और इस तर्क की पुष्टि करते हैं कि छोटानागपुर के मानभूम एवं चाईबासा तक की पहाड़ियों में पाषाण–युग में मानव निवास करते थे। पहाड़ियों और जंगलों में आबादी की

वृद्धि के साथ–साथ इन लोगों ने विन्ध्य के उत्तर गंगा के मैदानों में बसना शुरू किया था जहाँ से प्राप्त गुफाएँ तथा अन्य पुरातात्विक सामग्रियाँ मुण्डा जन–जाति के तत्कालीन निवास के प्रमाण हैं।

आर्यों के भारत आगमन एवं पश्चिमोत्तर भाग में प्रभावी रूप से फैलने के फलस्वरूप अनार्यों को पूर्व तथा दक्षिण दिशा की ओर पलायन करना पड़ा। महाकाव्य के युग तक आर्यों का साम्राज्य लगभग सम्पूर्ण भारत में फैल चुका था। कौरवों का इन्द्रप्रस्थ, पांचालों का कान्यकुब्ज, कोशलों का रंग एवं गंडक नदियों के बीच तथा वैदेहों का पश्चिम में गंडक से पूर्व में कुशी तक साम्राज्य फैला हुआ था। इन परिस्थितियों में मुण्डाओं को अपनी सुरक्षा की दृष्टि से पूर्व एवं पूर्व–दक्षिण दिशा की ओर जाना पड़ा जहाँ जंगल–पहाड़ों के बीच वे अपना जीवन स्थिर कर सकें। परम्परागत अवदानों में जिस आजमगढ़ का उल्लेख आया है, जहाँ सिंङ्बोंगा ने सृष्टि की रचना की और हुर पक्षी के अंडे से प्रथम नग्न पुरूष–स्त्री (तोता हरम–तोता बुढ़ी) की रचना की जिनसे मुण्डाओं की उत्पत्ति हुई, उस मील के पत्थर का महत्त्व रखता है जहाँ से मुण्डा जन–जाति की छोटानागपुर की ऐतिहासिक यात्रा प्रारंभ होती है। ऐसा प्रतीत होता है कि आजमगढ़ एवं निकटवर्ती क्षेत्र गाजीपुर एवम् मिर्जापुर से प्राप्त पुरातात्त्विक सामग्रियाँ एवं वनांचलों के निवासी इस तथ्य की पुष्टि करते हैं कि इस क्षेत्र में मुण्डा जन–जातियों का प्रभाव था। आजमगढ़ से लगभग 35 किलोमीटर पूर्व घोसी परगना में एक बहुत बड़ा मिट्टी का ध्वंशावशेष प्राप्त हुआ है जो स्थानीय अवदानों के अनुसार असुरों का किला[1] कहा जाता है। हम जानते हैं कि असुर एक सामान्य नाम है जो कोलों के लिए प्रयुक्त होता है।

काल निर्धारण :

कोल या मुण्डा कही जाने वाली जन–जाति का भारत में आव्रजन एवं विस्तार कब हुआ कहना कठिन है किन्तु यह साक्ष्य प्रमाणित है कि आर्यों के आगमन तथा वेदों की रचना के हजारों वर्ष पूर्व इस जाति ने पश्चिमोत्तर भारत में अपना प्रभाव जमा लिया था। महाभारत में असुरों को देवताओं से पहले उत्पन्न माना गया है तथा उन्हें देवताओं का बड़ा भाई कहा गया है।[18] तैत्तिरीय उपनिषद में भी आर्यों के पहले असुरों का पृथ्वी पर निवास एवं प्रसार माना गया है।[19] यद्यपि कतिपय यूरोपीय इतिहासकार एवं भाषा वैज्ञानिक वेदों का रचनाकाल 1000 ई.पू. (मैक्समूलर), 1600 ई.पू. (डंकर), 2400–2000 ई.पू. (बी.सी. हाग) मानते हैं किन्तु अद्यतन प्रमाणों के आधार पर प्रोफेसर जेकोबी के अनुसार ऋग्वेद का रचना काल 4000 वर्ष ई. पूर्व से भी पहले का है। अभी काउण्ट बोर्न्सजेमा ने काश्मीर में पाये गए उन बैक्टीरियन पाण्डुलिपियों का अध्ययन किया है जिसे विलियम जोन्स इंग्लैण्ड ले

गए थे तथा जिसे दबिस्तान कहा गया है और जिसमें महाबादरेण राजाओं की सूची दी गई है जो हिन्दू थे।[20]

इन राजाओं का शासन काल 5600 वर्ष ई.पू. माना गया है अतः वेदों की रचना 6000 वर्ष ई.पू. से भी पहले हुई होगी। विन्टरनित्ज वेदों की रचना ई.पू. 1200–500 वर्ष के बीच न मानकर 3000–800 ई.पू. मानते हैं।[21] निश्चित रूप से उस समय आर्य पूरी तरह अपनी सभ्यता के उत्कर्ष पर रहे होंगें।[22] प्रसिद्ध दार्शनिक एवं इतिहासकार एलेक्स डेलमार ने इस सिलसिले मे विश्वसनीय साक्ष्यों के आधार पर प्रमाणित किया है कि प्राचीन मिश्र, सीरिया, यूनान तथा इटली भारतीय सभ्यता से प्रभावित एवं इसके ऋणी हैं।[23] इस प्रकार आर्य सभ्यता मिश्र, सीरिया, यूनान से प्राचीनतर प्रमाणित होती है। इन स्थितियों में भारत में आर्यों का पश्चिमोत्तर भाग में प्रवेश ई.पू. 19–20 वीं शती से काफी पहले मानना होगा तथा इसी संदर्भ में मुण्डाओं का भारत में प्रवेश का समय निश्चित करना होगा। भारत में मुण्डाओं के तिब्बत मार्ग से प्रवेश के जो दो रास्ते हिमाचल प्रदेश एवं नेपाल होते हुए आसाम माना गया है,[24] में पूर्वात्तर भारत आसाम में खासी तथा अन्य जन–जातियॉ छोटे–छोटे समूहों में तिब्बत–नेपाल मार्ग से पहले आकर बस गई थीं जिनके नाम पर उस क्षेत्र का नाम पड़ा हुआ है।

छोटानागपुर तक का भटकाव :

श्मिट, जो मुण्डाओं का भारत में प्रवेश 'दक्षिण–पूर्व मार्ग' मानते हैं, का कथन है कि मुण्डा जन–जाति पूर्व से क्रमशः उत्तर पश्चिम दिशा की ओर फैलती हुई गंगा सिंध के मैदान तक पहुँची थी। वस्तुतः मुण्डाओं के पश्चिमोत्तर भाग में, आर्यों के भारत प्रवेश के पूर्व बसने के पुरातात्त्विक प्रमाण मिल चुके हैं।[25] अतः श्मिट, जो मुण्डा के भारत प्रवेश के दक्षिण–पूर्व मार्ग के पक्षधर हैं, को बाध्य होकर मुण्डाओं को पश्चिमोत्तर दिशा में जाने की बात कहनी पड़ी अन्यथा उनकी अपनी उप–कल्पना या दक्षिण'–पूर्व मार्ग की मान्यता असंगत प्रतीत होती है। कुछ भी हो श्मिट तथा उनके स्कूल के विचारक उस तथ्य को स्वीकार करते हैं जिसे हागसन तथा कोनो आदि विचारकों ने प्रस्तुत किया है। अन्तर इतना अवश्य है कि हागसन तथा कोनो मुण्डाओं के भारत में, आर्यों के आने के सहस्त्रों वर्ष पूर्व, मुण्डाओं का निवास मानते हैं तथा मुण्डाओं का पलायन पश्चिमोत्तर भाग से दक्षिण–पूर्व दिशा मानते हैं। इसके विपरीत श्मिट एवं उनके सहयोगी पूर्व से मुण्डाओं का पश्चिमोत्तर भारत जाना तथा पुनः पश्चिमोत्तर भारत से दक्षिण पूर्व की ओर पलायन मानते हैं। किन्तु श्मिट कोई पुष्ट प्रमाण नहीं दे पाते कि मुण्डा जन–जाति किन परिस्थितियों में दक्षिण–पूर्व भारत से पश्चिमोत्तर भारत की ओर फैली थी। वस्तुतः श्मिट की मौलिक मान्यता कि 'मुण्डा जन–जाति सर्वप्रथम भारत में दक्षिण–पूर्व मार्ग से

प्रविष्ट हुईं' इस सम्पूर्ण द्राविड़ प्राणायाम का कुफल है।

रेगोजिन ने मुण्डाओं के जिन दो समाधि टीलों का पश्चिम भारत में पाये जाने का उल्लेख किया है उनमें प्रथम टीला आर्यों के भारत आगमन के पूर्व का प्रमाणित हुआ है तथा दूसरा जिसमें लोहे एवं तांबे के औजार तथा बर्तन आदि मिले हैं इतिहाकारों ने आर्यों के भारत आगमन के पश्चात् का माना है। इस प्रकार पश्चिमोत्तर भारत में मुण्डा जन–जाति का निवास आर्यों के पूर्व एवम् आर्यों के आगमन के समय और उसके बाद भी कुछ समय तक रहा था। तदुपरान्त मुण्डा जन–जाति पंजाब एवं यहाँ से दक्षिण–पूर्व उत्तर प्रदेश में भटकती रही थी। मुण्डाओं के भटकाव के मुख्य दो कारण थे : प्रथम शत्रुओं द्वारा आक्रामित एवम् पराजित होकर पलायन करना तथा दूसरा इनका जातिगत स्वभाव कि ये पहाड़ एवं घने जंगलों के बीच रहना पसंद करते थे और जंगलों को काट कर खेत बनाते, खेती करते हुए अपना स्थान बदलते रहते थे। प्रथम स्थिति में पश्चिमोत्तर भारत से दक्षिण–पूर्व दिशा की ओर का प्रसार अन्य कारणों के साथ–साथ उनके उस जातिगत स्वभाव का परिणाम भी था कि वे एक जगह टिक कर कृषि नहीं कर सकते थे, किन्तु दूसरी स्थिति जो वेद एवं महाकाव्यों के युग की थी उन युद्धों के परिणामस्वरूप थी जिसमें वे पराजित होते गए थे तथा सुरक्षित स्थान की तलाश में दक्षिण–पूर्व भारत की ओर पलायन करते रहे थे। इन्हीं परिस्थितियों में, मुण्डा कही जानेवाली जन–जाति आजमगढ़ पहुँचकर स्थिर रूप से अपने को सुरक्षित पा सकी थी। आजमगढ़ के निकटवर्ती क्षेत्रों (घोसी, गाजीपुर आदि) में इनके द्वारा निर्मित टीले आज भी इनकी स्मृति संजोए हुए हैं। ऐसा प्रतीत होता है कि इक्ष्वाकु वंशीय राम के शासन काल तक आते–आते मुण्डाओं ने आजमगढ़ छोड़ दिया था क्योंकि स्थानीय परम्पराओं से ज्ञात होता है कि उस समय आजमगढ़ में राजभरों का निवास था तथा शवर एवं असुरों का जो मुण्डाओं के सामान्य नाम हैं, कोई उल्लेख नहीं मिलता।[27] यदि राम को इक्ष्वाकु वंश का, प्रोफेसर हीरेन के अनुसार[26] 37वां पुश्त या सर विलियम जोन्स की गणना के अनुसार 47वां पुश्त मान लिया जाये तो राम का शासन काल लगभग 2000 वर्ष ईसा पूर्व पड़ता है।[28] अर्थात् मुण्डाओं का आजमगढ़ से पलायन ईसा से लगभग तीन हजार वर्ष पूर्व हो चुका माना जा सकता है।

मुण्डाओं की प्रथा के अनुसार आजमगढ़ से मुण्डा लोग वर्त्तमान बांदा जिला के कुछ भागों, कैमूर की पहाड़ियों तथा इसी के विस्तृत क्षेत्रों में क्रमशः फैलते गए जिसे प्राचीन काल में पुलिन्द देश कहा जाता था। महाभारत[29] में पुलिन्द शब्द बर्बर जंगली जाति के लिए प्रयुक्त हुआ है जो सिंध के रेगिस्तानों में तथा मध्य भारत की पर्वत श्रेणियों एवं जंगलों में पाई जाती थी तथा इनका विस्तार नर्मदा के तट तक हुआ था। इस प्रकार महाभारत में उल्लिखित "पुलिन्द" शब्द मुण्डाओं

के लिए आया है। संस्कृत साहित्य में पुलिन्द, एवं शवर शब्दों का प्रयोग सामान्य रूप में कोल या मुण्डाओं के लिए प्रयुक्त हुआ है।[30] इस प्रकार संस्कृत साहित्य में प्रयुक्त 'पुलिन्द देश' अर्थात् जहाँ पुलिन्द या मुण्डा रहते थे मुण्डा लोक गाथाओं में वर्णित स्थानों की पुष्टि करता है। इसके अतिरिक्त मुण्डा धर्म एवं प्रथा में आज भी प्रयुक्त ससान पत्थर की तरह के पत्थर विभिन्न स्थानों में उत्खनन में प्राप्त हुए हैं।[31] आगरा से लगभग 75 कि.मी. दक्षिण–पश्चिम बानगंगा के तट पर गढ़े हुए अनेक छोटे–बड़े पत्थर के तराशे हुए टुकड़े मिले हैं, इनमें से कुछ वृत्ताकार में गढ़े हुए थे जैसा कि मुण्डा जनजाति के लोग किसी पंचायत आदि के लिए इस्तेमाल करते थे।[32] मुण्डा जन–जाति जो उन दिनों सामान्यतः कोल नाम से अभिज्ञापित होती थी, के निवास के उपरोक्त पुरातात्त्विक साक्ष्यों के अतिरिक्त उस प्रसिद्ध गाँव का भी उल्लेख अपेक्षित है जो आगरा से लगभग 15 कि.मी. दक्षिण–पश्चिम पड़ता है और जिसे 'कोलर' नाम से जाना जाता है और जो यमुना के बाएँ तट पर जहाँ से यमुना थोड़ा अब हट चुकी है, स्थित है। एटकिन्सन के अन्वेषी रपट से ज्ञात होता है कि इस सम्पूर्ण क्षेत्र के मूल निवासी वह प्रजाति थी जिसे इस क्षेत्र में 'कोलर' कहा जाता था।[33] यह निष्कर्ष अस्वाभाविक नहीं लगता कि तत्कालीन 'कोलर' ही प्राचीन कोल के वंशज थे। निष्कर्ष की प्रमाणिकता पाये गए पाषाण के टुकड़ों से, जिनका उल्लेख ऊपर किया जा चुका है, और भी सही प्रतीत होती है।

इस क्षेत्र में मुण्डा जन–जाति कितने समय तक रही कहना कठिन है किन्तु मुण्डाओं का कौरव–पाण्डव युद्ध में कौरवों के पक्ष में कुरूक्षेत्र में युद्ध करने का उल्लेख महाभारत में मिलता है। संजय ने कौरव सेना की संग्राम–भूमि में सजावट की चर्चा की है। संजय ने वर्णन करते हुए कहा है कि मुण्डा करूषों, विंकजों तथा केशिबृत्तों के साथ सैन्य–रचना के 'वाम–भाग' में सम्मिलित है[34] जिनका नेतृत्व बृहदबल कर रहे हैं। इस वर्णन से दो तथ्य स्पष्ट है, प्रथम यह कि मुण्डा लोग महाभारत के युद्ध के समय कुरूक्षेत्र के निकट के क्षेत्रों के जंगल–पहाड़ों में निवास करने लगे थे तथा द्वितीय यह कि यह जाति एक वीर एवं लड़ाकू जन–जाति के रूप में ख्याति प्राप्त कर चुकी थी। सात्यकी ने मुण्डाओं की तुलना दानवों से की है जिनका वध इन्द्र ने किया था और इन्द्र के समान ही मुण्डाओं के बध की सदर्प घोषणा सात्यकी रणभूमि में करते हैं।[35] स्पष्ट है कि मुण्डाओं की वीरता एवं रणकौशल का लोहा सात्यकी जैसे वीर मानते थे। साथ ही कौरव पक्ष से इनका युद्ध करना इस तथ्य का प्रमाण है कि ये पाण्डवों के विरोधी थे विशेषकर उस कृष्ण के जिसने अनेक राक्षसों का वध किया था तथा जो सदैव आदिम जातियों के विनाश में लगा हुआ था।

सात्यकी के कथन 'दानवानिव मुण्डा' से एक और तथ्य उभर कर सामने

आता है कि तेत्रायुग के पराभव काल में मुण्डाओं को यद्यपि दानव नहीं माना जाता था किन्तु युद्ध के संदर्भ में उन्हें 'दानव' जैसी संज्ञा दी जा सकती थी। तात्पर्य यह कि वीरता में यद्यपि मुण्डा दानवों के समान थे किन्तु नृशंसता में उतने वीभत्स नहीं थे जितने दानव होते थे। भारत में आदिम जाति के रूप में प्रवेश के समय मुण्डा कही जानेवाली घुमक्कड़ जन–जाति तेत्रायुग तथा कलियुग के संधिकाल तक आते–आते अनेक समूहों अथवा उप–जन–जातियों में विभाजित–प्रतिविभाजित होती रही थी तथा विभिन्न पर्वत, कन्दराओं एवं जंगलों में बसती रही थी। निवास स्थल, भौगोलिक वातावरण, भोज्य–वस्तुओं के प्रकार तथा जीवन की अन्य परिस्थितियों के विभेद ने उनकी जीवन–शैली को अपने ढ़ंग से प्रभावित किया था और तद्नुरूप उनकी भिन्न–भिन्न संस्कृति विकसित हुई थी। वेदों के युग तक यद्यपि कोल, भील, मुसहर अलग–अलग सम्बोधित किए जाने लगे थे जो कालान्तर में राजा वेन[36] की कथा में अभिव्यक्त हैं किन्तु एक ही मूल से उत्पन्न होने के कारण इनका प्रजाति भेद नहीं प्रमाणित होता। अध्ययन के क्रम में पाया गया कि पुलिन्द, शवर, कोल विस्तृत अर्थों में अनेक जन–जातियों के सामान्य नाम हैं। सोमदेव के कथा सरित सागर में जो गुनाढ्य के बृहत कथा (रचना काल 6ठीं शताब्दी) पर आधारित है, भील राजा विन्ध्य केतु के लिए मुक्त रूप से अनेक स्थानों पर पुलिन्द एवं शवर शब्दों का प्रयोग किया गया है। इससे स्पष्ट है कि ये कोल (मुण्डा) की उपजातियां है। एटकिन्सन के अध्ययन के अनुसार उत्तर–पश्चिम प्रदेशों तथा विन्ध्य की पहाड़ियों में रहने वाली अनेक जन–जातियाँ अपने को 'वेन वंशी' कहती हैं जिसमें भील भी है।[37] इसी प्रकार 'क्रानिकल आफ उन्नाव' में भर एवं चेरो को लगभग एक जाति मानी गई है तथा चेरो कोल की एक शाखा के रूप में वर्णित है।

यह स्पष्ट कर देना आवश्यक है कि छोटानागपुर में निवसित मुण्डा जन–जाति जिसका अध्ययन अपेक्षित है हजारों वर्षों के विभाजन, प्रति–विभाजन के फलस्वरूप वर्त्तमान रूप में पहुँची है। आर्यों के आक्रमण से त्रस्त कतिपय मुण्डा या कोल जातियाँ जंगल पहाड़ों में सुरक्षा हेतु पलायन करती रही थीं और आर्यों का प्रसार ज्यों–ज्यों पश्चिमोत्तर भारत से मध्य एवं पूर्व भारत की ओर बढ़ता रहा था, जन–जातियॉ तद्नुरूप अपनी सुरक्षा का रास्ता बनाती रही थीं। इनमे से मुण्डा मूल की अनेक जन–जातियॉ आर्यों के दबाव एवं प्रभाव में अपनी भाषा, संस्कृति, धर्म को क्रमशः विस्मृत कर हिन्दुकृत होने लगी थीं तथा अपने को राजपूतों के वंश से जोड़ने लगी थीं। यहाँ तक कि इन जातियों ने 'जनेऊ' को धारण करना शुरू कर दिया था। चेरो और खरवार जैसी जातियॉ इसी श्रेणी में आती हैं जिनमें यद्यपि मुण्डाओं के मौलिक एवं प्रजातीय गुण पाये जाते हैं लेकिन वे अपने को हिन्दू मानने लगे हैं। इस प्रकार छोटानागपुर तक भटकती हुई पहुँचने वाली मुण्डा

जन–जाति सहस्त्रों वर्षों के घात–प्रतिघात के पश्चात् जो भाषा, संस्कृति एवं धर्म लेकर इस क्षेत्र में पहुँची थी वह भी कतिपय परिवर्तनों के साथ संथाल, हो, कोरवा, खड़िया, असुर, बिरहोर, भूमिज तथा मुण्डा आदि जन–जातियों में क्रमशः प्रसृत होकर अब भी देखने को मिलती है। अतः महाभारत के युद्ध में जिन वीर एवं लड़ाकू मुण्डाओं का उल्लेख आया है वैसा स्वरूप छोटानागपुर के मुण्डाओं में पाना कठिन है यद्यपि छोटानागपुर के मुण्डा स्वाभिमानी, निर्भय तथा अपने जायज हक के लिए जुझारू प्रवृत्ति के हैं।

कुरूक्षेत्र के मैदान में पराजित होने के उपरान्त मुण्डा भारत के पूर्वोत्तर भाग पांचाल होते हुए कौशल देश पहुँचे तथा यहाँ से गोरखपुर। गोरखपुर से क्रमशः 6 तथा 12 किलो मीटर गोरखपुर–पिपरैच सड़क पर दो प्राचीन अवशेष उस क्षेत्र में कभी मुण्डाओं के निवास का प्रमाण देते हैं। ये अवशेष हैं बेतालगढ़ तथा मौला कोल।[38] मुण्डा लोग गोरखपुर से बलिया तथा गंडक नदी पारकर उत्तरी बिहार में मिथिला क्षेत्र में प्रविष्ट हुए। गंगा के उत्तरी भाग में लगभग कर्मनाशा नदी के ठीक उत्तर एक प्राचीन गढ़ का अवशेष है जो मुण्डाओं से जुड़ा हुआ है। भागलपुर में मुण्डाओं की उपस्थिति का प्रमाण 'चाई–चम्पा' का चम्पापुरी है जो संथालों की लोक–कथाओं के अनुरूप पड़ता है। भागलपुर के पूर्व में एक गाँव कोलवारंग या कहलग्राम नाम से विख्यात है जो कोलों के निवास का संकेत देता है। कहा जाता है कि ऋषि दुर्वासा की यहाँ कुटिया थी। गया से लगभग 25 कि.मी. दूर कोंच नामक गांव में जो दो टीलों के अवशेष मिले हैं वे कोल राजाओं के द्वारा निर्मित थे,[39] तथा इस बात का प्रमाण हैं कि कोल क्रमशः छोटानागपुर के निकट सिमटते आ रहे थे। कोंच से दक्षिण एक बड़ा गाँव काबुर है जहाँ मिट्टी का एक विशाल किला निर्मित था। इस किले का ध्वंशावशेष अब भी वहाँ है जिसके चारों ओर विस्तृत टीले, जो मुण्डा संस्कृति के अंग हैं[3] दिखलाई पड़ते हैं तथा गया जिला के ऐतिहासिक वर्णन में इन्हें कोल राजाओं द्वारा निर्मित बतलाया गया है।[40] मुण्डा परम्परा के अनुसार जिस राजगढ़ का नाम आया है वह मगधदेश की राजधानी राजगिरी है। जब फाह्यान ने चौथी शती के अन्त में इस स्थान का भ्रमण किया था तो उसने नगर के चारों ओर पाँच पर्वत श्रेणियों की एक विस्तृत माला पाई थी जो मुण्डाओं के निवास के लिए अनुकूल थी किन्तु उसने शहर को वीरान पाया था। ह्वेनसांग के विवरण में यस्तिवन स्थित जिस 'असुर खोह' तथा जरासंध के बैठक के पीछे 'जिस पीपल खोह' का उल्लेख आया है, उन स्थानों पर कोल जन–जातियों के निवास के प्रमाण हैं।

जिला शाहाबाद ऐसे अनेक पुरातत्त्व उपकरणों का भण्डार है जो इस क्षेत्र में चेरो राजाओं के राज्य तथा चेरो के निवास के प्रमाण हैं। गया से पूर्व की ओर प्रस्थान करने पर मुण्डाओं में अपने को श्रेष्ठ मानने वाले चेरो ने न केवल इस

क्षेत्र पर अपना अधिकार जमा लिया था अपितु उन्होंने हिन्दू धर्म भी अपनाया था तथा मंदिर बनवाये थे जिनमें प्रसिद्ध तीन हैं–1. बनारस में स्थित देवचंडी मंदिर, 2. मूगा में स्थित देव मुण्डा का मन्दिर और 3. मारकण्डेय के स्थित देव वरसाद का मंदिर।[41] उन्होंने शनैः शनैः अपनी जाति से संबंध विच्छेद कर ऊँची मानी जाने वाली जाति हिन्दुओं से वैवाहिक संबंध स्थापित किया तथा उन कोल या मुण्डाओं से स्वयं को विलग कर लिया जो उद्धत एवं घमण्डी थे तथा भूत–प्रेतों की अपनी प्राचीन पूजा परम्परा से जुड़े हुए थे तथा जो अब अपनी ही जाति के एक अंग चेरो के अपमानजनक व्यवहार को सहने के लिए तैयार नहीं थे। अतः ऐसा प्रतीत होता है कि करूष–देश (शाहाबाद) में असह्य जीवन जीने की यंत्रणा से परेशान होकर मुण्डाओं ने सोन नदी की ओर यात्रा की तथा उनकी दृष्टि रोहतासगढ़ पर पड़ी जिसकी सुरक्षा की दृष्टि से अनुकूल प्राकृतिक संरचना ने सदैव सतायी हुई जातियों को शरण दी है।

रोहतासगढ़, जिसे मुण्डा परम्पराओं में रूइदासगढ़ के नाम से जाना जाता है, मुण्डाओं के लिए स्थायी निवास–स्थल न बन सका था। मुण्डा रोहतासगढ़ की सरुक्षादायी पहाड़ियों एवं जंगलों में कितने दिनों तक रह सके थे, कहना कठिन है। मुण्डा तथा संथालों के पारम्परिक गाथाओं में एक अन्य जन–जाति खरवार के आक्रमण की बात कही गई है जिसके प्रमुख माधोदास ने अपने पुत्र के लिए एक मुण्डा कन्या का हाथ माँगा था और जिसे मुण्डाओं ने स्वीकार नहीं किया था। खरवार प्रमुख माधोदास ने क्रुद्ध होकर रात के अंधेरे में इस अपमान का बदला लेने के लिए मुण्डाओं पर आक्रमण कर दिया था और अनिश्चितता की स्थिति में पराजित होकर मुण्डाओं को बिन्जी (विन्ध्य) की पहाड़ियों की ओर पलायन करना पड़ा था।

खरवार भी इस घटना की पुष्टि करते हैं कि खैरागढ़ से दक्षिण आब्रजन की स्थिति में उनका सामना कोल, चेरो तथा असुर एवं अगोरिया जन–जातियों से हुआ था जिन्हें पराजित कर उन्होंने कैमुर पहाड़ियों पर अपना अधिकार जमाया था। पराजित कोल जन–जाति ने जिसमें कोरवा, असुर तथा बिरजिया भी शामिल थे कोयल नदी का तट पकड़ते हुए दक्षिण–पूर्वी पलामू तथा राँची के पश्चिमी भाग तक पहुँचे और इस क्षेत्र में फैल गए। कोयल नदी मध्य राँची के पठारों से निकल कर पलामू जिला पार करती हुई रोहतास के निकट सोन नदी से मिलती है। रोहतासगढ़ से दूसरा समूह मुण्डा एवं संथाल जन–जातियों का था। ये सोन नदी पार कर दक्षिण पूर्व दिशा में उस मार्ग का अनुसरण करते हुए जो पलामू एवं राँची जिला तथा हजारीबाग जिला की सीमा रेखा बनाती है, ओमडन्डा पहुँचे।

छोटानागपुर में निवास का मुण्डाओं का यह प्रथम पड़ाव था। कुछ समय साथ–साथ रहने के पश्चात् संथाल एवं मुण्डाओं ने अलग–अलग मार्गों पर प्रस्थान किया। संथालों ने नागपुर छोड़कर दामोदर नदी पार किया और शिखरभूम (वर्त्तमान हजारीबाग जिला) पहुँचे। शिखरभूम में कुछ दिनों अस्थायी रूप से रहने के उपरान्त दामोदर नदी के मार्ग का अनुसरण करते हुए मानभूम तथा संथाल परगना पहुँचे जबकि मुण्डाओं ने राँची में प्रवेश करने पर पाया कि उनके पूर्व असुरों ने यहाँ अपना अधिकार जमा लिया था तथा लोहा गलाने का धंधा कर रहे थे। मुण्डाओं का असुरों से युद्ध हुआ और पराजित असुर पलायन करते हुए राँची के पश्चिमी भाग में पहुँच कर बस गए। इस प्रकार हजारों वर्षों के लम्बे प्ररिभ्रमण के पश्चात् मुण्डाओं ने छोटानागपुर के घने जंगलों के मध्य वह स्थल प्राप्त कर लिया जो हर सुविधाओं से सम्पन्न तथा वाह्य आक्रमणों से रक्षित था।

उरांव जन–जाति

कुड़ुख एवं उरांव शब्दों का उद्भव

छोटानागपुर पठार के पश्चिमी भाग में जिस जन–जाति की सबसे घनी आबादी है वह अपने को 'कुड़ुख' मानती है पर जन–साधारण एवं सरकारी कामकाज की भाषा में यह जन–जाति उरांव नाम से जानी जाती है। 'कुड़ुख' नाम इस जन–जात की मिथक कथाओं में आने वाले राजा 'करष' से उद्धवित माना जाता है जिनके द्वारा बसाया गया करूष देश रीवां से बिहार के मगध तक फैला हुआ था।[42] जिसमें शाहाबाद का स्थान केन्द्रीय था।[43] इ.ए. गैट के अनुसार 'कुड़ुख' शब्द प्राचीन द्रविड़–भाषा का एक मूल शब्द है जिसका अर्थ 'मनुष्य' होता है और यह शब्द 'कड़ख' राजा से एकाकार कर उरांवों ने उसे अपना जनक लगभग उसी प्रकार माना है जिस प्रकार 'मनु' से मानव का जनम हुआ है।[44] कतिपय विद्वानों का मत है कि उरांव कही जाने वाली इस जन–जाति का मुख्य पेशा कृषि था अतः वे कृषक = कृषि–कर्म एवं कृषि संबंधी औजारों तथा ज्ञान में अधिक उन्नत थी। इस प्रकार 'कुड़ुख' सम्बोधन उरांव जन–जाति के लिए विभिन्न संदर्भों में सार्थक है। प्रथम सार्थकता इनके परम्परागत उस इतिहास के संदर्भ में है जो इन्हें 'कुड़ुख' देश का निवासी बतलाया है जिसके फलस्वरूप ये 'करूष' या 'कुड़ुख' कहलाए। द्वितीय सार्थकता इनके परम्परागत जनक राजा 'करष' के संदर्भ में है कि जिस प्रकार मनु से मानव हुए उसी प्रकार 'करष' से कुड़ुख हुए जिसका अर्थ मनुष्य से है। तीसरी सार्थकता इनके कृषक पेशे की है। कतिपय विद्वानों का मानना है कि इनके पड़ोसी हिन्दुओं ने इन्हें 'कृषक' कहना प्रारम्भ किया जो कालान्तर मे 'ष' का 'ख' उच्चारण तथा र का उरांवों के अनुनासिक स्वभाव के कारण 'ड़' उच्चारण के फलस्वरूप अपभ्रंशित होकर 'कुड़ुख' रूप में प्रचलित हुआ।

रेवरेण्ड डॉ. एफ.हन् ने 'कुरूख व्याकरण' की भूमिका में कुडुख शब्द को मुण्डाओं के 'होरो' के समान इसका अर्थ मनुष्य से लगाया है।[45] डॉ. हन् ने इस शब्द की व्युत्पत्ति द्रविड़ सीथियन मूल के शब्द 'कुरूक' से माना है। डाल्टन ने 'कुडुख' शब्द को 'कोंकण' से अपभ्रंशित माना है। उनकी सूचना के अनुसार इस जन–जाति का मूल निवास स्थल 'कोंकण' था।[46] डॉ. ग्रियर्सन ने 'कुडुख' की व्युत्पत्ति द्रविड़ शब्द 'करूग' से माना है। करूग का अर्थ चील्ह् है जो उरांवों के एक वंश का टोटम है।[47] डॉ. ग्रियर्सन के अनुसार इसी टोटम के अन्तर्गत क्रमशः उरांव जन–जाति 'कुडुख' नाम से अभिज्ञापित हुई। प्रो. ब्रज बिहारी कुमार ने अपने 'कुडुख–कोश' में कुडुख का अर्थ सीधे–सीधे उरांव कर दिया है।[48] भारत में कुडुख भाषा–भाषियों की जन–संख्या 1.14.084 है।[49] कुडुख भाषा–भाषी बिहार के अतिरिक्त मध्य–प्रदेश, पश्चिम बंगाल, उड़ीसा तथा कुछ असम एवं त्रिपुरा में फैले हुए हैं। प्रोफेसर कुमार के अनुसार कुडुख भाषा के अन्य नाम धांगरी, किसानी, किसान–कुडुख, आदि हैं।

हिन्दी भाषा में धांगर शब्द का प्रयोग प्रायः सभी आदिम जातियों के संदर्भ में किया जाने लगा है। वस्तुतः उरांव तथा अन्य जन–जातियों के लोग कठिन परिश्रमी होते हैं तथा श्रमिक के रूप में ये अच्छी ख्याति प्राप्त कर चुके हैं। अपनी श्रम–क्षमता के कारण बाहरी लोगों ने इन्हें धांगर नाम से संबोधित करना प्रारम्भ किया।[50] चूँकि हिन्दुओं का प्रथम परिचय उरांवों से एक मेहनती मजदूर के रूप में हुआ था अतः सर्वप्रथम उरांव की धांगर कहलाये। कालान्तर में 'धांगर' नाम से जानी जाने लगी जिसका उल्लेख ग्रियर्सन[51] ने अपने सर्वे में तथा प्रोफेसर कुमार ने कुडुख–कोश में किया है। धांगरी की ही तरह कुडुख भाषा भी कतिपय क्षेत्रों, विशेषकर उड़ीसा में, 'किसानी' भाषा के नाम से जानी जाती है क्योंकि उस क्षेत्र में उरांव जन–जाति मुख्यतः कृषि–कर्म से जुड़ी हुई है। रांची के पूर्व मानभूम की सीमा पर बसने वाले उरांव मिट्टी की दीवार खड़ा करने तथा बांध बांधने या मिट्टी का मेड़ बनाने में काफी कुशल हैं और इस पेशे के अनुरूप वे 'मोदी' नाम से विख्यात हैं। चूँकि इनकी संख्या अच्छी है अतः मोदी जाति उरांवों की एक उप–जाति के रूप में अपना स्थान बनाती जा रही है। त्रिपुरा, असम, पश्चिम बंगाल और दरभंगा आदि स्थानों में पाये जाने वाले उरांव मुख्यतः श्रमिक हैं तथा रोजी–रोटी की तलाश में उन स्थानों पर जा कर बस गए हैं। वे अपनी भाषा, अपना धर्म, अपनी संस्कृति साथ लेते गए हैं और येन–केन प्रकारेण छोटानागपुर के उरांवों से अपना संबंध बनाए हुए हैं।

कुडुख की अपेक्षा उरांव नाम अधिक प्रचलन में है। डाल्टन का कहना है कि 'उरांव' नाम हिन्दुओं द्वारा इस जन–जाति के एक जगह न टिकने वाले स्वभाव के कारण दिया गया है। चूँकि ये कभी एक स्थान और कभी दूसरे स्थान में

दिखलाई पड़ते थे अतः इन्हें उड़ने वाला या 'उड़न' या 'उरन' संज्ञा से सम्बोधित किया जाने लगा और इस प्रकार यह जन–जाति उरांव कहलाई।[52] एस.सी. राय 'उरांव' शब्द की व्युत्पत्ति का एक अन्य कारण बताते हैं। उनके अनुसार कुछ प्रमुख उरांवों ने उन्हें बतलाया कि यह नाम हिन्दुओं ने उन्हें नीचा गिराने के लिए दिया है। हिन्दुओं ने उन्हें रावण का वंशज मानकर 'रावणपूत' कहना प्रारम्भ किया। कालान्तर पूत शब्द निकल गया तथा सम्बोधन का 'ओ' शब्द प्रारम्भ में संयुक्त होकर 'ओ रावन' बना जो क्रमशः 'उरांव' शब्द में स्थिर हो गया।[53] इस प्रकार 'उरांव' शब्द हिन्दुओं या विदेशियों द्वारा कुड़ुख जन–जाति को दिया गया वह नाम है जिसमें आदर की अपेक्षा हीनता का बोध होता है। इस जाति के लोग कदाचित ही स्वयं को उरांव नाम से सम्बोधित करते हैं। उन्हें कुड़ुख शब्द में अपने सम्मानजनक इतिहास का दर्शन होता है अतः वे कुड़ुख सम्बोधन को उरांव की तुलना में अधिक प्रमुखता देने का प्रयास करते हैं। 'उरांव' नाम अब तक प्रचुर प्रचलन में आ चुका है तथा सरकारी काम–काज में इन्हें 'उरांव' से ही अभिज्ञापित किया गया है। कतिपय उरांवों ने उरांवों की उत्पत्ति तथा 'उरांव' शब्द की सम्मानजनक सार्थकता को लेकर अपनी धार्मिक परम्परा में एक कथा का उल्लेख किया है। उनके अनुसार एक मुनि जंगल में तप एवं ध्यान में लीन थे। वे रात–दिन बिना अन्न–जल के महीनों एक ही आसन में ध्यान मग्न रहे, फलतः उनका शरीर दीमक की मिट्टी से ढंक गया और उसपर कांटेदार लता–वल्लरियॉं चढ़ने लगीं। समय बीतता गया। एक दिन जंगल में एक लकड़हारे ने इस पूरे ढाँचे को दीमक की मिट्टी से ढंका पेड़ का जड़युक्त तना समझ कर, कुल्हाड़ी की पीठ से प्रहार कर, मिट्टी झाड़ने का प्रयास किया। उसके आश्चर्य का ठिकाना न रहा जब उसने सामने एक जीवित मनुष्य को पाया। तपस्वी का ध्यान भंग हो गया। वह रोष में उठ खड़ा हुआ जिससे एक लता का कांटा जो उसके सीने में चुभ चुका था और गहराई से घुस कर उसमें टूट गया तथा सीने से रक्त टपकने लगा। मुनि ने शरीर से निकलते रक्त को जमीन पर गिरने देना उचित न समझा। उसने कोरकोटा पत्ते का एक दोना बना कर रक्त का उसमें रोप लिया तथा दोने को पास ही छाया में रखकर नित्य–कर्म हेतु जाने को उद्यत हुआ। ठीक उसी समय दोने के रक्त में से एक लड़का और एक लड़की (भाई–बहन) प्रगट हुए और उन्होंने मुनि को प्रार्थना कर रोका तथा पूछा कि हमारी आजीविका का क्या साधन है ? मुनि ने उत्तर दिया कि जंगल काटकर खेती करो, तुम्हारा भण्डार अन्न से परिपूर्ण रहेगा। कोई याचक आये तो उसे पूरी तरह दान दो। इस प्रकार मुनि के वक्ष–रक्त से उत्पन्न भाई बहन उरांव के प्रथम पूर्वज थे जिन्हें मुख्य रूप से खेती करने का आदेश प्राप्त था। चूँकि ये मुनि के 'उर' से निकले थे अतः उरांव कहलाए।

प्रारम्भिक दिनों में ये लोग ठाकुर कहलाते थे तथा जनेऊ धारण करते थे किन्तु अपने भ्रष्ट खान–पान के कारण इनका अधः पतन हुआ। इस परम्परागत कथा से दो तथ्य स्पष्टतः उभर कर सामने आता है कि उरांव लोग ऋषि–जन्मा हैं तथा इस जाति का प्रमुख पेशा कृषि है, पहले यह जाति 'ठाकुर' के रूप में सम्मानित थी किन्तु कालान्तर में अपने खान–पान की हीनता के कारण पतित हो गई।

मूल–स्थान एवम् छोटानागपुर तक आव्रजन :

उरांव लोगों के मूल स्थान को लेकर विद्वानों में मतैक्य नहीं है। यह अब स्पष्ट हो चुका है कि ये पूर्व–द्रविड़ मूल के हैं तथा भारत के दक्षिणी भाग में इनका प्रारम्भिक जीवन बीता है। किन्तु दक्षिण भारत में ये देश अथवा विदेश के किस स्थान से चलकर वहाँ पहुँचे या मूल रूप में ये दक्षिण भारत के पर्वत, जंगलों एवं कन्दराओं की उपज हैं कहना कठिन है। अवदानो, पारम्परिक और धार्मिक गाथाओं से प्रतीत होता है कि इनकी उत्पत्ति दक्षिण भारत में हुई है। इनकी गाथाओं में अतिरिक्त 'मक्का–मदीना' के अन्य किसी विदेशी स्थान का उल्लेख नहीं आया है। किन्तु मक्का–मदीना से यह जाति किस प्रकार जुड़ी थी अथवा यह कथा कालान्तर का क्षेपक है या यह जाति भूमध्यसागर से अरब के तटवर्ती भागों एवं मक्का–मदीना से होते हुए भारत पहुँची थी, इन प्रश्नों का समाधान सूत्र सुदूर समय के अंधकार में विलुप्त होता दिखलाई पड़ रहा है। ऐसा कोई ऐतिहासिक साक्ष्य प्रस्तुत उपलब्ध नहीं है जो इनके पूर्वजों के मूल स्थान की तालाश में मार्ग–दर्शन का काम कर सके। नृ–शास्त्रियों का मानना है कि भारत की धरती पर, नराकार वानर से किसी प्रकार के मानव की उत्पत्ति नहीं हुई है। भारत में मानव का आगमन बाहर से हुआ था। किन्तु आर.के.चौधरी मध्य प्रदेश की कुछ गुफाओं से प्राप्त प्राचीन मानव के अवशेषों के आधार पर निष्कर्ष निकालते हैं कि दक्षिण भारत में, आज से करीब 40 हजार वर्ष पहले, वास्तविक मानव (होमोसैपिन) रहते थे और उनका रहन–सहन प्रस्तरयुगीन लोगों की तरह था।[54] दक्षिण भारत में कई स्थलों में प्राचीन प्रस्तरयुग के हथियार पाये गए हैं।

आर.सी. मजुमदार ने भी हिमयुग के प्राप्त कतिपय औजारों तथा शिवालिक की पहाड़ियों की घाटी से मिले पाषाण परतों के अध्ययन के आधार पर निष्कर्ष निकाला है कि भारत में प्रथम मानव की उत्पत्ति, दक्षिण भारत में, प्रथम हिमयुग के अन्तिम चरण में हुई थी[55] तथा यहाँ से द्वितीय हिमयुग (5 लाख वर्ष पूर्व) के प्रारम्भिक दिनों में ये उत्तर भारत के पंजाब, जम्मू, झेलम और सिन्धु नदियों के बीच जाकर बस गए थे। गुफाओं में रहना, जंगली जानवरों एवं फलों पर जीवन यापन करना, शिकार के लिए पत्थर या पत्थर के औजारों का प्रयोग, इनके विशेष लक्षण थे। किन्तु क्या ये द्रविड़ों के पूर्वज थे? ऐसा कोई सूत्र नहीं मिलता जो

तथाकथित "होमोसैपिन" या "अर्ली मैन" जिन्हें इतिहाकारों ने दक्षिण भारत की धरती पर उदित मानव माना है, द्रविड़ प्रजातीय लक्षणों से युक्त रहे हों। प्रयाग के दक्षिणी भाग में स्थित मेजा तहसील में प्राप्त पुरातात्त्विक सामग्रियों से प्रतिनूतन काल (प्लाइस्टोसिन) की स्थिति का पता चलता है।[56]

वहाँ पूर्व–पाषाण काल से लेकर नव–पाषाण काल तक की मानव की विकास यात्रा के साक्ष्य मिले हैं। इससे प्रस्तरयुगीन सभ्यता पर प्रकाश पड़ता है। जहाँ प्राचीन प्रस्तर युग में अपनी जीविका के लिए मनुष्य पूर्णतः प्रकृति पर निर्भर करता था वहाँ नव–प्रस्तर युग में प्रकृति के सहयोग से बीज बोना एवं अन्न उत्पन्न करना प्रारम्भ कर दिया था। इस युग में जो कमी थी वह धातु युग में आकर पूरी हो गयी और मनुष्य अपनी सभ्यता के विकसित स्तर पर स्पष्टतः दिखलाई पड़ने लगा। भारत के विभिन्न भागों में धातुओं के व्यवहार में समानता का अभाव दिखलाई पड़ता है। उपलब्ध साक्ष्यों से प्रमाणित है कि उत्तर भारत में ताम्रयुग के पश्चात् लौहयुग आया जबकि दक्षिण भारत में प्रस्तर युग के पश्चात् सीधे लौहयुग का प्रारम्भ हो गया था। ह्वीलर के अनुसार सिकन्दर के काल के लगभग एक शती पश्चात् दक्षिण की उपत्यिका में पुरातन, मुख्यतः प्रस्तर काल वाले लोगों पर लौह कालीन संस्कृति का अतिक्रमण हो चुका था। नागपुर से व्रेन गंगा तक का सम्पूर्ण दक्षिण भारत लाल और काले औजारों एवं बरतनों से भरा पड़ा मिला है। ई.पू. प्रथम सहस्राब्दि में द्रविड़ भाषा–भाषियों की संगठित सभ्यता दक्षिण में विकसित हो चुकी थी और पश्चिमोत्तर भारत में 1920 के तथा आगे के वर्षों के उत्खनन के परिणामस्वरूप सिन्धु–घाटी की सभ्यता का उद्घाटन हुआ था, उसे भी पुरातत्त्ववेताओं ने द्रविड़ सभ्यता की ही संज्ञा दी है।

पुरातत्वश्र श्री माधो स्वरूप वत्स और श्री दयाराम साहनी ने 1920 ई. में हड़प्पा नगर का उत्खनन करवाया था। यह नगर तत्कालीन पश्चिम भारत के मुल्तान जिले में पड़ता था। इसके पश्चात् 1922 ई. में एक अन्य पुरातत्वज्ञ डॉ. राखाल दास बनर्जी ने मोहनजोदड़ो नामक दूसरे नगर की खुदवाई की जो हड़प्पा से लगभग 600 कि.मी. दूर है तथा यहाँ से लगभग 120 कि.मी. दक्षिण–पश्चिम स्थित चान्दूहड़ों की खुदवाई अर्नेस्ट मैके के निर्देशन में 1925 ई. में हुई। इन तीनों स्थानों से खुदाई में प्राप्त लगभग 50 नर–कंकालों का वैज्ञानिक परीक्षण कर्नल स्यल्न तथा डॉ. बी. एस. गुहा ने किया तथा निष्कर्ष निकाला कि मोहन–जोदड़ो से प्राप्त अस्थि–पंजरों में से तीन प्रोटो–आस्ट्रेडायड मूल के थे, कुछ मंगोलियन किन्तु अधिकांश अस्थिपंजर भूमध्यसागरीय प्रजातीय लक्षण के थे। भूमध्यसागरीय प्रजाति का संबंध द्रविड़ों से है।[57] इस सभ्यता के प्रमुख अनुसंधायक, पुरातत्त्वज्ञ, नृतत्त्वज्ञ, इतिहासविदों विद्वानों में डॉ. डी.एन. मजुमदार, सर अरियल स्टोन, एच. हारग्रीब्ज, पिगट, ह्वीलर, अमलानन्द घोष एवं ब्रजवासी लाल के कार्य उल्लेखनीय हैं।[58] आर.सी. मजुमदार के अनुसार नर–कंकालों की इतनी कम संख्या के आधार पर कुछ विद्वानों ने इस क्षेत्र के तत्कालीन सभ्यता को द्रविड़ मूलक सभ्यता मानने में आपत्ति की है किन्तु अधिकांश विद्वानों ने स्वीकार किया है कि सिंधु घाटी सभ्यता के जनक भूमध्यसागरीय प्रजाति के द्रविड़ ही थे।[59]

तुली के अनुसार 'सुमेर' तथा 'सिन्धु' सभ्यता एक ही मूल से उद्भवित हैं। सुमरे तथा सिन्धु घाटी की सभ्यता की समानता देखकर गॉर्डन चाइल्ड ने दोनों सभ्यताओं के निर्माताओं के मध्य जातिगत संबंध प्रमाणित किया है। डॉ. बी.एस. गुहा भी गॉर्डन चाइल्ड से सहमत हैं। हॉल महोदय के अनुसार सुमेर तथा द्रविड़ जातियॉं एक थीं। उनका विश्वास है कि भारत से ही द्रविड़ जातियॉं सुमेर जाकर बस गई थीं। हॉल तथा उपरोक्त विद्वानों के कथन की पुष्टि, भाषा शास्त्रियों ने बलूचिस्तान के 'ब्राहुई' लोगों की भाषा का अध्ययन कर, किया है। ब्राहुई भाषा उरांवों द्वारा बोली जाने वाली कुडुख भाषा के अत्यन्त निकट है। कुडुख भाषा की तरह ब्राहुई भाषा का भी मूल कन्नड़ भाषा है जो द्रविड़ भाषा की एक प्रमुख शाखा है।[60] बलूचिस्तान के ब्राहुई प्रान्त में कुडुख के समान बोली जाने वाली ब्राहुई भाषा द्रविड़ों की बलूचिस्तान में उपस्थिति एवं प्रभाव को दर्शाती है, यद्यपि नृशास्त्रीय दृष्टि से द्रविड़ एवं ब्राहुई में कोई मेल नहीं है। इस प्रकार सुमेरी एवं सिन्धु घाटी की सभ्यता की समानता तथा बलूचिस्तान के ब्राहुई प्रान्त में बोली जाने वाली ब्राहुई एवं कुडुख भाषा की समानता के कारण उरांवों को भूमध्य सागरीय प्रजाति से उदित मानने तथा इनके भारत प्रवेश के मार्ग की परिकल्पना करने में इतिहासकारों को सशक्त आधार प्राप्त हुआ है।

थर्स्टन के अध्ययन के अनुसार दक्षिण भारत में निवसित द्रविड़ों के प्रजातीय लक्षणों में उनकी चौड़ी नाक, लम्बा सिर, काले घने बाल (कभी–कभी घुँघराले किन्तु 'उली' घुँघराले नहीं) और ठिंगना कद है जो लगभग नीग्रेटो प्रजातीय लक्षणों का संकेत देता है। अण्डमान द्वीप समूहों में रहने वाली जन–जातियों के सर पर 'उली बाल के लक्षण नीग्रेटो तत्व अवश्य पाये जाते हैं किन्तु दक्षिण भारत में रहने वाले द्रविड़ों में यह नीग्रेटो प्रभाव नहीं पाया जाता।[61] नर–कंकालों के नृशास्त्रीय परीक्षण के आधार पर प्रजाति की कुछ विशेषताओं का ही ज्ञान हो पाता है किन्तु सम्पूर्ण शरीर के अध्ययन से रंग–रूप पर पड़ने वाले अन्य प्रजातियों के साथ सम्मिश्रण का भी प्रभाव परिलक्षित होता है। दक्षिण भारत के पश्चिमी तट के द्रविड़ निवासियों के सिर की संरचना चिपटे एवं छोटे आकार की है जो मंगोलीय प्रजातीय प्रभाव का संकेत देती है। मोहनजोदड़ों एवं हड़प्पा की खुदाई में मिले नरकंकालों से ज्ञात हो चुका है कि सिन्धु–घाटी की सभ्यता यद्यपि द्रविड़ सभ्यता थी किन्तु 'आस्ट्रोलायड' एवम् मंगोलों का भी उसमें योगदान था। वैवाहिक संबंधों द्वारा प्रजातीय गुणों का संक्रमण स्वाभाविक है। पश्चिमोत्तर तट के द्रविड़ों में मंगोलीय प्रभाव के कारण कुछ इतिहासकारों ने पश्चिमोत्तर हिमालय मार्ग से आकर समुद्री तट को पकड़ते हुए मंगोलों का दक्षिण भारत के पश्चिमी तट तथा व्यापार हेतु जाने तथा द्रविड़ों में मिश्रित होने की बात कही है। इसी प्रकार मुण्डा एवं उरांवों के बीच अन्तर्मिश्रण तथा एक ही प्रकार के भौगोलिक एवं पर्यावरण संबंधी प्रभाव ने इनके मूल प्रजातीय लक्षणों को क्रमशः धूमिल कर दिया और आने वाली पीढ़ी एक ही प्रकार के समान प्रजातीय लक्षणों से युक्त दिखलाई पड़ने लगी थी। अतः सामान्य दृष्टि से इन जन–जातियों में विभेद करना कठिन था। यही कारण है कि डॉ. ग्रियर्सन ने अपने जन–जातियों के अध्ययन के अनन्तर जो

निष्कर्ष निकाला था उसमें उरांवों को 'मुण्डा' प्रकार की प्रजाति के अन्तर्गत माना था। किन्तु ए.सी. हेड्डन, एस.एस. सरकार तथा पी.एस बसु जैसे आधुनिक मानवशास्त्रियों ने वैज्ञानिक दृष्टि से सूक्ष्म विश्लेषण के उपरान्त स्पष्ट प्रमाण दिए हैं कि इन दो, मुण्डा एवं उरांव जन–जातियों, के प्रजातीय विभेद तथा इनके वंश–मूल पूर्णतः अलग–अलग हैं।

मूल–स्थान संबंधित प्रमुख सिद्धान्त :

द्रविड़ों के मूल–स्थान संबंधी खोजों के क्रम में कतिपय नए तथ्य और सिद्धान्त विगत अर्ध शताब्दी में प्रकाश में आए हैं जिससे पुरानी मान्यताओं पर प्रश्न–चिन्ह

लगता जा रहा है। जबसे भाषा वैज्ञानिकों को पता चला है कि बलूचिस्तान की 'ब्राहुई' द्रविड़ परिवार की एक भाषा है, द्रविड़ों की 'मूल–स्थान' संबंधित परिकल्पना में नए आयाम जुड़े हैं। विशप काल्डवेल ने इस दिशा में उल्लेखनीय कार्य किया है। द्रविड़ों के मूल–स्थान संबंधित प्रमुख प्रचलित सिद्धान्त निम्नलिखित हैं –

द्रविड़ बनाम तमिल :

विशप काल्डवेल ने सर्वप्रथम द्रविड़ एवं तमिल शब्दों से होनेवाले दक्षिण भारतीयों की पहचान को स्पष्ट करने का प्रयास किया है। विशप काल्डवेल पहले व्यक्ति थे जिन्होंने दक्षिण भारतीयों को 'द्रविड़' नाम की संज्ञा दी।[62] इसके पूर्व तमिल नाम से जाने जाते थे। 'तमिल' संज्ञा मात्र तमिल भाषा–भाषियों के लिए प्रयुक्त होना चाहिए था किन्तु इस शब्द की प्रसिद्धि एवं व्यापकता ने समस्त दक्षिण भाषा–भाषियों जैसे–तेलुगु, कन्नड़, मलयालम आदि को भी अपने घेरे में ले लिया था और इस प्रकार ये समस्त भाषाएँ 'तमिल' के अन्तर्गत आ गई थीं एवं पूरा दक्षिण भारत 'तमिल प्रदेश' से अभिज्ञापित हो गया था। काल्डवेल ने तमिल को उसके वास्तविक घेरे में सीमित किया तथा दक्षिण भारतीयों को द्रविड़ नाम की सर्वमान्य संज्ञा प्रदान की।

काल्डवेल द्वारा 'द्रविड़' शब्द को प्रकाश में लाने का आधार था संस्कृत ग्रन्थों में इस क्षेत्र के लिए दी गई 'द्रविड़' की संज्ञा, यद्यपि संस्कृत ग्रन्थों में 'द्रविड़' शब्द का प्रयोग दक्षिण भारतीय ब्राह्मणों के लिए किया गया है न कि अ–ब्राह्मण दक्षिणियों के लिए। उदाहरणार्थ "पंचद्रविड़ाः" शब्द का प्रयोग किया जाता था। शंकराचार्य ने ज्ञान सम्बन्द' अर्थात् ज्ञानवान अर्थात् ब्राह्मण को "द्रविड़ासिसु" कहा है। बम्बई में ऐसे अनेक कार्यरत दक्षिणी मिलेंगे जिन्हें द्रविड़ कहा जाता है तथा इसका निहित अर्थ होता है द्रविड़ ब्राह्मण। इस प्रकार द्रविड़ शब्द संस्कृत लेखकों के कारण द्रविड़ ब्राह्मण के अर्थ में रूढ़ हो गया था।

कालान्तर में, काल्डवेल के अनुसार द्रविड़ संज्ञा न केवल अ–ब्राह्मणों के लिए प्रयुक्त होने लगी अपितु भौगोलिक दृष्टि से घिरे हुए दक्षिण भारत का यह विशिष्ट सीमाबद्ध क्षेत्र द्रविड़ कहलाया। यद्यपि तमिल और द्रविड़ शब्द एक–दूसरे से भिन्न दिखलाई पड़ते हैं किन्तु मूलतः वे एक–दूसरे के अत्यंत निकट एवं लगभग समानार्थी हैं।

मंगोलीय सिद्धान्तः

इस सिद्धान्त के प्रतिपादक कनकसा भाई पिल्लई हैं। इनके अनुसार द्रविड़ों का मूल–स्थान मंगोलिया है। वे भारत तिब्बत एवं नेपाल से होते हुए आये और पूरे बंगाल में व्यवस्थित हो गए। बंगाल से पुनः उन्होंने दक्षिण की ओर प्रयाण

किया। चूँकि दक्षिण के लिए ताम्रलिप्ति बन्दरगाह से प्रयाण किया गया था अतः दक्षिण भारत एवं लंका पहुंचने पर ये "तमिल" कहलाये। संस्कृत साहित्य में जिन्हें "यक्ष" की संज्ञा दी गई है, वे द्रविड़ थे। नेपाल और मालावर के निवासियों के बीच कला, वास्तुकला तथा नारी की अस्मिता संबंधी परिकल्पनाएँ लगभग समान हैं। कनकसा भाई के अनुसार प्रव्रजन कर पहली बार दक्षिण में आकर जो प्रजाति बसी 'मरार' कहलाई तथा कालान्तर में तथा "कोसर" थीं। इनकी भाषा विजित एवं विजयी अर्थात् नागा और द्रविड़ों की भाषा के मिश्रण से बनी जिसके लक्षण आज की मलयालम भाषा में दिखलाई पड़ते हैं तथा जो प्राचीन द्रविड़ों द्वारा बोली जाती थी। मलयालम भाषा मंगोलीय, मंचु तथा उत्तर एशिया की अन्य पुरातन भाषाओं से काफी मिलती–जुलती है।

किन्तु कनकसाभाई पिल्लई के मंगोलीय सिद्धान्त की कटु आलोचना हुई है। सर हर्बर्ट रिजले ने मंगोलीय सिद्धान्त को इस आधार पर अविश्वसनीय बतलाया कि द्रविड़ों का वर्ण श्याम है तथा शारीरिक संरचना में उनका सिर लम्बा होता है जबकि मंगोलीय प्रजाति का वर्ण पीला एवं सिर एवं माथा चौड़ा होता है। इस आधार पर द्रविड़ों को हिमालय पार मंगोलिया मूल का माना जाना तक्रसंगत नहीं प्रतीत होता। भाषा–शास्त्रियों की दृष्टि में भी ताम्रलिप्ति का तमिल, मरार का म्रजमार तथा कोसार का कुषाण होना भाषागत नियमों के अनुसार ठीक नहीं बैठता तथा द्रविड़ों को "यक्षों" से जोड़ना सर्वथा काल्पनिक है। मलाया एवं नेपाल के बीच वास्तुकला तथा कतिपय द्रविड़ प्रथाओं की समानता का कारण मात्र एक घटना मानी जा सकती है या उस प्रभाव का कारण भी हो सकता है जब द्रविड़ों का साम्राज्य उत्तर भारत में फैला था और नेपाल भी उसके चपेट में था। कनकसा पिल्लई को कुषाण एवं मौर्य राजवंशों का ज्ञान भी अपूर्ण मालूम पड़ता है जिसके आधार पर निकाला हुआ निष्कर्ष मात्र अनुमान आधारित माना जा सकता है। इस प्रकार कनकसाभाई पिल्लई का द्रविड़ों का आव्रजन संबंधी मंगोलीय सिद्धान्त तक्रसंगत सिद्ध नहीं होता।

मध्य–एशिया सिद्धान्त :

विशप काल्डवेल द्वारा प्रतिपादित "मध्य एशिया सिद्धान्त" मूलतः भाषा साम्य पर आधारित है तथा पूरी तरह एकपक्षीय है। काल्डवेल ने मध्यएशिया की प्रमुख दो प्रजातियों "सीथियन" एवं "तुरानीयों" को लिया है तथा इनकी भाषाओं की तुलना द्रविड़ भाषा से की है और अनेक साम्य ढूँढ निकाले हैं। वस्तुतः फिनिश, तुर्की, मंगोलीय, तुंगसियन, सीथियन एक ही भाषा–समूह के हैं तथा इनके कतिपय व्याकरण संबंधी नियम लगभग समान हैं। काल्डवेल सीथियन–भारोपीय–द्रविड़ भाषाओं में भी समानता पाता है तथा अपने सिद्धान्त के प्रमाण हेतु "वेहिस्तान टेबलेट्स" के

अनुवाद को प्रस्तुत करता है। इस पुस्तक में सीथियन भाषा का अंश, मुहावरे एवं सामाजिक–उक्तियाँ द्रविड़ों जैसी हैं। काल्डवेल ने भाषा संबंधी व्याकरण की 9 समानताओं का भी उल्लेख किया है और इस प्रकार द्रविड़–सीथियन भाषा में संबंध स्थापित करने का प्रयास किया है। यद्यपि वह मानता है कि दोनों भाषाओं की साम्य–स्थापना में कतिपय कमियाँ हैं किन्तु इनकी समानता कमियों पर भारी पड़ती है। वह मानता है कि द्रविड़ भाषा केवल सीथियन भाषा–समूह से ही प्रभावित नहीं है अपितु अन्य भारतीय आर्य भाषाओं का भी उस पर गहरा प्रभाव है किन्तु सीथियन प्रभाव अधिक मात्रा में है, अतः काल्डवेल द्रविड़ भाषा को सीथियन भाषा समूह का मानता है।

काल्डवेल बलूचिस्तान की ब्राहुई बोली का आधार लेकर द्रविड़ों का मध्य एशिया से भारत प्रब्रजन का मार्ग भी निर्धारित करता है। ब्राहुई बोली द्रविड़ भाषा समूह की कन्नड़ भाषा से बिल्कुल मिलती–जुलती है। अब दक्षिण की कन्नड़ भाषा सुदूर पश्चिमोत्तर भाग में किस प्रकार पहुँची होगी। इसका ताक्रिक उत्तर काल्डवेल देते हैं कि द्रविड़ मध्य–एशिया से अपने भारत प्रब्रजन के क्रम में बलूचिस्तान के ब्राहुई प्रान्त में रूके थे और पश्चिमोत्तर मार्ग से भारत में प्रविष्ट हुए थे। इस प्रब्रजन टोली के साथ ब्राहुई लोग भी दक्षिण जा बसे और 'कन्नड़' के रूप में अपनी एक भाषा क्रमशः विकसित कर ली।

काल्डवेल की उपरोक्त अवधारण भाषा के अतिरिक्त अन्य पक्षों की पूर्णतः अवहेलना करती है जैसे नृशास्त्रीय पक्ष। ब्राहुई गौर वर्ण एवं लम्बी नुकीली नाक एवं औसत से अधिक ऊँचे शरीर वाली प्रजाति है जबकि इसके विपरीत द्रविड़ों की शारीरिक रचना श्याम वर्ण, छोटा कद तथा फैली हुई नासिका जैसी है। इस प्रकार ब्राहुई प्रजातीय दृष्टि से द्रविड़ों से कोई साम्य नहीं रखते। ऐसा प्रतीत होता है कि ब्राहुई बोली द्रविड़ों के उस क्षेत्र में रहने के कारण सानिध्य–जन्य प्रभाव का परिणाम रही हो।

प्रजातीय एवं भाषा–शास्त्रीय दोनों अध्ययन–परिणाम मध्य–एशिया या सीथियन तुरानियन सिद्धान्त का पृष्ठ–पोषण नहीं कर पाते हैं। द्रविड़ के सिर की बनावट (डालिकोसेफलिक), गाल की कुछ दबी हड्डियाँ, काले घने बाल, काली चमकीली आँखें, शरीर का श्याम वर्ण लगभग 'बोर्स' के 28 वे रंग से कुछ साफ स्पष्टतः द्रविड़ों का शारीरिक लक्षण है जो कभी भी मंगोलीय मूल का नहीं हो सकता। जहाँ तक साहित्य एवं सभ्यता का प्रश्न है द्रविड़ साहित्य एक सम्पन्न साहित्य माना जाता है और वे सभ्यता के ऊँचे सोपान क्रम में हैं जबकि तूरानीयों की भाषा में भावाभिव्यक्ति तक नहीं है। वह सभ्यता के सोपान में नीचे गिरी ऐसी प्रजाति है कि उसकी भाषा में 'हत्या' के बीस समानार्थी शब्द मिल जायेंगे किन्तु सहानुभूति

एवं प्यार के लिए एक भी शब्द नहीं है। वस्तुतः तूरानियन जैसी प्रजाति द्रविड़ों की पूर्वज नहीं हो सकती।

सेमिटिक सिद्धान्त :

सेमिटिक सिद्धान्त द्वारा द्रविड़ों का मूल अरब, मिस्र एवं एशिया माइनर के मध्य माना जाता है। इस सिद्धान्त का आधार द्रविड़ों में विकसित एक संस्था "मरूमक्कान्तयम" है। इसके अन्तर्गत नारी–पूजा का विधान है। इसी प्रकार की प्रथा का प्रचलन अरब, मिस्र एवं प्राचीन यूनान में भी है। सेमिटिक सिद्धान्त के पोषकों का कहना है कि इस प्रकार की विशेष प्रथा एक स्थान पर साथ–साथ रहने वालों के बीच ही विकसित हो सकती है अतः भारत के द्रविड़ों का मूल स्थान सेमिटिक परिवार वालों में स्थित है।

इस सिद्धान्त के आलोचक मात्र "मरूमक्कान्तयम" की समानता के आधार पर निकाले गए निष्कर्ष को ठोस प्रमाण नहीं मानते। द्रविड़ लोग सेमिटिक की अपेक्षा आर्यों के अधिक निकट हैं। विशेषकर अपनी शारीरिक संरचना के लक्षणों के आधार पर। द्रविड़ भाषा भी आर्य–भाषा के अधिक निकट है। नारी–पूजा तथा मातृसत्तात्मक पारिवारिक संरचना सार्वभौमिक है न कि केवल सेमिटिक समूह की यह थाती है।

मेसोपोटेमीय सिद्धान्तः

इस सिद्धान्त के प्रतिपादक कर्नल होल्डिच हैं। होल्डिच के अनुसार द्रविड़ों का मूल स्थान मेसोपोटामिया था। वे वहां से मकरान तटीय मार्ग द्वारा भारत आये थे। उनमें से कुछ तटीय भाग में शताब्दियों तक बसे रहे थे तथा वहां उन्होंने अपने घर बनाए और मृतकों की अस्थियाँ मिट्टी के बरतनों में भूमि में दफनाई और कुछ उस सीमान्त क्षेत्र में जा टिक जो किर्तहार पहाड़ियों के पार्श्व में था। यहीं पर ब्राहुईयों ने, जो तुर्की–मंगोलीय प्रजाति के थे, द्रविड़ों पर आक्रमण कर उन्हें पराजित किया और क्षेत्र खाली कर पलायित होने को बाध्य किया। इस क्रम में ब्राहुइयों का द्रविड़ों से जो सम्मिश्रण हुआ था उसमें ब्राहुइयों ने द्रविड़ों की भाषा अपने पास सुरक्षित रख ली किन्तु द्रविड़ों के अन्य प्रकृति गुणों को वे आत्मसात न कर सके। द्रविड़ पश्चिमी मार्ग से भारत में प्रविष्ट हुए। ब्राहुई मंगोल प्रजाति के थे।

ब्राहुई भाषा साम्य को लेकर द्रविड़ों के मूल निवास को उस मार्ग पर दिखाने या किसी प्रकार से द्रविड़ों को बिलोची क्षेत्र से जोड़ने का प्रयास सिद्धान्तकारों ने किया है किन्तु मात्र एक लचीले साक्ष्य पर कोई निष्कर्ष प्रामाणिक नहीं माना जा सकता।

मिस्र सम्बन्धी सिद्धान्त :

इस सिद्धान्त के प्रतिपादक ब्रूस–फुट हैं जिन्होंने दक्षिण भारत में प्रशंसनीय उत्खनन कार्य किया है तथा पाया है कि दक्षिण में द्रविड़ जिस समय नव–पाषाण युग से गुजर रहे थे मिस्र ताम्रयुग में था तथा तांबे की कुल्हाड़ियों से इन्होंने पड़ोसी राज्यों को पराजित किया था। ब्रूस–फुट का मानना है कि ताम्र–कुल्हाड़ियों के अविष्कार के पूर्व मिस्र निवासियों में से एक दल टूट कर पूर्व की ओर चल पड़ा था। यह दल पश्चिमोत्तर दिशा से भारत में प्रविष्ट हुआ और दक्षिण भारत में आकर बस गया तथा द्रविड़ कहलाया। द्रविड़ों की ही प्रजाति के प्राचीन मिस्रवासी हैं। वे निश्चित रूप से मंगोलीय प्रजाति के नहीं प्रतीत होते और न ही वे उस 'भूरी प्रजाति' के थे जिनका उल्लेख प्रोफेसर इलियट स्मिथ ने अपनी पुस्तक "एनसियंट इजिप्सियन" में किया है।

प्रोफेसर स्मिथ की मान्यता है कि प्राचीन मिस्र ने विश्व को 'सूर्य–संस्कृति' प्रदान की थी। स्मिथ के अनुसार जहाँ मिस्र के नाविक गए मिस्र की संस्कृति साथ लेते गए। इस प्रकार भारत तथा एशिया के अनेक समुद्र तटीय देश तथा अमेरिका में भी इनकी संस्कृति के अनेक तत्त्व मिलते हैं। प्रोफेसर पेरी भी इलियट स्मिथ के विचारों का समर्थन करते हैं पेरी के अनुसार सुमेर और इलम की भी प्राचीन संस्कृति मिस्र–मूल की संस्कृति है। प्रोफेसर इलियट इस संस्कृति के संक्रमण की घटना को 300–800 वर्ष ईसा पूर्व मानते हैं जबकि पेरी के अनुसार यह स्थिति 2600 वर्ष ईसा पूर्व घटित हुई थी।

यद्यपि मिस्र की संस्कृति की प्राचीनता तथा अन्य देशों पर इसके प्रभाव को अस्वीकार नहीं किया जा सकता है किन्तु यह मानना कि संस्कृति का संक्रमण 8 शती ई.पू. तक हुआ है किसी इतिहासकार को इतना निकट का समय तर्कसंगत एवं ग्राह्य नहीं हो सकता। एफ.जी. रिचार्ड ने उपरोक्त सिद्धान्त पर टिप्पणी करते हुए कहा कि संभव नहीं था कि मात्र कुछ नाविकों द्वारा मिस्र की संस्कृति संसार के समुद्र तटीय देशों में फैली थी। एफ.जे. रिचार्ड के अनुसार यह एक सार्वभौमिक विकास प्रक्रिया है कि जब किसी प्रजाति की कोई संस्कृति विकसित होती है तो इस प्रक्रिया में अनेक तत्त्व परोक्ष या प्रत्यक्ष रूप से क्रियाशील रहते हैं। यह एक अत्यन्त जटिल प्रक्रिया है। अतः इस एक आधार पर द्रविड़ों का मूल–स्थान प्राचीन मिस्र मानना तर्कसंगत नहीं है।

भूमध्यसागरीय सिद्धान्त :

इस सिद्धान्त के अनुसार द्रविड़ प्रजाति का मूल–स्थान भूमध्य सागर क्षेत्र रहा था। नृशास्त्रियों के अनुसार भूमध्य सागर की ईजियन या प्रोटो–आस्ट्रोलायड तथा पश्चिमी एशिया माइनर की आर्मेनाइड प्रजातियों ने विलीन होकर द्रविड़ प्रजाति

को जन्म दिया था। जे.एफ. रिचर्डस् के अनुसार भारतीय द्रविड़ों और भूमध्यसागर निवासियों के बीच अगणित समानताएँ हैं। भूमध्यसागर से ये द्रविड़ क्रमशः पश्चिमी देशों के तटीय मार्गों को पार करते हुए, बलूचिस्तान अफगानिस्तान होते हुए पश्चिमोत्तर द्वार से भारत में प्रविष्ट हुए थे। डॉ. स्लैटर की अवधारण के अनुसार भूमध्य सागरीय प्रजाति की एक शाखा मेसोपोटामिया और बलूचिस्तान होते हुए उस समय भारत पहुँची थी और द्रविड़ प्रजाति एवं संस्कृति को विकसित कर चुकी थी जब सुमेरी सभ्यता का जन्म भी नहीं हो पाया था। पश्चिमी भारत से ये पूरे देश में फैल गए और इनका भारत के अधिकांश भागों में बहुत दिनों तक आधिपत्य बना रहा। हर्बर्ट रिजले द्रविड़ को भारत की प्राचीनतम प्रजाति मानते हैं। उनके अनुसार भारत में प्रविष्ट होने वाली आर्य, मंगोल, तुर्की, सीथियन आदि प्रजातियाँ द्रविड़ों में विलयित होकर भारत की जनसंख्या में आर्य–द्रविड़, मंगोल–द्रविड़, तुर्क–द्रविड़, सीथियन–द्रविड़ आदि द्रविड़ मूलक मिश्रित प्रजातीय लक्षणों से युक्त निवासियों के जन्म का कारण बनीं।

यदि नृशास्त्रियों का निष्कर्ष मान लिया जाता है कि द्रविड़ भूमध्यसागर से मेसोपोटामिया, बलूचिस्तान होते हुए भारत आये तो निसन्देह जिज्ञासा होती है कि उस समय भारत में मनुष्य थे और यदि थे तो कैसे थे। द्रविड़–पूर्व भारत के निवासी कौन थे ? वे भारत की ही धरती पर क्रमशः विकसित हुए थे या बाहर से आकर बसे थे ?

वस्तुतः द्रविड़ मूल की खोज एक जटिल प्रश्न है। इतिहास के विद्वानों ने काफी समय द्रविड़ के मूल–स्थान की खोज में लगाया है। विभिन्न उत्थननों तथा पुरातात्त्विक महत्त्व की सामग्रियों के सूक्ष्म विश्लेषण के उपरान्त भी द्रविड़ों के मूल–स्थान की तलाश का कोई सार्थक परिणाम नहीं निकल पाया है। मानवशास्त्रीय, पुरातात्त्विक एवं भाषागत प्रमाणों की बहुलता ने इस समस्या को और भी जटिलताओं से घेर दिया है, परिणामस्वरूप द्रविड़ों का मूल–स्थान संबंधी कोई भी तथ्यपरक निष्कर्ष नहीं निकल पाया है।

द्रविड़ सभ्यता और संस्कृति के आधार पर प्रजाति की प्राचीनता प्रमाणित होती है, यहाँ तक की वैदिक संस्कृति भी द्रविड़ों से प्रभावित हुई थी। मंदिरों और उसमें पूजा का प्रचलन द्रविड़ों में था जबकि वैदिक धर्म में मन्दिर की कोई चरचा नहीं थी। मंदिरों को "कोटिल" कहा जाता था। शिव एवं शक्ति की पूजा की जाती थी। उमा और शिव द्रविड़ देवता थे। लिंग–पूजा द्रविड़ों की देन है। 'टोटम' की संस्था द्रविड़ समाज मे विकसित हो चुकी थी। कृषि का ज्ञान था और टिन, रांगा, जस्ता के अतिरिक्त अन्य धातुओं का उपयोग जानते थे। पुष्प से पूजा की पद्धति द्रविड़ संस्कृति की देन है। प्रोफेसर माक्र कोलिन्स के अनुसार संस्कृत शब्द पूजा का मूल शब्द "पु" है जिसका अर्थ पुष्प होता है। वेदों ने होम और बलिदान को महत्त्व दिया था। पूजा में पुष्प का प्रचलन द्रविड़ों की देन है।

वस्तुतः आपस में विवाह एवं रक्त संबंध तथा एक ही भौगोलिक पर्यावरण में रहने तथा अन्य अनेक कारणों से मुण्डा एवं उरांव जन–जातियों के मध्य प्रजातीय, भाषाई एवं सांस्कृतिक मिश्रण शताब्दी–शताब्दी से होता रहा है और इनका 'मूल' इन्हीं घात–प्रतिघातों के परिणमस्वरूप लगभग विलुप्त हो चुका है। सामान्य दृष्टि से इनमें कोई भेद नहीं दिखलाई पड़ता। अतः इनके मूल वंश एवं उद्‌गम स्थल की खोज करने के लिए मानव–मिति, भाषा–विज्ञान, औजार एवं प्रयोग में आने वाले अन्य उपकरण अथवा उपलब्ध पुरातात्त्विक सामग्री एवं उन धार्मिक परम्परागत कथाओं एवं अवदानों का सहारा लिया जाता है जो इन जन–जातियों के मूल एवं उद्‌भव पर प्रकाश डालते हैं। उनकी प्रामाणिकता पुरातात्त्विक साक्ष्यों में निहित है। इनके तुलनात्मक अध्ययन के उपरान्त जो निष्कर्ष निकला है वह यथेष्ट वैज्ञानिक एवं वस्तुनिष्ट है।

भाषाई प्रमाण :

मानव–मिति के आधार पर उरांव जन–जाति के पूर्वजों की खोज करने का प्रयास में देखा गया कि यह जन–जाति दक्षिण भारत में मुख्य रूप से निवास

करने वाली द्रविड़ प्रजाति का एक अंग है। द्रविड़ प्रजाति अधिकांश नृशास्त्रियों के अनुसार भूमध्य सागर से भारत आयी थी तथा भूमध्य सागर की ईजियन (प्रोटो–आस्ट्रेलायड) और पश्चिम एशिया माइनर की आर्मनाइड जातियों के विलयन के कारण विकसित हुई थी।

जहाँ तक सिन्धु घाटी की सभ्यता का प्रश्न है विद्वान एक मत हैं कि यह सभ्यता द्रविड़ सभ्यता थी किन्तु पश्चिमोत्तर भारत में इतनी उन्नत सभ्यता वाले द्रविड़ कब और किस मार्ग से भारता पहुँचे इस पर पर्याप्त मतान्तर है। कुछ विद्वानों का मत है कि भूमध्य सागर से चलकर अरब के तटीय मार्ग एवम् बलूचिस्तान से होते हुए ये पश्चिमोत्तर भारत पहुँचे थे। कालान्तर में आर्यों से पराजित होकर कुछ दास बना लिए गए और कुछ सुरक्षा की खोज में पहाड़ और घने जंगलों की ओट लेकर दक्षिण भारत में जा बसे। श्री ए.एच. कीन[63] ने इस मार्ग का जोरदार समर्थन बलूचिस्तान के ब्राहुई प्रान्त में बोली जाने वाली 'ब्राहुई' भाषा को आधार मान कर किया है जो द्रविड़ भाषा की एक शाखा है। किन्तु इसके विपरीत इ.ए. गैट ने स्पष्ट किया है कि छोटानागपुर में बोली जाने वाली मुण्डारी भाषा का संबंध एक विशाल भाषा परिवार से है जिसे 'आस्ट्रिक' कहा जाता है और जो दक्षिण–पूर्व एशिया तथा हिमालय के उत्तर तिब्बत तक विस्तृत है,[64] और इस प्रकार मुण्डाओं के भारत में प्रवेश के मार्ग का निर्धारण संभव हो सका है किन्तु द्रविड़ भाषा जो दक्षिण भारत में केन्द्रित है सीमित स्थानों में ही बोली जाती है तथा भाषा–वैज्ञानिकों ने द्रविड़ भाषा का किसी अन्य भाषा से संबंध–सूत्र ढूँढ पाने में अब तक सफलता नहीं पाई है। फलस्वरूप भाषा की दृष्टि से द्रविड़ भाषा–भाषी का मूल स्थान दक्षिण भारत अधिक संभावित है तथा यहां से ही ये आव्रजित होकर पश्चिमोत्तर भारत एवं बलूचिस्तान तक फैले थे। इ.ए. गैट की अवधारणा उपरोक्त तथ्य के अनुरूप बैठती है। श्री गेट के अनुसार जब लगभग सम्पूर्ण उत्तर भारत मुण्डा भाषा–भाषियों के प्रभाव में था उस समय दक्षिण भारत के द्रविड़ों का निवास एवं प्रभाव महाराष्ट्र तथा सिन्ध प्रान्त में था तथा वे बलूचिस्तान तक फैल गए थे।[65]

द्रविड़ भाषा की सबसे बड़ी विशेषता यह है कि यह भाषा किसी भी विदेशी या जन–जातीय भाषा से संबंधित नहीं दिखलाई पड़ती और इसका पूर्णतः एक स्वतन्त्र 'भाषा स्वरूप' है। यही कारण है कि भाषा–शास्त्री द्रविड़ों का मूल दक्षिण भारत मानते हैं तथा यहाँ से ही ये अन्यत्र आव्रज़ित हुए हैं। भाषा शास्त्रियों ने कुडुख (छोटानागपुर), माल्टो, कुई, खोंद, गोंदो (उत्तर भारत) तथा ब्राहुई (बलूचिस्तान) भाषाओं का संबंध दक्षिण की तमिल या द्रविड़ भाषा से माना है। बिशप काल्डवेल ने[4] अपने अध्ययन के आधार पर इन भाषाओं को द्रविड़ भाषा परिवार के अन्तर्गत रखा है। तमिल भाषा के अन्तर्गत तमिल, मलयालम, कन्नड़, तेलुगु तथा कुछ कम विस्तृत बोलियाँ–जैसे कोरागु, तुलु, टोडा और कोटा आती हैं। अभी हाल में सेंसस रिपोर्ट में द्रविड़ भाषा परिवार को निम्नलिखित रूप में प्रस्तुत किया गया है–

द्रविड़ भाषा परिवार के मुख्य तीन समूह –

क– आन्ध्र भाषा समूह	**ख–मध्य भाषा समूह**	**ग–द्रविड़ भाषा समूह**
(I) तेलुगु	मध्य प्रान्त, बरार तथा	(I) तमिल
(II) कंध (कुई)	हैदराबाद राज्य के पूर्वी भाग में बोली जाने वाली भाषाएँ	(II) कन्नड़
(III) कोलामी		(III) मलयालम
		(IV) तुलु तथा अन्य कुछ भाषाएँ जो दक्षिण भारत से बाहर बोली जाती हैं जिनमें प्रमुख कुडुख (छोटानागपुर) तथा ब्राहुई (बलूचिस्तान) भाषाएँ हैं।

भाषागत प्रमाणों की उपयोगिता पर उठे विवाद का विश्लेषण करते समय (मुण्डाओं के संदर्भ में) हम इस प्रश्न पर विस्तार से विचार कर चुके हैं कि आवश्यक नहीं एक भाषा परिवार की जन–जातियाँ एक ही वंश–मूल से उद्भवित हों। दक्षिण भारत से बाहर, छोटानागपुर के कुडुख भाषा–भाषी उरांव तथा उत्तर भारत के माल्टो, कुई–खोंद एवं गोंद्दी तथा बलूचिस्तान के ब्राहुई भाषा–भाषी सभी प्रजातीय दृष्टि से एक वंश मूल के नहीं प्रतीत होते, विशेषकर बलूचिस्तान के ब्राहुई भाषा–भाषी के प्रजातीय लक्षण द्रविड़ों से बिल्कुल नहीं मिलते। ये गोरांग, ऊँची काठी के नाक–नक्श से ईरानी या आर्य मूल के प्रतीत होते हैं। ये जो भी हों किन्तु निश्चित रूप से ये द्रविड़ वंश–मूल के नहीं हैं यद्यपि ये द्रविड़ भाषा परिवार के एक अंगी हैं।

इस प्रकार भाषा की दृष्टि से भारत के बाहर द्रविड़ मात्र बलूचिस्तान में तथा सभ्यता एवं प्रभाव की दृष्टि से कुछ सुमेर में अपना अस्तित्व स्थापित किए हुए प्रतीत होते हैं। उरांवों की धर्म गाथा में इनका संबंध मक्का एवं मदीना से दिखलाया गया है। किन्तु ऐसा कोई प्रमाणिक सूत्र नहीं मिलता जो द्रविड़ों को किसी अन्य विदेशी मूल से संयुक्त कर पाता हो। थर्स्टन ने[66] कतिपय सिद्धान्तों के आधार पर द्रविड़ों का संबंध भाषा एवं प्रजातीय दृष्टि से भारत के बाहर की प्रजातियों से स्थापित करने का प्रयास किया है किन्तु वह कोई संतोषजनक प्रमाण एवं निष्कर्ष नहीं निकाल सके हैं कि द्रविड़ विदेश की किस प्रजाति–मूल से संबंधित थे तथा

वे कैसे एवं कब भारत आये थे तथा वे वास्तविक रूप से दक्षिण भारत के मूल निवासी नहीं थे।

विभिन्न पुरातात्त्विक प्रमाणों के आधार पर कतिपय इतिहासकारों ने द्वितीय हिमयुग के प्रारम्भिक चरण में दक्षिण भारत में मानव अस्तित्व को प्रमाणित करने का प्रयास किया है[67] तथा आर.के. चौधरी ने आज से 40 हजार वर्ष पूर्व 'होमोसैपिन' स्थित में दक्षिण भारत में मानव के अस्तित्व में आने की बात कही है जिससे इस धारणा को बल मिलता है कि यहां के मूल निवासी अंधकार युग में कहीं से आकर बस गए थे। भाषा की दृष्टि से भी द्रविड़ किसी अन्य भाषा–परिवार से जुड़े हुए नहीं दिखलाई पड़ते। किन्तु नृशास्त्रियों ने मानव–मितीय अध्ययनों के आधार पर द्रविड़ों का संबंध भूमध्य सागर के प्रोटो–आस्ट्रोलायड एवं एशिया माइनर के आर्मेनाइड वंश–मूलों से संयुक्त करने का प्रयास किया है और इनके निष्कर्षों के अनुसार अरब सागर के तटों से होते हुए यह प्रजाति पश्चिमोत्तर भारत आयी और पुनः आर्यों से पराजित होकर दक्षिण भारत के जंगल–पहाड़ों में अपने को सुरक्षित रखने में सफल हुई। उरांवों का सम्बन्ध इन द्रविड़ों से या किसी ऐसी प्रजाति से जो द्रविड़ों के पूर्व दक्षिण भारत में रहती थी, विचारणीय है।

परम्परागत प्रमाण :

परम्परागत प्रमाण की प्रामाणिकता पर हम विचार कर चुके हैं। पीढ़ी–दर–पीढ़ी कोई धार्मिक गाथा, अवदान, या रीति–रिवाज जिसमें किसी जाति के इतिहास का धरोहर निहित हो पूर्णरूपेण यथावत् सुरक्षित नहीं रह सकता। फिर भी इन परम्पराओं के अध्ययन से जाति–विशेष के उद्भव एवं विकास पर कुछ प्रकाश अवश्य पड़ता है। 'उरांव' नाम की उत्पत्ति के संदर्भ में हम लोगों ने देखा है कि किस प्रकार ध्यान में लीन मुनि के वक्ष से निकले रक्त से भाई–बहन की उत्पत्ति हुई जो उरांवों के प्रथम पूर्वज कहलाये। हम जानते हैं कि उरांव अपने, बच्चों तथा पशु एवं कृषि की सुरक्षा के लिए 'डण्डा–कट्टा' नामक एक धार्मिक आयोजन करते हैं। इस आयोजन के क्रम में कही जाने वाली कथा उरांवों के प्रथम पूर्वज की उत्पत्ति से संबंधित है कि धरमेस ने किस प्रकार अग्नि–वर्षा की तथा अपने भतीजे हलूमान (हनुमान) को नगाड़ा पीट कर धरती वासियों को आगाह करने को कहा किन्तु हलूमान खाने में तन्मय रहे और अग्नि–वर्षा से सम्पूर्ण सृष्टि नष्ट हो गई। केकड़े की खोह में एक भाई–बहन युग्म छुपा था।[68] सम्पूर्ण सृष्टि में मात्र ये ही दो जीव जीवित बचे थे जो आने वाली मानव–जाति के जनक हुए। धरमेस के आदेश से इन्होंने कृषि–कर्म द्वारा अपना जीवनयापन किया। धरमेस ने इनके लिए दिन और रात का समय विभाजन भी किया।

भाई–बहन से मानव–जाति के जन्म और विकास की कथा मुण्डा जनजाति की परम्परा में भी प्रचलित है। मुण्डाओं एवं उरांवों के छोटानागपुर आगमन के पूर्व

इस क्षेत्र में असुरों का अधिकार था। वे यहाँ की लौह–मिट्टी गला कर लोहा निकालने का काम किया करते थे। इनकी भट्ठी रात–दिन जलती रहती थी। ये परिश्रमी थे। ऐसा प्रतीत होता है कि असुर एवं लोहार एक ही जाति के दो नाम थे जिसमें 'असुर' भली प्रकार प्रचलन में था। भारत में अन्य स्थानों की तरह छोटानागपुर में भी पाषाण युग के पश्चात् ताम्रयुग एवं ताम्रयुग के उपरान्त लौह–युग का विकास हुआ था। छोटानागपुर पठार के विभिन्न स्थानों में विशेषकर दक्षिण एवं दक्षिण–पूर्व क्षेत्र में पत्थर के औजार मिले हैं जो यदि पूर्व पाषाण युग के नहीं तो नव–पाषाण युग के अवश्य हैं।[69] तमाड़ थाना के बूढ़ाडीह गाँव की एक पहाड़ी की तलहटी में प्रोफेसर वेलेन्टाइन बाल द्वारा किए गए उत्खनन (1867) में पुरातत्त्व की दृष्टि से उपयोगी औजार एवम् पाषाण–निर्मित वस्तुएँ मिली हैं।[70] श्री एस.सी. राय तथा राय साहब चुन्नी लाला द्वारा किए गए खोजों के आधार पर इस तथ्य की पुष्टि होती है कि छोटानागपुर में सभी युगों के अवशेष मिले हैं[71], किन्तु अधिकांश पाषाण युगीन औजार तथा सामग्री उन क्षेत्रों से प्राप्त हुई हैं जो असुरों के प्रभाव क्षेत्र से दूर थे। ये निसन्देह छोटानागपुर में असुरों के बसने के बहुत पूर्व के निवासियों के निवास के ऐतिहासिक प्रमाण हैं।[72]

श्री एस.सी. राय ने छोटानागपुर के असुरों के क्षेत्र से अनेक पुरातात्त्विक सामग्री को इकट्ठा किया है तथा इनके आधार पर प्रमाणित करने का प्रयास किया है कि छोटानागपुर की तत्कालीन सभ्यता बहुत अंश तक उसी युग की थी जिस युग की सिन्धु–घाटी की सभ्यता।[73] इसमें कोई सन्देह नहीं कि दोनों स्थानों से प्राप्त अधिकांश वस्तुओं में आश्चर्यजनक समानता है। बीसवीं शताब्दी के प्रारम्भ में इस क्षेत्र से प्राप्त तांबे के औजार एवं आभूषण, लोहे के सामान, घड़े, प्लेट्स, बसिया में पायी गई तांबे की कुल्हाड़ियाँ, तांबे के दाने आदि का अध्ययन 'जिओलाजिकल सर्वे आफ इण्डिया' द्वारा किया गया और निष्कर्ष निकला कि ये सामान नव–पाषाण युग एवं ताम्रयुग के संक्रमण काल में निर्मित हुए थे। असुर लोग तांबा एवं कांसे के कुशल कारीगर थे तथा तांबा का सिक्का चलाते थे।[74] ये अपने शवों को खाद्य पदार्थ तथा घड़े के जल के साथ दफन करते थे। छोटानागपुर में असुरों का समय कुछ इतिहासकार कुषाण युग तक मानते हैं क्योंकि इनके निवास काल के कुषाण युग के कुछ सिक्के प्राप्त हुए हैं। यह सामान्य धारण है कि असुर लोग छोटानागपुर में नव–पाषाण–ताम्र एवं लौह युगीन सभ्यता से गुजर चुके थे।

जिन असुरों को पराजित करने की कथा उरांवों की परम्परा में वर्णित है, निसंदेह मुण्डाओं की उसमें नकल दिखलाई पड़ती है। उरांवों के पहले छोटानागपुर में मुण्डा जनजाति ने प्रवेश किया था और उन्होंने असुरों को पराजित किया था। छोटानागपुर का कुछ क्षेत्र उरांवों के आगमन के समय भी अवशिष्ट असुरों के

अधिकार में रहा था जिसे पराजित कर उरांवों ने अपने अधिकार में कर लिया था तथा इस प्रकार असुर लोग सुरक्षा के लिए राँची से पलायित होकर पश्चिमोत्तर जंगलों में जा छिपे थे।

विपत्तियों के निवारण हेतु किये गये धार्मिक आयोजन के अन्तर्गत उरांव जनजाति की उत्पत्ति की जो कथा वर्णित है उसमें धरमेस को पितामह राम, सीता को उनकी पत्नी तथा हनुमान को उरांवों ने अपना चाचा माना है। अनेक अन्य गाथाओं से पता चलता है कि उरांव जन–जाति दशरथ पुत्र राम को ही 'धरमेस' मानती है तथा पार्वती और सीता में कोई अन्तर नहीं करती। किन्तु इस कथा के आधार पर यह गणना नहीं की जा सकती कि अनार्य उरांवों के पूर्वज आर्य 'राम' थे अपितु राम और सीता अथवा धरमेस और पार्वती को पितामह मानना उनके प्रति आदर और भक्ति प्रगट करना है। हनुमान उरांवों के पूर्वज थे और कुछ विद्वानों ने उरांवों की आकृति, स्वभाव, गोत्र एवं टोटमों के तुलनात्मक अध्ययन तथा रामायण के विभिन्न उद्धरणों से निष्कर्ष निकाला है कि त्रेतायुग में दक्षिण भारत के वन–प्रांतरों में निवास करने वाली यह जन–जाति उस सेना का एक अंग थी जिसकी सहायता से दाशरथी राम ने रावण पर विजय पायी थी। बाल्मीकि रामायण में कवि ने वानरों का वर्णन करते हुए कहा है कि ये धुँधले बादल के रंग के[75], बड़े–बड़े दांतों वाले[76], मदिरा में मस्त[77] तथा मृदंग की ताल पर आनन्द विभोर हो नाचने–गाने[78] वाले प्राणी हैं। उपरोक्त सभी चारित्रिक विशेषताएं छोटानागपुर के उरांवों तथा अन्य जंगली द्रविड़ जातियों में पाई जाती हैं। हड़िया पीकर आनन्द विभोर, तन्मय होकर मृदंग की ताल पर नाचना–गाना यद्यपि अन्य जन–जातियों में भी पाया जाता है किन्तु जिस प्रकार की तन्मयता उरांवों में पाई जाती है अन्यत्र नहीं मिलती। इनका विशेष स्थान रहा है। जैसी सम्मानजनक भाषा एवं सम्बोधन इन वानरों के लिए प्रयुक्त हुआ है वैसी भाषा एवं वैसा आदरमय सम्बोधन किसी अन्य अनार्य जन–जाति के लिए संस्कृत साहित्य में नहीं हुआ है। अन्य अनार्यों के स्वरूप का वीभत्स वर्णन संस्कृत साहित्य में उपलब्ध है। उन्हें सर्वत्र स्पष्टतः राक्षस, दैत्य, प्रेत, डकैत जैसे शब्दों से सम्बोधित किया गया है। इसके विपरीत इन वानरों को रामायण में स्नेह एवं आदर से सम्बोधित किया गया है।

यह स्वाभाविक है कि यदि किसी मनुष्य को 'वानर' या 'रीक्ष' कहा जाये तो वह अपने को अपमानित समझेगा। इस प्रकार के कथन का तात्पर्य ही मनुष्य को अपमानित करना है। किन्तु राम की सेना में कैसे 'वानर' और 'रीछ' थे जिन्हें कवि ने सम्मान दिया है, रामायण के पाठक एवं साधारण जनता अनुमान कर सकती है। स्वयं राम ने उन्हें 'सुह्रदोमि भवनताश्च शरीरम् भ्रातारस्तथा' कहा है। राम के इस कथन के पीछे जो अपनत्व है वही अपनत्व 'वानर' और 'रीछ' के

सम्बोधन में भी दिखलाई पड़ता है। निसंदेह 'वानर' और 'रीछ' शब्दों से सम्बोधित करके इस जाति–समूह को सम्मान और स्नेह ही दिया गया है। बाल्मीकि रामायण के किष्किंधा काण्ड में ऐसे उल्लेख आये हैं जिसमें कहा गया है कि ये वानर–सैनिक स्वयं को वानर कहने में सम्मान अनुभव करते थे।[79] इन्हें अनेक स्थानों पर 'प्रिय दर्शन' अर्थात् 'देखने में सुन्दर' कहा गया है। इनका स्वरूप आनन्द देने वाला, प्रसन्न रखने वाला ओजपूर्ण कहा गया है। अतः इन सभी संदर्भों में प्रश्न उठता है कि इन्हें 'वानर' क्यों कहा गया ?

प्रतीत होता है कि पर्वत कन्दराओं में रहने वाली इस पूर्व–द्रविड़ आदिम जाति की जो राम की सेना का एक अंग थी, जातिगत टोटम 'वानर' था। आज भी छोटानागपुर में रहने वाली उरांव जन–जाति के गोत्र वानर नाम पर पड़े हुए हैं जैसे 'हनुमान' गोत्र, गारी (सामान्य वानर) गोत्र आदि। अर्थात् उरांवों के विभिन्न गोत्र इनके पूर्वजों का, जिनसे इनका वंश चला है, संकेत करते हैं। उरांव लोग वानर की हत्या करना, उन्हें चोट पहुँचाना या पालतू बनाना भी पाप समझते हैं। सभी गोत्र के उरांवों के लिए वानर का मांस पूर्णतः वर्जित (टेबू) है यद्यपि वे छोटे–बड़े अन्य पशुओं का मांस खाते हैं। इस प्रकार, इन लक्षणों के आधार पर निष्कर्ष निकाला जा सकता है कि उरांव जन–जाति का 'वानर' टोटम उनके. पूर्वजों से सहस्राब्दि वर्ष पूर्व से चला आ रहा है, और इस टोटम के आधार पर ही राम की सेना वानरी सेना थी तथा सेना के विभिन्न अंगों के भिन्न–भिन्न नायक थे।

उरांव जन–जाति के धर्म एवं समाज में प्रचलित कतिपय मान्यताएँ तथा प्रथा रामायणकालीन वानरी सेना और समाज में प्रचलित मान्यताओं से काफी मेल खाती हैं। यद्यपि आज की उरांव जन–जाति अपने सभ्यता के चरम उत्कर्ष पर है तथा अन्य सभ्य समाजों की तरह पितृ सत्तात्मक थी जिसके चिन्ह अब भी दक्षिण में मिलते हैं। वन–कन्दराओं में विचरण करने वाली यह जन–जाति रामायण काल में कन्द–मूल फल–फूल पर आजीविका चलाती थी, खेती या पशु–पालन का ज्ञान नहीं था और न ही विवाह–संस्था विकसित हो सकी थी। फलस्वरूप उत्पन्न संतान माँ के नाम से ही जानी जाती थी। प्रायः सभी प्रमुख वानर नायकों के जन्म की कथा मातृ–सत्तात्मक प्रचलन को प्रमाणित करती है। सुग्रीव एवं बालि का जन्म उस नारी–वानर गर्भ से हुआ जिसकी उत्पत्ति पितामह ब्रह्मा के आँसू के एक कण का स्पर्श पृथ्वी से होने पर हुआ था। प्रथम यह रीछ वानर के रूप में उत्पन्न हुआ था किन्तु तालाब के जल से निकलने के उपरान्त यह नारी–वानर में परिवर्तित हो गया। यह नारी–वानर पहले इन्द्र और इसके पश्चात् सूर्य से गर्भवती हुई तथा क्रमशः सुग्रीव एवं बालि को जन्म दिया।[1] इसी प्रकार वानर सेना नायक हनुमान का जन्म अन्जना के गर्भ से हुआ था जो पवन–देव से गर्भवती हुई थी।[2]

सेना नायक दधिमुख का जन्म चन्द्रमा के वीर्य से हुआ था। इसी प्रकार नील का जन्म अग्नि से हुआ था।[80] कहा जाता है कि सामान्यतः सभी वानर उन माताओं के गर्भ से उत्पन्न हुए थे, जिन्हें देवताओं एवं प्रेतात्माओं ने गर्भवती किया था।[81] उरांवों के पूर्वजों की आदिम अवस्था की यह स्थिति थी के वे दक्षिण की पर्वत–गुफाओं मे, वन–प्रान्तरों में लगभग निर्वस्त्र कंद–मूल, फल–फूल खाते हुए विचरण किया करते थे। रामायण कालीन समाज की मातृ सत्तात्मक प्रथा उरांव समाज में काफी समय तक प्रचलित रही थी।

एक अन्य प्रथा जो उरांव समाज में प्रचलित है इस कथन की पुष्टि करती है कि आज के उरांवों के पूर्वज रामायण काल में राम की सेना के अंग रहे हैं। हम जानते हैं कि आज के उरांव–समाज में [illegible]गरनी, प्रेतिन या राक्षसिनियों का अच्छा दबदबा है और जादू–टोना का सहारा लेकर आगे आने वाली विपत्तियों का उनको प्रसन्न रख कर निवारण किया जाता है। उरांव समाज में 'डाइन' या 'ओ एख' की शक्ति का विवरण इस प्रकार है कि वह व्यक्ति या जीव की छाया पकड़कर उसे अपने कब्जे में कर लेती है। रामायण में एक राक्षसी 'अंगारिका' का उल्लेख आया है जो मुनष्यों का उनकी छाया पकड़ कर भक्षण करती थी। तत्कालीन वानर समाज में प्रचलित धारणा कि 'व्यक्ति की छाया पकड़कर उसे पकड़ा जा सकता है' का स्वरूप समाज में प्रचलित 'छाइन' में देखा जा सकता है।

इस प्रकार उरांवों के पूर्वज अपनी आदिम अवस्था में लगभग नग्नावस्था में वन एवं कन्दराओं में रहते थे। रामायण के अनुसार वानरों के नायक सुग्रीव किष्किधा पर्वत–गुफाओं में रहते थे। पुराविदों के अनुसार यह क्षेत्र तुंगभ्रदा नदी के उत्तरी तट पर बेलारी नगर से लगभग 30 कि.मी. उत्तर स्थित है।[82] इनकी विभिन्न उप–जातियाँ इस वन–प्रान्तर क्षेत्र के विभिन्न स्थानों में फैली हुई थीं।[83] इनका फैलाव उत्तर में अधिकतम विन्ध्य पर्वत श्रेणियों तक था। ध्यातव्य है कि रामचन्द्र की पहली मुलाकात वानर नायक सुग्रीव से मलय पर्वत पर हुई थी। आगे चलकर हम देखेंगे[84] कि उरांवों में 'माले' जाति जो रोहतासगढ़ से पलायन करते समय छोटानागपुर न जाकर गंगा नदी के किनारे–किनारे उत्तर की ओर बढ़ी और राजमहल की पहाड़ियों में जाकर रहने लगी, संभवतः उरांवों का वह हिस्सा थी जो मलय पर्वत पर सुग्रीव के राज्य एवं नायकत्व में रहती थी।

वन–प्रान्तरों में रहने वाली उरांवों की यह जन–जाति द्रविड़ प्रजाति का वह भाग थी जो आदिम अवस्था में रही थी। उन्हें कृषि एवं पशु–पालन का ज्ञान नहीं था। कंद–मूल, फल–फूल खाकर जीवन यापन करते थे। दुश्मनों का सामना छड़ी एवं पत्थरों से करते थे। उनकी संताने मातृ–सत्तात्मक प्रथा में जनमती एवं पलती थीं। किन्तु आर्यों के सम्पक्र छड़ी एवं पत्थरों से करते थे। उनकी संताने

मातृ–सत्तात्मक प्रथा में जनमती एवं पलती थीं। किन्तु आर्यों के सम्पक्र में आने और उनके विभिन्न कार्यों में सम्मिलित होने के फलस्वरूप उन्होंने आर्यों के समाज को देखा और पशु पालन एवम् कृषि का तथा पितृसत्तात्मक सामाजिक व्यवस्था का महत्त्व समझा। इसके उपरान्त वे क्रमशः आदिम अवस्था से निकल कर पशुपालन एवं कृषि का अवस्था में प्रवेश करने लगे थे। आबादी के दबाव या अन्य किसी कारण से तुंगभद्रा एवं नर्मदा के क्षेत्र को छोड़कर वे शनैः शनैः उत्तर की ओर बढ़ने लगे। इस प्रकार भ्रमण करते एवं पशुपालन तथा कृषि योग्य स्थानों पर टिकते–बढ़ते ये क्रमशः विन्ध्य पर्वत श्रेणियों को पार कर सोन नदी की घाटी में पहुँचे। यहाँ वे पूरी तरह कृषि–कर्म में जुट गए तथा अपने श्रम एवं शक्ति से छोटे–बड़े भू–स्वामी बन गए और अपने राजा 'करष' के नेतृत्व में शान्ति–पूर्वक जीवन–यापन करते हुए सभ्यता के उच्चतर सोपानों को स्पर्श करने लगे।

'करष' या 'करख' का राज्य जिसे करूष–देश कहा गया है मध्यप्रदेश के रींवा से लेकर मगध तक विस्तृत था।[85] डॉ.बी.सी.लॉ के अनुसार, जैसा कि शाहाबाद गजेटीयर (पृ.48) में उद्धृत है करूषों के विभिन्न चार निवास–स्थान रहे 1. रींवा, मिरजापुर की सीमा तक 2. शाहाबाद[86], 3. पुन्द्र–देश(उत्तरी बंगाल)[87] तथा 4. विन्ध्य की पहाड़ियाँ यथा "विन्ध्यपृष्ठ निवासिनाः"[88]। रींवा–मिर्जापुर से चलकर एक टुकड़ी मालवा की ओर बढ़ चली और शेष लोग मिर्जापुर होते हुए शाहाबाद पहुँचे। पुनः शाहाबाद से पलामू, सिंहभूम एवं मिदनापुर (उत्तर बंगाल) में जा बसे और यहाँ से विन्ध्य की पहाड़ियों में फैल गए। गजेटीयर के अनुसार इन्हीं करूषों की संताने आगे की पीढ़ियों में राजभर, कहलाई तथा इन्हें करूष–संतान होने के नाते संस्कृत एवं महाभारत में 'करूष' कहा गया है।

डॉ. बी.सी. लॉ. के जिन निष्कर्षों को शाहाबाद गजेटीयर में उद्धृत किया गया है तथा जिसमें राजभरों एवं चेरों को शाहाबाद तथा निकटवर्ती क्षेत्रों का सर्वप्रथम निवासी बतलाया गया है कतिपय भ्रामक निष्कर्षों पर आधारित है। श्री एस.सी. राय का कहना है कि 'करूष' शब्द के दो अर्थ है एक संज्ञा के रूप में तथा दूसरा विशेषण के रूप में। संज्ञा के रूप में 'करूष' या करूख या 'कुडुख' उरांव जन–जाति के लिए प्रयुक्त हुआ है क्योंकि करूष देश की स्थापना का श्रेय उनके राजा 'करष' को जाता है। कालान्तर में शताब्दियों बाद जो भी जाति आकर करूष कहलाए और चेरो भी करूष कहलाए। महाभारत में उल्लेख आया है कि कुरूक्षेत्र के मैदान में करूषों ने युद्ध में भाग लिया। कुरूक्षेत्र का युद्ध द्वापर युग की घटना है तथा जिस उरांव जन–जाति का अध्ययन अभीष्ट है वे त्रेतायुग के अवसान काल तक आते–आते सभ्य होने लगीं थीं तथा उन्होंने की करूष–देश की स्थापना की थी। इनके पश्चात् जिन व्यक्तियों ने इन्हें पराजित कर उस क्षेत्र पर आधिपत्य जमाया वे भी महाकाव्यों में 'करूष' कहलाए। मुख्यतः वे जन–जातियाँ

चेरो और भर थी[89] तथा इन्हीं जातियों के कुरूक्षेत्र के युद्ध में भी भाग लेने की संभावना[2] है न कि उरांव जन–जाति की।

यह तर्क संगत है कि कुरूष–देश के निर्माता ही कुरूष–देश के पहले निवासी होंगे। चूँकि कुरूष–देश के निर्माता राजा 'करूष' थे और उन्हीं से आज उरांव कही जाने वाली जन–जाति, कुडुख नाम से जानी जाती है अतः कुरूष–देश के प्रथम निवासी उरांव थे। चेरो ने कालान्तर में कुरूष देश (मुख्यतः शाहाबाद) पर अधिकार जमा लिया फलतः पराजित उरांवों एवं मालेरों के पूर्वजों ने रोहतास में शरण ली।[90] रोहतास में खरवारों का भी शासन था जो चेरो की तरह मुण्डाओं के प्रजातीय लक्षण के थे पर स्वयं को वे सूर्यवंशी कहते थे तथा राजा हरिशचन्द्र के पुत्र रोहतास को अपना पूर्वज मानते थे।

रोहतासगढ़ से पलायन

रोहतासगढ़ समुद से लगभग 450 मीटर (1490 फीट) की ऊँचाई पर कैमूर पर्वत श्रेणियों के मध्य घने वनों से आच्छादित है जो सदा से पराजित जातियों के लिए एक सुरक्षित आश्रय स्थल रहा है। यहॉ की भूमि कृषि की दृष्टि से उपजाऊ नहीं कही जा सकती। सिंचाई के साधन अत्यन्त सीमित है। फलतः यहॉ के निवासी प्राचीन काल में पशुपालन तथा थोड़ी बहुत खेती पर निर्भर करते थे। किन्तु उन दिनों जब आवागमन के साधन घोड़े या ऐसे ही पशु या 'पैदल' थे तो ऊँची पहाड़ियों, घने वन, गहरी घाटियॉ उस अभेद्य सुरक्षा–कवच का काम करती थीं जिसके सहारे इस क्षेत्र में रहने वाली जन–जातियॉ निश्चिन्त अपना जीवन यापन कर सकती थीं। उरांवों ने पत्थर की लगभग 1500 फीट ऊँची एक प्राचीर खड़ी कर ली थी और इसके घेरे में इत्मीनान से शान्तिपूर्वक रहते थे। शत्रुओं के लिए इस घेरे को पार करना दुष्कर था।

रोहतास में अपनी पराजय तथा यहॉ से पलायन से सम्बन्धित जो पारम्परिक गाथाएँ उरांवों में प्रचलित हैं उनके अनुसार उन्हें 'म्लेच्छों' एवं 'हाकिमों' ने छल से पराजित किया। 'हाकिमों' ने, जो सुरक्षा की ऊँची दीवार को अनेक प्रयास करने के बावजूद नहीं भेद पा रहे थे, एक दूध देने वाली ग्वालिन को लालच देकर अपनी ओर मिला लिया था। चूँकि ग्वालिन जो उरांव राजा को दूध दिया करती थी बिना रोक–टोक किले के अंदर आ–जा पाती थी अतः वह परकोटा में सुरक्षित उरांवों के रहस्य जानती थी। ग्वालिन से भेद पाकर शत्रु किले में घुस सके थे और ये उरांवों को पराजित करने में सफल हुए थे। ग्वालिन के सुझाव के अनुसार 'मालिकों' ने सरहुल पर्व के दिन किले में घुसने तथा युद्ध छेड़ने का निश्चय किया था। उस दिन सभी उरांव नशे की स्थिति में धुत पड़े रहते थे। शत्रुओं ने सरहुल–पर्व की प्रतीक्षा की थी तथा उचित अवसर समझकर, ग्वालिन की सहायता

से किले में प्रवेश कर गए थे। उरांवों से कोई प्रतिरोध नहीं हुआ था किन्तु उरांव स्त्रियों ने, कहा जाता है, पुरूष वेश धारण कर बड़ी बहादुरी से शत्रुओं से मोर्चा ली थी, यद्यपि वे शत्रुओं के सम्मुख अधिक समय तक नहीं टिक सकी थीं। उरांव राजा तथा उनकी प्रजा किले के एक गुप्त सुरंग के रास्ते निकल भागने में सफल हुए थे। कहा जाता है कि शत्रुओं ने विशाल मशालें जलाकर उनके प्रकाश में उस सुरंग को ढूँढने का अथक प्रयास किया था किन्तु वे असफल रहे थे।

उरांव नारियों का अपनी जाति की सुरक्षा के लिए वीर–वेष धारण करना तथा म्लेच्छों से युद्ध करना भारतीय इतिहास की एक अप्रतिम घटना है जिसकी स्मृति में जनी शिकार[91] समारोह मनाया जाता है।उरांवों की पारम्परिक गाथाओं में उल्लेख आया है कि रोहतासगढ़ में उनका युद्ध 'म्लेच्छों' से हुआ था जिन्होंने छल से उन्हें सरहुल पर्व का लाभ उठाकर पराजित किया था क्योंकि उस दिन उरांव–पुरुष नशे में धुत रहते हैं। आज उरांव समाज में यह आम धारणा है कि वे मुगल थे जिन्होंने उस समय दिल्ली तथा बिहार में अपना राज्य विस्तृत कर लिया था। यह एक ऐतिहासिक भ्रम है जो 'कुडुख' के विभिन्न लेखों तथा 'सरहुल' के अवसर पर प्रकाशित पत्रिकाओं के विभिन्न लेखों में आज भी पनप रहा है और इस समाज में मुगलों (मुस्लिम) के प्रति दुर्भावना–वृद्धि में सहायक हो रहा है। इस 'भ्रम' को प्रसिद्ध अंग्रेज इतिहासकार रिजले ने हवा दी थी। उन्होंने तथ्यों के ऐतिहासिक विश्लेषण का कष्ट न उठाकर तथा विषय का सूक्ष्म अध्ययन न कर 'म्लेच्छ' का अर्थ 'मुगल' लगाया था।[92] तत्कालीन उरांव–समाज के कतिपय सुशिक्षित लोगों ने रिजले के कथन को 'ऐतिहासिक–सत्य' माना तथा उनके माध्यम से यह भ्रामक धारणा यहाँ की सरल जन–जातियों के मन में घर कर गई।

रोहतासगढ़ की इस घटना तथा मुगलों के भारत में प्रवेश के बीच, समय का शताब्दियों का अन्तराल है। छोटानागपुर के नागवंशीय राजाओं की 'नागवंशावली' (एक पद्यात्मक पुस्तक) से स्पष्ट पता चलता है कि इस वंश के प्रथम राजा फणिमुकुट राय के सिंहासनारोहण समारोह में उरांव लोगों ने भाग लिया था। वंशावली के अनुसार सिंहासनारोहण का समय संवत् 121 था (अर्थात सन् 64 ई0) इस तिथि की पुष्टि एस सी राय ने भी की है।[93] राँची गजेटियर के अनुसार फणिमुकुट राय का राज्यारोहण छठी शती[94] तथा जॉन रीड के अनुसार 10वीं शती की घटना हैं।[95] प्टोलेमीकी 'एनसियंट जियोग्राफी' नामक पुस्तक दूसरी शदी में लिखी गई है। इस पुस्तक से छोटानागपुर में उरांवों की उपस्थिति प्रमाणित होती है। प्टोलेमी के वर्णन के अनुसार गंगा के और पूर्व 'कोक्कोनगाई' का विस्तृत पठारी स्थान कोक्कोनगाई प्टोलेमी की भाषा और समझ के अनुसार 'करूख' शब्द से अपभ्रंशित प्रतीत होता है। 'गाई' या 'गाही' शब्द उरांव भाषा का एक प्रत्यय है जो किसी नाम के साथ संयुक्त होकर स्थान विशेष का अर्थ अभिव्यक्त करता है।

इस प्रकार कोक्कोन–गाई (गाही) का तात्पर्य कोक्कोन–भूमि। पुनः कोक्कोन–गाही–कुरुक्कर–गाही– करुख–गाही अर्थात 'करूखों की भूमि' का अर्थ स्पष्ट करता है। इस प्रकार दूसरी शताब्दी में आज का छोटानागपुर प्टोलेमी द्वारा लिखित भूगोल में कुरूखों का देश था।[96]

स्पष्ट है कि दूसरी शताब्दी तक छोटानागपुर में उरांवों का महत्व एवं प्रभाव पूरी तरह स्थापित हो चुका था अतः वह सम्पूर्ण क्षेत्र 'कोक्कोनगाई' के नाम से उद्धृत किया गया। मान लिया जाय कि छोटानागपुर में अपने से पहले बसे हुए मुण्डाओं की महत्वहीन करने तथा अपना प्रभाव जमाने में उरांवों को 3–4 शताब्दी लगा होगा तो छोटानागपुर के लिए रोहतासगढ़ से उरांवों का पलायन ई0पू0 चौथी शती या इससे पूर्व अवश्य होना चाहिए। अतः फणिमुकुट राय के शासनारोहण समारोह (सन् 64 ई0) तथा प्टोलेमी के भौगोलिक वर्णन से प्रमाणित होता है कि उरांव लोग ईसा सन् प्रारंभ होने के शताब्दियों पूर्व 'म्लेच्छों' से पराजित होकर रोहतासगढ़ छोड़ चुके थे।

रोहतासगढ़ के इतिहास से स्पष्ट है कि इस देश पर खरवार, कुडुख या उरांव, भर, राजपूत, चेरो तथा सवरों का राज्य था। इनके आधिपत्य का क्रम निश्चित करना एक अतिरिक्त विषय है किन्तु सम्राट अशोक कालीन (ई0पू0 271–231) प्रमाणों से स्पष्ट है कि सवरों ने अशोक काल में चेरो को पराजित कर शाहाबाद पर अपना आधिपत्य जमा लिया था।[97] सवरों को मगध राज्य में उस समय नाम मात्र के लिए मिला लिया गया था तथा उन्हें संरक्षण प्रदान किया गया था। इस विवरण से जो ई0पू0 तीसरी शताब्दी का है शाहाबाद पर सवरों के राज्य का प्रमाण मिलता है। सवरों के पूर्व शाहाबाद पर–चेरो का आधिपत्य दो बार, तीन राजपूत भाईयों का अधिकार तथा इनके पहले भर, खरवार एवं उरांवों (ये तीनों क्रम से नहीं है) का आधिपत्य था। स्वाभाविक है कि इस गणना के अनुसार रोहतासगढ़ में उरांवों का पराजय एवं पलायन 4 शती ई0 पूर्व के बाद नहीं हुआ होगा।

उपरोक्त प्रमाणों से स्पष्ट है कि रिजले ने जो भ्रम फैलाया कि म्लेच्छ अर्थात मुगलों से उरांव पराजित हुए, समय की कसौटी पर पूरी तरह गलत साबित होता है। बिहार में मुगलों का प्रवेश सर्वप्रथम 1193 ई0 में बख्तियार खिल्जी से प्रारम्भ होता है और रोहतासगढ़ पर मुसलमानों का कब्जा 1359 ई0 के पूर्व नहीं होता। इन परिस्थितियों में उरांवों का रोहतासगढ़ में मुसलमानों से युद्ध तथा उनसे पराजय का कोई प्रश्न ही नहीं उठता।

वस्तुतः उरांवों की लोक कथा में 'म्लेच्छ' संस्कृत साहित्य द्वारा पड़ोसी हिन्दुओं के माध्यम से लिया गया शब्द है। म्लेच्छ अर्थात मलिच्छ (तद्भव रूप) का तात्पर्य

उस जाति या व्यक्ति से है जो धर्म–कर्म का ठीक से पालन नहीं करता तथा जिसके खान–पान एवं रहन–सहन में घृणा, गन्दगी रहती है। मुगलों के भारत आगमन के पहले म्लेच्छ शब्द प्रचलित था और प्रायः आदिम जनजातियों के लिए जो सभ्यता के निचले सोपान पर जीवन यापन करते थे, प्रयुक्त होता था। चेरो, खरवार, भर, कोल आदि इसी वर्ग समूह में आते थे। अन्यों की अपेक्षा उरांव जनजाति हिन्दू सभ्यता के निकट एवं आर्यों से अधिक स्नेह प्राप्त थी। जबकि खरवार एवं चेरो में से अधिकांश वे समूह जो सिंध–गंगा के मैदान में बस गए थे, अपेक्षया हिन्दुकृत हो चुके थे तथा क्रमशः अपने को 'सूर्यवंशी' एवं 'नागवंशी' घोषित करते थे, फिर भी हिन्दू उन्हें म्लेच्छ मानते थे। डॉ0 बुकानन के अध्ययन एवं निष्कर्षों से पता चलता है कि चेरो जो एक समय गंगा के मैदानों में अपने राज्य का प्रताप बनाए हुए थे, शाहाबाद में आते–आते अशुद्वएवं असभ्य जीवन के निम्नतम सोपान पर पहुँच गए थे। यद्यपि उनमें से जो धनी थे स्वयं को राजपूत कहते थे तथा जनेऊ पहनते थे किन्तु जो निर्धन एवं प्रभावहीन थे तथा जिनकी संख्या अधिक थी आदिम स्तर की सभ्यता में जीवन–यापन कर रहे थे। हिन्दु ब्राह्मणों का कहना था कि चेरो उसी प्रकार म्लेच्छ थे तथा आदिम–सभ्यता में थे जिस प्रकार स्वयं को सूर्यवंशी कहनेवाले खरवारश।[98] अतः पूरी संभावना है कि उरांवों ने जिस 'म्लेच्छ' शब्द का प्रयोग किया था वह चेरो के लिए था जो एक समय उस क्षेत्र के 'हाकिम' थे और जिन्होंने उरांवों को रोहतासगढ़ से पराजित कर भगाया था। चेरो का शासन काल शाहाबाद में दो भिन्न चरणों में था। गणना के आधार पर प्रतीत होता है कि उरांवों को उन्होंने प्रथम चरण में पराजित कर रोहतासगढ़ पर कब्जा किया था। स्थानीय उरांव सामाजिक कार्यकर्ताओं तथा धार्मिक पाहनों के अनुसार वे कुरूखों के शत्रुओं को तुरुक नाम से भी सम्बोधित करते हैं क्योंकि तुरुख, कुरुख का विरोधी है। ऐसा प्रतीत होता है तुरुक या तुक्र शब्द हिन्दुओं द्वारा मुगलों के लिए प्रयुक्त होता है फलतः 'म्लेच्छ' शब्द जो कालान्तर में मुगलों के लिए रूढ़ हो गया था उरांवों ने तुरुक के समानान्तर अपना लिया। यह अर्थ बाद का प्रक्षेप है। प्रारम्भिक स्थिति में म्लेच्छ का तात्पर्य 'चेरो' से था।

इस संदर्भ में एस सी राय ने एक संभावना व्यक्त की है कि उरांव रोहतासगढ़ से दो बार पलायित होकर छोटानागपुर आये थे। प्रथम बार उन लोगों से जो हिन्दु कहे जाते थे तथा दूसरी बार मुगलों से पराजित हुए थे। दोनों पलायनों के बीच समय का लम्बा अन्तराल था। एस.सी. राय ने अपनी संभावना के पक्ष में तक्र दिया है कि छोटानागपुर के पश्चिमी भाग में बसने वाले उरांवों की भाषा एवं संस्कृति छोटानागपुर के पूर्वी भाग में बसने वाले उरांवों की भाषा एवं संस्कृति से काफी भिन्न है।[99] यह भेद दोनों क्षेत्रों के उरांवों में काफी समय तक सम्पक्र एवं संवादहीनता के कारण हुआ है। किन्तु एस सी राय ने स्पष्ट नहीं किया कि

मुगलों ने कब और किन परिस्थितियों में शेष उरांवों को पराजित किया। पुनः उरांवों का एक भाग रोहतासगढ़ से पराजित होकर चला गया तो क्या बचे हुए उरांवों ने पुनः राज्य की स्थापना कर ली थी ? यदि उरांव पुनः राज्य स्थापित नहीं कर सके थे तो इनके पराजय एवं रोहतासगढ़ से निष्कासन का किस प्रकार प्रश्न उठता है। अतः 'म्लेच्छ' को लेकर रिजले या एस सी राय ने जो द्रविण प्राणायाम किया है और किसी प्रकार मुगलों से जोड़ने का प्रयास किया है, तथ्य परक नहीं है। यह संभव है– कि रोहतासगढ़ से शेष उरांव शनैःशनैः छोटी–छोटी टोलियों में, समय के लम्बे अन्तराल पर, छोटानागपुर पहुँचते रहे हों पर मुगलों (म्लेच्छों) से पराजित होकर वे शरण लेने के लिए छोटानागपुर पहुँचे और वहाँ बस गए इस कथन का कोई ऐतिहासिक साक्ष्य नहीं मिलता। पुनः जिस 'जनी शिकार' की घटना को एक पर्व का रूप दे दिया गया है वह ई.पू. लगभग चौथी शती की घटना है और इसे उरांव की परम्परागत गाथा ने हिन्दुओं से संयुक्त किया है अर्थात वे किसी हिन्दू (म्लेक्ष) से पराजित हुए। पारम्परिक गाथा में हिन्दु को भी "म्लेच्छ" कहा गया है। यह कौन से हिन्दू थे जो 'म्लेच्छ' कहे जाते थे।[100] वस्तुतः यह चेरो थे जिन्हें आर्य–हिन्दू 'म्लेच्छ' कहते थे किन्तु चेरो स्वयं को हिन्दू कहते थे तथा आदिम जातियाँ भी उनके अर्ध–आर्यीकृत स्वरूप को देखकर उन्हें 'हिन्दू' कहती थी। डॉ0 बुकानन के अध्ययन से इस तथ्य पर प्रकाश पड़ता है।[101]

उपरोक्त साक्ष्यों से स्पष्ट है कि ई0पू0 लगभग 4–5 शती के मध्य उरांव जनजाति का रोहतासगढ़ में प्रभुत्व था। इनकी पारम्परिक गाथा बतलाती हैं कि सरहुल की रात जब वे नशे में धुत थे चेरो लोगों ने उनपर चढ़ाई की तथा उन्हें पराजित किया। दो भिन्न गाथाओं में उरांवों को पराजित करनेवाली जाति को 'म्लेच्छ' तथा 'हाकिम' कहा गया है। चेरो आंशिक रूप से आर्यीकृत हो चुके थे अतः वे स्वयं को तथा आदिम जातियाँ भी उन्हें 'हिन्दू' कहा करती थीं। किन्तु हिन्दु लोग चेरों तथा खरवारों को 'म्लेच्छ' कहा करते थे। अतः 'सेंसस' तथा अन्य अधिकारिक पुस्तकों जैसे शाहाबाद गजेटियर में उरांवों के विजेता जाति को 'हिन्दू' कहा गया है। किन्तु ये ही हिन्दू गाथाओं में 'म्लेच्छ' या 'मालिक' हो गए हैं। ये 'म्लेच्छ' मुसलमान नहीं है क्योंकि यह घटना अशोक के शासन काल से पहले घटी थी जब मुसलमानों का भारत में कोई चिन्ह नहीं था।

इस स्थल पर श्री एस.सी. राय द्वारा उठाई गयी एक "संभावना" पर विचार कर लेना आवश्यक है। एस.सी. राय ने संभावना व्यक्त की है कि उरांवों को पराजित करने वाले जिस 'म्लेच्छ' शब्द की चर्चा विभिन्न पारम्परिक गाथाओं में हुई है वे वस्तुतः मुसलमान थे। श्री राय के अनुसार रोहतासगढ़ से उरांवों का एक अन्य दल शताब्दियों पश्चात् मुगलों से पराजित होकर छोटानागपुर आया था[102],

और यह दल इसके पश्चिमी भाग में बस गया था। अपनी उपकल्पना को प्रमाणित करने के लिए श्री राय का तक्र है कि छोटानागपुर के पूर्वी भाग में बसने वाले उरांवों की सामाजिक, सांस्कृतिक एवं भाषागत संरचना उन उरांवों से भिन्न है जो इसके पश्चिमी भाग में रहते है।

श्री राय के अनुसार यह भिन्नता इस तथ्य का प्रमाण है कि छोटानागपुर में उरांव दो भिन्न–भिन्न स्थितियों में भिन्न–भिन्न संस्कृति लेकर आये। एस.सी. राय की उक्त संभावना ऐतिहासिक तथ्यों के आधार पर तक्र संगत नहीं प्रतीत होती। उरांवों का मुगलों से पराजित होने का प्रश्न नहीं उठता क्योंकि रोहतासगढ़ से प्रथम पलायन के उपरान्त शाहाबाद में यद्यपि कुछ उरांव रह गए थे किन्तु वे मात्र प्रजा के रूप में थे और दोबारा शासक नहीं बन सके थे। अतः किसी मुगल शासक या सेना से उनके पराजित होने की स्थिति नहीं बनती। हन्टर के अध्ययन से ज्ञात होता है कि कुछ उरांव शाहाबाद में रह गए थे और कुछ कालान्तर में छोटी–छोटी टोलियों में शाहाबाद से छोटानागपुर आए थे, और चूंकि छोटानागपुर का पश्चिमी भाग पहले पड़ता है अतः यहाँ बस गए थे।[103]

इतिहासकार एल.एस.एस. ओ मैले ने संताल परगना गजेटियर में मालेर जनजाति का उल्लेख किया है जो राजमहल के उत्तरी भाग में रहती है। औ मैले के अनुसार यूनानी इतिहासकार मेगस्थनीज ने, जो सम्राट चन्द्रगुप्त के राज दरबार पाटलिपुत्र में ई0पू0 302 वर्ष में आया था, अपनी पुस्तक "इण्डिका" में "मल्ली" जनजाति का उल्लेख किया है। ओ मैले ने मल्ली का मालेर जन से तादात्म किया है। संताल परगना के मालेर एवं छोटानागपुर के उरांव एक प्रकार से सहोदर है क्योंकि रोहतासगढ़ तक के जीवन में उनके पूर्वज एक थे। रोहतासगढ़ से बाहर निकल जाने के पश्चात् ये दो शाखाओं में विभक्त हो गए। एक दल जो आकार में छोटा था मालेर नाम से राजमहल में और दूसरा दल छोटानागपुर में उरांव नाम से बए गए। मैगस्थनीज की पुस्तक के आधार पर ओ मैले मालेर का राजमहल में निवास ई0पू0 चौथी शती या इससे पूर्व की घटना मानते हैं। यही सच उरांवों के लिए भी माना जा सकता है। बाद में आने वाले इन उरांवों की संस्कृति एवं सामजिक स्थिति पहले आये उरांवों से कुछ भिन्न अवश्य थी क्योंकि ये लोग आर्यों से सामाजिक दृष्टि से उन्नत जातियों के सम्पक्र में अधिक दिनों तक रहे थे जबकि पहली बार प्रवेश करने वाले उरांवों को मुण्डाओं के सानिध्य में रहना पड़ा था और वे लगभग आदिम अवस्था में थे। अतः छोटानागपुर के पश्चिम एवं पूर्व में रहनेवाले उरांवों में कतिपय भिन्नताएँ मिलती है। किन्तु इस आधार पर दूसरे चरणों में आनेवाले उरांव की टोलियों को मुगलों से पराजित दिखलाना तथा इस प्रकार 'म्लेच्छ' शब्द को मुगलों से जोड़ना किसी ऐतिहासिक घटना से समर्थित नहीं है। इस प्रकार ए. सी. राय की अभिव्यक्ति 'संभावना' को कोई तथ्यगत आधार नहीं है।

वस्तुतः उरांवों का रोहतासगढ़ से ऐतिहासिक पलायन लगभग ई0पू0 चौथी शताब्दी पड़ता है जब वे चेरो से पराजित हुए थे। पराजित उरांवों के पूर्वज दो दलों में विभक्त हो गए थे। एक दल जो 'माले' नाम से अभिज्ञापित है गंगा के तट से होते हुए उत्तर की ओर गया और राजमहल की पहाड़ियों में जाकर बसा था और दूसरा दल सोन नदी के तट को पकड़ते हुए उतर कोयल नदी के दक्षिण पूर्व पलामू में प्रवेश कर छोटानागपुर में जा बसा था।

एक अन्य प्रभाव :–

प्रसिद्ध इतिहासकार औ मैले ने संताल परगना गजेटियर में राजमहल के उत्तरी भाग में निवासित जनजाति मालेर का उल्लेख किया है कि यह जनजाति संताल परगना में चौथी शती में प्रविष्ट हुई थी। श्री मैले ने इस संदर्भ में यूनानी इतिहासकार मेगस्थनीज की पुस्तक "इंडिका" का उद्धरण दिया है जिसमें कहा गया है कि मेगस्थनीज ने अपनी पुस्तक में "मल्ली" नामक जनजाति का उल्लेख किया है जो किसी अन्य जनजाति के लिए नहीं अपितु राजमहल के उत्तरी भाग में निवसित मालेर के लिए प्रयुक्त हुआ है।

मेगस्थनीज सम्राट चन्द्रगुप्त के दरबार में पाटलिपुत्र में ई0पू0 302 में उपस्थित हुए थे। उनकी पुस्तक इण्डिका इसी काल की रचना थी। मेगस्थनीज ने इस पुस्तक में "मल्ली" अर्थात् मालेर का वर्णन किया है। तात्पर्य यह है कि मालेर, मेगस्थनीज के भारत आगमन के कम से कम शताब्दि पहले अपने वर्तमान क्षेत्र में व्यवस्थित हो चुकी थी। अतः मालेर राजमहल में ई0पू0 चौथी शती या इससे पहले पूरी तरह स्थिर हो चुकी थी।

मुण्डा तथा उरांवों का अन्तर्मिश्रण :–

छोटानागपुर की मुण्डा एवं उरांव जनजातियों की धार्मिक पृष्ठभूमि का स्पष्ट चित्र प्रस्तुत करने के लिए आवश्यक है कि इन जनजातियों के परस्पर संबंधों के सामाजिक एवं सांस्कृतिक अन्तर्मिश्रण एवं का संक्षिप्त विश्लेषण कर लिया जाय। रोहतासगढ़ से पलायित होकर सर्वप्रथम मुण्डा छोटानागपुर के वन–प्रान्तों में प्रविष्ट हुए थे और जंगलों को काट कर उन्होंने रहने योग्य जमीन बनाई थी तथा कुछ कृषि हेतु खेत भी तैयार किए थे। मुण्डा, उरांवों से हीनतर थे क्योंकि उरांवों का रहन–सहन खान–पान अपेक्षाकृत सुसंस्कृत था। यही कारण है कि जब से छोटानागपुर में प्रविष्ट हुए तो वहाँ पहले से रह रहे, क्षेत्र के तत्कालीन भू–स्वामी मुण्डाओं से वे हर दृष्टि से श्रेष्ठ थे। उरांवों के पास अच्छी मेधा के साथ–साथ युद्ध, कृषि तथा अन्य घरेलू उपकरण उच्च्व स्तरीय थे और वे हर प्रकार से मुण्डाओं पर भारी पड़ते थे।

मुण्डा एवं उरांवों जातियों के आपसी संबंधों पर अध्ययन करनेवाले अधिकांश शोध–कर्ताओं एवं विद्वानों ने इसे सौहार्दपूर्ण एवं मधुर बतलाया है। इनका मानना है कि जब उरांव पश्चिमी मार्ग से छोटानागपुर में प्रविष्ट हुए तो मुण्डाओं ने उन्हें आश्रय दिया, भोजन दिया तथा इस प्रकार नवागन्तुकों का स्वागत हुआ। एस.सी. राय ने मुण्डा–उरांव संबंधों के संदर्भ में अपनी पुस्तक में यहाँ तक कहा है कि उरांव सभ्यता के यद्यपि अपेक्षाकृत ऊँचे स्तर पर थे किन्तु उन्होंने मुण्डाओं द्वारा प्रस्तुत उस भोजन को भी ग्रहण किया जिसे वे अब तक निकृष्ट समझते थे।[104] एस.सी. राय ने आगे कहा कि मुण्डाओं के सम्पक्र में आकर एवं सभ्य समाज से कट जाने के कारण उरांव लोग क्रमशः सभ्यता की निचली सीढ़ी पर पहुँच गए थे।[105] लगभग इसी स्वर में एन0 कुमार ने राँची गजेटीयर (1970) में उल्लेख किया है कि मुण्डा अथवा उरांव जाति में उस समय युद्ध होने का कोई पारम्परिक प्रमाण नहीं मिलता अपितु मुण्डाओं ने उरांवों को कृषि हेतु अपनी खुटकटी जमीन दी थी तथा उन्हें अपने बीच में रहने के लिए स्थान दिया था। एन. कुमार के अनुसार मुण्डाओं ने उरांवों को यह सुविधा सशर्त दी थी कि उरांवों को मॉस खाना पड़ेगा और अपने पवित्र जनेऊ को उतार फेंकना होगा।[106] एस.सी. राय ने मुण्डा–उरांव सम्बन्धों की सौहार्दता पर प्रकाश डालते हुए तक्र दिया है कि जिन स्थानों पर रह रहे हैं उन गाँवों के नाम मुण्डारी हैं तथा वहाँ मुण्डाओं के ससान (कब्रगाह) से स्पष्ट है कि उन स्थानों पर मुण्डाओं की अच्छी संख्या में आबादी थी। श्री राय ने आगे कहा कि लगभग प्रत्येक उरांव–बहुल आबादी वाले गाँव में उरांवों ने कम से कम एक–दो मुण्डा परिवारों को अपने बीच रोक रखा था जो गाँव के बोंगाओं की पूजा कर उन्हें शांत रखते थे। इस प्रकार उरांवों ने मुण्डाओं के साथ 'सुलह' पूर्ण भावना का प्रदर्शन किया था।[107] चूँकि श्री एस.सी. राय छोटानागपुर के जनजातीय जीवन के अधिकारी लेखक माने जातो हैं तथा इस क्षेत्र में उनका दबदबा मानवशास्त्रियों पर भी बना हुआ है[108] अतः उनके द्वारा प्रस्तुत तथ्यों पर गंभीरता से विचार करना आवश्यक है।

श्री एस.सी. राय एवं एन. कुमार के निष्कर्षों को मूल रूप से इस प्रकार रखा जा सकता है:–

1. छोटानागपुर में मुण्डाओं ने उरांव जनजाति से पहले प्रवेश किया और जंगल साफ कर रहने लगे तथा कृषि योग्य भूमि तैयार की।
2. उरांव लोग मुण्डाओं के बहुत बाद छोटानागपुर में प्रविष्ट हुए।
3. उरांव मुण्डाओं से सभ्य थे तथा इनके युद्ध, कृषि तथा अन्य घरेलू उपकरण मुण्डाओं से श्रेष्ठतर थे।
4. छोटानागपुर प्रवेश करने पर मुण्डा–उरांव युद्ध नहीं हुआ अपितु मुण्डाओं ने उरांवों को आश्रय एवं भोजन दिया।

5. उरांवों की दृष्टि में भोजन निकृष्ट था फिर भी उन्होंने मुण्डाओं का दिया हुआ भोजन स्वीकारा और इस प्रकार सभ्यता के अपने स्तर से और नीचे गिर गए। (एन0 कुमार के अनुसार मुण्डाओं ने उरांवों को सशर्त आश्रय एवं भोजन दिया था कि उन्हें मॉस खाना एवं जनेऊ उतरना पड़ेगा। इस शर्त को उरांवों ने मान लिया था।[109] शर्त क्यों रखी गई तथा उरांवों की क्या मजबूरी थी इसका उल्लेख नहीं है)।

पश्चिमी छोटानागपुर में जहाँ प्रस्तुत उरांवों की आबादी घनी है अधिकांश

(क) 'गॉवों' के नाम मुण्डारी है।

(ख) उरांवों के गॉव में बने ससानों (मुण्डाओं के अस्थि पंजर की मात्रा) से प्रमाणित होता है कि पहले वहाँ मुण्डाओं की आबादी घनी थी।

(ग) उरांवों ने बोंगाओं को शान्त करने के लिए हर गाँव में एक–दो परिवार–मुण्डाओं का बसा लिया था।

एस.सी. राय ने तथ्यों को प्रमाण स्वरूप प्रस्तुत किया है जिससे स्पष्ट होता है कि जिन स्थानों पर पहले मुण्डा लोग रहते थे छोटानागपुर के उस पश्चिमी हिस्से में अब उरांवों की आबादी है तथा मुण्डा उस क्षेत्र को छोड़कर (संभवतः पलायित होकर) पूर्व दक्षिण में जा बसे। किन्तु इससे यह प्रमाणित नहीं होता कि मुण्डाओं ने स्वेच्छा से मित्रवत् अपनी खेत–बारी, जमीन–झोपड़ी उरांवों को सौंपकर पश्चिम से पूर्व–दक्षिण दिशा की ओर प्रयाण किया था या उरांवों ने मुण्डाओं को उस क्षेत्र से निष्कासित किया था और इस प्रकार मुण्डाओं की जमीन पर अधिकार जमाया था। चूंकि युद्ध नहीं हुआ था अतः विद्वान इसे उरांवों की नैतिक जीत मानते हैं।[1]

एन0 कुमार की यह टिप्पणी कि ऐसा कोई प्रमाण (न ऐतिहासिक और न ही पारम्परिक) नहीं मिलता जिसके आधार पर निष्कर्ष निकाला जाये कि छोटानागपुर में उरांवों ने प्रवेश किया और मुण्डाओं से युद्ध कर उन्हें पराजित किया तथा उस क्षेत्र की भूमि पर अधिकार जमा लिया जो पहले मुण्डाओं की थी। किन्तु एस.सी. राय एवं एन. कुमार यह स्वीकारते हैं कि उरांव प्रस्तुत उसी क्षेत्र में अधिकार जमाए हुए हैं जिस क्षेत्र में पहले मुण्डाओं का वर्चस्व था। उनकी यह अन्य मान्यता है कि मुण्डाओं ने स्वेच्छा एवं मित्रवत् अपना खेत, घर–द्वार उरांवों के लिए छोड़ दिया।

लगभग चार शताब्दी ई.पू., जब उरांव छोटानागपुर में प्रविष्ट हुए थे दोनों जनजातियाँ सभ्यता और संस्कृति की दृष्टि से लगभग आदिम अवस्था से थोड़ी उपर उठी हुई थी। मात्र आखेट और कंद–मूल पर जीवन यापन न कर उन्होंने

पशुपालन एवं कृषि–कर्म को अपना लिया था। किन्तु 'युद्ध' करना उनके जीवन की नियति थी। सशक्त एवं श्रेष्ठ जातियाँ श्रेष्ठतर उपकरणों का लाभ उठाकर अन्य जातियों को पराजित करती थी। इस प्रकार पराजित जातियॉ स्थान छोड़कर पलायन करती थीं जहॉ विजेता जाति अपना अधिकार जमा लेती थी। यह अवश्य था कि पराजित जाति में से सभी पलायन नहीं करते थे अपितु कुछ आधीनता स्वीकार कर अपने स्थान से जुड़े रह जाते थे। इन परिस्थितियों में यह पूरी तरह अस्वाभाविक लगता है कि रोहतासगढ़ से पलायन कर आश्रय की तलाश में जब उरांवों का दल छोटानागपुर के पश्चिमी मार्ग से इस क्षेत्र में प्रविष्ट हुआ और मुण्डाओं से उनका सामना हुआ तो मुण्डाओं ने मित्रवत् उनको आश्रय दिया तथा अपनी भूमि, घर द्वार उरांवों को समर्पित कर दक्षिण–पूर्व छोटानागपुर दिशा में जा बसे।

उरांवों एवं मुण्डाओं में निश्चित रूप से शक्ति परीक्षण हुआ होगा। आज सभ्यता के सोपान पर बैठी जातियॉ किसी नवागत को अपनी जमीन जायदाद देकर स्वयं निराश्रित नहीं हो सकती थी तो आज से लगभग ढाई हजार वर्ष पहले सभ्यता के निचले स्तर पर मानी जाने वाली जनजातियों से अपेक्षा की जा सकती है कि उन्होंने नवागत उरांवों को अपना घर–द्वार एवं जमीन स्वेच्छा से दे दिया था और स्वयं नए आश्रय की तलाश में दक्षिण–पूर्व दिशा की ओर भटकते हुए चले गए थे।

राय और कुमार यह भी मानते है कि उरांव मुण्डाओं से अधिक उन्नत थे। उनके पास मुण्डाओं से श्रेष्ठ उपकरण थे। उनका कृषि संबंधी ज्ञान मुण्डाओं से ज्यादा था; अर्थात उरांव हर दृष्टि से मुण्डाओं से सशक्त थे। अतः एन. कुमार का यह कथन कि मुण्डाओं ने उरांवों को सशर्त आश्रय दिया कि उन्हें मॉस खाना तथा जनेऊ पहनना होगा, तर्कसंगत मालूम नहीं पड़ता। शर्त उस परिस्थिति में रखी जाती है जब शर्त मानने वाला मजबूरी की स्थिति में दुर्बल होता है। यदि इस मान्यता को सही भी मान लिया जाय तो 'शर्त' की तराजू पर 'सौहार्द एवं मित्रता' कैसे तौली जा सकती है। इससे संकेत मिलता है कि उरांव मुण्डाओं के दास या दास–सम रहे थे तथा उन्होंने बाध्य होकर मुण्डाओं के शर्त को माना तथा सभ्यता के स्तर से और नीचे गिर गए। इस प्रकार किसी भी दृष्टिकोण से एस.सी. राय तथा एन. कुमार की यह मान्यता कि मुण्डाओं ने उरांवों को आश्रय दिया तथा उनके लिए छोटानागपुर का पश्चिमोतर भाग (जहॉ वे पहले से क्षेत्र को स्वामी थे) बिना किसी युद्ध या सशक्त दबाव के त्यागकर स्वयं नए आश्रय की तलाश में दक्षिण–पूर्व भाग में चले गए कदापि तर्क संगत नहीं प्रतीत होता।

श्री एस.सी. राय छोटानागपुर के आदिवासी जीवन के मौलिक अध्येता माने जाते हैं तथा उनके पूर्व किसी अन्य भारतीय विद्वान ने छोटानागपुर के वन–प्रान्तरों

में निवासित आदिवासी जनजीवन का चित्रांकन नहीं किया है अतः आने वाली पीढ़ी के लेखक एवं अध्येता लगभग उसी 'लकीर' को पकड़कर चल रहे हैं तथा उन्हीं स्वरों को अपनी भाषा दे रहें हैं जिन स्वरों में एस.सी. राय ने मुण्डा–उरांव संबंधों के गीत गाया है। यदि श्री राय के विभिन्न स्थानों पर बिखरी टिप्पणियों को श्रम कर एक स्थान पर एकत्रित किया जाए तो वे स्वयं एस.सी. राय की इस मान्यता के विरूद्ध पड़ती है। 'मुण्डा एण्ड देयर कन्ट्री' में एस.सी. राय ने एक स्थल पर उल्लेख किया है कि कभी–कभी यह अवधारणा बनती है कि छोटानागपुर में उरांव, मुण्डाओं के राजा के आमंत्रण पर मुण्डाओं को कुचलने के लिए बुलाए गए थे और यह बात असंभव नहीं लगती।[111] एस.सी. राय के अनुसार पश्चिमोत्तर रॉची से 'उरांवों की आबादी' के दबाव के कारण 2100 मुण्डा अपना घर छोड़कर रीसा मुण्डा के नेतृत्व में पूर्वी–दक्षिणी रॉची के मुरमा स्थान पर जा पहुँचे और वहाँ बस गए। आबादी के दबाव में मुण्डाओं को अपना घर–बार क्यों छोड़ना पड़ा? स्वाभाविक तो यह था कि जिस जनजाति की आबादी बढ़ती है वह जंगलों को साफ कर अपने लिए जगह बनाती जाती है। यदि मुण्डा–उरांव सम्बन्ध मधुर थे तो मुण्डाओं को अपना पुश्तैनी घर उरांवों के दबाव में क्यों छोड़ना पड़ा ? इस प्रश्न का उत्तर मुण्डा–उरांव सम्बन्धों के समर्थक के पास नहीं है।

मुण्डा–उरांव के सम्बन्धों में सुधार की स्थिति नागवंशी राजा फणि मुकुट राय (सन् 64 ई0) के सिंहासनरोहण के लगभग 1–2 शताब्दी पूर्व प्रारम्भ हुई प्रतीत होती है जब उनमें वैवाहिक सम्बन्धों के साथ–साथ एक दूसरे के सांस्कृतिक समारोहों एवं धार्मिक कृत्यों पर प्रभाव पड़ने लगा था। मुण्डा–उरांव के मध्य अन्तर्मिश्रण की यह प्रक्रिया बहुत दिनों तक चलती रहीं, किन्तु दोनों जनजातियों की आबादी के विस्तार तथा क्षेत्र विशेष में इनकी गहनता के कारण यह अन्तर्मिश्रण सामान्य न होकर प्रायः स्थानीय होता था। हम देख चुके हैं कि उरांवों का झुकाव आर्यों के निकट सम्पक्र में रहने के कारण हिन्दू धर्म एवं मान्यताओं के प्रति अधिक था जबकि मुण्डा लोग आदिम अवस्था से शनैः शनैः सभ्यता की ओर बढ़ रहे थे। फलतः उरांव स्वयं को मुण्डाओं से श्रेष्ठतर मानते थे। उरांव ही अपने साथ ''राजा'' शब्द लाए थे जो कालान्तर में 'मानकी' को पड़हा राजा में परिवर्तित करने में सफल रहा। फिर भी मुण्डा एवं उरांवों के सम्बन्ध उपर से मधुर रहते हुए भी अन्तर में यदि कटु नहीं थे, तो भी एक दूसरे को नीचा दिखाने में वे प्रयत्नशील अवश्य थे।

फणि मुकुट राय को राजा चुनने में मुण्डाओं के साथ उरांवों ने भी सहयोग किया था। कालान्तर में जब गैर–मुण्डा मूल के फणिमुकुट राय पर मुण्डाओं ने अपना अधिकार जमाना शुरू कर दिया तो उरांवों ने एक कथा अपने समाज में प्रचलित कर दी। कथा के अनुसार फणिमुकुट राय उरांव मूल के थे[112] और उनके

दादा "लखन भगत" सुतियाम्बे के रहनेवाले थे।[113] शेष कहानी यथावत् है कि इनके माता–पिता की मृत्यु बच्चे के जन्म के साथ हो गई और बालक को एक नाग के फण की छाया की सुरक्षा मिली तथा उसका पालन–पोषण उरांव के घर में हुआ। यह कथा उरांव समाज में गहराई से फैल गयी। समाज ऐतिहासिक प्रमाणों पर नहीं जाता। इसके लिए पारम्परिक गाथाएँ ही ज्यादा प्रभावी होती है किन्तु यह कहानी उरांवों की उस प्रवृति का द्योतक है जो मुण्डाओं से स्पर्धा की स्थिति बनाए हुए थी। विभिन्न कृषक आन्दोलनों में यद्यपि मुण्डा एवं उरांव साथ–साथ थे तथा अंग्रेजों के अनुसार मुण्डा उरांवों की अपेक्षा अधिक उग्र और लड़ाके थे फिर भी मुण्डा एवं उरांवों की सांस्कृतिक एवं धार्मिक अन्तधारा उक्त एकता एवं अन्तर्मिश्रण के बावजूद भिन्न–भिन्न दिशाओं में प्रवाहित थी। इनमें न केवल प्रजातीय भिन्नता थी अपितु धर्म की दृष्टि से भी उरांव मुण्डाओं से अधिक स्तरीय थे तथा इनका झुकाव हिन्दु धर्म की ओर अधिक था।

भारतीय इतिहास में 1757 का वर्ष अंग्रेजी शासन के लिए मील का पत्थर प्रमाणित हुआ है। 10 अप्रैल 1756 को, अली वर्दी खाँ की मृत्यु के उपरांत पूर्वी भारत पर मुगलों का आधिपत्य सदा के लिए समाप्त हो गया। 1757 ई0 में पलासी के युद्ध में अंग्रेजों की विजय के साथ भारत में नये युग का आरंभ होता है। इस युग को बक्सर (अक्टूबर 1764) की विजय ने सशक्त आधार प्रदान किया और पूर्वी भारत पूरी तरह अंग्रेजों के शिकंजे में आ गया।[114] 12 अगस्त 1765 ई0 को शाह आलम ने बंगाल, बिहार तथा उड़ीसा की दीवानी ईस्ट इण्डिया कंपनी को सौंप दी। इस प्रकार भारत में अपना राज्य स्थापित करने का अंग्रेजों का मार्ग प्रशस्त हो गया। बिहार के साथ छोटानागपुर का क्षेत्र भी अंग्रेजों की अधिकार सीमा में घिसट आया। सर्वप्रथम कैप्टन जैकब केमेक नामक अंग्रेज ने 1769 ई.[115] में अपनी सैनिक टुकड़ी के साथ छोटानागपुर में प्रवेश किया। स्थानीय राजाओं के झगड़े निपटाने, उनकी सहायता कर विद्रोहों को दबाने तथा उनसे मालगुजारी वसूलने के कार्यक्रमों के अर्न्तगत अंग्रेजों की सैनिक टुकड़ियाँ छोटानागपुर की प्रमुख छावनियों में अबाध रखी जाने लगीं तथा अंग्रेज मिलिट्री अफसर प्रशासनिक एवं अन्य क्रियाकलापों में राजाओं को निर्देश देने लगे। अंग्रेजों के पदार्पण से छोटानागपुर का न केवल राजनैतिक एवं आर्थिक जीवन प्रभावित हुआ अपितु इसका प्रभाव सामाजिक एवं सांस्कृतिक जीवन पर भी पड़ा। इन परिवर्तनों ने क्षेत्र की प्रमुख जनजातियों मुण्डा एवं उरांव के धार्मिक जीवन को भी गहराई से प्रभावित किया।

अंग्रेजों के प्रवेश के साथ, आदिवासी–बहुल क्षेत्र छोटानागपुर में ईसाई धर्मप्रचारकों को ईसाई धर्म फैलाने का स्वर्णिम अवसर प्राप्त हुआ। ईसाई धर्म के प्रचार का अभियान सबसे पहले गोस्सनर ईवेजैलिक लूथर मिशन (जी.ई.एल) ने

उठाया। 1844 ई0 में बर्लिन के वेस्टन जॉन ईवेजैलिस्ट ने चार मिशनरियों को भेजा। प्रारम्भिक कतिपय कठिनाइयों के उपरान्त ईसाई धर्म में यहाँ के गरीब आदिवासियों के धर्मान्तरण की गति काफी व्रीव रही। इस दिशा में अन्य मिशनों की अपेक्षा 'सर्वदा' के कैथोलिक मिशन की भूमिका अत्यन्त प्रभावी थी। उरांवों की अपेक्षा मुण्डाओं पर मिशनरियों का जादू ज्यादा सफल रहा।

रॉची के दक्षिण–पूर्वी भाग तथा सिंहभूम के सीमा–प्रदेश में मुण्डाओं की आबादी काफी गहन है। कबीर पंथियों का प्रभाव भी इन पर पड़ा है। एक ऐसा समय था जब कबीर पंथियों को समाज में काफी सम्मान मिलता था और एक मुण्डा परिवार में एक कबीर पंथी होता ही था।[116] चौलीबासा के ब्रजराम और सोहराई के ध ार्मिक गीतों का, पंच–परगनिया भाषा में रची इनकी प्रार्थनाओं का इस क्षेत्र में अच्छा प्रचलन था। मुण्डाओं के मध्य रहनेवाले बुनकर स्वासियों (तातियों) ने मुण्डाओं की धार्मिक भावनाओं को कबीर–पंथ की ओर मोड़ने में पूरी नहीं तो आंशिक सफलता निस्सन्देह प्राप्त की थी। मुण्डाओं की तुलना में उरांव जनजातियों के बीच कबीर–पंथियों की पैठ अधिक थी। इन जनजातियों के बीच कबीर के उपदेश कतिपय मान्यताओं तक सीमित थे जिसके अर्न्तगत उपवास, व्रत, खान–पान की स्वच्छता और शुद्धता पर बल दिया जाता था। मुण्डाओं की जाति–प्रथा में कबीर पंथी विश्वास नहीं रखते थे। जीवों के प्रति दया, सदाचरण तथा मानव मात्र की सेवा एवं भेद–भाव रहित समाज, पंथियों का मुख्य लक्ष्य था।

मध्य युग के प्रारंभ में मुण्डा एवं उरांवों पर हिन्दु धर्म, विशेषकर सूर्य तथा देवी की उपासना का प्रभाव पड़ा है। श्री चैतन्यचरितामृत से ज्ञात होता है कि चैतन्य महाप्रभु नीलांचल से मथुरा जाते हुए झारखंड से होकर गुजरे थे, फलस्वरूप अनेक आदिवासी उनसे प्रभावित होकर वैष्णव–धर्मावलम्बी हो गए थे। राम एवं कृष्ण के चरित्र पर मुण्डारी, सदानी एवं पंच–परगनिया भाषाओं में अनेक काव्य–कृतियॉ उपलब्ध है। हिन्दु धर्म मुण्डाओं एवं उरांवों के धार्मिक विश्वासों को दिशा देने में सर्वाधिक सफल रहा है। मुण्डाओं ने हिन्दु देवता शिव को 'महादेव बोंगा' और पार्वती को 'चण्डी बोंगा' के नाम से अंगीकार किया है। मुण्डा एवं उरांव पर्वों का प्रभाव स्पष्ट लक्षित है। मुण्डाओं एवं कतिपय गैर–मुण्डाओं के कई वर्गों का अन्तर्मिश्रण इस प्रकार हो गया कि इन दोनों वर्गो का जीवन पद्धतियॉ एक जैसी हो गई हैं। विवाह, नामकरण तथा अन्य संस्कार, घर के औजार, कपड़े–लते, मकान, घर के नाम आदि में एक दूसरे वर्गों के सहज संविलयन के चिन्ह दिखलाई पड़ते है। ये सभी प्रभाव सम्पक्रजन्य हैं।

मुण्डा एवं उरांव जनजातियॉ के धार्मिक इतिहास के अध्ययन के लिए आवश्यक है कि उन पृष्ठभूमियों का भी संक्षिप्त परिचय प्राप्त कर लिया जाये जो इनके

वर्तमान जीवन की धार्मिक पद्धतियों को विकसित एवं सुव्यवस्थित करने में सहायक रही हैं। हम देख चुके है कि मुण्डा जनजाति उरांवों की अपेक्षा धार्मिक एवं सामाजिक दृष्टि से काफी पिछड़ी हुई थी। छोटानागपुर में प्रवेश के पूर्व मुण्डाओं एवं उरांवों का जो वर्णन महाकाव्यों एवं पुराणों में मिलता है उससे स्पष्ट है कि मुण्डा आर्यों द्वारा 'राक्षस' या 'असुरवत' माने जाते थे जबकि उरांव जनजाति को एक समय आर्यों का स्नेह मिला था। आर्यनायक दाशरथी राम ने उन्हें 'सुहृद' कह कर हृदय से लगाया था। मुण्डाओं का खान–पान रहन–सहन एवं जीवन–पद्धति उरांवों की तुलना में निकृष्ट थी। उरांव मुख्यतः कृषि फर्म से जुड़े हुए थे तथा खान–पान रहन–सहन एवं जीवन–पद्धति की दृष्टि से वे हिन्दुओं के निकट थे। यही कारण है कि मुण्डाओं की गाथाओं का विश्लेषण करनेवाले विद्वानों के अनुसार मुण्डाओं के संसर्ग में रहने तथा उनका भोजन ग्रहण कर लेने पर, उरांव अपनी तत्कालीन सभ्यता सोपान से अद्योगतिय हो गए थे[117] क्योंकि मुण्डाओं का भोज्य–पदार्थ निकृष्ट तथा उनका संसर्ग निम्न कोटि का था।

छोटानागपुर की मुण्डा जनजाति :–

हमारे अध्ययन का क्षेत्र छोटानागपुर की मुण्डा जनजाति है। भारत में मुण्डाओं के प्रवेश से लेकर रोहतासगढ़ तक के भटकाव–क्रम में मुण्डा जनजाति विभिन्न उप–जातियाँ बनाती हुई विभिन्न क्षेत्रों में बसती गई। उनकी भाषा एवं संस्कृति पर अन्य जातियाँ मुख्यतः आर्य–प्रजाति का प्रभाव पड़ा और उनमें से कुछ आर्यों द्वारा समाहित कर ली गई और कुछ पूरी तरह विकृत हो गई। यह प्रक्रिया मुण्डाओं के रोहतासगढ़ से पलायन और छोटानागपुर में प्रवेश के उपरांत भी चलती रही। इनमें से टूटकर, संथाल, हो, लरका आदि उप–जनजातियाँ अस्तित्व में आई तथा संथाल परगना एवं सिंहभूम में मुख्यतयाः बस गई। यद्यपि इन सभी के धर्म–दर्शन में एकरूपता पाई जाती है किन्तु इन सभी के धर्म के व्यवहारिक स्वरूप में पर्याप्त भेद है। वस्तुतः यह भेद प्रत्येक उपजाति के विकास के अपने भिन्न–भिन्न तरीके एवं परिस्थितियों के कारण उत्पन्न हुआ है।

हम देख चुकें है कि रोहतासगढ़ भी मुण्डाओं को अधिक दिनों तक सुरक्षा प्रदान नहीं कर सका था और एक रात जब वे निश्चित निद्रा–निमग्न थे खरवार प्रधान माधोदास[118] ने उन पर आक्रमण कर दिया था। पराजित मुण्डा सोन नदी पारकर दक्षिण–पूर्व दिशा की ओर बढ़ते हुए ओमदंदा पहुँचे थे जो स्थान पलामू, हजारीबाग एवं राँची जिला के संधि–स्थल के निकट है। यहाँ से मुण्डाओं की एक टोली विलग होकर, दामोदर नदी पार कर क्रमशः संथालपरगना में जा बसी थी। ये लोग 'संथाल' नाम से अभिज्ञापित हुए। इस प्रकार संथाल और मुण्डा के पूर्वज एक ही थे। ओमदंदा से मुण्डा लोग लोहरदग्गा के 'सहर घटिया'[119] दर्रे को पार

कर राँची पहुँचे थे और रॉची के पश्चिमी भाग में स्थित जंगलों की सफाई कर रहने लगे थे। मुण्डाओं की पारम्परिक गाथाओं में लोहा गलाने वाले असुरों का उल्लेख आया है। ये असुर लौहयुक्त मिट्टी को गला कर लोहा निकालते थे तथा उससे विभिन्न आवश्यक उपकरण बनाते थे। मुण्डाओं ने इन पर आक्रमण कर इन्हें पराजित किया था तथा इन्हें खदेड़ भगाया था।[120] अब मुण्डा लोग इस पूरे क्षेत्र के एकमात्र स्वामी थे।[121] ऊँची पहाड़ियों, घने–जंगलों तथा गहरी घाटियों से सुरक्षित इस क्षेत्र को भेदने का कदाचित ही कोई शत्रु प्रयास करता। चारागाही एवं कृषि योग्य भूमि मनोरम दृश्यों से आवृत थी। ऊँचें जल–प्रपातों एवं छोटी–छोटी पहाड़ी नदियों की कल–कल ध्वनि से अनुप्राणित कंद–मूल, फल–फूल युक्त वन–प्रान्तरों में उन्मुक्त विचरण करनेवाली मुण्डा–जाति को अन्ततोगत्वा एक मनोनुकूल स्थान मिल गया था जहाँ वह सुरक्षित एवं शान्तिपूर्वक स्थायी तौर पर जीवन यापन कर सकती थी।

ग्रामीण व्यवस्था में मुखिया एवं पाहन (पुरोहित) :

अब तक मुण्डा जनजाति अपनी आदिम अवस्था से निकलकर पशुपालन एवं कृषि कर्म अपना चुकी थी। यद्यपि अभी वह कृषि कर्म में प्रवीण नहीं थी फिर भी जीवन यापन के लिए उसे खेती–बारी अधिक सहज एवं सुविधाजनक लगी थी। वनों को काटकर मुण्डाओं ने कृषि योग्य भूमि बनाई, रहने के लिए स्थान बनाये जिसे 'हातु' कहा गया। हातु का तात्पर्य 'गॉव' या पुर से है। मुण्डाओं के किसी एक परिवार द्वारा जंगल काटकर जो भूमि तथा क्षेत्र तैयार किया गया था उसे 'खुटकट्टी हातु' अर्थात् आदिम निवासी का गाँव कहा गया। खुटकट्टी हातु की सीमा में आयी हुई सम्पूर्ण सम्पति (भूमि के उपर या भू–गर्भित) पर उस परिवार का अधिकार माना जाता था। इस प्रकार अनेक मूल परिवारों ने जंगल साफ कर अपना 'खुटकट्टी हातु' बना लिया था जिनकी सीमा निर्धारित थी। खुटकट्टी हातु की सीमा को, सीमाओं की चार दिशाओं के कोने पर अग्नि प्रज्वलित कर, इन कोनों को मिलाने वाली रेखाओं से निर्धारण किया जाता था। इन सीमाओं का अतिक्रमण किसी अन्य हातु का मुण्डा या मुण्डा परिवार नहीं करता था क्योंकि वे इन सीमाओं को पवित्र एवं अभ्रंशनीय मानते थे। उनका विश्वास था कि इन सीमा–रेखाओं की सुरक्षा "सीमा–बोंगाको" अर्थात गाँव की सीमा के देवता करते हैं। खुटकट्टी हातु एक कुल की निजी सम्पति होती थी। इस प्रकार मुण्डाओं में क्रमशः निजी सम्पति की भावना विकसित हो गयी थी। एक खुटकट्टी हातु में रहने वाले निवासियों को तीन वर्गों में विभाजित किया गया था:

1. मूल परिवार के लोग जिनकी संख्या पीढ़ी–दर–पीढ़ी बढ़ती जाती थी।
2. गॉव की कन्या से विवाहित दामाद जो अपना गाँव छोड़कर ससुराल में बस गया था।

3. गाँव की आवश्यकता की आपूर्ति के लिए लोहार, स्वांसी (बुनकर), भोगता जिन्होंने मुण्डाओं की प्रधानता स्वीकार कर ली थी तथा उनके द्वारा प्रदत्त भूमि पर जीविका निर्वाह करते थे। इन्हें 'एता–हातुरेंको' कहा जाता था। प्रदत भूमि पर इनका स्वामित्व नहीं होता था अपितु इनकी सेवा के एवज में जीविका निर्वाह हेतु भूमि दी जाती थी। यह भूमि उनसे वापस ली जा सकती थी। आगे चलकर ये 'एता–हातुरेंको' 'प्रजा होरोको' कहे जाने लगे। प्रजा–होरोको शब्द से स्पष्ट प्रतिध्वनित होता है कि ये लोग तत्कालीन ग्रामीण व्यवस्था में निम्न सामाजिक सोपान पर प्रजा स्वरूप अवस्थित थे।

बाहर से आकर गाँव में बसे हुए दामाद की स्थिति भी मूल–परिवार के लोगों की तुलना में तुच्छतर थी। ये भी एता–हातुरेंको अर्थात दूसरे गाँव से आए हुए लोग थे। एक 'खुटकट्टी हातु' की सम्पूर्ण सम्पति पर हातु के मूल–परिवार के सदस्यों का ही अधिकार माना जाता था किन्तु चूँकि दामाद विशिष्ट जन थे तथा उनके दुःख–सुख से मूल परिवार के लोगों का दुःख–सुख जुड़ा हुआ था अतः कालान्तर में दामादों को प्रदत्त–भूमि पर अधिकार प्रदान कर दिया गया। परन्तु इसके लिए एक समारोह का आयोजन किया जाता था। समारोह में गॉव के लोग एकत्रित होते थे तथा दामाद को गॉव की उस जमीन पर, जो उसे जीवन–निर्वाह हेतु दी गयी थी, उसका स्वामित्व पूरे समाज द्वारा खुले रूप में स्वीकार कर लिया जाता था। इस प्रकार इस श्रेणी का 'एता–हातुरेंको' को 'प्रजा होरोको' होता था। उसकी सामाजिक स्थिति मध्य स्तर की थी। प्रजा–होरोको की तरह उसे अन्य कार्य नहीं करने पड़ते थे जैसे– लोहारों, बुनकरों, चरवाहों आदि को करने पड़ते थे। उसे भूमि, गाँव में बसाने के उद्धेश्य से दी गयी थी जबकि प्रजा–होरोको को गाँव की जमीन उनके श्रम के एवज में पारिश्रमिक स्वरूप दी गई थी। वस्तुतः प्रजा–होरोको को आर्थिक एवं सामाजिक दृष्टि से विलग करने के लिए 'प्रजा' जैसी निम्नस्तरीय संज्ञा प्रदान की गई थी। इस प्रकार गाँव की प्रारम्भिक अवस्था में प्रकार्य की भिन्नता के आधार पर, तत्कालीन मुण्डा समाज में, उन दिनों जातीय–भिन्नता के बीज बो दिए गए थे।[122]

गाँव का मुखिया मूल–परिवार का ज्येष्ठ पुत्र हुआ करता था। वह न केवल सामाजिक दृष्टि से अपितु धार्मिक दृष्टि से गाँव का प्रधान होता था। सामाजिक समस्याओं के समाधान में उसका निर्णय अन्तिम होता था तथा धर्म के क्षेत्र में उसका विश्लेषण तथा उसकी मान्यता सर्वोपरी थी। आज के पाहन, पुरोहित की शक्ति उसमें निहित थी। गाँव का प्रधान होने के कारण 'मुण्डा' नाम से अभिहित हुआ था। कहा जाता है 'मुण्डा' नाम उसे हिन्दुओं ने प्रदान किया था जिसका तात्पर्य शीर्ष या सिर अर्थात 'सभी का श्रेष्ठ' होता है। इस प्रकार 'मुण्डा' शब्द जो

गाँव के मुखिया के लिए प्रयुक्त होता था क्रमशः पूरी जनजाति का सामान्य नाम हो गया। विकास के प्रारम्भिक दिनों में गाँव के 'मुण्डा' में सामाजिक मुखिया एवं धार्मिक पुरोहित दोनों के गुण होते थे। किन्तु उसकी आर्थिक या भूमि संबंधी स्थिति अन्य ग्रामीणों की तरह सामान्य होती थी। अन्य लोगों की तरह वह भी खेती करता था और कभी अपने खेत में दूसरों से सहयोग या श्रम लेता था तो उसके एवज में जहॉ तक संभव होता था स्वयं दूसरों को भी अपना श्रम योगदान करता था। वस्तुतः गाँव के अन्य लोगों की तरह मुण्डा भी साधारण व्यक्ति होता था। उसे कोई विशेष सुविधा प्राप्त नहीं थी। किसी विवाद के समाधान हेतु अथवा दूसरे गॉव वालों द्वारा आक्रमण की स्थिति में या अन्य गॉव पर आक्रमण करने की स्थिति में 'मुण्डा' गॉव के प्रधान या नेता की बागडोर संभालता था। कहा जाता है कि आक्रमण से सुरक्षा अथवा दूसरे पर आक्रमण की परिस्थिति में स्त्री–पुरूष सभी सैनिक रूप में सैनिक–भाव से काम करते थे तथा लूट में प्राप्त सामग्री का समान रूप में बॅटवारा करते थे। मुण्डा मुखिया एवं पुरोहित होते हुए भी आम लोगों की तरह एक साधारण ग्रामवासी होता था।[123]

मुण्डा प्रत्येक दृष्टि से गांव का प्रधान होता था। यह आवश्यकता पड़ने पर किसी जटिल विषय के समाधान के लिए गांव के वरिष्ठ एवं अनुभवी लोगों से विचार–विमर्श भी कर लेता था। अब तक वह मुण्डा एवं पाहन दोनों पदों का दायित्व निर्वाह कर रहा था किन्तु अधिक कार्य भार से उसके काम में गिरावट आने लगी थी। उसने गांव वालों से विचार कर धर्म–कर्म के लिए एक पाहन के चुनाव का निश्चय किया। चुनाव की एक ऐसी विधि अपनायी गई जिसमें पाहन के चुनाव में सिंगबोंगा की सहमति होती थी। पाहन गांव के मुण्डाओं एवं सिंगबोंगा के बीच एक कड़ी का काम करता था। सिंगबोंगा एवं अन्य बोंगाओं के गांव के पक्ष से तुष्ट करना पाहन का काम होता था। गांव के विभिन्न धार्मिक कार्यों का सम्पादन उसके नेतृत्व में होता था।

मुण्डा के पश्चात् पाहन गांव का दूसरा महत्वपूर्ण व्यक्ति होता था। पाहन, सहायक पाहन, का पद चुनाव से होता था। चुनाव का तात्पर्य सिंगबोंगा की इच्छा इसके लिए एक विधि होती है लोटा–चालन विधि एक बार चुन लिए जाने के पश्चात् वह मृत्यु पर्यन्त पाहन बना रहता था। उसकी मृत्यु के पश्चात् नए पाहन का चुनाव होता था। क्रमशः यह पद मुण्डाओं के समान वंशगत हो गया है। पाहन गांव का एक सम्मान जनक प्रतिनिधि होता है। मुण्डा या पाहन गांव का जो समाजिक या धार्मिक काम करते हैं, पूरी तरह सेवा–भाव से करते है। इसके लिए उन्हे किसी प्रकार का आर्थिक लाभ नहीं होता । यद्यपि पाहन को कुछ विशेष अवसरों पर गांव के लोग धान या अरवा चावल या कुछ अन्य वस्तु उपहार स्वरूप भेंट करते हैं।

जातीय एवं धार्मिक संक्रमण की दृष्टि से गाँव में प्रजा–होरोका का विशेष महत्त्व था। मूल–परिवार तथा दामाद के रूप में गाँव में बसाए गए लोगों की धार्मिक एवं सामाजिक अवस्था 'प्रजा–होरोको' के अन्तर्गत आनेवाली विभिन्न उपजातियों से पूर्णतः भिन्न थी। ये उपजातियाँ अपने धर्म के प्रति नरम विचार रखती थी। विभिन्न धार्मिक एवं पंथों का प्रभाव प्रजा–होरोको पर सरलता से पड़ जाता था। वे मुख्य रूपेण हिन्दू धर्मी थे। चूँकि उनकी समस्या धार्मिक नहीं आर्थिक थी अतः धर्म के प्रति उनका रूख कट्टरवादी नहीं था। इसके अतिरिक्त क्षेत्र के मुण्डा या हातु के सभी मुण्डा परिवार प्रजा–होरोको के अन्नदाता अर्थात स्वामी थे अतः मुण्डाओं की धार्मिकता एवं क्रिया–कलापों, अंध–विश्वासों, जादू–टोना तथा विभिन्न बीमारियों से संबंधित कारण एवं उनके निवारण तथा उपचार के उपायों का, जो दैनिक जीवन में ये उपजातियाँ देखती और अनुभव करती थीं,– आदि का सीधा प्रभाव इन पर पड़ा था। अतः इनकी स्थिति मुण्डा जैसी दिखलाई पड़ती थी। प्रजा–होरोको के अर्न्तगत आनेवाली उपजातियाँ विभिन्न क्षेत्रों से विभिन्न संस्कृति लेकर खुटकट्टी हातु में आई थीं। यदि ये उपजातियाँ मुण्डाओं की संस्कृति एवं धार्मिक क्रियाकलापों से प्रभावित हुई थी तो इनका भी प्रभाव मुण्डाओं पर पड़ा था। मुण्डाओं के संसार से बाहर का समाज इनकी सामाजिक, धार्मिक एवं न्यायिक व्यवस्थाओं को प्रभावित एवं परिवर्तित करता रहा था। कतिपय क्षेत्रों में मुण्डाओं ने अपने पारम्परिक व्यवस्थाओं में परिवर्तन का घोर विरोध किया था। ये कट्टरपंथी मुण्डा थे।

कट्टरपंथी मुण्डा की सामान्य मुण्डाओं से मतभेदों के कारण न निभ सकी और कट्टरपंथियों का समूह राँची से क्रमशः दक्षिण–पूर्व तथा दक्षिण की ओर जाकर बसने लगा। इस समूह ने संगठित होकर एक वर्ग का रूप ले लिया था तथा हिन्दुओं द्वारा दिए गए 'मुण्डा' नाम की अपेक्षा स्वयं हो 'हो' कहलाना अधिक परम्परा–संगत माना था। 'हो' कही जानेवाली मुण्डाओं की यह उप–जाति सिंहभूम में जिस क्षेत्र में बस गई थी, 'कोल्हान' कहलाया। इन्हीं में एक अन्य वर्ग 'लरका' हुआ। 'लरका' भी कट्टर, वीर और स्वतंत्रता प्रिय होते थे। 'हो' तथा 'कोल' विद्रोह में इनकी प्रशंसनीय भूमिका रही थी। हमारे अध्ययन क्षेत्र में संथालों की भाँति 'हो' तथा 'लरका' भी नहीं आते अपितु छोटानागपुर के वे मुण्डा आते हैं जिन्हें जनगणना में तथा राजकीय काम–काज में 'मुंडा' नाम से अभिज्ञप्ति किया गया है तथा अनेक विदेशी लेखकों ने उन्हें 'सरना मुण्डा' नाम से भी सम्बोधित किया है। इनका धर्म 'सरना धर्म' के नाम से जाना जाता है।

छोटानागपुर में उरांव जन–जाति :

हम देख चुके हैं कि दक्षिण भारत से नर्मदा नदी पार का उरांव कही जाने वाली यह जन–जाति रोहतासगढ़ तक की अपनी यात्रा में न केवल अपनी आदिम

अवस्था से निकल कर पशुपालन और कृषिकर्म में प्रवीण हो चुकी थी अपितु आर्यों के सानिध्य से प्रभावित इनके खान–पान एवं रहन–सहन का स्तर भी ऊँचा हो गया था। अधिकांश उरांव जो स्वयं को 'कुडुख' कहलाना अधिक सम्मानजनक समझते थे, हिन्दुओं की तरह 'जनेऊ' धारण करने लगे थे तथा मॉस–भक्षण या निम्न कोटि के अन्य भोजन को घृणित मानने तथा उसका त्याग करने लगे थे।

रोहतासगढ़ से छोटानागपुर में प्रवेश करने पर उरांवों का सामना इन मुण्डाओं से हुआ जो छोटानागपुर के पश्चिमोत्तर भाग में मुख्यतया फैले हुए थे। इन नवागन्तुकों कुडुखों के छोटानागपुर में घुसने तथा मुण्डाओं से सामना होने पर मुण्डाओं को अपना घर–द्वार जमीन जायदाद छोड़कर राँची के दक्षिण–पूर्वी भाग की ओर हटना पड़ा था। इस पर कुछ प्रश्न उठाये गए जो इस प्रकार है:– (1) मुण्डाओं ने उरांवों का स्वागत किया? (2) प्रश्रय दिया? या सशर्त (3) (नरेन्द्र कुमार, रॉची गजेटीयर) प्रश्रय दिया कि वे लोग जनेऊ पहनना छोड़ दें तथा उनके द्वारा प्रस्तुत मॉस को स्वीकार कर उसका भक्षण करें? (4) उरांवों की संख्या वृद्धि के कारण मुण्डा लोग अपना घर–द्वार एवं देश छोड़कर पठार के मध्य तथा दक्षिण–पूर्वी भाग में जा बसे अथवा (5) उरांवों से पराजित होकर इन्हें दक्षिण–पूर्वी दिशा की ओर पलायन करना पड़ा था? इस पर विशद चर्चा हो चुकी है। किन्तु यह प्रत्यक्ष है कि समय के साथ मुण्डा–उरांव सम्बन्धों में काफी प्रागढ़ता दिखलाई पड़ने लगी तथा छोटानागपुर के आर्थिक एवं राजनैतिक जीवन के विकास में दोनों जातियों ने साथ–साथ मिलकर काम किया। इनके सामाजिक एवं धार्मिक क्रियाकलापों पर भी एक दूसरे के धार्मिक विश्वासों, मान्यताओं एवं जीवन पद्धतियों का अच्छा प्रभाव पड़ा यद्यपि मुण्डाओं के धार्मिक आदर्श एवं दर्शन कुडुखों से काफी भिन्न रहे थे। वस्तुतः इनकी जीवन–शैली एवं धर्म हिन्दुओं के सम्पर्क के कारण कुछ अंश तक प्रभावित हुआ था।

ग्रामीण व्यवस्था में पुरोहित (पाहन) एवम् मुखिया :–

जनसंख्या के वृद्धि के साथ कुडुखों गाँवों की संख्या बढ़ने लगी थी। प्रत्येक गाँव का एक मुखिया होता था जिसे महतो कहते हैं। यह मुखिया गाँव की प्रशासनिक एवं न्यायिक व्यवस्था के साथ–साथ धार्मिक कृत्यों का भी अधिकारी होता था। इस प्रकार मुखिया में 'पंच' एवं 'पुरोहित' दोनों के अधिकार सन्निहित थे। मुखिया का पद पिता से ज्येष्ठ पुत्र को उतराधिकार स्वरूप प्राप्त होता था। आवश्यकता पड़ने पर अर्थात मुखिया के पुत्र न होने पर अथवा पुत्र के विक्षिप्त, रोगी, कुव्यसनी या अयोग्य होने पर मुखिया का चुनाव पराशक्तियों की इच्छा से किया जाता था। अर्थात चुने जाने पर उसे मुखिया घोषित कर दिया जाता था। कुडुखों का विश्वास था कि 'धरमेस' ने उस व्यक्ति को गाँव का मुखिया बनने के

लिए पैदा किया था। इस प्रकार गाँव का मुखिया गाँव की व्यवस्था तथा धर्म–कर्म का प्रभारी होता था। वह विभिन्न अवसरों पर आवश्यकतानुसार गाँव का प्रतिनिधित्व करता था और गाँव के लोग सदैव उसके पीछे उसके शक्ति–स्रोत के रूप में सहयोग करते थे।

कालान्तर में कुछेक गाँवों को सम्मिलित कर एक संघ बना लिया गया था। इसे 'पड़हा' कहा गया। एक पड़हा में सात से लेकर एक्कीस–बाइस गॉव हुआ करते थे। संघ में सम्मिलित गॉव के मुखिया में से कोई एक मुखिया पड़हा का प्रमुख माना जाता था। पड़हा प्रमुख को 'पड़हा राजा' के रूप में सम्बोधित किया जाता था तथा इसी के अनुसार उसे सम्मान भी मिलता था। पड़हा संघ में राजा के अतिरिक्त एक कार्यकारिणी समिति होती थी जिसके सदस्य सभी गाँवों के मुखिया होते थे। कार्यकारिणी में संघ के अर्न्तगत सभी कार्यों का विभाजन कर लिया जाता था और इस प्रकार प्रत्येक मुखिया को कार्यकारिणी सदस्य होने के कारण एक–एक विभाग का दायित्व सौंपा जाता था। पड़हा संघ की व्यवस्था, जिसमें सभी गाँव का प्रतिनिधित्व होता था, लोक तांत्रिक थी तथा विवादों का हल बहुमत के निर्णय के आधार पर प्रचलित रीति–रिवाजों के अनुसार किया जाता था। इस प्रकार ये निर्णय धर्म–संगत भी होते थे।

'पड़हा' की अधिकार–सीमा संघ के क्षेत्र तक सीमित थी। पड़हा–पंच संघ के गॉवों के बीच विवादों का निपटारा करता था तथा जनजातीय लाभ एवं विकास संबंधी क्रियाकलापों की देख–रेख करता था। धार्मिक स्थान, धार्मिक–कृत्यों तथा सम्पति एवं विवाह संबंधी एवं अन्य परम्परागत धार्मिक क्रिया–कलापों में पड़हा मंच द्वारा लिया गया निर्णय अन्तिम होता था तथा आने वाली अन्य समस्याओं के लिए वह एक आदर्श (नजीर) होता था। जिसके अनुसार भविष्य में उसी प्रकार की उठी समस्याओं का निपटारा किया जाता था। कहीं भी कुछ लिखित नहीं था। जमीन या खेत के स्वामित्व का हस्तान्तरण गॉव के मुखिया की उपस्थिति में खेत का वर्तमान स्वामी खेत की एक मुट्ठी मिट्टी धरमेस को साक्षी मानकर उस व्यक्ति को देता था जिसे खेत हस्तान्तरित किया जाता था। इस प्रकार की हस्तान्तरण की गई भूमि, समय–सीमा समाप्त होने के उपरांत पुनः पुराने स्वामी या उसके उतराधिकारी के अधिकार में आ जाती थी तथा सदा के लिए हस्तान्तरित भूमि पैतृक सम्पति के रूप में व्यवहृत होती थी। इस प्रकार पहले से चली आ रही परम्परा कानून का काम करती थी जिसकी रक्षा पड़हा राजा एवं संघ के अन्य सदस्य करते थे तथा ये लोग परम्परागत नियमों से बँधे हुए थे। वस्तुतः पड़हा राजा या पंचों की स्थिति कैसी अधिकारी जैसी नहीं थी अपितु साधारण कुडुख जैसी थी जो गॉव एवं संघ की सेवा का उत्तरदायित्व वहन करते थे। यद्यपि इनके कर्त्तव्य सामाजिक थे किन्तु इनकी शक्ति का स्रोत धार्मिक था जिसके कारण ये

अपने कर्त्तव्यों को सफलतापूर्वक निभा पाते थे और बिना किसी कानूनी दबाव के इनके निर्णयों का, क्षेत्र के कुडुख पालन करते थे।

राजा फणिमुकुट राय का उदय एवं मुगलों के आक्रमणों से सुरक्षित मुण्डा/उरांव संस्कृतिः–

मुखिया गाँव की न्यायिक एवं प्रशासनिक व्यवस्था का उत्तरदायित्व वहन करता था और पुरोहित धार्मिक संस्कारों एवं क्रियाकलापों को नियंत्रित एवं संचालित करता था। छोटानागपुर के जनजातीय समाज में राजाओं के अविर्भाव के पूर्व गाँव का प्रधान धार्मिक एवं न्यायिक दोनों दायित्वों का भार अकेला ही वहन करता था किन्तु काल–क्रम में पुरोहितों का उदय हुआ और उसे धार्मिक–प्रधान माना गया। चूँकि धर्म का राजनीति पर तथा राजनीति का धर्म पर परिस्थिति अनुसार दबाव एवं प्रभाव पड़ता रहता है अतः छोटानागपुर के प्रथम राजा के रूप में चुने गए फणिमुकुट राय पर क्षेत्र की प्रमुख जनजातियों (मुण्डा एवं उरांव) ने अपना अधिकार जमाना शुरू कर दिया था। चूँकि फणिमुकुट राय मुण्डा परिवार में पाले और पोसे गए थे अतः मुण्डा–मूल का न होते हुए भी उन मुण्डाओं का अधिकार अधिक माना गया था। डालटन ने फणिमुकुट राय को मुण्डा–मूल का माना है।[132] किन्तु उरांवों की पारम्परिक गाथा में फणिमुकुट राय को कुडुख मूल का बताया गया है जिसकी चर्चा हम पहले कर चुके हैं। ग्रिनार्ड ने[133] फणिमुकुट राय को चेरो परिवार का प्रमाणित करने का प्रयास किया है तो रिजले[134] का कहना है कि फणिमुकुट राय द्रविड़ मूल के तथाकथित किसी राजपूत परिवार के थे। जो कुछ भी हो छोटानागपुर में राज्य व्यवस्था फणिमुकुट राय से प्रारंभ हो गयी थी और आगे चलकर फणिमुकुट राय के उत्तराधिकारी हिन्दू रजवाड़ों से अपना संबंध स्थापित करने में स्वयं को गौरवान्वित महसूस करने लगे थे तथा अपने दरबार में ब्राह्मण राजपुरोहित रखने लगे थे। वे राजा लगभग हिन्दुकृत हो चुके थे तथा मुण्डा अथवा उरांव जन–जाति का कोई प्रत्यक्ष लक्षण उनके वंश अथवा वंश संबंधों में नहीं दिखलाई पड़ता था। उन्होंने अपने हिन्दु सम्बन्धियों तथा अनेक प्रभावशाली हिन्दुओं को बुलाकर, उन्हें भूमि प्रदान कर, छोटानागपुर में बसाया था। इस प्रकार छोटानागपुर में बाहर से आये हुए हिन्दुओं की इतनी अधिक संख्या हो गयी थी कि उनके रहन–सहन, शादी–व्यवहार खान–पान का प्रभाव निकट रहनेवाली जनजातियों पर गहराई से पड़ने लगा था।

पारम्परिक ग्रामीण व्यवस्थाएँ एवं इनकी सांस्कृतिक धरोहर :

भारतीय इतिहास में हिन्दू एवं मुगल काल तक छोटानागपुर में निवासित मुण्डा एवं उरांव जनजातियों की पारम्परिक ग्रामीण व्यवस्था एवं उनकी सांस्कृतिक परम्पराएँ पूर्णतः सुरक्षित थीं तथा किसी भी बाहरी आक्रमण ने इसे अव्यवस्थित

करने का प्रयास नहीं किया था। इनकी पड़हा मंच प्रथा, इनके धार्मिक क्रिया–कलाप घन–घोर जंगलों तथा ऊँची पहाड़ियों से पूरी तरह आरक्षित थे। इनकी संस्कृति अबाध गति से पीढ़ी–दर–पीढ़ी हस्तान्तरित होती रही थी। मुगलों ने इस क्षेत्र को यदा–कदा अतिक्रमण किया किन्तु उनका संबंध इस क्षेत्र से मात्र मालगुजारी वसूलने तक सीमित था। उन्होंने राजकाज या जनजातियों की न्यायिक या धार्मिक व्यवस्थाओं में किसी प्रकार की दखल–अन्दाजी नहीं की थी। यद्यपि देश के अन्य भागों में मुगलों ने धर्म के नाम पर आक्रमण और लूटपाट किया था इस्लाम धर्म में बलात् धर्मान्तरण भी किया था किन्तु छोटानागपुर के वनवासियों तक उनकी कुदृष्टि नहीं पहुँच पायी थी तथा इनकी पड़हा संघ व्यवस्था, उनकी पारम्परिक संस्कृति यथावत् चलती रही जब तक कि अंग्रेजों ने छोटानागपुर में कदम नहीं रखा था।

अर्थात् भारतीय इतिहास के मुगल काल तक मुण्डा एवं उरांव पट्टी – पड़हा स्वशासन के अन्तर्गत स्वाभिमानपूर्वक जीवन यापन कर रहे थे। ब्रिटिश काल छोटानागपुर के जनजातियों का संघर्ष काल रहा था।

संदर्भ

1. Dr. B.S. Guha, Race Elements in Indian Population. p. 9
2. 1991 जनगणना।
3. R.C. Nigam - Language Hand Book of Mother Toungues in Census (New Delhi-1972). p.LI.
4. S.K. Chatterji - Language and Literature of Modern India (Calcutta 1963) pp. 13-14.
5. शिव शेखर मिश्र – भारतीय संस्कृति में आर्येतरांश, पृ. 32
4. W. Schmidt, Die Mon-Khmer Voelkar ain Bindeglied Zwischen Volkern Zentral Asiens and Australnesiens (Braunchewing) 1906, p. 36.
5. T. Burrow, The Sanskrits Language, p. 377.
6. W. Von Hevesy, Finisch-ugrisches aus Indien, (vienna), pp. 13-16.
7. Ibid, p.345.
8. Hewitt in Journal of Royal Asiatic Society 1889.
9. T.A. Sebeok, An Examination of the Astro Asiatic Language Family in Language, Vol. 18, pp. 206-207.
10. E.H. Hodgson, Essays Relating to Indian Subjects.
11. Sten Konow, "It seems therefore necessary to assume that Mundas or Tribes related to them have once been settled in the Himalayas where trace of their language can still be observed in grammatical features of the dilects spoken in Kanwar."

"On Some Facts connected with the Tibeto-Burman Dialect Spoken in Kanawar" an article published in Z.G.M.G. (Leipzig), 1905, Vol.59, p.117.

12. R.C. Nigam, Language Hand book of Mother Toungues in Census, p.33.
13. J.H. Hutton, Caste in India (2nd Edition, Bombay, 1951), p. 4.
14. W.Schmidt, Die Mon-Khmer Voelkar, in Bindeglied Zwischen Zentral asiens and Astronesiens pp. 60-62.

    Schmidt found racial conformities as : (1) a dolichocephalic to mesocephalic skull, (2) Non-Slanting eyes, (3) eyes round, wide open without epicanthic fold (4) Noses bridgeless and broad at Nostril, (5) Skin dark colour, (6) more or less wavy hair and (7) Short or at the most middle statures.
15. P.O. Bodding : "Mongolian Race-marks Amongst the Santhals" (An article in the Journal Royal Asiatic Society of Bengal, Vol. 73- Calcutta), p.26.
16. J.H. Hutton - Caste in India, p.4.
17. Hewitt, Journal of the Royal Asiatic Society 1988 and 1989.
18. G.T. Bowies, "Linguistic and Racial Aspects of the Munda Problem" published in "Studies in Anthropology of Oceania and Asia" (Cambridge, 1943)
19. R. Von Heine Geldern, Pre-historic Research in Netherlands Indies (New York, 1945), p.198.
20. A.H. Dani, Pre-history and Proto-history of Eastern India (Cal. 1960), p.225.
21. J.H. Hutton, Caste in India, p.4.
22. देखिए परिशिष्ट : मनोबा कोब : दोबड़ा जोनोम

    "मनुडाः होन कोअः नुतुम मरंग निः मुण्डा, मझलानि रोड़ा, एटा : निः ननका लिटा निः सोद्तो पुथी तैकेना" – क्षेत्र से संग्रहीत ।
23. जगदीश त्रिगुणायत, – मुण्डा लोक कथाएं (कल्याण विभाग, बिहार, सरकार पटना 1968) कथा भाग, पृ0 15.

    यहॉं भगवान का तात्पर्य लक्ष्मी के सानिध्य के कारण विष्णु से है और सम्पूर्ण दृश्य 'क्षीर सागर' जैसा आभासित होता है।
24. S.C. Roy- Mundas and their country,p.328. संदर्भित कथा में पुत्रों का नाम रोड़ा, ननका एवं तेन्हा आया है किन्तु त्रिगुणायत के एक अन्य कथा संकलन में चार भाई बहनों की सृष्टि बताई गई है जो हैं–मुण्डा, रोड़ा,ननका एवं सोद्तो। ये भाई–बहन विवाहित होकर संतति चलाने में सक्षम हुए। (मुण्डा लोक कथाएं,पृ045) – एस.सी. राय के उद्धरण में संतति विकास का कोई उल्लेख नहीं है।
25. S.C.Roy – Munda & Their Country p. 10.
26. Atkinson's Statistical Account, XIII, p. 131.
27. महाभारत, शान्ति पर्व 84.

28. तैत्तिरीय उपनिषद, 6/2
29. Count Bjornstijema : Theory of the Hindus, p.134.
30. Winternitz, "... Date..falls in the third rather than in the second, millennium Christ." Vol. I, p. 258.
31. H.B. Sarda : Hindu Superiority, p.8.
32. Hon. Alex. Del Mar, 'Indian Ancestry of the Western World' article published in Indian Review, April 1908.
33. R.C. Nigam, Languages Handbook of Mother Tongues in Census, p.33.
34. Z.A. Ragozin, Vedic India (Ragozin commenting on two distinct classes of sepulchral mounds found in Northern India writes- "The former, we may very will infer belong to the period when the Mundas and their conquerors lived in Northern India before the Aryans entered the country and pushed them to the South." p. 287.
35. Calcutta Review-Vol. LXIX p. 350.
36. Hiren, Historical Researches, Vol. II p. 207.
37. Sir William Jones, On the Cronology of the Hindus, an article published in Asiatic Researches Vol. II.
38. महाभारत, भीष्म पर्व, 343.
39. ऐतरेय ब्राह्मण 7/18.
40. Cunningham Arch. Report, Vol. VI p. 195.
41. Cunningham Arch. Report, Vol. VI p. 17.
42. Atkinson's Statistical Account of the North-West Province, Vol. VIII Part-I p. 153.
43. महाभारत, द्रोण पर्व, 117/23
44. महाभारत, भीष्म पर्व, 117/23-25 (मुण्डानेतान् हनिप्यामि दानवानिव वागव:)
45. भागवत पुराण, खण्ड–4/अध्याय 15 : (प्रथमो मुष्ह्न्तारं द्वितीयो कोल्लमेव च तृतीयो भिल्ल संख्यातमित्येते च उदृह्नता:
46. Alkinson's Settlement Account, Vol.V p. 342.
47. Alkinson's Settlement Account, Vol.V p. 757.
    Cunningham's Archeological Report Vol. XIII p. 61.
48. T.F. Peppe Asiatic Societies Journal (Bengal Branch) Part-I, p.119.
49. W.Peppe Esq.in the Asiatic Society's Journal, Calcutta Vol. XXXV Part-I. p.53.
50. Cunningham's Archeoiogical Report Vol.XVI, pp.59-60.
51. E.F. Pargeeter JRAS (1914) p.271.
52. Shahabad Gazeteer,p.47.
53. S.C.Roy The Oraons of Chotanagpur p.10 (Footnote).
54. Rev. F. Hahn, Kurukh Grammer (Introduction)
55. Dalton's Ethnology, p.245.

56. Dr. Grierson, Grierson's Linguistic Survey, Vol. IV, p. 406.
57. प्रो. ब्रज बिहारी, कुडुख कोश (नागा लैण्ड भाषा परिषद्,कोहिमा)।
58. 1971 की जनगणना के आधार पर
59. Walter Hemilton, (i) A Geographical, Statistical and Historical Description of Hindustan (London, John Murwag 1820) Vol. I, p. 288.
(ii) East India Gazetteer (London 1828) pp. 415 & 416.
Col Dalton (iii) Ethnology of Bengal (1872) p. 245.
60. Grierson, Linguistic Survey, part IV. p. 245.
61. Col. Dalton, Ethnology, p. 245.
62. S.C. Roy, The Oraons of Chotangpur, p.15
63. R.K. Chaudhary प्राचीन भारत का राजनैतिक एवं सांस्कृतिक इतिहास, पृ0.27.
64. R.C. Majumdar –"....That "Early Man" in India originated in South India, and migrated towards Punjab at the close of the First Ice Age". –Ancient India,p.13.
65. R.K. Chaudhary प्राचीन भारत का राजनैतिक एवं सांस्कृतिक इतिहास, पृ0.27.
66. वाचस्पति गेरोला – "भूमध्य सागर की ईजियन (प्रोटो–आस्ट्रेलियड) और पश्चिम एशिया माइनर की आर्मनाइड जातियों ने परस्पर विलयित होकर द्रविड़ जाति को जन्म दिया"। –भा.सं.क.पृ.104.
67. वाचस्पति गैरोला– भारतीय संस्कृति और कला, पृ0 107.
68. R.C.Majumdar "The Most widely accepted view is that the authors of Sindhu Valley Civlization were Dravidians, *i.e.*, of the Mediterranean type..." –Ancient India,p.28.
69. (i) वाचस्पति, भारतीय संस्कृति और कला, पृ0 105.
(ii) E.R. Gait, Mundas and their Country (S.C.Roy), Intro. XVI
(iii) R.C.Mujamdar, Ancient India, p.18.
70. Thurston, Caste and Tribes of South India (App.I)
71. V.D. Mahajan, Ancient India, p.44.
72. A.H. Keane in Mundas & Their Country, Introduction p.xiv.
73. मुण्डाओं के आव्रजन के सन्दर्भ में भाषागत प्रमाण के अन्तर्गत इस विषय पर विस्तृत चर्चा हो चुकी है।
74. E.A.Gait, Introduction (Mundas and Their Country) p.xvi.
75. Bishop Caldwell, Dravidian Grammar, p. 4ff.
76. Thurston, Caste and Tribes of Southern India (Madras 1909), Introduction xix –xxxvi.
77. R.C.Majumdar, Ancient India, p. 13 (already discussed)
78. परिशिष्ट, "अग्निवर्षा",.........भैय्या बहि निन नुड़ा सिरा–सीता।
79. J.B.O.R.S. Vol. II (1916) p. 65.
80. Proceeding of Asiatic Society of Bengal 1870.

81. Note on Ruins of Majhagaon (Chainpur) in JBORS Vol.I(1915) pp. 117-124.
82. J.B.O.R.S. Vol II (1911) p.62.
83. Man In India, Vol. XVII, pp.220-221.
84. Ranchi Gazetteer, p.39.
85. वाल्मीकि रामायण किष्किंधा काण्ड, 37/5, 17/1.
86. वाल्मीकि रामायण किष्किंधा काण्ड, 22/24, 26, 4.
87. वाल्मीकि रामायण किष्किंधा काण्ड, 33/38. 37/45.
88. वाल्मीकि रामायण किष्किंधा काण्ड, 37/27.
89. वाल्मीकि रामायण किष्किंधा काण्ड, 26/6, 15/2.
90. वाल्मीकि रामायण अरण्य काण्ड, 63/11
91. वाल्मीकि रामायण अरण्य काण्ड, 50/19-20
92. वाल्मीकि रामायण लंका काण्ड, 30/22-24.
93. वाल्मीकि रामायण किष्किंधा काण्ड 37/19
94. JASB XIV, 519.
95. वाल्मीकि रामायण किष्किंधा काण्ड 5.
96. रोहतास गढ़ से पराजित होकर जब उरांवों ने अन्यत्र शरण की तलाश में पलायन करना प्रारम्भ किया तब वे दो भागों में बँट गए। एक भाग सोन नदी के किनारे होता हुआ उत्तरी कोयल नदी के दक्षिण--पूर्व पलामू से होता हुआ छोटानागपुर पहुँचा और 'उरांव' कहलाया तथा दूसरा भाग गंगा नदी का किनारा पकड़ कर उत्तर की ओर राजमहल की पहाड़ियों में जाकर बस गया। उरांवों का यह समूह 'माले' नाम से जाना जाता है।
97. पाणिनी 4 / 6 –178.
98. रामायण बालकाण्ड 28 / 18–23.
99. भागवत पुराण, 10 / 66.
100. वायु पुराण, 459 मत्स्य–114.54, माक्रण्डेय 57.53–5.
101. Colonel Dalton, as quoted in Sahabad Gazetteer, p. 154.

    इतिहासकार, चेरो तथा भर जन–जातियों का संबंध 'मुण्डाओं' से जोड़ते है। 'मुण्डाओं' का वह भाग जो सिन्ध–गंगा के मैदान में आर्यो के निकट सम्पक्र में था, आर्यों की भाषा, संस्कृति, धर्म के प्रभाव से इतना अधिक परिवर्तित हो गया था कि 'मुण्डाओं' की पहचान के कोई लक्षण उनमें शेष नहीं रह गए अतिरिक्त कतिपय शारीरिक एवं प्रजातीय लक्षणों के । ये अपने को आर्यों के उच्च वर्ग विषेशतः क्षत्रियों से संबंध जोड़ते थे। खरवार स्वयं को सूर्यवंशी मानते थे। (Shahabad Gazetteer, p.867.
102. S.C.Roy : "But the word Karush used in the Mahabharat is the adjectival form of Karush and simply means people from Karush Country ." –The Oraons of Chotanagpur,p.23(Footnote)
103. Ibid : "When .... Kolarian tribes of the Chero became predominant in Karus-des the ancestors of the Maler and Oraons appear to have taken shelter on the Rohatas plateau." p. 23.

104. छोटानागपुर की जनजातियों में प्रचलित जनी शिकार का आयोजन एक पर्व का स्वरूप ले चुका है जिसमें स्त्रियाँ पुरूश–वेश में तीर कमान से लैश गाँवों से बाहर सामूहिक रूप में निकलती है और प्रतीक स्वरूप प्रदर्शित करती है कि अपनी जाति की रक्षा के लिए उनकी पूर्वज नारियों ने "म्लेच्छो" से युद्ध करने के लिए वीर–वेश धारण किया था।

105. Risley: **Tribes and Castes of Bengal,** Calcutta, 1891Vol. II, p. 139

106. S.C. Roy: **Mundas and their Country** p. 77.

107. Dr. Buchanan; Eastern India Vol. 1, p. 494

108. S.C. Roy, The Oraons of Chotanagpur, p. 26

109. The traditions of the Oraons relate that they held the fort of Rohtasgarh till ousted by Hindus" - Bengal, Bihar, Orissa, Census Report 1911 part-I, p. 402

110. Dr. Buchanan, "The Cheros once lord of the Gangetic provinces .... that they live exactly in the same manner as Rajputs...... But the Brahmin allege that the Cheros live as impure as highland Kharwar" - Eastern India, Vol. 1, p. 494

111. S.C. Roy—"A probable explanation for the mention of Hindus in one tradition of the Mohamadans in another tradition, as having expelled the Oraons from the Rohtas plateau appears to be that two different waves of Oraons in migration into Chotanagpur took place, one at a long interval after the other" - The Oraons of Chotanagpur p.26

112. W.W. Hunter's Observation quoted in Shahabad Gazetteer, p. 146

113. L.S.S. O'Mailey, Santal Parguna Gazatteer, Second Indian Reprint 1999 New Delhi, pp. 23-24.

114. S.C. Roy Oraons of Chotanagpur, p. 27.

115. Ibid

116. Ranchi Gazetteer, p. 138

117. S.C. Roy, " Oraons acted in a concilliatory spirit" ——— Oraons of Chotanagpur, p. 27.

118. P. Das Sharma, The Passing Scene, Introduction, p. 2

119. S.C. Roy, " It is sometimes supposed that the Oraons came to Chotanagpur having been invited by then Raja of Chotanagpur to help in suppressing the Mundas...This account does not appear to be quite unlikely"- Mundas and Their Country, p. 69 (Footnote)

120. Herbert Risley, Describes Nagbansis of Chotanagpur "as a subtribe of pseudo-Rajputa, probably of Dravidian descent". - Tribe and Caste, Vol. II, p. 121.

121. S.C. Roy; Mundas and Their Country, p. 68 (Footnote)

122. Shahabasd Gazetteer,....."Major Munro laid the foundations of a momentous change and made the British the masters of Eastern India," p. 79.

123. Ranchi Gazetteer, p. 44.

124. कुमार सुरेश सिंह, बिरसा मुण्डा एवं उनका आन्दोलन. पृष्ठ 13.

125. S.C. Roy, The Oraons of Chotanagpur, p. 27.
126. मुण्डाओं की पारम्परिक गाथा में आक्रमण का कारण बताया गया है कि खरवार प्रधान माधोदास ने अपने पुत्र से विवाह के लिए, पुत्र के प्रेम के लिए विवशता देखकर; एक मुण्डा लड़की का हाथ माँगा था जिसे मुण्डाओं ने अस्वीकार कर दिया। खरवारों ने इस 'अस्वीकार' को अपना अपमान माना तथा अपमान का बदला लेने के लिए रात्रि में निद्रानिमग्न मुण्डाओं पर आक्रमण कर दिया तथा उन्हें पराजित किया। इस घटना की पुष्टि संथाल एवं खरवारों की भी पारम्परिक गाथाओं से होती है। (ध्यातव्य है कि रोहतासगढ़ में संथाल एवं मुण्डाओं के पूर्वज एक ही थे)। खरवारों की परम्परा के अनुसार खैरागढ़ से दक्षिण की ओर पलायन करते हुए कैमूर की पहाड़ियों पर पहुँचे थे जहाँ उनका मुकाबला कोल (मुण्डा), चेरो एवं असुरों से हुआ था और उन्होंने कैमूर की पहाड़ियों पर, इन्हें पराजित कर अधिकार कर लिया था। कैमूर की पहाड़ी का तात्पर्य रोहतासगढ़ से है। देखिए। —:' Primitive Races of Shahabad' published in Calcutta Review, Vol. LXX, p. 349 and 356.
127. Ranchi Gazetteer (1970), p. 41.
128. S.C. Roy; Mundas and Their Country, p. 60.
129. Ibid
130. B.K. Roy Burmon: Obviously the seeds of ethnic differentiation were shown through functional differentiation even during in this period". ——Ethnic Relations in Chotanagpur (an article published in the book" The passing Scene" Ed. P. Das Sharma), p. 163
131. S.C. Roy; " His (Munda's) position has been aptly described as that of a 'Primus inter pare's - a chief among equals". ————Mundas and Their Country, p. 65
132. Dalton's Ethnology, pp. 162 & 168.
133. Rev.F. Grignard, Anthropos Vol. IV
134. Herbert Risley, Tribes and Castes Vol. II, p. 121

3

मुण्डा–धर्म : सरना धर्म

'धर्म' की परिभाषा एवं व्याख्या भारतीय विद्वानों ने अत्यन्त सूक्ष्मता एवं विस्तार से की है। इनके अनुसार वैदिक युग से ही आर्य एवं आर्येतर संस्कृतियों ने धर्म की धरती पर अपना–अपना विकास किया। जीवन और जगत की अतल गहराईयों का मंथन एवं अन्वेषण कर उन्होंने धर्म के स्वरूप का साक्षात्कार किया कि मानव धर्म, जिससे इहलोक तथा परलोक दोनों में अभ्युदय अर्थात धर्म, अर्थ, काम और निःश्रेयस अर्थात मोक्ष इन चारों पुरूषार्थों की प्राप्ति होती है वही धर्म है। तात्पर्य यह है कि जो सबको समान रूप से अभ्युदय की ओर ले जाये तथा कल्याण का मार्ग–दर्शन कराये वही धर्म है। इस प्रकार धर्म मर्यादा है, अनुशासन है, जिससे समस्त मानव जीवन और यह ब्रह्याण्ड नियंत्रित है। धर्म की अभिव्यक्ति मनुष्य के आचार, विचार एवं उसकी भक्ति या भावना में होती रहती है। मुण्डा एवं उरांव जनजातियों की जीवन शैली–में धार्मिक अभिव्यक्ति और भी स्पष्ट दिखलाई पड़ती है। यद्यपि मुण्डा जीवन में 'मोक्ष' और 'परलोक' जैसा हिन्दूकृत 'सोच' विकसित नहीं हो सका है किन्तु उनके समस्त क्रिया–कलाप उनके धार्मिक विश्वासों से नियंत्रित एवं निर्देशित होते हैं, यहाँ तक की उनकी पंचायत एवं न्याय व्यवस्था के संचालन में भी धर्म की महत्वपूर्ण भूमिका होती है।

मुण्डा–धर्म : सरना धर्म

मुण्डा धर्म 'सरना धर्म' के नाम से ख्यात है। यह मुण्डाओं के पूर्वजों से चला आ रहा धर्म है। यह धर्म 'मूल मुण्डाओं' से जुड़ा हुआ है। मूल–मुण्डा उस मूल धारा की जनजाति है जिससे विलग होकर अन्य शाखाएँ फूटी हैं, विस्तृत हुई हैं तथा नए परिवेश में ऐसी भाषा, संस्कृति एवं धर्म को अपना चुकी हैं जो सरना–धर्म एवं मुण्डा संस्कृति से अलग है। छोटानागपुर में प्रवेश के उपरान्त वनों को साफ कर कृषि एवं निवास हेतु भूमि तैयार करने वाली मुण्डा जनजाति जो रॉची एवं निकटवर्ती क्षेत्रों तक सीमित रही तथा पूर्वजों के सरना–धर्म का अनुपालन करती रही, धर्म की दृष्टि से मूल रूपेण वही "मुण्डा जनजाति" है। अन्य धर्मों (इसाई) में धर्मान्तरित मुण्डाओं से हमारा कोई अभिप्राय नहीं है क्योंकि न केवल उनका धर्म अपितु उनकी वेश–भूषा, खान–पान, उपासना, पर्व सभी विकृत

तथा आयातित हैं; पूर्वजों के सरना–धर्म की लीक से हट कर हैं। पूर्वजों के सरना धर्म से जुड़े हुए मुण्डा 'सरना मुण्डा' के नाम से भी जाने जाते हैं।

मुण्डाओं का धर्म छोटानागपुर में प्रवेश के उपरान्त 'सरना धर्म' के नाम से प्रचलित हुआ। छोटानागपुर में प्रवेश के पूर्व मुण्डाओं के धर्म के स्वरूप के विषय में जानकारी इस जनजाति के भारत आगमन एवं छोटानागपुर तक की यात्रा के क्रम में विभिन्न स्थानों पर पाये गये उपकरणों, संस्कृत साहित्य में उपलब्ध विवरणों तथा इनकी लोक गाथाओं में उन स्थानों से संबंधित सृष्टि एवं जाति के जन्म तथा विस्तार की कथाओं से स्पष्ट होती है। इनका पराशक्ति में विश्वास था, ये प्रकृति पूजक थे, ईश्वर को निराकार मानते थे, जादू–टोना से प्रभावित थे तथा अपने धर्म एवं जाति के प्रति स्वाभिमानी थे। छोटानागपुर में बस जाने के पश्चात् धर्म की धारा लगभग उसी प्रकार चलती रही यद्यपि समय, स्थान और परिस्थितियों ने उपरोक्त मुण्डा धर्म को स्थानीय कलेवर में आवृत करने का प्रयास किया था जिससे मूल मुण्डा धर्म का "सरना धर्म" के रूप में उदय हुआ। चूँकि मुण्डाओं का छोटानागपुर में आगमन ई.पू. 6ठीं शती माना जाता है अतः सरना धर्म का अभ्युदय भी लगभग इसी काल में निश्चित होता है।

छोटानागपुर में आने के उपरान्त मुण्डा परिवार ने जंगल काट कर या जला कर रहने और कृषि योग्य भूमि साफ कर ली और इस प्रकार साफ किया हुआ क्षेत्र 'खुटकुट्टी हातु' कहलाया जिस पर मुण्डा परिवार का पूरा अधिकार माना गया। गॉव के छोर पर जंगल का एक छोटा भाग इस प्रकार सीमाबद्ध कर लिया गया कि उस घेरे में आए हुए पेड़–पौंधे पूज्य और पवित्र माने गए तथा गाँव के लोगों को विश्वास हो गया कि घेरे में आये वृक्षों पर 'हातू बोंगाको' (गाँव देवता) का निवास है और वह दिन रात गाँव की सुरक्षा एवं भलाई में लगा रहता है। गॉव के लोग 'हातू बोंगाको' को प्रसन्न रखने के लिए न केवल उसकी पूजा–अर्चना करते हैं अपितु भेंट और बलि भी चढ़ाते हैं। यह सम्पूर्ण क्षेत्र पवित्र माना जाता है तथा इस क्षेत्र को 'सरना' कहा जाता है।[1] 'सरना' के वृक्ष काटे नहीं जाते क्योंकि इससे 'हातू बोंगाको' रूष्ट हो जाता है तथा गॉव पर आपदाओं के बादल मंडराने लगते हैं। साल का वृक्ष सबसे ऊंचा होता है अतः गॉव का देवता साल के वृक्ष पर ही निवास करता है। कतिपय गाँवों में साल वृक्ष की टुटकर जमीन पर गिरी हुई टहनी को पाहन के अतिरिक्त अन्य कोई स्पर्श नहीं कर सकता। सूचना पाकर पाहन पूरी तरह शुद्ध होकर कुछ ग्रामीणों के साथ स्थल पर आता हं तथा पूजा कर मुर्गे की बलि देकर 'हातू बोंगाको' को प्रसन्न करता है और तब उसकी स्वीकृति से (जिसका संकेत मात्र पाहन ही जान एवं समझ सकता है) साल वृक्ष की टहनी को वह भूमि से उठाता है। इस प्रकार 'सरना' मुण्डाओं का पवित्र कुंज

है तथा मुण्डाओं के धर्म–दर्शन का प्रेरणा स्रोत है। इसी के आधार पर मूल मुण्डाओं के धर्म का नाम 'सरना धर्म' पड़ा है।[2]

सरना धर्म के मुख्य दो तत्व हैं– प्रकृत (वन–प्रान्तर, नदी, पहाड़ आदि) और बोंगा। धर्म की सम्पूर्ण परिस्थितियॉं वनीय जीवन तथा वनीय उत्पादनों से आबद्ध हैं धार्मिक–क्रियाओं में, विधि–विधानों में मुख्यतः उन्हीं सामग्रियों का उपयोग होता है जो वनों के वृक्षों से या वन काट कर बनाई गई भूमि से पैदा होती हैं। यद्यपि कालान्तर में हिन्दु प्रभाव या परिस्थितिजन्य प्रभावों के कारण विधि विधानों में प्रयुक्त होनेवाली सामग्रियों में कुछ विकल्पों को स्वीकार कर लिया गया किन्तु मूल रूप से ये सामग्री वनों से प्राप्त की जाती है। धर्म का दूसरा प्रभावी तत्व 'बोंगाको' की भूमिका है। बोंगा दुष्ट एवं अनिष्टकारी होते हैं, बोंगा सरल और लाभ पहुँचाने वाले होते हैं, बोंगा अपने क्षेत्र की सुरक्षा का दायित्व निभाते हैं, अर्थात बोंगा मुण्डाओं के क्षेत्रीय एवं प्रकृति देवता हैं। तात्पर्य यह कि नदी, पहाड़, पोखर, गाँव, घर, वृक्ष, कुंज, सर्वत्र मुण्डा–जीवन बोंगाओं से घिरा हुआ है। इन सभी बोंगाओं में सर्वश्रेष्ठ "सिड़.बोंगा" है। "सिड़.बोंगा" मुण्डाओं के परमेश्वर हैं। धार्मिक एवं सामाजिक कृत्यों में सिड़.बोंगा को स्मरण किया जाता है। वधु के चुनाव, उचित–दिशा निर्धारण या ऐसे ही अन्य सामाजिक एवं धार्मिक निर्णयों के अवसर पर सिड़.बोंगा अपना स्वीकृति अथवा अस्वीकृति के निर्देश विभिन्न प्रतीकों के माध्यम से भेजते रहते हैं जिसका विश्लेषण पाहन, देवड़ा या सिड़.बोंगा की भाषा समझने वाले विशिष्ट भक्तजन करते हैं तथा उन प्रतीकों का अर्थ मुण्डाओं को बतलाते हैं। सिड़.बोंगा जब से अन्तर्ध्यान हो गए हैं वह प्रतीकों के माध्यम से ही संदेश भेजते हैं अतः पाहन एवं देंवड़ा अथवा भक्त द्वारा दिया गया निर्देश सिड़.बोंगा का निर्देश होता है। उस पर कोई भी मुण्डा प्रश्न चिन्ह नहीं लगा सकता।

मुण्डा लोग सिड़.बोंगा को प्रसन्न रखने का सदैव ध्यान रखते हैं। उनके लिए सफेद मुर्गे की बलि चढ़ाई जाती है। उनकी प्रार्थना की जाती है। पाहन, देंवड़ा तथा अन्य भक्त–जन समवेत स्वर से उनकी स्तुति में उनकी प्रशंसा के भजन गाते हैं। ये भजन विभिन्न अवदानों (लीजेन्ड), धार्मिक–गाथाओं से जुड़े होते हैं। अवदानों में सृष्टि से लेकर मुण्डा जनजाति के उद्‌भव और विकास पर प्रकाश डाला गया है। इन गाथाओं में ऐसी घटनाओं का भी उल्लेख रहता है जो विभिन्न 'किलियो' (किली त्र गोत्र) की उत्पति तथा उनके उप–विभाजन, टोटम एवं 'टेबूज' से जुड़ी हुई हैं। अवसरों पर, अवसर से सम्बन्धित गाथाएँ सुनाई एवं सस्वर गायी जाती हैं।

धर्म–गाथाओं, अवदानों तथा पारम्परिक लोक–कथाओं में कल्पना के अतिरिक्त ऐतिहासिकता के कुछ अंश भी पाये जाते हैं। कल्पना निराधार नहीं हो सकती। कल्पना का कुछ आधार अवश्य होता है।

यह आधार प्राकृतिक घटनाओं या प्रकृति की विभिन्न गतिविधियों (विनाश एवं सृजन) में ढूँढा जा सकता है अथवा उन चिन्हों या चिन्ह–अवशेषों में भी तलाशा जा सकता है जो किसी सुदूर अतीत के गर्भ में विलुप्त घटनाओं की, जो घटित (ऐतिहासिक) या कल्पित हो सकती हैं, स्मृति–प्रतीक होती हैं। जब धर्मगाथा का जन्म हुआ था मनुष्य उस समय 'इतिहास' और 'कल्पना' में अन्तर नहीं करना जानता था अतः उन कथाओं में जो हमें धर्मगाथा के रूप में मिली हैं मिश्रित रूप से इतिहास तथा पारम्परिक कथाओं दोनों के तत्व मौजूद हैं। दोनों साथ–साथ पनपी है तथा काल–क्रम में इतिहास गाथा से और गाथाएँ इतिहास से विलग हो गई।[1]

सोफिया वर्न उपरोक्त कथन के संदर्भ में स्पष्ट विचार रखती है कि धर्म–गाथाएँ 'कारण–निरूपक' कथाएँ होती हैं जिसमें विश्व, उसकी उत्पति, प्रलय, सृष्टि, जाति–भेद, व्यवसाय–भेद, धार्मिक उपचार, पितर–गाथाएँ तथा इसी प्रकार की अनेक रहस्यपूर्ण व्यापारों के कारणों की व्याख्या निहित रहती है।[3] यद्यपि ये कारण अंसभव भी होते हैं, किन्तु जो उन धर्म–गाथाओं को जानते हैं, वे उन कारणों पर विश्वास करते हैं। धर्म–गाथाओं के प्रति बना हुआ विश्वास ही धर्म–गाथाओं की वास्तविक प्रेरक शक्ति है। यही कारण है कि टेलर धर्म–गाथाओं को घटनाओं (उसमें निहित) का नहीं अपितु उनके मानने वालों का इतिहास मानती है।[4] मानने वालों का तात्पर्य मानने वालों की उस अटल आस्था से है जो पीढ़ी–दर–पीढ़ी उनकी अन्तरात्मा में धर्म–गाथाओं के प्रति अन्तःसमाहित एवं हस्तान्तरित होती रही है।

सरना मुण्डा धर्म–गाथाओं की किसी व्याख्या को स्वीकार नहीं करता। वह किसी ऐसे प्रश्न की संभावना से भी इन्कार करता है जो धर्म–गाथा विषयक हों। प्रश्न वहाँ होते हैं जहाँ आस्था नहीं होती और व्याख्या धर्म–गाथा के "वास्तविक सत्य" को विकृत कर देती है। धर्म–गाथाएँ आदि युग से सभी युगों के लिए सदा एवं सर्वदा सच होने वाली मूल्य निहित घटनाएँ हैं। इसके पीछे मूल्यों के प्रति जो आस्था है वह देश, काल, परिस्थितियों से अप्रभावित रहती है। यह जो कल था, आज है और कल रहेगा **'नङ् नङ्, जुगु–जुगु, कल–तलारे'**। इसका सत्य शाश्वत है क्योंकि मुण्डाओं की दृष्टि में सरना–धर्म शाश्वत है।

मुण्डा धर्म–गाथाओं को धार्मिक इतिहास की दृष्टि से दो खण्डों में विभाजित किया जा सकता हैः–

प्रथमः मानव की सृष्टि तथा सृष्टि का कारण,

द्वितीयः मानव का पतन एवं उसका उद्धार।

प्रथम खण्ड के अन्तर्गतः सृष्टि की रचना, मनुष्य की रचना, जाति का विकास, प्रथम हल (कृषि–हेतु) समय का विभाजन एवं तम्बाकु का अविष्कार तथा द्वितीय

खण्ड के अर्न्तगतः मुण्डा जनजाति का पतन, विनाश, पुनः विकास, अग्नि वर्षा तथा असुर अवदान आते हैं। (देखिए परिशिष्टः अवदान एवं धर्म–गाथाएँ)

मुण्डा जाति में ऐसी अनेक धर्म–गाथाएँ एवं अवदान प्रचलित हैं जिनमें सरना मुण्डा के धर्म दर्शन एवं धार्मिक जीवन की सहज अभिव्यक्ति होती है। हड़म, सिड्.बोंगा, लुटकुमों से मुण्डा जनजाति की उत्पति, संरक्षण एवं प्रसारः किलियो (गोत्रों) की उत्पति, टोटम; असुरों का पतन; क्षेत्रीय बोंगाओं का अविर्भाव; समय का जन्म; सूर्य, चाँद की रचना, रात–दिन का विभाजन आदि ऐसे विषय हैं जिनसे मुण्डा धर्म बँधा हुआ है। इनके अतिरिक्त मुण्डा जीवन विभिन्न धार्मिक क्रियायों एवं संस्कारों तथा रीति–रिवाजों से नियंत्रित है जिनमें ससान, अदिंग, अखड़ा, जन्म से लेकर मृत्यु तक के संस्कार, विवाह, पितृ–पूजा आदि आते हैं। मुण्डा धर्म में प्रतीकों का भी महत्व है जिनके द्वारा सिड्.बोंगा अपना निर्देश भेजता है। मुण्डाओं के अधिकांश धार्मिक क्रिया–कलाप सिड्.बोंगा की कृपा प्राप्त करने तथा बोंगाओं एवं मृतात्माओं को तुष्ट करने के निमित होते हैं, अन्यथा उन्हें प्राकृतिक आपदाओं और अनेक घरेलू विपत्तियों का सामना करना पड़ेगा। इस प्रकार मुण्डाओं की भक्ति भय तथा अंधविश्वास पर आधारित है जहाँ ज्ञान और प्रेम के लिए न्यून संभावनाएँ हैं। वैसे कबीर, चैतन्य महाप्रभु के विचारों, हिन्दू राजाओं एवं जागीरदारों के रहन–सहन, पर्व एवं पूजा–पाठ तथा उनके यहाँ कथा–वाचकों द्वारा विभिन्न अवसरों पर रामायण एवं महाभारत के पाठों के प्रभाव एवं विभिन्न धार्मिक आंदोलनों के साथ–साथ ईसाई मिशनरियों के कारण भी मुण्डाओं के "सोच" तथा रहन–सहन में परिवर्तन के लक्षण दिखलाई पड़े है; किन्तु अधिकांश पाहन और उनकी मानकी इसे सतही परिवर्तन मानते है। उनके अनुसार धर्म–गाथाओं, अवदानों तथा सांस्कृतिक परम्पराओं से आबद्ध धार्मिक–सामाजिक संस्थाओं, रीति–रिवाजों, संस्कारों एवं देवकुल के विकास में मुण्डा जनजाति का धार्मिक इतिहास पूरी तरह अनुस्यूत है।

आधुनिक काल एवं मुण्डा–धर्म :

हम देख चुके हैं कि 10 अप्रैल 1756 को अलीवर्दी खाँ की मृत्यु, 1757 ई0 में प्लासी युद्ध में अंग्रेजों की विजय तथा अक्टूबर 1764 में बक्सर के पतन के उपरान्त 12 अगस्त 1765 को बंगाल, बिहार, उड़ीसा की दीवानी अंग्रेजों को हस्तान्तरित होने के साथ–साथ छोटानागपुर सहित पूर्वी भारत पूरी तरह अंग्रेजों के शिकंजे में आ गया था। अब तक मुगलों ने यद्यपि छोटानागपुर के राजाओं एवं घटवारों से मालगुजारी वसूली थी किन्तु उन्होंने इनके आन्तरिक प्रशासन में कोई दखल–अन्दाजी नहीं की थी और न ही यहाँ के जनजातीय जीवन को, इनकी पारम्परिक संस्कृति एवं धार्मिक विश्वासों को खण्डित करने का प्रयास किया था। किन्तु अंग्रेजों की नीति मुगलों से पूरी तरह भिन्न थी। अंग्रेजों का छोटानागपुर में

प्रवेश का उद्धेश्य छोटानागपुर को पूरी तरह अपने अधिकार में करना था, यहाँ के राजा तथा यहाँ की जनता को एन–केन–प्रकारेण अपने पक्ष में तथा उड़ीसा के मराठों के विरूद्ध करना था। मराठे, ईस्ट इण्डिया कम्पनी तथा कलकता में प्रेसीडेंसी के लिए आतंक हो गए थे। छोटानागपुर के कुछ राजाओं के साथ तथा वन–प्रान्तरों में फैली यहाँ की आदिम जातियों के साथ उड़ीसा के मराठों का सौहार्द विकसित हो चुका था। मराठे छोटानागपुर के जंगल–पहाड़ों के मार्ग से होते हुए बंगाल एवं कलकता पर धावा बोलते थे और लूट–पाट कर इसी रास्ते उड़ीसा पहुँच जाते थे। मराठों को यहाँ की जनता का सहयोग प्राप्त था। अतः मराठों के विरूद्ध, मुख्य रूप से यहाँ की आदिम जातियों को अपने पक्ष में करना आवश्यक था। मराठों से सुरक्षा सुनिश्चित होने पर ईस्ट इण्डिया कंपनी तथा उससे सम्बद्ध व्यापारियों को मध्य–भारत एवं दक्षिण से व्यापार करने में छोटानागपुर से होकर सुगम मार्ग मिल जाता था। अंग्रेजों के इस उद्धेश्य का पता अप्रैल 1832 में हुई मीटिंग के 'मिनट' से चलता है।[1]

अंग्रेजों द्वारा अपने उद्देश्य की सिद्धि के लिए अनेक प्रयास किए गए। पादरियों द्वारा ईसाई धर्म का प्रचार तथा जनजातियों का ईसाई धर्म में धर्मान्तरण भी एक ऐसा प्रयास था जो अंग्रेजों के पक्ष में जाता था। 'धर्म का भाईचारा' एक ऐसा सम्बन्ध–सूत्र था जिसके द्वारा अंग्रेज सरकार इन भूमिपुत्रों से जुड़ जा सकती थी जो मराठों क पक्ष में थे। अर्थात् धर्मान्तरण के माध्यम से ईसाईयों की संख्या बढ़ाकर छोटानागपुर की मूल जनता के कुछ भाग को अपने पक्ष में किया जा सकता था। अंग्रेज अधिकारियों का विचार था कि यदि 'मिशनरी' लोग आंशिक सफलता भी पाते हैं तथा आदिम जातियों के बीच घुलमिल कर उनकी भाषा तथा रीति–रिवाजों से परिचित हो जाते हैं तो मराठों को तोड़ने तथा छोटानागपुर पर प्रशासनिक पकड़ सुदृढ़ करने में अच्छी सफलता मिल सकेगी। मिशनरियों ने उक्त दायित्व का कुछ सीमा तक निर्वाह भी किया। उन्होंने धर्म–प्रचार क्रम में मुण्डाओं के रहन–सहन के स्तर को ऊँचा उठाने, भूत–प्रेतों एवं डाइनों के प्रति उनके अंधविश्वास को समाप्त करने तथा 'हड़िया' से दूर रहने की आदत डालने का भी प्रयास किया। यद्यपि 'सरदारी लड़ाई' के प्रश्न को लेकर सरकार एवं मिशनरियों में गहरी नोक–झोंक हुई थी और अनेक धर्मान्तरित मुण्डा ईसाई धर्म त्यागने और पादरियों को धोखेबाज कहने लगे थे जिसका बुरा प्रभाव ईसाई–धर्म के प्रचार–प्रसार पर पड़ा था तथा 1857 के स्वतंत्रता आंदोलन एवं प्रथम विश्वयुद्ध में[2] अंग्रेजों तथा जर्मनों के बीच की शत्रुता का कुप्रभाव भी छोटानागपुर की मिशनरियों पर पड़ा था फिर भी इन मिशनरियों ने यहाँ की धरती में ईसाइयत का बीच इतनी गहराई से आरोपित कर दिया था कि बींसवीं शताब्दी के दूसरे दशक से इन्हें अभूतपूर्व सफलता प्राप्त होनी शुरू हो गई थी। ईसाईयों के प्रतिकार

स्वरूप आर्य–समाजियों द्वारा चलाया गया 'शुद्धिकरण' आन्दोलन तथा 'बिरसा धर्म' का अभ्युदय भी तत्कालीन सरना मुण्डाओं की धार्मिक गतिविधियों को प्रभावित करने में सक्षम रहा था।

मुण्डा धर्म की संरचना और इस संरचना में होने वाली विकास (क्रांति या परिवर्तन जिसे समाजशास्त्रियों द्वारा 'विकास' की भाषा दी जाती है) की दिशा आधुनिक काल के मुण्डा धर्म के इतिहास का मेरूदण्ड है। मुण्डा धर्म की संरचना एवं प्रकार्य के निर्धारण में जिन प्रमुख कारकों का उल्लेख किया जा सकता है उनमें धर्मगाथा, अवदानों एवं पारम्परिक गाथाओं के साथ–साथ रीति–रिवाज, संस्कार, संस्थाएँ, गोत्र, टोटम पर्व एवं देवकुल आदि की गणना की जा सकती है किन्तु छोटानागपुर के सीमित दायरे में भी इन गाथाओं तथा रीति–रिवाज संबंधी व्यवस्थाओं में एकरूपता नहीं पाई जाती। यदि बारीकी से एक–एक विषय की स्वतंत्र रूप से खोज–बीन की जाये तो छोटानागपुर विशेष कर राँची के पूर्व–दक्षिण के गाँवों में बसने वाले मुण्डाओं तथा दक्षिण–पूर्वी क्षेत्र के गाँवों में बसने वाले मुण्डाओं के धार्मिक विधि विधानों में स्पष्ट अंतर मिलता है, यद्यपि धर्म की मूल धारा एक ही बनी हुई है। उदाहरणार्थ नगरी दिसुम के क्षेत्र में, जो खूँटी के पश्चिमी इलाके दोएसा, पालकोट, बसिया आदि थानों तक विस्तृत है, शव को भूमि में रखते समय विचार किया जाता है कि सिर उत्तर तथा पैर दक्षिण दिशा की ओर हो जब कि हसदा में जो खूँटी के पूर्व में पड़ता है तथा जिसमें मुरहू तथा खूँटी थाना का एक बड़ा भाग आता है नगरी दिसुम के मुण्डाओं की रीति के विपरीत शव का सिर दक्षिण तथा पैर उत्तर दिशा की ओर रखा जाता है किन्तु पारम्परिक मूल धार्मिक व्यवस्था 'ससान दिरी' का पालन दोनों स्थानों पर समान रूप से होता है। लगभग ऐसी ही स्थिति कतिपय धार्मिक संस्थाओं एवं लोकगाथाओं को लेकर है। विवाह के सम्पादन में भी स्थान–भेद के कारण कुछ विधानों में अंतर दिखलाई पड़ता है और विभिन्न लोकगाथाओं में सृष्टि, घोड़ा, मानव–पुतला एवं जीव की रक्षा हेतु कुत्ता या चीता की रचना तथा मुण्डा जनजाति की उत्पति सम्बन्धी गाथा के विवरण में अंतर दिखलाई पड़ता है यद्यपि मूल में जो धार्मिक आस्था है एक ही पाई जाती है। इस प्रकार मुण्डा–धर्म के इतिहास लेखन की यह एक बड़ी कठिनाई है कि मुण्डा धर्म का स्वरूप सर्वत्र एक जैसा नहीं है।

अवदानों एवं धर्म–गाथाओं में निहित ऐतिहासिक तत्वों की चर्चा की जा चुकी है तथा इन्हें किस सीमा तक इतिहास माना या नहीं माना जा सकता है इसकी भी विशद व्याख्या हो चुकी है। वर्तमान इतिहास लेखन की वैज्ञानिक विधा की कसौटी पर ये अर्ध–ऐतिहासिक गाथाएँ खरी नहीं उतरतीं किन्तु इनमें निहित, धर्म, नैतिकता, ईश्वर एवं उसकी सर्जन एवं संहारक शक्ति, उसका विस्तार, जाति का विस्तार आदि जो आस्थागत मूल्य हैं वे प्रत्यक्ष 'सच' हैं तथा मुण्डा जनजीवन में

पूरी तरह अभिव्यक्त हैं तथा जिनकी पुष्टि मुण्डाओं के बीच प्रथम सूचना के आधार पर प्राप्त आंकड़ों से होती हैं। चूंकि हिन्दू धर्मशास्त्र की तरह मुण्डा धर्म सम्बन्धित कोई रचित ग्रन्थ नहीं है अतिरिक्त कतिपय छिटपुट लेखों के कुछ ईसाई मिशनरियों के संकलन के जो अधिकांशतः पूर्वाग्रह ग्रासित हैं, अतः मुण्डा धर्म के इतिहास–लेखन का यह प्रयास, यद्यपि पूर्ववर्ती लेखकों के विचारों को सामने रखते हुए किया गया है किन्तु प्रथम–द्रष्टया स्रोत आधारित हैं, अतः वर्तमान इतिहास–लेखन विधा के निकट है।

मुण्डाओं के देवता

मुण्डा धर्म का इतिहास मुण्डाओं के देवताओं के आविर्भाव के इतिहास के साथ–साथ देवताओं के चरित्र एवं उनके धार्मिक महत्व के इतिहास तथा समय के अन्तराल के अनुसार उनके महत्व में गिरावट एवं क्रमशः ऊँचे स्तर पर स्थान ग्रहण करने के इतिहास से जुड़ा हुआ है। हड़म, सिड़.बोंगा में एक्य की स्थापना, क्षेत्रीय बोंगाओं में स्तरीकरण की स्थिति, गृह देवता या अदिंग बोंगाको की धार्मिक स्थिति तथा दुष्टात्माओं के महत्व की सीमा आदि पर संक्षेप में विचार करने के साथ–साथ ब्रिटीश काल के प्रारम्भिक दिनों में कुछ मुण्डा देवताओं के धार्मिक महत्व में गिरावट पर विचार करना आवश्यक है। मिशनरियों के आगमन के उपरांत मुण्डाओं के देवताओं के चरित्र एवं शक्ति पर गहरी चोट हुई है। यहाँ तक कि मिशनरियों ने बोंगाओं को देवता मानने से इन्कार कर दिया क्योंकि उनके अनुसार बोंगाओं के चरित्र में 'देवत्व' जैसा कुछ नहीं प्राप्त होता। इस प्रकार इन विचारकों की दृष्टि में मुण्डा धर्म एकेश्वरवादी है। 'एकेश्वरवादी' विचारधारा के अधिकांश पक्षधर जो ईसाई मिशनरी हैं उनमें हाफमैन, पी.पोनेट, ए.वैन एक्जम आदि प्रमुख है। हाफमैन ने एनसाइक्लोपीडिया मुण्डारिका में 'खुटकुट्टी' तथा बोंगा१७ के अर्न्तगत यह प्रमाणित करने की चेष्टा की है कि मुण्डाओं में एकमात्र देवता सिड़.बोंगा हैं। अन्या बोंगाओं का चरित्र देवताओं का नहीं है अतः मुण्डा धर्म एकेश्वरवादी है। अपने तक्र के सर्मथन में हाफमैन ने 'सृष्टि' धर्मगाथा तथा 'असुर अवदान' से उदाहरण प्रस्तुत किए हैं। हाफमैन के अनुसार एक समय जब सामाजिक जीवन अपने प्रारम्भिक युग में था और व्यक्तिगत छोटे–छोटे परिवारों की ईकाई समूहों में रहा करती थी तब परिवार की सुरक्षा और भरण–पोषण का सारा दायित्व परिवार का स्वामी पिता उठाता था। वह वाह्य आपत्तियों से परिवार को बचाता था और अपने निकट सम्बन्धों के कारण परिवार के सदस्यों की सुख सुविधाओं की चिन्ता करता तथा उन्हें सुरक्षा एवं जीवनोपयोगी सामग्री उपलब्ध कराता था।

अतः परिवार में पिता की स्थिति और महत्व से प्रभावित मुण्डा–जीवन द्वारा धर्म की प्रारम्भिक अवस्था में, सृष्टि के रचनाकार (सिड़.बोंगा या हड़म) में, पिता

के लक्षणों को आरोपित करना स्वाभाविक था। धर्म की इस अवस्था में मानव (मुण्डा) एवं परमसत्ता (सिड्.बोंगा) के बीच किसी मध्यस्थ का उदय नहीं हुआ था। यह अवस्था पितृसत्तात्मक एकेश्वरवादी धर्म की अवस्था थी[1] जिसमें ईश्वर पिता तुल्य था।

हाफमैन ने मुण्डा जीवन में धर्म की दूसरी अवस्था का भी उल्लेख किया है जो उनकी एकेश्वरवादी विचारधारा के सर्मथन स्वरूप प्रस्तुत है। हाफमैन के अनुसार दूसरी अवस्था में राजा का उदय हो चुका था जो मनुष्य का अन्नदाता था तथा वाह्य आपदाओं में उसकी सुरक्षा करता था। उसकी सत्ता सर्वत्र व्याप्त थी तथा अपनी सत्ता की सुव्यवस्था के लिए राजा ने कुछ विश्वसनीय एवं महत्वपूर्ण आधीनस्थों को जिम्मेदारियाँ बाँट दी थी। इन आधीनस्थों में राजा की "शक्ति" एवं "गुणों" के कुछ अंश आ जाते थे। हाफमैन के अनुसार मुण्डा–जीवन में धर्म की इस विकसित अवस्था में 'राजा' एवं उसके 'अंशी आधीनस्थों' जैसी व्यवस्था दिखलायी पड़ती है। हाफमैन ने धर्म की इस अवस्था को राजसत्तात्मक एकेश्वरवादी अवस्था कहा है जिसमें राजा ईश्वर तुल्य था।

हाफमैन ने अपने निष्कर्ष की पुष्टि के लिए सृष्टि एवं मानव की उत्पत्ति संबंधी धर्मगाथा तथा असुर अवदान का सहारा लिया है। हम जानते हैं कि "असुर अवदान" जो मुण्डा–धर्म की आधार–शिला है, में सिड्.बोंगा को छोड़कर अन्य बोंगाओं की उत्पति की कथा वर्णित है। असुरों को विनाश करने के उपरान्त जब सिड्.बोंगा आकाश की ओर प्रस्थान करने लगे तो असुर की विधवाएँ उनको पकड़ कर लटक गई। चूँकि सिड्.बोंगा (राजा) ने 'बारो विदिया केद, तेरो छयन केद्' असुर पतियों का विनाश किया था अतः असुर विधवाओं ने उनसे अर्जी की– "हमलोग अब कैसे जियें, कैसे पलें ?उसका उपाय बतलाओ।[2] और सिड्.बोंगा ने उन्हें आश्वस्त किया कि प्रत्येक गाँव के मध्य में एक मुण्डा धर्माधिकारी होगा जो एक वृक्ष के नीचे तुम्हारे लिए 'बलि' चढ़ाया करेगा जिससे तुम्हें भोजन उपलब्ध हो जाया करेगा। किन्तु तुम्हें मेरा आदेश मानना होगा तथा प्रकृति के संरक्षक के रूप में मेरा काम करना होगा। और सिंगबोंगा ने झटक दिया और वे गिरी नदी, में नाले में, गढे में, दह में, पहाड़ में, जंगल में, तराई में। जो पहाड़ पर गिरा बुरुबोंगा बना, पानी में गिरा इकिर बोंगा बना, डोवा में गिरा नग एरा बना, सरना में गिरा चण्डी बोंगा बना आदिश।[1] आगे अवदान में गाया गया है कि उन्हीं (बोंगाओं) की पूजा के लिए, उन्हीं की सेवा के लिए गाँव में पाहन बना, दोवा में टोला बना।[2] हाफमैन तथा उनके समान विचार रखने वाले अन्य पादरियों ने अन्य बोंगाओं को देवता न मानकर मृतात्मा माना है जिन्हें उन लोगों ने सामान्य रूप से 'प्रकृति भूत' तथा 'क्षेत्रीय भूत' की संज्ञा दी है। प्रत्येक मुण्डा घर में एक कोना ऐसा होता है जिसे अदिंग कहा जाता है और जहाँ घर के पूर्वजों की अस्थियाँ

स्थापित होती हैं। मुण्डा–धर्म में मृत–पूर्वजों की भी पूजा की जाती है तथा उन्हें क्षुधा तृप्ति हेतु भोजन एवं हड़िया चढ़ाया जाता है। इन्हें 'अदिंग बोंगाकों' कहा जाता है। मुण्डा–धर्म में मान्यता है कि अदिंग बोंगाकों हिन्दुओं के गृह देवता की भांति घर तथा परिवार के सदस्यों की विभिन्न आपदाओं से रक्षा करते हैं। हाफमैन तथा इनके स्कूल के विचारक इन बोंगाकों को भी प्रेतात्मा मानते हैं।

किन्तु हाफमैन अपने विचारों में बहुत दृढ़ नहीं दिखलाई पड़ते। अपने इनसाइक्लोपीडिया मुण्डारिका के "खुंटकटी" शीर्षक में उन्होंने बोंगाओं के लिए देवता; कमपजलद्ध शब्द का प्रयोग किया है।[1] इसी ग्रन्थ में 'बोंगा' शीर्षक[2] के अर्न्तगत और विशेषकर 'अदिंग बोंगाकों' शीर्षक के अर्न्तगत विचार व्यक्त करते हुए उन्होंने कहा है कि मुण्डाओं की पितर पूजा में हम 'वास्तविक देवत्व'श्3श जैसी कोई बात नहीं मान पाते हैं। इस प्रकार उन्होंने मुण्डा धर्म में सिड़.बोंगा के अतिरिक्त किसी अन्य बोंगा को देवता मानने से अस्वीकार कर दिया है। प्रश्न उठता है कि "खुंटकटी" के अर्न्तगत जब हाफमैन ने कभी बोंगाकों को "डाइटी" संज्ञा से अभिज्ञापित किया है तो बोंगा तथा अदिंग–बोंगाकों की व्याख्या तक आते–आते इस समय के अन्तराल में उनकी समझ में अन्तर क्यों आया? क्या "खुंटकटी" के लेखन–काल में हाफमैन बोंगाकों के स्वरूप एवं चरित्र को पूरी तरह नहीं समझ पाये थे अथवा उनकी प्रथम समझ की तटस्थता कालक्रम में वस्तु–परक न होकर व्यक्ति–परक हो गई जब वे बोंगा एवं अदिंग–बोंगाकों के लेखन में संलग्न हुए थे? इस लेखन में भी ऐसा प्रतीत होता है कि वे अपने विचारों में पूरी तरह दृढ़तापूर्वक स्पष्ट नहीं हैं अन्यथा उन्हें 'रीयल–डाइटीफिकेशन' में 'रियल' विशेषण लगाने की आवश्यकता नहीं पड़ती। इससे यह भी ध्वनित होता है कि हाफमैन "डाइटीफिकेशन" का गुण बोंगाओं में पाते हैं किन्तु उस कोटि के 'डाइटीफिकेशन' का अभाव पाते हैं जो उनकी समझ से 'वास्तविक देवता' बनने के लिए आवश्यक है। लगभग सभी ईसाई पादरियों ने मुण्डा–धर्म को तोड़–मरोड़ कर उसे ईसाई धर्म की अवधारणा के अनुरूप कलेवर प्रदान करने का प्रयास किया है। पी0 पोनेट का भी कहना है कि मुण्डाओं के एकमात्र देवता सिड़.बोंगा हैं और इस प्रकार के एकेश्वरवादी हैं।[3] पी0 पोनेट ने हाफमैन के विचारों का उल्लेख किया है[4] किन्तु वह निश्चित रूप से मुण्डा–धर्म को एकेश्वरवादी मानते है।[5] पी0 पोनेट ने एस.सी. राय तथा उनके विचारानुगामियों की इस मान्यता की कि मुण्डा धर्म में अगणित देवता और देवियाँ हैं, त्रुटि पूर्ण बताया है।[6]

मुण्डा धर्म के संदर्भ में हाफमैन ने 'पैतृव्य (पिता–धारणा) एकेश्वरवादी धर्म' तथा 'राजत्व (राजा–धारणा) एकेश्वरवादी धर्म' की जिन परिस्थितियों का उल्लेख किया है मानव जीवन के प्रारम्भिक विकासवस्था में धर्म की ऐसी स्थिति प्रायः सभी आदि धर्मों में पाई जाती है। प्रारम्भिक समाज में परिवार पर पिता का

स्वामित्व माना जाता था तथा पिता परिवार का संरक्षक होता था। अतः ईश्वर में पिता के रूप का दर्शन किया गया तथा उसे परम पिता कहा गया क्योंकि वह मानव एवं मानवजाति का जन्मदाता, प्रसारक एवं सरंक्षक है। इस प्रकार समाज के विकास क्रम में जब राजा एवं राज्य शक्ति का उदय हुआ तो ईश्वर को राजा माना गया तथा सामान्य जनता प्रजावत हुई। सर्वशक्तिमान राजा के संरक्षण में प्रजा ने सुरक्षा एवं आनन्दपूर्वक अपना जीवन यापन किया ठीक उसी प्रकार ईश्वर की कृपा एवं संरक्षण में मानव ने आनन्दपूर्वक जीवन यापन किया और ईश्वर को 'दैवी राजा' कहा। ऐसा कौन सा धर्म है जो ईश्वर में "पिता" और "राजा" के गुणों को नहीं पाता। यह बात केवल मुण्डा धर्म में ही नहीं पाई जाती अपितु अन्य धर्मों में पाई जाती है। हाफमैन ने अन्य बोंगाओं को सिड़.बोंगा के अधीन माना है तथा 'असुर अवदान' को संदर्भित करते हुए लिखा है कि सिड़.बोंगा ने इन बोंगाओं को अपने कार्य को सम्पादित करने के लिए प्रतिनियुक्त किया था कि ये सृष्टि को सुचारु रूप से बिना इसे हानि पहुँचाए हुए संचालित करते रहे। हाफमैन के अनुसार यह स्थिति लगभग उसी प्रकार है जैसे कोई राजा अपने अधीनस्थ कर्मचारियों को राज्य–संचालन का कार्य सौंप देता है और इस प्रकार उन राज्य कर्मचारियों में राजा की राजसत्ता का कुछ गुण एवं सत्ता का अंश स्वमेव आ जाता है किन्तु उन कर्मचारियों को जो राजा से अधिकार एवं आदेश प्राप्त करते हैं 'राजा' नहीं कहा जाता। ठीक इसी प्रकार 'सिड़.बोंगा राजा'[7] के आदेश का पालन करनेवाले दैवी–शक्ति प्राप्त बोंगा "ईश्वर", नहीं हो सकते। ईश्वर तो सिर्फ एक है और वह है सिड़.बोंगा; अतः मुण्डा–धर्म एकेश्वरवादी है।

इस संदर्भ में स्पष्ट संकेत करना अभीष्ट है कि आवश्यक नहीं देवता सर्वशक्तिमान हों या सर्वशक्तिमान होना देवता होने की आवश्यक शर्त हो। हम जानते हैं कि हिन्दू धर्म में भी विष्णु के महत्व की स्थापना के उपरान्त राम और कृष्ण को विष्णु का अवतार माना गया तथा इन्हें विष्णु के कुछ अंश ही प्राप्त थे। इनमें सम्पूर्ण विष्णु–तत्व निहित नहीं था। ऐसी ही बात अन्य देवताओं के साथ भी थी। देवता एक नहीं अनेक हैं प्रकृति के देवता, क्षेत्रीय देवता, गृह देवता आदि। ये सभी देवता ब्रह्मा की बनाई हुई सृष्टि के संचालन, संवर्धन एवं नियमन में सहायक होते हैं। अन्य बोंगाओं का भी दायित्व क्षेत्रीय देवताओं की तरह सिड़.बोंगा की बनाई हुई सृष्टि के संरक्षण एवं संवर्धन में निहित है और इसके लिए मुण्डा लोग उन्हें चढ़ावा में मुर्गा–बलि अर्पित किया करेंगे– ऐसी व्यवस्था सिड़.बोंगा ने अन्य बोंगाओं के लिए दी थी।[8] अब आगे चलकर देखेंगे कि इस व्यवस्था में धर्म–नियामक पुरोहितों अथवा 'असुर अवदान' के रचनाकारों का कितना हाथ रहा है किन्तु सिड़.बोंगा द्वारा नियुक्त पर्वत के बुरु बोंगा, जल के इकिर बोंगा, दह के नगे बोंगा, गाँव के निकट जंगल के देसउली बोंगा, पोखरों के

किनारे के कुंजों के चोन्दोर–इकिर बोंगा और सरना के चण्डी बोंगा तथा ऊँची पहाड़ियों के मरंग–बुरु–बोंगा आदि बोंगाओं का मूलरूप स्त्री था किन्तु इनसे उद्भव हुए बोंगा पुलिंग माने गए और इसी रूप में मुण्डा लोक साहित्य में वर्णित एवं समादृत हुए। ये क्षेत्रीय देवता कहलाए। ओड़ा–बोंगाकों प्रत्येक मुण्डा घर में स्थापित पवित्र स्थान अदिंग में पूर्वजों की निवासित आत्मा माने जाते हैं। जिनका प्रमुख काम घर के सदस्यों को विभिन्न आपदाओं से रक्षा करना तथा उनकी वृद्धि का प्रयत्न करना है जिससे वे सुखी और सम्पन्न रह सकें। इनके अतिरिक्त कुछ मनौती बोंगा होते हैं जो विनाशकारी होते हैं तथा इनकी तृष्टि हेतु पूजा की जाती है। मुण्डा धर्म के अर्न्तगत समस्त बोंगाओं को निम्नलिखित श्रेणियों में विभक्त किया जा सकता है:–

क) प्रथम श्रेणी के देवता :

सिड्.बोंगाः सर्वश्रेष्ठ एवं सर्वशक्तिमान ईश्वर। इनकी पूजा का कोई अलग से विशिष्ट विधान या दिन निश्चित नहीं है। धार्मिक या विशिष्ट सामाजिक अवसरों पर प्रारम्भ में सिड्.बोंगा की प्रशस्ति में भजन गाए जाते हैं। मुण्डा प्रायः कठिन विपत्तियों एवं आपदाओं के निवारण हेतु पूजा द्वारा इनकी शक्ति का आह्वान करते हैं तथा सफेद मुर्गे की बलि चढ़ाते हैं। इन्हीं से सम्बन्धित मिसि सिंगबोंगा अर्थात सिड्.बोंगा की बहन या नगे–एरा का भी नाम आता है। कुछ विद्वान[9] इन्हें चतुर्थ श्रेणी में मानते हैं क्योंकि यह प्रकृति से सम्बन्धित देवी है।

ख) द्वितीय श्रेणी के देवता :

क्षेत्रीय बोंगा जैसे हातु बोंगाको या देसउली बोंगा, जाहेर बुढ़ी चण्डी बोंगा आदि। ये देवता मुण्डाओं की कृषि की रक्षा एवं वृद्धि में सहायक होते हैं। जंगलों में शिकार के समय अथवा मार्ग तय करते समय ये मुण्डाओं को सुरक्षा प्रदान करते हैं। ये देवता जीवन के प्रायः सभी क्षेत्र में मुण्डाओं का मार्गदर्शन करते हैं। इनके ही आदेश से मानव जीवन की विभिन्न घटनाएँ घटित होती हैं। इनकी पूजा गॉव के पाहन या पुरोहित निर्धारित अवसरों या पर्वों पर अथवा मनौती पर विधिवत् पवित्र सरना कुंज के नीचे करते हैं। ये देवता मुण्डाओं के हित–साधक होते हैं।

ग) तृतीय श्रेणी के देवता :

तृतीय श्रेणी में गृह–देवताओं की गणना की जाती है। जिन्हें ओड़ा–बोंगाकों कहा जाता है। ये परिवार के मृत पूर्वजों की आत्माएँ हैं। परिवार का स्वामी इन गृह देवताओं की पूजा करता है। इसके लिए किसी पाहन या पुरोहित की आवश्यकता नहीं पड़ती। प्रत्येक मुण्डा परिवार में घर का एक कोना पवित्रतापूर्वक सुरक्षित

रखा जाता है जिसे 'अदिंग' कहते हैं। प्रत्येक सामाजिक कार्य में पितरों के आशीष का आह्वान किया जाता है। धार्मिक पर्वों के अवसर पर भी पितरों की पूजा गृह–स्वामी बड़ी श्रद्धा से करता है तथा उनको भोग लगाता है।

द्वितीय तथा तृतीय श्रेणी में आनेवाले देवताओं को, अर्थात ग्रामीण देवताओं एवं गृह–देवताओं को "मनौती देवता" की भी संज्ञा दी जाती है क्योंकि इन देवताओं को पूजा–अर्पित कर मनाया अर्थात अपने हित–साधन में किया जाता है। किन्तु ये देवता कदाचित ही मुण्डाओं का अहित करते हैं। वस्तुतः ग्राम्य–देवताओं की प्रकृति गाँव की सुरक्षा एवं समृद्धि से सम्बद्ध है और इसी प्रकार गृह–देवता घर एवं परिवार पर पड़नेवाली विपत्तियों का निवारण एवं परिवार के सदस्यों की सुख–सुविधा की चिन्ता करते हैं। अतः मुण्डा अपना धर्म समझते हैं कि इनकी पूजा एवं भोग द्वारा अपनी श्रद्धा प्रकट की जाये। ये दोनों श्रेणी के देवता कभी भी अनिष्टकारी नहीं है अपितु उदार एवं मुण्डाओं के लिए कल्याणप्रद हैं। इनके प्रति पूजा या भोग अर्पण मुण्डाओं की इन देवताओं के प्रति श्रद्धा एवं आदर का प्रतीक है।

कुछ विद्वानों ने उपरोक्त देवताओं की प्रकृति का विचार न करते हुए उनके प्रति की जानेवाली पूजा एवं चढ़ाए जानेवाले भोग को देवताओं को तुष्ट करने का साधन माना तथा इन्हें अहितकारी अतृप्त आत्माओं से भ्रमित कर दिया जिन्हें "बनिता" बोंगा कहा जाता है तथा जिन्हें शान्त करने अथवा जिनका शमन करने के लिए उनकी पूजा की जाती है तथा 'बलि' का चढ़ावा चढ़ाया जाता है। ध्यातव्य है कि बनिता बोंगा देवताओं की कोटि में नहीं आते और मुण्डा इनकी पूजा या इनकी बलि कभी भी देवता मानकर नहीं चढ़ाते। मुण्डाओं के विश्वास के अनुसार ये दुष्टात्माएँ होती हैं जो अनेक प्रकार की बीमारियाँ एवं विपत्तियाँ लाती हैं। इनकी पूजा का उद्वेश्य इन्हें तुष्ट करना है न कि इनके प्रति किसी आदर की अभिव्यक्ति है जबकि ग्राम्य–देवता एवं गृह–देवता के प्रति मुण्डाओं में श्रद्धा का भाव है तथा वे आदर–पूर्वक उनकी पूजा करते एवं भोग लगाते हैं। इसके साथ ही अन्य देवताओंकी प्रकृति मुण्डाओं के गाँव एवं घर की सुरक्षा एवं सुख–सुविधा के हित–चिन्तन से संयुक्त है। अतः 'मनिता–बोंगाओं' को 'बनिता–बोंगाओं' से भ्रमित करना बहुत बड़ी भूल है। मनिता–बोंगा उदारचेता एवं हित–चिन्तक हैं तथा इनके प्रति मुण्डाओं का भाव श्रद्धा एवं आदरयुक्त है अतः ये देवता कोटि में आते हैं जबकि बनिता–बोंगा अनिष्टकारक हैं तथा इनके प्रति मुण्डाओं के हृदय में श्रद्धा या आदर का भाव नहीं अपितु भय एवं छुटकारा का भाव रहता है अतः ये देवताओं की कोटि में नहीं आते।

बनिता–बोंगाओ में चुड़ैल, मुआस, अपसान, हांकार बोंगा, नासान बोंगा ऐसी मृत आत्माएँ आती हैं जो मनुष्य की अप्राकृतिक (दुर्घटना आदि के कारण) मृत्यु के

फलस्वरूप पृथ्वी पर अतृप्त मंडराती रहती हैं। इन दुष्टात्माओं को तुष्ट करने का कार्य कोई पाहन या गॉव का पुरोहित नहीं करता और न इन आत्माओं को मुण्डाओं के धार्मिक–कृत्य का अंश माना जाता है अपितु इनकी पूजा के लिए एक विशिष्ट वर्ग का उदय हुआ है जिसे नाजोस, माटी या ओझा कहते हैं। ये अधिकांशतः मुण्डा नहीं होते अपितु अन्य जाति के लोग होते हैं। अकाल मृत्यु–ग्रस्त ये आत्माएँ अपने क्षेत्र के लोगों, परिवार के लोगों तथा मृत्यु के कारक लोगों को आतंकित करती है (यह भय की एक मनोवैज्ञानिक दशा है और कुछ चढ़ावा चढ़ाकर तुष्ट करना भी मनोवैज्ञानिक दृष्टि से विपत्ति का निराकरण करना है) तथा बलि मांगती हैं जिसे नाजोस, माटी या ओझा अपनी विधि से अतृप्त आत्माओं का आवाहन कर, बलि देकर तुष्ट करते हैं। किन्तु ऐसी आत्माएँ मुण्डा धर्म के नियमित विधान के अर्न्तगत नहीं आती और न ही इनकी पूजा में पाहन या गॉव के पुरोहित का कोई सहयोग लिया जाता है। अतः इनकी गणना किसी भी दृष्टि से देवताओं की कोटि मे नहीं की जा सकती, ये पाहनों द्वारा पूजित नहीं हैं।

घ) चतुर्थ श्रेणी के देवता :

इस श्रेणी में प्रकृति से सम्बद्ध कुछ देवता जैसे बुरु बोंगा, इकिर बोंगा आदि आते हैं। इनकी स्थिति मनिता बोंगा तथा बनिता बोंगा के बीच की पड़ती है अर्थात ये बोंगा उदार एवं हितकारक भी हैं तथा कभी–कभी अनुदान एवं अहितकर भी हो जाते हैं। सामान्यतः ये बोंगा मुण्डाओं के लिए कल्याणकारी होते हैं तथा अपने क्षेत्र में जाति की सुरक्षा एवं उसकी वृद्धि में सहायक होते हैं किन्तु जब कभी कोई मुण्डा या मुण्डा परिवार या गाँव के लोग इन बोंगाओं की उपेक्षा तथा अनादर करते हैं तथा इस प्रकार उन्हें आघात पहुँचाते हैं तो वे ऐसे मुण्डा परिवारों या गाँवों को हानि पहुँचाने के लिए उद्धृत हो जाते हैं। ऐसी स्थिति में इन बोंगाओं को तुष्ट एवं समादृत करने के लिए नाजो, देंवड़ा और कभी–कभी गाँव के पाहन द्वारा पूजा कराई और बलि चढ़ाया जाता है। यही कारण है कि चतुर्थ श्रेणी के बोंगाओं को यद्यपि देवता की कोटि में रखा जाता है तथा पाहन इनकी पूजा करते हैं किन्तु माना जाता है कि परिस्थिति विशेष में रुष्ट होकर ये अहितकारी बनिता बोंगाओं की तरह मुण्डा जाति को कष्ट भी पहुँचाने लगते हैं।

ड़) पंचम श्रेणी के देवता :

एक विशिष्ट परिवार या जाति की रक्षा का भार वहन करने वाला बोंगा "अछराइल बोंगा" है जो विवाहित स्त्री की इस प्रवृति को रोकने के काम आता है जब वह अपने मायके (पितृगृह) से कुछ सामान चुराकर अपने ससुराल या अन्य किसी स्थान या घर में रखती है। अछराइल बोंगा, जो घर की सुरक्षा का दायित्व निभाता है तथा इस प्रकार की चोरी को अपराध मानता है, उस घर में बीमारी

और विपत्तियाँ पैदा कर देता है जहाँ चोरी का सामान रखा गया होता है। इस प्रकार यह बोंगा कल्याणकारी है तथा स्त्रियों की चोरी की प्रवृति पर अंकुश लगाता है। अंकुश लगाने के लिए ही यह विपत्तियॉ और बीमारियों को चोर के घर, प्रताड़ित करने के लिए, भेजता है।

उपरोक्त बोंगाओं के अतिरिक्त भी कुछ अन्य बोंगा मुण्डा–धर्म में पाये जाते हैं जो क्षेत्र–विशेष में पूजे जाते हैं जैसे– रॉची के मात्र खूँटी थाना क्षेत्र में "पंगुआ बोंगा" की पूजा होती है तथा मरंग बुरु बोंगा जिनकी पूजा रॉची जिला के कुछ भागों में गाँव के निकट की पहाड़ी और जहॉ पहाड़ी नहीं है, निकट के किसी टाँड़ भूमि पर होती है, स्थानीय देवता के अन्तर्गत माने जा सकते हैं।

मुण्डा धर्म के सर्वश्रेष्ठ देवता सिड्.बोंगा के चरित्र में दो मुख्य बातें मुख्य रूप से पाई जाती है कि (1) वह मुण्डाओ के कल्याण कार्य में सदैव संलग्न रहते हैं तथा (2) अपनी बनाई हुयी सृष्टि के विस्तार एवं विकास के लिए सदैव कार्यरत रहते हैं। जो देवता उनकी सृष्टि की सुरक्षा एवं संवर्धन में अपने–अपने स्तर से सहयोग प्रदान करते हैं वे सिड्.बोंगा के कार्य को आगे बढ़ाने का दायित्व निर्वाह करते हैं। इस प्रकार उनमें "देवत्व" आ जाता है और वे मुण्डाओं से आदर तथा श्रद्धा प्राप्त करते हैं। ये कल्याणकारी बोंगा होते हैं। मुण्डाओं से आदर व श्रद्धा विहीन बोंगाओं को बनिता बोंगाओं की तरह देवता की कोटि से बाहर रखा जाता है। पाहन इनकी पूजा नहीं करते।

बोंगाओं के उपरोक्त वर्गीकरण से स्पष्ट है कि – मुण्डा धर्म में सिंगबोंगा के अतिरिक्त भी देवता हैं अतः मुण्डा धर्म बहु ईश्वरवादी है। हाफमैन एवं साथियों का यह विचार कि मुण्डाओं के मात्र एक देवता सिड्.बोंगा हैं, इस भ्रम पर आधारित प्रतीत होता है कि अन्य बोंगाओं को उन्होंने अनिष्टकारी अतृप्त आत्माओं अर्थात् "बनिता बोंगा" की कोटि में मान लिया है, जो मुण्डा जाति के बाहर के लोगों से माती या ओझा या नाजोसों से पूजित एवं तृप्त होते हैं। ध्यातव्य है कि बनिता बोंगाओं की पूजा गॉव के पाहन नहीं करते जबकि अन्य बोंगाओं की पूजा गॉव के पाहन एवं पुरोहित सम्पादित करते हैं तथा उन बोंगाओं के प्रति मुण्डाओं के हृदय से श्रद्धा एवं आदर का भाव रहता है। अतः मुंडा धर्म के अनुसार जिस बोंगा के प्रति मुण्डाओं के हृदय में श्रद्धा एवं भक्ति होती है तथा जिनकी पूजा का अधिकार पाहन एवं गाँव के पुरोहित तक सीमित होता है, वे देवता होते हैं तथा जिनके प्रति श्रद्धा–भाव नही होता तथा जो गाँव के पाहन या पुरोहित से पूजित नहीं हैं वे बोंगा देव–कोटि के बाहर माने जाते हैं। चूँकि ऊपर वर्णित पॉचों श्रेणियों के बोंगाओं को मुण्डाओं की श्रद्धा–भक्ति प्राप्त हैं तथा उनकी पूजा का

दायित्व केवल गाँव के पाहन या पुरोहित उठाते हैं अतः वे बोंगा निर्विवाद रूप से मुण्डा धर्म में मुण्डाओं के देवता के रूप में पूजित हैं।

ईसाई मिशनरियों द्वारा सिङ्.बोंगा को छोड़कर अन्य बोंगाओं की सीमा को निर्धारित करना तथा क्षेत्रीय बोंगा की संज्ञा देकर इन्हें देवत्व के गुणों से विहीन मानना तक्र संगत नहीं प्रतीत होता। विश्व में ऐसे अनेक धर्म है जिनमें क्षेत्रीय देवी–देवताओं को काफी महत्व मिला है। रोम की प्राचीन कर्म–काण्डीय पुस्तक इन्दिगिता मेन्ता में विभिन्न धार्मिक अवसरों के लिए रोमन पुरोहितों द्वारा प्रार्थनाओं का संकलन किया गया है, जिसमें रोमवासियों के जीवन के प्रायः सभी क्षेत्रों से सम्बद्ध देवता प्राप्त होते है। उदाहरण के लिए कृषि के क्षेत्र में बीजवपन सम्बन्धी देवता 'सातुर्नुस' अन्न की उपज की वृद्धि से सम्बन्धित देवी 'सीरिश' तथा पुष्पों की देवी 'फ्लोरा' मानी गई है।[10] इसी प्रकार लिथुआनियनों में पशुओं की सुरक्षा का देवता "सुत्वरस्", पशुओं की वृद्धि की देवी 'गोथा' तथा घोड़ों का पालन करने का देवता 'रातेनिक्जा' माने जाते हैं।[11] ऋग् तथा अथर्ववेद वर्णित 'वास्तोष्पति' तथा 'क्षेत्रपति' नामक देवता क्रमशः गृह तथा खेतों के रक्षक के रूप में वर्णित है।[12] अतः प्रमुख देवता से शक्ति प्राप्त कर उदित होनेवाली क्षेत्रीय कल्याणकारी शक्तियाँ देवत्व युक्त होती हैं। इसीलिए सिङ्.बोंगा से प्राप्त शक्ति एवं दायित्व का अपने–अपने क्षेत्र में निर्वाह करनेवाले कल्याणकारी बोंगा देवता हैं और इस प्रकार मुण्डा धर्म बहु–देवतावादी है। 19वीं शती के अधिकांश "विकासवादी" सिद्वान्त के समर्थक समाजशास्त्रियों (नृशास्त्रियों) की मान्यता है कि आदिम जंगली जातियाँ कभी भी एकेश्वरवादी हो ही नहीं सकती[13] जिस पर हाफमैन ने गहरी प्रतिक्रिया व्यक्त की है। फिर भी जर्मन नृशास्त्रिय पीटर श्मिट के देवताओं के विकासवादी व्याख्या से हाफमैन सहमत प्रतीत होते हैं। श्मिट के अनुसार आदिम जंगली जातियों में देवताओं का विकास एक दूसरे की पूजा से—भूत–प्रेतों की पूजा पर से होते हुए—बहु देवता की पूजा तक विस्तृत हुआ है।[14]

क–मुण्डा धर्म के कुछ प्रमुख देवता

सिङ्.बोंगा :–

मुण्डा–धर्म में सिंगबोंगा सर्वशक्तिमान एवं सर्वश्रेष्ठ देवता हैं। उन्होंने सृष्टि और "मानव" की रचना की है। उनकी कृपा से मुण्डा–जाति का विस्तार हुआ है। उन्होंने "मानव" एवं "जाति" की सुरक्षा एवं श्री–वृद्धि के अनेक उपाय किए हैं। वह सभी के जीवन के आधार हैं। अन्य देवता भी हैं किन्तु सिङ्.बोंगा के सम्मुख सभी देवता का अस्तित्व तुच्छ है। यदि सिङ्.बोंगा प्रसन्न हैं तो अन्य देवता कुछ भी अनिष्ट नहीं कर सकते।

सिड्.बोंगा–सूर्यदेवता, सबके स्वामी है। "सिड्.बोंगा" शब्द का विश्लेषण यदि बुरुबोंगा (बुरु त्र पहाड़ी, बोंगा त्र रहनेवाला अर्थात पहाड़ी के देवता) या इकिर बोंगा (इकिर त्र गहरा जल, बोंगात्र रहनेवाला अर्थात जल देवता) के रूप में होता है। हाफमैन ने उपरोक्त साम्य को दृष्टि में रखकर कहा है कि प्रथम दृष्टि में कोई भी मान सकता है कि सिड्.बोंगा सूर्य में निवास करनेवाले देवता है।[15] किन्तु मुण्डा लोग हाफमैन की इस व्याख्या को कतई स्वीकार नहीं करते। सिड्.बोंगा न तो सूर्य है और न सूर्य में उनका निवास है। वस्तुतः वह शून्य आकाश में निवास करते हैं। मुण्डा–धर्म पर 'सूर्य' के प्रभुत्व के कारणों पर प्रकाश ड़ालते हुए हाफमैन का कहना है कि पहले मुण्डाओं का कोई अन्य मूल धर्म प्रचलित था जो क्रमशः सूर्य–पंथियों के प्रभाव में आ गया।[16] किन्तु हाफमैन अपने कथन की पुष्टि में कोई प्रमाण प्रस्तुत नहीं करते तथा इस सत्य को नजर अंदाज करते हैं कि आदिम जीवन को प्रभावित करने के लिए सृष्टि में प्रखर सूर्य के अतिरिक्त अन्य कोई आकाशीय पिण्ड नहीं है।

यदि हम विश्व की अधिकांश जातियों की धर्म कथाओं का अध्ययन करें तो दो तत्व सामान्यतः लगभग एक ही रूप में पाये जाते हैं। एक तो सूर्य को सबसे बड़ा देवता मानना और दूसरा, प्रारम्भ में केवल जल का अस्तित्व तथा उससे पृथ्वी की उत्पति। अपनी सामान्य दृष्टि से आदिम मनुष्य को सबसे महिमामय और शक्तिशाली क्रियाशील वस्तु इस सृष्टि में दिखलाई पड़ी होगी वह निःसन्देह "सूर्य" रहा होगा। सूर्य के बराबर और किसी प्राकृतिक शक्ति का महत्व नहीं दिखलाई पड़ता। भारत, जापान, मिश्र आदि देशों में सूर्य को प्रमुख देवता माना गया है। नागों के देवता सूर्य हैं। अधिकांश विद्वानों का मत है कि ऋग्वेद में विष्णु सूर्य के ही एक स्वरूप का प्रतिनिधित्व करते है।[17] इस प्रकार अनेक धर्मों में सूर्य की महानता को स्वीकारा गया है। अतः आदिम जीवन में सूर्य के प्रताप से सृष्टि का संचालन मानना अत्यन्त सहज प्रतीत होता है। इसीलिए मुण्डाओं के सिड्.बोंगा (सूर्य देवता) सृष्टिकर्त्ता एवं जगत–नियंता हैं। उन्हीं से शक्ति पाकर अन्य छोटे–मोटे देवता उनकी आज्ञाओं को अनुपालन करते हुए संसार की सुरक्षा एवं वृद्धि में संलग्न रहते हैं।

संसार की अनेक आदिम जातियों की तरह मुण्डा–धर्म–गाथाओं में जल से पृथ्वी की उत्पत्ति की बात कही गई है। यह जल, सामान्य नदी–नाले का जल नहीं है। यह जल विस्तृत सीमाहीन सागर का है, ऐसा सागर जिसके अतिरिक्त सृष्टि में और कुछ नहीं था। इसी जल में से पृथ्वी की उत्पत्ति होती है जिसमें जल जन्तुओं का सहयोग है। आदिम जातियों के समुद्री तटों पर विचरण के विभिन्न क्रम में संभव है पृथ्वी सागर से निकली हुई मालूम हुई हो और तब उसके सागर से निकलने की कल्पना कर ली गई हो। ध्यातव्य है कि कल्पना विकसित होकर परवर्ती सभ्यता में अनेक पौराणिक कथाओं का आधार बन गई

जो इतनी क्रमबद्ध है कि दार्शनिक लोग इनमें प्रतीकों की तलाश करते हैं और विकासवादी विचारक इनके क्रम में विकासवाद के सूत्र को ढूँढने का प्रयास करते हैं। भारतीय पुराणों को मत्सय, कच्छप, वाराह, नरसिंह, वामन आदि अवतारों द्वारा पृथ्वी के संरक्षण की कथाओं में विकासवाद के तत्व दिखलाई पड़ते हैं।

किन्तु आदिम जातीय धर्म–गाथाओं में किसी प्रकार का कोई आध्यात्मिक या प्रतीकात्मक अर्थ नहीं है। यह मात्र एक सहज अनुभूति का प्रतिफल है। उन्होंने सागर तट पर प्रत्येक लहर के साथ अनेक कृमियों और जल–जन्तुओं को निकलते डूबते देख कर कल्पना कर ली होगी कि सृष्टिकर्ता सिड्.बोंगा ने कछुए, केकड़े, जोंक, केचुए को इस पारावार जल में घुसकर मिट्टी लाने का आदेश दिया था तथा केचुए की लाई हुयी मिट्टी से इस सूखे पृथ्वी की सृष्टि की थी।[18]

सिड्.बोंगा के "देवत्व" के चित्रण मुण्डा धर्म–कथाओं एवं अवदानों में भरा पड़ा है। इसके अतिरिक्त पूजा तथा "बलि" के अवसरों एवं अन्य धार्मिक कृत्यों के प्रारंभ में गाए जानेवाले भजनों में सिड्.बोंगा के प्रताप का वर्णन मिलता है जो इस तथ्य पर प्रकाश डालता है कि सिड्.बोंगा मुण्डाओं के सर्वश्रेष्ठ देवता हैं। प्रारम्भिक धर्मकथाओं में, जिसमें– 1. सृष्टि की रचना, 2.मनुष्य का जन्म, 3. जाति का विस्तार, 4. प्रथम हल तथा 5. समय के विभाजन की कथा आती है, कतिपय मुण्डा–क्षेत्रों में सृष्टिकर्त्ता के रूप में "हड़म" का नाम आया है। ईसाई पादरियों द्वारा संकलित धर्म कथाओं में "अग्निवर्षा" तथा इसकी बाद की धर्म–कथाओं में सिड्.बोंगा का उल्लेख मिलता है जबकि इसके पूर्व की धर्म कथाओं में उन्होंने "हड़म" का उल्लेख किया है। वस्तुतः हड़म और सिंगबोंगा स्थान भेद से दो नाम हैं। कालान्तर में 'सिड्.बोंगा' नाम ही पूजा एवं अन्य धार्मिक–क्रियाओं में व्याप्त हुआ।

धर्म–कथाओं में सिड्.बोंगा का देव–रूप :

1. धरती और मनुष्य की रचनाः जब सर्वत्र शून्य था और नीचे जल का पारावार; सिड्.बोंगा ने मात्र जलीय जंतुओं की रचना की थी। सिड्.बोंगा ने अब पृथ्वी बनाने का विचार किया और उन्होंने जल के भीतर से मिट्टी लाने के लिए केकडे को भेजा। केकड़ा के असफल होने पर सिड्.बोंगा ने क्रमशः कछुआ, मछली और केचुए को भेजा। अन्ततोगत्वा केचुआ मिट्टी लाने में सफल हुआ जिससे पृथ्वी बनी। सिड्.बोंगा ने 'ओटे–दिसुम' बनाकर इस पर वनस्पति, पेड़, पौधे उगाए और जानवर बनाए। इस प्रकार सृष्टि तथा समय के पूर्व यदि किसी का अस्तित्व था तो वह सिरमरेन सिड्.बोंगा हैं। पाहन सिड्.बोंगा की प्रशस्ति में गाता है कि "तुम सृष्टि के पहले थे और सृष्टि के अंत तक रहोगे, तुम अनादि एवं अनन्त हो, तुग **'नंङ् नंगेते'** तथा **'जोरोम जुगुरे'** हो। तुमने 'बेकेदाए' (पृथ्वी बनाई), 'ओमोन्के'

दाएँ (वनस्पति उगाए) और 'सिरजोकेद कोए' (हर तरह के जानवर) बनाए। उपरोक्त से मुण्डाओं का तात्पर्य है कि सिड़.बोंगा ने नए जीवों का विधान कर सृष्टि को अधिक संतुलित करने का प्रयास किया।

सिड़.बोंगा ने मिट्टी का एक मानव–पुतला बनाया और उसमें 'जी' (प्राण) का प्रवेश कराया कि घोड़े ने आकर उस पुतले को तोड़ दिया। सिड़.बोंगा ने पुनः मानव का पुतला बनाया। उसमें जी डाले और उसकी रक्षा के लिए एक चीता सम्मुख बैठा दिया जिससे डर कर घोड़ा भाग गया। जिससे 'जीव' की रक्षा हो सकी। अन्यत्र इस कथा में चीते के स्थान पर दो कुत्ते 'चौरा–भौरा' दिखलाई पड़ते हैं जो पुतले (मनुष्य) की रक्षा करते हैं।

इस कथा का आगे कहीं कोई स्रोत नहीं मिलता कि मनुष्य की रचना करने के उपरान्त सिंगबोंगा ने उस मनुष्य का क्या किया ?स्पष्ट नहीं है। मुण्डा की ही अपनी जाति संथालों में भी यह कथा प्रचलित है किन्तु वहाँ घोड़ा 'पंखराज' के रूप में वर्णित है। मानव को नष्ट करने वाला घोड़ा बुराईयों का प्रतीक है। सिड़. बोंगा मनुष्य की बुराईयों एवं आपदाओं से विभिन्न उपायों द्वारा रक्षा करते हैं। वह सर्वशक्तिमान हैं। हम देखते हैं कि सृष्टि के पहले की अवस्था में न 'आदि अंधकार' और न ही 'आदि अव्यवस्था' उन्हें विचजित कर सकी थी। उन्होंने इन पर पूरी तरह विजय प्राप्त कर ली थी क्योंकि वह ईश्वर हैं।

2. मनुष्य का जन्म एवं जाति का प्रसार : एक अन्य धर्म कथा मनुष्य के जन्म पर प्रकाश डालती हैं। सर्वप्रथम 'ओटे दिसुम' बनाकर सिड़.बोंगा ने हर प्रकार के छोटे--बड़ें पशु पशियों से उसे भर दिया। अब एक महत्वपूर्ण सृष्टि सर्जना हुई। 'हुर' पक्षी ने एक अण्डा दिया और इस अण्डे से एक लड़का तथा एक लड़की का जन्म हुआ। ये इस पृथ्वी पर जन्म लेने वाले पहले मानव थे।

इस कथा को ईसाई पादरी ए.वैन. एक्जम ने अपने प्राप्त स्रोतों के आधार पर दूसरी प्रकार से उद्धत किया है।[19] उनके अनुसार विशाल सारस (भारतीय सारस) पक्षी ने दो अण्डे दिये और उन्हें सेया तथा उनमें एक से बालक तथा दूसरे अण्डे से एक बालिका जन्मी। पक्षी ने उनका पालन–पोषण कर युवा बनाया।

'हुर' पक्षी के द्वारा एक अण्डा दिए जाने की घटना की अधिकांश मुण्डा पुष्टि करते हैं एस.सी. राय ने भी अपने स्रोतों से जो सूचनाएँ प्राप्त की है, उससे इसकी पुष्टि होती है।[20] मुण्डाओं की यह मान्यता है कि 'हुर' (राजहंश) पक्षी अपने सम्पूर्ण जीवन–काल में मात्र एक बार ही अण्डा देती है। इसी अण्डा से मुण्डाओं के प्रथम "पूर्वज" का जन्म हुआ। ऐसा प्रतीत होता है कि पादरी ने 'हुर' को सारक्ष पक्षी तथा एक के बजाय दो अण्डों से क्रमशः बालक एवं बालिका के जन्म की बात को अधिक तक्रसंगत और व्यावहारिक बनाने के उद्धेश्य से किया है। उन्होंने प्राप्त सूचना के स्रोत का कोई आधार नहीं दिया है। जब कि 'हुर' (राजहंश)

द्वारा समस्त जीवन में एक बार मात्र एक अण्डा देने से एक ही 'पूर्वज युग्म' के जन्म की सार्थकता सिद्ध होती है।[21]

जाति का विस्तार :–

किसी भी जाति को जीवित रहने के लिए उसमें प्रजनन प्रक्रिया का सतत् बना रहना आवश्यक है। 'हुर' के अण्डे से उत्पन्न इस स्त्री–पुरूष युग्म को सिंड़. बोंगा ने एक कक्ष में सोने को कहा और इनके बीच पुआल की गाठ की सीमारेखा बना दी। सोने के पूर्व इन्हें सिड़.बोंगा ने इलि (चावल की मदिरा) बनाने की विधि बतलाई। इन्होंने इलि बनाई और उसे पिया। प्रथानुसार अब सिड़.बोंगा ने इन्हें सोने के लिए भेज दिया। सोते समय सिंगबोंगा ने इनके बीच से पुआल की गॉठ हटा दी। अब उन्होंने पति–पत्नी की तरह व्यवहार किया। दूसरे दिन सुबह वे अपराधी की भांति सिड़.बोंगा के सम्मुख खड़े हुए और अपनी गलती की क्षमा माँगी। पर सिड़.बोंगा ने उनसे कहा कि जो कुछ तुमने किया अच्छा किया, मेरी इच्छा, आदेश और आर्शीवाद से किया।

वस्तुतः सृष्टिकर्ता सिड़.बोंगा के लिए आवश्यक था कि वह मानव जाति के प्रसार और सुरक्षा का प्रयास करते जिसमें उनके सृष्टि निर्माण की सार्थकता निहित थी। उन 'भाई–बहन' जो एक अण्डे से उत्पन्न हुए थे एक कक्ष में सोने को कहना, मदिरा पीने का निर्देश देना, सोते समय बीच में से पुआल की गॉठ हटाना तथा उनके द्वारा पति–पत्नी सम्बन्धों को प्रोत्साहित करना सिड़.बोंगा की योजना के विभिन्न चरण थे। ये प्रथम पूर्वज मुण्डा–धर्म में 'तोता हड़म' (नग्न पुरुष पूर्वज) तथा 'तोता बुढ़ी' (नग्न स्त्री पूर्वज) कहलाए तथा इनकी संतति 'होरो होको' कहलाई।

मुण्डा–धर्म यह मानता है कि उसकी जाति के विस्तार के पीछे सिड़.बोंगा की सम्पूर्ण योजना काम करती है। उन्होंने 'ओटे दिसुम' बनाया पुनः हुर पक्षी बनाया, उसके एक अण्डे से पूर्वजों को पैदा किया तथा उन्हें इलि पिलाकर हमारी जाति का विस्तार कराया। जाति का विस्तार करना हमारा धर्म है क्योंकि सिड़.बोंगा की यही इच्छा है। विवाह, जाति का विस्तार मूल है, अतः धर्म मुण्डा में यह एक अत्यन्त पवित्र धार्मिक क्रिया है जो सिड़.बोंगा की इच्छा एवं योजना को पूरा करता है।

इस धर्म–कथा से सिड़.बोंगा का मुण्डा–जाति से सीधा सम्बन्ध स्थापित होता है कि सिड़.बोंगा ने मुण्डा–जाति को पैदा करने का सारा प्रयास किया है और अब मुण्डाओं का धर्म है कि सिड़.बोंगा श्रद्धा–भक्ति से अनुगृहीत होकर पूजा करे तथा उसकी बनाई हुई सृष्टि को संवारने एवं सुधारने का प्रयास करें। जो इसके विपरीत करेगा अर्थात सृष्टि के विनाश में प्रवृत होगा वह सिड़.बोंगा का कोपभाजन

(आगे हम असुरों को इस प्रकार दण्डित होते देखेंगे) बनेगा। मुण्डा जाति के लिए सिड़.बोंगा अब सब कुछ है।

इस धर्म कथा में सिड़.बोंगा के साथ–साथ अण्डे का भी धार्मिक महत्व सामने उभर आया है। प्रायः सभी मुण्डा अण्डे को पवित्र मानते हैं तथा अण्डा हाथ में लेकर शपथ ग्रहण करते हैं जो शपथ की सत्यता का घोतक होता है।[22]

इस धर्मगाथा में सिड़.बोंगा का देवत्व और भी स्पष्ट उभर आता है। जब मुण्डा लोग कहते हैं कि सिड़.बोंगा जो कुछ करता है सही करता है। प्रश्न एक ही अण्डे से जंन्म लेनेवाले भाई–बहन का है जिन्हें सिड़.बोंगा ने पति–पत्नी रूप में सम्बन्धित किया। मुण्डा मस्तिष्क में स्पष्ट है कि एक गर्भ–जन्मा होने के कारण भाई–बहन थे। मुण्डा लोग अगम्यागम्य यौन सम्बन्धों को कदापि सहन नहीं करते अतः सिड़.बोंगा की इस योजना को वे कैसे धर्म–संगत मानते कि उन्होंने भाई–बहन को पति–पत्नी के रूप में सम्बन्धित किया। किन्तु सिड़.बोंगा ऐसा नहीं करता है तो आज मुण्डा जाति का अस्तित्व भी नहीं होता। अतः सिड़.बोंगा ने जो कुछ किया, हमारे हित में किया। वह कोई गलती नहीं करता। वह परम देवता है।

भाई–बहन के सम्बन्धों द्वारा जाति के विस्तार की कथा अन्य आदिम जातियों में भी पाई जाती है। उरांवों का भी जाति–विस्तार केकड़े के बिल में छिपे भाई–बहन के मिथुन से होता है। सृष्टि के विनाश के समय ये भाई–बहन केकड़े के बिल में छुप गए थे तथा मानव जाति के लिए बीज बिन्दु स्वरूप सुरक्षित थे। 'हो' जाति की धर्म–गाथा में भाई–बहन केकड़े के बिल के स्थान में नगाड़े में शरण लेते हैं तथा कालान्तर में उनसे 'हो' जाति का विस्तार होता है। तात्पर्य यह कि अनेक आदिम जातियों में भाई–बहन के मिथुन से सृष्टि के विस्तार की धर्मगाथाएँ प्रचलित हैं। आज का मानव भले ही उसे असंगत एवं उच्छृंखलतापूर्ण माने किन्तु यह टिप्पणी इतनी आसान नहीं हैं जितनी दिखलाई पड़ती है। यह कल्पना उस युग से सम्बद्ध है जब मानव का नर–नारी के यौन सम्बन्धों से सृजन का प्रथम ज्ञान हुआ था। उस युग में रिश्ते नहीं बन पाये थे। पुरूष, पुरूष तथा नारी, नारी थी। आज हम देखते है कि एक ही गर्भ–जन्मा होने के कारण वे 'भाई–बहन' क्योंकि आज हमारी दृष्टि 'रिश्तों' की सृष्टि कर चुकी है। वस्तुतः वे भाई–बहन नर–नारी के प्रतीक थे। और इस प्रकार नहीं कुछ अनैतिक नहीं था किन्तु आज की दृष्टि में यदि कुछ अनैतिक है तो सिड़.बोंगा के आवरण में वह सहज ही धर्म एवं समाज में स्वीकृति प्राप्त कर लेता है क्योंकि सिड़.बोंगा के विधान पर प्रश्न चिन्ह लगाने वाला कोई नहीं है।

प्रथम हल :

इस धर्मगाथा में सिड़.बोंगा को विवाहित तथा पत्नी युक्त दिखलाया गया है। मुण्डा–जाति यह मानने का तैयार नहीं है कि सिड़.बोंगा विवाहित थे। सिड़.बोंगा

ने मनुष्य बनाने के उपरान्त उसे जीवन–यापन हेतु कृषि करने की सलाह दी और उसके लिए हल बनाना प्रारम्भ किया। उन्हेांने बड़ी कठिनाई से एक वृक्ष को हल बनाने के उपयुक्त पाया। उसे काट कर, छील कर उसमें से सर्म्पूण एक हल बनाने का प्रयास करने लगे जिसमें काफी समय लगा। विलम्ब होता देखकर उनकी पत्नी ने मच्छड़ों को भेजा जो सिङ्.बोंगा के कान के पास भन–भनाए किन्दु उनका ध्यान नहीं टूटा। पुनः एक चीता भेजा किन्तु वह भी सिङ्.बोंगा के हल निर्माण की तल्लीनता को भंग न कर सका। फलतः पत्नी को स्वयं आना पड़ा। पत्नी ने एक पेड़ से सम्पूर्ण हल बनाने की प्रक्रिया को अव्यावहारिक बतलाया तथा निर्मित हल को भी निरर्थक और कमजोर कहा। उन्होंने एक स्वयं एक दूसरा हल बनाया जिसके सभी पुर्जे पहले अलग–अलग बनाए गए और पुनः उनमें छेद बनाकर पुर्जों को ठोंककर हल बना दिया गया। जो अधिक मजबूत एवं सुविधाजनक था। सिङ्.बोंगा पत्नी के इस कौशल पर प्रसन्न हुए तथा आदेश दिया कि आज से कोई भी स्त्री हल का स्पर्श नहीं करेगी तथा हल जोतने के श्रम से मुक्त रहेगी।

मुण्डाओं में यह धर्मगाथा संभवतः उरांवों के सम्प्क्र में आने के उपरान्त विकसित प्रतीत होती है। मुण्डाओं ने कृषि–कर्म छोटानागपुर में उरांवों के आने के उपरान्त अपनाया। उरांवों की धर्मगाथा में उनके प्रधान देवता धरमेस की पत्नी सीता बतलायी गई है। इसी के समानान्तर मुण्डाओं की धर्मगाथा विकसित हुई। मुण्डाओं का कहना है कि प्रथम हल में जिस पत्नी का उल्लेख किया है वह सिङ्.बोंगा की बौद्धिक–शक्ति का अभिक्तिकरण है जो पत्नी के रूप में प्रकट हुआ है। वस्तुतः सिङ्.बोंगा अविवाहित हैं।

मुण्डा–धर्म के वर्तमान इतिहास में सिङ्.बोंगा के स्वरूप का यह परिवर्तन प्रथम चरण में उरांवों की धर्मगाथा के प्रभाव के कारण है तथा दूसरे चरण में उन्हें अविवाहित मानने के कारण उनकी पत्नी को उनकी 'बुद्धि' के व्यक्तीकरण की कल्पना के विकास के कारण है। इस धर्मगाथा में सिङ्.बोंगा की यह चिन्ता स्पष्ट है कि वह अपनी मुण्डा संताान को कृषि कर्म–द्वारा भरा पूरा देखना चाहते हैं। इसके साथ ही सिङ्.बोंगा स्त्री–पुरुषों के कर्त्तव्यों को निश्चित कर देते हैं कि पुरुष कमाने का काम करेगा तथा स्त्री घर सम्हालने का काम करेगी। स्त्री के लिए हल छूना निषिद्वमाना गया।

समय का विभाजन :

सिङ्.बोंगा ने दिन–रात बनाकर मनुष्य को काम करने एवं आराम करने की व्यवस्था की थी। पहले आकाश में मात्र सूर्य चमकता था तथा सर्वत्र प्रकाश था। मुण्डा सदैव खेती–बारी में लगे रहते थे। एक दिन सिङ्.बोंगा ने उससे पूछा–यह

खेत तुमने कब बनाया? उतर मिला 'अभी"। पुनः दूसरा तीसरा और दूर वाला चौथा खेत कब बनाया? उतर मिला 'अभी'। पास ही एक जूठा पतल पड़ा था और कुछ दूरी पर एक अन्य जूठा सूखा पुराना पतल पड़ा था। पूछने पर उतर मिला इस पतल का भी खाना अभी खाया और उस पतल का भी खाना अभी खाया। यह देखकर सिड्.बोंगा ने चिन्ता की कि सूर्य को आधा समय उगने तथा आधा समय डूबने का आदेश देना आवश्यक है जिससे प्रकाश के प्रभाव में मनुष्य आराम कर सके अन्यथा इस प्रकार काम करते–करते वह अपने को मार डालेगा।

सिड्.बोंगा ने सूर्य को आधा समय उगे रहने तथा आधा समय डूबने का आदेश दिया तथा सूर्य की अनुपस्थिति में रात के चॉद की रचना की जो अपने प्रकाश से जंगल–पहाड़ों के बीच मुण्डाओं को मार्ग ढूँढ़ने में सहायक हो।

इस प्रकार सिड्.बोंगा ने सृष्टि की रचना मनुष्य के लाभ के लिए की है। उसने सूर्य एवं चॉद को मनुष्य के हित को ध्यान में रखकर उगने एवं डूबने के लिए कहा है। वह सभी प्राकृतिक घटनाओं को, मानव हित का उद्धेश्य सम्मुख रखकर, संचालित एवं नियंत्रित करता है। वह समय पर जल–वृष्टि करता है और समय पर सूर्य को तपने के लिए कहता है। मनुष्य को सृष्टि–संतुलन बनाए रखने में सिगबोंगा का सदैव सहयोग करना चाहिए क्योंकि उसने यह सम्पूर्ण सृष्टि मनुष्य के लिए निर्मित्त की है।

अब तक की धर्म गाथाओं में जो मुख्यतया सृष्टि एवं जाति का विस्तार से सम्बन्धित है मनुष्य को सदा सिड्.बोंगा का स्नेह प्राप्त हुआ है क्योंकि मनुष्य ने न केवल सिड्.बोंगा के आदेशों का पालन किया अपितु श्रद्धापूर्वक उसकी बनाई गई सृष्टि को अपने कर्त्तव्यों द्वार और भी सुन्दर बनाने में सहयोग प्रदान किया है। किन्तु कालान्तर में मानव–जाति के विस्तार के साथ–साथ उसमें कुवृत्तियों का उदय होता है, वह बूरे कर्मों में प्रवृत होता है तथा उसमें अंहकार की भावना इतनी प्रबल हो जाती है कि वह अपने को सिड्.बोंगा से भी अधिक शक्तिवान एवं समर्थ मानने लगता है। वह सृष्टि के विध्वंस में लग जाता है। उसके दुष्कर्म सम्पूर्ण सृष्टि के संतुलन को असंतुलित करने लगते हैं। फलस्वरूप आवश्यक हो जाता है क़ि सिड्.बोंगा उन्हें दण्डित करे। दण्ड स्वरूप दो गाथाएँ सम्मुख आती है–1. अग्नि वर्षा तथा 2. असुर अवदान।

अग्नि वर्षा :

मुण्डा धर्मगाथा के अतिरिक्त उरांव एवं संथाल जाति की धर्म गाथाओं में या इसी प्रकार अनेक जातियों की धर्म गाथाओं में देखने को आता है कि सृष्टिकर्ता ने एक बार सम्पूर्ण मानव जाति के पुर्नसस्कार के लिए अग्निवर्षा या जलप्लावन किया है तथा एक स्त्री एवं पुरूष युग्म को विनाश लीला से सुरक्षित रख छोड़ा है। उरांव धर्मगाथा

के अनुसार जब धरमेस पृथ्वी पर शिकार खेलने आये तो उन्हें थोड़ी भी भूमि ऐसी नहीं मिली जो शुद्ध हो। सर्वत्र मानव–बिष्ठा से पृथ्वी आक्रान्त थी अर्थात् सर्वत्र 'पाप' का राज्य था और सभी मनुष्य अधर्मी हो गए थे। सृष्टि की सुरक्षा के लिए इनका विनाश आवश्यक था। संथाल धर्मगाथा में भी वर्णित है कि सभी प्राणी भैंस–भैंसों की तरह आपस में लड़ने लगे थे तथा कोई भी ठाकुर जी की बात को सुनने को तैयार नहीं था। अतः सात दिन और सात रात वर्षा हुयी जिसमें सभी काल–कवलित हुए सिर्फ 'पिल्चू हड़म' और 'पिल्चू बूढ़ी' जो हराता पहाड़ी पर थे, इस प्रलय से बच रहे तथा इनसे ही संथालों की संतति बढ़ी।

मुण्डा धर्मगाथा के अनुसार सिड़.बोंगा ने अग्नि वर्षा कर सम्पूर्ण सृष्टि का विनाश कर दिया। गहरे जल में रहने वाली जगे–एरा ने भाई–बहन के एक जोड़े को केकड़े के बिल में छिपा रखा था जो अग्नि वर्षा से सुरक्षित रह सके। ये ही कालान्तर में मुण्डा–जाति के विस्तार के मूल बने। विनाश–लीला के उपरान्त सिड़.बोंगा ने नगे–एरा से भाई–बहन के इस जोड़े को ले लिया और इन्हें इलि पिलाकर पति–पत्नी की तरह सोने को प्रोत्साहित किया जिससे उन्हें एक संतान हुई। सिड़.बोंगा ने बीमारी को भेजकर संतान को बीमार करा दिया। प्रथम युग में सिड़.बोंगा से कहा–'पितामह देखिए बच्चा बीमार है' इसपर आदेश हुआ सफेद मुर्गे की बलि चढ़ाओं बच्चा अच्छा हो जायेगा। दूसरे दिन पति–पत्नी ने 'परमपिता' को आमंत्रित किया और बलि चढ़ाई। खाया–पिया और घर लौटे कि मार्ग में याद आया बलि की छूरी वहीं पर छूट गयी है। पति छूरी लेने वापस लौटा तो देखा परमपिता सिड़.बोंगा एक पत्ते में लगे हुए रक्त का चाट रहे हैं। पति ने कहा – जब मैंने आपको आमंत्रित किया तो आप नहीं आए और अब पते चाट रहें हैं; ऐसा क्यों पितामह?" कुछ उतर न मिला और उसी क्षण सिड़.बोंगा ऑख से ओझल हो गए। कहा जाता है उसके बाद सिड़.बोंगा को किसी ने नहीं देखा।

प्रथम पूर्वज ने सिड़.बोंगा को पितामह के रूप में देखा और जाना था तथा सदैव उन्हें 'आजा' (दादा) कह कर सम्बोधित किया था। सिड़.बोंगा अदृश्य होने के पूर्व तक उनके लिए अपने "आजा" थे; देवता नहीं थे क्योंकि सिड़.बोंगा ने उन्हें ऐसा कोई संकेत नहीं दिया था कि वह मनुष्य नहीं है अपितु सिड़.बोंगा हैं और 'आजा' बनकर उनका मार्ग–दर्शन कर रहे हैं। इस धर्मगाथा से सिड़.बोंगा के स्वरूप पर निम्नलिखित प्रकाश पड़ता है:–

1. सिड़.बोंगा पापी मनुष्यों को सहन नहीं करता तथा उनके विनाश के उपाय करता है।
2. सिड़.बोंगा को 'होड़ों' तथा उनसे उत्पन्न जाति के प्रसार की चिन्ता है अतः उसने नगे–एरा से भाई–बहन को मांगा तथा उन्हें पति–पत्नी के रूप में रहने की प्रेरणा दी।

3. सिड्.बोंगा तथा 'होड़ो' अर्थात् मानव (जाति) के बीच पितामह तथा पौत्र का सम्बन्ध है। सिड्.बोंगा मुण्डाओं का आजा है।
4. सिड्.बोंगा ने सृष्टि में 'बीमारी' भेजी। इसके पूर्व सृष्टि में बीमारी नहीं थी।
5. सफेद मुर्ग की बलि का विधान रोग से मुक्ति एवं निवारण हेतु किया गया। इसके पूर्व बलि का विधान नहीं था।
6. नगे–एरा नामक एक क्षेत्रीय देवी की प्रथम बार चर्चा हुई। यह स्त्री स्वरूप इसीलिए मानी गई कि इन्होनें भाई–बहन का पालन–पोषण किया था जो कार्य पुरुषों का नहीं अपितु स्त्रियों के चरित्र के अनुकूल है। साथ इनमें देवत्व इसलिए है कि इन्होने मुण्डा–जाति के पूर्वजों (भाई–बहन–युग्म) को प्रचण्ड अग्नि के ताप से सुरक्षित रखकर मुण्डा–जाति को समूल नष्ट होने से बचा लिया था।
7. सिड्.बोंगा इस धर्मगाथा के उपरान्त सदा के लिए अदृश्य हो जाता है।

सिड्.बोंगा का दैवी स्वरूप इस धर्मगाथा के उपरान्त अधिक निखर कर सामने आता है। अग्नि वर्षा के बाद सभी मनुष्यों में एक अद्भुत परिवर्तन आ गया है और कोई भी व्यक्ति, वह कितना ही पुण्यात्मा क्यों न हो सिड्.बोंगा को देखने में असमर्थ हो गया । मुण्डाओं का यह 'अंधापन' उनके पतन का प्रतिफल है क्यों कि यदि मानव का पतन न हुआ होता तो सिड्.बोंगा को अपनी ही कृति इस सृष्टि को अग्निवर्षा द्वारा नष्ट करने की क्यों आवश्यकता पड़ती। अग्निवर्षा के बाद के समय में मनुष्य को दो पमुख दण्ड भुगतने पड़े। प्रथम उसकी दैवी–दृष्टि उससे छिन गई तथा द्वितीय सिड्.बोंगा ने रोग और व्याधियॉं दी जिनसे वह पहले मुक्त था।

असुर–अवदान :

'असुर अवदान' को कुछ विद्वान अतिरंजित ऐतिहासिक घटना मानते हैं। छोटानागपुर में मुण्डाओं के प्रवेश के पूर्व रॉंची एवं निकटवर्ती क्षेत्र असुर–जाति रहती थी जो लोहा गलाने का काम करती थी। मुण्डाओं से पराजित होकर असुर लोग रॉंची की पश्चिमोतर की पहाड़ियों में जा छिपे थे और वहीं छिट–फुट बस गए थे। इस अवदान में असुरों के अत्याचार और अहंकार को दिखलाया गया है कि वे सिड्.बोंगा से भी अपने को महान और शक्तिशाली समझते थे, जिसका दुष्परिणाम उन्हें भुगतना पड़ा था। मुण्डा–धर्म में इस कथा का सर्वधिक महत्त्व है। असुर–अवदान की घटनाऍं सिड्.बोंगा के लौकिक एवं अलौकिक चरित्र का उद्घाटन करती हैं साथ ही अन्य बोंगाओं की उत्पति और उनके कर्त्तव्यों पर प्रकाश डालती हैं।

सिङ्.बोंगा, मुण्डाओं के सर्वशक्तिमान देवता है, उन्होंने इस सृष्टि की, वनस्पति, पेड़–पौधे, जीव–जन्तुओं की रचना की है। वे सृष्टि की विनाश लीना को किसी भी स्थिति में सहन नहीं कर सकते थे। असुरों ने अपनी भट्ठियों में रात–दिन लोहा गलाना प्रारंभ कर दिया था, फलस्वरूप आग, राख और गर्मी से वनस्पति झुलसने लगी, जीव–जन्तु मरने लगे, सम्पूर्ण सृष्टि असंतुलित होने लगी। सिङ्. बोंगा ने "ढ़िंचुआ" तथा "केरकेटा" को दूत बनाकर असुरों का समझाने के लिए भेजा कि वे अपनी भट्ठी रात में फूँके तो दिन बंद रखें और दिन में फूँके तो रात बंद रखें किन्तु वे न माने। इन दूतों के असफल लौटने पर क्रमशः "लोकोन ल–पक्षी" तथा "कजरू बोचो पक्षी" को समझाने के लिए सिङ्.बोंगा ने दूत स्वरूप भेजा। पुनः इनकी असफलता पर "सोने का गीध, रूपा का कौवा" भगवान का संदेश लेकर गया और अपमानित होकर बिलखता रोता हुआ वापस आ गया[23] अब भगवान सिङ्.बोंगा के पास कोई अन्य विकल्प नहीं शेष था अतः असुरों के विनाश के लिए वह स्वयं तैयार हुए सीधे युद्ध की अपेक्षा सिङ्.बोंगा ने बुद्धिमानी से असुरों के विनाश की तैयारी विभिन्न चरणों में की—

1. सिङ्.बोंगा ने खसरा भेजकर 'एकासी मैदान, तेरासी टांड'[24] में कार्यरत एक नौकर को रोगी बनाया। पुनः उसके सारे चमड़े को खींचकर एक बालक के रूप में स्वयं पहन लिया और 'खसरा बालक' कहलाया।
2. 'एकासी मैदान तेरासी टांड' के सीमान्त गाँव के एक घर में लुटकुम बुढ़ा, लुटकुमों बुढ़िया रहते थे जहाँ सिङ्.बोंगा ने नौकरी कर ली।
3. सिङ्.बोंगा ने मुर्गी के अण्डे से असुर लड़कों के लोहे की गोली को तोड़कर तथा लुटकुमों के अन्न–भंडार को भर कर उन्हें चमत्कृत किया और लुटकुमों को अपनी देवी शक्ति का संकेत दिया।
4. लोहे का उत्पादन कम होने पर देंवड़ा ने, सोखा ने असुरों को उपाय बतलाया कि सिङ्.बोंगा को सफेद मुर्गे की बलि दो। ऐसा करने पर लोहे का उत्पादन कुछ दिनों के लिए बढ़ा और असुरों को प्रसन्नता हुई किन्तु दो दिन बाद भट्ठी में पुनः लोहा नहीं गला। असुर अक्षत लिए देंवड़ा के पास, सोखा के पास दौंड़े। उन्होंने पुनः उपाय बतलाया और अन्त में भट्ठी में मानव–बलि देने को कहा जिसपर असुर कोई 'आदमी' ढूँढ़ने में असफल रहे जो अपनी बलि देकर उनके लोहे के उत्पादन में वृद्धि का कारण बनता। वे इस प्रयास में देउस नगर गए और वहाँ से भी मार भगाए गए।
5. चारों तरफ से निराश असुरों की दृष्टि खसरा–बालक पर पड़ी। असुरों ने लुटकुमों से उसे बलात्[25] छीन लिया। अब सिङ्.बोंगा खसरा बालक

के रूप में अपना अन्तिम खेल खेलने की तैय़ारी करने लगे। उन्होंने असुरों से कहा भट्ठी की नयी धौंकनी बनाओं जो सफेद बकरे के चमड़े की हो। भट्ठी में जाने के बाद व्रतवती कुंआरी इसे सात दिन एवं सात रात धौकती रहें। सात दिन बाद नए घड़े के शुद्ध जल से भट्ठी बुझाया और खोला जाए। इन्हीं शर्तो पर खसरा बालक भट्ठी में अपनी बलि देने के लिए तैयार हुआ।

6. ऐसा ही किया गया। सात दिन बाद खसरा लड़का भट्ठी की नाली की राह बालक निकला औरः–

	हिन्दी अनुवाद
कसरा कोड़ दो, तोरो कोड़ दो	खसरा लड़का, तोरो लड़का
नारी होत ते घेरा होराते	नाली के रास्ते से, घेरे की राह से
निर उडूड़ लेनाए, सेटेर उड़े लेनए	दौड़कर निकला, भागकर बाहर आया
सोनागे समाडोम् हिरागे बौंरा	सोना का, हीरा का
लोटा दो थाड़ी दो, चिपा दो डुबा दो	थाली और लोटा, कटोरा
सब उडूं केदए, सेटेर उडूं केदए	हाथ में लेकर, साथ में लेकर
जिकि–मिकि तन् दो, जक–जक तन्	बाहर आया, बाहर निकला
लेलकिः गेय को चिनः किः गेय को	चमचमाता हुआ, झलमलाता हुआ
रेः जैई गेयं को, रआ जाई गेया को।	दिखाई दे रहा है, जान पड़ रहा है।

(असुर अवदान से)

खसरा–बालक का यह एक दैवी चमत्कार था कि भट्ठी के भीषण अग्नि से भी, जो लोहे को गला देता है, वह सुरक्षित बाहर निकल आया, किन्तु असुर लोग जिनकी दृष्टि पर उनके घमण्ड का पर्दा पड़ा हुआ था और जो स्वयं को सिड़. बोंगा से ज्यादा शक्तिशाली और गुणवान समझते थे कि वह मिट्टी गला कर लोहा निकाल लेते हैं, खसरा बालक के इस दैवी चमत्कार से भी होश में नहीं आए। इसके विपरीत उनके लोभ ने, उनकी लालची–प्रकृति ने, भट्ठी में हीरे, सोने का खजाना देखना शुरू कर दिया था जिसका लाभ उठाकर सिड़.बोंगा ने पूरी असुर जाति को भट्ठी के भीतर ठुँसवा दिया। घमण्ड और लोभ दो ऐसे पाप हैं जिनकी सजा सिड़.बोंगा अवश्य देता है।

7. भट्ठी में असुर जाति के विनाश के साथ ही सिड़.बोंगा का कार्य इस पृथ्वी पर समाप्त हो गया और वह आकाश की ओर जाने लगा तो कुछ असुर विधवाओं ने उसे पकड़ लिया और सिड़.बोंगा से अपनी जीविका का उपाय पूछने लगीं (कुछ गर्भिणी विधवाएँ नीचे रह गई जिनसे उत्पन्न

> संतान असुर जाति के अस्तित्व का कारण बनी) जिन्हें सिंगबोंगा ने झटक दिया और जो विभिन्न स्थानों पर गिरीं और स्थान के अनुसार बोंगा बनकर मुण्डाओं से पूजा और बलि प्राप्त करने लगीं।[26]

इस अवसर पर सिड्.बोंगा ने एक विधान दिया था कि तुम सब अपने–अपने क्षेत्र में उस सृष्टि की रक्षा तथा प्रकृति का संतुलन बनाए रखने में सहयोग करना जिसकी मैंने रचना की है। तुम्हारे पोषण के लिए पूजा और बलि का प्रबन्ध मुण्डा–जाति करेगी। (देखिए परिशिष्टः असुर अवदान)

मुण्डा–धर्म के सर्वश्रेष्ठ देवता सिड्.बोंगा आकाश की ऊँचाई पर अपने सिंहासन पर बैठे हुए सम्पूर्ण सृष्टि का संचालन करते हें तथा अपने काम में सहयोग के लिए अन्य बोंगाओं को क्षेत्रीय दायित्वों के निर्वाह का आदेश देते रहते हैं। उनकी बनाई हुई रचना का जो ध्वंस करता है अर्थात प्रकृति के संतुलन को अव्यवस्थित करने का प्रयास करता है, उसकी सम्पूर्ण जाति का विनाश सिंगबोंगा कर देते हैं ऐसा उन्होंने एक बार अग्निवर्षा द्वारा किया और दूसरी बार असुर जाति का विनाश करके किया जो अपने अहंकार में प्रकृति के संतुलन को रात–दिन भट्ठी जलाकर असंतुलित करने में लगे हुए थे।

सिड्.बोंगा की बुद्धि स्वरूपा पत्नी :

प्रश्न उठता है सिड्.बोंगा की पत्नी है या नहीं ?असुर अवदान में गाया गया है 'सिड्.बोंगा राजा, देवी कुंवारी'। जब सिड्.बोंगा असुरों के संहार के लिए तैयार होत हैं तो देवी कुंवारी उन्हें आगाह करती हैं कि असुर लोग अधिक संख्या में हैं और बहुत बलवान हैं अतः तुम उनके विनाश का उपाय चतुराई से करो–'बारो विदिया केद, तरो छदिंया केद' तभी असुरों को पराजित करना संभव है। 'प्रथम हल' धर्मगाथा में भी सिड्.बोंगा की पत्नी का आविर्भाव होता है। मुण्डाओं की धार्मिक मान्यता के अनुसार सिड्.बोंगा अविवाहित हैं और उन्हें पत्नी नहीं है। जिस पत्नी का उल्लेख आया है वस्तुतः सिंगबोंगा की बौद्धिक–शक्ति है जो उनसे अलग होकर तर्क्र–वितक्र करती है और सिड्.बोंगा का सही मार्ग–दर्शन करती है। आधुनिक काल में मुण्डा–धर्म पर विभिन्न धर्मो के प्रभाव के अर्न्तगत इस विषय पर विस्तार से चर्चा की गई है। इसी संदर्भ में यह भी प्रश्न उठा है कि सिड्.बोंगा का मानवीय रूप क्या है। मुण्डा पाहनों ने श्वेत केश एवं विशाल डाढ़ी वाले जिस 'आजा' के रूप की कल्पना सिड्.बोंगा के रूप में की है उसे पादरियों ने श्वेत वस्त्रों से युक्त सफेद घोड़े पर बैठा हुआ चित्रित किया है।

मेन्नास ओड़िया के अनुसार केवल चार लोगों ने सिड्.बोंगा को देखा है प्रथम स्त्री–पुरूष (तोता हड़म, तोता बुढ़ी) और असुर अवदान में वर्णित लुटकुम बुढ़ा–बुढ़ी।[27] मुण्डा लोगों के अनुसार सिड्.बोंगा के अदृश्य होने का करण मनुष्य का सिड्.बोंगा

के प्रति आदर–भाव की कमी है। पहले के युग के लोग सिड़.बोंगा का आदर करते थे अतः वह उनके बीच रहता था तथा उनकी आवश्यकताओं को पूरा करता था। वह धर्म–गाथाओं का युग था। आज के मानव धर्म–गाथाओं के युग के मुण्डाओं से भिन्न हें इसीलिए सिड़.बोंगा ने इनकी दृष्टि से स्वयं को ओझल कर लिया है। अदृश्यता देवता होने का एक आवश्यक लक्षण है किन्तु साथ ही साथ देवता को विभिन्न प्रतीकों द्वारा अपने प्रभाव को प्रदर्शित करते रहना पड़ता है। इस प्रकार सिड़.बोंगा अदृश्य रहते हुए भी अपने आदेश इस प्रकार देता है कि यदि मनुष्य उसके आदेशों के प्रति अन्धा रहना चाहता तो उसे दिव्य प्रकाश का दर्शन नहीं हो सकता। मनुष्य अब सीधे उसे आदर्शो को न सुन पाता है न देख पाता है। इसे समझने के लिए उसे संकेतों को, प्रतीकों को, स्वप्न एवं मार्ग में पड़ने वाले शुभ–अशुभों को विश्लेषित करना और समझना पड़ेगा। उसे उसी भाषा में बात करना पड़ेगा जिस भाषा में सिड़.बोंगा उनसे बात करता है। सिड़.बोंगा मुण्डा जाति का परमेश्वर हैं वह मुण्डाओं को स्नेह करता है तथा आशीष देता है। वह मुण्डाओं के बीच हर समय रहता है। वह सदा सर्वत्र उपस्थित रहता है और सब कुछ देखता और सुनता रहता है, वह 'सोनेबना लेल्जन–ए–उमतानि' है। देंवड़ा उसकी प्रशस्ति में भजन गाता है 'उसके लिए रात और दिन समान हैं। उससे कुछ भी छिपा नहीं है।"[28]

धार्मिक क्रियाओं के समय पाहन सिंगबोंगा का आह्वान करता है। वह उसी विशालता, महानता एवं शुद्धता के गीत गाता है कि उसका वक्ष पाषाण की तरह सुदृढ़ है, 'दिरिलेका कुड़मतेम' अर्थात सिड़.बोंगा तुम्हारी सृष्टि की इस सम्पूर्ण रचना का सुदृढ़ आधार है, इसमें कोई व्यतिक्रम नहीं हो सकता। तुमने शून्य आकाश एवं पारावार जल को एक व्यवस्था दी है। तुमने अबचेतन–चेतन सभी की रचना की है। तुम्हारी इच्छा से ही इस सृष्टि में परिवर्तत सभंव है। क्योंकि तूम्हारी भुजाओं में अपार शक्ति है। 'पंड़गलेका सुपुतेम'। तुमने अपने सौन्दर्य को इस सम्पूर्ण प्रकृति में विखेर दिया है। पाहन उँचे स्वर में गाता है "तुम्हारे दांत चमेली के फुलों की तरह हैं। और ठोढ़ी कमल के फूल की तरह (हुंडी–बा–डाटातेम, उपल–बा किऽअतमे) हैं। तुम पहली ऊषा हो पहला सूर्योदय–"अमगे अंग–मंडंगलेन, अमगे तूर–मंड़गेलेन" तुम्हारी शुभ्रता "तो अलेकम तुरतन, इदाइलेकम हसुरतन" से अभिव्यक्त है कि तुम शुद्ध दूध की तरह उठते तथा श्वेत दही की तरह स्थिर हो जाते हो। तुम जगत के नियन्ता हो। हे सिंमरेन सिड़.बोंगा। देवी राजा। तुम मुण्डा जाति के मित्र और शुभ चिन्तक हो तुम 'नेतलंग' सिड़.बोंगा हखे।

नगे–एरा :

नगे–एरा 'कच्छ–भूमि' या दलदली जमीन की देवी मानी जाती है। यह 'सिड़. बोंगा मिसि' (सिड़.बोंगा की बहन) के नाम से भी जानी जाती है। इनकी शक्ति

और चरित्र का ज्ञान हमें 'अग्नि वर्षा' धर्मगाथा में देखने को मिलता है। सिड़.बोंगा ने अग्नि की वर्षा कर सम्पूर्ण मानव–जाति का विनाश कर डाला तो उन्हें चिन्ता हुई मानव–जाति का पुनः उदय और विस्तार किस प्रकार हो सकेगा। इसविश्वास पर कि कदाचित किसी कोने–अतरे कोई मानव–युग्म (स्त्री–पुरुष) बच गया हो उन्होंने अपने विश्वस्त पक्षी कौआ भण्डारी और लिपिसुसारी को उनकी तलाश में लगा दिया। इन पक्षियों ने धैर्यपूर्वक किसी बचे हुए मनुष्य की खोज में उड़ते रहे–उड़ते रहे कि कौआ भण्डारी को जीवी (कच्छभूमि या दलदली भूमि) पर एक पत्ते का दोना मिला।

स्पष्ट है कि पास ही कोई मनुष्य रहता होगा। जब कौवा भण्डारी मनुष्य की खोज नहीं कर सकता तो उस दोने को चोंच में दबाकर सिड़.बोंगा के पास आया और उनसे सारी बात बता दी। सिड़.बोंगा स्वयं 'मनुष्य' की तलाश में 'जीवी' के निकट आए जहाँ नगे–एरा से उनकी भेंट हुई। नगे–एरा ने स्वीकार किया कि उसे स्त्री–पुरुष के एक जोड़े को अग्नि की तपन से सुरक्षित कर छिपा रखा हैं। चूँकि जीवी का विस्तार 12 कोस लम्बाई तथा 12 कोस चौड़ाई था अतः अग्नि के प्रभाव से ये स्त्री–पुरुष सुरक्षित थे।

नगे–एरा ने सिड़.बोंगा को इस शर्त पर इन स्त्री–पुरुष को सौंपा कि सिड़. बोंगा पुनः मानव–जाति के विनाश का प्रयास नहीं करेगा। सिड़.बोंगा ने शर्त मान ली और उसने यह भी कहा कि 'अब से तुम मानव–जाति की संतति के दो भागों को लाभ उठाओगी और मैं केवल एक तिहाई भाग।[29] यह एक विशिष्ट सम्मान है जिसे सिड़.बोंगा ने नगे–एरा देवी छोड़कर अन्य किसी बोंगा को नहीं दिया है। नगे–एरा को देवी रूप में मानने के दो कारण प्रमुख रूप से सामने आते हैं। प्रथम कारण उन्होंने सृष्टि के बचे उन स्त्री–पुरुष का पालन–पोषण किया था जो दायित्व प्रायः माँ उठाती है। दूसरा प्रमाण नगे–एरा को 'मिसि सिड़.बोंगा' अर्थात् सिड़. बोंगा की बहन के रूप में सम्बोधित किया गया है। मानव–जाति को विनष्ट होने से बचाना तथा सिड़.बोंगा से वचन लेना कि वह पुनः मानव–जाति का विनाश नहीं करेगा नगे–एरा के कल्याणकारी चरित्र का उधाटन करता है जो देवी–देवताओं का प्रमुख गुण है। पुनः विवाह एवं शव–यात्रा जैसे दो महत्वपूर्ण धार्मिक अवसरों पर नगे–एरा को नए घड़े पानी भर समर्पित किया जाता है। 'पानी भरा घड़ा' जीव का प्रतीक है। पाहन एवं धार्मिक कृत्य करनेवाला देंवड़ा इन अवसरों पर सस्वर भजनोच्चारण करता है कि पानी भरा घड़ा का अर्थ 'अण्डे से' है। यह 'अण्डा' मानव–जाति को बढ़ाने वाले स्रोत उन पूर्वजों को भी समर्पित है जिनसे इस संसार में पनुः मानव–जाति का विस्तार हुआ तथा उस संरक्षिका को भी समर्पित है। जिसने प्रथम 'युग्म' को बड़ी कठिनाई एवं तपस्या से सुरक्षित रखा औरा पाला–पोसा था। वह संरक्षिका नगे–एरा थी।

इस प्रकार नगे–एरा, मिसि सिड़.बोंगा एक ऐसी पूज्य देवी हैं जिन्हें मुण्डा जाति श्रद्धा से पूजती है। किन्तु हाफमैन एवं साथियों ने नगे–एरा को 'इकिर बोंगा' से भ्रमित कर देने का प्रयास किया है। उनके अनुसार जोवी और जलीय पोखर में कोई विशेष अन्तर नहीं है। अतः जोवी में निवास करने वाली नगे एरा और जलीय पोखर में निवास करने वाला इकिर बोंगा एक ही है। ए.वान एक्जम का कहना है कि नगे एरा ही असुर अवदान में चलकर, जब सिंगबोंगा ने अपने को अदृश्य कर लिया तो इकिर बोंगा भूत बन गई।[30] इस संदर्भ में पादरियों को ध्यान देना चाहिए कि 'अग्नि वर्षा' सम्बन्धी धर्मगाथा का समय असुर अवदान से बहुत पहले निश्चित होता है। मुण्डाओं के छोटानागपुर आगमन के उपरान्त असुरों से उनका युद्ध हुआ है और असुर पराजित होकर राँची की पश्चिमोत्तर पहाड़ियों में जा छिपे थे। अग्निवर्षा धर्मगाथा संतालों में भी प्रचलित है जब मानव–जाति के विनाश के समय ठाकुर जी ने पिल्चु हड़म और पिल्चु बुढ़ी को हराता पहाड़ी की खोह में छिपने को कहा था अैर सृष्टि के विनाश के उपरान्त हड़म और बुढ़ी के द्वारा संथालों की जाति का विस्तार हुआ था। संथाल तथा मुण्डा एक ही पूर्वज की संतान हैं जो रोहतासगढ़ से साथ–साथ चलकर दो दलों में विभक्त हो गई थीं। अतः यह धर्मगाथा समय की दृष्टि से असुर अवदान से प्राचीन है और इस ध र्मगाथा में वर्णित मिसि सिड़.बोंगा या नगे–एरा देवी किसी भी प्रकार इकिर बोंगा नहीं हो सकती। इकिर बोंगा की उत्पति असुर अवदान से जुड़ी हुई है जो अग्निवर्षा के बाद की घटना है।

मुण्डा–धर्म में पूजा के अवसर पर तथा विभिन्न धार्मिक कृत्यों में नगे एरा की पूजा की जाती है तथा नये भरे हुए घड़े का जल समर्पित किया जाता है जबकि ऐसा कुछ इकिर बोंगा के साथ नहीं किया जाता। नगे–एरा में कल्याण की भावना है, मानव–जाति के प्रति दया है तथा मुण्डा लोंगो मे उनके प्रति श्रद्धा है ये सभी मूल्य नगे–एरा के दैवी गुणों को व्यक्त करते हैं। इसके विपरीत इकिर बोंगा को कतिपय धर्म–कथाओं में दुष्टात्मा के रूप में चित्रित किया गया है और उसकी दुष्ट प्रवृति को रोकने के लिए सिड़.बोंगा को धरती पर आना पड़ा है।[31] अतः नगे एरा और इकिर बोंगा दो अलग–अलग चरित्र हैं। इकिर बोंगा सिड़.बोंगा का आदेश पालक है जबकि नगे एरा मिसि सिड़.बोंगा हैं। सिड़.बोंगा के नगे एरा के पास याचक के रूप में आना पड़ता है। पुनः नगे–एरा धार्मिक कृत्यों में भी पूजित है।

नगे–एरा के उपरान्त मुण्डा–धर्म को प्रभावित करनेवाले कतिपय बोंगा निम्नलिखित है:–

हातु बोंगाको = हातु बोंगाको को कुछ परगनों में 'देसउली बोंगा' भी कहा जाता है। ये गॉव की रक्षा करते हैं। ये गाँव की सीमा के

प्रहरी होते हैं तथा गाँव में अनिष्टकारी व्याधियों तथा आपदाओं को प्रविष्ट करने से रोकते हैं। कृषक मुण्डा इनकी पूजा इसलिए करते हैं कि हातु बोंगाको प्रसन्न होकर उनकी उपज में वृद्धि कर देंगे। यह कल्याणकारी देवता हैं तथा कदाचित ही रूष्ट होते हैं।

चण्डी बोंगा = चण्डी बोंगा को सरना देवी भी कहा जाता है। यह गाँव के सरना कुंज में निवास करते हैं तथा मुण्डाओं को आकस्मिक विपत्ति के समय सुरक्षा प्रदान करते हैं। मुण्डा लोग बीहड़ जंगली रास्ता चण्डी बोंगा की कृपा से निष्कंटक पार कर लेते हैं। शिकार के समय या जंगल में फंस जाने पर जंगली जानवरों से चण्डी बोंगा ही मुण्डाओं की रक्षा करता है। सरना कुंज में विशाल साल वृक्ष पर चण्डी बोंगा का निवास स्थल है। साल वृक्ष की छोटी–से–छोटी टुटी डाली को बड़े आदर से भूमि से उठाया और पूजित किया जाता है। चण्डी बोंगा की पूजा साल वृक्ष की छाया में पाहन अन्य मुण्डाओं की उपस्थिति में बड़ी ही श्रद्धा से करता है। मुण्डाओं को इनसे अनिष्ट की आशंका नहीं अपितु कल्याण की अपेक्षा करती है।

बुरु बोंगा = बुरु का शाब्दिक अर्थ देवता है। मुण्डाओं के प्रारम्भिक जीवन में ऐसा प्रतीत होता है कि सिड़.बोंगा के लिए पहले 'मरंग बुरु' (अर्थात सर्वश्रेष्ठ देवता) का प्रयोग होता था। मरंग (सर्वश्रेष्ठ) बुरु का विशेषण है। कालान्तर में जब सूर्य–पंथियों का प्रभाव मुण्डा धर्म पर पड़ा तो 'मरंग बुरु' शनैःशनैः सिंगबोंगा के रूप में पूजित हुए। किन्तु वर्तमान म 'बुरु बोंगा' शब्द उस देवता के लिए प्रयुक्त होता है जो ऊँचे पहाड़ियों पर निवास करता है। उसका दायित्व जंगल, खेत, गाँव सभी पर दृष्टि रखना है। मुण्डाओं के लिए सामान्यतः यह कल्याणकारी है किन्तु रूष्ट होने पर यह विभिन्न प्रकार की बीमारियों तथा प्रकोपों से मुण्डाओं को परेशान करता है। तब इनकी स्थिति दुष्टात्माओं जैसी होती है और इनमें बनिता मुण्डाओं के गुण आ जाते हैं। वैसे देसउल, बुरु, चण्डी और इकिर बोंगा अपनी सीमा में रहनेवाले मुण्डाओं की सुरक्षा और हित का दायित्व निर्वाह करते हैं। पाहन उन्हें संबोधित करते हुए कहता है–'ओ बुरु, इकिर, चण्डी और देसउली

बोंगा आपके क्षेत्र में अनेक प्रकार की रोग–व्याधियाँ दूसरे स्थान से प्रवेश कर जाती हैं। क्या हमारी पूजा निरर्थक है? इन्हें गाँव की सीमा से बाहर खदेड़ दीजिए।

आदिंग बोंगाको = आदि बोंगाको को कुछ मुण्डा क्षेत्रों में 'ओड़ा बोंगा' भी कहा जाता है। ये पितर या मृत पूर्वजों के आत्मा होते हैं। मुण्डा धर्म के अनुसार इस संसार तथा मरणोपरान्त दूसरे संसार या लोक में बिना किसी व्यक्तिक्रम के एक प्रकार की क्रमबद्धता है। हमारी मृतात्मा उस लोक में रहती है जिसे हम देख नहीं सकते। यह वही आत्मा है जो जीवित मनुष्य के शरीर में रहती है। इस प्रकार इस लोक की तथा परलोक की एक ही आत्मा है। मृत्यु के समय शरीर का प्रतिबन्ध समाप्त हो जाता है। किन्तु आत्मा की निरन्तरता बनी रहती है।

ओड़ा बोंगा आदिंग में निवास करते हैं जो घर का एक पवित्र भाग होता है। यहीं उनकी पूजा होती है। वहाँ किसी भी ऐसे व्यक्ति का प्रवेश वर्जित है जो मुण्डा नहीं है। चूँकि ओड़ा बोंगा (आदि बोंगाको) परिवार के पूर्वजों की मृत आत्माएँ हैं अतः परिवार के जीवित सदस्यों की मान्यता के अनुसार वह भी सिड़.बोंगा के प्रति श्रद्धा एवं पूजा–भाव रखते हैं तथा सिड़.बोंगा के कृपाकांक्षी रहते हैं। वे अदिंग के बाहर निकलते हैं तथा उसी आसन पर जो बैठते हैं जो 'देसोली बोंगा' का आसन रहता है। यहाँ 'देसोली' का अभिप्राय सभी क्षेत्रीय बोंगाओ से है। मुण्डा–धर्म में अदिंग बोंगाको का स्वरूप कुछ इस प्रकार उभरा है कि वह एक तरफ परिवार–जन तथा दूसरी तरफ सभी बोंगा और सिड़.बोंगा के मध्य एक सम्बन्ध–सूत्र हैं तथा ऐसा प्रयास करते हैं कि सभी क्षेत्रीय बोंगाओं तथा सिड़.बोंगा की अनुकम्पा, सम्बन्धित परिवार–जन पर बनी रहे। इसी मान्यता को इस दूरी तक बढ़ा दिया गया कि आदिंग बोंगाकों जिन–जिन क्षेत्रों में जाते हैं वहाँ के बोंगाओं की वह शक्ति प्राप्त कर लेते हैं और अपने परिवार–जनों की सम्पत्ति–वृद्धि और सुरक्षा का उपाय करते हैं।

इस प्रकार अदिंग–बोंगाकों का चरित्र कुछ ऐसा चित्रित है जैसे अपने परिवारजनों के हित के लिए समय–समय पर वह सभी क्षेत्रों के बोंगाओं से घुल–मिल कर या उनकी तरफ से उनकी शक्ति प्राप्त कर बीमारियों, विपत्तियों तथा प्रकृति आपदाओं से परिवार की सुरक्षा क प्रयास करते हैं। वे कृषि की निगरानी करते हैं, परिवार को कोई बड़ा या बूढ़ा जब जंगल के कठिन मार्गो से अपना रास्ता तय करता होता है तो अदिंग बोंगाको अदृष्य रूप से उसका साथ देते होते हैं। क्योंकि वह आदमी अपने पूर्वज को विपत्ति के समय जानवरों से भयाक्रांत होकर नाम से

पुकारता है और स्वयं को आश्वस्त करता है, साहस बढ़ाता है कि 'तुम भी मेरे साथ मेरे दाहिने चल रहे हो।' भजन में कहा गया है कि चूँकि तुम मेरी विपत्तियों से परिचित हो अतः अपनी कुल्हाड़ी उठाओं या अपना तीर–धनुष सम्हालों और जानवर को मार डालो।

पितरों द्वारा कृषि–धन, पशुधन से घर भर देने की एक रीति मनाई जाती है जो मुण्डाओं के धार्मिक जीवन का एक आश्चर्यजनक पक्ष है। पूरी तरह रात हो जाने पर घर के कुछ बड़े लोग बाहर चले जाते हैं तथा तीन लोग घर के भीतर अंधेरे में भली प्रकार द्वार बन्द कर बैठे रहते हैं। सर्वत्र अंधेरा रहता है प्रकाश की एक भी किरण नहीं रहती। ये तीनों लोग तब तक द्वार नहीं खोलते जब तक बाहर गए घर के सदस्य वापस न आ जाए। बाहर गए सदस्य जंगल, पहाड़, सरना लगभग उन स्थलों से होकर आते हैं जहाँ क्षेत्रीय बोंगाओं का निवास माना जाता है। मुण्डाओं का पक्का विश्वास है कि बाहर जानेवाले परिवार के सदस्यों के साथ उनके 'पित्तर' भी सभी स्थानों पर जाते और साथ–साथ लौटते हैं और द्वार खटखटाते हैं। द्वार खुलने के पहले कुछ निश्चित प्रश्नोतर होते हैं जो निम्नलिखित है–[32]

प्रश्न– तुम लोग क्या लेकर लौटे हो ?दुख या सुख ?

उत्तर– हमने दुखों को बहुत दूर छोड़ दिया और हम सुख लेकर आए हैं।

प्रश्न– तुम हमारे द्वार पर क्या चाहते हो ?

उत्तर– हम ठहरने के लिए कुछ स्थान चाहते हैं। हम सब बहुत थके हुए हैं।

प्रश्न– संभवतः तुम अपने साथ बीमारियाँ लाए हो।

उत्तर– हमने बीमारियों को बाढ़ में फेंक दिया कि वे उन्हें बहा ले जाये। हम केवल सुख लेकर लौटे हैं।

प्रश्न– तुम और क्या लेकर आए हो।

उत्तर– हम खुशी और बहुत से पशु लेकर आए हैं। हम धान और चावल लेकर आए हैं और ऐसी बहुत सी अच्छी चीजें लेकर आए हैं।

निष्कर्ष : तब तुम सब अंदर आओ, हम तुम्हें ठहरने की जगह देंगे। ऐसा कहकर भीतर बैठे तीनों लोग द्वार खोल देते हैं और दिया जला देते हैं और बाहर के लोग 'दुक–दुक' कहते हुए घर में घुसते हैं, यह कल्पना करते हुए जैसे बहुत सा मवेशी हांकते हुए वे घर में प्रविष्ट हो रहे हैं।

अपने पितरों को तुष्ट रखने के लिए मुण्डाओं को भोजन के पूर्व उनके नाम पर कुछ अन्न बाहर निकाल कर समर्पित करना पड़ता है या हड़िया–पान के पूर्व

कुछ बूँदे उनके नाम पर गिरानी पड़ती है। यदि मुण्डा इस प्रकार उन्हें अन्न और हड़िया समर्पित नहीं करते तो वह क्रोधित होकर उसके खाने–पीने के अधिकार को चुनौती देते हैं कि– "तुम क्या खा रहे हो? क्या पी रहे हो" और ऐसी ध्वनी मुण्डाओं के मन में सुनाई पड़ती या प्रतिध्वनित होती है। पितर लोग ऐसा अपनी जीवित संतानों को उनके कर्त्तव्यों का बोध कराने के लिए करते हैं। किन्तु रुष्ट होकर उन्हें कोई दण्ड नहीं देते। क्षेत्रीय बोंगाओं की तरह रुष्ट होने पर उनकी फसल को बर्बाद (दिंगा त्र लूटना) अर्थात् "दिंगो" करने के लिए जानवर नहीं भेजते और न लोभ आकर उन्हें तंग (हातिर) करते हैं। कुछ भी हो वे अपनी संताने हैं अतः सही मार्ग पर लाना है किन्तु उनका अनिष्ट नहीं करना है। जब घर में मुण्डा नया बैल खरीद कर लाता है तो बैल की सींग पर 'लेप' लगाकर पितरों से उस बैल का परिचय कराया जाता है और तब वह घर के काम के लिए उपयुक्त होता है। ऐसा नहीं करने पर बैल के पेट में 'कुलि–लायची–हसु' पेट का दर्द शुरू हो जाता है। किन्तु अदिंग बोंगा वस्तुतः उस समय बहुत क्षुब्ध होते हैं जब 'मागे पर्व' पर उनकी उपेक्षा होती है। यह पर्व मुख्यतः पितरों की पूजा हेतु मनाया जाता है। यह पौष की पूर्णिमा को मनाया जाता है। पौष माह में मुण्डा धन–धान्य से काफी सम्पन्न रहते हैं क्योंकि उनकी उपज इसी समय से घर में आना प्रारम्भ हो जाती है। मुण्डा जीवन में पितरों की पूजा का अत्यधिक महत्व है क्योंकि सिड़.बोंगा एवं अन्य बोंगाओं को परिवार के हित में कार्य करने को उत्प्रेरित करते हैं। अदिंग बोंगाको परिवार के संरक्षक देवता हैं।

मुण्डा–धर्म में मुण्डा जाति के संरक्षण एवं संवर्धन के लिए सर्वाधिक ध्यान सिड़.बोंगा रखते हैं तथा इनके पश्चात् दूसरे स्थान पर मिसि सिड़.बोंगा (सिंगबोंगा की बहन) नाम से प्रख्यात नगे एरा देवी हैं जिन्होंने अग्निवर्षा की प्रलंकारी परिस्थितियों में अपने बारह कोस लम्बी एवं बारह कोस चौड़ी "जीवी" में एक मुण्डा भाई–बहन युग्म को सुरक्षित बचा लिया था, जिनसे आज की मुण्डा जाति का विस्तार हुआ, अन्यथा मुण्डा जाति सदा के लिए निर्मूल हो जाती। अतः सिड़.बोंगा एवं नगे एरा मुख्यतः सम्पूर्ण मुण्डा जाति के देवता एवं देवी के रूप में पूजित होते हैं। इनके अतिरिक्त परिवार के कल्याण तथा सुरक्षा के लिए अदिंग–बोंगाको पितृ–देव हैं जिनसे मुण्डा लोग कभी भी अनिष्ट की संभावना नहीं मानते। असुर–स्त्रियॉ जो क्षेत्रीय बोंगाओं के रूप में सिड़.बोंगा की कृपा से उदित हुई हैं, उन्हें पूरी तरह कल्याणकारी देवता नहीं माना जा सकता क्योंकि स्वभाव से वे असुर–स्त्रियॉ रही हैं। फिर भी वे बोंगा मुण्डाओं एवं पाहनों से आदर तथा पूजा पाते हैं क्योंकि सिड़. बोंगा ने असुरों को समाप्त करने के उपरांत ऐसी ही व्यवस्था दी थी। बोंगा (असुर स्त्रियॉ) अब सिड़.बोंगा के अदृश्य संसार से जुड़ गए हैं जहॉ अज्ञान और विनाश की अपेक्षा ज्ञान और सृजन का पाठ प्रधान होता है। अतः वे अब पाहन या देंवड़ा

को, आह्वान करने पर, बीमारियों का कारण या भेद बता देते हैं। यह उनका कर्त्तव्य है कि सिड़.बोंगा ने जो उन्हें दायित्व सौंपा था उसका वे निर्वाह करें। सिड़.बोंगा ने कहा था कि पाहन और देंवड़ा बोंगाओं के लिए भोजन का प्रबन्ध करेंगे तथा उन्हें 'बलि' या चढ़ावा चढ़ाएँगे किन्तु इसके बदले उन्हें लुटकुमों की संतानों की अर्थात् पूरी मुण्डा जाति की सेवा करनी पड़ेगी। यही कारण है कि आज सरना मुण्डा सम्पूर्ण सृष्टि को, सिड़.बोंगा की देन मानकर, क्षेत्रीय बोंगाओं की पूजा करता है। मुण्डा धर्म में मुण्डा जाति एवं मुण्डा परिवार की सुरक्षा एवं वृद्धि में सिड़.बोंगा तथा इनके सहयोगी बोंगाओं का सक्रिय सहयोग है।

मुण्डा जीवन में कतिपय ऐसे बोंगाओं का भी उल्लेख मिलता है जिनकी पूजा या तुष्टीकरण का सम्बन्ध पाहन या देंवड़ा से न होकर ओझा और सोखा लोगों से है। ये दुष्ट एवं अतृप्त आत्माएँ हैं जो मुण्डाओं को कष्ट देती हैं तथा जिनके लिए मुण्डा लोग सदैव अपना द्वार बन्द रखते हैं। अर्थात् उनका प्रवेश घर में किसी भी स्थिति में नहीं होने देते। इन अनिष्टकारी बोंगाओं को बनिता बोंगा कहा जाता है।

बनिता बोंगा :

मुण्डा–धर्म की अधिकांश कार्य–विधियाँ एवं चिन्तन–धारा मृतकों की आत्माओं से प्रभावित है। सिड़.बोंगा और कुछ सीमा तक मिसि सिड़.बोंगा या नगे–एरा को छोड़कर प्राकृतिक स्थलों से सम्बन्धित प्रायः सभी बोंगा मृतकों की आत्माएँ हैं और इनको 'बलि' प्रदान कर तुष्ट करने के लि प्रत्येक गाँव में पाहन तथा देंवड़ा या पुजारी की व्यवस्था का विधान सिड़.बोंगा ने कर दिया है। पितृ–पूजा भी मृत–पूर्वजों की आत्मा को प्रसन्न करने तथा उनके माध्यम से सिड़.बोंगा एवं अन्य बोंगाओं की परिवार पर कृपा दृष्टि बनाए रखने का एक उपाय है, क्योंकि मृत पूर्वजों की आत्मा भी उसी अदृश्य लोक में विचरण करने की क्षमता रखता है जो लोक सिड़. बोंगा तथा अन्य बोंगाओं का है। इस प्रकार मुण्डा–धर्म में मृतकों की आत्मा के प्रभावों की अभिव्यक्ति प्रायः सभी धार्मिक क्रियाओं में होती दिखाई पड़ती है।

मृतकों की आत्मा से प्रभावित मुण्डा–धर्म उन मृतकों की आत्माओं का भी विचार करता है जो व्यक्ति अकाल मृत्यु का ग्रास बना है। अकाल मृत्यु अर्थात आयु रहते हुए भी मृत्यु हो जाना। मुण्डा–धर्म दर्शन में माना जाता है कि शरीर एक पतल है और उस पर रखा भोजन उसकी आयु है। शनैः शनैः भोजन खत्म हो जाता है, अर्थात् आयु समाप्त हो जाती है तो जूठे पते की तरह शरीर निरर्थक होकर गिर पड़ता है। मृत्यु के समय शोक व्यक्त करते समय एकत्रित लोगों के बीच पाहन या एकत्रित लोगों मध्य मुख्य व्यक्ति कहता है कि सिड़.बोंगा ने कृपा कर एक 'जोम–सकम' दिया था। जानेवाला अपना जोम–सकम खा कर चलाया

गया (अर्थात् निर्धारित आयु भोग कर चला गया)। उसे सिड़.बोंगा ने वापस बुला लिया । किन्तु जो अपना 'जोम–सकम' अधूरा ही भोग पाता है उस मृतक के 'रोआ' (आत्मा) की क्या गति होती है। मुण्डा धर्म में ऐसा रोआ अतृप्त माना जाता है। मृत्यु के उपरान्त ये रोआ अपनी अतृप्त प्यास को पूरा करने के लिए छटपटाते रहते हैं। ऐसे रोआ को मुण्डा लोग घर में स्थान नहीं देते, ये जाति के बाहर माने जाते हैं, वे जंगली विरजनम होते हैं 'मुआ–मसांको' होते हैं।

बहुधा डूबने से, जंगली जानवरों के द्वारा मारे जाने से, आत्म–हत्या करने से, गर्भवती महिलायें प्रसव पीड़ा से या प्रसवोपरान्त प्रसव के कारण या इसी प्रकार 'जोक–सकम' समाप्त होने के पूर्व होने वाली सभी मृत्यु अकाल मृत्यु मानी जाती है। इनके शरीर को छोड़कर निकलने वाला रोआ (जीव) अतृप्त रहता है। मुण्डा लोग मानते हैं कि डूब कर मरनेवाला मुआ–मसांको अन्य लोगों को भी डुबा कर मार डालने का प्रयास करता है। इसी प्रकार फॉसी लगाकर जिसकी मृत्यु हुई है वह मुआ–मंसाको दूसरों की बुद्धि का हरण कर उसे भी आत्म–हत्या के लिए उत्प्रेरित करता है। ये दुष्टात्माएँ हैं। इन मृतकों के शव को पूर्वजों ससान–दिरी में सम्मिलित नहीं किया जाता अपितु जहॉ दुर्घटना हुई है वहॉ या गाँव से दूर किसी दीमक लगे टीले के निकट या कटीलो झाड़ों के बीच दफना दिया जाता है।

ऐसा किसी दुर्भावना के कारण नहीं किया जाता। मुण्डा विश्वास के अनुसार माना जाता है कि इस प्रकार के मृतकों के रोआ शव के निकट भटकते रहते हैं और उधर से गुजरने वालों को हानि पहुँचाते हैं या भयाक्रान्त कर रोगी बना देते हैं। इस बहाने ओझा, सोखा उनकी पूजा कर उन्हें 'बलि' प्रदान कर तृप्त करते हैं। 'बलि' पाने के ही लिए ये बोंगा, लोगों को तंग और बीमार किया करते हैं। यद्यपि परिवार वाले उनके शव के साथ चावल एवं हड़िया की पर्यापत मात्रा अन्तिम तर्पण प्रदान कर उन्हें शांत रखने का प्रयास करते हुए कहते हैं। —

"तुम इसी स्थान पर रहो। आज से तुम्हारा यही घर होगा। तुम्हारे लिए हम और क्या कर सकते हैं ?यह ऐसा ही हुआ कि तुमने हमें छोड़ दिया, घर, जाति, गोत्र सभी को छोड़कर अलग हो गए। तुने दूसरी जाति अपना ली है। तुम "विरजनम" हो गए।"१२

अपने जीवन काल में मृतक अपने परिवार का कितना ही प्रिय क्यों न रहा हो अकाल मृत्यु के कारण उसे घर से अलग रखना पड़ता है।

प्रसव पीड़ा या शिशु के छठी के पूर्व मृत स्त्रियों 'चुड़ैल' बन जाती है। वैसी गर्भवती स्त्रियों जिनका गर्भस्थ भ्रूण क्रमशः जीवन युक्त हो जाता है 'बरजियकन' कहलाती है। अर्थात् 'एक शरीर में दो जीव' वाली स्त्री हो जाती है। इस स्थिति में यदि उसकी मृत्यु होती है तो वह भी "चुड़ैल" बन जाती है। यह कभी सुन्दर

स्त्री, कभी जानवर आदि के विभिन्न रूप धारण करती है। इसकी पीठ खोखली और एड़ी उलटी होती है। वह पुरुष के संसर्ग के लिए लालयित रहती है। बीमार औरतों को डरावने सपने में आती है। उसे औरतों से ईर्ष्या होती है अतः चुड़ैल के निवास के निकट से कोई भी पुरुष अपने साथ एक औरत लेकर निष्कंटक निकल सकता है क्योंकि और युक्त पुरुष को चुड़ैल घृणा की दृष्टि से देखती है और उसके निकट नहीं जाती। यह बीमारियाँ भेजती है और व्यक्ति लगातार हंसना, रोना आदि पागलपन से आक्रांत होकर मर जाता है। यह उसका जीभ बाहर खींच लेती है।

मुण्डा–धर्म के वर्तमान विश्लेषकों का कहना है कि दुर्घटनाएँ जीवन की अनिवार्य बुराई है। इसे रोका नहीं जा सकता किन्तु इस मान्यता में कि दुर्घटनाएँ मुआ–मोसांको को कराते हैं कोई तथ्यगत आधार नहीं मिलता। दुर्घटना को दुर्घटना के रूप में देखना चाहिए तथा इसे अदृश्य–लोक की घटना से संयुक्त नहीं करना चाहिए। किन्तु मुण्डा–धर्म के पुरातन पंथियों का कहना है कि सिड़.बोंगा ने सम्पूर्ण मुण्डा जनजाति को सुरक्षा–रेखा के अंदर घेर रखा है जो इस रेखा के बाहर जाते हैं उन्हीं का विनाश होता है और जो रेखा इस रेखा के घेरे में अर्थात जाति और गोत्र के बने रहते हैं सिड़.बोंगा उनकी रक्षा के लिए सदैव तैयार रहता है। घेरे से बाहर जानेवाले व्यक्ति की रोआ को इसीलिए पुनः जाति में सम्मिलित नहीं किया जाता और न ही उसे अंदिंग में स्थान दिया जाता है।

पुराने पाहन 'सुरक्षा–घेरे' की व्याख्या स्पष्ट नहीं कर पाते। उनके अनुसार जो जाति विरोधी काम करता है या जिस पर सिड़.बोंगा की अकृपा होती है वह सुरक्षा घेरे के बाहर हो जाता है। यह पूछे जाने पर कि अनेक अबोध बालक भी दुर्घटना का शिकार होते हैं तो क्या उन पर भी सिड़.बोंगा की अकृपा रहती है तो प्रायः उतर मिलता है– यह सभी के समझ की बात नहीं है। इसे सिड़.बोंगा की भाषा एवं सकेंत समझने वाले पुजारी तथा पाहन ही बता सकते हैं। किन्तु इतना अवश्य है कि सिड़.बोंगा की अकृपा के कारण व्यक्ति असुरक्षा की स्थिति में आ जाता है और मुआ–मोसांको सरलता से उसे दुर्घटनाओ में फंसा कर मार डालते हैं। इस प्रकार ऐसे व्यक्ति की रोआ को हम अपने पितरों के साथ स्थान नहीं दे सकते। वैसे सिड़.बोंगा जगत का नियन्ता है। वह दिए हुए जीवन को छोटा कर सकता है, 'जो–सकम' को कम कर सकता है। तब इन परिस्थितियों में मृत्यु स्वाभाविक होती है। उन दुर्घटनाग्रस्त व्यक्तियों को भी जाति में सम्मिलित कर लिया जाता है जिनका प्राणान्त दुर्घटना स्थल पर नहीं होता अपितु उनहें दुर्घटना के उपरान्त अपनी देख–रेख में रखा जाता है तथा इस बीच उनकी मृत्यु होती हे। ऐसी स्थिति में मृतक का "रोआ" मुआ–मोसांको के प्रभाव में नहीं रहता अपितु जाति के घेरे में रहता है तथा उसे अदिंग में स्थान मिल जाता है।

घातक–दुर्घटनाओं से सम्बन्धित एक अन्तिम व्याख्या मुण्डा–धर्म में प्रचलित है – **'रानु–दाकन तैकानाय'** और इसके उपरांत कुछ कहना शेष नहीं रह जाता। रानु = औषधि या विष, दा = जल या क्रिया रूप् "वर्षा होना" अर्थात् रानुदा = विष की वर्षा। "रानू दा" को "सेंगेल–दा" के संदर्भ में देखा जा सकता है। "सेंगेल–दा" अर्थात् "अग्नि–वर्षा" का कारण संसार में व्याप्त पाप–कर्म था जिससे सृष्टि असंतुलित होने लगी थी और मानव जाति ने सृष्टि–कर्ता सिड़.बोंगा को पहचानने और उनकी आज्ञा मानने से इंकार कर दिया था अतः बाध्य होकर सिड़.बोंगा को अग्नि की वर्षा कर सब कुछ विनष्ट करना पड़ा था। इसी प्रकार "विष की वर्षा" (रानु–दा) में भी सिड़.बोंगा की अकृपा निहित है। सिड़.बोंगा, सर्वश्रेष्ठ देवता, देवी–राजा कल्याणकारी है तथा वह मुण्डा जाति की समृद्धि और सुरक्षा में सदैव लगा रहता है। विष–वर्षा का कारण भी मुण्डा–जाति की सुरक्षा और शुद्धता बनाए रखना है। जो व्यक्ति जाति–विरोधी कार्य करता है "विष–वर्षा" उस पर होती है अर्थात सिड़.बोंगा की दृष्टि में, जाति में बने रहने योग्य नहीं रह जाता। फलस्वरूप सिड़.बोंगा उसे सुरक्षा–रेखा से बाहर कर देता है और असुरक्षित व्यक्ति मुआ–मोसांको का शिकार बन जाता है। सिड़.बोंगा की कृपा बनी रहने पर दुनिया की कोई शक्ति किसी मुण्डा का कुछ भी अनिष्ट नहीं कर सकती और सिड़.बोंगा जाति–विरोधी काम करनेवालों पर ही रुष्ट होता है। यही कारण है कि दुर्घटनाग्रस्त मृतक के लिए – 'रानु–दाकन तैकानाय' का प्रयोग करते हैं अर्थात् "वह व्यक्ति विष–वर्षा से प्रभावित था।"

सामान्य मुण्डा मानते हैं कि 'रानु–दा' सिड़.बोंगा या किसी अन्य बोंगा या किसी जादू–टोना करने वालों द्वारा भी किसी व्यक्ति पर बरपा किया जा सकता है। किन्तु यह धारणा भ्रामक है और अधिकांश पाहनों का विचार है कि अपने पेशे का प्रभुत्व जमाने के लिए सोखा, नाजोस, ओझा और मातियों ने इस प्रकार की भ्रामक–धारणा गरीब छोटे स्तर के मुण्डाओं के बीच फैलाया है। जिस व्यक्ति पर सिड़.बोंगा की कृपा है उसका विनाश अन्य बोंगा या मुआ–मोसांको को, विनाश के लिए उत्प्रेरित करनेवाले जादू–टोना करनेवाले, कैसे कर सकते हैं। अतः 'रानू–दा' का एकमात्र कारण सिंगबोंगा का रोष है और सिंगबोंगा तभी रुष्ट होता है जब कोई जाति एवं सृष्टि (जिसकी रचना सिंगबोंगा ने की है) के विधान के विपरीत काम करता है। यह निश्चित करना कठिन है कि किसने कब जाति या सृष्टि के विधान के विरूद्ध काम किया। यह तो मात्र सिड़.बोंगा का ही निर्णय है क्योंकि वह सर्वत्र है तथा सब कुछ देखता एवं सुनता रहता है और उसी ने यह व्यवस्था दी है कि ऐसे जाति विरोधी रोआ को, (जो सिड़.बोंगा से अभिशप्त है), अदिंग में स्थान नहीं दिया जाए। इस प्रकार बनिता बोंगाओं का एक अलग अदृश्य लोक है जहाँ जाति से बहिष्कृत अपने "जोम–सकम" को पूरा न करने वाली अतृप्त प्रेतात्माएँ भटकती है।

जादू–टोना

मुण्डा–धर्म का केन्द्र व्यक्ति नहीं अपितु सम्पूर्ण जाति के कल्याण की व्यवस्था है। सिड़.बोंगा ने इस सृष्टि की तथा इस सृष्टि में मुण्डा जाति की रचना की है तथा उनकी श्रीवृद्धि एवं संवर्धन में वह सतत् लगा रहता है। उसने अपने कार्य के सफल निष्पादन के लिए बोंगाओं को निदेश दे रखा है तथा बोंगाओं के पूजा एवं चढ़ावा हेतु (गॉव) हर देश में पाहन और सोखा (देंवड़ा) की व्यवस्था कर दी है।[33] जो व्यक्ति जाति के विनाश का या जाति विरोधी काम करता है वह सिड़.बोंगा का कोप–भाजन होता है या वह सिड़.बोंगा द्वारा निर्मित 'सुरक्षा–घेरे' से बाहर हो जाता है और इस प्रकार वह सिड़.बोंगा की कृपा से वंचित हो जाता है। अर्थात् सिड़.बोंगा उसकी सहायता के लिए नहीं जाता और वह संसार में अकेला असुरक्षित दुर्घटनाओं का सहज शिकार हो जाता है। ऐसे मृतकों की आत्मा को अदिंग में भी स्थान नहीं मिलता क्योंकि अब उसकी गणना जाति के लोगों में नहीं होती। इस प्रकार मुण्डा–धर्म की सम्पूर्ण व्यवस्था सिड़.बोंगा द्वारा जाति को लक्ष्य मान कर की गई है।

सिड़.बोंगा ने जिन बोंगाओं को, अपने उद्धेश्य की पूर्ति हेतु, कतिपय क्षेत्रीय दायित्व सौंपे हैं मूल–रूपेण वे असुर प्रकृति के है।[34] स्वभावानुसार वे घमण्डी एवं लोभी हैं। यद्यपि असुरों का विनाश उनके घमण्डी और लोभी प्रकृति के कारण हुआ है तथा सिड़.बोंगा ने उनके (असुर विधवाओं के) असहाय जीवन पर कृपा कर, उनसे नेक कार्यों का वचन लेकर उन्हें दायित्व सौंपे तथा शक्ति प्रदान की है किन्तु लोभ और घमंड बोंगाओं के स्वभाव में विभिन्न अवसरों पर उभर कर सामने आता है। वे रोग एवं व्याधियॉ भेजकर मुण्डाओं को चेतावनी देते रहते है तथा उनसे चढ़ावा (बलि) प्राप्त करते रहते हैं। अदृश्य लोक में विचरण करनेवाले इन बोंगाओं की संख्या का अनुमान मुंडा नहीं लगा पाते। विभिन्न क्षेत्र के मुण्डा–निवासी विभिन्न बोंगाओं की संख्या का अनुमान मुण्डा नहीं लगा पाते। विभिन्न क्षेत्र के मुण्डा निवासी विभिन्न बोंगाओं की पूजा में लगे रहते है। इन बोंगाओं के बीच मृतकों की आत्माएँ भी अदृश्य–लोक वासी होकर विचरण करती रहती हैं। इनमें कुछ ऐसे मृतकों की अतृप्त आत्माएँ मंडराती रहती है जो अकाल मृत्यु का ग्रास बने हुए हैं तथा अपना 'जोम–सकम' पूरा नहीं कर सके हैं। इनमें से कुछ बोंगा जंगली रूप धारण कर लेते हैं (उग्र हो जाते हैं तथा मुण्डाओं को भयाक्रान्त एवं रोग ग्रस्त कर देते हैं) मुण्डा के पूर्वजों की आत्मा भी कभी–कभी अपने अदिंग का स्थान छोड़कर परिवार के हित–साधन के लिए इस अदृश्य लोक में आ जाती है तथा विभिन्न बोंगाओं से एवं सिंगबोंगा से अपने परिवार के लोगों की भलाई की बात करती है। मुण्डा धर्म में अदृश्य–लोक की जीवन्त धारणा बनी हुई है। मुण्डा मानता है कि रोआ शरीर से निकलकर अदृश्य लोक का वासी हो जाता है।

मुण्डाओं की अदृश्य लोक की धारणा लगभग लौकिक जीवन के समानान्तर है जहाँ भली–बुरी प्रकृति के सभी प्रकार के बोंगा पाये जाते हैं। अन्तर मात्र इतना है कि वे दिखलाई नहीं पड़ते किन्तु उनके क्रियाकलापों की अभिव्यक्ति लौकिक जीवन में स्पष्ट दिखलाई पड़ती है जिसे समर्थ पाहन, देंवड़ा, सोखा आदि पढ़ और समझ लेते हैं तथा सामान्य मुण्डा को उसका तात्पर्य समझा देते हैं।

मुण्डा धर्म में अदृश्य–लोक एवं बोंगाओं की शक्ति तथा उनके चरित्र की जो धारणा विकसित हुई वह मुण्डा मन में अटूट विश्वास के रूप में घर कर गई हैं। इसका प्रतिफल कालान्तर में एक नई व्यवस्था के रूप में सामने आता है वही जादू–टोना। ऐसी बात नहीं है कि छोटानागपुर पदार्पण के पश्चात् ही मुण्डा जाति जादू–टोना के प्रभाव में आयी अपितु हम जानते हैं कि जादू–टोना की प्रणाली सम्पूर्ण योरोप और एशिया प्रायद्वीपों में प्रचलित थी तथा मुण्डा लोग आर्यों के भारत में आने सहस्त्रों वर्ष पूर्व जादू–टोना से प्रभावित थे। योरोप की अधिकांश जातियों में और भारत में भी जादू–टोना (विच–क्रेफ्ट) का गुण साधारणतः मर्दों की अपेक्षा औरतों में अधिक पाया जाता था और अब भी पाया जाता है।

मुण्डा धर्म में भी जादू–टोना से सम्बन्धित धर्म–गाथाओं में उनकी देवी स्वरूपा 'नगे–एरा' की साधना होती है। यद्यपि सिङ.बोंगा ने असुर विधवाओं को बोंगा का दर्जा दिया है किन्तु बोंगा बन कर इनका स्त्री–रूप समाप्त हो चुका है और प्रस्तुत इन बोंगाओं को पुरुष रूप में ही माना और पूजा जाता है। 'नगे–एरा' असुर अवदान के पूर्व की देवी हैं जिन्होंने अग्नि–वर्षा में विनष्ट सम्पूर्ण जाति की सुरक्षा हेतु एक स्त्री–पुरुष (भाई–बहन) युग्म को विनष्ट होने से बचा लिया था। छोटानागपुर प्रवेश तथा हिन्दु धर्म के सम्पक्र में आने के उपरान्त मुण्डाओं में क्रमशः एक ऐसी देवी 'पार्वती' के रूप में प्रचलित हुई। जादू–टोना के क्षेत्र में जो सात–बहनों का नाम आया है उसमें पार्वती सबसे बड़ी है। जादू–टोना से सम्बन्धित एक ऐसी धर्मगाथा भी मुण्डा परम्परा में प्रचलन पा चुकी है। जिसमें सिङ.बोंगा की दो पत्नियों में सबसे बड़ी पार्वती थी जो डायन के काम में सिद्धहस्त थी। हम देखेंगे कि प्रकार 'महादेव' और 'पार्वती' जादू–टोना या इसके प्रतिकार या सिङ.बोंगा एवं उनकी पत्नी के रूप में मुण्डा धर्म में प्रभावी–चरित्र के रूप में उभरते हैं।

छोटानागपुर में अंग्रेजों के आगमन के पूर्व जादू–टोना और डायनों के प्रकोप से पूरा मुण्डा–समाज बुरी तरह आक्रांत था। डायन जादूगर के संदेह में निर्दोष स्त्री पुरुष पकड़ लिए जाते थे और उन्हें या तो लोग पीटते–पीटते मार डालते थे या गाँव के बाहर खदेड़ देते थे या परिवार द्वारा सुरक्षा प्रदान करने पर घर–का–घर जला देते थे। ऐसा भी वर्णन मिला है कि कुछ डायनों को पकड़ कर पेड़ में

उलटा टांग दिया जाता था और नीचे आग जला दी जाती थी जब तक कि तड़प–तड़प कर उसकी मौत न हो जाये।[35] ईसाई धर्म के प्रचार, अंग्रेजों के कठोर रुख तथा कतिपय मुण्डाओं के पढ़–लिख लेने से इस प्रथा में निहित अंध ाविश्वास के विरुद्ध कुछ जागरुकता आई है[36] किन्तु अब भी जादू–टोना तथा इससे जुड़े बहुत से पेशेवर मुण्डा समाज में मुण्डा–धर्म के विपरीत काम कर रह हैं तथा एक ऐसी विपरीत–धर्मी प्रणाली (एण्टी सिस्टम) विकसित कर चुके हैं जो समान्य मुण्डाओं के मन में गहराई से बैठ चुकी है तथा एक संस्था का रूप ले चुकी है।

जादू–टोना : एक विपरीत–धर्मी प्रणाली[37]

डायन, जादू–टोना तथा मारक शक्तियों का प्रभाव मुण्डा जीवन पर गहराई से तथा दिन–प्रतिदिन के जीवन में इतने विस्तार से छा गया है कि समाजशास्त्री इस सम्पूर्ण व्यवस्था को मुण्डा जीवन में, मुण्डा धर्म की एक सशक्त विधर्मी संरचना के रूप में देखते हैं। पाहनों का एक विचित्र तक्र है कि सरना–धर्म स्वयं में इतना शक्तिशाली नहीं है कि विपरीत धर्मी प्रणाली के विरूद्ध वह रक्षा कर सके। उनके अनुसार मुण्डा या सरना धर्म जो सम्पूर्ण जाति से जुड़ा हुआ है, अर्थात जाति–परक है, जादू–टोना जैसी व्यक्ति–परक संरचना से, जिसमें मुण्डाओं का अटूट विश्वास हो गया है, कैसे सामना कर सकता है? जादू–टोना या डायनों को पराजित करने के लिए इसी के समानान्तर ऐसी प्रभावशाली व्यक्ति–परक संरचना की आवश्यकता होगी। दुर्भाग्य यह है कि जिन बोंगाओं, मृतकों की आत्माओं या अन्य अदृश्य शक्तियों पर जादू–टोना आधारित है वे ही अदृश्य शक्तियॉं मुण्डा धर्म से पूरी तरह जुड़ी हुई है। असुर–अवदान इस सत्य को पुष्टि करता है। किन्तु मुण्डा–धर्म में इन बोंगाओं का उपयोग समस्त मुण्डा जाति के कल्याण के लिए निर्देशित है। जब ये असंतुष्ट होकर रोग एवं व्याधि भेजकर मुण्डाओं को सचेत करते हैं तो देंवड़ा उस बोंगा का पता लगा लेते हैं तथा उसे बलि या चढ़ावा चढ़ाकर संतुष्ट करते हैं। इस प्रकार रोगी व्याधि मुक्त होता है। यह धार्मिक कृत्य खुले समाज में सामूहिक रूप से सम्पादित होता है। इसमें सिड़.बोंगा की आज्ञा का अनुपालन निहित माना जाता है क्योंकि सिड़.बोंगा ने मुण्डा जाति को आदेश दिया है कि वे बोंगाओं को चढ़ावा चढ़ाया करें। मुण्डाओं द्वारा ऐसा नहीं करने पर उन्हें कर्त्तव्यों की याद दिलाने के लिए बोंगा रोग और व्याधियॉं भेजते हैं या अन्य अनिष्टकारी तरीका चेतावनी स्वरूप अपनाते हैं।

बोंगाओं को बलि प्रदान करना मुण्डा–धर्म में निहित है, साथ ही बोंगाओं का रुष्ट होना तथा पुनः तुष्ट होना भी मुण्डा लोग मानते हैं। अर्थात् अदृश्य लोक की शक्तियों को तुष्ट किया जा सकता है और उनमें वह शक्ति है कि वे लौकिक

मनुष्य को प्रत्यक्ष रूप से हानि पहुँचा सकते हैं। मुण्डा–धर्म विहित इन सिद्धान्तों के आधार पर इन अदृश्य शक्तियों को साधने का प्रयास किया गया और इसके लिए एक नयी विद्या पनपी। पूजा करके, बलि का तथा अन्य प्रकार का चढ़ावा देकर इन बोंगाओं को तुष्ट किया जाता है कि वे साधक के वशीभूत हो जाते हैं और साधक इनसे अपनी इच्छानुसार काम करवा लेता है। प्रायः साधक और डायन किसी एक बोंगा या प्रेत को अपनी विद्या, पूजा एवं साधना द्वारा वश में करते हैं तथा उससे लौकिक जगत् में अपनी इच्छा के अनुकूल काम करा लेते हैं। कहा जाता है कि इन डायनों या जादू के साधकों का, साधित बोंगा या प्रेत से तादात्मय स्थापित हो जाता है। अब जादू के द्वारा अदृश्य लोक की शक्तियों को वश में कर किसी शत्रु, ईर्ष्यालु पड़ोसी या ऐसे ही किसी अनिच्छित व्यक्ति के फसल परिवार आदि के विनाश का उपाय कराया जाता है या उसके प्राण तक ले लिये जाते हैं तो जादू की यह सम्पूर्ण प्रणाली विपरीत धर्मी हो जाती है।[38]

जादू–टोना और डायनों की दीक्षा :

जादू–टोना विषयक सूचनाएँ अधिकांशतः द्वैतीयक श्रोतों से प्राप्त होती हैं। चूँकि गोपनीयता का घेरा इस प्रणाली पर बड़ी मजबूती से पड़ा रहता है अतः प्राथमिक श्रोतों से कुछ भी जान पाना अत्यन्त कठिन होता है। कोई भी डायन स्वयं को डायन नहीं कहती है और न तो सरलता से अपने द्वारा किए गए जादू–टोना का ही विवरण देती है। सामान्यतः सूचनाएँ कुछ अपनी आँख देखी कुछ दूसरों से, विशेषकर देंवड़ाओं से सुनी होती हैं। मुण्डाओं को देंवड़ाओ के ज्ञान पर विश्वास है कि वे डायनों के उन सभी रहस्यों एवं तकनीकों को जानते हैं जिनका मारक उपयोग वे करती हैं। इस ज्ञान के आधार पर देंवड़ा डायनों की चाल का काट तैयार कर पाते हैं।

डायनों की दुनिया में सोहराई पर्व की घनी काली अमावसीय रात का काफी महत्व है। इस रात वे अपनी विद्या को साधती हैं तथा अपने गुरु से दीक्षा भी लेती हैं। सोहराई की घनी रात गाँव से दूर झाड़–झंखाड़ साफ की हुई जगह पर वे एकत्रित होती हैं। वे अपने साथ एक मेंढक, एक बड़ी भूरे रंगवाली टिड्डी (कली–सोनसोरोद) टांगी, हसिया, और चुक्का लाती हैं जिसमें तेल भरा रहता है इन सभी चीजों के साथ वे एक लपेटा हुआ झाडू और दिया भी लाती हैं। ये सब चीजें साफ की हुई जगह के किनारे रख दी जाती है।

रात के अंधेरे में अब वे पूरी तरह निर्वस्त्र होकर (अपने कटि पर मात्र झाडू फैला कर लपेटे रहती है) एक वृत में खड़ी हो जाती हैं। वे अपने बाएँ पैर के घुटने को सीधा उठा कर उस पर तेल–भरा एक मिट्टी का दिया साधती हैं जिसमें सिर्फ एक बत्ती तैरती रहती है। उसे जला दी जाती है। उस घुप्प अंधेरी रात में

पृथ्वी से कुछ ऊपर हवा में ठहरे दीपों के मंद प्रकाश के पीछे डायनों की वीभत्स झिलमिलाती आकृति देखने का कोई साहस नहीं कर पाता है। वे उसी वृत्ताकार में नाचती रहती हैं। कितना ही नृत्य करें पर घुटने पर टिका दिया गिरता नहीं और उसकी लौ भी नहीं बुझती। हवा भी इस लौ को नहीं बुझा पाती। कहा जाता है चीते रूप में इन डायनों के गुंरु महादेव आकर इनके निकट बैठ जाते हैं।

महादेव जादू–टोना की विद्या के परम गुरु हैं। इनके अतिरिक्त प्रत्येक डायनों के समूह की एक अपनी गुरु होती है। इसी गुरु से अन्य डायनें जादू–टोना विद्या सीखती एवं साधती हैं। वह गुरु एक दिया लेकर चीते के मस्तिष्क के भीतर रख देती है जिसमें चीते की ऑख, नथुने और कान से प्रकाश की चमक आने लगती है। अब वह वृत्त के केन्द्र में पहुॅचती है। उसके साथ एक अन्य डायन एक छोटी ढोलकी[39] लेकर केन्द्र में आती है। ढोलकी मंद स्वर में बजती है तब गुरु दीक्षित डायनों से गोपनीयता की शपथ कराती है। शपथ प्रायः सदानी भाषा में होता है:–

——"क्या तुम यहाँ की सारी क्रियाएँ, जब औरतें तुम्हें कुदाल से या मर्द तुम्हें कुल्हाड़ी से मारेंगे तो तुम कह दोगी, भेद खोल दोगी या बरदाश्त करोगी ?

——क्या जब तुम्हें वे लाठियों से मारेंगे या जलती लुकाठी से तुम्हें खोद–खोद कर जलाएँगे तुम इन्हें बरदाश्त करोगी या सारा भेद खेल दोगी?

सभी शिष्याएँ समवेत स्वर में: ——

'हम इसे बरदाश्त करेंगे। हम इसे बरदाश्त करेंगे !!'

(ढोलकी पर हल्की थपकी से उठी मंद–ध्वनि)

इस प्रकार रात भर नृत्य चलता रहता है। गुरु बीच–बीच में एक–एक शिष्या डायन को आदेश देती है कि ——'जाओ चीते को काटो' वह शिष्या डायन उठाती है, कुल्हाड़ी उठाती है और मेंढक को मार डालने की मुद्रा बनाती है। पुनः गुरु आदेश देती है ——'जाओ साँप को बींधो।' शिष्या डायन हसिया लेकर टिड्डी पर आक्रमण की मुद्रा बनाती है। प्रत्येक शिष्या डायन को इस प्रकार की क्रिया दुहरानी पड़ती है।

मुण्डाओं में यह विश्वास घर कर गया है कि यदि किसी स्त्री या पुरुष ने सोहराई की रात की इस 'जादू–सिद्धि' क्रिया को देखने का प्रयास किया और वह महादेव के शीश से निकलने वाली ज्वाला के प्रकाश में डायनों द्वारा देख लिया गया तो कुछ सप्ताह भीतर उसकी मृत्यु निश्चित है। यह संभव है कि जंगल से आते रात के अंधेरे में किसी की दृष्टि उधर कुछ क्षण के लिए मुंड़ी हो तो वह

वहाँ ये तेजी से भाग खड़ा हुआ हो। जैसे कोई सोहराई की रात की इस क्रिया को देखने का दुस्साहस नहीं करता।

इसमें सन्देह नहीं है कि कुछ स्त्रियों को जादू–टोना की 'विद्या' का ज्ञान रहता है और वे अपनी गुरु से सोहराई की रात्रि गुप्त रूप से 'सिद्धि' प्राप्त करती हैं। सोहराई की काली अमावसीय रात्रि प्रकृतिक: ऐसे दृष्कृत्यों के लिए अधिक उपयुक्त मानी जाती है। सामान्यतः ऐसी धारण बनी हुई है कि सोहराई की रात धार दिए गए तीर, कुल्हाड़ी तथा अन्य अस्त्र घातक मारक शक्ति प्राप्त कर लेते हैं तथा इनको साथ रखने पर दुष्ट से दुष्ट बोंगा भी व्यक्ति को छुने तक का साहस नहीं कर सकता। आज की रात जड़ी–बूटियों की शक्ति प्रखर हो जाती है अतः इसका धन्धा करने वाले रात के अंधेरे में पूरी तरह निर्वस्त्र होकर जड़ी–बूटियों को एकत्रित करते हैं। आज की एकत्रित की गई जड़ी–बूटियां अन्या दिनों की जड़ी–बूटियों की अपेक्षा अधिक कारगर होती हैं।

सोहराई की रात सामान्य नागरिकों के लिए आंतक भरी रात होती है। आज की रात डायनों को इतनी शक्ति प्राप्त हो जाती है कि वह किसी का भी 'इम–उडुंग' (जिगर) चुरा सकती हैं अथवा पशुओं को उदर–शूल दे सकती हैं। सुरक्षा स्वरूप लोग, उदर, वक्ष और कंन्धे के निकट एक टोटका किया हुआ लेप लगा देते हैं जिसको डायन पार नहीं कर पातीं। ऐसी लेप पशुओं को भी सुरक्षा के लिए आज की रात लगा दिया जाता है। डायन आज की रात नजोम चण्डी (बोंगा) को पूरी तरह वश में कर लेती है तथा उसे बुरा–भला कहती है और प्रताड़ित करती है और जैसा चाहती है वैसा काम नाजोम चण्डी से कराती है। नाजोम चण्डी एक वशीकृत दास की भांति डायन के इशारे पर नाचता हैं। इस प्रकार जादू–टोना की विद्या की साधना एवं सिद्धि के लिए सोहराई की अमावसीय रात्रि सबसे अधिक उपयुक्त मानी जाती है। इसीलिए अधिकांश डायन आज के दिन जादू–टोना की विद्या की दीक्षा गुप्त–रूपेण प्राप्त करने का प्रयास करती हैं। जिससे उनकी सिद्धि में अधिक शक्ति आ सके।

जादू–टोना :

डायनें बोंगाओं को वश में करके वीभत्स एवं मारक क्रियाएँ कराती रहती हैं। मुण्डा–धर्म में बोंगाओं को बलि चढ़ाने का देंवड़ा का उद्धेश्य सताए हुए या रोगग्रस्त व्यक्ति के लाभ की कामना रहता है। इसमें देंवड़ा की भूमिका सताये हुए व्यक्ति के माध्यम से बोंगा तक पहुँचना होता है। प्रथम देंवड़ा सताए हुए व्यक्ति से सम्बन्ध स्थापित करता है पुनः सताए हुए व्यक्ति को सम्मुख रखकर उसके हित में बोंगा को बलि समर्पित करता है, उसकी कृपा–दृष्टि की याचना करता है। किन्तु डायनों द्वारा बलिदान समर्पित करने की क्रिया में कहीं भी रोगहरण की

बात नहीं होती और न ही कोई सताया हुआ व्यक्ति इस क्रिया में माध्यम होता है अपितु यह सम्पूर्ण क्रिया और बलि का चढ़ाया किसी व्यक्ति को लक्ष्य कर किया जाता है जिस पर प्रेत भेजना होता है। प्रमुख प्रेत–क्रियाएँ निम्नलिखित हैं:–

(क) काली–बिल्ली :

सिद्धि के कारण बोंगा और डायनों के बीच तादात्म स्थापित हो जाता है। बोंगा डायनों से एकात्मा हो जाते है और तब डायने चूहा या बिल्ली या ऐसे ही किसी घरेलू पशु का रूप धारण कर उस व्यक्ति पर निगाह रखती है। जिसे उसे अपना शिकार बनाना होता है। गाँवों में विश्वास फैला हुआ है कि डायने काली बिल्ली का रूप धारण कर घर में या घर के मुंडेरे पर या घर के इर्द–गिर्द मंडराती है और उस घर पर आफत लाती हैं। कुछ लोग यह भी मानते हैं कि नजोम चण्डी या डायन में इस स्थिति में कोई भेद नहीं रह जाता क्योंकि दोनो एकात्म और एकाकार मानी जाती हैं। मुण्डाओं के गाँव में यदि काली बिल्ली दिख जाती है तो गाँव वाले उसे दौड़ा कर या तो मार डालते है या गाँव से बहुत दूर खदेड़ देते हैं।

जादू टोना में बिल्ली का एक अन्य इस्तेमाल भी है। जो व्यक्ति सम्पूर्ण जादू का लक्ष्य है या जिसे रोग–ग्रस्त करना या मार डालना है उसे एक बिल्ली से एकात्म कर देते हैं अर्थात् जादू की शक्ति से उसे रोआ को काली बिल्ली में स्थित कर देते हैं पुनः मंत्रों एवं विभिन्न क्रियाएँ करके उस बिल्ली को मार डालते हैं (अर्थात वह व्यक्ति अदृश्य रूप में मर गया) और उसके मुँह में अरवा चावल भर कर उस व्यक्ति के खेत में अथवा उसके घर के पीछे मिट्टी में गाड़ देते हैं। इसका शीघ्र और सीधा प्रभाव व्यक्ति पर पड़ता है। मान्यता है कि कुछ दिनों के अंदर उसकी मृत्यु निश्चित है।

(ख) 'बान' चलाना :

अदृश्य स्थान से 'बान' चला कर शत्रु को नुकसान पहुँचाने या मार डालने की बात भी जादू–टोना जगत् में तथा मुण्डाओं के बीच काफी प्रचलित है। चूँकि डायन अपने जादू से नाजोम–चण्डी को वश में कर लेती हैं अतः दोनों एकाकार हो जाती है। एक रूप ग्रहण कर लेती हैं। दूर जंगल–पहाड़ या किसी अदृश्य स्थान से घास का एक –'बान' (तीर) और एक धनुष बना लिया जाता है और तीर को मंत्रों से अनुप्राणित कर लक्ष्य की ओर छोड़ दिया जाता है। इसका वार कभी खाली नहीं जाता। यदि लक्षित व्यक्ति खेत में हल जोत रहा है तो बान उसे लग सकता है वह वह गिर सकता है एवं बीमार पड़ सकता है, खेत में पड़ने पर पूरी फसल नष्ट हो जाती है और हल पर बान गिरने से हल टुकड़ों में बिखर जाता है। कभी–कभी लक्षित व्यक्ति यदि स्वयं सशक्त होता है तो "बान" उसे

स्पर्श करता है (क्योंकि बान कभी भी लक्ष्य से चूकता नहीं है) और बिना कोई हानि पहुँचाए पुनः बान भेजनेवाली पर उल्टा आ गिरता है। 'बान' निरर्थक नहीं जाता।

(ग) पुतला–बेधन :

जादू–टोना जगत् में पुतला–बेधन क्रिया सर्वाधिक प्रचलन में है। इस क्रिया में जिस व्यक्ति को लक्ष्य साधा जाता है उसके नाम से एक छोटा सा मिट्टी का पुतला बना लिया जाता है। विभिन्न मंत्रोच्चारण और क्रियाओं द्वारा इसमें जीव का आरोपण कर सजीव किया जाता है (मान लिया जाता है) जैसे लक्ष्य साधित व्यक्ति उस पुतले में आ गया हो। अब उसे बलि हेतु सिन्दूर से टीक कर अन्य क्रियाएँ सम्पादित कर तैयार किया जाता है। नाजोम बोंगा का आह्वान किया जाता है और किसी बड़े कांटे या छुरे से बलि हेतु तैयार पुतले को बेंध कर नाजोम बोंगा को समर्पित किया जाता है। मृत पुतले को दीमक लगे किसी टीले के पास दफन किया जता है तथा बलि के समय में प्रयुक्त अरवा चावल को भी साथ में दफना दिया जाता है जो इस तथ्य का संकेत करता है कि कोई बलि चढ़ाई गई है और उसका दाह किया गया है। जो कुछ पुतले के साथ हुआ है वह लक्षित व्यक्ति के साथ हुआ मान लिया जाता है और इस प्रकार वह व्यक्ति अपना अस्तित्व खोकर नाजोम बोंगा का शिकार समझा जाता है। मुण्डा लोग मानते है कि पुतले से मारा गया व्यक्ति इस लौकिक संसार में कुछ ही दिन का मेहमान है।

(घ) (शरीर के किसी) अंश के माध्यम से प्रहार :

'पुतला–बेधन' में सम्पूर्ण शरीर की कल्पना कर जादू–टोना का प्रयोग किया जाता है किन्तु जादू–टोना में एक अन्य विधि भी प्रचलित है जिसमें जिस व्यक्ति, पशु या वस्तु को "लक्ष्य" बनाना होता है उसके शरीर का कटा हुआ नाखुन या केश या उसके पैर की धूल या पुराना उतारा कपड़ा जैसी कोई वस्तु प्राप्त करनी होती है। इसी प्रकार यदि किसी पशु को लक्ष्य बनाना होता है तो उसके पूँछ का बाल या टूटा हुआ दाँत माध्यम का काम करता है। फसल नष्ट करने के लिए उस खेत से थोड़ा अनाज का दाना पर्याप्त माना जाता है। जादू–टोना की विद्या के अनुसार लक्ष्य के किसी अंश को पकड़कर उस अंश के माध्यम से उसके पूरे शरीर को प्रभावित किया जाता है। मुण्डा लोग सतक्र रहते हैं कि उनकी कोई ऐसी वस्तु किसी शत्रु के हाथ न पड़ जाये जिससे वे जादू–टोना के शिकार हो जावें। कटे हुए नाखून, केश या कपड़े वे इस तरह छुपा देते हैं कि किसी के हाथ न लग सके या जब हाथ लगे तो पहचाना न जा सके कि किस व्यक्ति का यह अंश है।

(ङ) बोंगा या प्रेत बैठाना :

जादू–टोना की शक्ति से उस घर में जिसका विनाश करना होता है बोंगा या प्रेत का घुसा दिया जाता है और वह घर अनायास की बीमारियों एवं प्रेत–लीलाओं के उत्पात का स्थान बन जाता है। डायन या जादू–टोना करनेवाले सर्वप्रथम किसी पत्थर के पिण्ड या किसी ऐसी वस्तु में जो सरलता से लक्षित घर में घुसाई जा सके, नाजोम–बोंगा को स्थापित कर उसे प्रविष्ट करा देते हैं। इस कार्य में, जो ईर्ष्यालु व्यक्ति होता है तथा अपने शत्रु के विनाश के लिए जादू–टोना की सहायता प्राप्त करता है उसे सतक्रतापूर्वक उस पिण्ड या वस्तु को जिसमें नाजोम बोंगा स्थापित किया गया है, उस घर में घुसाना पड़ता है जिसका वह विनाश चाहता है। यह दायित्व उसी का होता है। जादू–टोना करने वाले कभी भी खुल कर समाने नहीं आते। पिण्ड या वस्तु के साथ–साथ उसमें स्थापित बोंगा भी घर में घुस जाता है और जहाँ–जहाँ पिंड जाता है स्थापित बोंगा भी वहाँ–वहाँ जाता रहता है। डायनों द्वारा साधित बोंगाओं एवं असुर बोंगाओं में एक मौलिक अन्तर यह है कि असुर बोंगा अपने क्षेत्र से जुड़े रहते हैं और उसे त्याग कर अन्यत्र नहीं जाते, जैसे किसी साल वृक्ष पर रहने वाला असुर बोंगा वृक्ष कट जाने तथा दूसरी जगह कटे वृक्ष को ले जाने पर वह वृक्ष के साथ–साथ नहीं अपितु उसी क्षेत्र के दूसरे वृक्ष पर स्थान ग्रहण कर लेता है। इसके विपरीत जादू–टोना से साधित बोंगा उस पिण्डक के साथ–साथ चलता रहता हैं जिसमें उसे स्थापित किया गया रहता है।

(च) रोआ–अकिर्डिंग :

डायनों द्वारा वशीकृत बोंगा उसकी इच्छानुसार घर में बीमारियाँ फैलाते हैं तथा पूरे घर का, घर के पशु एवं खेती–बाड़ी का विनाश करते हैं। नाजोम–बोंगा का सबसे घातक प्रहार किसी व्यक्ति पर यह माना जाता है कि वह उसे 'रोआ' को उसके शरीर से बाहर निकाल कर बेच देता हे। वस्तुतः वह किसी का "रोआ" बेचता नहीं है अपितु उसे व्यक्ति के शरीर से निकाल लेता है। व्यक्ति का रोआ या उसकी आत्मा (उसका स्वयं) जब निकल जाता है तो व्यक्ति की मात्र छाया शेष रह जाती है। और यदि उसका 'रोआ' कुछ समय में उसके शरीर में वापस नहीं लौटता तो उसकी मृत्यु हो जाती है। रोआ–अकिडिंग से ग्रस्त व्यक्ति अकस्मात लुंज–पुंज निर्जीव दिखलाई पड़ने लगता है उसकी आवाज अस्फुट और दृष्टि शून्य हो जाती है।

(छ) विष–प्रयोग :

जादू–टोना विद्या के अर्न्तगत विष–प्रयोग द्वारा हत्या का कौशल भी आता है। डायनों या इस विद्या के साधकों द्वारा दो प्रकार के विष का इस्तेमाल किया

जाता है– 1. बिसी तथा 2. माउर। बिसी उस जहर को कहते हैं जो अपने मूल रूप में पाया जाता है तथा सीधे नसों के माध्यम से शरीर के रक्त में मिल जाता है। सर्प द्वारा डँसा जाना बिसी हैं क्योंकि सर्प का विष सीधे रक्त में प्रवेश कर जाता है। कभी–कभी गेंहुअन सॉप के विषयुक्त सिर को काटकर भोजन में मिला दिया जाता है और इससे भी विष सीधा रक्त में प्रवेश कर अविलम्ब अपना प्रभाव दिखाना शुरू कर देता है।

माउर पेड़–पौंधो से प्राप्त किया हुआ विष जो भोजन में मिलाकर दिया जाता है तथा पचता हुआ रक्त में प्रविष्ट होता है। हाफमैन ने एन्साइक्लोपिडिया में ऐसे 46 प्रकार के पौंधो को गिनाया है जिनसे विष का उपयोग किया जाता है।[40] डायने माउर बनाने में बड़ी कुशल होती हैं तथा इनके द्वारा तैयार माउर मुण्डा समाज में 'नजोम' नाम से जाना जाता है। मुण्डा मस्तिष्क में यह बात जमी हुई है कि माउर से 'नाजोम' अधिक घातक एवं असरदार होता हैं। कारण स्पष्ट है। जिस प्रकार सिड़.बोंगा की कृपा से वैधों द्वारा संकलित जड़ी–बूटियों में सामान्य क्षमता से अधिक धार–दार असर आ जाता है, उसी प्रकार बोंगाओं के प्रभाव से माउर जो 'नजोम' हो जाता है, अधिक असरदार हो जाता है।

डायन एवं बोंगा के सम्बन्ध :

जादू–टोना वह विद्या है जो बोंगाओं एवं डायनों के परस्पर सम्बन्धों की नींव तैयार करती है और इस क्रम में डायन किसी एक बोंगा के अत्यन्त निकट पहुँच जाती है, उसे साध लेती है। बोंगा की नियमित पूजा एवं उसकी इच्छित वस्तुओं का चढ़ावा डायनों का कर्त्तव्य हो जाता है। अपने कर्तव्यों में डायन किसी प्रकार की शिथिलता नहीं दिखला सकती अन्यथा उसके द्वारा वशीकृत बोंगा स्वयं उसके सर सवार हो जाता है। चूंकि डायन बोंगा को चढ़ावे द्वारा तृप्त रखती है अतः वह उससे अपनी इच्छानुसार काम ले पाती है। बोंगा से विशिष्ट काम लेने पर उसी के अनुरूप डायनों को विशिष्ट चढ़ावा भी चढ़ाना पड़ता है। कभी–कभी डायनें बोंगाओं से वायदा करती हैं कि यदि उनका काम ठीक से पूरा कियाग तो वे बोंगाओं को अतिरिक्त 'बलि' का चढ़ावा चढ़ायेंगी। बोंगाओं के चढ़ावे का भाग कभी भी मारा नहीं जाता है, उन परिस्थितियों में भी नहीं जब डायनों द्वारा उत्प्रेरित बोंगाओं द्वारा प्रक्षेपित जादू कभी–कभी देंवड़ाओं के काट के कारण बे–असर हो जाता है। कहा जाता है कि देंवड़ा अपने असामी (जिसके उपर जादू का मार भेंजा गया था और जिसे देवड़ा ने अपने उत्कृष्टतर ज्ञान द्वारा जादू के मार से बचा लिया) द्वारा उसी बोंगा को उतना ही चढ़ावा चढ़ाने से तुष्ट करवाता है जितना चढ़ावा डायन ने बोंगा को काम पूरा होने पर वायदा किया था। इस प्रकार बोंगा का अंश कभी भी मारा नहीं जाता। बोंगा किसी भी प्रकार शिथिलता

या उपेक्षा सहन नहीं कर पाते और ऐसी स्थिति में विभिन्न प्रतीकों या माध्यमों द्वारा अपने रोष प्रकट कर देते हैं। अतः बोंगाओं से सम्पक्र रखने वाली डायनें या देंवड़ा बोंगाओं को तुष्ट रखने का सभी संभव उपाय करते रहते हैं।

मुण्डा–जीवन में जादू–टोना का प्रभाव गहराई से प्रविष्ट है। यह मुण्डा धर्म में बोंगाओं की व्यापक अवधारण का प्रतिफल है। मुण्डा धर्म में अनेक प्रकार के बोंगा अपने लोभी एवं अंहकारी स्वभाव के कारण मुण्डाओं को त्रस्त करते हैं और उनसे "बलि" और चढ़ावा प्राप्त करते हैं। बोंगाओं को त्रस्त करने की, हानि पहुँचाने की प्रकृति को ध्यान में रखते हुए डायनें जादू–टोना की विद्या द्वारा इन्हें साधती और वश में कर लेती हैं। इसके उपरान्त वे अपने ग्राहकों या असामियों की ईर्ष्यालु ईच्छाएं पूरा करने के लिए उनके शत्रुओं को लक्ष्य कर विभिन्न विधियों से उन पर बोंगाओं को भेजती और उन्हें हानि पहुँचाती हैं यहाँ तक कि उनकी मृत्यु का कारण भी बनती हैं। प्रश्न उठता है मुण्डा धर्म डायनों को यह शक्ति किससे प्राप्त हुई? मुण्डा–जाति के शुभ–चिन्तक सर्वशक्तिमान सिड़.बोंगा से ? उनके सुरक्षा कवच के रहते डायनें मुण्डाओं को किस प्रकार परेशान कर सकती हैं ?क्या डायनों का सिड़.बोंगा से कोई निकट का सम्बन्ध है ?वस्तुतः जादू–टोना के संसार के अस्तित्व को स्वीकार किया जाता है और यह भी माना जाता है कि उनकी पहली पत्नी जादू–टोना की विद्या में कुशल एक डायन थी।

सृष्टि की पहली डायन सिड़.बोंगा की पत्नी

मुण्डा परम्परा में प्रचलित इस धर्मगाथा में न केवल मुण्डा–धर्म के विपरीत जादू–टोना की प्रणाली, जिसे हम विपरीत–धर्मी प्रणाली कह सकते हैं, विकसित होने की पृष्ठ भूमि दिखलाई पड़ती है जहाँ "सात परबतिया" डायन बहनों की शक्ति का उल्लेख है, बल्कि इस विपरीत धर्मी प्रणाली के काट स्वरूप इसकी मार से बचाव के लिए मुण्डा जीवन में एक अन्य प्रणाली के विकसित होने का भी उल्लेख है, जिसमें महादेव से शक्ति प्राप्त कर, सोखा, देंवड़ा, माती आदि की संस्था उभर कर मुण्डा समाज में व्याप्त हुई है। यह जादू–टोना की शक्ति को निष्प्रभावी करनेवाली एक समानान्तर प्रणाली है जिसे सिड़.बोंगा का आर्शीवाद प्राप्त है क्योंकि उन्होंने 'दन्तरी' को वे सभी विधाएँ सिखा दी थी जिनसे वह जादू–टोना की मारक–शक्ति को निष्प्रभावी कर सकता था।

सिड़.बोंगा की दो पत्नियों में से बड़ी पत्नी डायन और निःसंतान थी। छोटी पत्नी को एक पुत्र था। डायन मृत्यु और व्याधियों में आनन्द पाती थी किन्तु मुण्डा लोग मृत्यु एवं बीमारी के समय सिड़.बोंगा और डायनों को कोसते और बुरा भला कहा करते थे। उस पर डायन पत्नी नाराज थी। उसने सिड़.बोंगा को अग्नि–वर्षा के लिए उकसाया जिससे धरती के लोगों का सदा के लिए विनाश हो जाय।

सिड्.बोंगा ने ऐसा ही किया, किन्तु विनष्ट धरती को देखकर वह बहुत पछताए। सिड्.बोंगा मुण्डा मानव जाति का विनाश नहीं चाहते थे। यदि वह डायन पत्नी के अनुसार चलते हैं तो रोग और व्याधियों का शिकार हो कर मुण्डा–जाति क्षीण से क्षीणतर होती जायेगी और एक दिन निर्मूल हो जायेगी। रोग और व्याधियों से सुरक्षा के लिए सिड्.बोंगा ने 'दन्तरी' नामक एक व्यक्ति को एक 'विद्या' सिखलाई तथा उसे देंवड़ा की शक्ति से सम्पन्न किया। दन्तरी ने इस 'विद्या' को अपने कुछ शिष्यों को सिखलाया।

'विद्या' एवं 'शक्ति' एक दूसरे का पूरक हैं। आवश्यक नहीं है कि विद्या प्राप्त करनेवाला शिष्य 'शक्ति' प्राप्त कर ले। 'शक्ति' सिद्धि से प्राप्त होती है। सिद्धि के लिए साधना करनी पड़ती है तभी गुरु प्रसन्न होता है और शिष्य को शक्ति प्रदान करता है। शक्ति के प्रभाव में विद्या पूरी तरह प्रभावी नहीं हो पाती और विद्या के अभाव में 'शक्ति' को स्थापित करने की कोई जगह नहीं होती क्योंकि जिनके पास विद्या है उसे ही शक्ति प्राप्त होती है। सिड्.बोंगा ने दन्तरी को 'विद्या' एवं 'शक्ति' दोनों प्रदान की थी। अतः सिड्.बोंगा ने इन्हें योग्य बनाया था दूसरों को विद्या दान कर गुरु बन सके। इस प्रकार दन्तरी, सिड्.बोंगा द्वारा सृजित गुरु थे। दन्तरी ने अपने शिष्यों को, देंवड़ा को विद्या सिखलाई किन्तु उन्हें 'सिद्धि' प्रदान नहीं किया।

सिड्.बोंगा की डायन पत्नी ने क्रोध में आकर छोटी पत्नी के पुत्र को रोग–ग्रस्त कर दिया। दन्तरी उपचार हेतु बुलाए गए उन्हेंाने ध्यान किया और ध्यानावस्थित स्थिति में बोले– "स्वामी आपका पुराना–बर्तन चक्कर काट रहा है।" सिड्.बोंगा समझ गए। उन्हेंाने अपनी डायन पत्नी को घर से निकाल दिया।[42] घर से निकल कर इस डायन पत्नी ने पर्वत पर रहनेवाली छः बहनों को अपनी विद्या "जादू–टोना सिखला दी। इस प्रकार कुल मिलाकर सात डायन बहने हुई, जो 'सात परबतिया' या 'सात बहनो' के नाम से मुण्डा संसार में जानी जाती हैं। मुण्डा–जीवन में जादू–टोना की विपरीत–धर्मी प्रणाली इस प्रकार क्रमशः आगे बढ़ती गई।

'सात–परबतिया' लोक गाथा में डायन का संबंध सिंगबोंगा से दिखलाया गया है। सिंगबोंगा ने डायनों की मारक–विद्या एवं विनाशकारी प्रवृति पर अंकुश लगाने के लिए, जिससे मुण्डा–जाति काल–कवलित होकर क्षीणतर न होती जाय, देवंड़ा की विद्या 'दन्तरी' को प्रदान की तथा उसे 'सिद्धि' की शक्ति भी दे दी। इस 'विद्या' और 'शक्ति' से विभूषित दन्तरी ने अपने कुछ शिष्यों को देंवड़ा की विद्या का, विभिन्न जड़ी, छाल और पक्षियों के गुणों का, औषधियों का, ज्ञान कराया किन्तु शिष्य अभी इतने सक्षम एवं साधना–युक्त नहीं हो चुक थे कि दन्तरी उन्हें

'सिद्धि' किन्तु सिंगबोंगा से प्राप्त विद्या और शक्ति के कारण दन्तरी की सर्वत्र ख्याति फैल रही थी और वह जादू–टोना के प्रभाव से आग्रस्त लोगों तथा अन्य व्याधियों को सफलतापूर्वक उपचार कर देता था। किन्तु जैसा मुण्डा–धर्म–गाथाओं में प्रायः देखने को मिलता है कि सिंगबोंगा किसी के गर्व को सहन नहीं करता, उसने 'दन्तरी' की ख्याति से उपजे उसके अंहकार को सहन नहीं किया। एक दिन जब दन्तरी स्नान कर रहा था और एक पतली लम्बी लकड़ी से अपनी पीठ को मल रहा था प्रथम परबतिया सिंगबोंगा की डायन पत्नी ने जादू का बाण मारा। लकड़ी सांप बन गई। सांप ने दन्तरी के गर्दन में दांत चुभा दिया।

इस प्रकार डायनों एवं देवड़ाओं के बीच अपनी–अपनी विद्या के आधार पर निरन्तर चलनेवाला एक संग्राम छिड़ गया। दन्तरी अनेक उपाय किए किन्तु डायनों ने अपने जादू–टोना एवं अदृश्य होने की क्षमता की शक्ति से उन उपायों को विफल कर दिया। मृत्यु के समय दन्तरी ने अपने शिष्यों कहा कि उनके शरीर को काट कर उसके मांस को पका कर खा जाने से शिष्यों को सिद्धि प्राप्त हो जायेगी किन्तु डायनों ने चालांकी की और स्वयं दन्तरी के मॉस को खा लिया। इस प्रकार मूर्ख शिष्य 'सिद्धि' की शक्ति से वंचित रह गए। इन्हीं शिष्यों में एक तुरा था। उसने समझ लिया कि डायनों ने उन्हें छल लिया है। उसने प्रयास किया और एक पते पर दन्तरी के रक्त का एक बूंद लगा हुआ पाया, जिसे चाट गया और इस प्रकार उसने 'सिद्धि' प्राप्त कर ली।

एक सोहराई की रात 'तुरा' ने छिप कर डायनों को जादू साधने की क्रिया के मध्य पकड़ने का प्रयास किया। जब रात काफी घनी हो चुकी थी और डायने निर्वस्त्र नृत्य में संलग्न थीं। तुरा ने टीले के पीछे से मंत्र–साधित बॉसुरी बजाना शुरू किया। डायने बांसुरी के स्वर के प्रभाव में विवश सी नाचने लगी। वे भूल चुकी थी कि अत अतिरिक्त झीने झाड़ू के आवरण में, वे विवस्त्र हैं तथा उनके घुटने पर टिका दिया मंद लौ में जल रहा है। उन्हें न समय का ज्ञान था और न अपना। बंशी के स्वर के प्रभाव में वे नाचती रहीं........नाचती रहीं।

प्रातः एक कृषक, जो अपने खेत जा रहा था इस दृश्य को देखकर हड़बड़ा गया और दौड़कर गाँव वालों को बुला लाया। गाँव वाले यह देखकर अत्यन्त लज्जित हुए कि उनकी अपनी पत्नियॉं डायन के रूप में नग्न नाच रही हैं। उन्हें घर पर रो रहे बच्चों की आवाज सुनाई पड़ी। वे सब इसका रहस्य पता लगाने के लिए गाँव की ओर दौड़ पड़े। इस बीच तुरा ने अपनी सम्मोहन शक्ति को कुछ ढीला कर दिया किन्तु डायनों को पूरी तरह मुक्त नहीं किया। डायनों को अब पता चला कि वे कितना थक चुकी हैं तथा सम्मोहन के प्रभाव में कितना विवश थीं। तुरा ने डायनों से तीन वचन लिए और उसके पश्चात् ही डायनों को अपने

मंत्र के प्रभाव से मुक्त किया। डायनों के तीन वचन थे——

1. हम कभी भी सिंगबोंगा की इच्छा के विपरीत काम नहीं करेंगी।,
2. हम देवड़ा की शक्ति का प्रतिरोध नहीं करेंगी, और
3. यदि हमने इच्छा से या ईर्ष्या वश किसी पर जादू या बान चलाया है तो देंवड़ा उसे हम पर वापस कर सकते हैं।

देंवड़ा : जादू–टोना के विरूद्ध एक समानान्तर–धर्मी संरचना

'सात–परबतिया' की धर्म–गाथा मुण्डा–धर्म के विपरीत हैं। यह जाति के विनाश के सिद्धान्त का प्रतिपादन करती है। विनाशक शक्ति पार्वती में निहित है जो सिड़.बोंगा की डायन–पत्नी है। सिड़.बोंगा सरना धर्म के अनुसाार सृष्टि का एक मात्र सर्जक भगवान है। वह इस धर्म–गाथा में पत्नियों एवं विभिन्न शक्तियों के बीच घिरा हुआ दिखलाई पड़ा है यहॉ तक कि उसे अपने बच्चे के ईलाज के लिए देंवड़ा की आवश्यकता पड़ती है।

किन्तु मुण्डा धर्मशास्त्री इस गाथा को भी मुण्डा–धर्म के पृष्ठ–पोषक के रूप में विश्लेषित करते हैं। सिड़.बोंगा सर्वशक्तिमान है तथा मुण्डा–जाति एवं सृष्टि को संतुलित रखने के लिए उसने डायनों को अपनी आंशिक शकित प्रदान की है तथा रोग ओर व्याधियों का भी सृजन किया है। साथ ही उसने 'देवंड़ा' को सृजित किया है जो व्याधियों से मुण्डा जाति को सुरक्षित रख सके। सिड़.बोंगा के विधान में जाति की सुरक्षा लिए मनुष्यों की मृत्यु तथा आबादी का 'क्षीण' होना आवश्यक है। अपने इस काम के लिए वह बोंगाओं का उपयोग करता है। बोंगाओं का उपयोग वह कभी–कभी सीधे स्वयं करता है तो कभी डायनों के जादू–तंत्र के माध्यम से करता है। यह सब उसकी इच्छा के अनुसार और उसके विधान के अनुरूप है। वह कभी भी डायनों को देंवड़ाओं से उपर हावी नहीं होने देता अन्यथा जाति की क्षीण होने की गति उसकी सुरक्षा के उपर प्रभावी हो जायेगी। अतः बोंगाओं एवं डायनों के संहार की शक्ति तथा देंवड़ाओं की सुरक्षा की शक्तियॉ दोनों, एक ही भगवान सिड़.बोंगा से प्राप्त होती हैं। सहार में ही सृजन का रहस्य है। डायन एवं देंवड़ा दोनों सिड़.बोंगा के विधान को पूरा करनेवाले कारक हैं अतः दोनों मुण्डा धर्म के अंग है। फिर भी सिड़.बोंगा डायन को पसंद नहीं करता क्योंकि उसकी आत्मा में जन्म से ही ईर्ष्या, पाप एवं अहंकार भरा हुआ है। सिड़. बोंगा ने ऐसे चरित्रों को सदा सजा दी है। इसीलिए उसने अपनी डायन–पत्नी को घर से बाहर निष्कासित कर दिया था।

इस धर्मगाथा से यह भी स्पष्ट होता है कि सिड़.बोंगा 'दन्तरी' के माध्यम से देंवड़ाओं की एक सशक्त जाति विकसित करना चाहता था जो जादू–टोना की

मार का निरस्त कर सकता। हम देखते हैं कि जादू–टोना के विरूद्ध साधकों की शक्ति का विस्तार एक ऐसी सशक्त संरचना के रूप में उभर कर सामने आया कि डायनों एवं जादू–टोना के आतंक से मुण्डा–समाज को कुछा राहत मिलने लगी थी यद्यपि इसके विकास में सदानों एवं हिन्दु धर्म की भूमि महत्वपूर्ण थी।

वस्तुतः प्रश्न धर्म का नहीं अपितु उस शक्ति का था जो डायनों एवं बोंगाओं से मुण्डा लोंगो की जीवन रक्षा कर सके। यदि साधक किसी भी देवता या धर्म का सहारा लेकर यह क्षमता प्राप्त कर लेते हैं तो मुण्डा उनकी शरण जाते हैं तथा उनकी सहायता लेकर स्वयं को डायनों के मार से बचाते हैं। साधका मुख्य उद्धेश्य रोग के कारणों का पता लगाना है, डायन और उस बोंगा का पता लगाना है जो इस कर्म से जुड़ा हुआ है, इसके उपरान्त इसका हल या निदान समझा देना है। मुण्डा यह समझ कर अपने ढंग और अपनी रीतियों से पूजा अर्पित करता है या बलि का चढ़ावा चढ़ाता है।

पूजा करने वाले साधकों की अनेक श्रेणियॉ है इसी के अनुसार मुण्डा समाज के उनकी ख्याति फैली होती है। इनमें सोखा सबसे श्रेष्ठ माना जाता है। तथा हटा–देंवड़ा निचली श्रेणी का पूजक या साधक है। भगत, मंरग देवंड़ा आदि साधकों की अन्य श्रेणियॉ हैं। साधको में हिन्दू या हिन्दूकृत मुण्डाओं की संख्या अपेक्षाकृत अधिक है।

सोखाः–सोखा एक विश्वसनीय पूजक एवं साधक है। अधिकांशतः हिन्दू या हिन्दूकृत मुण्डा सोखा बनता है। इसके समस्त आचरण हिन्दू पुजारी की तरह होते हैं। वह अपने इष्ट महादेव–पार्वती को मानता है। कठोर व्रत, दृढ़ संयम और कठिन तपस्या एवं साधना के द्वारा वह महादेव को प्रसन्न कर उनसे शक्ति प्राप्त कर लेता है। वह अपने भक्ति के लिए पूरी तरह समर्पित होता है। अपनी कुटिया के निकट एक खुले चबूतरे पर वह महादेव का पिण्ड स्थापित किए हुए होता है। चबूतरे पर ही एक तुडुसी (तुलसी) का पौधा घना–घना छहराया रहता है। पिण्ड के निकट त्रिशूल गड़ा रहता है। और एक पतले मध्यम ऊँचाई की बॉस पर छोटा–सा तिकोना लाल झण्डा बॅधा रहता है। वह नियमित महादेव की पूजा पुष्प और दूध से करता है। पिण्ड को घी से आलोपित करता अैर सिन्दूर से टीक देता है। पिण्ड के सम्मुख अग्नि में घी और कुछ सुगन्धित सामग्री प्रज्वलित करता है। धूप–बती पिण्ड के निकट जलती रहती है।

सोखा किसी के बुलावे पर कहीं नहीं जाता। वह अपनी कुटिया में या पूजा–स्थल के निकट बना रहता है। जिसे जरूरत पड़ती है वह सोखा के पास आता है । और उसके सम्मुख अपनी समस्या रखता और निदान पूछता है।

सोखा डायनों से या बोंगाओं से सताए हुए लोगों की बात ध्यान से सुनता है। वह बहुत कम बोलता है और बीच–बीच में अबूझ क्रियाऍ भी करता रहता है।

ये क्रियाएँ कितनी अर्थपूर्ण होती है, नहीं कहा जा सकता किन्तु इनका मनोवैज्ञानिक प्रभाव प्रार्थी और उसके साथ आए हुए लोगों पर अवश्य पड़ता है। कुछ समय बाद महादेव के पिण्ड का स्पर्श करता है। धूप एवं सुगंधित वस्तुओं को जलाता है जिससे वातावरण भयावह लगने लगता है। सोखा अब घण्टा बजाता है। और शंख या कुछ स्थानों पर छोटा सिंघा श्वास की पूरी ताकत से फूंकता है जैसे महादेव का अपने ऊपर आह्वान कर रहा हो। एकत्रित लोगों की दृष्टि सोखा पर एकाग्र टिकी रहती है। सारा वातावरण सोखा से प्रभावित लगने लगता है। क्रमशः सोखा शनैःशनै अपने सिर को हिलाने...पुनः जोर–जोर झटकने लगता है। महादेव उस पर सवार हो जाते हैं। वह न समझ में आनेवाली अस्फुट भाषा में बड़बड़ाता है जैसे बोंगओं या अदृश्य शक्तियों से उनकी भाषा में बात कर रहा हो। उसका अपना 'स्वयं' सुप्त हो जाता है। वह जो कुछ कहता या करता है उसका अपना नहीं होता अपितु उस पर सवार महादेव बोलते हैं।

अपनी **'रूम'** की अवस्था[43] में विचरता हुआ सोखा डायन को देख लेता है। वह उस वातावरण एवं उन लोगों को भी देखता है जो डायन के निकट होते हैं। वह उसे बोंगा का नाम सुन लेता है जिसे ने जादू–टोना करने के लिए प्रवृत्त किया था। वह बोंगा की पूरी जानकारी प्राप्त कर लेता है और किस प्रकार की बलि से यह आरोपित बोंगा तुष्ट होगा इसका भी पता लगा लेता है।

सचेत होने पर सोखा ने जो कुछ समाधिस्थ देखा और सुना है, इसका वर्णन आये हुए लोंगों के सम्मुख करता है। श्रोता सोखा के मुख से निकलने वाले प्रत्येक शब्द को बड़ी श्रद्धा से सुनते हैं। उन्हें सोखा की शक्ति पर पूरा विश्वास है। सोखा ने जो कुछ कहा है शत–प्रतिशत सच है। सोखा ने डायन का पता लगा लिया है। सोखा गलत नहीं हो सकता।

सोखा द्वारा बताए गए 'डायन' पर मुण्डाओं की पंचायत में विचार किया जाता है कि उसे किस प्रकार और कितना दण्ड दिया जाए। सोखा द्वारा घोषित 'डायन' अस्वीकार नहीं कर सकती कि उसने जादू–टोना का कुकर्म नहीं किया है। सोखा ने उसके नाम की घोषणा उपस्थित अनेक लोगों के सम्मुख की है। वह अपने बचाव के लिए इन्कार करेगी ऐसा मान लिया जाता है अतः उसकी उसके घरवालों की दलील पर कोई कान नहीं देता।

सोखा को डायन से क्या लेना–देना है ?वह एक निर्लिप्त एवं तटस्थ व्यक्ति माना जाता है। डायन का पता लगाने के क्रम उसके विभिन्न क्रिया–कलाप, हाव–भाव, सर का झटकना, अस्फुट भाषा में बड़बड़ाना, स्पष्ट संकेत करता है कि महादेव उस पर सवार हो चुके हैं और जो कुछ सोखा ने समाधि की अवस्था में देखा–सुना है सब ईश्वरीय है, दैवी है। पंचायत सोखा के कथन को अन्तिम निर्णय मान कर फैसला करती है।

मुण्डा–समाज में सोखा की प्रतिष्ठा बनी रहने के कारण है: – (क)— कि वह किस के बुलावे पर कहीं नहीं जाता, जिसको गर्ज होती है उसके पास उसकी कुटिया और मंदिर का द्वार खटखटाता है। (ख) — वह जिस बोंगा को तुष्ट करने का आदेश देता है वह बोंगा मुण्डा धर्म के अन्तर्गत होता है, कोई हिन्दु या अन्य देवता नहीं होता। (ग) — सोखा मुण्डा लोगों की परम्परा एवं धर्म का सम्मान करता है तथा उनके रीति–रिवाजों में किसी प्रकार की दखल अन्दाजी नहीं करता। उसका काम है डायन का पता लगाना, बोंगा का नाम बताना और उसे अर्पित की जाने वाली बलि (पशु) का नाम बताना। ये सारी सूचनाएँ सोखा मुण्डाओं को बता देता है और शेष कार्य मुण्डा अपनी परम्परा, अपने धर्म एवं रीति–रिवाज के अनुसार स्वयं करते हैं। (घ)— सोखा देंवड़ा की तरह लोभी नहीं है कि अनेक प्रकार के चढ़ावा तथा बलि का विधान बतला कर मुण्डाओं का आर्थिक दोहन करे। (ड़) — सोखा को एक मोटी फीस व्याधि–ग्रस्त परिवार को देनी पड़ती है। यह सोखा की प्रतिष्ठा में और अधिक वृद्धि करती है। फीस जितनी मोटी होती है उसी के अनुपात में सोखा की क्षमता और प्रतिष्ठा को आंका जाता है। फीस पर कोई मोल–भाव तक्र–वितर्क नहीं होता। पुनः मुण्डा जो व्यय करता है, 'डायन' से उसे दण्डस्वरूप वापस प्राप्त हो जाता है।

मुण्डाओं में यह विश्वास घर कर गया है कि हिन्दुओं के देवता महादेव, मुण्डाओं के बोंगाओं से अधिक प्रभावी एवं शक्तिशाली हैं। आगे के पृष्ठ में हम देखेंगे कि मुण्डा एवं हिन्दू धर्म के अन्तर्मिश्रण के फलस्वरूप कालान्तर की अनेक धर्मगाथाओं में सिड़.बोंगा और उनकी पत्नी (यद्यपि मुण्डा सिड़.बोंगा को विवाहित या पत्नी वाला नहीं मानते) किस प्रकार महादेव–पार्वती के रूप में प्रचलन पा चुके होते हैं।

भगत : जादू–टोना जैसी विपरीत धर्मी प्रणाली के समानान्तर विकसित होनेवाली धर्म–सम्मत संरचना के स्तरीकरण में भगतों की गणना सोंखाओं के बाद द्वितीय सोपान पर होती है। भगत भी सोंखाओं की तरह महादेव की भक्ति करते हैं। उनके पिण्ड पर दूध चढ़ाते हैं, घी से लेप और सिन्दूर से टीका लगाते हैं। सोखाओं की तरह इनके पूजा स्थल पर लाल झण्डा एक छोटे से बांस में टंगा रहता है। धूपबत्ती और अग्नि–प्रज्वलित कर उसमें सुगंधित समिधा की आहुति दी जाती है। लगभग सब कुछ सोखा की तरह रहता है अतिरिक्त इस तथ्य के कि भगत मुण्डाओं से सोखा जैसी प्रतिष्ठा अर्जित नहीं कर पाते। उनके हात–भात में तेजी का अभाव एवं दृढ़ता की कमी रहती है। सोखा अपनी प्रतिष्ठा के अनुकूल डायन एवं बोंगा तथा बलि के विषय में अपने असामियों को बताकर अपना काम समाप्त मानता है किन्तु भगत एक कदम और आगे बढ़कर देंवड़ा की तरह बोंगाओं को भगाने की क्रिया में भी भाग लेता है। यह काम जिसे सोखा मुण्डाओं को सौप

देता है वे इसे अपनी पद्धति से करते है भगत स्वयं करने को तैयार रहता है। इस प्रकार न केवल उसका स्तर गिर जाता है अपितु मुण्डा लोग उसे लोभी भी मानने लगते हैं। भगत हिन्दू या हिन्दूकृत आदिम–जाति में से कोई भी हो सकता है।

मरंग देंवड़ा : मरंग देंवड़ा भगत की नकल कर अन्य देंवड़ाओं की अपेक्षा अपना कौशल एवं शक्ति बढ़ा लेता है। वह देंवड़ाओं में सर्वश्रेष्ठ, महान, मरंग माना जाता है। मरंग शब्द का अर्थ महान होता है। मरंग–देंवड़ा का तात्पर्य देंवड़ाओं में महान। चूँकि देंवड़ाओं की श्रेणी में वह श्रेष्ठ है इसीलिए उसे मरंग–देंवड़ा कहा जाता है और उसकी स्थिति भगत और हाटा देंवड़ा के मध्य में रहती है।

भगत की तरह देंवड़ा भी हिन्दु देवता की पूजा करता है। वह महादेव या शिवशंकर को मुण्डा–भाषा के अनुसार 'जोटो महर' (जटाधारी) कहता है। मुण्डा धर्म में 'जोटो महर' की अभिव्यक्ति बीर चण्डी बोंगा में होती है। मरंग–देंवड़ा अपने पूजा स्थल का सारा वातावरण भगत जैसा बनाए रखता है। उसके लाल झण्डे तथा उस वातावरण को जिसमें मरंग देंवड़ा पूजा करता तथा डायन एवं रोग देने वाले बोंगा का पता लगाता है, देखकर कोई भी सामान्य मुण्डा भ्रमित हो जाता है कि वह स्थान किसी भगत को है या सोखा का। किन्तु मरंग देंवड़ा जब किसी बोंगा को तुष्ट करने के लिए बलि चढ़ाता है तो वह स्पष्टतः मुण्डारी भाषा में सिंङ्बोंगा का स्तुति–गान करता है। इसके अतिरिक्त मरंग देंवड़ा की अन्य विशेषताएँ निम्नलिखित हैं:–

1. मरंग देंवड़ा कोई एक मुण्डा होता है (हिन्दू या हिन्दूकृत जन–जाति नहीं)।
2. सोखा एवं भगत की अपेक्षा सहज उपलब्ध रहता है।
3. कष्टकारी बोंगा को भगाने तथा इसके लिए सभी धार्मिक कृत्य करने को तत्पर रहता है।
4. निजी तौर पर बुलाने पर किसी के घर जाता है और उसके हेतु बलि चढ़ाने का काम भी करता है, जबकि सोखा यह काम कतई नहीं करता और भगत भी किसी जगह जाना और बलि चढ़ाना अपनी प्रतिष्ठा के विपरीत मानता है।
5. वह मुख्यतः मुण्डारी भाषा का प्रयोग करता है किन्तु बीच–बीच में हिन्दी भी बोलता है। अर्थात् भाषा की दृष्टि से भी मरंग देंवड़ा भगत और हाटा देंवड़ा के बीच है।

मुण्डाओं में मरंग देंवड़ा की प्रतिष्ठा अन्य देंवड़ाओं से अधिक होती है अतः वह डायन पहचानने एवं भूत भगाने की एक अच्छी फीस वसूल लेता है। बलिदान किए गए पशु के मांस का लाभ अतिरिक्त होता है। इसकी खर्चीली–विधि उसके लोभ का द्योतक है। इसीलिए मुण्डा समाज में कहावत है 'कुला लाई चि देंवड़ा लाइ' बाघ का पेट कि देंवड़ा का पेट (किसका पेट बड़ा है)।

मरंग देंवड़ा मुण्डा–जाति का पारम्परिक देंवड़ा है, किन्तु उसे दुख है कि मुण्डा लोग सोखा और भगत की तुलना में उसे कम महत्व देते हैं। उसे भय है कि इस प्रकार क्रमशः वह मुण्डाओं के बीच सोखा और भगत की तुलना में अपनी पद–स्थिति से नीचे गिरता जाएगा। भले ही वह अपने धर्म की दृष्टि से, जाति की दृष्टि से उनसे कमजोर न पड़े किन्तु आध्यात्मिक शक्ति एवं साधना में वह नीचे स्तर का माना जाता है। जितने विश्वास के साथ सोखा तथा भगत डायनों एवं बोंगाओं को ज्ञात कर लेने तथा उन्हें निष्कासित करने की बात करते हैं उतने आत्मविश्वास के साथ मरंग देंवड़ा नहीं कर पाता। वह प्रायः ऐसी मुद्राएँ बनाता और हरकतें करता है तथा दुष्ट एवं अड़ियल बोंगाओं को भगाने के लिए अपनी छड़ी से घर के फर्श, दीवार पीटता एवं हवा में भांजता है कि मुण्डा लोग उसे भगतों के समतुल्य मान लें, पर ऐसा नहीं हो पाता है। मुण्डा समाज में भगत और हाटा देंवड़ा के मध्य मरंग देंवड़ा की स्थिति अब भी वैसी ही बनी हुई है।

हाटा देंवड़ा : हाटा देंवड़ा जाति से मुण्डा होता है और मुण्डारी भाषा प्रयोग करता है। सभी देंवड़ाओं में यह मुण्डा–धर्म के अत्यन्त निकट होता है क्योंकि यह जाति से किसी बाहरी देवता की पूजा नहीं करता और उन्हीं रीतियों का पालन करता है जो मुण्डा धर्म के अनुसार परम्परा से मान्य है। वह सीधे सिङ्बोंगा की प्रार्थना करता है। वह किसी देवता का अपने उपर आह्वान नहीं करता। उसकी रीतियाँ अत्यन्त साधारण है। उसकी पूजा विधि 'दोड़ेनम[44] नाम से जानी जाती है।

हाटा देंवड़ा एक हाटा (बेलचा जैसा) लेता है। अब वह एक लोढ़ा (पत्थर का बेलन जो मसाला पीसने के काम आता है) पानी से अच्छी तरह धोकर पुनः उसे चूम कर हाटा में रखता है। रोगग्रस्त व्यक्ति या उसके अपने आदमी द्वारा आए हुए अरवा चावल को अपने पास रखता है तथा लोढ़े पर फेंकता है। वह सिङ्बोंगा से प्रार्थना करता है––

''हे सिङ्बोंगा ! ऊँचें सिंहासन पर आसीन दैवी राजा !! तुम श्वेत दूध की तरह उगते और दही की तरह स्थिर होते हो।[45] तुम्हारी कृपा इन चावल कणों[46] को प्राप्त हो जाये जो लोढ़े को हिला कर यह बता दे कि किसने (किस बोंगा ने) तुम्हारे इस संतान को रोग–व्याधियाँ दी हैं।

सिङ्‌बोंगा की स्तुति के उपरान्त हाटा देंवड़ा कुछ अक्षत (चावल) लोढ़े पर फेंकता है, और हाटा को दोनों किनारे से, अपनी ऊँगली और अंगूठे के सहारे पकड़ कर, उठाता है तथा लोढ़े को सम्बोधित कर पूछता है — "क्या वह बुरूबोंगा है जिन्होंने बीमारी दी है।"

चूँकि हाटा देंवड़ा ने सिङ्‌बोंगा की स्तुति की है तथा उनसे प्रार्थना किया है कि उसकी कृपा चावल कणों को प्राप्त हो जाए जिससे चावल–कण जब लोढ़े पर गिरे तो दोषी बोंगा का नाम लेने पर लोढ़ा आगे–पीछे हिल कर अपनी स्वीकृत बता दे। अतः हाटा देंवड़ा एक–एक कर सभी बोंगाओं का नाम लेता और लोढ़े पर चावल फेंकता जाता है। बुरुबोंगा के नाम पर हाटा में रखे लोढ़े में कोई हरकत नहीं हुई। अर्थात् सिङ्‌बोंगा के अक्षत से प्रभावित हाटा ने बुरुबोंगा के नाम अस्वीकार कर दिया। पुनः हाटा देंवड़ा लोढ़े पर अक्षत चढ़ाता तथा हाटा के दोनों किनारे अंगूठे एवं उँगली की सहयता से पकड़ कर पृथ्वी से उपर उठाता है। इस बार वह दूसरे बोंगा का नाम लेता है और देखता है कि हाटा में कोई क्रिया होती है या नहीं यदि लोढ़ा आगे–पीछे नहीं डोलता तो इस बोंगा को भी छोड़कर बढ़ जाता है इस प्रकार हाटा–देंवड़ा लोढ़े पर अक्षत डालता जाता है और एक–एक बोंगा का नाम पूछता जाता है। जिस बोंगा के नाम पर लोढ़ा डोल जाता है अर्थात् अक्षत में स्थित सिङ्‌बोंगा की शक्ति लोढ़े को घुमा देती है वह बोंगा पकड़ में आ जाता है कि उसने ही कृसित व्यक्ति पर बीमारी भेजी है।

हाटा देंवड़ा बोंगा की जानकारी प्राप्त कर लेने के उपरान्त बोंगा को तुष्ट करने के लिए अभीष्ट बलि का पता लगाता है। उसके लिए भी यही विधि अपनाई जाती है। वह एक–एक कर बलि हेतु पशु का नाम लेता जाता है और अक्षत फेंक कर दोनों किनारे से अंगुली–अंगूठे से पकड़ कर हाटा उठाता है। इस विधि से हाटा–देंवड़ा डायन द्वारा भेजे गये बोंगा और उसके लिए अभीष्ट बलि का पता लगाता है।

किन्तु अपनी इन सभी क्रियाओं के द्वारा हाटा–देंवड़ा मुण्डाओं में अपनी क्षमता के प्रति विश्वास नहीं जगा पाता ! मुण्डा समाज में एक आम धारणा है कि 'हाटा देंवड़ा' और 'डायन' दोनों की शक्तियाँ लगभग बराबर हैं या देंवड़ा 'मोद् डंडीमेन्ते है'[47] अर्थात् बाल बराबर अधिक है। इस स्थिति में वह अधिक–से–अधिक डायन का पता लगा सकता है किन्तु डायन के जादू–टोना के प्रभाव को निरस्त नहीं कर सकता। कभी–कभी हाटा देंवड़ा के निष्कर्मों को प्रभावशाली मुण्डा चुनौती दे बैठते हैं कि उसने किसी देवता से "गुन" या क्षमता नहीं प्राप्त की है अतः उसके द्वारा पता लगाई गई डायन का नाम सही नहीं भी हो सकता है। हाटा देंवड़ा जोर देकर अथवा पूरे आत्म–विश्वास के साथ अपने निष्कर्षों को उचित नहीं ठहरा पाता।

वस्तुतः छोटे–मोटे गाँवों से जुड़ा हुआ हाटा देंवड़ा एक गरीब व्यक्ति होता है जो प्रायः मुण्डाओं के बुलाने पर उनके घर जाता है तथा उनकी निजी आवश्यकतानुसार बलि चढ़ाने की क्रिया सम्पादित करता है। इसके एवज में उसे कुछ पैसे और प्रसाद स्वरूप मांस मिल जाता है। मुण्डा जानता है कि हाटा–देंवड़ा उसकी कृपा पर आजीविता चलाता है अतः देंवड़ा के ''गुन पर उसे क्षीण आस्था हो पाती है। यही कारण है कि देंवड़ाओं के स्तरीकरण में आम ग्रामीण मुण्डाओं से जुड़ा हुआ हाटा देंवड़ा निचले सोपान पर अवस्थित है।

इस प्रकार जादू–टोना एवं डायनों की अन्य विपरीत धर्मी प्रणाली के प्रभाव को निरस्त करने के लिए मुण्डा समाज में सोखा, भगत, एवं देंवड़ाओं की एक समानान्तर धर्मी संस्था विकसित हुई है। इस समानान्तर संरचना पर हिन्दु धर्म का प्रभाव स्पष्ट परिलक्षित होता है। डायनों एवं बोंगाओं के जादू–टोना के प्रभाव को निरस्त करने में महादेव से शक्ति प्राप्त सोखा और भगत जितने सफल माने जाते है मुण्डा धर्म पर आधारित देंवड़ा उतने कारगर नहीं सिद्ध हुए हैं। मुण्डा लोक कथाओं में सिङ्बोंगा को कभी–कभी महादेव और उनकी पत्नी को पार्वती के रूप में वर्णित किया गया है।

महादेव–पार्वतीः जादू–टोना एवं समानान्तर–धर्मी संरचना में :

मुण्डा धर्म एवं जादू–टोना दोनों संस्थाओं में महादेव तथा पार्वती का नाम किसी–न–किसी रूप में प्रयुक्त है। विशेष कर पार्वती का नाम विभिन्न लोक–कथाओं में सिड्.बोंगा की पत्नी के रूप में, नगे–एरा के समकक्ष एवं जादू–टोना गाथा में अग्नि–वर्षा कराने वाली सिड्.बोंगा की डायन पत्नी के रूप में आया है।

मुण्डा धर्मगाथा के अनुसार पृथ्वी के मनुष्य अहंकारी और लोभी होते गए थे तथा उनके कारण पृथ्वी पर पाप–कर्म बढ़ गया था। फलस्वरूप सिड्.बोंगा उनका विनाश कर नए सिरे से पुनः मानव–जाति को बसाना चाहता था। इन परिस्थितियों में निम्नलिखित बिन्दु ध्यातव्य हैंः–

(क) .... सिड्.बोंगा की पत्नी ने सुझाव दिया कि थोड़ी (कम) अग्नि की वर्षा की जाये किन्तु सिड्.बोंगा से अधिक मात्रा में अग्निवर्षा हो गई जिससे समस्त मानव–जाति का विनाश हो गया। धर्मगाथा में पत्नी का नाम पार्वती आया है।

.... मुण्डा धर्म में सिड्.बोंगा की कोई पत्नी नहीं है। मान लिया गया है कि किसी भी काम के करने के पूर्व सिंगबोंगा स्वयं अपने से तर्क–वितर्क करता है। अतः अल्प मात्रा में अग्नि–वर्षा करने का सुझाव उसकी बुद्धि ने उसे दी है। इस बुद्धि का ही ''व्यक्ति–रूप'' सिड्.बोंगा की पत्नी होकर धर्म गाथाओं में प्रकट होता है।

.... मुण्डा धर्म–गाथा में सिड़.बोंगा की पत्नी का स्वभाव दयालु एवं कल्याणकारी दिखलाया गया है।

(ख) .... अग्नि–वर्षा धर्मगाथा में एक देवी नगे–एरा का उल्लेख आता है। इस देवी ने अग्नि की विनाश–लीला से एक पुरुष–स्त्री के युग्म को सुरक्षित बचा लिया था जिनसे पुनः मानव–जाति की उत्पति एवं वृद्धि हुई।

.... नगे–एरा ने चूँकि मातृवत् काम किया 'युग्म' की रक्षा की एवं उन्हें पाला–पोसा अतः उनका चरित्र भी महत्त्वपूर्ण, दयालु और जाति की रक्षिका के रूप में उभरता है।

.... इन्हें धर्म–गाथाओं में मिसि–सिड़.बोंगा (सिड़.बोंगा की बहन) कहा गया है। लोक–कथाओं में सिड़.बोंगा को स्वयंभू मान लेने के उपरांत स्त्री रूप पत्नी और बहन की बात तर्कसंगत नहीं प्रतीत होती। किन्तु यदि स्त्री का रूप न हो तो 'युग्म' को सुरक्षित बचाने एवं मातृवत् पालने वाला कौन होगा ? विकल्प स्वरूप नगे–एरा को देवी रूप माना गया और कालान्तर में जब पार्वती की चर्चा मुण्डा समाज में अधिक होने लगीं तो नगे–एरा विभिन्न स्थानों पर पार्वती से भ्रमित हो गई।

जादू–टोना में: जादू–टोना जगत् में भी पार्वती को मान्यता मिली है। किन्तु जैसी भावना वैसी रचनाः–

– सिड़.बोंगा की दो पत्नियों में से ज्येष्ठ पत्नी पार्वती।

– पार्वती जादू–टोना की विद्या में कुशल डायन।

– पार्वती ने रुष्ट होकर सिड़.बोंगा के छोटी पत्नी के पुत्र को रोग–ग्रस्त कर दिया। (डायन पार्वती को कोई पुत्र नहीं था) सिड़.बोंगा ने उसे घर से निकाल दिया।

– निष्कासित पार्वती ने छः बहनों को जादू–विद्या की विद्या सिखलाई और इस प्रकार जादू–टोना परम्परा में सर्वप्रथम 'सात–परबतिया बहनों' का उदय हुआ जिन्होंने छल से दंतरी का मॉस खाकर अपनी विद्या में 'सिद्धि' प्राप्त कर ली।

– डायनों की आदि–डायन पार्वती है और यह सिड़.बोंगा की प्रथम पत्नी के रूप में सिड़.बोंगा से अर्थात सम्पूर्ण सृष्टि से जुड़ी हुई हैं।

– सोहराई की रात डायनों की दीक्षा एवं जादू जगाने के समारोह में महादेव की उपस्थिति आवश्यक है। वहर परमगुरु हैं तथा चीते के रूप में समारोह में शामिल हैं। पार्वती एवं महादेव की उपस्थिति ध्यातव्य है।

समानान्तर संरचना में : डायन जो पार्वती के रूप में सिड्.बोंगा से जुड़ी हुई है और दंतरी का मांस खाकर अपनी जादू–टोना विद्या की शक्ति को अधिक मारक बना सकी है जाति के विनाश के उपाय में लगी है। चूँकि डायनों की आदि–डायन पार्वती और पार्वती के पति सिड्.बोंगा अतः काल–क्रम में सिड्.बोंगा = महादेव हो गए। सिड्.बोंगा अर्थात् महादेव सर्वशक्तिमान, जो डायन पर अंकुश लगा सकते हैं या उसके मारक–प्रयासों का विफल कर सकते हैं। फलतः ऐसे साधकों की परम्परा उभर कर सामने आयी जो महादेव की साधना कर, उनसे सिद्धि प्राप्त करते तथा डायन एवं बोंगाओं का पता लगाकर उनसे छुटकारा का उपाय बतलाते। इनमें सोखा, भगत, मरंग देवड़ा आदि प्रमुख है।

– सोखा एवं भगत, जो महादेव के पूजक हैं, उन देंवड़ाओं से जो सिड्. बोंगा की स्तुति करते तथा उनकी कृपा से डायन एवं बोंगाओं को परास्त करना चाहते हैं मुण्डा समाज में, अधिक शक्तिशाली एवं विश्वसनीय माने जाते हैं तथा सोखा और भगत द्वारा घोषित डायन पर पंचायत अन्तिम फैसला मानकर विचार करती है।

– स्पष्ट है कि महादेव के पूजक जादू–टोना जगत में सिड्.बोंगा के पूजकों से श्रेष्ठ एवं शक्तिशाली माने जाते हैं क्योंकि महादेव पार्वती के आराध्य हैं।

पाहन मुण्डा–धर्म का, मुण्डा–जाति का विशुद्ध सेवक तथा पंडित है। वह जाति एवं धर्म से सीधा जुड़ा हुआ है। कुछ पाहन 'बलि' समर्पित करने के पूर्व स्तुतिगान में महादेव एवं पार्वती का नाम लेते है।[48] निश्चित रूप से ये दोनों नाम देंवड़ाओं के माध्यम से पाहनों तक पहुँचा है क्योंकि देंवड़ा लोग बलि प्रदान करने एवं डायनों के जादू–टोना के मार का निरस्त करने की विद्या में अधिक प्रवीण माने जाते हैं। उनके धर्म का तरीका पाहन से भिन्न है। चूँकि जादू–टोना के संसार में पार्वती और महादेव का वर्चस्व है अतः देंवड़ा इनकी पूजा करते तथा रोगी के लाभ के लिए महादेव का आह्वान करते हैं। मुख्य उद्धेश्य रोगी को निरोग करना अैर डायनों के जादू को निरस्त करना है। इस कार्य में सहायक जो भी देवता हो, जिस धर्म का हो कोई अन्तर नहीं पड़ता। इस प्रकार 'महादेव' पाहनों तक पहुँच गए। मुण्डा–धर्म पर काम करने वाले विद्वानों ने निष्कर्ष निकाला है कि हिन्दू एव मुण्डा धर्म के अन्तर्मिश्रण स्वरूप मुण्डाओं ने सर्वोच्च हिन्दू देवता शिव को 'महादेव बोंगा' और पार्वती को 'चण्डी बोंगा' के नाम से अंगीकार किया है।[49] एस.सी. राय ने हिन्दूकृत मुण्डाओं की बात की है।

वस्तुतः उनका तात्पर्य बुण्डू–तमाड़ क्षेत्र में रहने वाले मुण्डाओं से है जहाँ 'महादेव' की पूजा का प्रचलन किन्तु वे हिन्दू धर्म का पालन नहीं करते अपितु

शुद्ध मुण्डा है और सिङ्.बोंगा को महत्त्व देते हैं। हिन्दू 'शिव' को पशु बलि नहीं देते क्योंकि वह पशपुति हैं। जबकि मुण्डा लोग ''महादेव'' को पशु की बलि चढ़ाते है।[50] पाहन शुद्ध सरना मुण्डा होता है। वह भी महादेव की सत्ता को स्वीकारता है। किन्तु महादेव की उसकी अपनी अवधारणा है। यह अवधारणा न केवल हिन्दुओं के महादेव अपितु मुण्डाओं के जादू–टोना जगत के महादेव से भी भिन्न है। निश्चित रूप से हिन्दुओं के महादेव, पाहनों की अवधारणा में निम्न–कोटि के देवता के रूप चित्रित होते हैं।[51]

मुण्डा धर्म दर्शन से प्रमाणित कतिपय ऐस परिणाम क्रिया में दिखलाई पड़ जाते हैं जो हानिकारक होते हैं किन्तु जिस व्यक्ति के कारण हानि होती है उसे इस सच्चाई का पता नहीं होता और निर्दोष होते हुए भी मुण्डा धर्मानसुार दोषी कहलाता है। कभी–कभी कुछ लोग जान–बूझ कर हानि पहुँचाने का प्रयास करते हैं तथा इसके लिए मंत्रों का भी उपयोग करते हैं और उनकी इस क्रिया को हम विपरीत–धर्मी प्रणाली के अर्न्तगत मान भी सकते हैं किन्तु इन सभी बोंगा, चुड़ैल डायन, मुआ मोसांको आदि विपरीत धर्मी प्रणाली के कारकों को धर्म में कहीं भी स्थान नहीं मिलता। मुण्डा समाज में जादू–टोना के प्रभाव के अतिरिक्त 'नजर लगना', 'मनहूस' का आगा काटना या शुभ कर्म पर निकलते समय सामने पड़ जाना आदि भी विपरीतधर्मी कारक हैं। एक ऑख का काना, मउगा या उम्रदार होने भी जिसकी दाढ़ी मूँछ न निकले, जैसे लोग भी विपत्ति या काम बिगड़ जाने के कारण होते हैं। आज के कतिपय पढ़े–लिखे मुण्डाओं की वैज्ञानिक धारणा के अनुसार ये सब अंधविश्वास आधारित क्रियाऍ हैं परन्तु मुण्डा धर्म–दर्शन क्रियाओं की सत्यता अपनी मान्यताओं के आधार पर प्रमाणित मानता है।

अंधविश्वास–आधारित अन्य क्रियाएँ :

हम्बुल रोआः मुण्डा धर्म–दर्शन में मनुष्य की अवधारणा मुख्यतः उसके 'रोआ' को पूरा महत्व देते हुए की गई है। मनुष्य जीवन की दो स्थितियॉ हैं एक लौकिक और दूसरा पारलौकिक या अदृश्य जगत की। मनुष्य का शरीर और उसका जो कुछ लौकिक जीवन से सम्बन्धित है वह सब उसकी मृत्यु के साथ क्षय हो जाता है। मनुष्य का 'रोआ' उसका वह 'स्वयं' है जो मृत्यु के उपरांत भी बना रहता है। अन्तर इतना है कि वह अदृश्य जगत् का वासी हो जाता है। अदृश्य जगत् में रोआ के रहने का यह तात्पर्य नहीं कि वह सोया हुआ होता है, अपितु मनुष्य का रोआ पूरी तरह सक्रिय होता है। ईसाई, इस्लाम एवं हिन्दू धर्म की तुलना में मुण्डा–धर्म में यह विशेषता है कि इस धर्म में ''रोआ'' को सक्रिय माना गया है। यही नहीं मुण्डा मानते हैं स्वप्नावस्था में रोआ शरीर से बाहर निकल कर सुदूर स्थानों तक विचरण कर तथा विभिन्न दृश्यों का अवलोकन कर लौट आता है और

पुनः मनुष्य के शरीर में प्रविष्ट करता है। यही कारण है कि सोते हुए व्यक्ति को मुण्डा हड़बड़ा कर नहीं जगाते क्योंकि संभव है वह व्यक्ति स्वप्न देख रहा हो अर्थात् उसका रोआ शरीर से बाहर निकल कर भ्रमण कर रहा हो और हड़बड़ा कर जगा देने से संभव है व्यक्ति की नींद टूट जाये और इस स्थिति में उसके शरीर में रोआ प्रवष्टि न कर सके। फलतः मनुष्य की अनायास मृत्यु हो जायेगी। क्योंकि रोआ के शरीर के बाहर हो जाने पर शरीर एवं जी का क्रमशः क्षय हो जाता है।

रोआ की क्रियाशीलता लौकिक जगत् में अभिव्यक्त होती रहती है। वह न केवल व्यक्ति के भाग्य को प्रभावित कर सकता है अपितु उसके ईद-गिर्द के वातावरण को भी अपने ढंग से प्रभावित करता है। रोआ किसी की इच्छाओं का दास नहीं है। रोआ के अपने कुछ गुण या "रायसी" होते हैं और इसी के अनुसार वह क्रियाशील होता है। इन गुणों के आधार पर रोआ के दो रूप पाये जाते हैं—1. भारी रोआ तथा 2. हल्का रोआ। भारी रोआ को मुण्डा धर्म में हम्बुल रोआ कहा जाता है।

जिस मनुष्य को रोआ भारी होता है अर्थात् जो व्यक्ति 'हम्बुल रोआ' धारण करता है उसके लक्षण विभिन्न घटनाओं एवं क्रियाओं में लक्षित हो जाते हैं। हम्बुल रोआ जिस वस्तु को स्पर्श कर देता है वे सभी भारी या धीमा हो जाते हैं। हम्बुल रोआ चूँकि मनुष्य के शरीर में निहित है अतः किसी वस्तु को उसका स्पर्श सम्बन्धित व्यक्ति के माध्यम से ही संभव है। जब हम्बुल रोआ वाले किसी व्यक्ति की रोआ किसी पर पड़ता है या जब वह जमीन पर पड़ी लकड़ी के कुंदे को लॉघ जाता है तो कुंदे का भार बढ़ जाता है और इसे हटाना कष्टकर हो जाता है या ऐसे व्यक्ति की छाया किसी रेंगते हुए सर्प पर पड़ जाती है तो सॉप का शरीर भारी पड़ जाता है और वह रेंग कर अपनी सुरक्षा नहीं कर पाता। इसी प्रकार धान की बोआई के समय यदि हम्बुल रोआ वाला व्यक्ति बोआई की शुरूआत करता है अर्थात् प्रथम बीच रोपता है तो धान के पौधे का विकास धीमा होता है और उपज भी क्षीण होती है। हम्बुल रोआ वाला व्यक्ति क्रमशः अपने समाज में 'मनहूस' के रूप में बदनाम होने लगता है। प्रायः जब कभी कोई व्यक्ति अपने घर से किसी व्यापार या किसी अन्य शुभ काम के लिए बाहर निकलता है और उस समय किसी हम्बुल रोआ धारी व्यक्ति की दृष्टि उस पर पड़ जाती है तो काम की सफलता संदिग्ध मान लेता है और वापस लौट आता है। पुनः थोड़ी देर बाद ऐसे व्यक्ति के हट जाने पर वह अपने कार्य हेतु प्रस्थान करता है। ऐसे ही व्यक्तियों में एक ऑख का काना या मउगा या बिना दाढ़ी मूछ वाला उम्रदार व्यक्ति आता है। मुण्डा जीवन में प्रचलित है कि इनकी नजर (सामना होना) जिस व्यक्ति पर पड़ती है उस पर असफलता या आफत आती है। सरना धर्म में इस नजर को 'लेल-गोद्' कहा जाता है।[52]

प्रश्न उठता है कि ऐसे व्यक्तियों का क्या दोष जब वे कभी किसी की हानि या दूसरों पर विपत्ति लाने की न सोचते हैं, न इरादा करते हैं और नहीं उसका उन्हें ज्ञान होता है; किन्तु सरना धर्म–दर्शन ऐसे व्यक्तियों को दोष–मुक्त नहीं करता। यद्यपि सरना–धर्म की मान्यता के अनुसार रोआ भारी (हम्बुल) होना या 'हल्का' होना सृष्टिकर्ता की देन है। इसमें मनुष्य का कोई हाथ नहीं है। 'रोआ' को पूजा, अर्पण या दैवी शक्तियों को उत्प्रेरित कर भी प्रभावित नहीं किया जा सकता। अर्थात् किसी रोआ का भारी होना या किसी रोआ का हल्का होना यह उसका रैयती है, गुण हैं, सृष्टिकर्ता का विधान है और इस विधान में मनुष्य क्या दैवी शक्तियाँ भी कुछ नहीं कर सकती। अतः जब स्वयं सृष्टिकर्ता ने भारी और हल्के 'रोआ' का विधान किया है तो उसके प्रभाव में आनेवाली अशुभ बातों के लिए व्यक्ति क्यों दोषी होता है ?

सरना धर्म–दर्शन में इस प्रश्न का उनकी मान्यता के अनुसार अकाट्य उत्तर है। सरना धर्म के अनुसार मनुष्य को रोआ मनुष्य के शरीर के बाहर आकर किसी व्यक्ति पर विपत्तियाँ नहीं डाल सकता क्योंकि जीवित मनुष्य का रोआ उसकी अन्तरात्मा (विवेक नहीं) है, उसके सबसे भीतर का 'स्वयं' हैं रोआ से प्रभावित होनेवाला व्यक्ति रोआ से छू जाता है उससे स्पर्शित होता है। जब जीवित एवं जाग्रत चलते–फिरते मनुष्य का रोआ मनुष्य के अन्तः तह में उसके 'स्वयं' के रूप में स्थित होता है तो बाहर की वस्तुओं तक उसका स्पर्श कैसे पहुँचता है, के उतर में स्पर्श की व्याख्या करते हुए सरना–पाहन कहता है–(क) व्यक्ति की छाया या (ख) व्यक्ति की नजर के माध्यम से हम्बुल रोआ अपना सम्बन्ध वस्तु से स्थापित कर लेता है। इस प्रकार हम्बुल रोआ में निहित 'रायसी' नजर के माध्यम से वस्तु पर पड़ता है और उसे प्रभावित करता है।

नजर लगना :– 'नजर लगना' मुण्डा जीवन में घर–घर की बात है। कोई भी ऐसा घर नहीं होगा जिस घर में बच्चे या बड़े को नजर न लगी हो। नजर विभिन्न परिस्थितियों में लग सकती है। इस क्रिया में दो तत्व काम करते हैं। एक नजर और दूसरा वस्तु जो नजर का लक्ष्य होता है। नजर तीन प्रकार की होती है:–

1. लेल–दोग : जब व्यक्ति पूर्णतः अनभिज्ञ रहता है और उसकी नजर का सामना किसी व्यवसाय या शुभ काम के में घर से निकलने वाले व्यक्ति से हो जाती है। चूँकि व्यक्ति 'अशुभता' के लक्षणों से बदनाम हो चुका होता है अतः उसके काट स्वरूप व्यक्ति कुछ देर के लिए घर में वापस चला जाता है और उस व्यक्ति के चले जाने के बाद पुनः अपनी यात्रा पर रवाना होता है। ऐसी नजर निर्जीव वस्तु या पेड़ एवं पशु पर नहीं लगती अपितु अपने ही जैसे मनुष्य पर लगती है। यह नजर हम्बुल–रोआ की कारामात है।

2. नजर : लेल–दोग् और नजर में मौलिक अंतर यह है कि लेल–दोग् के अन्तर्गत व्यक्ति अनभिज्ञ[53] रहता है जबकि 'नजर' के लिए आवश्यक है कि दृष्टि के साथ ईर्ष्या का कारण जुड़ा हुआ हो। ईर्ष्या के बिना नजर का कोई अर्थ नहीं है। नजर डालनेवाला व्यक्ति अपनी ईर्ष्या से अवगत रहता है तथा अपने लक्ष्य के विनाश की इच्छा रखता है किन्तु अपने उद्धेश्य साधन के लिए वह कोई प्रयास या तंत्र–मंत्र का सहारा नहीं लेता। मुण्डा स्त्रियों में यह प्रवृति मुण्डा पुरुषों की अपेक्षा अधिक पाई जाती है।

3. नजरी बान : ईर्ष्या के साथ जब लक्ष्य को हानि पहुँचाने के लिए तंत्र–मंत्र का सहारा लिया जाता है तो इस प्रकार के नजर को एक विशेष क्रिया के द्वारा संचालित किया जाता है। नजरी बान चलाने वाला व्यक्ति जिस व्यक्ति या पशु पर ऐसी मार करता है उसे कनखिया कर देखते मंत्र पढ़ता है। और इस प्रकार मंत्र को साधकर उस दिशा की ओर जिधर उसका लक्ष्य रहता है फूँक मारता है। इस प्रकार उसके फूँक के साथ ही मंत्र बान की तरह अपने लक्ष्य तक पहुँचता और उसे ग्रस्त कर लेता है।[54] नजरी बान फूँक के पश्चात् अपना अलग अस्तित्व बना लेता है और कभी भी खाली नहीं जाता। जिसे बान लगता है उस पर मंत्र का प्रभाव शनैःशनैः प्रकट होता है।

यदि लक्ष्य या जिस पर नजरी–बाण चलाया गया है वह बाण चलाने वाले के स्वभाव एवं आपसी सम्बन्धों से परिचित है तथा वह बान को काटने का मंत्र जानता है तो बान चलाने बाले कि मुद्राओं से बान चलाने का अनुमान लगाकर सतक्र हो जाता है तथा अपने तक बान आते ही उल्टे मंत्र द्वारा 'बान दुनु' बना लेता है जिससे वह आने वाले नजरी–बान को बाँध देता है। चलाने गए मंत्र बान को उसके उल्टे मंत्र से निरस्त करना मंत्र बान का बॉधना कहलाता है, जो 'बान–दुनु' द्वारा होता है यदि वह व्यक्ति जिस पर नजरी बान रूाधा गया है 'पेतचोड़ो' का मंत्र जानता है तो नजरी बान को उल्टे मारने वाले के पास उसी गति से वापस भेज देता है।

इस प्रकार सरना धर्म के अनुसार लेल दोग्, नजर एव नजरी बान तीनों क्रियाओं की पृष्टभूमि में नजर चलाने बाले व्यक्ति का रोआ काम करता है। अंतिम दो अर्थात नजर चलाने और नजरी बान चलाने में व्यक्ति की ईर्ष्या स्पष्टतः बलवती रहती है और इसलिये वह समझता है कि नजर में मारक शक्ति आ जाती है जबकि यह शक्ति अन्तरतम में निहित रोआ में प्रच्छन्न रूप से विद्यमान रहती है चूँकि ईर्ष्या जो किसी लोभ का प्रतिफल हैं यह अहंकार की रक्षा का उपाय, दोनो ही सरना धर्म में पाप का कारण और दण्ड का भागी माना जाता है। असुर अवदान स्पष्ट उदाहरण है कि अहंकारी एवं लोभी असुरों का विनाश सिङ्बोंगा ने

किया। अतः सरना धर्म में लोभ एवं अहंकार किसी भी स्थिति में क्षम्य नहीं है। ईर्ष्या इन दोनों का फल है, परिणाम है अतः सरना धर्म ईर्ष्या को धर्म विपरीत मानता है तथा ईर्ष्या से प्रभावित क्रियाएँ भी विपरीत–धर्मी हैं। अतः नजर–लगाना या नजरी बान दोनों क्रियाएँ विपरीत–धर्मी हैं यद्यपि इनमें डायन एवं बोंगाओं को कोई स्थान नहीं रखा गया है। इसीलिए इन क्रियाओं को जादू–टोना की मारक श्रेणी में नहीं दिया गया है। इसके अतिरिक्त ये क्रियाएँ सामान्यतः सभी गाँवों में कमोबेश दिखलाई पड़ती हैं तथा विभिन्न गाँवों में इनके प्रभाव को निरस्त करने की मुफ्तिया (बिना खर्च का) उपाय भी अविष्कृत है।

लेल–दोग् के अर्न्तगत आनेवाली ईर्ष्या से अज्ञान व्यक्ति को भी, जिसके नजर का प्रभाव सामने पड़ने वाले व्यक्ति पर पड़ता है और उस प्रभाव को काटने के लिए वह घर में घुस जाता है तथा उस व्यक्ति के चले जाने के पश्चात् घर से निकलता है, सरना धर्म दोषमुक्त नहीं मानता। सरना–धर्म दर्शन के अनुसार ऐसा व्यक्ति भी दोषी है। सम्पूर्ण प्रक्रिया को धर्म इस प्रकार विश्लेषित करता है— सर्वप्रथम बुराइयाँ (लोभ एवं अहम्) मनुष्य में थी जिससे ईर्ष्या उसमें जन्म ले चुकी थी। संभव है उसकी ईर्ष्या किसी व्यक्ति–विशेष को लक्ष्य मान कर न रही हो और सामान्यीकृत हो गई हो। सभी के लिए बंट जाने वाली ईर्ष्या किसी व्यक्ति–विशेष को लक्ष्य मान कर न रही हो और सामान्यीकृत हो गई हो। सभी के लिए बंट जाने वाली ईर्ष्या सा सामन्यीकृत ईर्ष्या के मार की धार उतनी व्रीव नहीं रहती जितनी व्यक्ति विशेष के प्रति ईर्ष्या का आवेश रहता है। अतः सामान्यीकृत ईर्ष्या उसके स्वभाव से तिरोहित हो जाती है जो बाहर के किसी व्यक्ति को सामान्य ऑखों से नहीं दिखलाई पड़ती। यह तिरोहित ईर्ष्या उसके रोआ में बस जाती है। फलस्वरूप ऐसा व्यक्ति जिसे हम ईर्ष्या–विहीन मानते हैं किसी को देख लेता है या किसी के सामने पड़ जाता है तो उसकी हानि या अशुभ के लिए व्यक्ति की नजर के माध्यम से रोआ उस व्यक्ति को, अभी–अभी घर से बाहर जाने को निकला है, छू देता है। और इस प्रकार स्पर्शित व्यक्ति प्रभावित होता है।

सरना धर्म के विश्लेषण के अनुसार प्रत्यक्ष रूप से दिखने वाली ईर्ष्या से अनभिज्ञ व्यक्ति भी कुप्रभाव या किसी भी प्रकार की हानि का दोषी है। उसके कारण मुण्डा जाति अन्य भाईयों का नुकसान होता है तथा जाति की प्रगति अवरूद्ध होती है अतः वह पाप का भागी है, दोषी है, फिर भी उसकी क्रियाएँ विपरीत धर्मी प्रणाली के अर्न्तगत नहीं आती।

आदाट : प्रशंसा की नजर :

मुण्डा जीवन में नजर लगने की एक अन्य प्रणाली भी दिखलाई पड़ती है। इनमें नजर के पीछे ईर्ष्या का भाव अभिव्यक्त नहीं होता। जब कोई स्त्री या पुरुष

किसी दूसरे के बच्चे को लेकर प्रसन्नतापूर्वक कह कहता है—कि वाह देखो तो यह बालक कितना हष्ट–पुष्ट एवं सुन्दर है, कितना अच्छा उछलता, कूदता और किलकारी मारता है। वाह तूने कितने अच्छे बच्चे को जन्म दिया है–आदि। इस प्रकार की प्रशंसा निकट सम्बन्धियों एवं शुभेच्छुओं से स्वभावतः अपेक्षित है। किन्तु परिणाम यह होता है कि बच्चा बीमार रहने लगता है। किसी युवा पुरुष के सौंदर्य एवं शक्ति तथा स्वास्थ्य की प्रशंसा के साथ उसे विवाह योग्य एक अच्छा पुरुष कहा जाता है तो देखा जाता है कि उसकी शादी जल्दी नहीं हो पाती और मुण्डा लोग कहते हैं उसे 'नजर' लग गई। इसी प्रकार गर्भवती महिला का पेट गिर जाना, या अच्छी फसल से भी अनाज का दाना कम निकलना प्रशंसा की नजर का दुष्परिणाम है।

प्रशंसा की नजर के पीछे 'हम्बुल' की कोई विशिष्ट भूमिका नहीं रहती, जिस प्रकार हम्बुल रोआ उपरोक्त वर्णित तीनो नजर लगने की प्रक्रिया में प्रभावी दिखलाई पड़ता है। वस्तुतः प्रशंसा के कारण नजर लगने के दुष्परिणाम को सरना धर्म के आधार पर दो प्रकार की व्याख्याएँ की गई हैं–

(क) सरना धर्म मानता है कि व्यक्ति का रोआ उसके सुप्तावस्था में शरीर से बाहर निकलकर भ्रमण करता है और जो कुछ देखता, सुनता एवं अनुभव करता है वह सुप्तावस्था के मनुष्य का स्वप्न होता है। माना जाता है कि जो कुछ स्वप्न में दिखलाई पड़ता है लौकिक जगत् में ठीक उसका उल्टा होता है। बीमार व्यक्ति की मृत्यु का सपना देखने वाला जब जागता है तो मालूम पड़ता है उसकी बीमारी ठीक हो रही है इसी प्रकार स्वप्न भ्रम रखता है और वास्तविकता इसके विपरीत होती है। असुर अवदान में सिंगबोंगा ने एक खसरा बालक स्वांग किया था। यह मुण्डा धर्म के अनुसार स्वाभाविक तरीका है कि जो कुछ अदृश्य जगत् (सपना या अदृश्य लोक) में होता है दृश्य या लौकिक जगत् में उसके विपरीत दिखलाई पड़ता है। इसीलिए जिस प्रकार की प्रशंसा की जाती है उस प्रशंसा के अन्तर भारी या हल्के दोनों प्रकार के रोआ एक समान भूमिका स्वप्न की भाँति निभाते हैं और प्रथम दृष्टया जो वस्तु किसी अच्छाई के कारण प्रशंसा का पात्र है काल–क्रम में इसका परिणाम विपरीत हो जाता है।

(ख) एक अन्य व्याख्या के अनुसार प्रशंसा के पीछे एक ईर्ष्या की भावना रहती है। प्रशंसा करने वाला व्यक्ति कितना स्वजन क्यों न हो और बच्चे, गर्भिणी, फसल आदि की हृदय से भलाई की कामना करते हो किन्तु जिसकी वह प्रशंसा करते है निश्चित रूप से वैसी स्थिति में उस वस्तु के पाने का ललक या लोभ उसके अन्तर्मन में काम करता रहता है। यदि बच्चा, फसल या गभिर्णी स्त्री उसकी अपनी होगी तो सक सब कुछ होने पर भी वह अतृप्त रहेगा और कहेगा इतनी मिहनत पर ऐसी ही फसल हुई है। अर्थात अपनी फसल को वह कम मानेगा,

बच्चे की तन्दुरुस्ती और सौन्दर्य से भी वह अतृप्त रहेगा एवं स्त्री के स्वास्थ्य के विषय में चिन्तित। जो अपना रहता है सब कुछ होने के बावजूद व्यक्ति उससे तृप्त नहीं होता। अतः प्रशंसा वही करता है जिसके अन्तर्मन उस जैसी वस्तु का अभाव एवं साथ ही लोभ रहता है, वैसी वस्तु पाने की अतृप्त अभिलाषा रहती है। फलतः मनुष्य का रोआ बालक को अपने स्पर्श से, जो व्यक्ति का नजर के माध्यम से बालक को लगता है, बीमार कर देता है।

अतः प्रशंसा के पीछे भी कुदृष्टि काम करती है। जब व्यक्ति स्वयं अपनी वस्तु या बालक के गुणों की प्रशंसा करता है तो उसके पीछे उसका अहम् भूमिका काम करता है। मेरा यह बालक कितना स्वस्थ एवं सुन्दर है। मेरी फसल की तुलना में गॉव की कोई फसल नहीं है, मेरा नौजवान लड़का इर्द–गिर्द में सबसे बलशाली है, आदि। मुण्डा धर्म कहता है मनुष्य की यह आत्म–प्रशस्ति लगभग उसी प्रकार की है उसे असुरों की। वस्तुतः जो कुछ है सिङ्बोंगा की कृपा को नकार देता है, फलतः वह असुरों की तरह दण्डित होता है।

नजर किन परिस्थितियों में कब–कब लगती है इसका कोई अन्त नहीं है। नजर अनगिनत स्थितियों मे लग सकती है और इसका कोई अनुमान नहीं लगा पाता है। नजर की मार से बचने के लिए गांव–हातु में स्त्रियॉ अनेक उपाय करती हैं। नजर को निरस्त करने की समानान्तर संरचना में अनेक विधियॉ भिन्न–भिन्न गाँवों मं प्रयोग प्रचलित हैं। इन विधियों में कुछ तरीके ऐसे है जो सुरक्षात्मक होते हैं। अर्थात् पहले से ही नजर लगने का बचाव कर लिया जाता है। इसके लिए खेतों में पुतले, पशुओं को टीकना, बच्चों को काले टीके लगाना आदि सुरक्षात्मक विधियॉ अपनाई जाती है। इन्हीं विधियों में एक विधि है **"सोसो–टपा"** यह एक शिक्तिशाली विधि है जिसका आयोजन घर में किया जाता है और मुण्डाओं की धारणा है कि इस आयोजन के समापन के उपरान्त घर सभी प्रकार के बोंगाओं से एवं जादू–टोने या नजर लगने की आपदाओं से मुक्त हो जाता है।

सोसो–टपा :

नजर की मार से बचने के अनेक उपाय मुण्डा समाज में प्रचलित है। कृषि की रक्षा के लिए खेत में एक टेढ़ी लकड़ी गाड़ कर उस पर जला हुआ हड़िया का उपरी भाग चुना से रंग कर उल्टा टांग दिया जाता है। फसल पर लगाने वाले नजर पहले इस मानव के पुतले जैसा लगने वाली हड़िया पर जाती है वहीं अवरुद्व हो जाती है। इस प्रकार फसल पर नजर नहीं लगने पाती। इसी प्रकार की सफेद चूने से रंगी हांडी लौकी के फैलते लहर के बीच नहर से रक्षा के लिए रख दी जाती है।

फसल की कटाई और जोम–नोवा पर्व के उपरान्त सोसो–छठ[55] का मनाया जाना आवश्यक है। इसमें सोसो का एक पौधा जमीन में गाड़ दिया जाता है। यह

उपर से बीचो–बीच चीरा हुआ होता है जिसमें इसकी हरी पत्तियाँ फंसा दी गई होती हैं इसे कटे फसल के बीच नजर के प्रभाव से बचाने के लिए गाड़ देते हैं। सोसो का, कुदृष्टि से रक्षा के लिए, मुण्डा बहुतायत से इस्तेमाल करते हैं।

सोसो में अनेक ऐसे प्राकृतिक गुण पाये जाते हैं कि उसके प्रति मुण्डा लोगों का विशेष विश्वास दिखलाई पड़ता है कि यह जिसकी रक्षा करता है उस पर किसी की नजर नहीं चलने पाती। इसमें से तेल भी निकाला जाता है जो कपड़ों पर निशान लगाने ओर बैल–गाड़ी के पहिए तथा उसकी धुरी को मजबूत करने के लिए इस्तेमाल किया जाता है इसके छाल की रस विषैली होती है। सोसो में ये सभी गुण प्रकृति ने दिए हैं। जंगल में सहज उपलब्ध सोसो का पेड़ अपने काले तीखे रस के कारण नजर की मार को निरस्त करने के उद्धेश्य से हर तरह से एक उपयुक्त प्रतीक वृक्ष है।

सोसो–टपा घर–द्धार, खेत–खलिहान सभी की नजर लगने से सुरक्षा के लिए मुण्डाओं में सर्वाधिक प्रचलित अनुष्ठान है। प्रायः मुण्डा लोग निजी तौर पर अनुष्ठान फसल की कटाई समय आयोजित करते हें। आयोजन का स्थान या तो मुण्डा के घर का आंगन होता है या अनाज दावने का स्थान जिसे खलिहान कहा जाता है। प्रायः सम्पूर्ण वर्ष भर के एकत्रित जादू–टोना, नजर या इसी प्रकार के अन्य कुप्रभावों को निर्मूल करने के उद्धेश्य से यह अनुष्ठान किया जाता है। इस अनुश्ठान में ऐसे भी आयोजन होते हैं कि आने वाले वर्ष में परिवार निरोग तथा पशु और कृषि आदि से सम्पन्न रह सके।

सोसो–टपा क्रिया को सम्पादित करने के लिए हुड़िग देंवड़ा जो सामान्य देंवड़ा होते हैं, पर्याप्त माने जाते है। कार्यक्रम प्रायः सांयकाल प्रारम्भ होता और सवेरी रात तक या कभी–कभी दोपहर तक चलता रहता है।

सोसो टपा क्रिया को सम्पादित करने के लिए हुड़िंग देंवड़ा मात्र हाथ–पॉव धोकर पूर्वाभिमुख हो आसन ग्रहण करता है। स्थान पहले से ही गोबर से लीपकर शुद्ध किया हुआ होता है। पूजा के लिए सर्वप्रथम वह एक चौंका पूरता है जिसमें आटे, कोयला का चूरा और चूल्हे की लाल मिट्टी को पीस कर बनाया गया चूरा इस्तेमाल किया जाता है।

सर्वप्रथम हुड़िंग देंवड़ा लगभग एक फुट का एक वर्ग खींचता है। जिसमें तीन मोटी रेखाऍ वर्गाकार में, अन्दर से बाहर के क्रम में क्रमशः पहला वर्ग आटे का, बीच का वर्ग कोयले का, और सबसे बाहरी वर्ग चूल्हे की जली हुई मिट्टी का बनाता है। वस्तुतः ये तीन वर्गों का सार्थकता रंग एवं स्थान के साथ संयुक्त हैः–

(क) भीतरी वर्ग की रेखाऍ सफेद आटे की है। सिङ्बोंगा को उसकी स्तुति में 'तोलेकम तुरतन, दैलेकम हसुतरन' कहा गया है अर्थात् वह स्वयं निष्कलंक

श्वेत–शुभ्र रंग है। श्वेत रंग से संयुक्त होने के कारण यह मान लिया जाता है कि यह समग्र सृष्टि सिङ्बोंगा के घेरे में है।[56] अर्थात सिङ्बोंगा ने इसे सुरक्षा प्रदान कर दी है।

(ख) दूसरा घेरा कोयले के चूरे का काला रंग का होता है। काला रंग दुष्ट बोंगाओं एवं कुदृष्टियों के प्रतिरोध स्वरूप रखा गया है। अर्थात काले रंग को भेद कर कोई जादू–टोना या नजरी बान भीतर प्रवेश नहीं कर सकता।

(ग) चूल्हे की मिट्टी के चूर से बना सबसे बाहरी घेरा कुछ लाल रंग लिए हुए होता हे। चूंकि इसमें चूल्हें की मिट्टी का प्रयोग है अतः स्पष्ट है कि इस बाहरी घेरे का सम्बन्ध गृह–देवताओं अर्थात् अदिंग के बोंगाओं से है। इसमें भी मुण्डा परिवार सदैव अपनी सुरक्षा की अपेक्षा करता है।

तीन रंगो की तीन रेखाओं से बने इस वर्ग को दो कर्ण खींचकर विभक्त कर दिया जाता है। कर्ण के कटान बिन्दु को समस्त संरचना का केन्द्र माना जाता है। इसके चारों ओर लहरदार रेखाएँ खीचॅं दी जाती है। जो समुद्र का प्रतीक होती हैं। अन्दर के घेरे के बिल्कुल पूर्व दिशा में दो छोटे और थोड़ा नीचे मध्य में एक मुर्गे की टांग के चिन्ह बने होते हैं। यह साधारण मुर्गा नहीं होता अपितु "अगोम सिम" होता है। अर्थात् सिङ्बोंगा के लिए बलि हेतु पूजित मुर्गे का चिन्ह होता है। पूर्व दिशा में तनिक दक्षिण ओर एक त्रिपुण्ड बना रहता है। त्रिपुण्डा में जैसा माथे पर तिलक लगाते हैं लगभग वैसा ही होता है। जैसा अंग्रेजी शब्द के "यू" आकार के मध्य खिंची हुई एक अन्य रेखा। 'यू' का आकार थोड़े अन्तर से लगभग सटी हुई समानान्तर तीन रेखाओं से बनता है।

वर्ग के उत्तरी भाग में कृषि एवं खेती के प्रतीक स्वरूप एक सीधी रेखा खिंची होती है। जिसमें दोनों तरफ कुछ डैश एवं बिन्दओं से बना दिए जाते हैं। दक्षिण दिशा में एक हसिया बना हुआ होता है। जिसमें छोटे–छोटे दांते बना दिए जाते हैं पश्चिमोतर भाग में एक गोशालाः कुछ आड़ी–तिरछी रेखाओं के बीच सींग की कुछ आकृतियॉ बनी होती है, जो गाय और बैलों का संकेत देती हैं। ठीक इसके नीचे दक्षिण में अर्थात् पश्चिम–दक्षिण में अन्न भण्डार बनाया जाता हैः एक वृत जिसमें बोरे की जैसी अण्डाकार आकृति बाहर निकलती दिखलाई जाती है। गोशाला तथा अन्न–भंण्डार के बीच में अर्थात् पश्चिमी भाग में मुर्गो के चलने से पृथ्वी पर बनने वाले पंजे के चिन्ह जैसे दो पंजों के चिन्ह बना दिए जाते हैं। लगभग केन्द्र के निकट पूर्व एवं पश्चिमी दिशा में दो आकृतियॉ लुटकुम हड़म एवं लुटकुम बूढ़ी की बनी होती हैं इसके लिए दो छोटे वृत्त सिर, एक सीधी रेखा धड़, सर के थोड़ा नीचे सीधी रेखाएँ आर–पार खिंची हुई हाथों के लिए और नीचे दो आड़ी

रेखाओं से दो पैर। लुटकुम बुढ़ी को स्पष्ट करने के लिए दोनों हाथ के नीचे छोटे–छोटे दो डैश स्तन हेतु।

सम्पूर्ण आकृति सृष्टि के प्रतीक स्वरूप बनी हुई होती है। पृथ्वी, समुद्र, सूर्य, चांद आदि के बीच एक सामान्य मुण्डा–जीवन की गृहस्थी का परिवेश बना हुआ होता है। रचना के केन्द्र बिन्दु जहां कर्ण एक दूसरे को काटते हैं, पर देंवड़ा बलि एवं पूजा हेतु अक्षत चावल रखता है। अक्षत पर देंवड़ा एक ताजा अण्डा नोकीला भाग उपर की ओर रखते हुए बैठा देता है। अब वह सोसो वृक्ष की एक हरी पतली डण्डी लगभग एक फुट लम्बी और एक सेंटीमीटर गोलाई की लेता है और उपर के भाग को चीर कर और उसमें सोसो लकड़ी का एक छोटा टुकड़ा इस प्रकार फंसा देता है कि चीरा हुआ भाग सर्प के खुले मुख की तरह दिखलाई पड़ता है। लकड़ी की इस डंडी को इस प्रकार रखा जाता है कि सांप का मुख अंडे पर पड़े। इसके अतिरिक्त देंवड़ा सोसो की डंडी के पॉच छोटे–छोटे टुकड़े लेकर बीचोबीच चीर देता है जिससे 10 टुकड़े बन जाते हैं एक ओर गोला और दूसरी ओर कटा हुआ भाग चिपटा। ये दस टुकड़े छोटे–छोटे दस सर्प के मानिन्द होते हैं और प्रत्येक सर्प उन अनगिनत जादू–टोना, बोंगाओं द्वारा दी गई व्यधियां एवं आपदाएं मुण्डा के घर को जाने–अनजाने अब तक आई हुई हैं, वे सब इस दस सर्पवत् सोसों की डाल के चिरे हुए टुकड़ों में में समाविष्ट मान ली जाती हैं।

अब व्याधियों को नष्ट करने की दो विधियां हैं। या तो सर्पवत् सोंसों की डाल के चिरे हुए टुकड़े को जिसमें सभी जादू–टोना तथा नजर के कुप्रभाव को कैद कर लिया गया है नष्ट कर दिया जाय, जला दिया जाय, या उसे तोड़कर गाँव से बाहर फेंक दिया जाय। मुण्डा उस सांप की हत्या नहीं करते जिसने किसी को डंस लिया है। उनकी धारणा है कि विष को सर्प पुनः वापस खींच लेता है अतः मार डालने से व्यक्ति के विष के निष्प्रभावी होने की संभावना कम रहती है। ओझा जो विष का झारता है हाथ में हरी घास कोई हरी टहनी लेकर सर्प–दंश स्थान से होते हुए उपर से नीचे ले आता है और साथ–ही–साथ विष बाहर होने का मंत्रोच्चारण भी करता जाता है। ओझा के मंत्र की शक्ति का कारण उसकी स्वयं की "नाग–भक्ति" है। यदि वह सर्प की पूजा नहीं करेगा तो विष झारने की उसकी शक्ति समाप्त हो जायेगी। अतः जो सर्प की पूजा करता है वह किस प्रकार सर्प की हत्या कर सकेगा ? सांप के मारने से उसके विष का प्रभाव कभी भी नष्ट नहीं होता। यह सर्प ही है जो अपने विष को वापस खींच सकता है। मुण्डा लोग 'लुर–बिंग' का उदाहरण देते हैं जब लुर बिंग सांसा छोड़ता है तो उसके स्वांस के विष से हवा में इन्द्र–धनुष जैसा बन जाता है। और पुनः जब श्वांस खींचता है इन्द्र–धनुष उसके स्वांस के साथ उसके भीतर खींच आता है। इसी प्रकार सर्प अपने विष को वापस खींच लेता है।

यही कारण है कि सोसो की डाल के कटे हुए छोटे–छोटे सर्पवत् टुकड़े जिनमें जादू–टोना और नजर के कुप्रभाव समाविष्ट माने जाते हैं जब चौपड़ की तरह देंवड़ा फेंकता है तो जो गोलाई के बल पृथ्वी पर पड़ता है, अर्थात् चित हो जाता है उसमें समाविष्ट व्याध्यिों से मुक्ति मान ली जाती है जैसे सर्प चित हो जाये; और जो टुकड़ा कटे हुए भाग से जमीन को पकड़े रहता है उसमें समाविष्ट जादू–टोना आदि के प्रभाव उसमें जुड़े हुए माने जाते हैं देंवड़ा चौपड़ की तरह उन टुकड़ों को जमीन पर फेंकता है और चित पड़ने वाले टुकड़ें को बाहर निकाल देता है और शेष उन टुकड़ों को जो जमीन को चिरे हुए भाग से पकड़े रहते हैं नहीं निकालता अपितु उन्हें पुनः चौपड़ की तरह जमीन पर फेंकता है। इसी प्रकार तीन बार यह क्रिया की जाती है। यदि अन्त में कुछ टुकड़े ऐसे बचे होते हैं जो जमीन से चिपके (चिरे भाग की तरफ से) रहते हैं तो देंवड़ा एवं घर वाले मान लेते हैं कि उस सोंसों के टुकड़ें में अभी भी जादू–टोना का प्रभाव शेष है।

जादू–टोना या नजर का प्रभाव और उसकी मारक शक्ति का सम्बन्ध चूंकि अदृश्य जगत् से है अतः उनका अस्तित्व कभी समाप्त नहीं होगा। अतः उनके नष्ट होने की संभावना नहीं होती। उन्हें वापस लौटाया जा सकता है, और इसके लिए उनकी विरोधी शक्तियों का उपयोग करना पड़ता है। देंवड़ा सोखा या ओझा यही करते हैं।

केन्द्र में अच्छत पर रखे अण्डे का महत्त्व है। यह जीवन का स्रोत हैं अण्डे को सिङ्बोंगा से तादात्मय किया जा सकता है। सर्प अण्डे को अपने मुँह में लेने के प्रयास में है। सप्र बुराईयों का, व्याधियों का प्रतीक है। इस प्रकार अंडा जो जीवन का स्रोत है सर्प द्वारा निगल लिए जाने की स्थिति में है। यह संघर्ष आदि युग से चला आ रहा है।

सिङ्बोंगा ने असुर अवदान में खसरा बालक के रूप में अपने अण्डे से असुर बालकों की लोहे की गोलियां तोड़ी थी।[57] इस प्रकार सिङ्बोंगा ने असुरों की कठोरतम कुप्रवृतियों को परास्त किया था। अण्डा जीवन का स्रोत है। उसके पराजय में सृष्टि के विनाश की संभावना है। अतः अण्डे से कठोरतम लोहे की गोली को सृष्टि के संतुलन के लिए टूटना ही था। देंवड़ा सृष्टि के उस प्रथम समय को जब, जल का, नभ का हलचल स्थिर हो चुका था पुनः बुला रहा है जिससे अच्छी प्रवृतियॉं कुवृत्तियों को पराजित कर सकें।

देंवड़ा सरजोम साल के पेड़ की दो या चार पतियों से बना हुआ एक दोना लेता है। इसमें जल–भर कर वह सिङ्बोंगा को अर्पित करता है। वह उनकी स्तुति करता है—''नेतलंग सिङ्बोंगा, दैवी राजा—'' और देंवड़ा सृष्टि–रचना की

धर्म–गाथा को सस्वर गाता है। सिङ्बोंगा की प्रशस्ति में वह गाता है कि जब आकाश शून्य था, सर्वत्र जल–प्लावन था तुमने जल में रहने वाले जीव बनाए, पृथ्वी बनाई, पेड़–पौंधे बनाए, और मनुष्य बनाए। सृष्टि की रचना के गीतों से सृष्टिकर्ता को स्मरण कराया जा रहा है कि जब तुमने सृष्टि की रचना की तब इस प्रकार की बुराईयाँ नहीं थी। पुनः तुम इस सृष्टि को पहले की तरह बुराइयों से रहित कर दो। इसीलिए तुम्हें यह जल समर्पित किया जा रहा है।

मुण्डा धार्मिक क्रियाओं में सामान्यतः एक प्रणाली विकसित हो चुकी हैं कि सर्वप्रथम सिङ्बोंगा की सतुति तथा सृष्टि–रचना के गीत गाए जाते हैं। इसके उपरान्त असुर अवदान गाया जाता है। सिङ्बोंगा के जीवन की प्रशस्ति में यह एक लम्बी गाथा है जिसमें असुरों द्वारा सृष्टि विनाश एवं अहंकार तथा लोभ की वृतियाँ दिखलाई गई हैं और साथ ही दिखलाया गया है कि सिङ्बोंगा ने किस प्रकार स्वांग कर उनका विनाश किया।

असुर अवदान की लम्बी गाथा के बीच–बीच में जहाँ एक दृश्य का पटाक्षेप होता है देंवड़ा सिङ्बोंगा को जल एवं अक्षत समर्पित करता है और भजन गाता है, जैसे असुरों की सृष्टि, विनाश की चर्चा की उपरान्त आकाश तक अग्नि की गरमी पहुँचना एवं सिङ्बोंगा का क्रोधित होना, पक्षियों के दूत स्वरूप भेजना, उनकी पत्नी का रागझाना और 'बारह विद्या – तेरह छल' द्वारा असुरों को परास्त करने की बात कहना, सिंगबोंगा का पृथ्वी पर आना, खसरा बालक की विभिन्न क्रीड़ाएँ और अन्ततोगत्वा असुरों का विनाश एवं उनकी विधवाओं को 'बोंगा' बनाना।

बीच–बीच में विभिन्न भजनों से भरी हुई यह गाथा घंटो चलती है। सृष्टि की रचना एवं असुर अवदान दोनों की सार्थकता और साथ–साथ इसी क्रम में भजन एवं सिङ्बोंगा की स्तुति एवं प्रशस्ति करने का रहस्य मुण्डा धर्म दर्शन में स्पष्ट है। सृष्टि की रचना सम्बन्धी गाथा बतलाती है कि सृष्टि के प्रारम्भ में यह संसार किसी भी प्रकार के जादू–टोना नजरी–बान आदि बुराईयों से मुक्त था। पुनः असुर अवदान में कहा गया है कि जब बुराईयाँ पनपी तो आपने पृथ्वी पर आकर उन बुराईयों का विनाश किया। इस प्रकार सृष्टि गाथा एवं असुर अवदान एक विशेष उद्देश्य को उद्घाटित करनेवाली कथाएँ है, जो सिङ्बोंगा की प्रकृति पर प्रकाश डालती है कि वह बुराईयों का विनाश करना और सृष्टि को पहले जैसा साफ–सुथरा रखना चाहता है।

सोसो–टपा में सिङ्बोंगा के आह्वान का प्रथम कारण यही है कि यह घर जो कुदृष्टियों का लक्ष्य बन गया है उसका उद्धार करे जिस प्रकार उसने असुरों का विनाश कर सृष्टि का उद्धार किया था।

अन्त में देंवड़ा अण्डे में एक छोटा छेद कर देता है, और सिंगबोंगा की प्रार्थना करते हुए कहता है कि–''पूरी रात मैं तुम्हारे सामने पूर्व की ओर मुख कर

बैठा तुम्हारी प्रार्थना करता रहा और जल–अक्षत आदि भी तुम्हें समर्पित किया। एक नवजात शिशु की तरह मेरे मुँह में दूध है। मैं अज्ञानी एवं अबोध हूँ। मैं तुम्हारी प्रार्थना करता हूँ। मेरी त्रुटियों पर ध्यान मत देना।''

बलि प्रदान करने के उद्देश्य से वह अण्डे का थोड़ा श्वेतक पृथ्वी पर ढालता है। शेष अण्डे को पकाया और प्रसाद स्वरूप सबके बीच वितरित किया जाता है। अण्डे खोल को पुनः अक्षत चावल के निकट सोसो की टहनी पर रखा जाता है। इस बलि द्वारा सर्प की शक्ति पर विजय प्राप्त कर ली जाती है। अण्डा सर्प को पुनः दंस मारने की शक्ति से वंचित कर देता है।

सोसो–टपा' का स्पष्ट उद्देश्य है कि यद्यपि इस पूजा के उपरांत जादू–टोना एवं कुदृष्टि अब हानि पहुँचाने में सक्षम नहीं हो सकेंगे पर जो कुछ नुकसान हो चुका है उसकी भरपाई किस प्रकार हो सकेगी। असुर अवदान में खसरा बालक ने चूहे एवं जानवरों से विनष्ट लुटकुमों का पूरा अन्न भण्डार पुनः भर दिया था। इस प्रकार जो कुछ क्षति जादू–टोना एवं कुदृष्टियों से पहुँच चुकी है उसकी भरपाई का आग्रह देंवड़ा करता है।

जो कुछ अनिष्टि हुआ है वह दिखलाई नहीं पड़ता। यह अदृश्य लोक द्वारा घटित घटना है। कोई नहीं जानता कि किधर–किधर से कितने जादू–टोना एवं कुदृष्टियों के बान चले होंगे। इसे मानव दृष्टि नहीं देख सकती । यह जब फलित होती है तभी मनुष्य इन्हें अनुभव कर पाता है। अतः यह सिङ्बोंगा की ही शक्ति है जो इन अदृश्य विनाशक शक्तियों को निष्फल कर दें।

देंवड़ा अपनी प्रार्थना की सफलता का मूल्यांकन अनुष्ठान कर्ताओं के सामने करता है वह दस सोसो की चीरी हुई कटी–कटी छोटी टहनियों को पासा की तरह फेंकता है जो चित हो जाता है उन्हें हटा देता है और जो पट रहती हैं उन्हें पुनः पासा की तरह फेंकता है। यह क्रिया तीन बार की जाती है। फिर भी यदि कुछ टहनी पट पड़ी हुई पृथ्वी को पकड़े रहती है तो इसका अर्थ होता है कि अभी भी कुछ जादू–टोना या नजर का प्रभाव घर पर है और सोसो–टपा अनुष्ठान पूरी तरह सफल नहीं हो पाया है। देंवड़ा स्वीकार करता है कि सभी अदृश्य मारक मंत्रों या जादू को पूरी तरह हटाया नहीं जा सकता और न उन्हें सदा के लिए समाप्त ही किया जा सकता है। 'सर्प' को मारा नहीं जा सकता किन्तु उसके दंश एवं दंश के प्रभाव से बचा जा सकता है। अतः जादू–टोना एवं नजर प्रतीक रूप में जिन भैतिक वस्तुओं में सन्निहित हैं उन्हें दूर फेंका जा सकता हैं तथा उनसे छुटकारा पाने की मानसिकता बनाई जा सकती है।

देंवड़ा बनाए हुए चौक को पूरी तरह हाथ से मिटा देता है, सोंसों की बची हुई टहनियों को इकट्ठा करता है, अण्डे की खोल हाथ में लेता है और कुछ लोंगो

को साथ लेकर घर से निकलता एवं पूर्व की दिशा की ओर गांव से बाहर चला जाता है जहाँ वह एकत्रित वस्तुएं फेंक देता है[58] और कहता है कि अब तुम्हें सोसो की इन टहनियों, सड़े हुए इस अण्डे और दारु हड़िया देकर विदा करता हूँ। तुम्हारी जाति के लोग इधर नहीं रहते हैं। अब तुम कहीं और जाओं और अपने रहने एवं खाने–पीने का प्रबन्ध करो। वहाँ वे तुम्हे अवश्य अच्छी चीजें देंगे। ऐसा कह कर देंवड़ा, जादू–टोना एवं नजर को जिन्हें प्रतीकों में व्यक्तीकृत किया गया था गाँव के छोर पर विदा करता है और अपने अनुगामियों के साथ घर वापस लौटता है।

घर लौटने पर पाता है कि अन्दर से घर का द्वार बन्द रखा गया है। कल्पना है कि ये देंवड़ा के साथ आने वाले बहुत दिनों के खोये हुए सम्बन्धी हैं जो धन–दौलत एवं पशु–धन देकर लौटें हैं कतिपय प्रश्नोतर के पश्चात् जैसा अन्य धार्मिक कृत्यों में इसके पूर्व वर्णित हुआ है, द्वार खुलता है और वे घर में इस प्रकार आवाज करते हुए घुसते हैं जैसे बहुत सारे गाय–बैल बकरियों घर में ढुका रहें है।

सोसो की 'सर्प' रूप में बनी बड़ी टहनी पूर्व की दिशा की ओर फेंक दी जाती है। हमने देखा देंवड़ा ने पूर्वाभिमुख होकर पूजा की थी। चौक की आकृतियों में सूर्य एवं चांद दोनों पूर्व दिशा की ओर बनाए गए थे। अर्थात् अदृश्य लोक की दिशा पूर्व की ओर है। सोसो की टहनियों में, घर की जादू–टोना के कारण आई आपदाएँ समाविष्ट हो जाती है ऐसे बहुत से घरों की बहुत–सी सोसो टहनियां पूर्व दिशा की ओर फेंकी जाती है ये सभी आपदाएँ, जादू–टोना, नजरी–बान एवं नजर आदि अदृश्य लोक से शक्ति पाकर आती है अतः इन्हें उधर ही जाना है। इनका मुण्डा–जाति से कोई सम्बन्ध नहीं है और इन्हें मुण्डा लोगों के बीच बने रहने का कोई अधिकार भी नहीं है। ये "बुराइयाँ" है जो जाति के विनाश का उपाय करती है। सिङ्बोंगा मुण्डा–जाति का 'सृजन–कर्ता' एवं रक्षक है। सोसो–टपा अनुष्ठान द्वारा सिङ्बोंगा का आह्वान कर इन "बुराइयों" को घर एवं गाँव के बाहर निष्कासित किया जाता है।

पर्व

मुण्डा जन–जाति के धार्मिक विश्वासों एवं सामाजिक जीवन की अभिव्यक्ति, इनके पर्वों में स्पष्ट दिखलाई पड़ती है। मुण्डा लोगों के अधिकांश पर्व वन एवं कृषि से सम्बन्धित हैं। अच्छी कृषि के लिए ईश्वर से प्रार्थना तथा फसल कट जाने के उपरान्त उसके प्रति आभार प्रदर्शन स्वरूप प्रकृति के आनन्द–मय मनोरम पृष्ठभूमि में पर्वो का आयोजन लगभग वर्ष भर चलता रहता है। मुण्डा–जाति, जो प्रकृति के रम्य वातावरण में नृत्य एवं संगीत का भरपूर आनन्द उठाती है, स्वभाव

से ही उल्लासपूर्ण जीवन जीने की आदी है। मुण्डा–समाज में वर्ष भर पर्वों का जो अनवरत चक्र चलता रहता है उनमें प्रमुख पर्व निम्नलिखित हैं:–

(क) — मागे, (ख) — फागु, (ग) — बा या सरहुल

(घ) — होन् बा, (च) — बतौली, (छ) — करमा

(ज) — दसई, (झ) — कोलोम् सिङ्बोंगा, (ट)— जोमनामा

(ठ) — सोहराई, (ड) — सोसो–बोंगा

मागे

मागे पर्व का महत्व मुण्डा जीवन में धार्मिक एवं आर्थिक दोनों दृष्टियों से माना जाता है। यह पर्व पौष[59] की पूर्णिमा को मनाया जाता है। मुण्डा लोग पौष माह को 'मागे' के नाम से पुकारते हैं और माघ माह को 'गोला मागे' नाम से जानते हैं। इस समय तक फसल की कटाई हो चुकी रहती है और मुण्डा किसान का घर धन–धान्य से परिपूर्ण रहता है। इस सम्पन्नता को अपने मृत पूर्वजों की कृपा मानकर मुण्डा उनकी पूजा करता है तथा उनके प्रति आभार प्रगट करता है।

वस्तुतः मागे पर्व 'ओड़ा–बोंगाकों' की पूजा का पर्व है। अदिंग में ओड़ा–बोंगाकों की पूजा करने के पहले दिन गृह–स्वामी उपवास रखता है तथा दूसरे दिन स्नानादि से पूरी तरह पवित्र होकर हड़िया, चावल की रोटी से अर्पण करते हुए प्रार्थना करता है कि आपकी कृपा हम सब पर बनी रहे और बाल बृद्ध हम सभी स्वस्थ एवं प्रसन्न रहें। जंगल में लकड़ी काटने के लिए जाने पर हमारी चीते, जंगली जानवरों एवं विषैले कांटो से आप रक्षा करें। आप की कृपा से हम अच्छी फसल प्राप्त करें जिससे कि हम स्वयं ठीक से खा–पी सकें, मेहमानों को स्वागत कर सकें तथा लगान भी अदा कर सकें।

मुण्डा मानते है कि अदृश्य–लोक में विचरण करने वाले गृह–देवता ओड़ा–बोंगाओं अनुकूल परिस्थितियों को निर्मित करने की कृपा करते हैं जिससे कृषि मार नहीं खाती और फसल अच्छी होती है। फलस्वरूप अदिंग में उनकी पूजा एवं अर्चना कर मागे पर्व के अवसर पर मुण्डा ओड़ा–बोंगाओं के प्रति अपनी कृतज्ञता व्यक्त करते हैं।

कुछ स्थानों पर मागे पर्व तीन दिन तक मनाया जाता है। गांव के युवा–लड़के गांव की सीमा को मोड़ते हैं। सूर्यास्त के समय वे पूर्व की दिशा की ओर मांदर की ताल पर नाचते और 'हौवा'[60] गीत गाते जाते है और वहॉं से पुनः बॉंयी ओर से घूमते हुए गांव का पूरा चक्कर लगा लेते हैं। अन्तिम अर्थात तीसरे दिन गॉंव का पाहन लड़कों के एक छोटे दल को 'ओपोनोम–ओपाद' अर्थात सरजोम का

वह पौधा लाने के लिए जंगल भेजता है जो अपने से उगा हो। यह पौधा लगभग मनुष्य की ऊँचाई या थोड़ा ज्यादा ऊँचाई का होता है। लड़के इस जड़ से उखाड़कर पास ले आते हैं। वह 'ओपाद्' सरजोम को घर के पूर्वी भाग में गाड़ देता है और वहीं एक चौक पूरता है।

तीसरे दिन पाहन कुछ मागे फूल और 'गड़ा–जोनो' जंगली घास मंगाता है। वह थोड़ी मात्रा में 'हड़िया' छान कर निकालता है। इस प्रकार वह हड़िया, पकायी चावल की रोटी और समिधा हेतु तैयार अन्य वस्तुओं को रख देता है। पाहन सिङ्बोंगा को सफेद मुर्गा चढ़ाता है तथा अन्य क्षेत्रीय बोंगाओं को उनके अनुसार मुर्गा चढ़ाता है। पाहन उनकी स्तुति करता है। पाहन की पत्नी ने अपने हाथ से गृह–देवताओं के लिए प्रसाद बनाया है। वह उस भोजन से अदिंग में ओड़ा–बोंगाओं को प्रसन्न एवं तुष्ट करने के लिए प्रसाद चढ़ाती है।

धांगरों की पुनर्नियुक्ति

अदिंग में ओड़ा–बोंगाओं की पूजा प्रायः हर सम्पन्न गृह–स्वामी धूम–धाम से करता है। पूजा के उपरांत घर के सभी लोग अपने नौकर–चाकर के साथ बैठ कर प्रेम–पूर्वक भोजन करते है। भोजन में चावल के आंटे की रोटी विशेष रूप से बनाई जाती है। भोजन के उपरान्त नौकर–चाकरों (धांगरो) को उनके वर्ष भर के पारिश्रमिक का हिसाब कर चुकता किया जाता है। और वे अपने रिश्ते या घर कुटुम्बियों से मिलने चले जाते है।

लगभग एक पखवारे के आनन्दोत्सव के उपरांत खेती–बारी काम पुनः शुरु होता अैर धांगरों की नए सिरे से नियुक्ति होती है। धांगार नए भी हो सकते हैं, पुराने (जो उस घर में काम कर चुके हैं) भी हो सकते हैं किन्तु सभी के काम और पारिश्रमिक का नया समझौता आगामी वर्ष के लिए किया जाता है। समझौता निश्चित करने की एक सामान्य विधि अपनायी जाती है, काम के लिए इच्छुक धांगर गृहस्वामी या गृह–स्वामिनी के सम्मुख विनीत भाव से खड़ा होता है। गृहस्वामी कटोरे में थोड़ा तेल लेकर कुछ पृथ्वी पर गिराता है। इसके उपरान्त धांगर के सर पर थोड़ा तेल गिराकर शेष तेल भरा कटोरा पृथ्वी पर रख देता है।

धांगर पृथ्वी के कटोरे से तेल लेकर अपने शरीर पर मलता है। उस कटोरे में कुछ पैसे रखे रहते हैं उसे, या दो पैला धान या दो बांस की कंघी जो तेल के निकट रखी रहती है धांगर उसे उठा लेता हैं अर्थात् धांगर ने गृह–स्वामी के शर्तो को स्वीकार कर लिया और अब वह अगले मागे पर्व तक अर्थातृ पूरे वर्ष वह गृह–स्वामी की सेवा में लगा रहेगा।

मागे पर्व पर धांगरों को ससम्मान विदा करने और पुनः नियुक्त करने की प्रथा उन गृह–स्वामियों में भी पाई जाती है जो सम्पन्न होते हैं। ऐसा प्रतीत होता

है कि मागे पर्व की लोकप्रियता धार्मिक महत्व के साथ–साथ आर्थिक सम्पन्नता के कारण और बढ़ गई है। वैसे मागे पर्व सम्पन्नता के दिनों में आनन्द मनाने का पर्व है। इस पर्व में एक तरफ गृह–देवता के उपकारों के प्रति कृतज्ञता प्रकट की जाती है। तो दूसरी तरफ शरद ऋतु के मनोरम वातावरण को 'मागे और जरगा' के गीत सजीव बना देते हैं।

फागु

मुण्डा लोगों द्वारा मनाया जाने वाला पर्व 'फागु' हिन्दू धर्म के होली या 'फगुआ' के समकक्ष माना जाता है। यह पर्व फाल्गुन माह (मार्च–अप्रैल) में मनाया जाता है। फाल्गुन की पूर्णिमा[61] के एक दिन पूर्व सायंकाल, गांव के नवयुवक मुण्डा उस मार्ग के मुहाने पर जो निकट के सोते या नदी की ओर जाता है एक छोटा झेरा दारू (रेड़) का पेड़ गाड़ देते हैं इस प्रकार पहला दिन 'झारा फागु' कहलाता है। दूसरे दिन मुण्डा लोग 'इदेल'[62] पेड़ काटते हैं। अतः दूसरा दिन 'मरंग फागु' (बड़ा–बड़ी होली की तरह) कहलाता है।

मुण्डा समाज में फागु–पर्व को ''शिकार करने' का पर्व माना जाता है। दोपहर से ही युवक विभिन्न घरों में घास–फूस या जलने वाली लकड़ी इकट्ठा करते हैं[63] और इस सब को रेड़ के पेड़ पर लाद देते हैं। वे अपने साथ शिकार करने की कुल्हाड़ी रखते हैं एवं ''जापी'' गीत जिसे शिकार का गीत कहते हैं, गाते हुए चलते हैं।

रेड़ के पेड़ और उस पर लादे गए घास–फूस एवं जलावन में आग लगा दी जाती है। देखते–देखते लपटे फूट पड़ती है। उल्लास से एकत्रित लोग उछलते–कूदते एवं आनन्द मनाते हैं। लपट के कुछ शिथिल होने या बुझने पर एकत्रित युवक अपनी कुल्हाड़ी लेकर उत्साह के साथ रेड़ पर झपट पड़ते हैं जैसे वह पेड़ उनका शिकार हो। वे पेड़ के टुकड़े–टुकड़े काट डालते हैं।

दूसरे दिन युवकों का यह दल अपनी कुल्हाड़ी लेकर मांदर बजाते एवं 'जापी' गीत गाते शिकार के अभियान में जंगल में घुसता है। वहाँ ये सेंमल का पेड़ काटते हैं और कटे पेड़ को लेकर 'जापी' गीत गाते हुए मांदर बजाते एवं आनन्द से नृत्य करते हुए समारोह पूर्वक गांव में प्रवेश करते हैं। वे गाते हुए गांव की ओर बढ़ते हैं:–

जापी[64]

मदकम जायर दो, सेन्दराई सेनोजन, ——
भाई, सेन्देराई सेनोजन

पपरा चण्डी दो करिंगई बिरिदजन——
भाई करिंगई विरिद जन।

मदकम जायर दो तुइंग जिलुतन——
भाई, तुइंग जिलुतन।

पपरा चण्डी दो दा–बाबातन,——
भाई, दा बाबातन।

मदकम जायर दो, कुतुंगन कुलई, ——
भाई, कुतुंगन कुलई।

पपरा चण्डी दो भाई जतरंग मारा,——
भाई जतरंग मारा।

गांव के उनके साथी उनका स्वागत करने के लिए तैयार रहते हैं यहां से वे उस स्थान को जाते हैं जहां एक दिन पहले रेड़ के पेड़ की होली जलाई गयी थी। वहां सेंमल का पेड़ गाड़ दिया जाता है और उसपर घास–पात एवं जलावन लाद दिया जाता है। गांव के लोग चारों ओर एकत्रित होते हें गांव का पाहन आता है और वह पूजा करता है। गांव का पाहन सभी बोंगाओं एवम् क्षेत्रीय देवताओं को जो जंगल में रहते हैं, पहाड़ और सोतों में रहते हैं, जो मैदान एवं कुञजो में रहते हैं जैसे जायर बुढ़िया, पपरा चण्डी, बुरुबोंगा, इकिर बोंगा, मरंग बुरु बोंगा, देसउली बोंगा, नगे–एरा, बिन्दी एरा आदि सभी की पूजा करते है और उनका उस स्थान पर आह्वान करता है पाहन चावले के आंटें की पकी तीन रोटियां, एक हड़िया चावल की मदिरा और एक काला मुर्गा सामूहिक रूप से बोंगाओं को समर्पित करता है कि वे मुण्डाओं को अच्छा शिकार (पर्याप्त मात्रा में और निर्विघ्न) करने में सफलता प्रदान करें।

सेंमल के गड़े पेड़ के उपर रखे गए जलावन में आग प्रज्वलित कर दी जाती है। लपटें क्रमशः आकाश छून लगती है। अब पाहन मुर्गे को आग की लपटों के बीच फेंक देता है। एक मुण्डा युवक बढ़ कर पुआल का कुछ भाग अपने मुँह में इस प्रकार दबाता है कि इसका एक छोर बाहर दूर तक निकला हो। वह इस छोर प्रज्वलित अग्नि से आग लगा देता है। अब वह पाहन का, मुँह में जलते पुआल को लेकर फेरा लगाता है। फेरा लगाते समय वह और उसके साथी कौआ जैसी कॉव–कॉव की ध्वनी निकालते है। पुनः वह जलते हुए पुआल को अग्नि के ढेर में फेंक देता है।

पाहन शिकार वाली कुल्हाड़ी उठाता है और जलते हुए सेम्हल के पेड़ पर एक गहरा प्रहार करता है। एकत्रित युवक अपनी शिकार करनेवाली कुल्हाड़ी लेकर सेम्हल पेड़ पर टूट पड़ते हैं जैसे उनका शिकार उनके सामने आ गया है। वे जड़ से थोड़ी–थोड़ी दूर पर बनी गांठों को काटते हैं किन्तु उपर का भाग

ज्यों–ज्यों छोड़ देते हैं। गांठ के पास से कटे हुए टुकड़े जिसमें छोटी–छोटी शाखा दोनों ओर फटी होती है। हिरन के कटे हुए सिर की तरह लगते है जैसे इस पर सींग उगे हों।[85]

मुण्डा युवक ऐसी कटी हुई गांठ सहित लकड़ी के टुकड़े को, पड़ोस के गांव की दिशा में, गांव का नाम लेते हुए फेंक देते हैं कि तुम लोग भी शिकार का आनन्द उठाओ और शिकार का खेल खेलो जिस प्रकार हम लोगों ने हिरनों का शिकार किया है। दूसरी सुबह पाहन जली हुई लकड़ी का टुकड़ा उस दिशा को फेंकता है जिधर पानी का सोता है। वह सोता उस दिन दूषित माना जाता है और उसका कोई उपयोग नहीं करता।

सफल शिकार के विजयोल्लास में एकत्रित लोग गांव के पाहन के घर नाचते–गाते पहुँचते हैं जहाँ उनका 'हड़िया' से भरपूर स्वागत होता है। यहाँ एक अच्छा जश्न होता है। कुछ समय पाहन के घर आनन्द मनाकर गृहस्वामी लोग अपने–अपने घर पहुँचते है और घर के अदिंग में चावल की पकी रोटी और हड़िया का चढ़ावा ओड़ा–बोंगाओं (गृह–देवता) को चढ़ाते हैं। फागु पर्व का यहाँ पर समापन होता है।

फागु पर्व की धार्मिक क्रियाएँ एवं विधान मुण्डा धर्मगाथाओं एवं अवदान से पूरी तरह समर्थित है। घर–घर से एकत्रित घास–पुआल एवं जलावन के जलने की लपट की गरमी से पाहन परेशान होता है ठीक उसी प्रकार जैसे असुरों की भट्ठी की आग से सिरमरेन सिंगबोंगा क्षुब्ध हुए थे। उन्होंने असुरों को समझाने के लिए दूत स्वरूप 'कौवा भण्डारी' को भेजा था। कौवा के पास सन्देश ले जाने को हाथ नहीं था उसने मुँह से ही सिंगबोंगा के संदेश को पहुँचाया था। मुण्डा युवक ने जलते हुए पुआल को मुँह में लेकर पाहन की परिक्रमा की है अर्थात पाहन को सन्देश दिया है कि सेम्हल के पेड़ से लिप्त बुराईयों का नाश करो। और पाहन ने शिकार की कुल्हाड़ी का पहला आक्रमण सेम्हल के तने पर किया। हिरनों का शिकार मुण्डा–धर्मसम्मत है।

ये सभी धार्मिक क्रियाएँ, जिनमें सिंगबोंगा के समय के संसार की झलक मिलती है शुद्धतम प्रक्रिया से जुड़ी हुई है। कहीं कुछ भी अपावन नहीं होना चाहिए। गर्भिणी–स्त्री के घर से पुआल लेना वर्जित है क्योंकि उस घर में एक ऐसा प्राणी पल रहा है जो छठी संस्कार द्वारा मुण्डा जाति में सम्मिलित नहीं हुआ है। इसी प्रकार पाहन जले हुए लकड़ी के कुन्दे को गॉव के सोते की ओर फेंकता है कि सारी बुराईयों कुंदे के साथ सोते की ओर चली जाये और डूब जाये। इसीलिए उस दिन कोई भी सोते के जल का स्पर्श नहीं करता। क्योंकि उस दिन सोते का जल अशुद्ध रहता है।

फागू पर्व यद्यपि मुण्डा समाज ने हिन्दुओं के 'फगुआ' के तर्ज पर अपनाया है किन्तु पर्व की सम्पूर्ण क्रियाएँ मुण्डा धर्म एवं परम्परा के अनुसार हैं। सभी बोंगाओं की पूजा एवं उन्हें तुष्ट करने के उपरान्त गृहस्वामी ओड़ा बोंगाओं (गृह–देवता) को भी प्रसन्न करता है और सभी से अच्छे फसल एवं अनेक प्रकार के लाभ की कामना करता है। सभी देवताओं से प्रार्थना करते हैं कि उनके साथ वे शिकार में साथ दें एवं उनकी सहायता करें। शिकार का तात्पर्य होने वाला 'लाभ'[65] है। फागु पर्व का आगे आनेवाले अनेक सप्ताहों तक जापी गीत और नृत्य के उल्लासपूर्ण स्वरों में मिलता रहता है। इस प्रकार की ऋतु में कोई विवाह आयोजित नहीं होता।

बा या सरहुल

बा–नेग या सरहुल पर्व मुण्डा–धर्म का एक महत्वपूर्ण पर्व माना जाता है। छोटानागपुर का वनीय प्रदेश साल–वृक्षों से भरा हुआ है। सरहुल पर्व में मुण्डा–जाति साल–वृक्ष के प्रति अपनी कृतज्ञता व्यक्त करती है क्योंकि इस वृक्ष ने मुण्डाओं के धार्मिक, आर्थिक एवं सामाजिक जीवन को गहराई से प्रभावित किया है। साल वृक्ष पर ही हातु–बोंगाको का निवास होता है।

बा–नेग पर्व पर भी हिन्दु धर्मगाथाओं का प्रभाव दिखलाई पड़ता है और पर्व के आनन्द एवं उत्साह के पीछे अयोध्या के वृद्ध राजा दशरथ को चार पुत्रों का प्राप्त होना बताया गया है।[66] किन्तु सरहुल की समस्त धार्मिक क्रियाएँ मुण्डा धर्म, परम्परा एवं मान्यता के अनुसार होती है जिसमें गाँव के पाहन की प्रमुख भूमिका होती है।

बा–नेग या सरहुल का पर्व चैत माह में मनाया जाता है। इस समय तक साल के वृक्ष पुष्पों से भर जाते हैं और जंगल आनन्दमय लगने लगता है। चैत शुक्ल पंचमी को साल के पुष्पों से पवित्र सरना–स्थल के साल वृक्ष की, जिसे जाहेर सरना कहते हैं, पूजा की जाती है। ढेर सारे साल के पुष्प एकत्रित कर लिए जाते हैं और सरना–स्थल पर गाँव के मुण्डा पूजा में भाग लेने के लिए इकट्ठा हो जाते हैं। गाँव का पाहन, जो पूजा करता है एक दिन पहले से उपवास रखता है। वह जाहेर–सरना के समक्ष फूल समर्पित करता है और मुण्डा धर्म के सभी बोंगाओं का नाम लेकर आह्वान करता एवं पुष्प समर्पित करता जाता है। इस अवसर पर चण्डी बोंगा की विशेष रूप से पूजा की जाती है तथा मुर्गे की बलि चढ़ाई जाती है। नए मिट्टी के बरतन में सरना–स्थल पर भोजन पकाया जाता है।

सरना–स्थल पर पूजा समाप्त होने के उपरान्त मुण्डा लोग नाचते, गाते तथा मादर और ढोलक (बड़े किस्म का) बजाते हाथ में साल वृक्ष की फल लगी टहनी लिए उल्लसित अपने घर लौटते हैं। साल–फूल की माला घर के दरवाजे पर टांग

दी जाती है और घर साल के फूल और पत्तों से सजा दिया जाता है। प्रत्येक मुण्डा साल के फूल की माला अपने सर पर बॉधता है या फूल वालों में खोंस लेता है। आज के दिन खाना–पीना सभी कुछ साल के पत्ते के बन पत्तल एवं दोने में होता है। यहॉं तक की साल के पत्ते पर बैठा भी जाता है। आज के दिन उरद की दाल विशेष रूप से पर्याप्त मात्रा में बनती है, चावल एवं हड़िया भी प्रर्याप्त मात्रा में इस्तेमाल होता है। साल–वृक्ष मय (फूल–टहनी, पत्ते आदि से घिरे एवं अलंकृत) होकर मुण्डा आज का दिन आनन्दपूर्वक नाच–गा कर मनाते हैं।

गृह–स्वामी हर पर्वों की तरह आज के दिन भी अदिंग में ओड़ा–बोंगाको (गृह देवता) की पूजा हड़िया और बने हुए प्रसाद से करता है। वह अपने मृत पूर्वजों को स्मरण करता है, पूजा चढ़ाता है और प्रार्थना करता है कि यह घर, घर के परिजन हम सब आप के हैं अतः आप की कृपा हम पर बनी रहनी चाहिए। आप हम लोगों के स्वास्थ्य, पशु एवं खेती–किसानी की भलाई का ध्यान सदैव रखा करें। गृह–स्वामी इस प्रकार अदृश्यलोक के वासी अपने पूर्वजों से घर, पशु एवं खेती किसानी की प्रगति की प्रार्थना करता है।

दूसरे दिन प्रातः पाहन पूजा में चढ़ाये हुए साल की टहनियों एवं पुष्पों का एक ढेर लेकर गाँव के हर घर जाता है तथा घर के चौखट या छप्पर में एक–एक टहनी खोंसता हुआ आगे बढ़ जाता है। घर वाले यथाशक्ति पाहन को कुछ पैसा दक्षिणा स्वरूप प्रदान करते हैं। इस प्रकार पाहन गांव के सभी घर को पूजा के फूल से पवित्र करता हुआ अन्त में अपने घर लौटता है। सायंकला प्रत्येक घर से एक स्त्री एक घड़े में जल तथा थोड़ा तेल लेकर गाँव के पाहन के घर जाती है और पाहन का चरण प्रक्षालित करती तथा उसमें तेल भी लगाती है और पुनः प्रक्षालित करती है। पाहन के प्रति ग्रामीणों की यह श्रद्धा उनकी भक्ति की अभिव्यक्ति है। पाहन प्रत्येक स्त्री को प्रसाद स्वरूप दो घड़ा हड़िया (चावल की मदिरा) प्रदान करता है।

सरहुल वसन्तोत्सव का पर्व है। इस अवसर पर मुण्डा युवक–युवतियॉं साल के पुष्पों से सज्जित 'जदुर' गीत गाते हैं और इस प्राकर वन–देवता के प्रति अपनी कृतज्ञता अभिव्यक्त करते हैं। इस समय सारा वातावरण ही पर्व–मय बन जाता है। यह पर्व विभिन्न क्रिया–कलापों के साथ तीन दिन तक मनाया जाता है। इस बीच पूरी छुट्टी, पूरा आनन्द रहता है और सभी प्रकार की खेती–किसानी बन्द रहती है।

होन्–बा

होन–बा एक ऐसा धार्मिक कृत्य है जो धान के बीजारोपण का शुभारम्भ एवं अच्छी कृषि के उद्धेश्य से की जाती है। यह पर्व सार्वजनिक मेले जैसा रूप नहीं

ग्रहण कर पाता। इस पर्व के लिए कोई विशेष दिन भी निश्चित नहीं है। गाँव के मुण्डा जिस दिन धान को खेत में लगाने का कार्य–कर्म बनाते हैं उसके एक दिन पूर्व गृह–स्वामी अपने घर के अदिंग में पितरों की गृह–देवता के रूप में पूजा करता है। वह इस क्रम में अन्य देवताओं की भी पूजा करता है। पूजा का उद्धेश्य धान की अच्छी फसल प्राप्त करना है। देवताओं से प्रार्थना की जाती है कि समय पर वर्षा तथा आपदाओं से सुरक्षा करते हुए धान की भरपूर उपज की कृपा करें। यह पर्व बैशाख या ज्येष्ठ में मनाया जाता है।

कभी–कभी धान के उग आने पर गाँव का पाहन अपने खेत में जाता है और सिङ्बोंगा को 'गोली सिङ्' के नाम से बलि चढ़ाता है। खेत से लौटकर पाहन गाँव के समस्त पितरों को बलि अर्पित करता है। वह मृत पूर्वजों को साल के पत्ते पर अलग–अलग प्रसाद चढ़ाता है, जिससे फसल अच्छी हो।

बतौली

यह पर्व भी होन्–बा की तरह कृषि से सम्बन्धित है किन्तु इस पर्व में सम्पूर्ण आयोजन सामूहिक रूप से होता है जिसमें पाहन की भूमिका महत्वपूर्ण होती है। खेत में धान रोपने के पूर्व एक अन्य स्थान पर छोटी–छोटी क्यारियाँ लगा कर धान का बीज उगाया जाता है जो अंकुरित होकर छोटे पौधे के रूप में तैयार होता है। इस तैयार पौधे को क्यारी से उखाड़ कर पुनः खेत में रोपा जाता है। बतौली ठीक रोपनी के पहले का पर्व है। चूँकि बीच का रोपण प्रायः गाँव के सभी मुण्डा एक साथ एक दिन करते हैं अतः इसकी पूजा भी सामूहिक रूप से रोपण के एक दिन पूर्व की जाती है। गाँव का पाहन जिसे पर्व में पूजा का दायित्व निभाना पड़ता है प्रातःकाल से ही उपवास पर रहता है। सभी लोग सरना–स्थल पर एकत्रित होते हैं। पाहन जाहेर–सरना (गाँव का पवित्र साल वृक्ष) के नीचे अक्षत, हड़िया और बलि हेतु मुर्गा रखता है। उस दिन मडुआ का पत्ता और गांधारी का पत्ता भी पूजा में प्रयुक्त होता है।

कहीं–कहीं पाहन गृह–स्वामी द्वारा लाए गए सोसो या भेलवा पेड़ की टहनी या किसी के द्वारा लाई गई तिरिल की टहनी चावल के ढेर पर गाड़ता है। यह चावल अक्षत या पूजा हेतु चावल होता है। भेलवा टहनी का गुण विषैला है अतः संकेत है कि धान मे कीड़े नहीं लगेंगे तथा तिरिल का पेड़ अग्नि वर्षा के समय कठिन ताप को सहन कर सका था। अतः इस टहनी का गुण धान के पौंधो को मिल जाएगा और धूप से वे जल नहीं पाएंगे। टहनियों को गाड़कर पाहन सिङ्बोंगा की पूजा करता है। इसके उपरांत पाहन सरना वृक्ष के सम्मुख सभी देवताओं की पूजा करता है और तब उन्हें मुर्गे की बलि चढ़ाता है और मडुआ का पत्ता समर्पित करता है। सरना स्थल पर ही मुर्गा और भात तथा मडुआ और गंधारी साग

पकाया जाता है। गाँव के सभी मुण्डा सरना स्थल पर भर–पेट प्रसाद ग्रहण करते हैं और आनन्द मनाते हैं। सायंकाल होते–होते मुण्डा लोग पाहन को ससम्मान उसके घर तक ले जाते हैं। मुण्डा लोग पाहन को अपनी पीठ पर लादकर उसके घर पहुँचाते हैं कि पाहन का पैर जमीन से लगने न पाये।

पाहन के घर पहुँचने पर मुण्डा लोगों का पुनः हड़िया से स्वागत होता है। यह पर्व प्रतीकात्मक है। स्थान–भेद के कारण कहीं–कहीं इसके मनाने में कुछ अन्तर पाया जाता है किन्तु मूल रूपेण यह कृषि की सफलता की कामना से किए गए अनुष्ठान से जुड़ा हुआ पर्व है।

करम–

करम पर्व भादो (अगस्त–सितम्बर) माह में पूर्णिमा के ग्यारहवें दिन मनाया जाता है। इस दिन गृह–स्वामी करम वृक्ष की दो शाखाएँ तोड़ कर लाता है और गोधूली वेला में इन्हें अपने आंगन में गाड़ देता है। गड़े हुए करम वृक्ष की शाखाओं के इर्द–गिर्द की भूमि गोबर से लीप कर साफ–सुथरी एवं पवित्र कर दी जाती है। अब गृह–स्वामी घी, दूध तथा चावल के आंटे की पकी रोटी से डाल को टीकता और पूजा करता है। पूजा के क्रम में वह क्षेत्रीय देवताओं का भी आह्वान करता एवं उनकी पूजा करता है। घर के द्वार पर नाच–गाना तथा मांदर एवं ढोलक (बड़ा ढोलक) की ध्वनी से पूरा वातावरण गूंजता रहता है।

दूसरे दिन प्रातः काल पूजित करम की डाल को श्रद्धापूर्वक जुलूस में विसर्जन के लिए निकट के तालाब या सोते तक ले जाया जाता है। गांव के युवक एवं युवतियां मादर की थाप पर गाते तथा नृत्य करते करम देवता की कृपा की आकांक्षा लिए हुए जुलूस मे आगे–आगे चलते हैं और पीछे–पीछे करम की डाल को, जिसमें देवता की प्राण–प्रतिष्ठा की जा चुकी है, कुछ लोग लेकर चलते हैं। यह एक भव्य जुलूस होता है। तालाब या सोते में करम की शाखाओं के विसर्जन का दृश्य देखने योग्य होता है। करम के उँचे स्वर में गाए जानेवाले गीतों से सारा वातावरण भक्तिमय हो जाता है। आबाल वृद्ध सभी करम देवता के कृपाकांक्षी होते हैं। मुण्डाओं में यह आम धारणा है कि जिसने करम देवता एवं करम वृक्ष का अपमान किया, यदि वह राजा भी होगा तो देखते–देखते दीन–हीन रंक बन जाएगा और जिसे करम देवता का आर्शीवाद मिल गया उसकी स्थिति कुछ दिनों में ही अच्छी और आर्थिक दृष्टि से ठोस हो जाएगी।

अधिकांश पाहनों का मानना है कि करम पर्व मुण्डाओं को धर्मसम्मत पर्व नहीं है। यह पर्व मुण्डा समाज में हिन्दुओं के अनुकरण से फैला और विख्यात हुआ है। उनका तक्र है कि इस पर्व में 'पाहन' कहीं भी दिखलाई नहीं पड़ता। पुनः सभी मुण्डा–जाति में यह पर्व नहीं मनाया जाता। मुण्डा धर्म में बोंगाओं यो सिङ्बोंगा

अथवा ओड़ा–बोंगाको को तुष्ट करना आवश्यक है जिसके लिए मुर्गे की बलि चढ़ाई जाती है। किन्तु **करम पर्व में मुर्गे की बलि को कोई स्थान नहीं है** अपितु **घी या दूध से करम वृक्ष की पूजा की जाती है।** इस प्रकार 'करम' पर्व मुण्डाओं के धर्म की प्रकृति के अनुसार सही नहीं उतरता। त्रिगुणायत का भी कहना है कि "करमा" मुण्डाओं का कोई प्रमुख पर्व नहीं है, इसे उन्होंने दूसरो से सीखा है।[67]

वस्तुतः सदानों की दृष्टि में मुण्डाओं के दो ही पर्व हैं जिन्हें काफी ख्याति मिली है और मुण्डा लोग इन्हें धूमधाम से मनाते है, वे हैं सरहुल और करम पर्व। यह अवश्य है कि करम में मुण्डा–धर्म की परम्परागत परिपाटी को तिलांजलि दे दी गई है जिससे 'पाहन' और बोंगाओं को 'मुर्गे' की बलि का प्रावधान करमा–पर्व में नहीं रह गया है किन्तु मुण्डा समाज ने इस पर्व को गहराई से अपनाया है। मुण्डाओं में करमा–गीत भावों की मधुरता और स्वरों के कम्पन में सर्वाधिक लोकप्रिय और सबसे आगे हैं। करमा–पर्व से जुड़े ऐसे बहुत से गीत हैं जो मुण्डा युवक–युवतियाँ अखड़ा में गाती हैं और भाव–विभोर हो जाती है। इस पर्व में अखाड़ा की सजावट फूल–पतियों एवं झण्डियों से रुचिपूर्वक की जाती है।

करमा पर्व की, मुण्डाओं के बीच, ख्याति का अनुमान, उस लोक–कथा से भी होता है, जो मुण्डा लोगों के बीच बड़े–बुढ़े सुनाते रहते हैं। करम कहानी में मुण्डा धर्मगाथा में वर्णित पृथ्वी की सृष्टि के पूर्व की दशा का वर्णन है जब हड़म (सिङ्बोंगा) ने केचुए की लाई हुई मिट्टी से इस पृथ्वी की रचना की थी। करम कहानी में इन बातों को दुहराया गया है। देखिए – "ने सिदुम सिदा दो जलाकारगे तैकेना। इपतं सिङ्बोंगा बरिया पराय किंग बाइ लेद् किंआ।

–––लन्डी सअः दोय सिरमा सअः केदा अद् बोओ सअः बारी बितर ते बोलो जनाः। एनाते दो मोचातेः जोम केदा अद् न सअः सिरमा सअः रेः ईःईः उड़ुङग् केदा। एन ईःईः **तेगे मोयेद् दिसुम बई जना**।" करमा कथा का यह अंश मुण्डा धर्मगाथा से अलग कुछ नहीं है।

सिङ्बोंगा के बनाए हुए इस 'पूपा' देश में करम एवं धरम दो बड़े–बड़े छोटे भाई थे। बड़ा भाई करम विदेश कमाने चला गया और धरम देश में खेती–बारी करता रहा। वह गरीब था। धनी होकर करमा लौटा। करमा ने धरमा को स्वागतार्थ बुलाया। वह नहीं गया। करम ने कहा कि इन पेड़–पौंधो का क्या रखा है जो धरमा इनसे जुड़ा है। उसने सारे पेड़ उखाड़ कर सात पहाड़, सात नदी पार फेंक दिया और आराम से रहने लगा। कुछ दिनों बाद उसका धन समाप्त हो गया और गरीब होकर अपनी पत्नी के साथ धरम के घर मजदूरी करना शुरु किया। एक तरफ मजदूरी न मिलने पर उसने धरम के कोड़े गए खेतों एवं मेंड़ों को बरबाद

करना शुरु किया। किन्तु एक तरफ से वह मेड़ काटता जाता था दूसरी तरफ से मेड़ अपने–आप बनती जाती थी। करमा को आश्चर्य हुआ। तभी एक अपरिचित आदमी आया और उसने बतलाया कि चूँकि उसने करम पेड़ को उखाड़ फेंका है इसी की सजा वह पा रहा है।

भूखे प्यासे अनेक कष्टों को झेलने की तपस्या के उपरान्त करम देवता की याद आई। करम देवता ने उससे कहा कि तुम भादो की एकादशी को घर की ओर लौटो और करम की टहनी गाड़ो तुम्हारे दुःख दूर हो जायेंगे। उसने भादो की एकादशी को करम गाड़ी और करम देवता की पूजा की। वह पुनः धन–धान्य से सम्पन्न हो गया। उसी दिन से लोग भादों की एकादशी को करम की टहनी गाड़ा करते है।[68]

इस प्रकार 'करम बोंगा' की पूजा करने एवं करम गाड़ने से करमा पुनः धन–धान्य से परिपूर्ण हो गया। अतः जो भादो की एकादशी को करम गाड़ेगा और इस प्रकार "करम बोंगा" की पूजा करेगा धन–धान्य से परिपूर्ण हो जायेगा। यद्यपि मुण्डा धर्म में किसी व्यक्ति को धन या धर्म की दृष्टि से सिङ्बोंगा विशिष्ट व्यक्ति नहीं बनाता क्योंकि मुण्डा–जाति में जाति से उपर कोई नहीं है फिर भी खेती–बारी का प्रचलन एवं उसके पीछे श्रम करने का उद्धेश्य धन–धान्य की सम्पन्नता है। हम जानते है कि मुण्डा लोग सिङ्बोंगा, अन्य बोंगाओं तथा ओड़ा–बोंगाओं से प्रायः प्रार्थना करते हैं कि फसल अच्छी हो और धान से उनका भंडार भर जाय। अतः करमा की पूजा मुण्डा धर्म की लीक से हटकर नहीं है भले ही इसमें पाहन की आवश्यकता कहीं नहीं आई है।

पुनः करमा–धरमा की कथा हिन्दू धर्म के किस पुराण की कथा है कोई स्पष्ट नहीं बतलाता। यदि यह पर्व हिन्दुओं के सम्पक्र के कारण मुण्डा समाज ने अपनाया है तो िःसन्देह यह प़र्व हिन्दुओं का प्रचलित पर्व होना चाहिए किन्तु ऐसा कोई पर्व, जो वस्तुतः इतनी प्रसिद्धि पा चुका हो और दूसरे समाज को प्रभावित कर सके, हिन्दुओं के बीच नहीं दिखलाई पड़ता। यदि हिन्दुओं की लोक गाथा में कही करमा–धरमा (कर्म–धर्म) की कथा होगी भी तो उससे मुण्डाओं के करमा पर्व को जोड़ना, एक बलात् किया गया प्रयास होगा। प्रश्न इस कथा की इतनी प्रसिद्धि का है कि हिन्दुओं का अनुकरण कर मुण्डा समाज, इसे अपना सके। और ऐसी प्रसिद्धि का कोई पर्व हिन्दू धर्म में प्रचलन में नहीं है। इस प्रकार एस.सी. राय[69] तथा जगदीश त्रिगुणायत[70] या अन्य मुण्डा धर्म के विश्लेषकों के मन्तव्य का कोई ठोस प्रामाणिक आधार नहीं मिलता कि मुण्डाओं ने करमा पर्व हिन्दुओं से लिया है।

दसई

मुण्डा लोग दसई पर्व अश्विन या कार्तिक मास में मनाते हैं। हिन्दू पर्व दशहरा की यह अनुकृति है। इस पर्व को अधिकांश मुण्डा मानते हैं किन्तु दुर्गा के नाम पर बकरे की बलि कुछ सम्पन्न गृह–स्वामी ही अर्पित करते हैं। पूजा सार्वजनिक न होकर व्यक्तिगत या परिवारगत होती है। इस पर्व में पाहन की आवश्यकता नहीं पड़ती। किन्तु मुण्डा युवक–युवतियाँ झुण्ड में नाचते–गाते हैं। वातावरण उल्लासपूर्ण रहता है। गृह–स्वामी इस पर्व पर ओड़ा–बोंगाको (गृह–देवता) की अदिंग में पूजा करते हैं, साथ–ही–साथ अन्य देवताओं का भी आह्वान करते एवं उन्हें प्रसाद चढ़ाते हैं।

कोलोम् सिङ्बोंगा

कोलोम = खलिहान; सिङ्बोंगा अर्थात खलिहान की पूजा। यह पर्व अगहन (नवम्बर) माह में मनाया जाता है। जब धान पक कर, कट कर खलिहान में लाना होता है। यह पर्व पाहन द्वारा मनाया जाता है जिसमें गांव के अन्य मुण्डा भाग लेते है। सर्वप्रथम पाहन अपने खलिहान को साफ–सुथरा करता है। खलिहान में पूजा के लिए कुछ चावल, कुछ धान युक्त पका पौधा और दांवा हुआ पुआल एवं घास[71] रखा होता है। पाहन बोंगाओं की पूजा करता है तथा गृह स्वामियों द्वारा लाये गये मुर्गों की बलि चढ़ाता है और हड़िया समर्पित करता है। सभी एकत्रित मुण्डा पाहन के साथ हड़िया का पान करते हैं तथा भरपेट प्रसाद लेते हैं। देर रात तक मांदर के ताल पर गीत गूंजता रहता है। पाहन के खलिहान में पूजा अर्थात् 'कोलोम सिङ्बोंगा' के उपरान्त ही गांव के अन्य मुण्डा अपने खलिहान में कटा हुआ धान गिराते और दांवते है।

अक्षत के चावल के निकट पुआल और घास रखने का तात्पर्य सिङ्बोंगा की उस कृपा को प्राप्त करना है जब खसरा बालक के रूप में उन्होंने पुआल और घास से बनी लुटकुमों की कुटिया में एक दाना को गुणित करते–करते उनके अन्न भण्डार को भर दिया था। पाहन एवं एकत्रित गाँव के मुण्डाओं की यही कामना है कि सिङ्बोंगा की कृपा से उनके खलिहान में भी इतना चावल उत्पन्न हो कि उनका भण्डार परिपूर्ण हो जाय।

जोम–नवा

जोम–नवा का अर्थ 'नया चावल खाना' वस्तुतः यह कोई धार्मिक पर्व नहीं है। यह एक अनुष्ठान है जो कृषि की सुरक्षा से सम्बन्धित है साथ ही नया चावल के प्रथम उल्लासपूर्ण उपयोग से भविष्य में एक आशा की बात है कि आगे के आनेवाले दिन भी इसी प्रकार उल्लास एवं आनन्द से व्यतित होंगे।

पके हुए धान की खेत से चोरी, खेत की रक्षा के समय बाघ या जंगली जानवरों का भय और साथ ही कटाई के समय सांप के दंश का खतरा मुण्डा जीवन में प्रायः बना रहता है। इनसे सुरक्षा के लिए पाहन अपने खेत में उस समय एक लोहे के फाल की बनी तीर आरोपित करता है जब धान की बालियां पक चुकी रहती हैं तथा उन्हें काट कर खलिहान में लाना एवं दावना शेष रह जाता है।

अपने खेत में तीर आरोपित करते हुए पाहन सिङ्बोंगा का आह्वान करता है और प्रार्थना करता है कि– हे सिरमरेन सिङ्बोंगा। मैंने यहॉ खेत में तीर जमा दिया है। इस तीर को जो ले जाने (अर्थात फसल की बालियों को काट कर ले जाने) का प्रयास करे उसे बाघ खा जाय। किन्तु जब हम धान काटने लगें और उसे उठाकर घर ले जाने लगें तो बाघ के हमले और सर्प के काटने से हम सब की रक्षा करना।

पुनः पाहन क्षेत्रीय एवं ग्रामीण बोंगाओं को सम्बोधित करते हुए उन्हें लाल मुर्गे की बलि चढ़ाता है एवं संतुष्ट करने की बात कहता है। पाहन उनसे आशा करता है कि वे मुण्डाओं के फसल की रक्षा करेंगे जिससे कट धान खलिहान में सुरक्षित पहुँच जाय एवं धान की बालियां चावल के दानों से भरपूर हों।

तीर का फाल लोहे के रखने से पाहन बोंगाओं को उन दिनों का स्मरण कराना चाहता है कि जब उन्हें लोहा गलाने के क्रम में सिङ्बोंगा के हाथों विनाश का दिन देखना पड़ा था। चूँकि ये बोंगा असुरों की पत्नियों थीं जिन्होंने अपनी ऑख से असुरों के पतन को देखा है और जिनपर कृपा कर सिङ्बोंगा ने उन्हें बोंगाओं में परिवर्तित कर दिया तथा उन्हें दायित्व सौंपा कि वे सृष्टि एवं मुण्डा–जाति के कल्याण का कार्य करें अतः पाहन को इन बोंगाओं से अपेक्षा है कि वे मुण्डाओं की फसल की सुरक्षा का दायित्व निर्वाह करेंगे। पाहन ने बोंगाओं को लाल मुर्गे की बलि समर्पित कर अपना कर्त्तव्य पालन कर दिया है।

किन्तु, यदि जंगली जानवर आते हैं और फसल को बरबाद करते हैं या किसान पर आक्रमण करते हैं तो मुण्डाओं के विश्वास के अनुसार निश्चित रूप से बोंगाओं ने उन्हें भेजा है। कभी–कभी बोंगा स्वयं आता है और धान का चावल चुरा कर अर्थात् धान का 'रोआ' लेकर चला जाता है। जिसका परिणाम होता है कि लहलहाते खेत की कटाई के उपरान्त खलिहान में पीट–पीट कर निकालने पर धान तथा चावल बिल्कुल थोड़ा सा मरा मरा हुआ निकालता है। धान की गति देखकर कोई भी मुण्डा आसानी से समझ लेता है कि धान की 'रोआ' को बोंगा चुरा ले गया है। निःसन्देह इस तरह के कुकर्मो को करने वाले दुष्ट बनिता बोंगा होते है।

धान की कटाई के समय पाहन अपने खेत में से तीर उखाड़ लेता है। तीर उखाड़ने के पहले एक बार पुनः वह सिङ्बोंगा एवं अन्य बोंगाओं के प्रति कृतज्ञता स्वरूप पूजा करता एवं बलि समर्पित करता है।

कुछ लोग[71] जोम–नवा को हिन्दुओं की प्रथा का मुण्डाओं द्वारा अनुकरण मानते हैं। हिन्दुओं में नए धान का चिउड़ा बनता है जो दही–गुड़ या दूध–गुड़ के साथ प्रथम बार खाया जाता है। पर मुण्डा लोग इतना ही नहीं करते हैं। वे इस दिन खूब हड़िया पीते हैं और आनन्दपूर्वक अपने–अपने अदिंग में पितरों की पूजा करते हैं और अपने ओड़ा–बोंगाको को मुर्गे की बलि भी समर्पित करते हैं।

इन्द पर्व

इन्द पर्व मुण्डाओं द्वारा कुछ गांवों में ही मनाया जाता है विशेषकर उन गांवों में जहॉ के जमीन्दार नागवंशी राजा के वंशज होते हैं। इस पर्व में सर्वप्रथम साल की दो पतली बलियॉ 15–20 फीट की दूरी पर गाड़ी जाती है। इन बलियों के उपरी भाग पर (लगभग 15 फीट उॅचाई पर) छेद बना रहता है। जिसमें एक तीसरी बल्ली डाल दी जाती है। इस तीसरी बल्ली के केन्द्र में, जमीन से लगभग 15 फीट की उॅचाई पर दोनों बल्लियों के छेद में घुसाया रहता है, एक छेद रहता है। इस छिद्र को 'इन्द' कहते हैं। इन्द से होती हुयी एक 20–25 फीट उॅची बल्ली जमीन में गड़ी हुई उपर को निकली रहती है जिसपर पिंजड़े जैसी कोई चीज टंगी रहती है। इसे गांव के जमीन्दार द्वारा दिए पिंजड़ा नागवंशी राजा फणिमुकुट राय की स्मृति में कल्पित करता है और अन्तिम दिन देवताओं को चावल की मदिरा समर्पित करता है तथा प्रसाद स्वरूप एकत्रित लोगों में भी बांटता है। यह पर्व नागावंशी जमीन्दारों द्वारा अपने राजा के प्रति आदर एवं कृतज्ञता–ज्ञापन स्वरूप मनाया जाता है।

सोहराई

यह पर्व पशुओं के कल्याणर्थ समर्पित है। मुण्डा धार्मिक परम्परा में कार्तिक की अमावस्या जादू–टोना, नजर या अन्य मारक मंत्रों एवं शक्तियों को साधने या सिद्ध करने कर सबसे उपयुक्त समय माना जाता है। किसान मुण्डा का सम्पूर्ण आर्थिक जीवन कृषि एवं उसके पशुधन पर आधारित है। अतः पशु की वर्ष भर की सुरक्षा का वह आश्वासन चाहता है। वह जानता है कि पशु इस प्रकार की मारक शक्तियों के प्रति संवेदनशील होते हैं और अकारण बीमार पड़ते हैं तथा उनकी मृत्यु हो जाती है। अतः उन सभी सावधानियों का पहले से उपाय करने के लिए सोहराई का पर्व मनाता है।

गृह–स्वामी अमावस्या के दिन सुबह से ही उपवास रखता है और शाम को वह अपने पशुओं को एक जगह एकत्रित करता हैं। जिनके पास गोशाला होती है,

पशुओं को शाम को वहाँ एकत्रित करते हैं। उनके बीच दीया जला दिया जाता है। अब गृह–स्वामिनी थाल में अरवा चावल लेकर आती है और सभी पशुओं पर मुट्ठी भर कर फेंकती है। इसे चावल–चुमावन की रस्म कहा जाता है। अर्थात् कल्याण के लिए चुमना। पशुओं को चुमने का माध्यम चावल का स्पर्श मान लिया जाता है। गोशाला के सामने 'गौड़ा–गोरिया' को काला मुर्गा और हड़िया समर्पित किया जाता है। 'गौड़ा–गोरिया' गोशाला के संरक्षक तथा 'जंगल का चरवाहा' 'बीर–मारा' के स्वरूप माने जाते हैं। जंगल का चरवाहा 'बीर–मारा' न केवल जंगल में पशुओं को जंगली जानवरों एवं सर्प दंश से रक्षा करता है अपितु मार्ग में भूले–भटके पशुओं की भी देख–रेख करता है। आज के दिन काले मुर्गे को बलि एवं हड़िया का समर्पण उसको तुष्ट करने के लिए, गोशाला या जहाँ पशु एकत्रित किए गए हैं उनके सम्मुख किया जाता है। रात भर दिया जलता रहता है।

दूसरे दिन प्रातः काल गृह–स्वामिनी जल से गाय, बैल, भैंस एवं बछड़े के सींग साफ करती है तथा उन पर चावल की पवित्र मंदिरा छिड़कती है। अब गृह–स्वामी आता है तथा बोंगाओं के नाम पर लाल मुर्गे की बलि प्रदान कर उन्हे संतुष्ट करता है। बलि चढ़ाने के उपरांत भैंस के सींगों में घी, तथा गाय, बैल एवं बछड़े की सींगों को तेल लगाया जाता है और उन्हें उबला हुआ चावल तथा उरद की दाल भर पेट खाने को दिया जाता है। चरने के भेजने के पहले पशुओं को पीले–पीले गेंदे फुलों से सजाया जाता है।

कतिपय पादरी[72] मुण्डा धर्मशास्त्रियों का कहना है कि पर्व हिन्दुओं से मुण्डाओं में आया है क्योंकि इसमें पाहन की कहीं भी आवश्यकता नहीं पड़ती और गृह–स्वामी स्वयं सभी पूजा एवं बलि–अर्पण का काम कर लेता है। पुनः इस पर्व को सभी मुण्डा नहीं मनाते अपितु जिनके पास गाय–भैंस आदि होती हैं वही इस पर्व को मनाते हैं। पादरी एक्जम ने अपने कथन की पुष्टि में कोई प्रमाण नहीं दिया है किन्तु इतना सत्य है कि भारत में आर्यों के आने से पहले मुण्डा लोग पशु–पालक के रूप में पूरी तरह व्यवस्थित हो चुके थे; और यह अस्वाभाविक नहीं था कि जो पशु उनके जीवन–यापन की सुविधाएँ उपलब्ध कराता था उसकी सुरक्षा के लिए वे ईश्वर से प्रार्थना करते हैं।

सोसो–बोंगा

कुछ मुण्डा–धर्म के लेखकों ने 'सोसो बोंगा' या 'सोसो–टपा' आयोजन को पर्व की संज्ञा दी है। ''नजरी बान'' एवं नजर' की चर्चा करते समय अनुष्ठान का विस्तृत उल्लेख हुआ है। यह अनुष्ठान सभी मुण्डा नहीं करते अपितु कुछ एक मुण्डा जिन्हें अपना घर जादू–टोना तथा अन्य आपदाओं से प्रभावित होने का संशय रहता है, घर को इन विपत्तियों से मुक्ति एवं शुद्धि हेतु करते हैं। इसमें

सोसो अर्थात भेलवा वृक्ष की टहनी का इस्तेमाल होता है। भेलवा वृक्ष के काले विषैले रस के गुण के कारण मान लिया जाता है कि इसमें जादू–टोना एवं नजरी बान आदि के विरूद्ध निरोधक शक्ति है। गृह–स्वामी भेलवा की दो टहनी अपने खेत में गाड़ देता है जिससे अदृश्य दुष्टों की मारक शक्ति से उनकी खेती सुरक्षित रह सके।

मुण्डा समाज में धार्मिक परम्परा के अनुसार सिङ्‌बोंगा की पूजा का अधिकार पाहन को किन्हीं परिस्थितियों में देंवड़ा को प्राप्त है। ओझा, माती या सोखा प्रायः हिन्दू या हिन्दूकृत मुण्डा होते हैं जो मुण्डाओं को जादू–टोना एवं डायनों अथवा दुष्ट बोंगाओं से मुक्ति दिलाने हेतु पूजा करते हैं। गृह–देवता अर्थात् ओड़ा–बोंगाको की पूजा स्वयं गृह–स्वामी करता है।

पूजा एवं बलि चढ़ाना मुण्डा धर्म के अनुसार सिंगबोंगा की सृष्टि रचना के विधान में है। सिङ्‌बोंगा स्वयं चढ़ावा नहीं लेता और न उसे खाता है। वह चढ़ावा और समर्पित चावल–मदिरा अपने नौकरों में बांट देता है। इसीलिए सिङ्‌बोंगा को चढ़ावा समर्पित करते हुए पाहन कहता है कि–"हे सिमरन सिङ्‌बोंगा तुम्हें बलि या चढ़ावे की लालसा नहीं है फिर भी हम तुम्हें एक सफेद मुर्गे की बलि अर्पित करते हैं और प्रार्थना करते है कि तुम इसे स्वीकार कर लो और इसे अपने सेवकों के बीच वितरित कर दो।"

किन्तु सिङ्‌बोंगा ने अन्य बोंगाओं को चढ़ावा लेने और उससे तुष्ट होने को कहा है। सिङ्‌बोंगा का मुण्डा जाति के लिए यह आदेश है कि वे बोंगाओं को बलि एवं हड़िया अर्पित किया करे। इनके लिए सिङ्‌बोंगा ने गाँव–गाँव में पाहन एवं देंवड़ा की व्यवस्था की है।[73]

बलि प्रदान करने के पूर्व पाहन सिङ्‌बोंगा की स्तुति करता है—

> नेतलंग सिङ्‌बोंगा, हे सिरामरेन सिङ्‌बोंगा, दैवी राजा
>
> --- --- --- --- --- ---
>
> दिरिलक कुड़मतेम, पड़ंगलेक सुपुतम
>
> हुन्डी–बा डाटातेम, उपल–बा–किउतेम–

वह स्तुति के मध्य से उन धर्मगाथाओं का भी उल्लेख करता जाता है जिसमें सिङ्‌बोंगा के अलौकि देवत्व की झलक मिलती है। सृष्टि की रचना, अग्नि वर्षा तथा असूर अवदान का उल्लेख बीच–बीच में होता रहता है। सृष्टि की रचना संबधी गीत एवं असुर अवदान का गीत पाहन एक दूसरे के पूरक के रूप में उच्च्य स्वर से गाता है जिसे मुण्डा लोग 'दंरग' कहते हैं। यही कारण है कि मुण्डा धर्म में सिङ्‌बोंगा एवं बोंगाओं की पूजा मुर्गे या पशु की बलि एवं हड़िया से करना

आवश्यक हो जाता है क्योंकि सिङ्बोंगा का असुर अवदान में एका ही आदेश है। इस आदेश को पूरा करने के लिए उसने पाहन एवं देंवड़ा बनाए हैं। वे सामूहिक पूजा करते हैं। सिङ्बोंगा लोभी नहीं है और वह चढ़ावा नहीं चाहता। अपराधियों को दण्डित करने के लिए वह "गरा" भेज देता है:–

'सिङ्बोंगा ने होड़ोई गरा किया'

अतः इसके उपचार के लिए दण्डित व्यक्ति को व्यक्तिगत पूजा करनी एवं बलि देनी पड़ती है जिसे मुण्डा लोग 'गरा कटाओ' कहते हैं।

मुण्डा धर्म के अनुसार असुर अवदान, सृष्टि की रचना सम्बन्धी कथा के साथ–साथ सिङ्बोंगा की स्तुति विभिन्न धार्मिक आयोजनों में सुनाई एवं गाई जाती है कतिपय पर्वों में भी सिङ्बोंगा की प्रशस्ति को विस्तार से याद किया जाता है। पर्वों में प्रायः सभी बोंगाओ का तथा अदिंग के ओड़ा–बोंगाको को चढ़ावा समर्पित किया जाता है तथा कुछ पर्वो में पूजा के साथ–साथ मेले का आयोजन जुड़ा रहता है। पर्वों से या उत्सवों के अवसरों पर, गाँव–गाँव में जो मेला या सम्मेलन होते हैं वे जतरा या "बुरु" कहलाते हैं। मुण्डा भाषा में 'बुरु' का अर्थ पहाड़ होता है। ये बुरु प्रायः पहाड़ों के उपर लगते हैं। जतरा या बुरु की तरह पर्वों का गीतों से भी सम्बन्ध जुड़ा हुआ है। ऐसे गीतों के मुख्य भेद हैं:– (क) जदुर, (ख) गेना, (ग) ओर–जदुर (घ) करमा, (ड़) जरगा या मागे, (च) जापी।

प्रथम तीन जदुर, गेना और ओर–जदुर वसंत गीत हैं। ये सरहुल पर्व पर गाये जाते हैं। प्रायः दो जदुर गीतों के बाद एक गेना गीता गाया जाता है। जदु की ऋतु के उपरान्त 'करमा' गाया जाता है। करमा पर्व भादों की एकादशी को मनाया जाता है अतः करमा गीत आश्विन माह तक गाए जाते हैं। करमा के बाद 'मागे' या 'जरगा' का मौसम आता है। 'जापी' शिकार का गीत है जो फागु पर्व से संयुक्त है। इस प्रकार मुण्डा–जनजाति द्वारा मनाए जानेवाले पर्वों एवं इनसे जुड़े पूजा–पाठ एवं विभिन्न आयोजनों को इनसे सम्बन्धित गीत आनन्दमय कड़ी प्रदान करते हैं।

किली या गोत्र एवं टोटम

'किली'[74] गोत्र का समानार्थी शब्द है। जिस प्रकार एक गोत्र के सदस्य किसी एक ऋषि की संतान माने जाते हैं ठीक इसी प्रकार एक किली के मुण्डा किसी एक पूर्वज की संतान माने जाते हैं। मुण्डा समाज में एक किली के दो सदस्यों के बीच विवाह सम्बन्ध निषिद्धहै। प्रायः एक हातु (गाँव) में जितने परिवार रहते हैं वे सभी एक किली के लोग होते हैं। परिवार की संख्या बढ़ने के साथ–साथ किली के क्षेत्र का विस्तार हो जाता है। एक हातु में न समा पाने के कारण इनमें

कुछ परिवार निकटस्थ किसी दूसरे स्थान पर जा बसते हैं। स्थान या गाँव से उनके किली में कोई अन्तर नहीं आता तथा उनकी पारिवारिक एकता बनी रहती है।

विवाह–निषेध के अतिरिक्त किली की एक अन्य पहचान **'ससान–दिरी'** है। ससान–दिरी कब्रिस्तान की तरह गाँव से सटा हुआ एक स्थान होता है, जहाँ एक किली के सदस्यों की मृत्यु के उपरांत, उनकी अस्थियाँ गाड़ दी जाती है। यह क्रिया इस विश्वास के साथ किया जाता है कि परलोक में मृतक मुण्डा का "रोआ" अपने पितरों के बीच जा मिलता है। मुण्डा–धर्म में मृत्यु के उपरान्त अपनाई जानेवाली यह एक ऐसी धार्मिक–क्रिया है जो न केवल किली की संगठनात्मक एकता को सुदृढ़ आधार प्रदान करती है अपितु पैतृक सम्पति सम्बन्धी विवादों का कानूनी हल ढूँढने में भी सहायक होती है।

छोटानागपुर का समस्त मुण्डा समाज छोटे–छोटे विभिन्न किली में विभक्त है। किली–प्रथा के उद्‌भव पर ऐतिहासिक एवं धार्मिक दोनों दृष्टियों से विचार किया जा सकता है। अनेक ऐसी "किली" हैं जो अपने उद्‌भव की किसी एक ऐसी "घटना" या कहानी से जुड़ी हुई है जहाँ उन्होंने किसी "टोटम" को अपनाया है।[75] किली सम्बन्धी इन कथाओं का धार्मिक महत्व है क्योंकि इनके कुछ धार्मिक कृत्य –– इनके 'टोटम' को ध्यान में रखकर समर्पित हैं यद्यपि ऐतिहासिक दृष्टि से इन्हें तथ्य समर्थित नहीं माना जा सकता।

वस्तुतः 'किली' या 'गोत्र' का उद्‌भव मानव–समाज की विकसित अवस्था का सुफल है। इस अवस्था में मनुष्य खाना–बदोशी से कृषि में आ चुका था और एक स्थल पर टिक कर रहने लगा था। नारी समस्त कबीले की न होकर किसी एक पति की पत्नी होने लगी थी। संतान पर मां एवं पिता दोनों का नाम होता है और संतान की पहचान उसके पिता से होने लगी थी। स्त्री और पुरुष के यौन साबन्धों को पत्नी और पति के दायरे मे सीमित कर उन्हें विवाह के पवित्र बंधन से निश्चित कर्त्तव्यों में बांध दिया गया था। अपने रक्त सम्बन्धों मे विवाह के निषेध ने 'किली' प्रथा को जन्म दिया। विवाह को पवित्र बंधन माना गया। मुण्डा–धर्म में यह ईश्वरीय विधान है तथा सिङ्‌बोंगा ने हर पुरुष के लिए पत्नी–स्वरूपा एक स्त्री के लिए पति–स्वरूप एक पुरूष निश्चित कर रखा है। इसके बाहर जाने पर स्त्री–पुरुष सिङ्‌बोंगा की इच्छा का उल्लंघन करते हैं तथा उसके कोप का भाजन बनते हैं। रति–क्रिया संतानोत्पति का उद्धेश्य लिए हुए है। ध्यातव्य है कि प्रथम पूर्वज की रति–क्रिया के अपराध बोध पर सिङ्‌बोंगा ने उन्हें आश्वस्त किया था कि **"तुमने अच्छा किया है"** (देखिए परिशिष्ट अग्नि–वर्षा) 'किली' की व्यवस्था संतान की शुद्धता (रक्त की शुद्धता) के लिए है।

जाति का संवर्धन ईश्वर की रचित सृष्टि का विधान है अतः संतानोत्पादन एक धार्मिक क्रिया है। संसार के सभी धर्मों में 'संतानोत्पादन' को ईश्वर के आर्शीवाद और धर्म के पुण्य से जोड़ दिया गया है। इसीलिए विवाह को एक पवित्र धार्मिक कृत्य माना गया है जहाँ स्त्री–पुरुष का संबंध एवं कर्त्तव्य धर्म एवं समाज में निश्चित है। विवाह का उद्धेश्य संतानोत्पादन है। मुण्डा–धर्म पर जब यह प्रश्न चिन्ह लगता है कि प्रथम पूर्वज 'एक–गर्भ–जन्मा' होने के कारण भाई–बहन हुए अतः सिङ्बोंगा ने उन्हें इलि (हड़िया) पिलाकर पति–पत्नी के रूप में व्यवहार करने को उत्प्रेरित किया ?तो एक उतर सामने आता है कि जाति को जीवित रखने के लिए संतान की उत्पति धर्म–विहित है। पुनः प्रथम–पूर्वज मूल रूप में पुरुष–स्त्री थे। भाई–बहन का सम्बन्ध समाज की विकसित अवस्था की देन है। कालान्तर में भाई–बहन के सम्बन्ध को भी धार्मिक कृत्यों की पवित्रता से निश्चित कर दिया गया। भाई बहन के विवाह को हेय दृष्टि से देखा जाने लगा। भाई–बहन का दायरा बढ़ने से वंश का दायरा बढ़ा और एक किली के विवाह योग्य आयु के लड़के लड़की भाई–बहन के तुल्य माने गए।

मुण्डा समाज में प्रचलित एक पारम्परिक गाथा में 'किली' की सामाजिक आवश्यकता एवं इसके उद्‌भव का उल्लेख आया है। इस गाथा के अनुसार मुण्डाओं का मूल स्थान 'मध्य–एशिया' था। उनके प्रथम पूर्वज लुटकुम हड़म एवं लुटकुम बूढ़ी थे। इनके हेम्बो नामक पुत्र हुआ। हेम्बो से कुस और कुस से मोरिह पैदा हुए। मोरिह से कोरकु, मारको, संथाल, हो, भूमिज, लरका, कोरवा, पिंजी आदि अनेक उपजातियां पैदा हुई। मोरिह अपने विस्तृत परिवार को लेकर दक्षिण की ओर चला और तिब्बत पहुँचा। पुनः तिब्बत से पूर्व–दक्षिण के दर्रों से नेपाल होते हुए पूर्वी भारत और क्रमशः बिहार, बुन्देलखण्ड, जबलपुर एवं दक्षिण में नर्मदा तट तक पश्चिमोत्तर भारत के पंजाब एवं सिन्ध क्षेत्र तक फैल गया। मोरिह की मृत्यु पर सेतो मुण्डा नेता चुना गया जिसने पश्चिमोत्तर सीमा पर चढ़ाई करने वाले मिसौर (मिस्र) के राजा सिसिरोम को मार भगाया।[76] शताब्दियों पश्चात् आर्य, गोंड़, उरांवों से पराजित होकर मुण्डा पूर्व एवम् पूर्व–दक्षिण दिशा को पलायित हुए रोहतासगढ़ पहुँ चे। रोहतासगढ़ में माधोदास से युद्ध के समय उनका नायक रिसा मुण्डा था। वह पराजित होकर विन्ध्य की पहाड़ी और वहीं से सिंङ्बोंगा से, स्वप्न में, निर्देश पाकर 'सोना लेकम दिसुम' (सुनहले देश की खोज) छोटानागपुर क्षेत्र में अपने इक्कीस हजार परिजनों के साथ, स्थायी निवास के लिए सहर घटिया दर्रा१७ पार कर प्रविष्ट हुआ। यहाँ पहुँचकर रिसा मुण्डा ने समस्त देश की व्यवस्था के लिए सुतिया मुण्डा को नियुक्त किया।

सुतिया ने सात पूर्तियों के आधार पर समस्त देश को सात गढ़ों[78] में विभक्त कर दिया और इक्कीस हजार परिजनों की विशाल आबादी को देखते हुए इनकी

इक्कीस परगनों में बॉट दिया जो पड़हा कहलाएँ। सुतिया ने अपने निवास सुतियाम्बे के गढ़ को समस्त देश का प्रशासनिक केन्द्र बनाया।

इक्कीस पड़हा : इक्कीस किली

समय बीतने पर सुतिया ने अपने पुत्र के लिए वधू की आवश्यकता पड़ी लेकिन अतिरिक्त उसके अपने लोगों के अन्य किसी गोत्र के लोग उसे दिखलाई पड़ते थे जहाँ से वह अपने पुत्र के लिए वधू ले पाता। उसे एक ही पूर्वज की संतानों को वैवाहिक सम्बन्धों में बॉधना अनुचित प्रतीत होता था। अतः सुतिया ने इस समस्या के समाधान हेतु अपने अधीनस्थ इक्कीस पड़हा का इक्कीस किलियों में अलग–अलग विभक्त कर देने की योजना बनाई जिससे भविष्य में प्रत्येक किली के लिए अन्य बीस किली में से वर या वधू चुनने की सुविधा प्राप्त हो सकेगी। सुतिया ने सुतियाम्बे गढ़ में 21 परगना के सभी पड़हा प्रधानों को आमंत्रित किया। उसने सुतियाम्बे गढ़ में कुछ पेड़–पौधे एवं पशु–पक्षी एक स्थान पर रख दिए और आगत पड़हा लोगों से कहा कि अपने किली के लक्षण हेतु वे पौधे या पशु/पक्षी को चुन लें। इस प्रकार हर पड़हा–प्रमुख का नाम इस किली से संयुक्त हो जायगा जिसका एक चिन्ह (टोटम) वे पेड़–पौधे या पशु–पक्षियों से चुनेंगे। इस प्रकार निम्नलिखित पड़हा प्रधानों ने अपनी किली को चुना। वे अपने किली के 'संस्थापक' माने गए। किली का ब्योरा निम्नलिखित है:–

पड़हा		संस्थापक		नाम किली
सं.	1.	सुतिया पाहन	संस्थापक हुआ	बारह किली का।
"	2.	दुका मुण्डा	संस्थापक हुआ	होरो किली का।
"	3.	कुरा मुण्डा	संस्थापक हुआ	केरकेट्टा किली का।
"	4.	बेला मुण्डा	संस्थापक हुआ	कौवा किली का।
"	5.	दुखना मुण्डा	संस्थापक हुआ	हौवा किली का।
"	6.	गंगू मुण्डा	संस्थापक हुआ	टेचुआ किली का।
"	7.	लाखो मुण्डा	संस्थापक हुआ	बाबा किली का।
"	8.	लैम्बो मुण्डा	संस्थापक हुआ	डुंग–डुंग किली का।
"	9.	जीत राय मुण्डा	संस्थापक हुआ	जोजोबार किली का।
"	10.	बिरसा मुण्डा	संस्थापक हुआ	बरवा किली का।
"	11.	चम्पा मुण्डा	संस्थापक हुआ	संगा किली का।

"	12.	करमा मुण्डा	संस्थापक हुआ	तिरु किली का।
"	13.	गोमिया मुण्डा	संस्थापक हुआ	लुगुन किली का।
"	14.	सोमरा मुण्डा	संस्थापक हुआ	बुद्धू किली का।
"	15.	लेडा मुण्डा	संस्थापक हुआ	हेरेंज किली का।
"	16.	उदय मुण्डा	संस्थापक हुआ	नाग किली का।
"	17.	मांगता मुण्डा	संस्थापक हुआ	ओड़े–कन्दिर किली का।
"	18.	रैया मुण्डा	संस्थापक हुआ	टूटी किली का।
"	19.	सामू मुण्डा	संस्थापक हुआ	बग–सुरिया किली का।
"	20.	पोढ़ा मुण्डा	संस्थापक हुआ	हेमराय किली का।
"	21.	सानिका मुण्डा	संस्थापक हुआ	दहंग किली का।

इस प्रकार किली निश्चित हो जाने से तय हुआ कि कोई मुण्डा अपने किली के सदस्यों से विवाह सम्बन्ध स्थापित नहीं कर सकता। काल–क्रम में परिवार के विस्तार तथा निवास के परिवर्तन एवं नया निवास–स्थल बना लेने के कारण उपरोक्त किली में अनेक उप–विभाजन हुए। प्रस्तुत मुण्डा समाज सौ से अधिक कीलियों में विभक्त है। अनेक ऐसे किली हैं जिनका उद्भव कालान्तर में किसी 'विशेष घटना' के कारण हुआ है। ऐसे किली टोटम से प्रभावित होकर उत्पन्न हुए हैं क्योंकि 'टोटम' के कारण उनके या उनके कुल की रक्षा हुई है।

प्रमुख किली और उनका उद्भाव

मुण्डा जन–जाति में विभिन्न 'किली' के उद्भव का कारण ऐसी कथाओं में संजोया हुआ है जिनकी जानकारी उस किली से सम्बन्धित पाहनों से होती है। किली के उद्भव की जानाकरी का प्राथमिक स्रोत किली के बड़े–बूढ़े और पाहन हैं। इनसे प्राप्त जानकारी की जब पुष्टि, इनके अन्य निकट बसने वाले बड़े–बूढ़ें तथा अन्य किली के पाहन अथवा इन्हीं में से अन्यत्र टूट कर जा बसे लोगों की सूचनाओं से हो जाती है तो उसे सच मान लिया जाता है। किली के सदस्यों के टोटम से जुड़े आदर–व्यवहार द्वारा भी किली के उद्भव के कारणों की पुष्टि होती है। कतिपय छिट–फुट लेखों एवं पादरियों के विवरणों से भी लगभग वैसे ही कथानक सामने आते हैं। अतः किली के उद्भव सबन्धी तथ्यों को पारम्परिक दृष्टि से सत्य माना जाता है। ऐतिहासिक दृष्टि से भी कतिपय किली के उद्भव की प्रामाणिकता की पुष्टि कुछ सीमा तक अवश्य होती है विशेषकर जब सुदूर बसे किली के सदस्य घटना की पुष्टि करते हैं।

किली के उद्‌भव सम्बन्धी ऐतिहासिक प्रमाण स्वरूप भौगोलिक स्थान का सही विवरण देखा जा सकता है। अनेक घटनाओं का विवरण छोटानागपुर के भूगोल से मेल खाता है। साथ ही कपास की, टूटी की ऊपज के क्षेत्र तथा विभिन्न पौधों का विवरण भी भूगोल की दृष्टि से असंगत नहीं है। किन्तु ऐसा कोई मंदिर स्तम्भ या टीले अथवा पिण्ड नहीं मिलते जो किसी किली से जुड़े हों और इनके उद्‌भव के ऐतिहासिक प्रमाण बन सकें। फिर भी जो प्रत्यक्ष हैं उन्हें नकारा नहीं जा सकता। किली का अस्तित्व मुण्डा–जन जाति में प्रभावी ढंग से जुड़ा हुआ है और प्रत्येक किली के सदस्य अपने टोटम के प्रति पूजा का भाव रखते हैं।

मुण्डा जन–जाति में प्रभाव एवं अच्छी आबादी की दृष्टि से निम्नलिखित किली काफी महत्व रखते है।:–

टुटी किली :

सुतिआम्बे–कोराम्बे में परिवारों की संख्या अधिक हो जाने से कुछ लोगों का समूह राँची के पूर्व चुटिया में जाकर रहने लगा। किन्तु चुटिया में भी ठीक से व्यवस्थित नहीं हो पाने के कारण इन लोगों ने शरद ऋतु में और पूरब दिशा में जाकर बसना निश्चित किया। इस क्रम में उन्हें पानी से बढ़ी हुई नदी पार करनी थी। इस टोली के कुछ लोगो ने पहले नदी पार करना उचित समझा। उन लोगों ने शरद ऋतु के ठण्ढे पानी में कुछ दूर चलकर पुनः तैरकर नदी पार कर ली किन्तु पार पहुँचते ही ठण्ढ से कॉपने लगे। उनके पास कोई विकल्प नहीं था अतः नदी पार के सम्बन्धियों को इशारे एवं उंची आवाज से आग भेजने का आग्रह किया जिससे उनकी प्राण रक्षा हो सके। पार के सम्बन्धियों ने कोई और उपाय न देखकर उन्होंने एक लुकाठी को कुते की पूँछ में बॉधा और कुते को नदी में उतार दिया। उन्हें आशा थी कि कुते की टेढ़ी पूँछ पानी के उपर–उपर जलती लुकाठी को उस पार पहुँचा सकेगी। पर ऐसा नहीं हुआ और लुकाठी रास्ते में डूब कर बुझ गई।

उस क्षेत्र में टूटी के पौधे बहुतायत से होते थे जिसका बाल लोग खाते थे। इस पार के सम्बन्धियों ने टूटी का एक मजबूत पौधा उखाड़ा। उसके उपरी भाग को चीर कर उमें जलते कोयले के कुछ टुकड़े भरे। पुनः टूटी के पौधे को तीर से बॉध दिया और एक धनुष के सहारे तीर उस पार फेंक दिया। इस प्रकार टूटी के पौधे की सहायता से पार के मुण्डा अपनी प्राण रक्षा कर सके। उनहोंने उस दिन शपथ ली कि टूटी के पौधे का सम्मान देंगे और उसका भक्षण नहीं करेंगे। यह कुनबा 'टूटी–किली' कहलाया।

अपने टोटम के प्रति मुण्डाओं के आदर–भाव की मात्रा इस हद तक है कि वे अपने ऑख के सामने टूटी का कोई अपमान सहन नहीं कर सकते। उद्धरण एस.

सी. राय[79] का है कि तिलमा गाँव में एक मुसलमान ने अपनी बाड़ी में कुछ टूटी के बीज डाले थे। अंकुरित होने पर जब गाँव के मुण्डाओं को जो अधिकांश टूटी किली के थे ज्ञात हुआ तो वे मुसलमान के घर पर चढ़ गए। बाध्य होकर मुसलमान को उगे हुए टूटी के पौधों को उखाड़ कर पड़ोसी मुण्डाओं को संतुष्ट करना पड़ा।

बोदरा किली :

बोदरा किली और इसकी उप–किली (क) टेवो बोदरा किली (ख) लङ बोदरा किली (ग) एम्बड़ा या रामर बोदरा किली स्वभावतः लालची प्रकृति के लोग माने जाते हैं क्योंकि इस किली के संस्थापक जिरका पेशा और उसकी बूढ़ी जिरकी नौरी लोभ के कारण अन्य किली से निष्कासित हुए और इनके कारण बोदरा किली बना।

अंडको गाँव में बूढ़ा जिरका पेशा अपनी बूढ़ी जिरकी नौरी के साथ रहता था। एक बार कहीं भोज में खाते–खाते बूढ़ा ने लोभ में खाना अपने मुँह में पोत लिया। यह देखकर गाँव वालों ने उसे गोत्र से अलग कर दिया। तब उसने अपना अलग किली बनाया और नाम रखा बोदरा।

(क) टेबो–बोदरा किली :

जिस गाँव में बोदरा किली का जिरका पेशा और उसकी बूढ़ी जिरका नौरी रहती थी वहाँ सेमल के पेड़ पर विरनियों (शहद की मक्खी) ने छाता लगाया। बूढ़ा–बूढ़ी ने छाता उतारा और अण्डे खा लिये। विरनियों ने दूसरी बार छाता लगाया। इस बार गाँव के लोगों ने हड़िया पीने और छाता के अण्डे का चखना खाने की योजना बनाई पर बूढ़ा–बूढ़ी ने इसके पहले ही छाता उतार कर अण्डे खा लिये। गाँव वाले ने उन्हें मार भगाया। वे गुफा में घुस गए और गाँव वालों को चकमा दे बच गए। रात होने पर वे टेबो के जंगल में पहुँचे जहाँ एक आदमी हंस मार कर उसके पंख उखाड़ कर आग में भूँ जा रहा था। बूढ़ा वहीं बैठ गया। आदमी को बूढ़े की नियत पर सन्देह हुआ और उसने क्रोध में मरे हुए पक्षी को बूढ़े के सीने पर फेंक कर मारा। बूढ़े के उपर गिरते ही हंस जीवित होकर 'टेबो' बोलता हुआ उड़ गया। बूढ़े ने उस जगह नया गाँव एवं परिवार बसाया तथा वहाँ के लोग 'टेबों बोदरा' कहलाए।

(ख) लङ–बोदरा किली :

टेबो बोदरा किली के लोगों ने दूसरा गाँव बसाया। एक दिन गाँव के सभी लोग शिकार पर गए किन्तु शाम को निराश लौट आए। केवल एक ग्रामीण ने लङ पक्षी का शिकार किया था। रात की गोष्ठी में सारी घटना का विश्लेषण

करते हुए उनके मुखिया ने कहा कि यह ईश्वर का आदेश है कि आज से लोग लङ पक्षी का न शिकार करेंगे न उसका मॉस खायेंगे तथा आज से हम लोग 'लङ–बोदरा' किली के परिवार कहलायेंगे।

(ग) रामर बोदर किली :

गाँव में बोदर गोत्र के लोग रहते थे। उस दिन उरद के दाल और भात पकाकर खाने का निश्चय हुआ किन्तु कुछ लोग लालच के मारे पहले ही कच्चा अनाज खा गए। तभी से ये लोग 'रामर बोदर' किली के लोग कहलाये।

सोय किली :

सोय किली के उद्‌भव का आधार सोय मछली है। चिलुआ इकिर नामक नदी के किनारे एक किसान के कपास का खेत था। एक मछली के नीचे–नीचे आकर खेत के कपास को बरबाद कर देती थी। किसान परेशान था। एक दिन घात लगाकर उसने सोय मछली को कपास खाते एवं बरबाद करते देखा। उसने तीर से मछली मार दिया किन्तु उसे उठा न सका क्योंकि वह बहुत बड़ी थी। उसने सहायता के लिए भाइयों को बुलाया। उन्होंने उसे काट कर आपस में बॉट लिया।

1. जिसने तीर से सोयल मछली मारी थी उसका परिवार तुइंग सोय किली कहलाया।
2. जिसने हड्डियाँ काटी उससे चला परिवार जंग–समः सोय किली कहलाया।
3. जिसने मांस का हिस्सा लगाया उससे चला परिवार तिल सोय किली कहलाया।
4. जिसने उन हिस्सों को बॉटा उससे चला परिवार ओर सोय किली कहलाया।
5. जिसने मांस के हिस्से रखने के पत्ते लगाए पतरा पैरः सोय किली कहलाया।
6. एक भाई ने गेरुवे गमछे में मछली का मॉस बॉधा उसका वंश गमछा सोय किली कहलाया।

इसके अतिरिक्त सोय किली के अनेक उप विभाग हैं जैसे– मंडी सोय, तिकी सोय, वुला सोय, अदोय सोय, रुरा मंडी सोय, व्रांडा सोय। विभिन्न प्रकार के सोय किली के लोग सोय मछली की हत्या न करते हैं और न उसका मांस खाते हैं। गमछा सोय किली के सदस्य गेरुआ रंग की कोई भी मछली नहीं खाते।

होरो या कच्छप किली :

हमने देखा कि किली का उद्‌भव किसी न किसी विशिष्ट घटना से जुड़ा रहता है जिसमें प्रायः अलौकिक शक्तियॉ काम करती रहती हैं। होरो किली के

पूर्वज एक बार एक बढ़ी हुई नदी के किनारे फंस गए थे और पार उतारना चाहते थे। उन दिनों मनुष्य की आवाज पशु–पक्षी भी समझा करते थे। उन्होंने बड़े ही दया भाव से पुकारा कि यदि कोई उन्हें तथा उनके परिवार को पार उतार दे तो उसका सदा आभारी रहेंगे। यह सुनकर नदी से एक कछुवा उपर आया और उसने अपनी विशाल पीठ पर इनके परिवार और सामान लाद कर पार उतार दिया। अपने वचन के अनुसार उन्होंने अपने किली का नाम 'होरो' रखा। होरो को 'कच्छप' किली भी कहते हैं। इस किली का कोई भी सदस्य कछुए को न मारता है और न उसका मांस खाता है।

नाग किली :

नाग किली के पूर्वज नाग की कृपा से अनुग्रहीत थे। एक साँप का खेल करनेवाला मदारी बहुत दिनों से नाग पाले हुए था। खेल दिखाकर घर लौटते समय उसका राह में प्राणान्त हो गया। नाग ने उसकी दशा देखकर उसके चारों ओर चक्कर लगाया पुनः उसके शव को अपनी कुण्डली में बाँध कर घर तक शनैःशनैः उठा कर ले आया। यह देखकर घर के लोग उपकृत हुए और वे जब तक नाग जीवित रहा उसे दूध लावा देते रहे। सपेरे के वंशज बाद में नाग किली के नाम से जाने गए। नाग किली का कोई भी सदस्य किसी भी साँप को चोट नहीं पहुँचाता है।

नाग किली के कतिपय हिन्दूकृत मुण्डा अपने वंश को नाग–ऋषि से जोड़ते हैं। इनकी संख्या पर्याप्त संख्या थाना सोना हातु के गाँव मनीकाडीह में है। कुछ लोग यह भी मानते है कि उनके पूर्वज की रक्षा एक बार नाग ने अपने फन की छाया में की थी अतः वे नाग किली के अर्न्तगत हैं।

नाग किली से सम्बन्धित अन्य कथाएँ भी विभिन्न स्थानों पर मुण्डाओं के बीच प्रचलित हैं।

एक अन्य कथा :

एक जंगल में बूढ़ा–बूढ़ी रहते थे। उन्हें संतान हुई। यह समाचार देने को बूढ़ा अपने भाइयों के पास गाँव गया। इधर बुढ़िया अकेली थी। एक दिन पानी भर कर लौटते समय मार्ग भूल गयी। भटकते हुए उसे बच्चे के रोने का स्वर सुनाई पड़ा। उसने निकट जाकर देखा कि एक नाग बच्चे पर फन की छाया किए हुए है।

भाइयों तथा गाँव वालों के साथ लौटने पर बुढ़िया ने उन्हें सारी बात बताई। लोगों ने विचार किया और तय किया कि वह नाग नहीं भगवान थे और नाग से रूप में इस परिवार को आशीष देने आए थे। अतः आज से यह परिवार नाग किली के नाम से जाना जाएगा।

एक अन्य कथा :

नाग किली की यह एक ऐसी कथा है जहाँ नाग को देखते ही मार डालने का प्रचलन है। कथा इस प्रकार है:– गाँव का चरवाहा पशु चरा रहा था और एक वृक्ष के तने की ओट लेकर वंशी बजा रहा था। इस बीच एक सर्प आया और चरवाहे को डस लिया जिससे उसकी मृत्यु हो गयी। सारा शरीर नीला होकर ऐंठ गया और उसका शव वैसे ही पेड़ से टिका वंशी लिए तीन दिन तक पड़ा रहा। हवा के चलने से रह–रह कर उसकी बाँसुरी बज उठती थी। तीन दिन बाद गाँव वालों को पता चला। वे लोग बहुत क्रोधित हुए और तय किया कि कहीं भी नाग दिखलाएगा तो वे उसे मार डालेंगे। फलस्वरूप लोगों ने उन लोंगो तथा उनके वंशजों को 'नाग–किली' का नाम दिया। यह एक ऐसी घटना है जो किली के उद्भव की परम्परा के विपरीत पड़ती है। इस प्रवृत्ति को अपवाद माना जा सकता है।

किली का रूपान्तरण :

मुण्डा–जन–जाति एवं मुण्डा–धर्म सर्वाधिक हिन्दू जाति एवम् धर्म के सम्पक्र में रही है। जो मुण्डा कुछ अधिक सम्पन्न और समाज में उँचे स्तर पर रहे हैं, व्यावसाय, राजनीति एवं धार्मिक तथा सामाजिक उत्सवों एवं आयोजनों के कारण हिन्दू समुदाय से जुड़े रहे है। इन पारस्परिक सम्बन्धों के बीच सांस्कृतिक आदान–प्रदान की प्रक्रिया का होना स्वाभाविक है। ऐसी प्रक्रिया विकासोन्मुख अर्थात् नीचे से उपर की ओर व्यक्तिगत को खींचती है। शताब्दियों पहले ऐसे हिन्दू प्रभावित मुण्डा उन चरित्रों का अनुकरण एवं आरोपण अपने एवं अपने परिवार एवं वंश पर करते थे जिससे उनका परिवार अन्य मुण्डाओं की तुलना में सभ्य, सुसंस्कृत और सम्मानवीय माना जाये। इसी क्रम में किली का रूपान्तरण देखने को मिलता है। चूँकि हिन्दूकृत मुण्डाओं की बहुलता राँची के दक्षिण–पूर्वी क्षेत्र पंच परगना में है अतः वहाँ के **साण्डी किली** के मुण्डा क्रमशः **शाण्डिल** गोत्र में रूपान्तरित हो गए और स्वयं को शाण्डिल ऋषि की संतान कहने लगे। यह प्रचलन मात्र शब्द–साम्य के कारण नहीं हुआ अपितु हिन्दू होकर उँचे सामाजिक स्तर को पाने के मनोवैज्ञानिक दबाव के कारण भी हुआ। बात मात्र गोत्र में रूपान्तरण तक सीमित नहीं रही अपितु शाण्डिल्य गोत्र के मुण्डाओं ने इस गोत्र के अन्य हिन्दू लोगों से विवाह–सम्बन्ध भी स्थापित किए। देखते–देखते सोनाहातु क्षेत्र में निवासित अधिकांश मुण्डा अपनी किली को शाण्डिल्य गोत्र में रूपान्तरित कर चुके हैं। आज सोनाहातु क्षेत्र में शाण्डिल्य ब्राह्मणों की अच्छी संख्या है जो कर्म से कृषक हैं तथा संरचना एवं स्वरूप से मुण्डा लगते हैं। इसी प्रकार बुण्डू से दक्षिण परगना तमाड़ के गाँव कोटा के जोम टूटी किली के मुण्डा स्वयं को

भोज–राज की वंश परम्परा का मानते हैं तथा अपने गोत्र को भोज–राज गोत्र कहते हैं। पंचपरगना क्षेत्र में मुख्यतः नाग गोत्र, तउ (गौरय्या) गोत्र और सांगा किली के मुण्डाओं का निवास है। अंग्रेजों से विद्रोह और स्वतंत्रता प्राप्ति के उपरान्त इनकी जाति का अभिमान जाग्रत हुआ है और अब ये अपने धर्म एवम् सांस्कृतिक विरासत की रक्षा के प्रति काफी सजग है।

मुण्डा समाज में प्रचलित प्रमुख किली या गोत्र–क्रम से:–

1. ओड़े कन्दिर, 2. ओंड़या, 3. कण्डीर, 4. कमल (गोत्र), 5. कुला, 6. केरकेट्टा, 7. कौआ 8. गाड़ा केवटे, 9. गाड़ा मुण्डू, 10. गोमी बुरू 11. चम्पी, 12. जो जो बारा, 13. टूटी, 14. टोपनो, 15. डुंग–डुंग, 16. टेंचुआ, 17. टोटराय, 18. ताउ (गौरय्या), 19. तिडु–संकरा, 20. तिरु, 21. तैरोग, 22. दहंग, 23. देरे–सांगा, 24. देमता, 25. नाग (देवता एवं शुभचिन्तक), 26. नाग (शत्रु), 27. पुर्ती चुटु, 28. पुर्ती–सण्डी, 29. पुर्ती–सरअः, 30. पुर्ती–सरकद, 31. पुर्ती–हुनी, 32. बग–सुरिया, 33. बड़ाव–उद्, 34. बरवा, 35. बान्डो (जंगली बिल्ली, 36. बाबा, 37. बारला, 38. बुद्दू, 39. बाले मचू, 40. बोदरा, 41. बोदरा–टेंबो, 42. बोदरा लङ, 43. बोदरा–रामर, 44. भेंगरा, 45. मुण्डू, 46. मुण्डू (मुरहू), 47. मुण्डू (लो), 48. मुद्री, 49. रून्दा, 50. लंगबचेरे बाडोसो, 51. लुगुन, 52. सन्कुरा, 53. संगा, 54. साल (गोत्र), 55. सुरीन, 56. सोय, 57. अदोय–सोय, 58. ओर–सोय, 59. गमछा–सोय, 60. चिकी–सोय, 61. जंग–समसोय, 62. तिल–सोय, 63. तुड़ंग–सोय, 64. तुला–सोय, 65. पतरा–सोय, 66. मण्डी–सोय, 67. सूरा–मण्डी सोय, 68. वांडा–सोय, 69. सोय (मुरुम), 70. सोय (मुरुम) गेद, 71. सोय (मुरुम) पतरा–पेटे, 72. सोय (मुरुम) अतेद्, 73. समा–सोय (मुरुम), 74. सोयेन, 75. सोसो–मुण्डू, 76. हय, 77. हस्सा, 78. हांस, 79. हासदा, 80. हेमरोम, 81. हेरेंज, 82. होरो, 83. होरो व आइन्द, 84. हौवा किली।

किली में परिवर्तन :

किली में रूपान्तरण की ही तरह किली में परिवर्तन की घटनाएँ भी गिनी चुनी हैं। ऐसी ही एक घटना परगना सोनपुर के थाना कर्रा के गाँव चिउर और चलदान्दु की है। यहॉ के कुछ मुण्डा इसके पहले उलातु चेंडे टोला के निवासी थे और उनकी किली थी बान्डो (जंगली बिल्ली)। आज के बन्दगाँव के निकट का एक निवासी पतरा मोछिया पड़हा था जो बन्दगाँव के निकट स्थान साफ कर एक नया गॉव बसाना चाहता था किन्तु वहॉं सांपों की अधिकता के कारण अब तक असफल था। उसने चिउर व चलदान्दु के एक मुण्डा से सॉपों को मार डालने का आग्रह किया और उसे अपने साथ सपरिवार ले गया। सर्पों के क्षेत्र को मुक्त करने के उपरान्त पतरा मोछिया पड़हा ने जिसकी किली हेरेंज थी वहॉं बिन्द हातु बसाया तथा सॉप मारनेवाले को भी वहीं बसा लिया जिसकी किली बान्डो थी और

अब वह हेरेन्ज किली में समाहित कर लिया। उसकी संतति बढ़ी, परिवार बढ़ा और बिन्द होतु में ही उसका ससान–दिरी भी बना। उनमें से कुछ वापस आकर पुनः चिउर और चलादन्दु में रहने लगे। अब इस गाँव के मुण्डाओं की स्थिति ऐसी हो गई कि न ये बान्डो किली में और न ही हेरेंज किली में, विवाह सम्बन्ध स्थापित कर पाते हैं। ऐसी अवस्था को मुण्डा धर्म व्यवस्था में 'किलिरे सोबर' कहा जाता है। स्थान भेद एवं समय के लम्बे अन्तराल के कारण इस प्रकार की घटनाएँ घटती है। लगभग पाँच शताब्दी पूर्व बंदगांव क्षेत्र के मुण्डा, आबादी के दबाव के कारण और दक्षिण दिशा की ओर, जिधर 'हो' लोग रहते थे जा बसे और क्रमशः हो जन–जाति में समाहित हो गए। कुछ परिवारों ने अपने मूल नाम को धारण रखा था किन्तु अधिकांश परिवारों ने दूसरा किली नाम धारण कर लिया। यह किली नाम उस गाँव के नाम से जुड़ा हुआ था जिसे छोड़कर वे कोल्हान क्षेत्र में आए थे। इस प्रकार मुण्डाओं से आकर बने ऐसे चौबीस किली हैं जो 'हो' जन–जाति में समाहित पाई जाती है।[80]

किली और पड़हा :

हम देख चुके हैं कि किली किसी एक पूर्वज की संतान से बना परिवार या परिवारों के समूह द्वार अंगीकृत उपनाम है जिसके सदस्यों के रक्त संबंध की पहचान किली से हो जाती है। प्रारम्भ में प्रायः कोई पूर्वज एक स्थान पर भूमि साफ कर बस जाता था और वह उसका परिवार विस्तृत होकर गाँव का स्वरूप ले लेता था। गाँव में ही उनके पूजा का स्थल सरना होता था और गाँव से सटी भूमि पर ससान–दिरी। यदि कोई आपसी झगड़ा, विवाद या अन्य कोई समस्या उठ खड़ी होती थी तो ज्येष्ठ परिवार का ज्येष्ठ सदस्य फैसला करता था और वह सभी को मान्य होता था।

परिवारों की संख्या वृद्धि के कारण मूल गाँव छोटा पड़ने पर निकट की जमीन साफ कर दूसरा या इसी प्रकार तीसरा चौथा गाँव बना लिया जाता था। नए गाँव में जानेवाले किली के सदस्य अपना अलग पूजा स्थान (सरना) बना लेते थे और ससान–दिरि भी उनकी अलग बन जाती थी, किन्तु उनके आपसी झगड़े, विवाद या अन्य प्रशासनिक समस्याएँ वे नहीं निपटा पाते थे। ऐसी सामाजिक एवं प्रशासनिक समस्याओं के समाधान के लिए किली के सभी गाँव के परिवार मिलकर एक संयुक्त संस्था बन जाते थे जिसे 'पड़हा' कहा जाता है। अर्थात् किली के निकटवर्ती सभी गाँव अपने पूजा–पाठ एवं ससान दिरी में स्वतंत्र होते थे किन्तु सामाजिक एवं प्रशासनिक समस्याओं के निष्पादन हेतु उन सभी गाँवों का एक संगठन पड़हा होता था। इस प्रकार 'पड़हा' किली की एकता और गाँवों की बन्धुत्व शक्ति का प्रतीक है।

पड़हा निकटस्थ गाँवों का ही बन पाता है। यदि किली के परिवारों की संख्या अधिक हो गई है और कुछ लोग काफी दूर जा बसे हैं तो वे पड़हा की सीमा में नहीं आ पाते। यह व्यवहारिक भी नहीं है। इस प्रकार वे गाँव जो मूल गाँव से सटकर बसे होते हैं तथा वे सभी परिवार जो एक किली के होते हैं मिलकर अपनी सामाजिक एवं प्रशासनिक व्यवस्था के लिए 'पड़हा' का निर्माण करते हैं। पड़हा की आन्तरिक शक्ति किली का भाईचारा है।

टोटम :

पूर्वजों ने किली प्रथा चलाई ताकिः – 'हमाको हपतिंगोकू ओड़ो नांडे हगाकोरे अंगीर चि अड़ंडी अलो होबाओ मेन्तेः' जन–जाति को समूहों में अलग किया जा सके और निकट के लोगों में विवाह की संभावना न रह सके। एक किली के समूह के लोग एक पूर्वज की संतान होने के कारण एक रक्त के होते हैं अतः विवाह योग्य लड़के एवं लड़कियाँ भाई–बहन तुल्य होती हैं और भाई–बहन का विवाह निषिद्ध है। परिवार के बढ़ने और फैलने के फलस्वरूप किली की पहचान बनाए रखने में टोटम की महत्वपूर्ण भूमिका होती है। क्योंकि प्रत्येक किली का एक टोटम होता है और इसके आधार पर नाम के साथ उपनाम (टाइटिल) जुड़ा रहता है। साथ ही टोटम के प्रति किली के सदस्यों का व्यवहार अपवादों को छोड़कर आदरपूर्ण होता है। वे टोटम को किसी प्रकार हानि नहीं पहुँचाते। अर्थात् ऐसे कार्य जो टोटम के अनादर या विनाश के कारण होते हैं उन्हें निषिद्ध माना जाता है तथा उन्हें 'टेबू' कहा जाता है।

आज मुण्डा समाज में सौ से अधिक छोटी–बड़ी किली का अस्तित्व है सभी का कोई न कोई टोटम भी है। किन्तु उनमें से अधिकांश जंगलों के कट जाने से विलुप्त हो चुके हैं। बहुतों का तो अब अर्थ भी स्पष्ट नहीं है और न अर्थ को स्पष्ट करनेवाली घटनाएँ ही कही, सुनी या दुहराई जाती है। पूछने पर यही उतर मिलता है कि जो बूढ़े जानते थे वे अब मर चुके हैं। साधारण कथाओं की तरह टोटम से जुड़ी कथाएँ तथा घटनाएँ सब लोग नहीं जानते। इसीलिए टोटम के प्रति आदर का भाव तथा निषेध अब रूढ़ होकर रह गया है।

नाग किली की कथा के दो पक्ष 'किली' के अर्न्तगत विश्लेषित हैं। एक में सर्प संरक्षक का काम करता है तथा देवता के समान आदर पाता है। किली के लोग साँप को चोट पहुँचाना पाप समझते हैं। साँप के प्रति किसी प्रकार का अहितकर व्यवहार इस किली में निषिद्ध (टेबू) है।

नाग किली की कथा का एक अन्य पक्ष है जिसमें सर्पदेश से चरवाहे की मृत्यु हो जाती है। परिवार के लोग साँप–जाति के शत्रु हो जाते हैं और जहाँ पाते हैं साँप को मार डालने का प्रयास करते हैं। यह भी नाग किली है परन्तु नाग के

प्रति उनकी भावना हिंसापूर्ण है। टोटम के प्रति इस प्रकार की भावना सम्पूर्ण मुण्डा समाज की टोटमिक कथा में अपवाद है। संभव है कि टोटम के प्रति अधिक आदर न हो किन्तु उसके प्रति हिंसात्मक भाव हो और फिर भी वह किली उसी टोटम के नाम से अभिज्ञापित हो, निसंदेह अनूठा दृष्टांत है।

व्यवाहारिक दृष्टि से अधिकांश मुण्डा अपने टोटम के प्रति यदि विस्मृत नहीं हैं तो उदास या सहज भाव रखने लगे हैं । टोटम के प्रति आदर भाव बहुत गहराई से नहीं दिखलाई पड़ता। टोपनो किली एक सदस्य 'हाउको' (टोपनो अर्थात् माटा या पेड़ का लाल चींटा और अण्डा) खाने से परहेज करता है किन्तु इन अण्डों को घोसला तोड़कर गिराने और इकट्ठा कर बाजार में बेचने में कोई दोष नहीं मानता । वस्तुतः यह आज का भौतिकवादी व्यावहारिकता है जिसें टोटम के प्रति उस प्रकार आदी भाव नहीं रह गया जैसा पहले था। घटना साथ–साथ टोटम का महत्व भी विस्मृत होता जा रहा है।

टोटम का चुनाव पूर्णतः दैवी होती है। यह मान लेना कि सुतियाम्बे में मुण्डा प्रधानों ने इच्छा से अपना टोटम चुन लिया था उपयुक्त नहीं हैं। प्रत्येक मुण्डा प्रधान के साथ उनके टोटम विशेष के प्रति किसी–न–किसी कारण कुछ अनुराग अवश्य रहा था। सच्चाई यह है कि प्रतयेक टोटम के पीछे किसी विशेष के घटना का होना आवश्यक है। यद्यपि पदार्थ हजारों हैं किन्तु कोई एक विशेष ही टोटम बन पाता है क्योंकि इसका चुनाव अपनी इच्छा से नहीं होता दैव योग से, अनायास, किसी अज्ञात क्षण में किसी पदार्थ विशेष के साथ किसी घटना के कारण किसी किली का सम्बन्ध स्थापित कर दिया जाता है । अतः किसी गोत्र या किली से किसी टोटम का जुड़ना एक रहस्यपूर्ण दैवी घटना का विधान है।

किली या गोत्र की व्यवस्था सभ्य समाज की देन है। मुण्डा समाज में इस प्रकार की व्यवस्था के प्रमाण इनके छोटानागपुर प्रवेश के पहले भी मिलते हैं। रोहतासगढ़ में रिसा मुण्डा और माधोदास का युद्ध, जिसमें मुण्डाओं को पराजित होकर रोहतासगढ़ छोड़ना पड़ा था, मात्र इसीलिए हुआ था कि रिसा मुण्डा अपनी लड़की माधोदास के लड़के को नहीं व्याह सकता था। कोल कही जानेवाली मुण्डा जाति में उस समय आज के संथाल, भूमिज, हो आदि मिले हुए थे। ये सभी साथ पलायित हुए और छोटानागपुर प्रवेश के समय अपनी–अपनी अलग राह पकड़े। संथाल, भूमिज और मुण्डा में समान रूप से, हेमरोम, हासदा और सोयेन किली पाये जाते हैं। स्पष्ट है कि ये किली रोहतासगढ़ में थे और जब ये मुण्डा, संथाल और भूमिज (जो रोहतासगढ़ में एक जाति थे) रोहतासगढ़ से पलायित होकर अलग–अलग जा बसे तो प्रत्येक ने रोहतासगढ़ की इस विरासत को भी अपने साथ रखा। यह अवश्य है कि रोहतासगढ़ में किली की संख्या कम थी।[81] किन्तु किली की धार्मिक एवं सामाजिक आवश्यकता को मुण्डाओं ने पहचान लिया था,

अन्यथा छोटानागपुर में आने के कुछ ही वर्षों बाद सुतिया मुण्डा सुतिया में इक्कीस परगना के इक्कीस प्रधानों के लिए इक्कीस 'किली' के आबंटन की व्यवस्था क्यों करता। प्रस्तुत मुण्डा समाज में 133 किली छोटे बड़े आकार की पाई जाती है।[82]

'किली' मुण्डा जीवन की सामाजिक संरचना का एक सशक्त धार्मिक आधार है जिसके नियंत्रण के उल्लंघन का दुस्साहस कोई भी मुण्डा युवक या युवती नहीं कर पाता। भौगोलिक दृष्टि से एक किली परिवार के लोग निकटस्थ गाँवों में बिखरे होकर भी अपना भाईचारा बनाए रखते हैं तथा पड़हा प्रशासन से सुरक्षा एवं संरक्षण प्राप्त करते रहते हैं। बच्चे भाई और बहन की तरह खेलते, लड़ते–लड़ते बड़े हो जाते हैं। वे युवक और युवती हो जाते हैं फिर भी अविवाहित युवतियॉ युवकों द्वारा बहन के रूप ही देखी जाती है। यह किली का विधान है कि इन युवतियों को किली से बाहर पत्नी के रूप में जाना है। किली के घेरे में सब भाई–बहन हैं और यह मर्यादा अटूट है। अतः युवक–युवतियॉ स्वछन्द होकर मिलते जुलते और साथ साथ घुमते हैं। इन पर न किसी तरह का सन्देह है न कोई आशंका। यदि कहीं कुछ चुक हो गयी तथा किसी लड़की ने गर्भ धारण कर लिया तो कोई अन्य विकल्प नहीं रह जाता अतिरिक्त उस लड़की के जीवन का खतरा उठाकर भी गर्भपात कराया जाये अन्यथा पंचायत का सामना करना और उसका दण्ड भुगतना भारी पड़ता है। इसीलिए इस प्रकार की चूक नहीं के बराबर होती है। पंचायत सबको नियंत्रण में रखता है। किली का विधान इसीलिए है कि मुण्डा जाति की पवित्रता बनी रहे।

संस्कार

मुण्डा जीवन संस्कारों से आबद्ध है। गर्भाधान से लेकर मृत्यु तक अनेक संस्कार है जो प्रत्येक मुण्डा जाति और धर्म से जोड़े रहते हैं तथा उसकी जीवन–यात्रा को सही दिशा प्रदान करते हैं। इन संस्कारों की विधियॉ प्रायः विस्तृत होती हैं या उतनी सरल एवं संक्षिप्त नहीं होती जितना कोई बाहरी व्यक्ति प्रायः अनुमान लगाता है। इनके संस्कारों में न केवल ईश्वर सिंङबोंगा तथा उसके द्वारा विरचित सृष्टि मे विभिन्न बोंगाओं के प्रति अटूट आस्था एवम् पूजा के भावों की अभिव्यक्ति होती है बल्कि जन–जातियों के वे स्वाभावजन्य सामाजिक गुण भी अभिव्यक्त होते है जब वह अपने द्वार पर आये अतिथियों के स्वागत एवं स्नेह के लिए आकुल दिखलाई पड़ते हैं। इस प्रकार इन संस्कारों में धार्मिक एवं सामाजिक दोनों कृत्य समाहित रहते हैं।

1. जन्म और इससे सम्बन्धित संस्कार :

हिन्दुओं की तरह मुण्डा–जनजाति में भी शिशु के जन्म से जुड़े हुए कुछ संस्कार किए जाते हैं। ये संस्कार गर्भाधान के उपरान्त प्रारम्भ हो जाते हैं। सिंङबोंगा

ने अपनी सृष्टि में विभिन्न बोंगाओं को कुछ दायित्व सौंप दिए हैं। इन परिस्थितियों में मुण्डा अपने किसी काम के लिए सम्बन्धित बोंगा का आह्वान करता है तथा उसकी पूजा कर उससे अभीष्ट फल की आशा रखता है। किन्तु वह अन्य बोंगाओं की उपेक्षा नहीं करता। वह अदिंग के बोंगाकों को कभी नहीं भूलता। वह शेष क्षेत्रीय बोंगाओं को भी सामूहिक रूप से पूजा चढ़ा देता है। वह जानता है कि सिंङबोंगा प्रसाद ग्रहण नहीं करता। वह सिंगबोंगा की स्तुति के भजन गाता है और उससे आर्शीवाद का आकांक्षी रहता है।

(क) गड़ासी बोंगा :–

गड़ासी बोंगा वह देवता है जो स्त्री के गर्भाधान के उपरान्त शिशु के जन्म तक उसकी देख–रेख करता है। ज्यों ही शिशु के जन्म के कठिन दिनों के लक्षण दिखलाई पड़ने लगते हैं गृह–स्वामी द्वारा एक लाल या भूरे रंग का मुर्गा, एक घड़ा चावल की मदिरा (हड़िया) चुलाकर गड़ासी बोंगा की पूजा के लिए अलग कर दिया जाता है। पूजा का एक निश्चित दिन तय कर दिया जाता है और उस दिन गर्भवती स्त्री के पिता, भाई, चाचा आदि उसके घर आते हैं आर पूजा में भाग लेते हैं। गर्भवती माँ और उसके गर्भ में पल रहे शिशु के अच्छे स्वास्थ्य और निर्विघ्न जन्म के लिए गड़ासी बोंगा की प्रार्थना की जाती है। इसके उपरांत गृह स्वामी पूजा–विधियों को पूरा करते हुए उस मुर्गे की बलि चढ़ाता है जिसे इस काम के लिए पहले से समर्पित रखा गया था। गृहस्वामी मुर्गे का बो (सिर), हम (जिगर) तथा चैलम (पूँछ) सब साथ उबाल कर अदिंग में अपने पितरों को अर्पित करता है। तथा उनसे प्रार्थना करता है कि उसके परिवार में नए जीव का आगमन निर्विघ्न हो। पूजा–पाठ के उपरांत आए हुए मेहमान के साथ हड़िया–पान और भोज शुरू हो जाता है।

गड़ासी बोंगा की पूजा, 1. गर्भ की सुरक्षा, 2. निर्विघ्न जन्म तथा 3. शिशु एवं माँ की कुशलता के लिए किया जाता है। यह गर्भाधान–संस्कार की परिभाषा में नहीं आता। गर्भाधान में निमित्त की जानेवाली धर्मविहित क्रियाएँ गर्भाधान संस्कार के अर्न्तगत आती है। यह गर्भ–धारण के बाद क्रिया है। गड़ासी बोंगा की पूजा गर्भ और शिशु तथा माँ की सुरक्षा एवं कल्याण हेतु की जाती है। मुण्डा धर्म में सिङबोंगा ने प्रथम पूर्वजों (लुटकुमों) के लिए गर्भधारण करने का उपाय प्रस्तुत किया था।

मुण्डाओं की धारणा के लिए गड़ासी बोंगा की पूजा न करने से न केवल गर्भपात का तथा जन्म के समय माँ एवं शिशु की मृत्यु का भय रहता है अपितु गर्भस्थ शिशु भी इससे प्रभावित होता है। शारीरिक विकृतियों के अतिरिक्त मानसिक विकृतियाँ भी शिशु को ग्रस्त कर लेती है जो जन्म के समय नहीं दिखलाई पड़तीं

किन्तु बड़े होने पर अपना प्रभाव दिखलाती हैं। इन परिस्थितियों में गड़ासी बोंगा की पूजा गर्भवती महिलाओं के लिए मुण्डा धर्म में आवश्यक माना गया है। इस पूजा से शिशु के संस्कार अच्छे बनते हैं। पूजा के लिए किसी पाहन या देंवड़ा की आवश्यकता नहीं पड़ती।

(ख) नाल छेदन :

शिशु के जन्म के उपरान्त नाल–छेदन या नार–काटने की क्रिया होती है। यह कार्य गाँव के लोहार की पत्नी निभाती है। वह एक विशेष प्रकार का हसिया प्रयोग करती है। नार–काटने के पूर्व हसिआ को वह पूरी तरह तप्त कर लेती है। इस क्रिया को बड़ी कुशलता से सम्पादित किया जाता है। यदि बूढ़ी और कुशल लोहारिन नहीं रहती तो गाँव की लोहारिन को घर या टोले की कुशल वृद्धा की देख–रेख में नाल–छेदन करना पड़ता है।

नाल–छेदन के उपरान्त शिशु का सम्बन्ध इस लौकिक संसार से मान लिया जाता है किन्तु वह मुण्डा–जाति का सदस्य नहीं माना जाता। **मात्र मुण्डा माता पिता से पैदा होने के कारण कोई शिशु मुण्डा नहीं हो जाता बल्कि उसे जाति में सम्मिलित करने के लिए एक अन्य 'संस्कार' करना पड़ता है जिसे छठी संस्कार कहते है।**

(ग) छठी :

शिशु के जन्म के उपरान्त माँ आठ दिनों तक अशुद्ध मानी जाती है। कोई भी बिरादरी का व्यक्ति सौरी के घर में न प्रवेश कर सकता है और न ही उसके घर का दाना–पानी ग्रहण करती है। शिशु के जन्म के बाद माँ को हेरे–दा (कुर्थी का उबला पानी) पिलाया जाता है और उसे बासी भात की जगह गरम भात खाने को दिया जाता है।

शिशु जन्म के नौंवे दिन अर्थात जन्म के बाद के आठवें दिन नवजात शिशु एवं माँ के शुद्ध करने की क्रियाएँ (जिसे हिन्दुओं में छठी कहते हैं जो जन्म के छठे दिन होता है) प्रारम्भ होती है। नवजात शिशु, माँ तथा भैयाद अर्थात् पिता के पक्ष के निकट के संबंधी चाचा, दादा, पट्टीदार आदि प्रातः अपना नाखून कटाते हैं। पुनः बच्चे की माँ घर एवं गाँव की स्त्रियों के समूह के साथ निकट के तालाब या नदी पर जाती है जहाँ स्नान कर पवित्र होती है। जाते समय वे उस चटाई को जिसे 'सेरेड पाती' कहा जाता है, और जिस पर जन्म के उपरान्त अब तक शिशु सोता रहा है, और जो अशुद्ध माना जाता है, जला दिया जाता है। नदी या तालाब से शुद्ध होकर घर लौटने पर पीतल के लोटे के उस जल को, जिसमें तुलसी की पती और ताँबें का सिक्का रखा होता है द्वार और घर पर छिड़क कर

पवित्र किया जाता है। चावल की मदिरा या रानू–दा (जल जिसमें हड़िया बनाने के लिए प्रयोग किये जानेवाले पौधे के जड़ को भिगो दिया जाता है) को भी पूरे घर में छिड़का जाता है। इस प्रकार जब घर पवित्र हो जाता है तो सभी सम्बन्धी गृहस्वामी के साथ घर में प्रवेश करते हैं। गृह–स्वामी सीधे अदिंग में जाता है जहाँ गृह–देवता या पितरों का निवास है और उनकी अरवा चावल से पूजा करता है। गृह–देवता की पूजा के उपरांत छठी का कार्य–क्रम समाप्त माना जाता है और सभी हड़िया पीने तथा भोज खाने का आनन्द लेने में जुट जाते हैं।

छठी संस्कार का मुण्डा समाज में अत्यन्त महत्व है। इस संस्कार के द्वारा शिशु जाति में प्रवेश पाता है और मुण्डा जाति में उसकी गणना हो पाती है।[83] इस आयोजन को 'छठी हुलंग' कहा जाता है।

2. 'सखा' समारोह या नामकरण संस्कार :

मुण्डा धर्म–दर्शन में, मुण्डा जीवन पर, अदृश्य लोक तथा उसमें विचरण करनेवाली अदृश्य शक्तियों के प्रभाव को स्वीकारा गया है। इस धारणा के अनुसार अदृश्य शक्तियाँ प्रतीकों के माध्यम से या अन्य उपायों से इस भौतिक जगत् में सन्देश भेजती रहती हैं जिससे किसी काम के शुभ–अशुभ का निर्णय होता है। जब अदृश्य शक्तियाँ संयोग बैठा देती हैं तो काम शुभ एवम् फलदायी माना जाता है।

शिशु के नामकरण संस्कार में नाम के निश्चय करने में अदृश्य शक्तियों की स्वीकृति पाने का प्रयास किया जाता है। नामकरण की विधि इस प्रकार अपनायी जाती है। 'छठी हुलंग' के दूसरे दिन सभी निकट सम्बन्धियों एवं पड़ोसियों को नामकरण संस्कार में सम्मिलित होने के लिए आमंत्रित किया जाता है। इनके बीच शिशु की माँ थाली में पानी लेकर आती है। थाली जमीन पर रख दी जाती है और निकट कुछ अरवा चावल। अब माँ चावल का एक दाना थाली के जल में डालती है। चावल का यह 'पहला दाना' शिशु माना जाता है। माँ शिशु का जो नाम रखना चाहती है (प्रायः परिवार तथा निकट सम्बन्धियों के नाम को ही प्राथमिकता दी जाती है) उस नाम का उच्चारण करते हुए चावल का दूसरा दाना थाली के जल में डालती है। यदि डाला गया चावल का दूसरा दाना (शिशु) के दाने से छू जाता है या मिल जाता है तो मान लिया जाता है कि दूसरे दाने के साथ लिए गए नाम पर, सभी के समक्ष घोषित कर दिया जाता है।

यदि पहला दाना शिशु के दाने से संयोग नहीं करता तो इसी प्रकार अन्य नाम लेकर दाने डाले जाते हैं और जो चावल का दाना जिस नाम से संयोग करता है शिशु का वही नामकरण कर दिया जाता है। परिवार वाले अपनी इच्छा से पुकारने के लिए कोई अन्य नाम रख सकते हैं किन्तु विधिवत् निकाला गया नाम ही अदृश्य शक्तियों की सहमति का नाम माना जाता है और समाज एवं

पंचायत उसी नाम को स्वीकार करता है। नाम के निश्चय के उपरान्त 'जोआरनि'[84] शिशु को आशीषता है कि 'उसके केश 'हेल' के फूल और 'रूटा' की लताओं की तरह श्वेत हों' अर्थात् बालक दीर्घजीवी हो। आशीष के उपरान्त लोग खाने–पीने का आनन्द लेते है।

3. सूतम–तोल संस्कार :

यह संस्कार भी नामकरण के दिन मनाया जाता है। इसके अनुसार करधनी की तरह कुछ धागे शिशु की कमर में बॉध दिए जाते हैं। यह धागा कुदृष्टि या नजरी–बान से भी शिशु की रक्षा करता है।

4. लुटुर–टुकई या कर्ण–वेध संस्कार :

यह संस्कार शिशु के प्रथम या द्वितीय या तृतीय वर्ष में मनाया जाता है। इस संस्कार का नामकरण संस्कार से सम्बन्ध स्थापित है। नामकरण संस्कार में शिशु का नाम जिस व्यक्ति के नाम पर रखा जाता है और जो शिशु का मौत या सखा माना जाता है कर्णवेध संस्कार मे महत्वपूर्ण भूमिका निभाता है। कर्णवेध के निश्चित दिन शिशु का सखा (मीत) पर्याप्त मात्रा में चावल, दाल, नमक, सरसों तेल, हड़िया, एक खसी, नया कपड़ा और मोती जैसे दाने का हार, भेंट में लाता है। अब पिता के घर के आंगन में समानान्तर चतुर्भुज के आकार का चावल के आटे का एक चौक पूरा जाता है जिसके दो कर्ण एक दूसरे को काटते हुए खींचे जाते हैं। चौक पर पुआल गूँथ कर रखा जाता है और उस पर काठ का एक पीढ़ा रख दिया जाता है जिस पर शिशु का सखा बैठता है। वहॉ बैठने के उपरान्त सखा सरसों का तेल पहले अपने सिर पर और इसके पश्चात् शिशु के सिर पर मलता है। इस अवसर पर दो व्यक्ति, प्रायः पेशे के नाई, चौक के निकट बैठे रहते हैं। सखा से संकेत पाकर वे शिशु के कान में पहले सिन्दुर टीकते हैं और इसके बाद अधिकांशतः चॉदी की सुई से कान में छेद कर देते हैं। अब चौक से हटकर सभी खड़े हो जाते हैं और काले मुर्गे को, चौक के बीच में रख कर, बलि चढ़ाया जाता है तथा मुर्गे का खून पूरे चौक पर छिड़का जाता है। आशीष देने और शुभ कामना का गीत गाने के लिए आमंत्रित 'जो आरनि' देवताओं के आर्शीवाद का आह्वान करता है कि "ईश्वर इस शिशु की रक्षा करें तथा दीर्घायु प्रदान करें।" सायंकाल हड़िया पीने और भोज खाने के पश्चात् सभी सम्बन्धी आनन्द मनाते हुए अपने घर को प्रस्थान करते हैं।

अड़ंदी या विवाह संस्कार :

मुण्डा धर्म एवं समाज में जाति के महत्व को सर्वोपरि रखा गया है। व्यक्ति, जाति के लिए है। जाति भगवान सिङ्बोंगा की सृष्टि का केन्द्र बिन्दु है। सिङ्बोंगा

जाति की सुरक्षा एवं संवर्धन के लिए सदैव प्रयत्नशील रहा है। पारम्परिक धर्म–गाथाएँ एवं अवदान इस सत्य की पुष्टि करते हैं। उसने अदृश्य लोक में विचरण करनेवाले बोंगाओं को सुरक्षा एव जाति के हित–साधन का दायित्व सौंप रखा है। विवाह जाति के संर्वधन का प्रमुख धर्म है। जाति की शुद्धता के लिए विवाह की शुद्धता आवश्यक है। विवाह की शुद्धता के दो प्रमुख आधार हैं:–

(क) वर एवं वधू जाति के भीतर किन्तु किली के बाहर हों।

(ख) वर एवं वधू का युग्म सिङ्बोंगा ने पहले से निश्चित कर रखा है। यह परिवार वालों का कर्त्तव्य है कि शुभ एवं अशुभ प्रतीकों के माध्यम से सही वर वधू को मिला दें।

मुण्डा–जनजाति पर हिन्दू रीति–रिवाजों का सम्पक्र–जन्य प्रभाव पड़ा है। हम ऐसे अनेक दृष्टांत प्रस्तुत कर सके हैं जिसमें मुण्डाओं के धार्मिक–कृत्य, पर्व, पूजा–पाठ के विधान, महादेव–पार्वती का महत्व आदि हिन्दुओं से प्रभावित होकर परिमार्जित हुआ है। मुण्डाओं के वैवाहिक आयोजन के पुरातन विधान भी हिन्दुओं के सम्पक्र के कारण बहुत सीमा तक परिमार्जित हुए हैं। भारत की स्वतंत्रता के पश्चात् मुण्डाओं मे बाल–विवाह का प्रचलन कम हुआ है अन्यथा शताब्दियों पूर्व कदाचित ही कोई ऐसी लड़की या लड़का मुण्डा परिवार में मिलता[85] जिसकी आयु 8–10 वर्ष से अधिक होती और वह विवाहित न होता। मुण्डाओं में बाल–विवाह का प्रचलन हिन्दु समाज के प्रभाव का कुफल था। अन्यथा रॉची के वृद्ध मुण्डा उस परम्परा को याद दिलाते हैं कि जब तक कोई मुण्डा स्वयं अपने हाथ और परिश्रम से 'हल' बना लेने में सक्षम नहीं होता वह विवाह योग्य नहीं माना जाता था। ऐसा ही प्रतिबन्ध मुण्डा जाति की लड़कियों पर भी था। उन्हें उतनी आयु अवश्य प्राप्त कर लेनी पड़ती थी जब वे कपास से सूत कात लेने में या खजूर के पेड़ के पत्ते से चटाई बुन लेने में समर्थ नहीं हो जाती थीं। स्पष्ट है कि ये काम लड़के–लड़कियॉ अल्पावस्था में नहीं कर सकते थे, अपितु उस समय तक उनका शारीरिक विकास हो चुका रहता था। कहते हैं उस समय लड़के एवं लड़कियों को अपना जीवन–साथी चुनने की अधिक स्वतंत्रता थी। विभिन्न मेलों में वे दूसरे किली के लड़के–लड़कियों से मिला करते एवं अपने पसन्द का जीवन साथी चुनते थे। यह अवश्य था कि उनके पसंद की पुष्टि परिवार वाले कर देतें थे। विवाह परिवार की ही सहमति से होता था किन्तु इन सभी सहमतियों एवं इच्छाओं के उपर सिङ्बोंगा की एक अदृश्य शक्ति काम करती रहती थी। यदि प्रतीकों एवं शुभ लक्षणों के माध्यम से वह लड़के एवं लड़की के विवाह की सहमति दे देता था तो विवाह होता था। क्रमशः विवाह की आयु कम होती गयी, लड़के–लड़कियों की पसन्द का कोई महत्व नहीं रह गया, परिवार के लोग ही वैवाहिक सम्बन्धों के

अन्तिम निर्णायक हो गए। सब कुछ बदल जाने के उपरान्त भी शुभ एवं अशुभ लक्षणों का विचार आवश्यक बना रहा क्योंकि इन्हीं प्रतीकों के माध्यम से सिङ्बोंगा की सहमति या असहमति अभिव्यक्त होती है। अतः लड़के–लड़कियों के विवाह का अन्तिम निर्णय उन शुभ–अशुभ लक्षणों पर निर्भर करता है जिसे 'चेंड़े–उरिको' कहा जाता है। मुण्डा विवाह का यह प्रथम चरण है।

चेंड़े–उरी :

इस क्रिया के अर्न्तगत लड़के का पिता या घरवालों ने जिस लड़की और घर को पसन्द कर रखा है उसके पास प्रस्ताव सहित अपना एक दूत भेजते हैं जिसे 'अगुआ' कहा जाता है। अगुआ लड़की के घर वालों से मिलता है और लड़की के घर वाले कोई दिन निश्चित करते हैं जब लड़के का पिता कुछ सम्बन्धियों तथा लड़की वालों के आग्रह पर लड़के को भी साथ लेकर अपने गांव से लड़की वाले के गांव के लिए प्रस्थान करता है। मार्ग में शुभ या अशुभ जो भी संकेत मिलते हैं लड़के वाले उन्हें नोट करते रहते हैं। शुभ संकेतों में जैसे – गाय एवं बछड़ों का एक दूसरे के प्रत्युतर में रंभाना, धान का गट्ठर ले जाना, पानी भरा घड़ा, साफ–सुथरा कपड़ा, हल एवं जुआ को बनाता हुआ व्यक्ति, बाएँ से दाएँ सामने से लोमड़ी का गुजरना, चीते का मार्ग में मिलना या बालू अथवा धूल–मिट्टी इकट्ठा करता हुआ आदमी आदि। शुभ लक्षणों को 'बुगिन–एरेको' में: – कुल्हाड़ी या खन्ती या फावड़ा लेकर जाता हुआ आदमी, मछली पकड़ने वाली बॉस की बनी कुमुनी, गाय का अनायास रंभाना, चावल का ले जाना, घर का कूड़ा फेंका जाना, धूल–राख से अटा हुआ कपड़ा, कुल्हाड़ी से कट कर गिरता हुआ वृक्ष आदि—।

यदि वैवाहिक संबंध निश्चित करने के लिए जानेवाले इस दल के सम्मुख कोई भंयकर अशुभ मिल जाता है तो प्रयास छोड़कर वापस आ जाते हैं, तथा अगुआ से लड़की के घर सूचना भेज देते हैं। यदि सौभाग्यवश कोई अशुभ सामने नहीं आता तो ये लोग लड़की वाले के घर पहुँचते हैं। लड़की के आंगन में एक या दो चटाई बिछा दी जाती है जिसपर लड़के के घर से आए लोग बैठते है। अब लड़के का अगुवा लड़की के वालों के अगुवा को उन–उन लक्षणों को गिनाता है जो उन्हें मार्ग में मिले थे। यदि वे लक्षण लड़की के अगुवा की दृष्टि में शुभ होते हैं या अशुभ नहीं होते तो वह लड़की वालों को आने वाले मेहमानों के स्वागत का आदेश देता है।

लड़की के द्वार पर मनाये जाने वाले आयोजन मे कतिपय परिवर्ती विकास हुए हैं। इन परिवर्तनों का मुख्य उद्धेश्य लड़की के रंग–रूप, आकार आदि को प्रत्यक्ष देख–जॉच कर लेना है जिससे बाद मे कोई विवाद न उठ खड़ा हो। इसे लड़की–देखना या 'कुड़ि–लेल' कहा जाता है। कुछ क्षेत्रों में लड़की को लड़के के

पिता स्वयं देखता है और कुछ क्षेत्रों में अगुआ की उपस्थिति में लड़के–लड़की को सामने कर दिया जाता है। इस प्रथा को 'दा–अड़गु' कहते है।

कुड़ि–लेल :

यह प्रथा हासदा क्षेत्र में प्रचलित है। लड़की के द्वार पर आगत मेहमान पूर्व दिशा की ओर मुख कर खड़े हो जाते हैं। अब लड़की कुछ सहेलियों के बीच बाहर लायी जाती है। लड़की के साथ दो निकट का सम्बन्धी जलती हुई मशाल, एक भरा हुआ हड़िया का घड़ा तथा एक लोटा पानी लेकर निकलते हैं। लड़की अपने भावी श्वसुर की बाहों में दे दी जाती है और उनसे लड़की को पूरी तरह देख लेने को कहा जाता है। यद्यपि यह आयोजन दिन में होता है किन्तु जलती मशाल को प्रथानुसार निकट लाया जाता है कि निरीक्षण करने में किसी प्रकार की कमी का दोषारोपण न हो सके। अब लड़की को एक दोने में जल दिया जाता है जिसे वह श्वसुर से हाथ में देती है। लड़की द्वारा श्वसुर को जल देना इस तथ्य का संकेत है कि इस विवाह से लड़की सहमत है। इस पर श्वसुर प्रश्न पूछता है।——

"तुमने कौन सा जल दिया" ?

"रोने का जल।"

"क्या तुम इसे सिर्फ आज ही दोगी?"

"मैं आपको यह जल सदा दूँगी।"

श्वसुर के पश्चात् लड़की आगत अन्य बड़े लोंगो को इसी प्रकार दोने में पानी देती है तथा ये ही प्रश्नोत्तर दुहराए जाते हैं। इस क्रिया के उपरान्त लड़की चावल की मदिरा (हड़िया) का घड़ा श्वसुर को समर्पित करती है। उसमें से एक दोना मदिरा भर कर श्वसुर लड़की को देता है, जिसे वह पीती है। लड़की अपने सहेलियों के साथ वापस घर में चली जाती है। अब मेहमान लोग हड़िया पीते और भोज–भात का आनन्द लेते हैं।

श्वसुर द्वारा पूर्वाभिमुख लड़की को स्वीकारने का अर्थ यह है कि उन्होंने सिङ्बोंगा को साक्षी मानकर लड़की को स्वीकारा है।

'दा–अड़गु' :

इस प्रथा का प्रचलन नगुरी क्षेत्र में है। अन्तर केवल यह है कि लड़की देखने एवं स्वीकार करने में पिता की अपेक्षा स्वयं लड़के की भूमिका प्रमुख होती है। स्पष्ट है कि ये क्रियाएँ बाल–विवाह के अर्न्तगत नहीं सम्पादित की जा सकतीं, अपितु लड़के–लड़की को व्यस्क होना चाहिए।

लड़का अपने दो साथियों के साथ खड़ा होकर लड़की के आने की प्रतीक्षा करता है। थोड़ी देर बाद अगुआ के साथ लड़की अपनी दो सखियों के साथ हाथ में पीतल का जल भरा लोटा लिए जो उपर से पत्तियों से ढका रहता है आती है और लड़के से तीन कदम हटकर खड़ी हो जाती है। अब अगुआ लड़के और लड़की दोनों से कहता है कि तुमलोग एक दूसरे को भली प्रकार देख लो और यदि कोई कमी पाते हो तो कहो। और सहमत हो तो जल का लोटा एक–दूसरे से आदान–प्रदान करो। कुछ क्षेत्रों में इस प्रकार के प्रश्न नहीं किये जाते और न लज्जा से नत लड़के–लड़कियाँ कोई उतर ही दे पाते हैं। मात्र लोटे का आदान–प्रदान उनकी स्वीकृति मान ली जाती है। लड़की अपने हाथ का लोटा लड़के को देती है और लड़का उसे अपने हाथ में लेकर पुनः लड़की को वापस करता है। यह क्रिया तीन बार की जाती है। इस लोटे को अगुआ ले लेता है और उपस्थित लोंगो के बीच प्रमाण स्वरूप रखता है कि वर–वधू ने एक–दूसरे को पसन्द कर लिया।

लड़की की माँ जल एवं तेल लेकर बाहर आती है और मेहमानों का पाद–प्रक्षालन करती है तथा तेल लगाती है। यह मेहमानों के स्वागत का प्रतीक है। अब उपस्थित लोगों को एक–एक दोना लोटे का जल पीने को दिया जाता है। इस जल को ग्रहण कर आगत मेहमान इस वैवाहिक सम्बन्ध की अपनी तरफ से पुष्टि कर देते हैं।

विदा होने के पूर्व वर पक्ष की तरफ से वधू पक्ष के लोंगो को आमंत्रित किया जाता है। निश्चित दिन लड़की वाले लड़के वाले के घर के लिए प्रस्थान करते हैं और उसी प्रकार शुभ लक्षणों को नोट करते आते हैं। यदि मार्ग में कोई अशुभ संकेत मिल गया तो अतिरिक्त अगुआ के शेष सभी लोग वापस लौट आते हैं और अगुआ लड़के के घर जाकर सम्पूर्ण वृत्तान्त स्पष्ट करता है और इस संबंध में सिङ्बोंगा की सहमति न पाकर बात यहीं से खत्म कर दी जाती है। – और यदि सब कुछ ठीक रहा तो लड़की वाले लड़के के दरवाजे पहुँचते हैं और उनका उसी प्रकार स्वागत होता है जैसा उन्होंने लड़के वालों को किया था। पैर धुल जाने और हड़िया का दौर चलने के बीच लड़की वालों में से एक व्यक्ति जिसे 'जो आरनि' कहते हैं, बाएँ हाथ में दोने में चावल की मदिरा लेकर खड़ा होता है और सभी उपस्थित लोगों को परम्परानुसार सम्बोधित एवं सलाम करते हुए रटारटाये ढंग से घोषणा करता है कि– "अब इस लड़के इस लड़की के लिए स्वर्ग में भगवान सिङ्बोंगा और पृथ्वी पर पंचों की उपस्थिति में सभी लक्षण शुभ पाए गये–" वह इस प्रकार अन्त करता है – "एक ही पुवाल के गट्ठर से लड़के और लड़की के पिता दो घरों की छत बनाएँ। ईश्वर इन छतों को सदा सुरक्षित रखे।"

अर्थात् लड़की एवं लड़के के पिता के पारिवारिक सम्बन्ध सदैव सुदृढ़ और अच्छे बने रहे। लड़की वालों की तरफ से यह घोषणा वैवाहिक–सम्बन्धों को पक्का करने के उद्देश्य से की जाती है। इस घोषणा के उपरान्त अपनी सहमति अभिव्यक्त करते हुए शेष सभी लोग चावल की शराब पीते हैं तथा दाल–भात एवं खसी का मॉस जो कुछ स्वागतार्थ बना रहता है खाते–पीते एक दूसरे को जोहार करते बिदा होते हैं।

प्रस्थान के समय निम्नलिखित बातों का पालन किया जाता है:—

1. लड़की के देखने के लिए जाने वालों की संख्या रूढ़ (जो दो से न कटे) होती है जैसे– 5,7,11 आदि प्रायः सदस्यों की संख्या 7 या 11 होती है। इसमें लड़का और उसके पिता के अतिरिक्त गाँव के कुछ समझदार एवं सम्मानित लोग भी रहते हैं जिन्हें संकेतों का 'शुभ–अशुभ' पहचानने आता है।

2. लड़के और लड़की दोनों पक्ष के लोगों का एक दूसरे के गाँव आने–जाने का कार्यक्रम भिन्न–भिन्न दिनों को किन्तु एक चन्द्र–मास के भीतर सम्पन्न होता है।

3. प्ररथान करते समय अपने द्वार पर एक अन्य क्रिया में आकाश स्थित सिङ्बोंगा को प्रणाम किया जाता है तथा 'खासना' या 'छींकना' प्रतीकारात्मक लक्षणों को चुनौती दी जाती है। प्रस्थान करने के लिए दल के सभी लोग एक साथ द्वार के सामने आकर खड़े हो जाते हैं। पुनः आकाश की ओर दृष्टि उठाकर सिङ्बोंगा का मौन आह्वान करने के उपरान्त सर झुका कर उसे प्रणाम करते हैं। दल के नेता साल के पत्तों के दोने में तेल लेते हुए परम्परानुसार इस प्रकार कहता है–

"स्वर्ग में सिङ्बोंगा हैं और पृथ्वी पर पंच लोग। आज हम एक नया संबंध स्थापित करने के लिए, (लड़के वाले लड़के का नाम और लड़की वाले लड़की का नाम लेते हुए).... वधू/वर के लिए जा रहे हैं। यदि सिङ्बोंगा हमारे मार्ग का खुला हुआ नहीं छोड़ता तो जिसे खाँसना है खाँसे, जिसे छींकना हो छींके।" – (कुछ देर का मौन) "अब मैं अपनी उँगली के पोर तेल में डुबोता हूँ" जिसे खाँसना हो खाँसे, जिसे छींकना हो छींके" – (पुनः कुछ देर का मौन) अब मैं तीसरी बार कहा रहा हूँ जिसे खाँसना हो खाँसे, जिसे छींकना हो छींके।"

जब किसी की छींक या खॉसी सुनाई पडती पडी तो यह मान कर कि सभी शुभ लक्षण पक्ष में है, अब से पवित्र क्षण प्रारम्भ हो जाता है। शारीरिक शुद्धता के लिए प्रस्थान करने वाले दल के सदस्य सिर में चेहरे और कहीं–कहीं पूरे शरीर में

तेल लगाते हैं। इस प्रकार पवित्र क्षण पूरी तरह से शुद्ध होकर शुभ कार्य के लिए प्रस्थान किया जाता है। **मार्ग में किसी प्रकार का गीत नहीं गाया जाता।**

4. सिङ्बोंगा की सहमति क्षेत्रीय बोंगाओं के माध्यम से विभिन्न प्रतीकों द्वारा प्रकट होती है। प्रत्येक गाँव की सीमा एक क्षेत्रीय बोंगा होता है। अतः लड़के या लड़की के गाँव में प्रवेश करते और मार्ग तय करते समय पूरी सतक्रता रखी जाती है। बीच में पड़ने वाले गाँव का प्रभाव नहीं पड़ता। किन्तु सिङ्बोंगा यदि इस सम्बन्ध को नहीं चाहता तो कहीं भी स्पष्ट एवं गम्भीर अशुभ लक्षण भेज देता है और दल के लोग वहीं से वापस लौट आते हैं। क्योंकि तब "होर बगड़ौय जन" हो जाता है, मार्ग नष्ट हो जाता है।

5. दल के प्रस्थान करने से पूर्व समझदार नौजवान आगे–आगे भेज दिया जाता है जो मार्ग की बाधाओं को दूर करता रहे। यह क्रिया इस प्रथा का परवर्ती विकास है क्योंकि अनेक अच्छे सम्बन्ध शुभ लक्षण न मिलने के कारण विफल हो जाते हैं। अर्थात् अपनी पसन्द पूरी करने का यह एक सतक्रता पूर्ण मानवीय उपाय है। इसे गलत माना जाना चाहिए। किन्तु इस प्रयास की पाहनों ने दूसरी तरह व्याख्या की है। इनका कहना है कि यह कार्य बोंगाओं को जगाने या सतक्र करने के लिए किया जाता है। संभव है उस समय बोंगा कहीं अन्यत्र हों अतः एक आदमी के आगे जाने से बोंगा सतक्र हो जाता है और सिङ्बोंगा के आदेश को प्रतीकों के माध्यम से भेज देता है। यदि दल के आगे–आगे किसी को नहीं भेजा जाएगा तो क्षेत्रीय बोंगा सतक्र नहीं हो पायेंगे और सिङ्बोंगा की सहमति/असहमति का संकेत नहीं मिल पायेगा। वर–वधू के चुनाव में अन्तिम निर्णय सिङ्बोंगा का होता है। इसके लिए लड़का–लड़की या परिवार के लोग विवश हैं। सिङ्बोंगा की सहमति अनिवार्य है।

शुभ–संकेतों द्वारा सिङ्बोंगा की स्वीकृति तथा वर–वधू की सहमति के उपरान्त वर एवं वधू पक्ष के लोगों के बीच 'वरक्षा' जैसा आयोजन होता है जिसमें कन्या का मूल्य तय होता है और जिसे 'बाला' कहते हैं। यह आयोजन दो परिवारों के सम्मिलन की सामाजिक दृष्टि से पुष्टि भी करता है।

बाला :

स्थान एवं विचार भेद से इस आयोजन के विभिन्न नाम प्रचलित हैं। इस कृत्य के मूल में कन्या का मूल्य निर्धारित करना है जिसमें कन्या पक्ष विभिन्न संकेतों के माध्यम से पशु, कपड़ा, द्रव्य आदि धन की मॉग करता है और वर पक्ष इन मांगों में से कुछ स्वीकार करता है। चूँकि इस आयोजन में दोनों पक्ष के विशिष्ट लोग आते और मिलन का आदान–प्रदान करते हैं अतः इसे 'मरंग–कुपुल' या 'मरंग–पेड़ा' कहा जाता है। कन्या मूल्य निर्धारित होने के कारण यह आयोजन

'गो–गनॉग' नाम से भी जाना जाता है। 'गनॉग' का तात्पर्य गणना करना या गिनना है।

बाला–क्रिया में भाग लेने के लिए न केवल सगे–सम्बन्धी अपितु कन्या पक्ष वाले उन सम्बन्धियों को भी साथ ले लेते हैं जो दूसरे गाँवों में बसे होते है। इस प्रकार कन्या के द्वार पर सम्बन्धियों का अच्छा समूह इकट्ठा हो जाता है। प्रस्थान करने से पूर्व लड़की का पिता अदिंग में अपने पितरों को हड़िया समर्पित करता है तथा उनसे वर–वधू के लिए आर्शीवाद प्राप्त करता है। अदिंग में पूजा के उपरान्त बाजे–गाजे के साथ सभी लोग वर के घर की ओर प्रस्थान करते हैं।

वर पक्ष की तरफ से इनका स्वागत हड़िया से होता है जिस क्रिया को 'कटा–लगर इलि' कहते हैं। तात्पर्य यह कि चलते–चलते पॉव में घाव हो गए होंगे तथा आप सभी थके होंगे इसलिए चावल की यह मदिरा स्वीकार करें। दाल–भात के भोज के उपरान्त पूरा दिन आराम का होता है। वरक्षा या कन्या मूल्य का निर्धारण का उत्सव दूसरे दिन शुरू होता है।

दूसरे दिन दोनों पक्ष के लोग आमने–सामने किन्तु इतनी दूरी पर बैठते हैं कि एक दूसरे की बात न सुन सकें और न समझ सकें। कन्या पक्ष कतिपय संकेतों के माध्यम से अपनी मॉग वर पक्ष के पास अगुआ द्वार भेजता है।

संकेत :

I. दो पत्ती को अलग–अलग गोला लपेट कर बॉस की छोटी कमाची से बॉधने पर जुए में जुड़े दो बैल। लपेटी हुई पत्तियॉ बैल और कमाची जुआ।

II. पत्तियों को लपेट कर तथा कमाची से बेधते हुए बॉधने पर एवं उनपर कीचड़ छिड़क देने से: पानी एवं कीचड़ में चलने वाले भैंसे।

III. खुली हुयी पूरी पत्तियॉ। संख्या के अनुसार कपड़े तथा रंग के अनुसार साड़ी।

IV. मिट्टी की गोलियॉ त्र सिक्के।

इस प्रकार एक पत्तल खोलते हैं और अपने सामर्थ्य के अनुसार कुछ पत्तें एवं गोलियॉ उठा लेते हैं और शेष लोटा देते हैं। तात्पर्य यह कि वर पक्ष ने जो कुछ पत्तल पर से चुन लिया हैं उसे देने का सहमत हैं तथा शेष के लिए असमर्थ। किन्तु कन्या पक्ष के लोग कन्या के मूल्य को क्यों कम आंकेंगे। वे पुनः अगुआ द्वारा पत्तल को वर पक्ष के पास भेजते है और वर–पक्ष वाले विचार–विमर्श कर कुछ अंश पुनः लेकर शेष लौटा देते हैं। इस पर आपस में खूब हॅसी और विनोद

होता है। इस खेल में सभी मजा लेते हैं। अगुआ बार–बार दौड़ने में उबता नहीं अपितु आनन्दित होता। अन्त में जो कुछ वर–पक्ष अपने पास रख लेता है उसके लिए देय हो जाता है। अपनी शक्ति के अनुसार मुख्य देय वस्तुएँ निम्नलिखित होती हैः–

1. कोनिया लिजाः कन्या के लिए विवाह का जोड़ा।
2. तेंजा–कोड़ा दुतीः या सारा दुतीः कन्या के छोटे भाई के लिए धोती कपड़ा और कुछ धन।
3. इंगा–बागे लिजाः कन्या की माँ के लिए धोती, कपड़ा, साड़ी आदि।
4. जिया–लेदराः लेदरा का अर्थ फटा–चिथा गंदा कपड़ा किन्तु यहाँ बूढ़ी–दादी के लिए नया कपड़ा का अर्थ है।
5. पशु धनः सामर्थ्य के अनुसार बैल, भैंस, गाय आदि दिया जाता है।

'बाला' निश्चित हो जाने के पश्चात् दंत–धोवन क्रिया होती है जिसमें कन्या पक्ष के लोग अपना दांत साफ करते है और पुनः इस उपलक्ष्य में हड़िया पीते हैं जिसे "करकद् इलि" कहते हैं। वर की माँ पीतल के लोटे से जल भेजती है जिसे पिता अगुआ द्वारा लड़की के पिता के पास भेजता है। लड़की का पिता हाथ में लोटा ग्रहण कर पुनः अगुआ को वापस कर देता है। खसी की पूजा अर्थात् 'उडुंग' क्रिया पहले हो चुकी रहती है। अब अगुआ सर से उपर लोटा उठाता है, वधू–पक्ष को पहली खसी भेंट करता है जिसे 'बाला–मेरोम' क्रिया कहते हैं। इसी प्रकार दूसरी खसी गाँव के पंचों को समर्पित करता है जिसे 'पंचो मेरोम' क्रिया कहते है।

एक सम्बन्धी वर को पीठ पर लाद कर घर से निकलता है और उसे कन्या पक्ष के समक्ष निरीक्षण हेतु प्रस्तुत करता है। पीठ पर लाद कर ले जाने का उद्धेश्य है कि वह भूमि में निहित अपवित्रता स्पर्श न कर सके। आपसी विचार–विमर्श के उपरान्त वर को 'अच्छा' घोषित कर दिया जाता है और उसके सर पर पगड़ी बाँधी जाती है तथा मोती (नकली मोती) की माला पहना दी जाती है। मुण्डा समाज में पगड़ी पहनाने का तात्पर्य व्यक्ति को नए दायित्व सौंपना है। व्यक्ति को नए दायित्व सौंपना है। हम जानते है कि जब कभी कोई नया गाँव बनता है और उसमें किसी नये मुण्डा (गाँव–प्रधान) की नियुक्ति करनी पड़ती है तो मानकी प्रस्तावित मुण्डा को विधिवत् पगड़ी पहनाता है और इस प्रकार मुण्डा के नए पद एवं दायित्वों की जिम्मेदारी उसे उठानी पड़ती है।

वर को पगड़ी पहनाने का तात्पर्य अब उसकी पद–स्थिति उँची हो गई है और उसे अपनी पत्नी के दायित्व का निर्वाह करना है। इस प्रकार वर को पगड़ी

पहनाकर कन्या–पक्ष वाले उसे अपने में सम्मिलित कर लेते हैं। दो परिवारों के बीच होने वाले इस सम्बन्ध को प्रत्येक गाँव के एक–एक प्रतिनिधि द्वारा घोषित किया जाता है। वर को एक बार पुनः जलते हुए मशाल के पीछे–पीछे कन्या के समक्ष लाया जाता है और कन्या के पिता के हाथ में सौंपा जाता है। इस बात की पूरी तरह जॉच कर ली जाती है कि सभी रीतियों का परम्परा के अनुसार पालन हुआ है तथा विवाह में कोई बाधा नहीं है। दोनों पक्ष के प्रतिनिधि सामने आते हैं और एक दूसरे का पैर छूने के उपरान्त अपने हाथ उपर करते हैं एक और दूसरे से कस कर हाथ मिलाते हैं। हाथ मिलाने की यह क्रिया सम्बन्धों की दृढ़ता का प्रतीक है जिसमें कहा जाता है कि जो पहले हाथ खींचेगा उसका हाथ काट लिया जायेगा।

लगोन–तोल या इदि :

इस विधि द्वारा विवाह की तिथि या लगन का दिन निश्चित किया जाता है। वर के पिता हल्दी में रंगे नए कपड़े में चावल बॉध कर वधू के घर जाता है। लड़की की माँ घर से बाहर आकर चावल की गठरी पत्तल पर लेती है और उसे भूमि पर रख देती है। पुनः झुक कर गट्ठर को उंगलियों से स्पर्श करती है, चूमती है और उसे पत्तल सहित उठा कर घर ले जाती है। इस बीच उस स्थान को घर की दूसरी औरतें गोबर से लीप जाती है और उसके बगल में चावल के आटे से चौक पूर देती है। जहॉ एक खाली पत्तल रखा जाता है। मॉ पुनः पत्तल सहित चावल की गठरी लाती है और पत्तल को पूर्व स्थान पर रख देती है तथा बगल में खाली पत्तल पर कन्या बैठ जाती है। पूरे हुए चौक में वर का पिता कुछ सिक्के और सोपाड़ी (कसैली) रखता है। गठरी खोल कर चावल को पत्तल पर उलट दिया जाता है और कपड़ा को दूने चावल से भर कर अपने भावी श्वसुर को वापस करती है। उस समय विवाह का दिन घोषित होता है। दिन निश्चित करने में सावधानी बरती जाती है कि उस दिन न वर का न वधू का जन्म हुआ हो।

सांकेतिक विवाह :

लगन निश्चित का एक अन्य प्रचलन है जिसमें लड़की के मामा और लड़के के गाँव के पाहन भाग लेते हैं। शेष विधियॉ लगभग यथावत् होती हैं। लगन निश्चित हो जाने के उपरांत विवाह से तीन या पाँच दिन पूर्व लड़की के तथा लड़के के घर आँगन में मण्डप लगाया जाता है तथा कतिपय प्रतीकों को स्त्री–पुरुष मानकर उनका विवाह किया जाता है। पाहनों का कहना है कि इस प्रकार का सांकेतिक विवाह द्वारा वास्तविक विवाह की वर्तमान एवं भावी अशुभों एवं विपत्तियों का निराकरण किया जाता है। इस क्रम में निम्नलिखित आयोजन होते हैं:–

मण्डोला–दुल :

लड़के तथा लड़की दोनों घरों में एक ही प्रकार की विधियाँ अपनायी जाती है। आँगन में साल की बल्लियॉं चार कोनों पर लगाकर उपर से इसकी डाल और पत्तियों से छाजन बनाकर एक मण्डप खड़ा किया जाता है। मण्डप के केन्द्र में एक अन्य साल की पतली एवं लम्बी बल्ली बॉस के साथ बॉध कर गाड़ी जाती है। केन्द्र की इस बल्ली के साथ भेलवा की टहनी, सेकेर का पौधा बॉध दिया जाता है, वहीं एक तुलसी का पौधा भी लगा दिया जाता है। केन्द्र के इस बल्ली को घेर कर दोन खेत की मिट्टी से चबूतरा बना दिया जाता है जिसे 'पिण्डिगी' कहते हैं। साल के वृक्ष की पवित्रता के अतिरिक्त, बॉस आनेवाली संतान या वंश की वृद्धि एवं सुरक्षा के लिए, भेलवा की टहनी जादू–टोना के प्रतिकार के लिए तथा सेकेर यांत्रिक कौवाल एवं सुरक्षा के लिए, तुलसी का पौधा दैवी कृपा के लिए लगाया जाता है।

कलसा–गलंग :

घर का एक वृद्ध व्यक्ति मंडप के चबूतरे पर पूर्वाभिमुख होकर इस प्रकार खड़ा हो जाता है कि मंडप की केन्द्रीय बल्ली उसके और घर के बीच पड़ती है। वह एक बरतन (बटुआ या घड़ा जैसा) लेता है जिसमें जल भरा होता है। पुनः वह धान की तीन बल्लियों का समूह इस प्रकार गूँथ कर तैयार करता है कि उपर की बलियॉं और नीचे का तना खुले एवं फैले हों। वह एक गुंथी बाली कल्से के कंठ में बॉधता है और दूसरा चमका (खपड़ा या नरिया का दोनों भाग जुड़ा हुआ) के पतले गले वाले भाग में बॉधता है। वह तीसरी गुंथी हुई बाली को एक टुंगुकी (छोटा वास्केट) से बॉध देता है। वह तीनो को इस प्रकार रखता है कि तना नीचे और बल्लियॉं उपर बाहर की ओर लटकती हुई हों। वह कलसा और चमका को ढंकता और उपर नीचे करता है। इस प्रकार चमका का विवाह कलसा से हो जाता है। इसमें चमका पुरुष१२ एवं कलसा स्त्री स्वरूप है। चमका, कलसा, टुंगकी और एक जल पात्र को केन्द्रीय बल्ली से एक कच्चे सूत 'अदोआ सूतम' से पॉच या सात फेरे द्वारा बॉध दिया जाता है। ध्यातव्य है कि यह अदोआ सूतम है जिस पर सवार होकर बोंगा या दैवी शक्तियॉं सामान्यतः आती–जाती हैं। चार दिशाओं को निकाली हुई बतियॉं दिए में रखकर एक घड़े पर रख कर जला दी जाती हैं। पाहन खूँट–दाढ़ा, देसौली, मुआ एवम् क्षेत्रीय बोंगाओं को लाल मुर्गा की बलि चढ़ाकर पूजा करता है। चूँकि यह बल्ली मंडप के केन्द्र में पॉचवीं बल्ली के पास जहॉं कलश आदि रखे रहते हैं किया जाता है और इस बल्ली, बॉस आदि को जीवन–वृक्ष मान लिया जाता है क्योंकि इससे चमका रूपी पति एवं कलश रूपी पत्नी बॅंधी रहती है अतः बलि द्वारा पूजित बोंगाओं से आशा की जाती है कि पति एवं पत्नी का भावी जीवन सुखमय एवं विपत्ति–रहित रखेंगे।

इस सम्पूर्ण सांकेतिक विवाह में माँ की भूमिका महत्वपूर्ण होती है। वह अपने कुछ सम्बन्धियों के साथ कलश के निकट आती है। तीन दिशाओं की तरफ चावल का आटा मिला जल छिड़कती हुई फेंकती है जिससे सम्पूर्ण वातावरण शुद्ध हो जाता है। पुनः वह सिन्दूर से कलश पर तीन रेखाएँ लगाकर टीकती है। इस प्रकार कलश रूपी पत्नी को सिन्दूर पहना दिया जाता है और चमका तथा कलश (लड़का एवं लड़की) का सांकेतिक विवाह सम्पन्न हो जाता है। खुशी में माँ अपने शीश पर कलश ले लेती है, कोई अन्य स्त्री चमका तथा कोई अन्य टुंगकी और नाचते–गाते घर में प्रविष्ट होती है।

चो :

विवाह के लिए बारात प्रस्थान करने के एक दिन पूर्व माँ एवं अन्य स्त्रियाँ वर को चूमती है। वर को हल्दी रंगे धोती में मंडप में बैठाया जाता है। चावल एवं दूब से सर्वप्रथम माँ लड़के का पैर, घुटना, कंधा और गाल को स्पर्श करने के उपरान्त चावल एवं हाथ को चूमती है। मुण्डा रीति के अनुसार चुमाने में चक् जैसी आवाज होती है जो सभी को सुनाई पड़ती है। इसी प्रकार की चुम्मन क्रिया लड़की के घर भी मनाई जाती है। इस क्रिया द्वारा वर एवं वधू को भावी जीवन के लिए शुभाषीश दिया जाता है।

उली अडंदी :

विवाह के लिए जब वर बारात के साथ घर से निकलता है तो मार्ग में आम के वृक्ष का विवाह रचाना पड़ता है। सभी पुरुष बाराती एक किनारे आगे बढ़ जाते हैं और माँ अन्य महिलाओं के साथ घर के निकट उस पारम्परिक आम के पेड़ के निकट वर (लड़के) को लेकर जाती है जिसकी बारात निकलते समय वैवाहिक पूजा होती है। इसके उपरान्त बारात लड़की वाले के गाँव की ओर बढ़ता है। बारात में महिलाएँ भी सम्मिलित होती है। इस समय बाजे–गाजे तेज–तेज पीटे जाते हैं।

दापरोम या मंगरापी :

लड़की के घर के निकट एक निश्चित स्थान पर अगुआ बारातियों को टिका देता है जहाँ उन्हें स्वागतार्थ लड़की वाले के आने की प्रतीक्षा करनी पड़ती है। यह प्रतीक्षा लम्बी भी हो सकती है क्योंकि उस समय लड़की वाले के घर 'उली–अड़ंदी' का कार्यक्रम चलता रहता है। लड़की के घर ''उली–अड़ंदी'' विवाह के दिन ही मनाया जाता है।

लड़की–पक्ष के लोग बारातियों से 'दापरोम' मिलन हेतु हसिया के उपर कपड़े एवं तेल भिंगोकर, मशाल जला कर चलते हैं। बाजे का स्वर और द्रीव हो जाता

है। यद्यपि यह सब कार्य दिन के प्रकाश में होता है किन्तु मशाल प्रतीक स्वरूप जलाई जाती है। पाहनों का कहना है मशाल द्वारा वधू के घर का मार्ग दिखलाया जाता है तथा इसके प्रकाश में सभी सम्बन्धी एक–दूसरे को भली–भाँति पहचान लेते हैं। उद्देश्य जो भी हो दिन में मशाल जलाना मात्र प्रतीकात्मक है। मशाल का एक अन्य उद्देश्य है जैसे कोई सेना किसी का मार्ग रोकने के लिए आगे बढ़ रही हो। इसे 'चेकद्' कहते हैं। मशाल वाले व्यक्ति वर और उसके बारातियों को आगे बढ़ने से रोकते हैं। समय नगाड़े की थाप तेज हो जाती है और एक बनावटी युद्ध शुरु हो जाता है जिसे 'मंगरापी' कहा जाता है। यहाँ तक कि कन्या पक्ष की लड़कियाँ भी बारात में आयी लड़कियों से कंधा–से–कंधा मिलाकर युद्ध जैसा नृत्य करती हैं। संभव है यह आयोजन उन दिनों की स्मृति स्वरूप हो जब लड़कियों का अपहरण कर उनसे विवाह किया जाता था।

मशाल की अन्य उपयोगिता है। हसिया लोहे का बना होता है जिसमें दांत होते हैं। अनिष्टकारी बोंगा लोहे से डरते हैं। यह जादू–टोना एवं नजर लगने के कुप्रभाव से व्यक्ति की रक्षा करता है। विवाह सर्वाधिक महत्वपूर्ण आयोजन है क्योंकि इसमें केवल न दो परिवारों का मिलन होता है अपितु भावी संतति का भविष्य भी जुड़ा रहता है। अतः किसी प्रकार का अनिष्टकारी तत्व विवाह के समय वर–वधू को ग्रस्त कर लेगा तो यह आनेवाली पीढ़ी को भी त्रस्त कर देगा। इन परिस्थितियों में उन सभी सुरक्षात्मक उपायों को अपनाया जाता है जिनसे किसी भी प्रकार की मार (जादू–टोना या बोंगाओं) वर–वधू पर पड़ने पाये। आग जलते हुए हसिया को इसके निवारणार्थ सर्वाधिक उपयुक्त माना जाता है।

दा–हिर्चीं एवं चुम्मन :

लड़की के आंगन में वर के प्रवेश करते ही स्त्रियाँ उससे मिलने के लिए पीतल के लोटे में जल, जिसमें आम की टहनी होती है और हाथ में मुसल लेकर आती हैं। स्त्रियाँ वर पर आम की पतियों से जल छिड़कती है और मूसल दिखा कर कुछ मजाकिया स्वर में परम्परानुसार ताड़ना देती है –

"जुम्बुड़ी–रे–द्दो, कुम्बुरु–रे–द्दोम नेलेकम"।[86] इस प्रकार दा–हिर्चीं क्रिया समाप्त होती है और वर को चुमने का कार्य शुरु होता है। एक थाल में अरवा चावल, चावल के आटे और गोबर की कुछ गोलियाँ, चावल के आटे की रोटी रखी रहती है।

पहले लड़की की माँ और इसके उपरान्त क्रम से स्त्रियाँ वर को चूमती है। हाथ में चावल और दूब लेकर पहले पैर पुनः घुटना, और अन्त में उसके गालों को स्पर्श करते हुए चावल समेत अपने उंगलियों के पोर चुमती है। यह क्रिया गोली और रोटी के साथ दोहरायी जाती है। चूमन का तात्पर्य वर को स्त्री द्वारा

स्वीकारना एवं उसे आशीष देना है कि उनका युग्म और भावी जीवन सुखमय एवं संततियुक्त हो।

ससांग–गोसो :

संसाग का तात्पर्य हलदी–तेल तथा गोसो का अर्थ मलना या लगाना है। इस रीति के अनुसार वर एवं वधू को हल्दी–तेल लगाया जाता है। इसे लिए विभिन्न स्थलों में मुख्य दो प्रकार की रीतियॉं अपनायी जाती है:–

(क) पहली रीति के अनुसार जनवासे या मुण्डा समाज के अनुसार 'जालोम' (जहाँ बाराती टिके रहते हैं) से वर–पक्ष की कुछ महिलाऍं हल्दी–तेल लेकर कन्या के घर जाती है तथा कन्या को हल्दी–तेल लगाती है। हल्दी–तेल लगाने के पूर्व कन्या का नाखून कटवा दिया जाता है और बांयी अनामिका से रक्त की बूँद निकाल कर एक कपड़े पर रक्त का चिन्ह ले लिया जाता है। इसे 'मिनाइस' कहा जाता है। लौटते समय वे वर को साथ लेकर जालोम लौटी हैं। यही वर के साथ दुहराया जाता है। कन्या–पक्ष की महिलाऍं जालोम जाती हैं। वर का नाखुन साफ करके उसकी दाहिनी अनामिका से रक्त की बूँद का दाग एक कपड़े पर लिया जाता है। उसे हल्दी तेल लगाकर महिलाऍं वापस लौटती है।

(ख) कुछ गाँवों में दूसरी विधि से ससांग–गोसो रीति मनाई जाती है। वर, कन्या के घर से वापस जालोम नहीं लाया जाता अपितु कन्या–पक्ष की अविवाहित लड़कियॉं जो आज के दिन व्रत रखती है 'ससान–गोसो' पूरा करती है। एक वर को हल्दी तेल मलती है और दूसरी लड़की कन्या को। यह काम मंडप की छाया में पूरा किया जाता है जहॉं कन्या और वर को एक–एक पग पत्तल या बास्केट में रखते हुए मण्डप तक पहुँचना पड़ता है। ससांग–गोसो की क्रिया को पुनः वर के घर पर दुहराया नहीं जाता।

दा–आउ :

सिन्दूरी–टीका या सिन्दूरी रकब विवाह का सर्वाधिक महत्वपूर्ण चरण है। इस कृत्य के सम्पन्न होने के उपरान्त वर–वधू पति–पत्नी हो जाते हैं। अन्य आयोजनों का इतना अधिक महत्व नहीं होता है। सिन्दूरी टीका से जुड़ा हुआ एक अन्य ध ार्मिक कृत्य किया जाता है जिसे कुछ स्थानों पर 'दा–आउ' तो कुछ स्थानों पर 'सिरी–दाढ़ी रकब' कहते हैं। अर्थात् पवित्र जल का लाना और इस जल को काटना "दै–मै"। यह जल नए घड़े में (घड़े की संख्या दो या चार होती है) निकट के सोते से प्रायः कुंवारी लड़कियों द्वारा लाया जाता है। जल तलवार एवं तीर के संरक्षण में कन्या के घर लाया जाता है। इस जल को उसी तीर व

तलवार से काटा जाता है और बाद में इससे कन्या और वर को नहलाया जाता है।

दुल–दा :

कन्या और वर को नहलाने की क्रिया 'दुल–दा' कहलाती है। यह प्रायः सिन्दूरी टीका या सिन्दूर दान के पूर्व मनाया जाता है। किन्तु कुछ स्थानों में सिन्दूरी टीका के पश्चात् मनाया जाता है। पवित्र लाए हुए जल के घड़े को जिसे तलवार तथा तीर से काटा गया है, एक कपड़े से ढक दिया जाता है जो बैठने के काम आता है। जुआ विवाह का और पुआल छाजन वाले घर का प्रतीक माना जाता है। प्रतीक सम्बन्धी कहावत है कि – "मियाद सौरिते ने बरिया ओड़ा छाजन" अर्थात् ये दोनों घर उसी एक पुआल से छा दिए गए हैं तात्पर्य यह कि ये दोनों परिवार विवाह सम्बन्धों में बँध गए हैं।

दोनों जुआ पर कन्या एवं वर को पीठ पर लाद कर लाया और बैठाया जाता है। वर के बाएँ कन्या बैठती है। इस पर बैठ कर दोनों को दतुअन से दांत साफ करना एवं जीभ छीलने की क्रिया करनी पड़ती है। अब वे स्नान करते हैं तथा इस क्रम में एक दूसरे की पीठ रगड़ते हैं। इस स्नान में कुंवारी कन्याएँ उन्हें सहायता पहुँचाती हैं। स्नान के उपरान्त एक दूसरे का केश विन्यास कन्या और वर करते हैं तथा गीले कपड़े उतार कर हल्दी से रंगा वैवाहिक वस्त्र जिसे 'ससांग लिजा' कहा जाता है पहनते हैं। इसके उपरान्त वे मण्डप तक सिन्दूरी टीका के लिए पत्तल पर साथ–साथ एक–एक कदम रखते हुए जाते हैं।

कुछ स्थानों में दुल–दा सिन्दूरी रकब के उपरान्त होता है। विवाह के उपरान्त दुल्हा–दुलहन पूर्व–वर्णित विधि के अनुसार जुए की पुआल पर बैठते हैं और उन पर घर की कन्याएँ चारो घड़ा उपर से सर पर उड़ेल देती हैं। इस प्रकार उनका स्नान दुल–दा हो जाता है और नीचे की भूमि कीचड़ जैसी हो जाती है। इस कीचड़ में दुल्हा तथा दुलहन अलग–अलग एक छोटा चुका छिपा कर रखते हैं जिसे एक दूसरे ढूँढने का खेल खेलते हैं। इसके बाद उन्हें पुनः पीला हल्दी रंग वस्त्र पहनाया जाता है और एक दूसरे को सिन्दूर का टीका लगानी पड़ती है।

सिन्दूरी–रकब या सिन्दूरी टीका :

(क) 'दुल–दा' के उपरान्त हल्दी रंगे वस्त्र 'ससांग लिजा' पहन कर पत्तल पर एक–एक डग साथ रखते कन्या एवं वर मंडप के केन्द्र में, पाँचवीं बल्ली, जिसे जीवन वृक्ष माना जाता है, के पास पहुँचते हैं। इस विवाह के लिए सिन्दूर तेल में तैयार कर रखा जाता है। मण्डप के चबूतरे पर कन्या पूर्व की ओर मुख करके और वर ठीक उसके सामने उसकी तरफ अर्थात् पश्चिम की ओर मुख

करके खड़ा होता है। अब वर अपने बॉऐं पैर के अंगुठे से कन्या के दाहिने पैर से अंगूठे को दबाता है और दोने से तेलयुक्त सिन्दूर लेकर कन्या के मॉग के बीच में उसके माथे पर खींचता है। इस अवसर पर कुछ स्थानों में कन्या का छोटा भाई नंगी तलवार लेकर खड़ा रहता है और वर को सम्बोधित करते हुए कहता है कि "तुम मेरी बहन को ले जा रहे हो, ध्यान रहे यदि तुमने उसे कभी त्यागा तो मैं तुम्हारी हत्या कर दूँगा।

पुनः लड़की के स्थान पर लड़का और लड़के के स्थान पर लड़की खड़ी कर दी जाती है। लड़की वर के अंगूठे को उसी प्रकार दबाती है और उसके माथे पर सिन्दूर का टीका लगाती है। यह सम्पूर्ण क्रिया दो बार पुनः दोहराई जाती है अर्थात् कुल मिलाकर तीन बार सम्पन्न होती है।

(ख) कुछ स्थानों पर सिन्दूरी–रकब 'दुल–दा' के पहले सम्पन्न होता है। मण्डप के केन्द्र में चबुतरे पर वर एवं कन्या (क) में वर्णित विधि के अनुसार खड़ा होते हैं। जिसे सिन्दूर का टीका लगवाना होता है वह सदा पूर्वाभिमुख होता है और जो टीका लगाता है उसके सामने होता है और स्वाभाविक है कि उसका मुँह पश्चिम की ओर होगा। किन्तु इस विधि में सिन्दुर का टीका लगाने के पूर्व दो क्रियाएँ और होती है (एक) सिनाइस से सम्बन्धित तथा (दूसरा) वरमाला या एक दूसरे को स्वीकारते हुए माला पहनाना।

इस विधि के अनुसार वर एवं कन्या जब एक दूसरे का अंगूठा दबाते है तो अपने–अपने सिनाइस (रक्तांकित कपड़े का टुकड़ा या रूमाल) पहले अपने कण्ठ को छुआते हैं और उसके पश्चात् उसी कपड़े से दूसरे के कंठ को स्पर्श करते हैं। यह क्रिया तीन बार की जाती है। इसके पश्चात् कन्या पहले वर को वरमाला और वर कन्या को पहनाता है। अब वर अपने मस्तक पर सिन्दूर की तीन रेखाएँ टीकता है और तब कन्या की मॉग एवं माथे पर तीन सिन्दूर टीकता है। कन्या भी अपने माथे पर स्वयं तीन बार सिन्दूर टीकती है और तब वर को तीन टीकाएँ माथे पर लगाती है। वर एवं वधू के वस्त्रों को एक गांठ में बॉधने का गठ–बधन कर्म पूरा किया जाता है। अब लड़का पीछे–पीछे कन्या को लिए आंगन से घर से प्रवेश करता है। घर में प्रवेश करने के उपरान्त विवाहित वर–वधू को एक साफ सुथरी चटाई पर बैठाया जाता है और दही–चिउड़ा–गुड़ खाने को दिया जाता है।

समधी–भेंटः मिलन

यह आयोजन 'जालोम' अर्थात् उस स्थान पर होता है जहॉ बाराती लोग टिकाए जाते हैं। वर के पिता या अभिभावक अन्य सम्बन्धियों तथा अपने गाँव के प्रस्तावित लोगों के साथ बैठे रहते हैं तथा उनसे मिलने के लिए वधू के पिता या अभिभावक, सम्बन्धी आदि एक घड़ा चावल की मदिरा लेकर पहुँचते है। इन

आगत घर वालों के स्वागतार्थ पहले से ही वर पक्ष के लोग एक घड़ा चावल की मदिरा तैयार रखते हैं। एक दोना चावल मदिरा लिया जाता है तथा वर एवं वधू दोनों के पिता उस दोने में से एक दूसरे की जूठी मदिरा पीते हैं। ऐसी ही क्रिया वर एवं वधू की माँ के बीच होती है। अन्य सम–तुल्य संबंधी भी आपस में इस प्रकार मिलते हैं तथा मदिरा पी कर एक–दूसरे को बाँह में लेकर नाचते हैं। तब तक नाचते हैं जब तक शिथिल नहीं हो जाते। अन्त में वर एवं वधू के माता एवं पिता (पिता–पिता को, माता–माता को) एक दूसरे को हृदय से लगाकर भींच लेते हैं। इस क्रिया को "हायारूप–जोहार" कहते हैं। इस प्रकार समधी भेंट की क्रिया समाप्त होती है और लड़की वाले घर लौट आते हैं।

काटा–आनुंग :

वधू–विदाई के पूर्व दूल्हा–दुलहन लड़की के निकट सम्बन्धियों का पाद–प्रक्षालन करते हैं। एक–एक कर समधी आते हैं और पाद–प्रक्षालन कराते हैं तथा इस सम्मान के लिए आशीष स्वरूप पीतल की पास पड़ी थाल में कुछ रुपये डालते जाते हैं। जब सभी पाद–प्रक्षालन हो जाता है तो विवाहित जोड़ा अपनी जगह आ बैठता है।

चुमावन :

कुछ स्थानों पर एक बार पुनः चुमावन की क्रिया सभी निकट सम्बन्धी एवं गाँव की महिलाओं द्वारा पूरी की जाती है। इस क्रिया में पति–पत्नी स्वरूप लड़की एवं लड़का एक स्थान पर बैठा दिया जाता है। गाँव की तथा सम्बन्धी महिलाओं से वे घिरे रहते हैं। सर्वप्रथम माँ एक पीतल की थाल में कुछ चावल और उस पर एक जलता हुआ दीप लेकर आती है और पहले कन्या को पैर, घुटना, मस्तक का स्पर्श करते हुए सर के उपर से होकर दाहिना कंधा छूती है तथा पुनः दाहिने कंधे से सर के उपर से ले जा कर कंधे को छूती है। इस प्रकार सारी क्रिया तीन बार की जाती है। अब वह थाल नीचे रख देती है और उसमें से एक चुटकी चावल लेकर पूर्ववत् सभी अंगों को उसी क्रम से स्पर्श करती है और अन्त में चावल दुलहन के सर पर से होते हुए उसके पीछे दो कुँआरी कन्याओं द्वारा फैलाए गए कपड़े में फेंक देती है। यह क्रिया भी तीन बार की जाती है। अब वह जलते दीप पर हाथ लगा कर वधू के गाल का स्पर्श करते हुए अपनी उँगलियाँ चुमती है। यह क्रिया भी तीन बार की जाती है।

अब लड़की की माँ उपरोक्त सभी क्रियाओं को लड़के के साथ पूरा करती है और अन्त में कुछ पैसे थाल में डालती हुई हट जाती है और दूसरा महिला को अवसर प्रदान करती है। इस प्रकार एक–एक कर सभी उपस्थित महिलाएँ चुमावन करती एवं थाल में पैसा डालती एक तरफ हट जाती हैं और दूसरे को अवसर

देती हैं। यह नेग लड़की पक्ष तथा उसके गाँव के लोगों द्वारा सम्पन्न किया जाता है।

बाबा–हरतुकाम :

धार्मिक दृष्टि से विवाह का यह एक महत्वपूर्ण अंग है जिसमें कन्या अपने पूर्वजों एवं उन बोंगाओं से बिदा लेती है कि वह अपने इनसे टुटकर अपने पति के घर के पितरों एवं बोंगाओं से जुड़ने जा रही है। वह अपने पिता के घर की 'उत्पादकता' को अपने साथ नहीं ले जा रही है क्योंकि 'बाबा–रोआ' से वह विदा ले रही है। वह नहीं चाहती कि उसके ससुराल वाले उसपर ओंग–बोंगा अर्थात् 'बोंगा लानेवाली' का दोषारोपण करें जिससे सरलता से परिवार के लोग जादू–टोना का शिकार हो जाते हैं।

इस क्रिया में माँ घर के द्वार पर बैठती है और ठीक उसके आगे विवाहित कन्या उसी दिशा में मुख किए हुए बैठती है जिस दिशा में माँ। अब लड़की अपने दोनों हाथों की अंजली में सूप से धान भरती है तथा अपने सर के उपर से पीछे से फेंकती है जो माँ की साड़ी के आंचल में गिरता है। तीन बार अंजलि भर–भर कर धान इस प्रकार सर के उपर फेंका जाता है जिसे माँ अपने आंचल में पकड़ लेती है। इस क्रिया द्वारा विवाहित कन्या अपने माता, पिता, घर एवं गृहदेवता तथा गाँव के बोंगा से सम्बन्ध तोड़ लेती है।

जिम्मा :

अब एक सामाजिक महत्व का काम 'जिम्मा–देना' शेष रहता है जिसमें कन्या के गाँव का पाहन या मुण्डा, लड़की को, लड़के के पिता को, सभी की उपस्थिति में सौंपता है अर्थ्रात् जिम्मा लगाता है कि अब से इस गाँव की कन्या तुम्हारी वधू हुई। इसकी सुरक्षा सुख एवं संवर्धन का दायित्व अब वर पक्ष का हुआ।

विवाह में कुछ अंश लड़के एवं लड़कों की हमजोलियों का होता है। विदाई के समय कन्या के गाँव के हम–उम्र लड़के कन्या को पकड़ लेते है और जाने नहीं देते जिन्हें कुछ लोभ अर्थात् पैसे देकर वर अपनी पत्नी को छुड़ाकर पालकी में बैठाता है और अपने गाँव की ओर प्रस्थान करता है।

सवारी घर की आर्थिक स्थिाति के अनुसार होती है अन्यथा कन्क्षा पक्ष के गाँव की सीमा तक कन्या वाले और वर की गाँव में वर वाले अपने कंधे या पीठ पर लादकर इन्हे दुल्हा के द्वार तक पहुँचाते हैं।

विवाहोपरान्त वर के घर की जानेवाली 'क्रियाएँ'–:

विवाहित वर–वधू का स्वागत द्वार पर मूसल दिखाकर होता है। पुनः उन्हें मण्डप में ले जाया जाता है जहाँ चुमावन होता है। इसके उपरान्त मण्डप में

पति–पत्नी केन्द्रीय जीवन वृक्ष की परिक्रमा करते हैं। पुनः कन्या के घर की 'सिन्दूरी टीका' को यहाँ दुहराया जाता है।

दुसरे दिन 'दुल–दा' (घड़े के पानी से स्नान) क्रिया होती है और वह एक केले का वृक्षारोपण अपने आँगने करता है। मुण्डा प्रथा के अनुसार केले की जाति का पेड़ खूब फलता एवं फूलता है। यह अधिक संतान की कामना से किया जाता है। गाँव के पाहन समेत भोज–भात होता है। कन्या के घर से उसके पिता, भाई आदि आते हैं। उनका आतिथ्य भली प्रकार किया जाता है।

विवाह के सप्ताह, दो सप्ताह या कभी–कभी महीने बाद अपनी पत्नी को लेकर पति ससुराल जाता है तथा मण्डप में लगे साल, भेलवा, तुलसी एवं बॉस आदि को उखाड़ता है तथा उस चबुतरा को भी तोड़ देता है जो विवाह के लिए निर्मित किया गया था। इस प्रकार विवाह के मण्डप को साफ–सुथरा कर एक प्रीति–भोज का आयोजन होता है जिसमें प्रथम बार श्वसुर के घर गये दामाद का विशेष आतिथ्य–सत्कार किया जाता है।

मुण्डा धर्म के अनुसार सिङ्बोंगा ने प्रथम–पूर्वजों की पति–पत्नी के रूप में व्यवहार करने के लिए उत्प्रेरित किया था जिससे मुण्डा जाति का विस्तार हो सका। इस प्रकार धर्म की दृष्टि से विवाह का उद्देश्य 'संतान की उत्पति' करना है क्योंकि इसी से भगवान सिङ्बोंगा प्रसन्न होता है। मुण्डा धर्म के अनुसार विवाह की निम्नलिखित विशेषताएँ हैः–

1. पति–पत्नी का जोड़ा पहले से ही भगवान सिङ्बोंगा द्वारा निश्चित रहता है।
2. विवाह अपनी जाति मे किन्तु अपनी किली के बाहर करना होता है।
3. विवाह का निश्चय कन्या एवं वर पक्ष दोनों अपने–अपने मार्ग के शुभ–अशुभों लक्षणों की गणना के उपरान्त करते हैं। इसमें सिङ्बोंगा की स्वीकृति मानी जाती है।
4. विवाह दो व्यक्तियों के सम्बन्धों की अपेक्षा दो परिवारों ही सम्बन्ध माना जाता है। एक ही पुआल के गट्ठर से दो छप्परों का छाया जाना इसका संकेत है।
5. विवाह मात्र व्यक्तिगत और पारिवारिक ही नहीं होता, अपितु इससे दोनों पक्षों के गाँव भी बंधे रहते हैं। कहा जाता है 'सिङ्बोंगा और पृथ्वी पर पंचों' को साक्षी मानकर विवाह सम्पन्न होता है।
6. कन्या जब पिता का घर त्यागती है तो अपने घर के पितरों, गाँव के बोंगाओं से अन्तिम बिदाई ले लेती है क्योंकि अब उसका अस्तित्व माँ के घर से समाप्त होकर पति के घर से संयुक्त हो जाता है।

7. चरित्र की पवित्रता (क) शारीरिक एवं (ख) सम्बन्धगत निभाना अनिवार्य है। शारीरिक पवित्रता को तोड़ने की चेतावनी विवाह–क्रम मं 'दा–मा' तलवार एवं तीर से पानी काटने की क्रिया सम्पन्न करते समय दी जाता है और अन्य बड़े स्त्री–पुरुषों से सम्बन्ध की नैतिकता निभाने के लिए 1. बड़ों का नाम लेना, 2. एक चटाई या खाट पर बैठना, 3. एक ही कंघी से केश का न संवारना एवं 4. बड़ों के कपड़ें तक का स्पर्श न होना आदि विवाह के ''नुपुतुम ओड़ो गिपिल' नेग के अर्न्तगत वर्जित किया जाता है। इस प्रकार के सम्बन्धों की प्रतिष्ठा और दूरी रखने से अनैतिक कर्मों की संभावना नहीं रहती।

8. विवाह के क्रम में दोनों पक्षों के पितरों, गाँव तथा क्षेत्रीय बोंगाओं, सिङ्बोंगा, वृक्ष, नदी, सोतो, तालाब, पहाड़ सम्पूर्ण प्रकृति की पूजा कर ली जाती है जिससे वर एवं वधू का भावी जीवन निष्कंटक एवं सुखमय व्यतीत हो।

इस प्रकार मुण्डा धर्म में विवाह एवं विवाह का उद्देश्य पूरी तरह सिङ्बोंगा के विधान के अनुरूप है। सिङ्बोंगा ने अपनी सृष्टि के उपभोग के लिए जाति की रचना की है और जाति के संवर्धन के लिए उसने पति–पत्नी बनाए हैं। मुण्डा धर्म का केन्द्र बिन्दु जाति है और विवाह जाति संवर्धन की एक धार्मिक संस्था है।

शव–संस्कार या दाह–संस्कार

'अदिंग' मुण्डा घर की पहचान है। 'अदिंग' मुण्डा घर का वह पवित्र स्थान है जहॉ पितरों का निवास होता है। शव संस्कार का उद्देश्य मृतक की 'रोआ' को अदिंग में लाकर पितरों को सौंप देता है जिससे मृतक का रोआ अदृश्य लोक पितरों से जा मिले और वे उसे अपने कुल में सम्मिलित कर लें। इस क्रम में निम्नलिखित क्रियाएँ की जाती हैः–

राया :

शव को नए कपड़े के कफन में लपेट दिया जाता है और एक चरपाई पर रख दिया जाता है। कभी–कभी शव के मुँह में कुछ सिक्के भी रख दिए जाते हैं। शव सहित चरपाई उठाकर लोग श्मसान घाट की ओर बढ़ते हैं। गाँव की सीमा पर चारपाई जमीन पर रख दी जाती है। पुनः उसे उठाकर श्मसान की ओर चल पड़ते हैं। चलने के पहले चारपाई के पावों से भूमि में बने स्थान पर थोड़ा चावल और सरसों रख देते हैं।

श्मसान में चिता पहले से तैयार रहती है। चारपाई सहित चिता की तीन परिक्रमा होती है और तब शव का चिता पर दक्षिण पॉव पर रख दिया जाता है। इस पर पुनः कुछ लकड़ियॉ लादी जाती है। बेल की जलती लुकाठी या बेल की

टहनी में कैंची बनाकर रखे गए आग के टुकड़े के शव के मुँह में रखा जाता है। चिता के जल जाने के उपरान्त मृतक की कुछ निकट महिला सम्बन्धी चिता पर जल डालती हैं। चिता बुझ जाती है और एक साफ कपड़े में अस्थियॉ एकत्रित की जाती है।

एक व्यक्ति, जो मृतक का सम्बन्धी होता है दूब से मृतक का एक पुतला बनाता है। जमीन पर चावल के आटे या भुन चावल से मृतक की सांकेतिक आकृति बनायी जाती है जिस पर यह पुतला दक्षिणाभिमुख 'बो–कांद्रु' लिटा दिया जाता है। पीपल के दो पत्ते पर खिचड़ी रखकर तीन बार पुतले के उपर सर से पैर तक ले जाया और वापस लाया जाता है। अन्त में एक छोटे लुटिया जैसे घड़े में एकत्रित अस्थि, दूब का पुतला, और भुना चावल रखकर घड़े का मुख कपड़े से बॉध कर बन्द कर दिया जाता है। यह मिट्टी का घड़ा लेकर सब लोग चलते हैं और मृतक के घर के निकट के एक वृक्ष से बॉध कर लटका देते हैं। सभी निकट के तालाब, नदी या सोते में स्नान करते हैं तथा एक व्यक्ति तुलसी जल से पवित्र जल को अपने उपर और सभी के उपर छिड़क कर शुद्ध करता है।

उम्बुल–अदेर :

'उम्बुल' मुण्डा धर्म में रोआ की छाया है। यद्यपि मुण्डा धर्म में इस भौतिक शरीर का (मरणोपरान्त) पर–लोक में कोई अस्तित्व नहीं माना जाता किन्तु 'रोआ' एक शरीर माना जाता है, और माना जाता है कि उसकी छाया बनती है। रोआ की इसी छाया को अम्बुल कहा जाता है। चूँकि मुण्डा–धर्म में रोआ को सशरीर मानते हैं इसीलिए उसे भोजन, पानी की आवश्यकता पड़ती है। एक शरीर को निवास स्थान की भी आवश्यकता पड़ती है। उम्बुल–अदेर क्रिया द्वारा रोआ के उम्बुल को अदिंग में स्थान दिया जाता है।

चिता–दहन के तीसरे, पॉचवें, सातवें या नौवें दिन उम्बुल–अदेर मनाया जाता है। यदि इस बीच कोई पर्व पड़ गया तो उसी दिन अथवा यदि शव का दफन चॉद माह के प्रथम दिन हुआ है तो उसी दिन उम्बुल–अदेर की क्रिया पूरी कर ली जाती है। निश्चित दिन मृतक के भैयाद घर पर एकत्रित होते हैं और डाढ़ी बनवाते तथा नाखून कटाते हैं और निकट के तालाब में स्नान कर शुद्ध होते हैं। स्नान करने के उपरान्त पट्टीदार तिरिल को लेकर उस स्थान पर पहुँचते है जहॉ श्मसान जाते समय गॉव की सीमा पर चारपाई रखी गयी थी। तीन तिरिल के पौधे इस प्रकार गाड़े जाते है कि प्रथम दो झुककर मिलते हुए जहॉ एक दूसरे को काटते हैं उसी बिन्दु से होता हुआ तीसरा पौधा उपर निकल जाता है। कटान बिन्दु पर एक कांटा बॉध दिया जाता है जिसके उपर एक छोटा मिट्टी का बर्तन 'दिवि' उलट कर टांग दिया जाता है। इस सारे ढॉचे को पुआल से इस प्रकार

छा दिया जाता है कि यह एक घर सा दिखलाई पड़े जिसका दरवाजा उतर की ओर खुलता है। इस बनी कुटिया को मुण्डा भाषा में 'कुम्बा' कहा जाता है।

आये हुए भैयाद द्वार के समक्ष दक्षिण मुख कर बैठते हैं और पूजा में हल्दी से रंगा चावल उम्बुल को अर्पित किया जाता है। अब कुम्बा में आग लगा दी जाती है। जब कुम्बा जलने लगता है तो मृतक का नाम, लेकर तीन बार बुलाया जाता है। "आओ देखो तुम्हारा घर जल रहा है।"

कुछ क्षेत्रों में इस अवसर पर एक मुर्गा काटते हैं और उसकी टांग जलते हुए कुम्बा में फेंक देते हैं। इस उद्देश्य उम्बुल को टांग प्रदान करना है, जिससे वह जलते कुम्बा में से निकल सके। कुछ क्षेत्रों में दोनों टांगों को धागे से बॉध कर लटका देते हैं और जब मृतक की घर की ओर बढ़ते हैं तो धागे से लटकते टांग को इस प्रकार रखकर चलते हैं जैसे कोई आदमी भूमि पर पॉव रखता हुआ चल रहा है। इस बीच मृतक के घर की महिलाएँ छोटे–छोटे दोनों में भात, दाल, मुर्गे का पका हुआ मांस तथा सब्जी भर कर सजा कर रखती हैं और उन सबकों एक सूप से ढक देती हैं। फर्श पर राख का छिड़काव कर दिया जाता है।

ज्योंही हल के फाल के बजने की आवाज घर तक पहुँचती है घर की औरतें भीतर से द्वार बन्द कर देती है तथा सभी मौन हो जाती हैं। ऐसा प्रतीता होता है जैसे घर में कोई नहीं है। शनैःशनैः हल के फाल के बजने की आवाज निकट आती है और पास आकर इस दल में से एक आदमी द्वार खटखटाता है। भीतर से औरतों के पूछने पर बाहर के सभी का एक स्वर में उतर मिलता है– "हम यहॉ से दुःख ले गए और यहॉ सुख लाए है।"

अब द्वार खुलता है। भैयाद भीतर घुसते हैं। हाथ में मचिया लिया हुआ व्यक्ति अदिंग में जाकर मचिया रख देता है। वह शनैःशनैः वापस लौटता है। उसे विश्वास है कि मृतक का रोआ आया होगा और सूप से ढके भोजन में से कुछ अंश अवश्य ग्रहण किये हुए होगा। उसके आने का प्रमाण राख में चिन्ह बनना तथा सूप से ढके भोजन में से कुछ उपर नीचे होना या भूमि पर गिरना है। अदिंग से आकर व्यक्ति बारीकी से निरीक्षण करता है। यदि ऐसा कोई संकेत नहीं मिलता है तो उम्बुल–अदेर की क्रिया को पुनः दुहराया पड़ता है। अन्त में घर का एक वृद्ध व्यक्ति अदिंग में प्रवेश करता है और पितरों का, चावल की मदिरा से पूजा–अर्चना करने के उपरान्त उनसे कहता है कि मृतक अब आपकी जाति, किली और पितरों की पैतृकता में आ सकता है। चूँकि वह आपके ही वंश का है अतः उसे अपनी जाति में रखे।

भोज–भात के उपरान्त उम्बुल–अदेर की क्रिया समाप्त होती है। अर्थात् मृतक का रोआ पितरों के साथ सम्मिलित हुआ, मान लिया जाता है।

जंग–टोपा :

अस्थि को गाँव के ससान में दफनाने की क्रिया जंग–टोपा है। प्रायः एक गाँव में एक किली या वंश के परिवार के लोग रहते हैं और उनका गाँव में अपना 'ससान' होता है। ससान वह स्थान है जहॉ मुण्डा धार्मिक रीति के अनुसार एक ही वंश के मृतकों की अस्थियॉ समाधिस्थ की जाती है। वंश का तात्पर्य किली से है और गॉव में रहनेवाले परिवार प्रायः एक किली के होते हैं।

जंग–टोपा क्रिया, प्रत्येक गाँव में जहॉ विगत बारह महीने में किसी की मृत्यु हुई होती है, आमंत्रित सम्बन्धियों के बीच पूरी की जाती है। यह रब्बी की फसल के पश्चात् पौष या माघ माह में किसी एक निश्चित दिन सम्पन्न की जाती है। प्रत्येक गाँव वाले अपने गाँव के लिए अपनी सुविधानुसार दिन तय करते है।

निश्चित दिन आमंत्रित सम्बन्धी प्रचुर मात्रा में चावल, दाल, नमक, तम्बाकू और हड़िया भेंट स्वरूप लाते है। दो–चार संबंधी निकट की पहाड़ी से जहॉ पत्थर की शिला उपलब्ध है, जाकर उपयुक्त आकार की चट्टान लाते हैं जिसे दो सग्गड़ों पर जो अगल–बगल बँध कर चलते हैं लाद कर ससान तक पहुँचा दिया जाता है। ससान की जमीन में गड्ढा खोद कर उसमें अस्थि–कलश रख दिया जाता है। अस्थि के साथ थोड़ा चावल, तेल मिश्रित हल्दी और कुछ किस्के कलश में रख दिए जाते हैं। गड्ढे को मिट्टी से भरने के बाद उस पर पत्थर की शिला रख दी जाती है। शिला चार कोनों पर अन्य पत्थर के चौकोर टुकड़ें पर आधारित रहती है।

यदि मृतक गरीब होता है, या छोटा बच्चा होता है, और यदि पहले से ही ससान में पिता अथवा परिवार के किसी की मृत्यु के कारण शिला लगी होती है तो इस शिला के नीचे अस्थि कलश को समाधिस्थ कर दिया जाता है। अन्यथा मृतक के लिए नई पत्थर की शिला लगाई जाती है। नई शिला पर बाबा–होलोंग (चावल का आटा) का छिड़काव किया जाता है। मृतक का सर्वाधिक निकट सम्बन्ध ी जैसे पति की मृत्यु पर उसकी विधवा पकी हुई रोटी के कुछ टुकड़े नई शिला पर अर्पित करती है इसी प्रकार वह ससान की अन्य शिलाओं पर रोटी के टुकड़ें फेंक कर पहुँचाती है। शिलाओं को तेल भी पोता जाता है। नई शिला पर तेल लगाने के साथ–साथ सिन्दूर की तीन या पॉच अथवा सात रेखाएँ टीक दी जाती है। पुरानी शिलाओं को भी तेल पोतने के उपरान्त सिन्दूर से तीन बार टीका जाता है।

ससान में अस्थि को दफन करने के पश्चात् सभी लोग निकट के तालाब, नदी या सोते में स्नान करते हैं तथा लौट कर भोजन–भात का कार्यक्रम होता है।

रोआ

मुण्डा धर्म–दर्शन में "रोआ" की अवधारणा अत्यन्त महत्वपूर्ण है। धर्मानुसार मनुष्य का संयोजन निम्नलिखित समीकरण से स्पष्ट होता है :–

मनुष्य = शरीर + जी + रोआ है।

मुण्डा धर्म में हम देख चुके हैं कि जब मुण्डा स्वप्न देखता है तो वह सजीव रहता है किन्तु उसकी रोआ उसके शरीर से निकल कर बाहर चला जाता है और कुछ रोआ देखता, सुनता, अनुभव करता है, स्वप्निल मुण्डा भी वैसा ही अनुभव करता है और जाग्रत अवस्था में जो कुछ उसके रोआ ने देखा है, सुना देता है। मुण्डाओं में इस संबंध में प्रश्न किया गया–

प्रश्न– स्वप्न देखते समय जब 'रोआ' शरीर से बाहर निकल कर विचरण करता है यदि तुरन्त स्वप्न देखने वाले को जगा दिए जाए तो 'रोआ' की क्या स्थिति होगी ?

उत्तर–'रोआ' की गति बहुत तेज है। तुरन्त जगा देने पर रोआ सवेग शरीर में प्रविष्ट हो जाता है। किन्तु कभी–कभी ही ऐसा होता है कि व्यक्ति जाग जाता है और रोआ उसमें प्रविष्ट नहीं हो पाता।

प्रश्न– जाग जाने के बाद क्या रोआ शरीर में प्रवेश नहीं कर सकता या पुनः रात में सोते समय ?

उत्तर–जिस व्यक्ति के शरीर से रोआ बाहर निकल जाता है तो पुनः सचेत होने के पश्चात् शरीर में प्रविष्ट नहीं कर पाता। वह मण्डराता रहता है। उसके शरीर में प्रवेश करने की शक्ति नष्ट हो जाती है।

प्रश्न– व्यक्ति का क्या होता है। बिना 'रोआ' के उसकी मृत्यु हो जानी चाहिए।

उत्तर–बिना 'रोआ' के भी वह जीवित रहता है क्योंकि उसका 'जी' शरीर से लग नहीं गया है। शरीर की मृत्यु का सम्बन्ध रोआ से नहीं 'जी' से होता है। किन्तु रोआ विहीन शरीर लुंज–पुंज पागलों जैसा हो जाता है। अतः रोआ विहीन व्यक्ति ज्यादा दिनों तक जीवित नहीं रह पाता।

मुण्डा धर्म में रोआ की अवधारणा इस प्रकार विशिष्ट है। यही नहीं रोआ जिस व्यक्ति का होता है मृत्यु के उपरान्त वह मृतक के परिवार में अदिंग में स्थान पाता है और परिवार के कल्याण के लिए, अदृश्य लोक में जहाँ अनेक बोंगा और सिंगबोंगा का अस्तित्व है, प्रयत्नशील रहता है। मुण्डा लोग 'रोआ' को परिवार और सिङ्बोंगा तथा अन्य बोंगाओं के बीच एक कड़ी मानते हैं। रोआ का स्वभाव कभी–कभी दुष्ट एवं विपत्ति–दायक भी होता है। यह मृत्यु की परिस्थिति पर

निर्भर करता है। बच्चा जनते समय या छठी के पूर्व मृत्यु होने पर स्त्री की 'रोआ' चुड़ैल हो जाता है। दूर्घटना में मृत का रोआ 'मुआमसांको' हो जाता है। इसी प्रकार असंतुष्ट रोआ कष्ट देता है। वस्तुतः जब तक वह शरीर में रहता है रोआ कहलाता है और मृत होने के उपरान्त रोआ अदृश्य–लोक का वासी हो जाता है और बोंगाओं की जाति में मिल जाता है। अदृश्य–लोक की जाति बोंगाओं की है। अतः बीच की अवस्था का रोआ जाति में सम्मिलित होने के उपरान्त बोंगा हो जाता है। बोंगा पुनः 'रोआ' नहीं हो सकते और न शरीर धारण कर सकते हैं। अतः उनका पुर्नजन्म नहीं होता। वे कभी मरते नहीं और शरीर न रहते हुए भी उन्हें भौतिक वस्तुओं की आवश्यकता रहती है। उन्हें भूख लगती है। सिङ्बोंगा ने उनकी तृष्टि के लिए कर्म में विधान किया है।

मुण्डा–धर्म की समस्त परिकल्पना जाति–केन्द्रित है। व्यक्ति परिवार के लिए है, परिवार गॉव या पड़हा के लिए तथा पड़हा जाति के लिए है। सिङ्बोंगा ने सृष्टि की रचना भी मुण्डा जाति के उपभोग के लिए की है। सृष्टि में जब असुरों ने अपनी भट्ठी से दिन–रात लोहा गला कर पर्यावरण संबंधी असंतुलन पैदा कर दिया था तो उनके विनाश के लिए 'सिङ्बोंगा राजा बारो विदियान जन,' तेरो छयमने जन्' किया और इस प्रकार सृष्टि की तथा मुण्डा जाति की रक्षा की। उन्होंने असुरों की विधवाओं को बोंगा बना दिया और सृष्टि की सुरक्षा का दायित्व इन बोंगाओं को सौंपा। इस प्रकार मुण्डा में धार्म में बोंगाआकें का अ आविर्भाव हुआ। मुत्यृ मृत्यु के उपरान्त्क व्यक्ति की आत्मा जिसे मुण्डा भाष में 'रोआ' कहा जाता है। अदृश्य लोक मिं पितरों की जाति में सम्मिलित हो जाता है। और इस प्रकार बोंगाको के रूप में पूजित होता है। बोंगा यद्यपि मनुष्य को भौतिक दृष्टि से दिखलाई नहीं पड़ते किन्तु मुण्डा धर्म के अनुसार उनकी भौतिक आवश्यकताएँ होती है, उन्हें भूख–प्यास लगती है और मुण्डाओं को विभिन्न चढ़ावे द्वारा बोंगाओं की आवश्यकताओं को पूरा करना पड़ता है। ऐसा सिङ्बोंगा का आदेश है और इसके लिए सिङ्बोंगा ने हर गाँव या पड़हा में पाहन एवं देंवड़ा व्यवस्था की है। पाहन सिङ्बोंगा द्वारा भेजे गए संकेतों को समझता है उनका अर्थ मुण्डा लोगों को समझाता है। वह मुण्डा–जाति तथा बोंगा एवं सिङ्बोंगा के बीच एक कड़ी का काम करता है।

जाति की समस्त व्यवस्था सिङ्बोंगा के संकेतों पर चलती है। पति–पत्नी का युग्म सिङ्बोंगा द्वारा पूर्व–निश्चित है। इस बंधन को कोई तोड़ नहीं सकता या तोड़ने का अपराध नहीं कर सकता। संतान उत्पन्न करना तथा संतान द्वारा अदिंग में पितरों (ओड़ा–बोंगाको) की पूजा करना आवश्यक है। नदी, पहाड़, वृक्ष, सोता, गाँव की सीमा आदि सभी स्थानों से क्षेत्रीय बोंगा सम्बद्ध हैं। उनके प्रति कर्त्तव्य–निर्वाह मुण्डा जीवनचर्या का अंग है। सिङ्बोंगा ने मुण्डा–जाति को चारों ओर सुरक्षा–कवच

से घेर रखा है। जाति के नियमों का पालन करनेवाला व्यक्ति सुरक्षा कवच के घेरे में आरक्षित है किन्तु जिसने जाति के नियमों की उपेक्षा की वह सुरक्षा के घेरे से बाहर हो जाता है और दुर्घटनाओं का शिकार हो जाता है। सिङ्बोंगा अपने विराट रूप में जाति की सुरक्षा करता है। और 'आजा' रूप में मुण्डा बच्चों को प्यार देता है। वह कठोरतम है तो वह सर्वाधिक सह्रदय और कोमल भी है। पाहन सिङ्बोंगा की स्तुति में कहता है कि वह अपनी योजना में चट्टान की तरह दृढ़ है, विचारों में वह शुभ्रता का आगार है, वह साक्षात आनन्द एवं सौन्दर्य की मूर्ति है, वह सृष्टि का विराट् रूप है और वह परमपिता है, वह आजा है जो अपने बच्चों की संवृद्धि एवं कल्याण के लिए सदैव तत्पर रहता है। उसका कोई रूप नहीं है। कभी–कभी कल्पना कर ली जाती है कि वह श्वेत केश वाला वृद्ध बाबा है किन्तु उसकी कहीं कोई आकृति नहीं है। पाहन उँचे स्वरों में आकाश की ओर सम्बोधित करते हुए गाता है–

हे सिरामरेन सिङ्बोंगा ! दैवी राजा !!
नेतलंग सिङ्बोंगा !
तोलेकम तुरतन दैलेकम हसुरतन
अमगे अंग–मरंगलेन, अमगे तुरु–मरंगलेन
दिरिलेक कुड़मतेम, पडंगलेक सुपुतेम
हुण्डी–बा डटाकेम, उपल–बा किउपातेम
तुड़ी सुतमते बदी–बिटारते बोद स्क रकब बोर–अड़लंतुनम्
हे सिरामरेन सिङ्बोंगा !
दैवी राजा !!

संदर्भ

1. S.C. Roy; "One or more bits of Jungles were specifically reserved for village gods (Hatu Bongako) and called the Sarnas" - Mundas and Their Country, p. 63.
2. A.Van Exem, " The Sarna is the sacred grove of the Mundas. The word Sarna is now a days often used to designate the ancestral religion of the Mundas....."
   The Religions System of the Munda Tribe, p.23.
3. डॉ0 सत्येन्द्र ब्रज लोक साहित्य का अध्ययन, पृ. 12 पर उद्धृत विचार।
4. डॉ0 सत्येन्द्र ब्रज लोक साहित्य का अध्ययन, पृ. 7 पर सोफिया वर्न के उदधृत विचार।
5. डॉ0 वैरियर एलविनः ट्राइवल मिथ्स ऑफ उड़ीसा; पृ. 15 (भुमिका में अदभूत टेलर के विचार)

6. Ranchi Gazetteer : " Captain Camac represented to the Provincial Council at Patna the importance of securing in our interest, The Raja of Chotanagpur, whose country would form an effectual barrier to the incursions of the Marhatas, thus covering Behar and Beerbhoom, and the same time, giving us the command of the passes into Deccan, through which, he stated that Mr. Law had retreated after defeat in Bihar."p.45
7. र्मन पादरी हाफमैन को जर्मन होने के कारण 1914 में भारत से उनके देश भेज दिया ग या था।
8. Hoffmanne; under 'Khuntkati' Encyclopaedia Mundarica, p. 2392, under 'Bonga' p. 614
9. Fr. J.B. Hoffmanne; E.M. p. 247.
10. अलेयः अपसुल, अलेयः जोपोतोन्
उदुब् तुकालेम्, चुण्डुल तुकालेम्
मेन्ते देरङ् को, कजियै तन दो
मेन्ते देरङ् को, बकणै तन दो। —असुर अवदान से उद्धृत
11. सिड़.बोंगा राजा, दैवी कुंवारी
रचः गिड़ि जद् को, हुदुम गिड़ि जद् को
गड़ रे, ढोडा रे, डोबा रे, इकिर रे
सरना रे, बुरू रे, बिर रे, कन्दर रे
उयुः जन् गेया को, बटि जन् गेय को
बुरु रे उयुः जानिः इकिर बोंग जन दो
इकिर रे उयुः जानि इकिर बोंग जन दो
डोबारे उयुः जनिः नगे एरा जन दो
सरना रे उयुः जानि चण्डी बोंगा जन दो।
—असुर अवदान से उद्धृत
(विशेषः– "बोंगा" पुलिंग के रूप में प्रयुक्त है। मुण्डा धर्मानुसार आत्मा का कोई लिंग नहीं होता और चूँकि सिड़.बोंगा की कल्पना पुरूष के रूप में की गई है अतः अन्य बोंगा भी पुरुष के रूप में माने जायेंगे।)
12. इन्कु असुल नंङ्, इन्कु जोतोन नंङ्
हतु तल रे पांड़ होनेः दो किः
दिसुम तल रे सीरबा होनेः ए जोगव किः
—असुर अवदान से उद्धृत
13. Hoffmanne, E.M. Khuntkati, p. 2392
14. Ibid, Bonga, p. 614.
15. Ibid, Ading Bongako, " We find no trace of anything like a a real dietfication in the Mundari forms of ancestor worship", p. 38.

16. P. Ponet in his article " The Ethics of Mundas" published in the **Munda World,** p. 121.
17. Ibid, "Hoffmanne too uses the word 'deity' ..through he firmly holds that the Mundas are monotheists" , 121.
18. Ibid,
19. ''सिंड्बोंगा राजा'' शब्द का प्रयोग असुर अवदान में बहुतायत से हुआ है।
20. देखिए असुर अवदान (परिशिष्ट में)
21. एस.सी. राय, मु.कण्ट्री पृ. 268.
22. श्रादर, एनसाइक्लोपीडिया ऑफ रिलीजन एण्ड एथिक्स, भाग सात, पृ.217–18
23. —वही—, पृ. 30 (अ+ब)
24. कीथ, रिलीजन एण्ड फिलॉसोफी आफ दि वेद एण्ड उपनिषद्स भाग प्रथम, पृ.63
25. कुमार सुरेश, ''बिरसा मुण्डा और उनका आन्दोलन'', पृ. 21
26. P.Schmidt, Quoted by A.Van Exem in his book The Religious System of the Munda Tribe, p.40.
27. E.M. p. 423
28. E.M." .....the victory of the sun-cult over a religious system previously prevalent". p. 243
29. (क) मैकडानेलः वैदिक माइथालोजी, पृ. 3..

    (ख) ग्रियर्सनः इ.ए. (1908), पृ. 253.

    (ग) कीथः रेली, फिल. वेद. पृ. 108.

    (घ) डी.सी. सरकार, ए.इ.यू. पृ. 431.
30. देखिए परिशिष्ट–II आज भी मुण्डा लोग 'केचुए' को कुचलने या कटने से बचाते हैं क्योंकि सिंड्बोंगा का आदेश मानकर केचुए ने ही पृथ्वी बनाने के लिए सागर के नीचे से मिट्टी लाकर सिंड्बोंगा को दी थी जिससे इस पृथ्वी की रचना हुई।
31. A. Van. Exam, RSMT. p. 30 (Exem names the bird as "Giant Indian Store)
32. S.C. Roy, MC. P. 328 (Ed. 1912) (names the bird as Swan)
33. बुण्डु, तमाड़, सोनपुर, खूँटी, बड़गॉव के विभिन्न मुण्डा–धर्मज्ञ एवं पाहन लगभग उन्हीं विचारों को व्यक्त करते हैं जिनका उल्लेख एस.सी. राय ने किया है। मिशनरियों पर उनकी टिप्पणी थी कि हमारी जाति की पवित्रता एवं उॅचाई को गिराने के लिए उन्होंने राजहंस के स्थान पर सारस पक्षी तथा एक से अधिक अंडा देने वाले पक्षी का उल्लेख किया है।
34. E.M. p. 1861.
35. इन संदेश–वाहक पक्षियों को असुरों ने बहुत सताया था, गर्मराख से, सड़सी, आग से इन्हें झुलस दिया था और विकृत कर दिया था जिससे इनका रंग सफेद से काला भूरा–विभिन्न रंगों का हो गया था तथा पूँछ लम्बी सिर चिपटा आदि विकृतियाँ आ गई थीं। इस प्रकार से विकृत पक्षी अपनी जाति के पक्षियों से विजातीय हो गए थे। भगवान सिड़.बोंगा ने इन संदेशवाहक पक्षियों का क्लेष देखते हुए, इनके अनुरूप अन्य पक्षियों को भी बना

दिया जिससे ये जाति बाहर ने दिखलाई पड़ें। मुण्डाओं की मान्यता है कि अग्नि वर्षा के पूर्व सभी पक्षी श्वेत रंग के थे।

36. सिड्.बोंगा राजा कजि केद गेय दोः एन बेन कजितन् एन बेन बंकण तन् एकासि पिड़ि रे, तिरासि बदि रे, महारा कोड़ दो, अतर तद् गेय दो– असुर अवदान से [मुण्डा पारम्परिक गाथा में 'एकासी पिड़ि तिरासी बदी' का उल्लेख जिस स्थानों के लिए आया है उसे लुटकुमों का निवास स्थल माना गया है। चूंकि लुटकुम मुण्डाओं के प्रथम आजा हैं अतः मुण्डा जनजाति का मूल–स्थान हुआ। यह स्थान असुरों की विनाश लीला से जुड़ा हुआ है अतः इसे छोटानागपुर में स्थित होना चाहिए किन्तु छोटानागपुर के भुगोल में यह कहीं नहीं दिखलाई पड़ता। 'एकासी' एवं 'तिरासी' शब्द, हिन्दी के हैं। मुण्डारी में ये क्रमशः एकासी = उपुनहिसि मिद तथा तिरासी = उपुन हिस–अपि होते हैं। प्रतीत होता है कि हिन्दुओं के सम्पक्र के कारण असुर अवदान में "एकासी पीड़ी कृकृकृतिरासीबदी" प्रक्षिप्त हुआ है।]

37. असुर अवदान का संकलन पादरियों ने किया है जिससे उन्होंने बताया कि असुरो ने लोहा उत्पादन के लिए खसरा बालक से सलाह माँगी और उसके बताए हुए उपाय पर उन्होंने सिड्.बोंगा को बलि दी और पुनः मानव बलि के लिए मनुष्य ढूँढ़ने लगे। आदमी न मिलने पर खसरा बालक ने स्वयं को बलि के लिए प्रस्तुत किया। **"Then, here I am, sacrifice me". he told them - A. Van Exem, RSMT, p.55.** (क्रमशः अगले पृष्ठ पर)

38. इसके विपरीत "बलि" एवं पूजा के समय गाए जानेवाले असुर अवदान से स्पष्ट है कि असुर नाला–नदी पार देंवड़ा के पास, सोखा के पास उपाय पूछने गए और उन्होंने सिंगबोंगा की पूजा और 'अंत में आदमी की बलि" की बात की। बलि के लिए आदमी न मिलने पर असुरों की दृष्टि" खसरा बालक पर गई और उन्होंने खसरा–बालक को लुटकुमों से बलात् छीन लिया। असुर अवदान में ऐसा संकेत नहीं है कि खसरा बालक ने स्वेच्छा से अपने को अर्पित किया।

निम्नलिखित पद देखिएः–

हसुर जा होन् को का गेको 'मनतिं' जन	असुरों के लड़कों ने, असुरों के बच्चों ने
हसुर जा गण को का गेको बुझातिं जेन्	कुछ नहीं माना, कुछ नहीं सुना
कसरा कोड़ दो तोरो कोड़ दो	खसरा लड़के को, तोरो लड़के को,
ओर किः गेय को, इदि किः इदि किः गेय को	घसीट ही ले गए, छीन ही ले गए
गेलबर कोड़ा हिसी बर कुड़ी	बारह कोठी बाईस भट्ठी (जहाँ थी)
कुपुली तन गेय को कपाजि तन गेय को	पुछताछ कर रहे हैं, बातचीत चला रहें हैं
चिलिकबु बोंगेय, मेराकबु पीड़यै।	इसे कैसे पूजें ? इसे कैसे बलि दें।

—असुर अवदान से

39. मेन्नास ओड़िया, सिड्.बोंगा संख्या–24.

40. ओड़िया मतुरा की पुस्तिका पृ. 231 पर।

41. S.C. Roy, Mundas and Their Country ,p. 33

42. A. Vam Exem; "In this myth she appears as an anachronism; we shall see in the Asur legend that she only became a spirit when Singbonga withdrew from the world." RSMT, p. 44
43. जगदीश त्रिगुणायक, मुण्डा लोक कथाएं, संख्या 10 "बुतले हातू" पृ. 35.
44. मेन्नान ओड़िया ने लगभग ऐसा ही उल्लेख शव को ले जाने एवं दफनाने के अर्न्तगत किया है। देखिए **"फनरल राइट्स"** पृ–726 एवं 727. मेन्नान ओड़िया ने मुण्डाओं से संबंधित अनेक धर्म कथाएँ, धार्मिक कृत्य तथा भजनों का संकलन **"मतुरा कहानी"** शीर्षक पाण्डुलिपि में किया है जिसका सम्पादन एवं टाईप की हुयी पाण्डुलिपि एम. टोपनो ने 1963 में तैयार की है।
45. मेन्नास ओड़िया की पाण्डुलिपि में किया गया उल्लेख "फनरल राइट्स" के अर्न्तगत।
46. "इन्कु असुल नङ्– दिसुम तल रे सोखाः होनेः ए जोगेव किः।" असुर अवदान से।
47. असुर अवदान में वर्णित।
48. A.Van Exam; "One wonders there was ever such a time; before arrival of the British, convicted witches and wizards were beaten to death or hanged, head down, at a tree branch well above the ground, and a slow fire was lit below: they died a horrible death". R.S.M.P., p. 191.
49. S.C. Roy; "In times wihin living memory, people accused of Witchcraft, but denying the charges have sometimes been, beaten to death. Since establishment of the British Government however, matters have improved immensely and instances of such violence have become much less frequent." -M.C., p. 278
50. Witchcraft; An anti-system in Munda's Religion.
51. A. Van. Exam: "Magic stands as the anti—system of religion." -R.S.T.M., p. 176.
52. यह एक विशेष प्रकार की ढोलकी होती है जिसके एक तरफ गाय और दूसरी तरफ खसी का चमड़ा मढ़ा हुआ होता है।
53. E.M. p. 581.
54. बडंदा (सिङ्.बोंगा के बड़े भाई) धर्मगाथा के अनुसार छोटी पत्नी डायन है जिसे दो सोखा देवगांव गुरु और माधव मंत्री पकड़ कर समझाते हैं कि गन्दी वृत्तियाँ त्याग दो किन्तु वह अपनी आदत त्यागने से इंकार करती है। फलतः ये सोखा उसे एक खोह में बंद कर देते हैं। अब बड़ंदा उस डायन पत्नी को जो काली बिल्ली के रूप में बदल गई थी एक टोकरी में बंद कर कारो नदी की जलधारा में छोड़ देते हैं (यह स्थान वर्तमान निर्माणाधीन कोयलकारो बांध के ठीक नीचे पड़ता है) जहाँ वह 'पैरवा घाघ का बोंगा' बन जाती है। जल के बोंगा को इकिर बोंगा कहते हैं। "पेरवा घाघ" एक अत्यन्त दुराचारी इकिर बोंगा है।

    एक पारम्परिक लोक कथा के अनुसार "पेरवा घाघ" जल में पैर रखने वाली या निकट के प्रभाव में आनेवाली लड़की को मार कर उसे अपनी पत्नी बना लेता है। यह डायन की अतृप्ति का द्योतक है। बोंगा रूप ग्रहण करने के उपरान्त डायन का स्त्री रूप न होकर पुरुष रूप हो जाया करता है। पेरवा घाघ बोंगा स्वप्न में भी लोगों से कन्या मांगता है। वहाँ का पाहन लड़कियों के पैदा होते ही उन्हें सिन्दुर का टीका लगा देता है। बोंगा यह समझ कर कि शादी

हो चुकी है लड़की को छोड़ देता है: – जकेद् होड़ो को कुड़ि होन् को जन्मों तन् लोः गेको सिन्दुरि तकोव। बोंगा टोरेया चि नि दोए जुटा जन।

जगदीश त्रिगुणायक, मुण्डा लोक कथा पृ. 24.

55. रूम = समाधि या मुर्छा जैसी अवस्था

56. दोड़ेनम – डोलने या दोलित होने की विधि से पूजा। इस विधि में लोढ़े के आगे–पीछे हिलने से संकेत "हां" होता है तथा शान्त रहने से "ना" होता है।

57. नेतलंग सिङ्बोंगा, दैवी राजा तोलेकम तुरतन्, दैलेकम हसुरतन......। सिङ्बोंगा स्तुति से (देखिए परिशिष्टि)

58. ने चउली–जंग – कुदि–जंग, हिद्–नम–दौड़े–नमोक

चउली–जंग = चावल का दाना; कुदि–जंग = टुटा दाना (धान कुटते समय चावल टुट जाता है) दौड़े–दोलित होना, डोलना

59. मोद् = डंडीमेन्ते = सिल्क के धागे की मोटाई के बराबर

60. A. Van Exem; "Much may be made of the fact that a Pahan uses the names "Mahadeo" and "Parvati" even his sacrificial prayer." — R.S.M.T., p. 199.

61. कुमार सुरेश सिंह : बिरसा मुण्डा और उनका आन्दोलन, पृ. 14.

62. S.C. Roy:".......animal sacrifices are offered by these Hinduised Mundas to the "Lord of Asiatics" (Mahadeo). "M C. p. 169.

63. A. Van. Exem, "Thus, if the Pahan accepts these Hindu names, he gives them a content which is not found among the Hindus, nor even in the witch-craft myths. — R.S.M.T. p. 199

64. Hoffmanne – E.M. p. 3061.

65. खूँटी क्षेत्र के पाहन का मानना है कि व्यक्ति की अनभिज्ञता से और व्यक्ति के कारण होने वाले कु–प्रभाव से कोई सम्बन्ध नहीं है। स्पष्ट यह है कि व्यक्ति के कारण कु–प्रभाव पड़ा। जिस व्यक्ति के देखने या सामना होने से कुप्रभाव पड़ता है उस व्यक्ति के भीतर ईर्ष्या का भाव प्रच्छन्न रूप से अवष्य रहता है (अन्यथा कु–प्रभाव नहीं पड़ता)। यह ईर्ष्या वस्तुतः रोआ में प्रच्छन्न रूप से रहती है। आवश्यक नहीं हम्बुल रोआ में ही यह ईर्ष्या हो, हल्के रोआ में भी ईर्ष्या होती है। व्यावहारिक रूप से यदि अनायास कुप्रभाव पड़ता है, हानि होती है, या कोई विपत्ति आती है तो इसके कारण में ईर्ष्या का होना अनिवार्य है। यह रोआ का भारी होना या हल्का होना महत्वपूर्ण नहीं है बल्कि उनके भीतर की ईर्ष्या ही निर्णायक कारक है जो ईर्ष्या से अनभिज्ञ होते हुए भी अपनी नजर से लक्ष्य पर कुप्रभाव डाल देता है।

66. (क) यह प्रक्रिया मुण्डा जगत में 'बानको चलाओ किद' कहलाता है अर्थात् उन्होंने उस (व्यक्ति) पर जादू मारा।

(ख) और जिस व्यक्ति को जादू से अर्थात् नजरी–बान से मारा जाता है अर्थात् लक्ष्य बनाया जाता है उसे 'बाने टोकअन' कहते हैं।

67. यह कुछ क्षेत्रों में सोसो–पाड़ा नाम से भी विख्यात है।

68. सोसोटपा की एक अन्य अनुष्ठान विधि में सफेद घेरे के भीतर पूरा घर एवं उसका परिवेश कल्पित किया गया है और चूंकि सफेद रंग सिंगबोंगा का प्रतीक है। अतः देंवड़ा कहता

है कि इस घर को सिङ्बोंगा ने चारो तरफ से घेर रखा है और अब इस घर पर किसी प्रकार की कुदृष्टि प्रभावी नहीं होगी। स्थान–भेद के कारण सोसो–टपा के अनुष्ठान में कतिपय अन्तर दिखलाई पड़ता है।

हिन्दी

1. सिम् जरोम् गुलि दो, लुपु लद कति दो	उसने मुर्गी के अण्डे की गोली
गुलि केद् गेथ ए, कति केद गय ए	उसने कोंढ़ा की कांती
टोः जन् गेय दो, बेजा जन गेय दो	उसने गोली मारी, उसने कांती चलाई
	गोली लग गई, कांती जा बैठी
मेणेदरः गुलि दो, मेणेद् रः कति दो	लोहे की गोली, लोहे की कांती
रपुद जन गेय दो, रोचोद् जन् गय दो	गोली फूट गई, कांती टूट गई
हसुर् जा होन् को, हसुर जा गण को	असुरों के लड़के असुरों के बच्चे
गेय को, नियम् तन गेय को	वे रो रहे हैं, वे कलप रहें है।

——असुर अवदान से

55. इसे 'इन्डा–गिड़ि' क्रिया कहते है। किसी धार्मिक कृत्य के उपरांत अवशिष्ट वस्तुओं को प्रतीक स्वरूप फेंकना **इन्डा–गिड़ि** क्रिया कहलाती है।

56. पौष माह अंग्रेजी में जनवरी का महीना हुआ। हसदा गांव वाले इस पर्व को दिसम्बर माह में मनाते हैं और नगुरी क्षेत्र के निवासी जनवरी माह में।

57. "हौवा" गीत अश्लीलता से भरा होता है।

58. चूंकि मुण्डा अपने माह एवं पखवारे की गणना पूर्णिमा से न कर जब नया चांद निकलता है तब से करते हैं अतः मुण्डाओं का फाल्गुन माह समाप्त हो जाता है जबकि हिन्दु फाल्गुन माह आधा बीता रहता है। इस प्रकार मुण्डा अपनी गणना से फागु पर्व चैत के प्रथम दिन मनाते हैं। बुण्डू एवं तमाड़ क्षेत्र के मुण्डा हिन्दु गणना के अनुसार होली मनाते हैं।

59. इदेल–वृक्ष, रेशम का पेड़।

60. उस घर में जलाने की लकड़ी या "सौड़ी" नहीं ली जाती जिस घर में कोई गर्भवती स्त्री होती है। ऐसा घर अशुद्ध माना जाता है क्योंकि उस घर में एक प्राणी मुण्डा–जाति के बाहर का है। वह प्राणी गर्भ में पल रहा शिशु है। जब तक जन्म लेने के उपरान्त छठी के दिन उसका संस्कार नहीं किया जाता वह मुण्डा जाति के बाहर का प्राणी माना जाता है।

61. हिन्दी –

मदकम सरना में राज्य करने वाले देवता !
हमारे साथ शिकार का पीछा करने आ जायें।
पपरा चण्डी, कुंज के देवता, शिकारी दल की प्रतिष्ठा बढ़ाते हुए
ग्रामीण शिकारियों के साथ वह घूमें।
हमारे लिए मदकम देवता श्रेष्ठ हैं,
उनके तीर शिकार के खेल में पशुओं (शिकार) पर उड़ते हुए गिरें।
पपरा चण्डी हमारे लिए वर्षा का उपहार भेजता है।
जिससे हमारे धान की फसल अच्छी होती है।
और वह देखो मदकम जायर को, वह चपल खरगोश को मारता है

और अपने शिकार को उल्लासपूर्वक लिये जाता है।
और वहां जंगल में, पपरा चण्डी मोर पर बान मारता है
और शिकार के खेल का आनन्द उठाता है।

62. (क) मुण्डा लोग शिकार की कुल्हाड़ी और पेड़ काटने की कुल्हाड़ी अलग–अलग रखते हैं। शिकार की कुल्हाड़ी से लकड़ी काटना धर्मानुसार निषिद्ध है किन्तु इस अनुष्ठान में सेम्हल के पेड़ की प्रत्येक गांठ को हिरन का सिर माना गया है। अतः शिकार की कुल्हाड़ी का ही प्रयोग धर्म–संगत है।

(ख) चूंकि सेम्हल का पेड़ गीला रहता है अतः घास–पात एवं पुआल आदि से पूरी तरह नहीं जल पाता। रेड़ की तरह इसे जलाने का प्रयास नहीं किया जाता।

63. ऐसी मान्यता है कि अधिक शिकार करने वाले मुंडा का भाग्य इस वर्ष अच्छा रहेगा।

64. जगदीश त्रिगुणायत, मुण्डा लोक कथाएँ, पृ. 98

65. मुण्डा लोक कथाएँ, पृ. 54.

66. "एनाते दो करम भादो एकादशी रे कमरेए बिद् केदा करम बोंगाएः मनातिंग किआ। भादो महीना (एकादशी) गारो दिन रे करम बोंगा मनातिंग जाइया अद् एन हुलंग गे करम को बिद् जदा।" मुण्डा लोक कथाएं——पृ. 106.

67. एस.सी. राय, मुण्डा–कन्ट्री, पृ. 273

68. जगदीश त्रिगुणायत, — वही— पृ. 54

69. यह घास "साउरी" कहलाता है जिससे मुण्डा अपना घर छाजते है।

70. S.C. Roy - **Mundas and their Country** - p. 274

71. Van Exam R.S.M.T. p. 158

72. इनकु असुल् नङ् इनकु जोतोन् नङ्
हल तल रे पांड़ होने : दो किः
दिसुम तल रे सोखा होनेः ए जोगव किः। —— असुर अवदान से।

73. 'किली' शब्द को संस्कृत शब्द 'कुल' के निकट देखा जा सकता है। 'कुल' गोत्र की अपेक्षा सीमित परिवारों की संख्या को अभिव्यक्त करता है जिनका निवास–क्षेत्र भी सीमित रहता है। मुण्डा–समाज में किली का तात्पर्य गोत्र से है।

टोटमः— 'लक्षण' शब्द टोटम को पूरी तरह अभिव्यक्त नहीं करता। टोटम प्रतीक, संकेत और कहीं–कहीं नाम के साथ उपाधि रूप में प्रयुक्त हुआ है।

74. (क) देखिए पीन एन.जे. पूर्ति की पुस्तक — '**कुर्सीना ओड़ो किलिको**' प्रकाशक आदिवासी साहित्य प्रचार समिति, जमशेदपुर, 1972

(ख) देखिए जगदीश त्रिगुणायत 'मुण्डा लोक कथाएँ' में जाति–गोत्र पृष्ठ 44–97 तक

75. S.C. Roy, **Mundas and Their Country.** p.332

76. Ranchi Gazetteer (1970), p.41.

एस.सी. राय मु0कं0, 77 पृ0 334 – सात गढ़ थेः– 1. लोहर गढ़, 2. हजारी गढ़, 3. पलामु गढ़, 4. मानु गढ़, 5. सिंहा गढ़, 6. केसल गढ़ और 7. सुरगुस गढ़।

77. वही, इक्कीस परगनाः– 1. ओमेदंदा, 2. दोएसा, 3. खुखराह, 4. सरगुजा, 5. जसपुर, 6. गंगुआपुर, 7. पोरहाट, 8. जिरंगा 9. विसुआ, 10. लचरा, 11. विरुआ, 12. सोनपुर, 13. बेलखॉड़, 14. बेलसिंग, 15. तमाड़, 16. सोहारडीह, 17. खरसांग, 18. उदयपुर, 19. बोनाई, 20. कौरिया और 21. चंग भंकर।

78. M.C., p. 232.

79. J. Deeney, S.J. Comparison of the Munda and Ho language in **The Munda World,** p. 44

80. जगदीश त्रिगुणायतः "(रोहतासगढ़) की उसी कहानी में आता है कि रिसा मुण्डा ने उन्हें अलग–अलग जीविका कमाने के लिए सात टुकड़ों में बॉटा। जान पड़ता है प्रारम्भ में सात या ऐसी कुछ थोड़ी संख्या में गोत्र थे।"

——मुण्डा लोक कथाएँ पष्ठ 73.

81. देखिएः– पी.एन.जे. पूर्ति की पुस्तक "**कुर्सीनामा ओड़ो किलिकी**" होड़ो होंकोआ में।

82. छठी संस्कार के पूर्व यदि शिशु की मष्त्यु हो जाती है तो उसे अदिंग में पितरों के साथ स्थान नहीं मिलता क्योंकि तब तक शिशु मुण्डा जाति में शामिल नहीं किया गया था।

——एम.टोपनो., **एन्थ्रोपोस**, खण्ड–50 (1955), पृ. 729.

83. 'जोआरनि' की प्रथा मुण्डा समाज में प्रचलित है। यह व्यक्ति कोई निश्चित पद स्थिति वाला मुण्डा होता है जो सभी के समक्ष आशीष देने एवं शुभ–कामना करने का दायित्व निर्वाह करता है। विवाह संस्कार या अन्य शुभ अवसरों पर जोआरनि की भूमिका देखने को मिलती है।

84. मुण्डा जन–जाति में एक लोक–कथा '**पेरवा घाघरेन बोंगा**' प्रचलित है (देखिए मुण्डा लोक कथाएँ, पृ. 23) कथा के अनुसार पैरवा घाघ का भूत अविवाहित लड़कियों को उठा कर ले जाता है और उससे विवाह कर लेता है। अतः मुण्डा लोग लड़की को जन्म के उपरान्त सिन्दुर से टीक देते हैं जिससे भूत लड़की को विवाहित समझ कर छोड़ देता है। प्रश्न उठता है यह कैसा भूत है जो मुण्डा की चालाकी नहीं समझ पाता। प्रतीत होता है यह प्रथा और बाल–विवाह का प्रचलन यवनों के आक्रमण के समय कन्याओं के सुरक्षार्थ हुआ था।

85. मुण्डा स्त्रियॉ का उपर चढ़कर खपड़े का छाजन छाना निषिद्ध है। यद्यपि वे नरिया (चमका) का स्पर्श कर सकती है किन्तु छप्पर पर चढ़ने नरिया उनके पैरों से स्पर्शित हो सकता है। संभवतः इसी को दृश्टि में रखकर मुण्डा स्त्रियों को छप्पर पर चढ़कर छाजन–छाना निषिद्ध किया गया है क्योंकि सांकेतिक विवाह में **चमका** या नरिया को पति का पद प्राप्त हुआ है।

86. यदि तुम लोभी हुए, यदि तुम चोर सिद्ध हुए, तो तुम्हें इस प्रकार (सकेत से) मूसल से कूचा / पीटा जायेगा।

4

उरांव धर्म : सरना धर्म

छोटानागपुर के वनीय और पठारी क्षेत्रों में स्थायी रूप से बसने वाली दूसरी महत्वपूर्ण जन–जाति उरांव है। इनके पूर्व कोल कही जानेवाली मुण्डा–जन–जाति, रोहतासगढ़ से पराजित होकर भटकती हुई "सोना लेकम दिसुम" की खोज में लोहरदगा के सहरघटिया दरें[1] को पार करती हुई उस क्षेत्र में पहुँची थी, जहाँ से असुर जनजाति के लोग रहते थे और लोहा गलाने का काम करते थे। असुरों को मुण्डाओं ने पराजित किया और उन्हें राँची की पश्चिमोत्तर पहाड़ियों की ओर ढकेल दिया तथा स्वयं जंगल को साफ कर बस गए। मुण्डाओं के छोटानागपुर के पश्चिमी भाग में स्थिर होने के लगभग 2–3 शताब्दी पश्चात् रोहतासगढ से पराजित होकर, सुरक्षित स्थान की तलाश में एक अन्य जनजाति उरांव जनजाति भी प्रायः उन्हीं परिस्थितियों में सोन नदी पार कर छोटानागपुर में, पश्चिमी सीमा से प्रविष्ट हुई जिन परिस्थितियों में मुण्डा जनजाति छोटानागपुर में प्रविष्ट हुई थीं। उरांवों का सामना मुण्डाओं से हुआ। मुण्डा, उरांवों की तुलना में तकनीकी ज्ञान, औजार एवं कृषिकर्म में काफी पिछड़े हुए थे, परिणामस्वरूप उन्हें पूर्व एवं दक्षिण–पूर्व दिशा की ओर पलायित होना पड़ा। उरांव उस क्षेत्र में बस गए और आबादी की वृद्धि के साथ–साथ जंगलों को काटकर उन्होंने अपना क्रमशः पर्याप्त विस्तार किया।

स्वयं को 'कुडुख' कहनेवाली यह जनजाति सरकारी कामकाज में 'उरांव' नाम से अभिज्ञापित है। 'कुडुख' शब्द में उरांव जनजाति का गौरवमय इतिहास अनुस्यूत है। देश के राजा कुडुख (करष) के वंशज तथा कोड़काई के प्राचीन पांड्या राज्य के कन्नड़–भाषियों के रक्त संबंधी इस कुडुख जन–जाति ने जब छोटानागपुर प्रदेश में प्रवेश किया तो वे आर्यों के सम्पक्र के कारण धातु के बरतनों, औजारों एवं फारदार–हल का प्रयोग करने लगे थे। नर्मदा नदी के तट से रोहतासगढ़ तक की शताब्दियों की लम्बी यात्रा के मध्य इस जनजाति ने कंद, फल–फूल एवं शिकारी जीवन को पार कर लिया था और पशुपालन एवं पशु–धन को महत्त्व देने लगी थी। यह उस यात्रा के बीच की अवस्था थी जब एक जगह टिक कर कृषि–कर्म अपनाना इनकी सामाजिक प्रकृति के अनुरूप नहीं थी। उरांव पारम्परिक लोक–कथाओं में ऐसा उल्लेख आया है कि एक राजा ने उरांव महिला की ईमानदारी

पर प्रसन्न होकर जब उसे पाँच गाँव देकर पुरस्कृत करना चाहा तो उसने गाँव की अपेक्षा पशु–धन को महत्त्व दिया क्योंकि उसकी तत्कालीन सामाजिक स्थिति कृषि–जीवन तक नहीं पहुँच पाई थी। महिला ने बड़ी चतुराई से राजा से वचन ले लिया कि 'सोहराई' की अमावस्या की रात्रि केवल उसके पशु–बाड़े में दीप जलेगा। ऐसा ही हुआ। सोहराई की पशु–पूजा के उपरान्त शाम होते–होते चारों ओर अंधकार छाने लगा और मात्र महिला के बाड़े में दीप का उजाला होने के कारण इर्द–गिर्द के पशु उस बाड़े में घुसने लगे और उसका बाड़ा गाय, भैंस, बकरियों से भर गया। चूँकि सोहराई की रात्रि पशु स्वेच्छा से महिला के बाड़े में प्रविष्ट हुए थे। अतः उन सभी पशुओं पर महिला का सवामित्व हो गया और वह धनी हो गई।[2] यह लोक–कथा उरांव जनजाति की 'चारागाही' अवस्था पर प्रकाश डालती है जो उनके नर्मदा तट से चलने के बाद की अवस्था थी। रोहतासगढ़ तक आते–आते उरांव जन–जाति कृषि कर्म में पूरी तरह प्रवीण हो चुकी थी।[3]

नर्मदा–तट से रोहतासगढ़ की सहस्त्रों वर्षों की यात्रा के क्रम में उरांवों ने न केवल उन्नत रीति से खेती करना सीख लिया था अपितु अपने जीवन में उन खान–पानों को, रीतियों एवं विश्वासों को अपना लिया था जो आर्यों के सम्पक्र से प्रभावित थे। रोहतासगढ़ की घटनाएँ[4] इस तथ्य का प्रमाण है कि उरांव लोग 'सरहुल' पर्व मनाया करते थे और मौज–मस्ती के जीवन में खूब (हड़िया) पीते और नाचते गाते थे। स्त्रियाँ पुरुषों से पीछे नहीं थी और उन्होंने अवसर पड़ने पर शत्रुओं का डट कर सामना किया था। वे मर्दो का वेष धारण करना एवं तीर चलाना जानती थी।

रोहतासगढ़ से पराजित होकर उरांव लोग क्रमशः छोटानागपुर पहुँचे थे और उनका सामना मुण्डाओं से हुआ था। मुण्डा समाज में प्रचलित रीतियों, विश्वासों तथा उनकी सामाजिक व्यवस्था से उरांवों की जीवन पद्धति प्रभावित हुई थी और उरांवों ने भी मुण्डा जीवन शैली को काफी हद तक प्रभावित किया था। सांस्कृति आदान–प्रदान, धार्मिक–आस्था, सिङ्बोंगा या धरमेस के रूप में 'सूर्य' को सर्वश्रेष्ठ देवता मानना, क्षेत्रीय देवताओं की लगभग एक सी परिकल्पना तथा अंध–विश्वास एवं जादू–टोना से प्रभावित जन–जीवन तथा ऐसी ही अनेक एकरूपताओं के कारण बाहर से आ बसने वाले हिन्दुओं के लिए उनके बीच विभेद–करना कठिन हो गया था और इन लोगों ने उरांवों को भी मुण्डा जनजाति की भाँति 'कोल' मान लिया था। मुण्डा जाति की तरह उरांव लोग भी साल–वृक्ष की छाया में पवित्र सरना–स्थल पर ''चाला पच्चो'' या ''सरना बूढ़ी'' देवी की पूजा का विधिवत् आयोजन करते हैं। वे प्रत्येक धार्मिक अवसरों पर एवं पर्वों तथा रीतियों में साल–वृक्ष एवं टहनियों को धार्मिक महत्व देते हैं। स्पष्टतः उरांवों के धार्मिक कृत्य सरना स्थल से जुड़े हुए हैं, अतः 'कुडुख' कही जानेवाली इस जनजाति का

धर्म "सरना–धर्म" के नाम से अभिज्ञाप्ति है यद्यपि मुण्डाओं के सरना–धर्म एवं उरांवों के 'सरना–धर्म' में अनेक मौलिक एवं आधारभूत अन्तर पाए जाते हैं।

सरना धर्म : कुडुख धर्म

धर्म की परिभाषा और उसकी व्याख्या करने के उपरान्त हम इस निष्कर्ष पर पहुँचते हैं कि प्रत्येक धर्म की कतिपय मौलिक विशेषताएँ होती हैं जो उस धर्म–विशेष के चरित्र को उद्‌घाटित करती हैं तथा जिनके आधार पर उस धर्म की पहचान बनती है। छोटानागपुर के जंगलों को साफ कर रहने योग्य एवं खेती योग्य भूमि बनाने के क्रम में उरांव गाँवों में जंगल के कुछ वृक्षों को इस भावना के आधार पर सुरक्षित रख छोड़ा गया था कि गाँव की रक्षा करनेवाली तथा उरांवों में लोक प्रचलित 'चाला–पच्चो' देवी का उस पर वास होता है। चूँकि छोटानागपुर में साल वृक्षों की बहुतायत है और साल वृक्ष, क्षेत्र में निवासित आदिम जातीय समाज के न केवल आर्थिक अपितु सामाजिक एवं धार्मिक जीवन में भी गहराई से घुला हुआ है, अतः साल वृक्षों पर 'चाला पच्चो' का वास माना जाना एक सहज आस्था–जन्य विकास है तथा इससे जुड़ा हुआ स्थान पवित्र पूजा का स्थान है। साल–वृक्षों पर वास करने वाली 'चाला–पच्चो' मुख्यतः 'सरना बूढ़ी' के रूप में उरांवों द्वारा पूजित हैं और साल–वृक्ष सहित वह स्थान सरना स्थल[5] के नाम से पवित्र माना जाता है और अनेक धार्मिक आयोजनों एवं धार्मिक कृत्यों का केन्द्र होता है। इस प्रकार से इनसे जुड़ी हुई आस्था, विश्वास तथा धार्मिक रीतियों एवं कृत्य 'सरना' धर्म के अन्तर्गत आते हैं। कुडुखों का धर्म 'सरना धर्म' है।

सहस्त्रों वर्ष पुराना सरना–धर्म गाँव–गाँव में जिस पवित्र सरना–स्थल से जुड़ा हुआ है वहाँ अब न वे साल के वृक्ष रह गए और न उनके चिन्ह किन्तु स्थल की पवित्रता तथा उसके तथा उसके प्रति उरांवों की आस्था यथावत् बनी हुई है। विशेष पर्वों या अवसरों पर धरमेस की पूजा एवं सफेद मुर्गी की उनके लिए बलि, गाँव के उरांवों के मध्य, सरना–स्थल पर चढ़ाई जाती है। ऐसे अवसरों पर गाँव का पाहन सभी धार्मिक कृत्यों की अगुआई करता है। उरांवों के सामुदायिक जीवन तथा जातिगत एकता को सुदृढ़ करने में सरना–स्थल की भूमिका अत्यन्त महत्वपूर्ण रही है। कुडुख धर्म, जो निश्चित रूप से जातिगत या जन–जातीय भावनाओं तक सीमित है, उरांव समाज को एक–सूत्र में बाँधने में अत्यन्त उपयोगी रहा है। उरांवों के सामाजिक दायित्व एवं कर्त्तव्य–परायणता उसकी धार्मिक निष्ठा से पूरी तरह जुड़े हुए हैं। धर्म व्यक्ति की जाति–विरूद्ध या आसामाजिक कार्यों की ओर जाने से रोकता है। उरांव जन–जाति में धर्म एक शक्तिशाली नियंत्रक का काम करता है। क्या सही है, क्या गलत है, का निर्णय पूर्णरुपेण जन–जातीय परम्परा से निर्धारित है। इनके अपने सामाजिक मूल्य हैं। आवश्यक नहीं है कि

इनके सामाजिक मूल्य अन्य विकसित एवं चेतन समाज के मूल्यों के समतुल्य हों। इनका विवेक, जनजातीय विश्वासों की पूंजीकृत शक्ति है। यही कारण है कि जो कुछ उन्नत समाज के लोग अंधविश्वास–पूर्ण अवैज्ञानिक मानते हैं जनजातीय कसौटी पर वह न केवल विश्वासपूर्ण, सत्य एवं समाज सिद्ध होता है अपितु इससे बाहर जनजातीय जीवन की कल्पना भी नहीं की जा सकती है। उरांवों की मानसिकता अपने ढंग से विकसित हुई है।

उरांवों के सर्वश्रेष्ठ देवता धरमेस हैं। इन्हें **'बिड़ि–बेलास'** या सूर्य देवता भी कहा जाता है। उरांव धर्म में कुछ श्रेष्ठतर एवं कुछ निम्नतर श्रेणी के देवता हैं, कल्याणकारी पितरों का प्रभाव है, विनाशकारी मृतात्माएँ हैं तथा इनके अतिरिक्त भी अन्य आधिदैव शक्तियाँ है जो उरांव जीवन को प्रभावित करती रहती हैं। देवी–देवताओं की कल्पना निराकार है। किन्तु कभी–कभी कतिपय उन देवी–देवताओं की, जो उरांव जीवन में गहराई से पैठ चुके हैं, एक मूर्त्ति की कल्पना कर ली जाती है। जैसे प्रमुख ग्राम देवी "चाला–पच्चो" या 'सरना बुढ़िया' के स्वरूप की कल्पना उरांव मन में ऐसी वृद्धा के रूप में बैठी हुई है जिसके केश सन की तरह सफेद उलझे हुए हैं। किन्तु इस कल्पना का मूर्त रूप कहीं नहीं मिलता। यह रूप मात्र उरांवों के मन में बसा हुआ है और पीढ़ी–दर–पीढ़ी हस्तान्तरित होता रहता है। कुछ देवी देवता रूप बदलने में सक्षम होते हैं तथा आवश्यकता पड़ने पर इच्छानुसार किसी भी जानवर का रूप ग्रहण कर सकते हैं। शिकार एवं युद्ध की देवी चण्डी प्रायः विभिन्न पशु रूपों में दिखलाई पड़ती है। उरांव धर्म में देवी–देवताओं एवं नादों की संख्या इतनी अधिक है कि उनके गुण और चरित्र की पहचान अब उस समूह से की जाने लगी है जिसके वे सदस्य होते हैं। प्रत्येक ऐसे समूह का एक विशिष्ट प्रकार का चरित्र होता है जिसके लिए वे विख्यात या कुख्यात होते हैं। उनके चरित्र के अनुरूप ही उरांवों के मन में उनका एक स्वरूप कल्पित हो जाता है। इस प्रकार विभिन्न देवी–देवताओं के गुण के अनुसार उनके चरित्र की कल्पना तदनुरूप उनके रूप की कल्पना उरांव मन में भर आती है। किन्तु इनका कहीं भी साकार मूर्त–रूप नहीं मिलता।

उरांव–जीवन यद्यपि देवी–देवताओं, प्राकृतिक, आधि–दैवी शक्तियों, पितरों, नादों तथा अन्य रहस्यमय शक्तियों से प्रभावित है किन्तु मुण्डाओं की तरह उरांव किसी भी प्राकृतिक घटना तथा जीवन के सुख–दुःख को पूरी तरह विधाता–कृत्य या इन शक्तियों का दिया हुआ या किया हुआ नहीं मानते। वह मनुष्य की क्रियाशीलता पर भी विश्वास करते हैं। उरांव जाति मुख्यतः 'धांगर' नाम से सुविख्यात अपने परिश्रम और कर्मठता के लिए जन–जातियों में प्रमुख स्थान बना चुकी है।[6] सफल कृषि और अच्छी फसल के लिए दैवी शक्तियों की अनुकूल कृपा, सरना–बूढ़ी द्वारा समय पर वर्षा तथा कृषि की रक्षा के लिए पारलौकिक शक्तियों का आह्वान

और उनकी पूजा के साथ–साथ अभीष्ट फल की प्राप्ति के लिए उरांव अपने श्रम पर भी भरोसा करता है।[7] उरांवों की कर्मठता और उनके आत्मबल ने उनके ध ार्मिक विश्वासों को एक सीमा तक अवश्य प्रभावित किया है। इस दिशा में आर्यों के सम्पक्र–जन्य प्रभाव को भी नकारा नहीं जा सकता। प्रारम्भिक अवस्था में अदृश्य शक्तियों की विशेषकर भूत, प्रेतों की भूमिका सदैव भयावह एवं विनाशक तथा उनका चरित्र क्रमशः कल्याणकारी देखा जाने लगा। (इस तथ्य की पुष्टि एस.सी. राय ने भी की है।[8]) वस्तुतः पूजा और मुर्गे या खसी के बलिदान चढ़ाने की प्रथा ने कुछ ऐसी प्रेतात्माओं में 'कल्याणकारी चरित्र' का आरोपण किया है जो अपनी विनाशी प्रकृति के कारण कुख्यात रहीं थी। यह 'पूजा' का मनोवैज्ञानिक प्रभाव रहा था जो उरांव मन–मस्तिष्क पर छाया था। किन्तु अलौकिक शक्तियों से प्रभावित होने के उपरान्त भी उरांव का आत्मबल, उसके परिश्रम करने की क्षमता एवं उद्यमी स्वभाव के कारण, विपत्ति एवं आपदाओं में भी बना रहता था।

उरांव जनजाति ने पीढ़ी–दर–पीढ़ी ज्ञान का अपार भण्डार सहस्त्रों वर्ष के अनुभव के आधार पर संचित करने में सफलता पाई थी। जंगल के हिंसक पशुओं का ज्ञान एवं उनका स्वभाव, बड़े–बड़े वृक्षों की उपयोगिता, विभिन्न जड़ी–बूटियों, पत्ती एवं छाल के गुण तथा मानव जीवन में उनकी उपयोगिता, आकाशीय पिडों की गति का सामान्य ज्ञान तथा ऋतु परिवर्तन से उनका संबंध, मिट्टी के प्रकार, उर्वरता तथा ऋतु के अनुसार खेती का संतुलन आदि तथा विभिन्न ऋतुओं में नदी, पहाड, पोखर, छोटे–बड़े जानवर, शिकार, खान–पान का समबन्ध स्थापित करना उरांव क्रमशः पीढ़ियों से सीख चुका था। यह उसके अनुभव थे जो उसे किस प्रकार की मिट्टी में, किस मौसम में कौन सी कृषि उपयोगी एवं सफल होगी, बताते थे। और इस प्रकार वह अपने उद्यमी प्रकृति एवम् पीढ़ियों से अर्जित ज्ञान, जिसे उसका रूढ़ वैज्ञानिक ज्ञान कहा जा सकता है, के आधार पर अच्छी कृषि एवं अन्य उपलब्धियॉं सफलतापूर्वक प्राप्त करने का प्रयास करता था। किन्तु इस प्रत्याशित प्रयास में जब कभी कोई अप्रत्याशित घटना घट जाती थी जहॉं उसका पीढ़ियों का अर्जित ज्ञान उतरहीन हो जाता था तो उसका मस्तिष्क इन अप्रत्याशित आपदाओं का कारण इन रहस्यमय शक्तियों में तलाशने लग जाता था जो धर्म तथा जादू–टोना जगत् में पाई जाती हैं। कारण के अनुरूप उरांवों को निदान तथा निदान के अनुसार उपाय अर्थात् पूजा, पाठ, बलि का चढ़ावा आदि करना पड़ता था जिससे आपदाएँ एव विपत्तियॉं गिरानेवाली अदृश्य शक्तियों को तुष्ट किया जा सके।

इस प्रकार उरांवों का जब वास्तविक अर्जित ज्ञान विवश हो जाता था तो उसे धार्मिक–कृत्यों की, जादू–टोना के विभिन्न तरीकों की या दोनों की शरण लेनी पड़ती थी। विशेष परिस्थितियों में अप्रत्याशित आपदाओं की संभावनाएँ भी

उरांव के मन–मस्तिष्क को सर्तकता अपनाने को विवश करती थी। शिकार पर निकलने के पूर्व कहीं दूर का जंगली रास्ता शुरू करने के पूर्व, ऐसी किसी प्रयास के पूर्व जिसमें अकस्मात् जान–लेवा घटनाएँ घट सकती है वह प्रस्थान करते समय उस क्षेत्र तथा संसार से सम्बन्धित देवी–देवता, नादों को संतुष्ट करता था तथा उनसे अपनी सुरक्षा की कृपाकांक्षा करता था। यह एक सतक्रतापूर्ण बचाव का उपाय है जिसे उरांव अभी अपने धर्मिक–कृत्यों एवं जादू–टोना के उपायों में पा लेता है।

उरांव जनजाति के धर्म का मुख्यतत्व, जैसा अन्य आदिम जन–जातियों में भी पाया जाता है, विशिष्ट रहस्यमय आलौकिक शक्तियों के प्रति भयजन्य श्रद्धा है, उसके प्रति निर्भरता है उसके प्रति बलियुक्त पूजा है, प्रार्थना एवं समर्पण है। उरांव इन रहस्मय अलौकिक शक्तियों की अकृपा, रोष एवम् कुवृतियों से बचने के लिए प्रथम इनकी पूजा एवं प्रार्थना कर उन्हें संतुष्ट करता है तथा पुनः उन्हें विभिन्न अवसरों पर भी पूजता है कि अदृश्य लोक की शक्तियाँ उसकी फसल अच्छी करने, पशु–धन की वृद्धि करने, उसको तथा परिवार के लोगों को स्वस्थ रखने की कृपा करेगी।

उरांव धर्म में रहस्मय शक्तियों का जड़–पदार्थ में आरोपण आदिम धर्मों प्रचलित जड़ात्मवाद का ही द्योतक है। जड़ात्मवाद प्रारम्भिक धार्मिक विचार–धारा का वह पक्ष है जिसके अनुसार व्यक्ति जड़–पदार्थ को सजीव समझता है तथा उसमें एक चेतन आत्मा का वास मान बैठता है। किन्तु उरांव धर्म का स्वरूप कुछ और विशिष्ट दिखलाई पड़ता है। वस्तुतः उरांवों का अदृश्य शक्तियों में विश्वास इतना प्रबल है कि उरांव धर्म को आदिमतर अस्पष्ट अन जड़ात्मवादी भावना की पृष्ठभूमि पर देववादी प्रभाव के रूप में देखना उचित होगा। क्योंकि उरांव विश्वास के अनुसार आत्मा या जीव या एख शरीर या वस्तु से, जिसमें यह वास करता है, विलग अस्तित्व वाला होता है। उरांव एक ऐसे अलौकिक 'चेतन' शक्ति की अवधारणा करता है जो जीवित व्यक्ति के अतिरिक्त वस्तु या पदार्थ में भी होता है तथा प्रकृति की शक्ति के रूप में अपना प्रभाव प्रदर्शित करता है। न केवल साल का वृक्ष, पहाड़ी, दलदल, पोखर बॉस का झुरमुट, पड़ा हुआ कोई विशाल पाषाण–पिण्ड अपितु ऐसी अनेक जड़ वस्तुएँ हैं जिनमें उरांवों ने शक्ति का वास माना है उनकें अपनी चेतन शक्ति होती है जिसके कारण वे ईद–गिर्द के वातावरण को सहज प्रभावित करती है तथा कभी–कभी उनमें अदृश्य शक्तियों की लीला भी होती दिखलाई पड़ती है।

उरांव समाज में प्रचलित 'जादू–टोना' उरांवों के जड़ात्मवादी विचारधारा पर बहुत कुछ आधारित है, यहाँ तक कि किसी वस्तु या पत्थर के एक छोटे टुकड़े में

'जादू–टोना' की ताकत से अनिष्टकारी नाद को बैठा दिया जाता है तथा जिस घर को सताना होता है उस घर में उस वस्तु का, जिसमें नाद बैठाया गया है, किसी प्रकार प्रविष्ट करा दिया जाता है। अब वस्तु में बैठा नाद अवसर पाकर घर के लोंगो को परेशान करना शुरू करता है। यह 'जादू–टोना' धर्म की विपरीत-धर्मी प्रणाली है और इसी के समानान्तर उतनी ही या उससे अधिक शक्तिशाली देवी–देवता या अलौकिक शक्तियों का आह्वान कर जादू–टोना के प्रभाव को निरस्त किया जाता है। यह कार्य प्रायः अपनी परम्परा में पूरी तरह दीक्षित एवं प्रशिक्षित ओझा, सोखा, माटी आदि सम्पादित करते हैं।

उरांव धर्म का स्वरूप खुला हुआ है जबकि जादू–टोना की कार्यविधि अत्यन्त गुप्त होती है। पूजा–पाठ गाँव के सरना स्थल पर या अखड़ा के निकट या अन्य सार्वजनिक स्थल पर सम्पादित होता है। पूजा–पाठ की सम्पूर्ण कार्यविधि गाँव का पाहन निभाता है। गाँव के उरांव पूजा स्थल पर एकत्रित होते हैं। मुख्यतः पूजा–पाठ सार्वजनिक एवं सामुदायिक होता है।

उरांवों में धार्मिक विश्वास के अनुसार देवी–देवताओं एवं नादों की एक बड़ी संख्या[9] उरांव जीवन को प्रभावित करती रहती हैं। गॉव का पाहन सरना स्थल पर प्रमुख देवी–देवताओं, चाला–पच्चो, डाढ़ा, देसौली आदि के साथ समस्त नादों की पूजा करता है तथा उन्हें बलि अर्पित करता है। गाँव के देवी–देवता तथा खूँट नादों की पूजा सामान्य रूप से गाँव के निवासियों, कृषि, पशु आदि पर संभावित आपदाओं से रक्षा करने का पूर्व–प्रयास है यद्यपि इस प्रयास में गाँव के कल्याण, अच्छी फसल तथा अन्य वृद्धि की प्रार्थना भी निहित रहती है। अतः उरांव धर्म में पूजा और चढ़ावा तथा कल्याणकारी भावना की दृष्टि से अनेक देवी, देवता एवं कतिपय नाद भी आते हैं।

वस्तुतः जन्म के पूर्व से लेकर मृत्यु के उपरान्त तक उरांव–जीवन अनेक धार्मिक विश्वासों, धार्मिक–प्रभावों, धार्मिक कृत्यों एवं रीति रिवाजों से बँधा हुआ है। ये सभी उरांव धर्म के कारक हैं। देवी–देवताओं के अतिरिक्त, उरांवों के संस्कार, किली–व्यवस्था, पर्व तथा विभिन्न अवसरों पर आयोजित परम्परागत पूजा–पाठ आदि उरांव धर्म के मुख्य विषय हैं। जनजातीय जीवन में जादू–टोना की पैठ बहुत गहरी है। जादू–टोना को प्रभावी बनाने के लिए कतिपय देवी–देवताओं एवं नादों को साधित किया जाता है तथा डायन या जादू–टोना का साधक इन्हें साध कर अपनी इच्छा के अनुरूप काम कराता है। जादू–टोना के विनाशकारी एवं मारक प्रभाव को निरस्त करने के लिए गाँव–समाज में ओझा, सोखा, माती आदि की संस्था विकसित हो चुकी है। ये साधक उरांव धर्म में प्रचलित देवी–देवताओं का, जिनमें हिन्दु देवताओं का सहज समिश्रण हो चुका है साधना करते हैं। तथा

कहीं–कहीं प्रत्यक्ष महादेव की शक्ति की पूजा कर, जादू–टोना के प्रभाव को निरस्त करते हैं। जादू–टोना की विपरीत धर्मी प्रणाली तथा इन्हें निरस्त करनेवाली समानान्तर धर्मी प्रणाली का अध्ययन मुण्डा धर्म के अर्न्तगत किया जा चुका है। उरांव धर्म के भी इनका अध्ययन अपेक्षित है। यद्यपि इन क्रिया–कलापों में गाँव के पाहन की भूमिका नहीं होती किन्तु अन्य सभी धार्मिक कृत्यों में पाहन की न केवल उपस्थित आवश्यक है अपितु उसके निर्देश के अभाव में कोई भी धार्मिक कार्य सम्पादित नहीं हो सकता। वस्तुतः पाहन उरांव धर्म की समस्त क्रिया–कलापों का केन्द्र बिन्दु है।

पाहन एवं उसके सहायक :

उरांव ग्रामीण संगठन में प्रस्तुत पाहन और महतो दो महत्वपूर्ण पदधारी होते हैं। पाहन धर्म संबंधी क्रिया–कलापों का प्रधान होता है तथा महतो का स्वरूप गाँव के मुखिया की तरह है जो न्यायिक और सामाजिक व्यवस्था की देख–रेख करता है। महतो पद का विकास समाज की बाद की देन है। समाज की प्रारम्भिक विकासावस्था में गाँव का समस्त दायित्व पाहन उठाता था। वह जातीय व्यवस्था एवं गाँव में सुख–शान्ति बनाए रखने का उपाय करता था। वह धर्म के साथ–साथ 'न्याय' का भी प्रधान होता था। आबादी के अधिक होने तथा गाँव के विस्तार के फलस्वरूप धर्म के अतिरिक्त पाहन के अन्य दायित्व महतो पर क्रमशः स्थानान्तरित हो गए। पाहन और महतो दोनों उरांव समाज में 'भुइंहरों' का विशेष स्थान और सम्मान होता है। भुइंहर उस वंश को कहा जाता है जिसने मूल रूप से जंगलों को काटकर रहने एवम् कृषि योग्य भूमि बनाई थी। इस प्रकार वह समस्त भूमि जिसे किसी परिवार या 'खूट' के लोगों ने साफ किया था भूइंहरी भूमि कहलाती है और उस भूमि पर साफ करने वाले उस खूंट का स्वामित्व होता हैं। चूंकि उरांव विश्वास के अनुसार, जंगल के उस भाग में रहने वाले नाद को, जो जंगल कट जाने के कारण क्षुब्ध और निराश्रित होता है, प्रसन्न और तुष्ट रखना आवश्यक है, अतः उस खूंट के लोग जिन्होंने जंगल साफ किया है, विशेष रूप से नाद की पूजा करते हैं, उसे चढ़ावा चढ़ाते हैं। यह क्षेत्रीय नाद उस खूँट का 'खूंट–नाद' कहलाता है। इस प्रकार खूंट–नाद पितरों की श्रेणी में आता है। गाँव का पाहन इसी खूंट का सदस्य होता है।

जातीय स्तरीकरण की दृष्टि से भुइंहर[10] या खूंटकट्टीदार उरांव समाज में सर्वोच्च सोपान पर स्थित हैं। भूइंहर ही पाहन या उसके सहायक के रूप में प्रतिष्ठित होते हैं। अन्य वर्ग के उरांव को यह सम्मान नहीं मिल पाता। इसका एक अन्य कारण है पाहन की देवता–तुल्य स्थिति। उरांव लोग पाहन को धरमेस या सूर्य देवता जैसा पूज्य स्थान देते हैं। अनेक अवसरों पर पाहन का पाद

प्रक्षालन किया जाता है तथा उनसे आशीष प्राप्त किया जाता है। सरहुल पर्व का, उरांव धर्म में सर्वाधिक महत्व है। सरहुल पर्व के समापन के अवसर पर उरांव गाँव में 'पाहन' एवं 'पहनाइन' का विवाह रचाया जाता है। यह विवाह सूर्य का पृथ्वी से प्रतीकात्मक विवाह है। उरांव मुख्यतया कृषक जाति है तथा अच्छी फसल के लिए सदैव प्रयत्नशील रहती है। सूर्य से पृथ्वी का विवाह पृथ्वी की उर्वरता हेतु किया जाता है। इस प्रकार पाहन का पद उरांव धर्म में विभिन्न अवसरों पर देवता तुल्य हो जाता है।

सहायक :

पाहन का मुख्य सहायक 'पुजार' कहलाता है। वह पूजा की सारी व्यवस्था करता है। विभिन्न कार्यो के लिए शुद्ध पानी की आपूर्ति की जिम्मेदारी उस पर रहती है अतः उसे 'पनभरा' भी कहते हैं। कुछ गाँवों में पाहन सहायक को 'टहलु' कहा जाता है। इस सहायक के अतिरिक्त कुछ गाँवों में पाहन का एक अन्य सहायक "सुसारि" होता है। पूजा और बलि अर्पित करने के उपरान्त प्रसाद स्वरूप बनने वाले भोज को शुद्धता एवं कुशलतापूर्वक पकाने का दायित्व प्रायः सुसारि उठाता है। गिने–चुने ऐसे भी गाँव मिलते हैं जहाँ पाहन के सहायक के रूप में एक "मुर्गी पकोवा" या 'मुर्गी झोलवा' होता है। इस प्रकार स्थान भेद के कारण पाहन के सहायक के विभिन्न नाम मिलते हैं किन्तु सामान्यतः पुजार, पनभरा, टहलु, सुसारि या मुर्गी पकोवा एक ही पद के विभिन्न नाम हैं। इनका कर्त्तव्य पूजा तथा ऐसे ही अन्य अवसरों पर पाहन की सहायता करना है।

पाहन के सहायक की भी सामाजिक प्रतिष्ठा एवं धार्मिक महत्व पाहन के अनुपात में होता है। वंश एवं वर्ग की दृष्टि से ये सहायक पाहन के तुल्य होते हैं। ये भी ऐसे खूँट से जुड़े होते हैं जो 'भूइंहर' होता है तथा इन्हें भी भूमि संबंधी वे सभी सुविधाएँ प्राप्त होती हैं जैसे पाहन को। इन्हें प्रदत्त लगान–मुक्त भूमि पुजार या पनभरा खेत[11] कहलाता है, जिस प्रकार पाहन को 'पहनाई' खेत प्राप्त होता है। कुछ गाँवों में पाहन का पद वंशगत चलता रहता है तथा कुछ गाँवों में इनका पद मात्र तीन वर्ष के लिए होता है और पुनः एक अन्य पाहन चुना जाता है। पाहन के चुनाव में जो दैव–प्रेरित विधि अपनाई जाती है। उसी विधि से पुजार एवं पनभरा आदि भी तीन वर्षो के लिए चुने जाते हैं। इस प्रकार पाहन के सहायक होते हुए भी पुजार, पनभरा, टहलु आदि को अनुपात में लगभग वे सभी महत्व एवं सुविधाएँ प्राप्त होती है जो उरांव धर्म एवं समाज में पाहन को प्राप्त है।

पाहन एवं सहायक का चुनाव :

पाहन, उरांव धर्म–संगठन का केन्द्र–बिन्दु है। उरांव जीवन के अनेक महत्वपूर्ण क्रिया–कलाप उसके निर्देश एवं सहयोग से पूरे किये जाते हैं। चूँकि वह धर्म की

रीतियों का ज्ञाता होता है तथा अन्य उरांवों की अपेक्षा देवी–देवताओं के अधिक निकट माना जाता है अतः उसमें यदि देवता की पूरी नहीं तो सामान्य मनुष्य से अधिक शक्ति अवश्य निहित होती है। कुछ गाँवों में पाहन[12] का पद पैतृक या वंशगत होता है और उँचे खूँट के भुइंहरों[13] में से पाहन परम्परा से चला आता है। किन्तु कुछ गाँवों में पाहन का पद एक निश्चित अवधि, सामान्यतः तीन वर्षो के लिए होता है तथा अवधि पूरी होने पर नए पाहन का पदस्थापन होता है। पाहन के चुनाव की विधि से स्पष्ट प्रतीत होता है कि पाहन का चुनाव उरांव की इच्छा से नहीं अपितु दैवेच्छा से सम्पन्न होता है। पाहन का चुनाव माघ या कुछ स्थानों (बेड़ों के कुछ गाँवों में) में अगहन की पूर्णिमा को किया जाता है। इस क्रिया में उस सूप की भूमिका सर्वाधिक महत्वपूर्ण होती है जो उरांवों की मान्यता के अनुसार सरना देवी या 'चाला पच्चो' का आसन होता है और जिसे 'सरना–सूप' कहा जाता है। यह सूप पाहन के पद एवं शक्ति का प्रतीक होता है। पाहन के मकान के एक विशिष्ट पवित्र स्थान पर धरन से लटका हुआ रखा जाता है। इस स्थान को 'चाला–कुट्टी' कहते हैं। विशिष्ट पूजा के अवसरों पर बड़े सम्मान से इस सूप को ग्रामवासी सरना स्थल या अन्य किसी पूजा स्थल तक लाते हैं, प्रतिष्ठित करते हैं तथा पूजा समाप्त होने के उपरान्त उसी प्रकार सम्मान एवं श्रद्धा भाव से "चाला कुट्टी" तक ले जाते हैं और यथावत् टांग देते हैं।

सूप को टांग कर ले चलने के लिए साल वृक्ष की एक पतली बल्ली (डण्डा) लिया जाता है जिसका एक छोर दो समान टुकड़ों में चीर कर विभक्त कर दिया जाता है। चुनाव के दिन निवर्तमान पाहन अपने घर से एक नया सूप उसमें अरवा चावल रख कर सरना स्थल की ओर लाता है। पुराने सूप को एक ऐसे किशोर बालक के हाथ में थमा दिया जाता है जिसकी ऑख पर पट्टी बॉधी होती है और जिसे "पैचा लबाना" कहा जाता है। "पैचा लबाना" अपनी पवित्रता और भाव तन्मयता के कारण दैवी शक्तियों से प्रभावित होने में अधिक सहज एवं संवेदनाशील माना जाता है। सभी उपस्थित लोग नए सूप से कुछ अक्षत उठाते हैं और यह कहते हुए पुराने सूप पर फेंकते हैं कि–"हे चाला पच्चो देवी आप उस घर में प्रविष्ट होने की कृपा करें जहॉ आपका प्रिय और विश्वासपात्र भक्त रहता है।" अर्थात् आप उस व्यक्ति का संकेत दें जो इस गाँव के पाहन के पद के योग्य हैं।

पुराने सूप पर "चाला पच्चो" देवी का आह्वान करने के उपरान्त सरना स्थल से निवर्तमान पाहन तथा अन्य दो–तीन वरिष्ट ग्रामीण" ऑख पर पट्टी बॉधे "पैचा लबाना" बालक के नेतृत्व में गॉव की ओर बढ़ते हैं। बालक साल के डण्डे को एक हाथ मे लिए हुए होता है जिसके विभक्त छोर पर पुराना सरना–सूप बॅधा हुआ होता है। निवर्तमान पाहन के हाथ में नया सूप रहता है जिससे अक्षत निकाल कर वह मार्ग में रुक–रुक कर थोड़ा अक्षत और जल गिराता जाता है।

उरांव धर्म के मान्यता के अनुसार पुराने सूप में, जिसकी पूजा सरना स्थल पर हुई है और जिस पर उपस्थित सभी ग्रामीणों ने अक्षत समर्पित कर चाला–पच्चो देवी का आह्वान किया है, अब सरना देवी प्रतिष्ठित हो चुकी है तथा पैचा लबाना बालक को उस घर की ओर बढ़ने को प्रेरित कर रही है जहाँ देवी का प्रियपात्र नया पाहन रहता है।

ऑख पर पट्टी बँधा पैचा–लबाना बालक जिस घर के द्वार पर पहुँचता है और उसके छोर पर पुराना सरना सूप रख देता है, मान लिया जाता है कि चाला पच्चो देवी होने के नाते गॉव का पाहन चुन लिया है। नया पाहन निवर्तमान पाहन से नया सूप लेकर आए हुए लोगों के साथ सरना–स्थल की ओर चल पड़ता है। इनके आगे–आगे पैचा–लबाना पुराना सूप लिए चलता है। सरना स्थल पर वहाँ गाँव के उरांव नए पाहन की प्रतीक्षा करते रहते हैं इन सभी लोगों को आता देख हर्षित होते हैं तथा नए पाहन का स्वागत करते हैं।

उन गाँवों में जहाँ पाहन का पद पैतृक है विशेष स्थिति में जब वह वंश निर्मूल हो जाता है या धर्म परिवर्तन कर लेता है तो नए पाहन के चुनाव की आवश्यकता पड़ती है। ऐसे गाँव में भी नए पाहन के चुनाव की समस्त विधियाँ उसी प्रकार निभाई जाती है जैसी अन्य गाँवों में।

उरांवों में एक पद महादानिया पाहन का भी होता है। कहा जाता है कि बहुत पहले हिन्दू जमीन्दारों के बीच देवी माँ को प्रसन्न रखने के लिए "नरबलि" का प्रचलन था। विश्वास था कि इस प्रकार बलि चढ़ाने से जमीन्दारों का हर क्षेत्र में विजयी होना निश्चित था। वंश की श्रीवृद्धि में भी यह बलि सहायक होती थी। इस महाबलि का विशिष्ट पाहन ही निर्वाह कर सकता था। इसे महादानिया पाहन कहते हैं। यह पद पैतृक है। यद्यपि नरबलि का चढ़ावा क्रमशः विलुप्त हो चुका है लेकिन छोटानागपुर में अब भी महादानिया पाहन पाये जाते हैं। इनके भरण–पोषण के लिए जमीन्दारों द्वारा दी गयी लगान–मुक्त भूमि "महादानिया भूमि" के नाम से भुइंहर रजिस्टर में दर्ज है।

सहायक का चुनाव :

पाहन के सहायक, पुजार, पनभरा, सुसारि आदि का भी चुनाव पूर्ववर्णित पद्धति के अनुसार होता है। इसको 'सूप–चालन' विधि भी कहते हैं। धर्म की दृष्टि से पाहन के सहायक का महत्व कम नहीं है। यह भी भुइंहर खूँट में आते हैं तथा पाहन की देख–रेख में अपने दायित्वों का निर्वाह करते हैं। इन्हें भी लगान मुक्त भूमि की सुविधा प्राप्त होती है। प्रथम पाहन और बाद में पुजार या सुसारि या अन्य सहायक का, यदि कोई चुनाव करना है, तो चुनाव उपरोक्त विधि से समाप्त कर लेने के उपरान्त सभी सरना–स्थल में एकत्रित होते हैं तथा यहाँ से तुरंत

पैचा लबाना के साथ गाँव की ओर चल देते हैं। सम्पूर्ण चुनाव प्रक्रिया आँख पर पट्टी बाँधे बालक "पैचा लबाना" में आरोपित 'चाला पच्चो' देवी की इच्छा से निर्देशित एवं नियंत्रित होती है अतः पाहन और इसके सहायक पुजार देवी–देवताओं के प्रतिनिधि या प्रवक्ता माने जाते हैं तथा धर्म तथा धार्मिक कृत्यों एवं रीतियों सम्बन्धित पाहनों का निर्णय अन्तिम एवं सर्वमान्य होता है।

उरांवों के देवता

उरांवों के जीवन और धार्मिक–विश्वासों को प्रभावित करने वाले देवी, देवताओं, एवं नादों मे शीर्षस्थ देवता 'धरमेस' हैं। धरमेस बिड़ि–बेलास या सूर्य देवता के नाम से जाने जाते हैं। ये आकाश लोक में निवास करते हैं तथा सभी जीव–जन्तुओं, चल–अचल वस्तुओं के क्रिया–कलापों पर दृष्टि रखते हैं तथा उनको नियंत्रित और निर्देशित करते रहते हैं। उनकी योजना के अनुसार सृष्टि को संचालित करने के लिए अन्य देवी एवं पारलौकिक शक्तियाँ अहर्निश काम करती रहती है। इनमें प्रमुख 'चाला–पच्चो' या सरना माई हैं जो गाँव के सरना–स्थल के साल वृक्ष पर निवास करती है तथा गाँव के हितचिन्तन में लगी रहती है। यह पाहन के सरना–सूप में भी विराजती हैं तथा गाँव का धर्म–विधायक पाहन इनसे निर्देश और प्रेरणा प्राप्त करता है। इसी प्रकार 'पाट–राजा' गाँव में प्रवेश करने वाली बीमारियों एवं आपदाओं को रोकता है। उरांवों के अनुसार यह पहाड़ी पर या कुछ गाँवों में गाँव की सीमा के झाड़–झंखाड़ में निवास करता है। यह गाँव के समस्त नादों का राजा होता है और उरांव लोग इसकी विधिवत् पूजा करते एवं चढ़ावा चढ़ाते हैं। इसे 'पारता–पूजा' या 'पहाड–पूजा' की संज्ञा भी दी जाती है। डाढ़ा–टांड़ में डाढ़ा–देसौली, लिंगाकार पाषाण पिण्ड (मांडर–साला) में महादेव, शिकार की देवी चण्डी पहाड़ी ढलान या चण्डी टांड स्थित गोलाकार पाषाण–पिण्ड में, प्रत्येक खूँट का नाद लकड़ी के जमीन में गाड़े हुए खूँटे में, तथा इसी प्रकार बाँस के विशिष्ट घुमावदार जड़ में वृक्षों की खोह में, पोखर में इन ग्राम्य देवी–देवताओं या नादों का वास रहता है। इन देवी, देवता एवं नादों के चरित्र की अवधारणा तथा इनका नामकरण उन वस्तुओं के आधार पर विकसित हुआ है जिनसे इन्हें सम्बद्ध माना गया है या जिनमें इनका निवास है। धर्म की यह अवस्था जिसे 'जड़ात्मवाद' की संज्ञा दी जाती है सामान्यतः अधिकांश आदिम जन–जातियों में पाई जाती है।

'जड़ात्मवाद' धार्मिक विचारधारा का वह पक्ष है जिसके अनुसार जड़ पदार्थ में एक चेतन आत्मा या शक्ति का निवास मान लिया जाता है। यह आरोपित शक्ति उस जड़ को नियंत्रित और संचालित करती है। उरांवों में धर्म–जगत् में ऐसी अनेक देवी शक्तियाँ और नाद है जो किसी–न–किसी जड़ पदार्थ से संयुक्त हैं और अपना दायित्व निर्वाह करते हैं। इन शक्तियों का कार्य क्षेत्र आवंटित रहता है

और ये अपने क्षेत्र की देख–रेख करती है तो पाट राजा पहाड़ पर स्थित होकर गाँव की व्याधियों एवं महामारी से रक्षा करता है। खेत की रक्षा करने के लिए अलग पूजा की व्यवस्था विभिन्न देवी–देवताओं एवं नादों के हाथ बँटा हुआ है। उरांव धर्मगाथा के अनुसार इन क्षेत्रीय देवी–देवताओं को धरमेस ने विभिन्न दायित्वों को सौंप रखा है और इनकी पूजा तथा इनको प्रसाद एवं बलि–चढ़ाने की जिम्मेदारी सामान्य उरांव के कन्धे पर आन पड़ी है। ऐसा धरमेस का निर्देश है।[14]

उरांव धर्मगाथा के अनुसार धरमेस द्वारा असुरों के विनाश के उपरान्त उनकी विधवाओं को सृष्टि संतुलन बनाए रखने के लिए कतिपय जिम्मेदारियाँ सौंपी गई। इन्हीं मृतकों की आत्माएँ नादों के रूप में गाँव, टांड़, पहाड़, जंगल लगभग उन सभी स्थानों में निवासित हैं जो स्थान उरांव–जीवन से सम्बन्धित हैं। नादों की संख्या अगणित है किन्तु इन नादों के कुछ दायित्व एवं चरित्र निश्चित हैं और कुछ ऐसी मृतकों की अतृप्त आत्माएँ हैं जो भय और विनाशकारी प्रभाव द्वारा उरांवों को आतंकित किए हुए होती हैं। किन्तु जो अच्छी आत्माएँ है और कुछ जो एक नाम और चरित्र प्राप्त कर चुकी हैं, उरांव धर्म की विभिन्न श्रेणियों के देवी–देवताओं के अर्न्तगत आती है। उरांव धर्म में इन देवी–देवताओं का विकास छोटानागपुर की धरती पर हुआ है। चूंकि उरांवों के पर्दापण के पूर्व मुण्डाओं के धर्म का स्वरूप तथा इस धर्म के देवताओं का स्वरूप विकसित होकर स्थिर हो रहा था अतः इनका प्रभाव उरांवों के देवी–देवताओं के विकास हुआ। जड़ में चेतन–सत्ता की अनुभूति के फलस्वरूप क्षेत्रीय देवताओं का बहुतायत से उद्भव एवं विकास हुआ। यद्यपि इनमें से कुछ देवताओं की प्रारम्भिक परिकल्पना भयावह थी किन्तु वे क्रमशः कल्याणकारी चरित्र ग्रहण करने लगे। उनमें धरमेस के गुणों का आविर्भाव होने लगा। वे उरांवों के शुभ–चिन्तक हो गए तथा उरांव समाज की आस्था इन क्षेत्रीय अदृश्य शक्तियों में क्रमशः विकसित हो गई। इस विकास क्रम में हिन्दू देवी–देवताओं की भूमिका भी प्रभावपूर्ण रही है। उरांव धर्म में अच्छे चरित्र तथा सामान्य या विनाशकारी चरित्र के आधार पर देवी–देवताओं एवं नादों को कुछ श्रेणियों में वर्गीकृत किया जा सकता है। वर्गीकरण निम्नलिखित है:–

(क) किसी भी श्रेणी से परे सर्वशक्तिमान 'धरमेस'

(ख) प्रकृति के देवता:–(I) उत्कृष्ट – कल्याणकारी

(II) निकृष्ट – विनाशकारी/कल्याणकारी दोनों प्रवृतियाँ

(ग) नाद (मृतकों की आत्माएँ)

(I) पितर – कल्याणकारी

उरांव धर्म के प्रमुख देवी–देवता एवं नाद जो उरांव जन–जीवन को गहराई से प्रभावित करते हैं, देवत्व एवं महत्व के अनुसार निम्नलिखित क्रम में रखे जा सकते हैं:–

1. **धरमेस**

2. **पितर देवता या पच बालर**

3. **ग्राम देवता/देवी:** (क) चाला–पच्चो
(ख) पाट–राजा (पहाड़ देवता)
(ग) डाढ़ा–देसवाली
(घ) महादानिया
(ड़) महादेव
(च) देवी माई
(छ) छप्पर बुढ़िया
(ज) चण्डी पहाड़
(झ) बड़ंदा पीपर
(ट) बन शक्ति या गाढ़ा–ढोड़ा चतुरसीमान
(ठ) तूसा–बूढ़ा

4. **देवता एवं नाद** (क) चण्डी/चँड़ी
(ख) आच्छरेल/आचराइन
(ग) जोदा
(घ) खूंट–नाद
(ड़) बड़ंदा–पच्चो
(च) चिगड़ी नाद, गोएनसाली नाद, सुरजाही (दांड़ राजा)

धरमेस :

उरांवों के सर्वश्रेष्ठ एवं सर्वशक्तिमान देवता धरमेस हैं। धरमेस की श्रेष्टता एवं शक्ति की दृष्टि से हिन्दुओं के 'भगवान' शब्द के भाव के तुल्य माना जा सकता है। उरांव–धर्म की प्रारम्भिक विकासावस्था में सूर्य का काफी महत्व था और उन्हें सर्वशक्तिमान देवता मानकर पूजा अर्पित की गयी थी। कालक्रम में सूर्य धरमेस के रूप में अभिज्ञापित हुए और समय के अन्तराल के साथ धरमेस के स्वरूप में

हिन्दुओं के भगवान जैसा निखार आता गया और 'सूर्य' से जुड़ा हुआ धरमेस का चरित्र, ज्ञान, बुद्धि–कौशल शक्ति एवं प्रभुत्व में सूर्य को पीछे छोड़कर अपना अलग देवत्व स्थापित कर सका था। सामान्यतः सभी उरांव भगवान के लिए 'धरमेस' नाम का प्रयोग करते हैं किन्तु कुछेक स्थानों पर धरमेस के साथ पुराना नाम "बिड़ि–बेलास" का भी प्रचलन है। उरांव जनजाति मूल के मालेर और सौरिया पहाड़िया जनजाति, जिनकी आबादी राजमहल की पहाड़िया और संथाल परगना में अच्छी संख्या में है 'बेडू' या 'बेड़ो' शब्दों को सूर्य देवता के अर्थ में लेती हैं और 'आजो गोसाई' का प्रयोग भगवान या सर्वश्रेष्ठ देवता के रूप में करती हैं। इससे स्पष्ट है कि मालेरों के धार्मिक चिन्तन में सूर्य के अतिरिक्त एक अन्य देवता का विकास हुआ जो सूर्य से अधिक श्रेष्ठ एवं शक्तिमान देवता माना गया। वे 'धरमे' या 'धरमेस' के महत्व से अनभिज्ञ हैं। उरांवों की भी धार्मिक संरचना में सूर्य से बिलग होकर 'धरमेस' की अवधारणा विकसित हुई। ऐसा विचार प्रसिद्ध धर्मशास्त्री एवं पादरी रेवरेण्ड पी. डेहन का भी है।[15] निश्चित रूप से यह अवधारणा हिन्दुओं में प्रचलित 'भगवान' शब्द की भावना के समतुल्य है क्योंकि उरांव लोग न केवल अपने सर्वश्रेष्ठ देवता के लिए 'भगवान' शब्द का प्रयोग करते हैं अपितु उरांवों के पारम्परिक धार्मिक कथा में जब उरांव जाति की उत्पति और सुरक्षा की कथा कही–सुनी जाती है तो धरमेस की पत्नी स्वरूपा पार्वती तथा कहीं–कहीं सीता का उल्लेख आया है। पार्वती या सीता का धरमेस के साथ संयुक्त होने में यद्यपि शताब्दियों के हिन्दू सम्पक्र का प्रभाव माना जा सकता है। किन्तु प्रश्न हिन्दू प्रभाव का नहीं धरमेस के उस महत् स्वरूप का है जिसमें वह सूर्य की शक्ति को समाहित करते हुए उरांव धर्म में सर्वश्रेष्ठ देवता के रूप में क्रमशः प्रतिष्ठित हुए हैं।

रेवरेण्ड पी. डेहन ने अपने अध्ययन के आधार पर निष्कर्ष निकाला है कि उरांव जब 'भगवान' शब्द का प्रयोग करते हैं तो कोलों की तरह उनका तात्पर्य सूर्य से होता है।[16] किन्तु डेहन ने उरांवों द्वारा प्रयुक्त 'बिड़ि' या 'सुरूज भगवान' शब्द की ओर ध्यान नहीं दिया है। 'सुरूज' के साथ 'भगवान' शब्द लगाकर सूर्य के देवत्व एवं महत्व को अवश्य स्वीकारा गया है किन्तु उससे यह सहज अनुमान होता है कि सूर्य भगवान नहीं अपितु भगवान जैसे हैं। जबकि धरमेस को सृष्टिकर्ता के रूप में पूजा गया है तथा विशेष धार्मिक कृत्यों एवं पर्वों पर धरमेस की स्तुति, पूजन–विधि तथा महत्व[17] से स्पष्ट होता है कि धरमेस सभी देवताओं में श्रेष्ठतम है। शुभ–कर्मों एवं पूजा–विधियों में उरांव पूर्वाभिमुख होकर स्तुति करते और धार्मिक कृत्यों का निष्पादन करते हैं। "अग्निवर्षा" में धरमेस की शक्ति का उल्लेख है जिससे उन्होंने अंहकारी और लोभी मानव जाति का विनाश किया है। इससे स्पष्ट है कि धरमेस की शक्ति में एक तेज अग्नि की अर्थात् सूर्य की गर्मी की है

और चूँकि उनका आसन उँचे आकाश में पूर्व की ओर है अतः यहाँ धरमेस से तथा सूर्य से एक कड़ी जुड़ती हुई दिखलाई पड़ती है।

धरमेस में सूर्य के गुणों का निहित होना और साथ ही साथ उन्हें सृष्टिकर्ता एवं उरांव जन–जाति के जनक (अग्निवर्षा के उपरान्त भाई–बहन के रूप में सुरक्षित बचे युग्म का पालन–पोषण धरमेस की इच्छा से हुआ था) और रक्षक के रूप में पूजित करना सूर्य को धरमेस में समाहित करना या सूर्य को धरमेस में एकाकार करना है। कर्नल डालटन ने भी उरांव धर्म की व्याख्या के सन्दर्भ में ध रमेस के स्वरूप को लगभग इसी प्रकार देखा है।[18] किन्तु डाल्टन ने धरमेस के प्रति उरांवों की जो श्रद्धा है तथा धरमेस की शक्ति एवं प्रताप के प्रति जो उरांव के मन में आस्था है उसका उचित मूल्यांकन नहीं किया है। डाल्टन का कहना है कि उरांव मानते हैं कि जब वे जादू–टोना या दुष्टात्माओं द्वारा सताए जाते हैं या रोग–व्याधियों से ग्रस्त हो जाते हैं तो 'धरमेस' बीच में आकर उनका बचाव नहीं करता। इस प्रकार उरांव जनजाति जब धरमेस को अपनी रक्षा या हित चिन्तन में निष्क्रिय पाती है तो उसका सोचना स्वाभाविक है कि वे उस देवता या दुष्टात्मा को ही चढ़ावा चढ़ा कर या पूजा कर तुष्ट करें जिनसे उन्हें व्याधियाँ भेजी जाती है। अतः उरांव धरमेस की पूजा करना या उन्हें बलि अर्पित करना निरर्थक मानते हैं।[19] कर्नल डाल्टन के अनुसार उरांवों के मन में धरमेस की शक्ति के प्रति या तो संशय/शंका है या उनकी निष्क्रियता के कारण उनके प्रति उदासीनता है। कर्नल डाल्टन के निष्कर्ष का आधार था कि उरांव लोग धरमेस की अपेक्षा क्षेत्रीय देवी–देवताओं एवं नादों को अधिक पूजते हैं।

क्षेत्रीय देवताओं एवं दुष्टात्माओं की तुलना में धरमेस की शक्ति एवं प्रताप को हीन करना वस्तुतः उरांव धर्म के किसी एक क्षेत्र के छिछले अध्ययन का परिणाम हो सकता है किन्तु इस अध्ययन के परिणाम को सामान्यतः उरांव धर्म पर नहीं आरोपित किया जा सकता है। यह अवश्य है कि आदिम उरांव जन–जाति विभिन्न व्याधियों के कारणों के मूल जादू–टोना तथा दुष्ट एवं रुष्ट नादों का प्रभाव मानती है तथा इसका उपचार इस विद्या में पारंगत ओझा, माती आदि से कराती है। चूंकि ओझा, माती, देवड़ा, सोखा तथा जादू–टोना या नादों की मार से रक्षा करने वाले अन्य अनुभवी एवं इस विद्या के जानकार उपचारक अपने–अपने सिद्ध देवी–देवता का ही आह्वान करते हैं तथा वे धरमेस की पूजा से स्वयं को अलग रखते हैं। अतः डाल्टन जैसे एकांगी चिन्तक मान सकते हैं कि उरांवों की दृष्टि में धरमेस उन्हें रोग–मुक्त करने में असमर्थ या निष्क्रिय हैं।

उरांव धर्म में धरमेस की पूजा के विधान में पाहनों का महत्व है। उरांव धर्म–संरचना में पाहन का स्थान धरमेस तथा उरांव जन–जाति के बीच एक कड़ी के रूप में निश्चित है। पाहन तथा इनके सहायक पुजार या पनभरा उरांव जाति

में परम्पराओं से स्वीकृत धार्मिक कृत्यों को निष्पादित करते हैं। इन्हें धरमेस की स्तुति कण्ठस्थ रहती है। ये धरमेस की विभिन्न चमत्कारपूर्ण कथाओं को पूजा के अवसरों पर एकत्रित उरांव–समुदाय को सुनाते एवं समझाते हैं जिससे धरमेस द्वारा राक्षस की हत्या, असुरों का संहार, मानव–जाति का विनाश से बचाव आदि प्रमुख हैं। पर्वों, शुभ–अवसरों तथा अन्य मनौती के अवसरों पर पाहन की देख–रेख में धरमेस की पूजा होती है। बिना धरमेस की स्तुति तथा साक्ष्य के कोई भी धार्मिक कृत्य अपूर्ण माना जाता है। विवाह निश्चित करने में धरमेस की इच्छा एवं स्वीकृति आवश्यक है तभी पति–पत्नी का जोड़ा धर्म–संगत एवं शुभकारी हो पाता है। इस प्रकार धरमेस उरांव जन–जाति के धार्मिक जीवन से सीधे सम्बन्धित हैं। पाहन जो धरमेस की इच्छा का, विभिन्न प्रतीकों का विश्लेषण कर पता लगा देता है, धरमेस तथा उरांव जन–जाति के बीच एक महत्वपूर्ण कड़ी का काम करता है।

जहॉ तक रोग–व्याधियों के निराकरण का प्रश्न है इसकी दो स्थितियॉ उरांव समाज में देखी जा सकती है। चूँकि उरांव अपनी व्याधियों के मूल में दुष्टात्माओं, चुड़ैलों या जादू–टोना करने वालों को मानते हैं अतः व्याधियों से मुक्ति हेतु उन्हें संतुष्ट करना आवश्यक हो जाता है। ऐसी प्रेतात्माओं को संतुष्ट करने की या उन्हें प्रताड़ित कर रोग ग्रस्त व्यक्ति को मुक्त कराने की जो विद्या विकसित हुई उसके सम्पादक एवं निर्वाहक ओझा माती हुए। ओझा मातियों की संस्था और पाहन–पुजारों की संस्था स्थूल दृष्टि से एक जैसी दिखती हैं किन्तु ये पूरी तरह भिन्न हैं। दोनों अपने–अपने इष्ट की पूजा करते हैं। पाहनों की पूजा में धरमेस का उल्लेख आता है, उनकी कथा कही एवं स्तुति की जाती है किन्तु ओझा–माती धरमेस का उल्लेख नहीं करते। चूंकि जादू–टोना एवं इनका प्रभाव उरांव जीवन पर गहराई से छाया हुआ है तथा इनके प्रभाव को निरस्त करने एवं इनसे रोग ग्रस्त व्यक्ति को रोग–मुक्त कराने के प्रयास क्रम में लोग धरमेस की अपेक्षा उन अदृश्य शक्तियों की पूजा करना अधिक श्रेयष्कर मानते हैं जिनसे उन्हें रोग से मुक्ति मिल सके। डाल्टन का यह निष्कर्ष पूरी तरह सतही है और उनका यह मानना कि धरमेस की उरांव जाति उपेक्षा करती है या उन्हें उन शक्तियों की तुलना में कमजोर मानती है, पूरी तरह भ्रामक है।

उरांव जन–जाति के जीवन के धार्मिक पक्ष का सूक्ष्म विश्लेषण करने से उनके जीवन की विभिन्न गतिविधियों में धरमेस के श्रेष्ठतम स्थान एवं महत्व का सहज दर्शन होता है। प्रायः सभी प्रमुख पर्वों में अन्य क्षेत्रीय देवताओं के साथ–साथ धरमेस की पूजा उनकी श्रेष्ठता का विचार करते हुए की जाती है। उरांवों के प्रमुख धार्मिक सरना स्थल पर सरहुल पर्व के पुण्यतम अवसर पर धरमेस की पूजा 'सफेद' मुर्गे से की जाती है जबकि अन्य क्षेत्रीय देवताओं को किसी भी मुर्गे की

सभी संस्कारों के अवसर पर धरमेस की गाथा गाई और सुनी जाती है, तथा उनकी अपार शक्ति क अभिव्यक्ति प्रकृति में सर्वत्र बिखरी हुई दिखलाई पड़ती है। वह सृष्टिकर्त्ता और सृष्टि नियन्ता हैं। जादू–टोना और रोग–व्याधियों की मारक शक्ति को निष्फल करने के लिए उरांव समाज में सुरक्षात्मक विधि 'दण्डा–कट्टा' या 'भेलवा–फाड़ी' पूजा का आयोजन किया जाता है। इस आयोजन में मात्र धरमेस की पूजा–स्तुति की जाती है तथा उन्हें प्रसन्न कर उनकी सुरक्षात्मक कृपा प्राप्त की जाती है। उरांव विश्वास के अनुसार जिस परिवार में भेलवा–फाड़ी का आयोजन होता है उस परिवार पर जादू–टोना या मारक मंत्रों को साधने वाले साधकों से साधित नाद अपने अनेक प्रयत्नों के उपरान्त भी कोई प्रभाव नहीं डाल पाते क्योंकि यह धरमेस द्वारा सुरक्षित है। अतः कर्नल डाल्टन का यह निष्कर्ष[20] कि दुष्टात्माओं की तुलना में उरांव लोग पूजा–पाठ में धरमेस की उपेक्षा करते हैं पूरी तरह भ्रामक है। उरांव लोग जादू–टोना आदि जैसी प्रक्षेपित व्याधियों से, मुक्त होने के लिए न केवल धरमेस की आराधना करते और उनकी कृपाकांक्षा प्राप्त कर रोगमुक्त होने पर मानता के अनुसार धरमेस को चढ़ावा चढ़ाते है अपितु ऐसे अनेक छोटे–बड़े धार्मिक तथा टोटका सम्बन्धी कृत्य भी करते हैं जिसमें ध रमेस का आह्वान किया जाता है और ऐसा करके उरांव दुष्टात्माओं के उत्पात एवं रोष से स्वयं को सुरक्षित कर लेते हैं। दण्डा–कट्टा या भेलवा–फाड़ी आयोजन इसका एक प्रत्यक्ष उदाहरण है। यदि डाल्टन ऐसे धार्मिक कृत्यों का संकलन एवं अध्ययन करते जिसमें धरमेस की कृपा प्राप्त कर उरांव लोग जादू–टोना या दुष्टात्माओं के प्रभाव से स्वयं को मुक्त कर लेते हैं तो डाल्टन की विचार–धारा ध रमेस की तुलना में जादू–टोना से जुड़े दुष्टात्माओं को महत्व प्रदान नहीं करती।

धरमेस की सर्व–श्रेष्ठता 'असुर अवदान' से भी प्रमाणित है जब वह असुरों की जलती हुई भट्ठी की अग्नि में सप्ताह भर तपाए जाने के उपरान्त एक दैवी राजा की तरह स्वर्णाभूषणों से अलंकृत होकर बाहर निकलते हैं तथा उपस्थित असुरों को चमत्कृत कर देते हैं।[21] सात दिनों तक असुरों की जलती हुई भट्ठी में जीवित रह कर स्वर्णाभूषणों से राजा की तरह अलंकृत होकर निकलने वाला खसरा बालक निसन्देह अपराजेय दैवी शक्तियों से विभूषित था और इस तथ्य को असुर तथा असुर स्त्रियों ने बाद में पहचाना।

जादू–टोना में जिन अदृश्य शक्तियों को साधक नियंत्रित करता और किसी शत्रु पर प्रक्षेपित करता है या उनका उपयोग व्याधियों एवं आपदाओं को बरपा करने के लिए करता है, वे शक्तियॉ उन क्षेत्रीय देवी–देवताओं एवं नादों से न्यून है जिन्हें धरमेस ने बनाया है। धरमेस ने असुरों की विधवाओं को इतनी शक्ति अवश्य प्रदान की है कि वे अपने क्षेत्र विशेष पर नियंत्रण रख सके तथा उनकी उपेक्षा होने पर उरांवों को दण्डित कर उनसे चढ़ावा प्राप्त कर सकें। ये देवी

देवता जादू–टोना की मारक शक्तियों से उरांवों को सुरक्षित रखने में समर्थ माने जाते हैं। चूंकि जादू–टोना से ग्रस्त उरांव प्रायः ओझा एवं मातियों से रोग–मुक्ति का उपचार तलाशते हैं तथा ओझा मातियों के साध्य देवी–देवता प्रायः हिन्दू देवता (विशेषकर महादेव) होते हैं अतः धरमेस की यहाँ कोई आवश्यकता नहीं पड़ती। पुनः उरांव धर्म के पारम्परिक प्रचलन में धरमेस का सम्बन्ध पाहन एवं पुजार से जुड़ा हुआ है। जिस पूजा में पाहन या पुजार हैं उस पूजा में धरमेस का आह्वान संभव है किन्तु जिस पूजा–पाठ में, ओझा एवं माती आदि होते हैं वहाँ धरमेस का आह्वान नहीं होता। ओझा एवं माती की विद्या और विधियों में धरमेस नहीं आते। जब रोग अत्यन्त असाध्य होता है तथा ओझा और माटी भी जब असफल हो जाते हैं तो उरांव के सामने अन्य कोई विकल्प नहीं रह जाता अतिरिक्त धरमेस की शरण जाने और उस की पूजा कर, उसकी कृपा प्राप्त कर, रोगी को रोग मुक्त कराने की। इस प्रकार जब सभी देवता असफल हो जाते है तो उरांव धरमेस का सहारा लेते हैं। एस.सी. राय ने भी अपने अध्ययन के आधार पर यहीं निष्कर्ष निकाला है।[22]

धरमेस की श्रेष्ठता पाहन द्वारा की जानेवाली पूजा की स्तुति में भी अभिव्यक्ति है जब वह कहता है–"निन धरमे, बाबा हेकदाए, आक्काम बलदाम, आदिन सम्ड़हाक।[23] एमहाए खन्न माला इरि, निधाए खन्न इरि निन्हिम बाबा हिकदाए सम्ड़हाके।" अर्थात जाने–अनजाने यदि हमसे किसी क्षेत्रीय देवी/देवता या नाद की पूजा में कोई त्रुटि रह गई हो तो उनके रोष को, तुम पिता धरमेस रोकना। (क्योंकि) हमारी आँखें कुछ भी नहीं देख पातीं किन्तु तुम्हारी आखें सब कुछ देखती हैं। अर्थात् तुम सर्वज्ञ एवं सर्व द्रष्टा हो तथा तुम उन नादों पर नियंत्रण रखने में सक्षम हो। उरांवों के विश्वास के अनुसार धरमेस से कुछ भी प्रच्छन्न नहीं रहता। इस प्रार्थना से स्पष्ट है कि देवी–देवताओं एवं नादों तथा मृतकों की आत्माओं पर धरमेस का पूरा नियंत्रण रहता है। वह इन सबसे श्रेष्ठ है। उरांवों की आस्था के अनुसार धरमेस उन उरांवों को दण्डित करता है जो परम्परा से चली आ रही मान्य नैतिकता के माप–दण्डों को तोड़ते हैं। अतः उस दण्ड से बचने के लिए धरमेस की पूजा सफेद मुर्गे से की जाती है। उसका रंग सूर्य की तरह सफेद एवं तेजस्वी है किन्तु वह सूर्य का स्वरूप नहीं है। सूर्य का उसमें व्यक्तीकरण अथवा देवताकरण नहीं हुआ है। धरमेस ने सृष्टि के प्रारंभ से ही स्वयं को देवता के रूप में प्रकट किया है क्योंकि उसने सृष्टि की रचना की है। उरांव जन–जाति ने धरमेस को अपने सर्वश्रेष्ठ देवता के रूप में ग्रहण किया है।

उरांवों की धार्मिक मान्यता के अनुसार धरमेस ऐसा देवता नहीं है जिसमें प्रकृति की मात्र किसी विशाल वस्तु को समाहित मान लिया जाय या पूरी उरांव जाति की सामूहिक सामाजिक शक्ति के रूप में उसे देखा जाय या उसे उन नादों

तथा क्षेत्रीय देवी–देवताओं का जो सर्वत्र व्याप्त है, प्रधान या नियंत्रक देवता मान लिया जाय। तात्पर्य यह कि उरांव धर्म दर्शन में धरमेस को विशाल प्राकृतिक वस्तु सूर्य तक या सम्पूर्ण उरांव जन–जाति की सामूहिक सामाजिक शक्ति एवं जाति के नियन्ता तक अथवा अदृश्य शक्तियों एवं देवी–देवताओं के प्रधान तक सीमित नहीं रखा गया है। उरांव धरमेस को उन सबसे उपर मानते हैं। धरमेस मनुष्य, नादों, देवी–देवताओं और इस सम्पूर्ण सृष्टि का रचनाकार है, सर्जक है, नियंत्रक एवं रक्षक भी हैं। उसकी इच्छा सर्वोच्च है। वह जब जैसा चाहता है दृश्य अथवा अदृश्य शक्तियों को निर्देशित एवं संचालित कर सकता है।

अग्नि–वर्षा तथा असुर अवदान की धर्म गाथाओं में धरमेस का 'मानव जाति के रक्षक' के रूप में प्रभावी चरित्र उभर कर उरांव जन–मानस पर छाया हुआ है। विभिन्न धार्मिक अवसरों पर इन धर्म कथाओं को पाहन गाता तथा लोगों को समझाता है। एक असहाय विधवा वृद्ध के पुत्र के रूप में धरमेस बेलातपुर में रहता था जहाँ के राजा प्रतिदिन चावल एवं भोज्य सामग्री के साथ एक मनुष्य को उस राक्षस के पास भेजते थे जो उस राज्य में उत्पात मचाए हुए था। नियमित रूप से राक्षस को संतुष्ट करने के लिए प्रतिदिन बेलातपुर के एक प्राणी को बलि दी जाती थी। पुनः एक दिन धरमेस की बारी आयी। वह एक सामान्य नौकर जैसा तैयार होकर चला और उसने राक्षस की हत्या कर बेलातपुर वासियों को त्राण दिलाया।[24] राक्षस के शव से निकलने वाली दुर्गन्ध[25] को नष्ट करने के लिए धरमेस ने अग्नि की वर्षा मुण्डा एवं उरांव का धार्मिक इतिहास [illegible] स के शव के दुर्गन्ध का प्रतीकात्मक अर्थ है। दुष्टों द्वारा पाप–कर्म की अत्यधिक वृद्धि के कारण उनके विनाश और नई मानव सृष्टि हेतु धरमेस ने अग्नि–वर्षा की। यह चिन्ता और कार्य सर्वशक्तिमान भगवान ही कर सकता है। प्रचलित सामाजिक रीतियों एवं नैतिकताओं की परवाह न करते हुए जब असुर प्रवृत्ति के लोगों की बाढ़ आ जाती है तथा 'धर्म की हानि' होने लगती है तो भगवान अवतरित होकर दुष्टों का विनाश करते हैं तथा नई सृष्टि, नई जाति विकसित कर धर्म की स्थापना करते हैं।

धरमेस ने यही किया। सम्पूर्ण देश में राक्षसी वृत्ति बढ़ गई थी तथा धर्म के भय से मुक्त मनुष्य के अमानवीय पाप कर्मों से सर्वत्र अव्यवस्था की दुर्गन्ध फैल रही थी और इस प्रकार सृष्टि असंतुलित होने लगी थी। ऐसे समय में धरमेस द्वारा पापियों के विनाश हेतु अग्निवर्षा आवश्यक थी। इसीलिए धरमेस ने "बैल" से कहा था कि बेलातपुर वासियों को जाकर सूचित कर दो कि वे "क्योंझर" जाकर अपने को सुरक्षित कर लें अग्निवर्षा होनेवाली है किन्तु अपने दर्प और अहं में बेलातपुर वासियों ने बैल को ही मार डाला।

धरमेस ने जाति का नए ढंग से पुनर्विकास किया। कृषि की व्यवस्था की, रात–दिन बनाया, क्षेत्रीय देवी–देवताओं को जन्म दिया एवं उन्हें दायित्व सौंपे[26],

जिससे धरमेस को सृष्टि के संचालन एवं उसमें संतुलन बनाए रखने में सुविधा हो। उसने उरांवों को आदेश दिया कि इन देवी–देवताओं तथा पितरों एवं अदृश्य–लोक के वासियों को भोग लगाया करें तथा उन्हें तुष्ट रखने का प्रयास करें। उसने यह भी व्यवस्था दी कि यदि उरांव लोग स्वार्थवश या अनजाने भी अपने कर्त्तव्य का पालन न करें तो अदृश्य शक्तियाँ रोग–व्याधि भेज कर उरांवों को चेतावनी स्वरूप बीमार कर दें या विपत्तियों तथा आपदाओं से, उन्हें आग्रस्त कर दें।

इसीलिए धरमेस की प्रार्थना में उरांव लोग क्षमा की भी प्रार्थना करते हैं कि जाने–अनजाने यदि उन्होंने क्षेत्रीय देवी–देवताओं, नादों को चढ़ावा न चढ़ाया हो तो धरमेस उन अदृश्य शक्तियों को व्याधियां भेजने से रोक दें क्योंकि वह सर्वज्ञाता है तथा उरांव जाति के रक्षक हैं। पाहन, पूजा के विभिन्न अवसरों पर धरमेस की स्तुति में उनकी प्रशस्ति अपराजेय, शक्ति, परमपिता के रूप में उरांवों के प्रति सन्तानवत स्नेह, तथा ऐसी ही अनेक गुणों का वर्णन करते हैं। उरांव धर्म के अनुसार धरमेस या अन्य देवी–देवता, नाद अपितु धरमेस को भी अतृप्त रह जाना पड़ता है। अग्निवर्षा के उपरान्त जब धरमेस को कुछ दिनों तक चढ़ावा नहीं चढ़ाया गया तो उन्होंने पत्नी पार्वती से कारण पूछा और पता चला कि अग्निवर्षा से मानव–जाति नष्ट हो चुकी है अतः चढ़ावा कौन चढ़ाएगा। धरमेस की चिन्ता हुई और उन्होंने 'भाई–बहन' युग्म[26] को सिरा–सीता में ढूंढ़ कर उन्हें पाल–पोस कर बड़ा बनाया कि वह पूजा एवं चढ़ावा अर्पित कर सकें। पाहन कथा–क्रम में इस तथ्य पर विशेष बल देता है कि जो कुछ हमारे पास है धरमेस का दिया है। अतः उसे पहले समर्पित करने के उपरान्त जो अवशिष्ट हो उसी पर हमारा अधिकार होता है।

धरमेस से सम्बन्धित असुर–अवदान में खसरा बालक से लेकर असुर विधवाओं को क्षेत्रीय दायित्व सौंपने तथा बोंगा या देवी–देवता के रूप में उरांवों से पूजा प्राप्त करने तक की सम्पूर्ण कथा एक ओर धरमेस के चरित्र का उद्‌घाटन करती है तो दूसरी ओर उरांवों के धार्मिक–विश्वासों के विकास में मुण्डा धर्म के प्रभाव का भी प्रमाण प्रस्तुत करती है। इस अवदान से धरमेस के समस्त क्रिया–कलाप लगभग वैसे ही जैसे सिङ्‌बोंगा के थे। फिर भी धरमेस और सिङ्‌बोंगा में कतिपय मूल–भूत अन्तर है। उरांव लोग मुण्डाओं की अपेक्षा आर्यों के अधिक सन्निकट रहे हैं तथा इनके देवी–देवता तथा नादों के चरित्र के विकास में हिन्दू देवी–देवताओं के चरित्र का प्रभाव स्पष्ट लक्षित होता हैं। उरांव जाति की उत्पति और विकास सम्बन्धी धर्म–कथाओं में असुर अवदान के अतिरिक्त अग्निवर्षा के अर्न्तगत वर्णित कथा जिसमें धरमेस ने राक्षस का वध किया है महाभारत की उस कथा को अनुकृति है जिसमें अज्ञातवास काल में भीम द्वारा राक्षस मारा गया था।

पितर (देवता) या पच बालर :

उरांव जन–जाति के धार्मिक जीवन में 'पच–बालर' की अवधारणा का विकास अत्यन्त महत्वपूर्ण है। उरांव विश्वास के अनुसार उनके मृत–पूर्वजों की 'एख' (आत्मा) पाताल लोक अर्थात पृथ्वी के नीचे बसती है।[28] नए मृतकों की आत्माएँ हड़बोड़ी के पूर्व पृथ्वी पर मृतक के घर के निकट भटकती रहती है। किन्तु निश्चित समय पर वार्षिक कोहा–बेंजा–कृत्य सम्पादित करते हुए गॉव का पंच या मृतक के घर का ज्येष्ठ–व्यक्ति पातालवासी अपने पूर्वजों की आत्मा से प्रार्थना करता है कि अपने गाँव के इस मृतक की आत्मा को अपने 'पच–बालर' में सम्मिलित कर लें। वह कहता है–"फना (गाँव का या वंश) गोत्र–गाहि पाच्चो पाचगी खेखेल किया रअदर इसिन[29] हु संगे नानके।"

उरांव मानते हैं कि मृतकों की आत्माएँ जब तक पच–बलार में स्वीकृत एवं व्यवस्थित नहीं हो पाती उनकी स्थिति असामान्य रहती है। वे अपने पुराने सम्बन्धियों के बीच रहती तथा उन्हें शीघ्र छोड़ना नहीं चाहती हैं। उरांवों का विश्वास है कि ये अव्यवस्थित आत्माएं परिवार को अनेक प्रकार की कठिनाईयों में डालती रहती है तथा प्रत्येक परिवार इनसे शीघ्र मुक्त होना चाहता है। उन्हें पच–बालर के बीच व्यवस्थित कर देने पर भी यह नहीं कहा जा सकता कि ये कब इस लौकिक संसार में उपर आकर परिजनों तथा अन्य ग्रामीणों को सतायेगी। वैसे उरांवों की मान्यताहै कि जो आत्माएं पच–बालर में सम्मिलित नहीं हो पाती वे कष्टदायक होती है किन्तु जो मृत–पूर्वजों के समूह में सम्मिलित हो जाती है वे अपने परिवार के लिए कल्याणकारी सिद्ध होती है और पूर्वजों का दायित्व निर्वाह करते हुए परिवार पर आपदा लाने वाली दुष्टात्माओं का प्रतिकार करती हैं। बीमारी के समय अदृश्य रूप से रोगी के सिरहाने बैठकर उसकी रक्षा करती हैं। जंगली रास्ते या मार्ग में जाते समय परिवार के सदस्यों के साथ वे संरक्षक के रूप में चलती हैं अर्थात् वे एक अभिभावक का दायित्व निर्वाह करती है।

उरांवों के धर्म विकास में 'पच–बालर' की भूमिका का जितना महत्व है उतना ही महत्व उनके जीवन में उन 'एखों' (मृतकों की आत्माओं) का है जिन्हें उरांवों के धार्मिक विश्वास के अनुसार दो वर्गों में विभाजित किया जा सकता है। 1. एक वे जो कष्टदायक एवं दुष्ट होते हैं तथा 2. दूसरे वे जो कल्याणकारी एवं उरांवों के हित–चिन्तक होते हैं। उरांवों की मान्यता के अनुसार एखों का उपरोक्त चरित्र मुख्यतया उनकी मृत्यु की परिस्थितियों पर निर्भर करता है। ये परिस्थितियाँ असामान्य मृत्यु की परिस्थितियां होती हैं जैसे किसी जंगली जानवर द्वारा मारे गए मृतक का एख, गर्भवती महिला या प्रसव पीड़ा से मृत महिला का एख 'नासन' या कष्टदायी होता है। ऐसा प्रतीत होता है कि उरांवों में, मूल रूप में, मृतकों के एख से कुछ

बचने और दूर रहने की प्रवृति रही है तथा मुण्डा लोगों की तुलना में उरांवों का सदैव प्रयास रहा है कि मृत पूर्वजों की छाया से स्वयं को तथा घर के अन्य प्राणियों को दूर रखा जाय।

मुण्डा–गृह में अदिंग की व्यवस्था है। अदिंग घर का वह हिस्सा है जहॉ मुण्डा लोग अपने पितरों को स्थापित करते, पूजा करते तथा उनके रहने की व्यवस्था करते हैं। अर्थात् घर के अन्य व्यक्तियों की तरह मृत पूर्वजों की आत्मा को अदिंग में बसाया जाता है तथा उन्हें परिवार का एक अंग माना जाता है। किन्तु उरांव धर्म में ऐसी कोई व्यवस्था नहीं है। यद्यपि रेवरेण्ड पी. डेहन ने अपने अध्ययन के आधार पर निष्कर्ष निकाला है कि उरांव लोग 'छाइन भितरना' क्रिया द्वारा 'एख' को मुण्डाओं की तरह घर में वापस लाते हैं तथा उन्हें स्थायी रूप से बसाते हैं। रेवरेण्ड डेहन का यह निष्कर्ष जो पलामू क्षेत्र के उरांवों पर अध्ययन के उपरान्त निकाला गया है, वार्षिक कोहा–बेंजा कृत्य को ध्यान में रखकर नहीं किया गया प्रतीत होता है। 'छाइन भितरना' क्रिया या उरांवों के बीच प्रचलित उचित नाम 'एखःमखना' क्रिया द्वारा उरांव लोग 'एख' को घर की सीमा में वापस लाते हैं किन्तु उसे वार्षिक कोहा–बेंजा तक ही रखते हैं तथा 'उतुर–खिला' कृत्य द्वारा 'पच–बालर' के मृत–पूर्वजों के समुदाय में उसे प्रविष्ट करा देते हैं।

उरांव धर्म में 'एख' की परिकल्पना मनुष्य की सजीव छाया की तरह की गई है। एख = आत्मा तथा जीउ (जीव) दो भिन्न तत्व हैं। जीउ मनुष्य की भौतिक शक्ति है तथा उरांव मानते हैं कि मृत्यु के समय जीउ शरीर से वायु की तरह निकल जाती है कोई नहीं जानता। किन्तु जहॉ तक 'एख' का सम्बन्ध है वह पच–बालर का एक सदस्य बन कर धरती के नीचे उनके बीच रहता है।

प्रत्येक उरांव का 'एख' वस्तुतः उसकी छाया है जो आवश्यकता पड़ने पर शरीर से बाहर निकल कर कहीं जा सकता है तथा गति से लौट कर पुनः शरीर में प्रविष्ट कर सकता है। उरांव जीवन में स्वप्न को भ्रम न मानकर सत्य माना जाता है जिसका अनुभव एख के द्वारा किया गया होता है। उरांव मानते हैं कि जब व्यक्ति सोते समय स्वप्न देखता है तो वस्तुतः उसके शरीर से उसका 'एख' निकल कर उन दृश्यों तथा स्थानों को देखता है तथा उस दुख और सुख का अनुभव करता है जिसे वह स्वप्नावस्था मेंपाता है। नींद टूटते–टूटते एख तीव्र गति से लौटकर उसके शरीर में प्रविष्ट हो जाता है इसीलिए उरांव लोग सोये हुए व्यक्ति को झटके से नहीं उठाते शनैःशनैः उठाते हैं कि उसके एख को शरीर में प्रवेश करने का अवसर मिल जाय।

इस प्रकार 'एख' उरांव की सक्रिय छाया है जब कि जीव उसकी शारीरिक या भौतिक शक्ति है। शरीर के विनाश के साथ–साथ जीव शरीर से निकल कर

वायु में विलीन हो जाता है किन्तु एख का अस्तित्व बना रहता है। 'एख' शरीर विहीन व्यक्ति होता है जिसमें मृतक उरांव की पहचान बनी रहती है। वह पाताल लोक में परिवार के मृत पूर्वजों के बीच स्थान पा लेता है।

एक उदाहरण से बात और स्पष्ट हो सकेगी। उरांव पाहन उन परिस्थितियों पर प्रकाश डालता है जब किसी उरांव का 'एख' उसके शरीर से बाहर हो और फिर भी उरांव जीवित हो। पाहन का कहना है कि सोते हुए व्यक्ति का 'एख' जब दूर कहीं विचरण कर रहा होता है तब हड़बड़ाकर जगा देने से एख को शरीर में प्रवेश करने का समय नहीं मिल पाता। जाग्रत अवस्था में एख शरीर में प्रविष्ट नहीं कर सकता। अतः जीव के कारण उरांव जीवित रहता है किन्तु एख के अभाव में वह अपना संतुलन खो देता है तथा पागलों जैसी क्रियाएँ करने लगता है। वह असाध्य रोगी हो जाता है और शीघ्र ही उसकी मृत्यु हो जाती है। फिर भी शरीर से एख के बाहर जाने पर जीव रहने तक उरांव जीवित रहता है यद्यपि उसका जीवन असामान्य होता है।

इस प्रकार मृत्यु के लिए 'एख' का शरीर त्याग आवश्यक नहीं है अपितु जीव का आवश्यक है। जीव की गति के विषय में उरांव धर्म में कोई विचार नहीं है उरांवों का सम्बन्ध व्यक्ति के 'एख' से है क्योंकि एख की मृतक उरांव की तथा उसके गोत्र की पहचान है।

उरांव धर्म में संवेदनशीलता की त्रीवता के आधार पर 'एख' को दो वर्गों में बॉटा गया है। ऐसा व्यक्ति जो अलौकिक शक्तियों, स्वप्नों तथा भूत–प्रेतों के प्रति अधिक संवेदनशील होता है तथा शीघ्र प्रभाव में आ जाता है तथा ऐसा व्यवित जो उपरोक्त शक्तियों से शीघ्र प्रभावित नहीं होता तथा रूढ़ या असंवेदनशील होता है। प्रथम व्यक्ति का एख–'नेब्बा एख' अर्थात हल्की छाया माना जाता है तथा दूसरे व्यवित का एख–ओथ्था एख या मोटी छाया माना जाता है। कतिपय ईसाई मिशनरियों[30] का विचार है कि उरांव लोग 'नेब्बा एख' को मृत्यु उपरान्त अपने घर में 'छाइन मितरना' द्वारा वापस लाते हैं। वस्तुतः एख का वर्गीकरण मनुष्य के स्वभाव को देखकर किया गया प्रतीत होता है। चूँकि एख मनुष्य की प्रतिछाया है अतः मनुष्य के स्वभाव या प्रकृति का लक्षण एख में पाया जाना स्वाभाविक है। उरांव धर्म में पितरों का पृथ्वी के नीचे (खेखेल किया) उसी प्रकार घर–मकान रहन–सहन है जैसे पृथ्वी से उपर रहते हैं तथा पृथ्वी पर मरने के उपरान्त मृतक की एख पृथ्वी के नीचे निवासित अपने पितरों के एख या पच–बालर में जाकर पारिवारिक व्यक्ति की तरह सम्मिलित हो जाता है।

दुष्ट एख से कल्याणकारी एख का विकास :

उरांव धर्म में पच–बालर की यद्यपि अपनी मौलिक परिकल्पना है किन्तु मृतकों की आत्मा की प्रकृति एवं इनके व्यवहार के स्वरूप पर मुण्डा तथा हिन्दू धर्म का

प्रभाव परिलक्षित होता है। नेब्बा–एख तथा ओथ्था–एख की परिकल्पना पर मुण्डा धर्म का स्पष्ट प्रभाव दिखलाई पड़ता है। मुण्डा धर्म में भारी और हल्की रोआ की विस्तृत चरचा हो चुकी है। छोटानागपुर में प्रवेश के उपरान्त उरांव धर्म में ऐखों की इस प्रकार की परिकल्पना विकसित हुई। चूँकि उरांव छोटानागपुर में मुण्डा लोगों के विशेष निकट थे तथा मुण्डा धर्म में हल्के एवं भारी रोआ की परिकल्पना विकसित हो चुकी थी अतः स्वाभाविक था कि उरांवों की भी चिन्तन–धारा उसी दिशा को ग्रहण करती जिस दिशा को उनके पूर्ववर्ती मुण्डा ग्रहण कर चुके थे।

हिन्दू एवं मुण्डा चिन्तन का प्रभाव उरांवों की उस मान्यता पर भी पड़ा है जब वे मृतकों की आत्मा को सताने वाली तथा कष्टदायक मानते थे और उनसे परिवार के लोगों को दूर रखने का प्रयास करते थे। आज उरांव मानते हैं कि बीहड़ जंगली में, मुसीबत में, बीमारी में विभिन्न आपदाओं में उनके पूर्वज के एख उनकी सहायता के लिए सदैव तत्पर रहते हैं किन्तु क्या पहले भी उरांव धर्म में पितरों का यही चरित्र था अथवा इससे भिन्न था ? सम्पूर्ण परिस्थितियों के विश्लेषण के उपरान्त यह कहना कठिन है कि उरांव धर्म की प्रारम्भिक अवस्था में उरांवों के विश्वास के अनुसार मृतकों की आत्माएँ सकारात्मक भयोत्पादक होती थीं या नहीं किन्तु उरांवों की इस धारणा में हिन्दू प्रभाव के कारण काल–क्रम में परिवर्तन आया तथा पूर्वजों की आत्मा क्रमशः कल्याणकारी एवं पूज्य मानी गई तथा उन्हें महत्वपूर्ण अवसरों पर आस्थापूर्वक चढ़ावा चढ़ाया जाने लगा।

छोटानागपुर प्रवेश के पूर्व रोहतासगढ़ के उरांवों का एक दल राजमहल पहाड़ियों की ओर चल पड़ा था। उड़ीसा के खोंड तथा मध्य प्रदेश में रहनेवाले गोंड उरांवों के ही परिवार के हैं। इनके अतिरिक्त संथाल परगना के 'सौरिया पहाड़िया' उरांवों के ही परिवार के अंश है। जहाँ तक छाइन भितरना कृत्य का सम्बन्ध हैं खोंड तथा गोंड दोनों जातियों में मृतकों की आत्मा को वापस लौटाने का प्रचलन है और यह प्रचलन छाई–भितरना से मेल खाता है। गोंड उड़ीसा में सबरों के सम्पक्र में तथा खोंड मध्य प्रदेश में कोड़कुस में सम्पक्र में रहते हैं। सवर एवं कोड़कुस मुण्डा–मूल की जन–जातियाँ हैं जिनमें पितरों की रोआ को अदिंग में स्थापित करने का प्रचलन है। सम्पक्रजन्य प्रभाव के कारण खोंड तथा गोंड में हड़बोली तक के लिए मृतकों की आत्मा को मसना से वापस गृह–सीमा में लाकर रखा जाता है।

संथाल परगना के सौरिया–पहाड़िया में मृतकों की आत्मा से सम्बन्धित ऐसा कोई भी प्रचलन नहीं है कि उन्हें वापस घर में लाकर बसाया जाये। चूँकि सौरिया पहाड़िया के धर्म का विकास मुण्डा लोगों के सम्पक्र से अछूता था तथा उन पर कुछ हिन्दुओं का प्रभाव ही पड़ सका था अतः उनमें छाया–भितरना या 'एख–मखना' जैसी क्रिया मृत्यु संस्कार से जुड़ी हुई नहीं दिखलाई पड़ती। उरांव एवं सौर

पहाड़िया एक ही मूल की जन–जातियाँ हैं किन्तु गोंड, खोंड तथा उरांवों ने छायन–भितरना जैसा क्रिया को आंशिक रूप से अपनाया तथा कुछ समय के लिए मृतकों की एख को गृह–सीमा में स्थान दिया किन्तु सौरिया–पहाड़िया में ऐसा कोई कृत्य प्रचलित नहीं है कि मृतकों की आत्मा को मसान से घर की ओर लाया तथा गृह–सीमा में व्यवस्थित किया जाए।

उपरोक्त उदाहरण से स्पष्ट है कि उरांवों के धार्मिक विश्वास और कृत्यों में मुण्डा–सम्पक्र का भी प्रभाव दिखलाई पड़ता है। जहॉ तक पितरों के निवास की बात है सौरिया पहाड़िया के लोग मानते हैं कि मृत्यु के उपरांत पृथ्वी के नीचे पितरों की आत्मा रहती है तथा कभी–कभी 'पोड़ी' के रूप में पृथ्वी के उपर वे प्रकट होती हैं। जब वे उपर प्रकट होती है तो विचित्र प्रकार की ध्वनी होती है। गाँव के लोग या इनके सम्बन्धी इनसे दूर रहना लाभप्रद मानते हैं अतः "पाओ–टे–किपान एड़ते" धार्मिक–कृत्य द्वारा गाँव की सीमा पर मुर्गे की बलि प्रदान कर पुजारी इनसे प्रार्थना करता है कि–'आप कृपया गाँव में प्रवेश न कीजिए। तथा मुर्गे का कटा सिर वहॉ छोड़ दिया जाता है तथा शेष भाग भून कर वहॉ उपस्थित लोगों द्वारा प्रसाद स्वरूप ग्रहण कर लिया जाता है। उसका कोई भी अंश गॉव में आने नहीं दिया जाता। इस प्रकार सौरिया–पहाड़िया जन–जाति में मृतकों की आत्मा से दूर रहने का प्रयास किया जाता है क्योंकि वे अनिष्टकारी एवं दुखदायी होते हैं।

मृतकों के आत्मा के प्रति ऐसी ही धारणा उरांव जन–जाति में प्रारम्भिक दिनों में थी क्योंकि सौरिया–पहाड़िया तथा उरांव एक ही मूल तथा स्थान से चलकर अलग–अलग स्थानों में बसने वाली जन–जातियॉ हैं। उरांव जन–जाति में उतुर–खिला एक ऐसा धार्मिक कृत्य है जिसमें मृतकों की आत्माओं को दूर रखने या उनसे बचाव का उपाय किया जाता है। पूजा करते समय मृतक की आत्मा को सम्बोधित कर ही कहा जाता है–"अक्कु एम निनगन तैरयादम चि–दाम एम तरा खन्न कुकमल बिड़दआना नेका"[31] अतः इनसे दूर रहने या इन्हें दूर रखने का प्रयास किया जाता है। उरांवों में प्रचलित "चोर देवा" अर्थात् छद्म रूप से मृतकों की आत्मा का रमना और घूम–घूम कर किसी उरांव के बहते हुए लार को चाटना, पैर की एड़ी के चमड़े को खुखरना या अंगूठे के आकार के मानव (पिगमी) के रूप में विचरण करना किसी के केश को छूकर बीमार करना आदि दुष्टात्माओं के क्रिया–कलाप है।

हिन्दू धर्म में पितृ–पूजा तथा पितरों को देवता मानकर पूजा करना तथा संरक्षक मानकर उनसे आर्शीवाद पाना निश्चित रूप से पितरों का देव–तुल्य स्थान प्रदान करना है। मुण्डा धर्म में भी गृह–देवता के रूप में पितरों को अदिंग में स्थान प्रदान करना और उन्हें प्रत्येक शुभ–अवसर पर स्मरण करना एवं सम्मान

देना उनके प्रति देव–तुल्य आदर प्रदान करना है। उरांव धर्म में पितरों के प्रति इतना अधिक पूजा का भाव नहीं उभर सका है, फिर भी मृतकों की आत्मा से दुराव या भागने की स्थिति अब नहीं शेष है। कतिपय दुष्ट आत्माएँ उरांव धर्म में अब भी हैं किन्तु मुण्डा एवं हिन्दू प्रभाव से मृतकों की आत्माएँ अब संरक्षक की भूमिका निभाने लगी हैं तथा विपत्ति में, बीमारी एवं आपदा के अवसरों पर मृत–पूर्वज आकर अपने बच्चों की रक्षा करते हैं तथा उन्हें हर तरह से उँचा उठाने का प्रयास करते हैं।

उरांव लोगों में पितरों की पूजा वार्षिक कृत्य हड़बोली मनाया जाता है। इसके अतिरिक्त पर्व एवं पूजा तथा विशेष शुभ–अवसरों पर उन्हें स्मरण किया जाता है तथा चढ़ावा भी चढ़ाया जाता है। सरहुल, करमा तथा फगुआ के अवसर पर चावल के आटे की रोटी, का पहला टुकड़ा पच–बालर के पितरों को अर्पित किया जाता है। जितिया के अवसर पर चावल पिण्ड छः पत्तों पर उन्हें समर्पित किया जाता है, दो मृत पूर्वजों की आत्मा को, दो मृत बच्चों की आत्मा को, एक मृत पुत्रियों की आत्मा को और एक शेष सभी गोत्र के मृतकों को। दो बार जब उरांव नवा–खानी पर्व मनाते हैं– एक सावन माह में जब नया गोंडीला धार्मिक पूजा–पाठ के उपरान्त खाया जाता है और भादो अथवा आश्विन में जब गोड़ा चावल धार्मिक पूजा–पाठ के उपरांत खाया जाता है। इस प्रकार कोहा–बेंजा तथा नवा–खानी अवसरों पर विशेष रूप से तथा अन्य सभी सामान्य अवसरों पर उरांव पितरों को स्मरण करते हैं तथा उनसे सुरक्षा एवं कल्याण तथा श्रीवृद्धि की कामना करते हैं। निश्चित रूप से मृतकों की आत्मा के प्रति अर्थात् पितरों के प्रति उरांव की धारणा में देवत्व का विकास हुआ है। उरांव अपने पितरों से न केवल परिवार की श्रीवृद्धि अपितु रोग व्याधियों से सुरक्षा की भी अपेक्षा करते हैं।

चाला–पच्चो

उरांव धर्म के देवी–देवताओं में सर्वाधिक पूज्य एवं चर्चित चाला–पच्चो देवी है। गाँव की ओर से पाहन चाला पच्चो देवी या सरना देवी की पूजा सरहुल पर्व के अवसर पर धूम–धाम से करता है। उरांव धर्म के अनुसार प्रत्येक गाँव में एक सरना स्थल होता है जहाँ पवित्र साल का वृक्ष पाया जाता है। जहाँ के वृक्ष समाप्त हो गए हैं वहाँ के अन्य वृक्ष साल के रूप में काम आ जाते हैं। यद्यपि सरना स्थल के किसी भी वृक्ष को काटना धर्म–निषिद्ध है किन्तु सैंकड़ों वर्ष के मौसम के मार को कौन रोक सकता है ?

चाला–पच्चो या सरना देवी कभी–कभी एक सौम्य वृद्धा के रूप में प्रकट होती हैं, जिनके जटा जैसे गुम्फित केश उरांवों के मन–मन्दिर में बसे हुए रहते हैं। वैसे उरांव किसी प्रतिमा की कल्पना नहीं करते किन्तु काल–क्रम में पुरातन

बूढ़ी के रूप में सरना–देवी की कल्पना उरांवों के मन–मस्तिष्क पर छायी रहती है। उरांव धर्म के अनुसार सरना देवी चाला–कुट्टी में पाहन के सूप में विराजमान होती है। चाला–कुट्टी पाहन के घर से निर्मित वह पवित्र स्थान है जो सरना देवी के निवास हेतु सुरक्षित रहता है। इस कुट्टी में एक खम्भा साल अथवा बांस का गड़ा हुआ होता है जिस पर पवित्र सूप टंगा होता है। यह सूप सरना–सूप के नाम से जाना जाता है। उरांव धर्म के अनुसार सरना देवी इसी सूप में विराजती है।

चाला–कुट्टी का द्वार बंद नहीं किया जाता क्योंकि चाला–पच्चो देवी इच्छानुसार आ–जा सके। सरना सूप के अतिरिक्त सरना स्थल के साल वृक्ष पर भी सरना देवी का निवास माना जाता है तथा सरहुल पर्व के सम्पूर्ण विधान सरना–स्थल पर ही सम्पादित किए जाते हैं। इस कार्य–क्रम में सरना देवी भाग लेती हैं। कहा जाता है जब उरांव लड़कियाँ सरहुल पर्व पर तन्मय होकर नृत्य करने लगती है तो किसी एक में सरना देवी प्रविष्ट हो जाती हैं और तब उस लड़की के नृत्य की गति अलौकिक हो जाती है। वह सर झटका–झटका कर अपने शरीर को कमर के पास से उँचा–नीचा तोड़ते हुए अद्‌भुत रूप से नाचती है और सभी उपस्थित लोगों को विश्वास हो जाता है कि सरना देवी इस नृत्य में स्वयं भाग ले रही है।

सरहुल पर्व, जो उरांव जन–जाति का सर्वाधिक प्रसिद्ध एवं लोकप्रिय पर्व है, सरना स्थल एवं सरना देवी से सम्बद्ध है। सरहुल पर्व के अवसर पर पाहन घर के चला–कुट्टी से एक जुलुस में सरना देवी को सरना–सूप पर बिराजमान मानते हुए सरना–स्थल तक ले जाता है। सरना–वृक्ष के नीचे एक पाषाण–पिण्ड रखा रहता है जो पूजा की विधियों से पवित्र किया हुआ होता है। सरना–देवी की प्राण–प्रतिष्ठा इस पिण्ड में मानी जाती है और अनेक मुर्गे तथा बकरे की बलि उन्हें इसी पिण्ड–स्थान पर समर्पित की जाती है। यह सारा कार्य–क्रम गाँव का पाहन संचालित करता है तथा गाँव के लोग भी उत्साहपूर्वक उसमें भाग लेते हैं।

चाला–पच्चो देवी गाँव की प्रथम रक्षक देवी के साथ–साथ कृषि एवं वनस्पति की समृद्धि एवं उर्वरता की देवी भी मानी जाती हैं। उनके श्वेत गुम्फित जटा–जूट जैसे केश उस साल वृक्ष की पहचान बन जाते हैं जो वसंत में सफेद पुष्पों से आच्छादित हो जाता है। आनन्द एवं पूजा के विशेष अवसरों पर उरांव सरना देवी का स्मरण करते हैं तथा हड़िया या चावल का मदिरा इस्तेमाल करने के पूर्व दोने में प्रत्येक हड़िया से प्रथम मदिरा का ग्रास निकाल कर सरना देवी को समर्पित करते हैं।

असुर–अवदान की कथा के आधार पर उरांव मानते हैं कि उनके देवी–देवता असुरों की वे विधवाएँ हैं जिन्हें धरमेस ने कृपा कर उरांवों के मध्य कतिपय

दायित्वों का निवाह करने की जिम्मेदारी के साथ व्यवस्थित किया है तथा उरांवों को निर्देश दिया है कि वे इनकी पूजा किया करें तथा चढ़ावा चढ़ाया करें। अर्थात् ये अदृश्य शक्तियाँ जो उरांवों के धार्मिक जीवन एवं कृत्यों से बंधी हुई हैं असुरों की विधवाएँ भी हैं।

असुर अवदान की धरमेस सम्बन्धित कथा मुण्डा के सिंगबोंगा से भी संयुक्त है तथा समस्त कथानक लगभग एक तरह चलता है। मुण्डा धर्म से जुड़े हुए क्षेत्रीय बोंगाओं की भी उत्पति असुर की विधवाओं से बतायी गयी है तथा सिङ्बोंगा ने उनके लिए तथा मुण्डाओं के लिए कतिपय दायित्व एवं कर्त्तव्य निश्चित कर रखे हैं। चूंकि असुरों का युद्ध मुण्डाओं से हुआ था अतः असुर अवदान का सीधा सम्बन्ध मुण्डा जन–जाति से था। उस युद्ध के अवसर तक उरांव जन–जाति का छोटानागपुर में प्रवेश नहीं हुआ था। अतः असुर अवदान की कथा को बलात् उरांव धर्मियों ने स्वयं पर स्वीकार लिया है जा स्पष्टतः मुण्डा धर्म की अनुकृति कही जा सकती है।

चाला–पच्चों देवी भी असुर अवदान के अनुसार, असुर विधवाओं में से ज्येष्ठ है।[32] अर्थात् उनमें से कुछ अधिक श्रेष्ठ और सम्मानित। किन्तु चाला–पच्चो देवी के सम्पूर्ण गुण, चरित्र एवं प्रभाव को देखते हुए ऐसा प्रतीत होता है कि यह कृषि से एवं वन्स्पति से जुड़ी हुई देवी है तथा उरांव धर्म चाला–पच्चो देवी को उद्भव एवं विकास उरांवों के छोटानागपरु प्रवेश के पहले हो चुका था। इस सन्दर्भ में संथाल निवासी सौरिया–पहाड़िया के धर्म में पूजित 'चाल–नाद' दैवी को देखा जा सकता है। सौरिया–पहाड़िया में 'चाल–नाद' देवी का सम्पूर्ण चरित्र एवं शक्ति तथा प्रभाव लगभग वैसा ही है जैसा उरांवों के चाला–पच्चो देवी का। रोहतासगढ़ से विलग होकर उरांवों का जो दल बिखरा था उसमें सौरिया–पहड़िया एक है। अतः उरांव और सौरिया पहाड़िया अतीत में सहोदर थे। इस प्रकार सौरिया पहाड़िया का 'चाल–नाद' देवी तथा उरांवों का 'चाला–पच्चो' देवी मूल रूप से कृषि से सम्बन्धित देवी रही हैं जो सौरिया पहाड़िया तथा उरांव जन–जातियों मे अपनी–अपनी परिस्थितियों के अनुकूल विकसित हुई तथा एक स्थान पर 'चाल–नाद' देवी तो दूसरे स्थान पर चाला–पच्चो देवी के नाम से पूजित हुई अतः चाला–पच्चो देवी मूल रूप से प्रकृति की देवी हैं तथा इनका उद्भव और विकास असुरों के विनाश के बहुत पहले हो चुका था तथा यह छोटानागपुर में प्रवेश के पूर्व उरांव धर्म में स्थापित हो चुकी थीं। अतः यह कहना कि चाला–पच्चो असुर विधवाओं में से एक है पूरी तरह गलत है।

पाट–नाद या पहाड़ राजा :

पाट–नाद या पहाड़ राजा गाँव के सभी नादों का स्वामी माना जाता है। यह गाँव के सभी नादों को अपने नियंत्रण में रखता है। गाँवों की बाहरी सीमा पर

स्थिति पहाड़ी पर पाट राजा का निवास माना जाता है। कुछ गाँवों में जहाँ पहाड़ी नहीं है सीमा की झाड़ियों के बीच अथवा शहरी सीमा के किसी विशाल वृक्ष पर पाट राजा का निवास माना जाता है। पाट राजा एक टट्टू पर सवार होकर समस्त गाँव की बीमारी, महामारी तथा अन्य आपदाओं से रक्षा करते हैं। यद्यपि पाट राजा अदृश्य रहते हैं ताकि दिखलाई नहीं पड़ते फिर भी कभी–कभी उनका टट्टू गाँव की सीमा का चक्कर लगाता हुआ उरांवों को दिखलाई पड़ जाता है।

एक समय था जब पाट राजा उरांवों के बीच सर्वाधिक शक्तिशाली देवता के रूप में पूजित थे किन्तु समय के साथ–साथ इनका महत्व विशेषकर छोटानागपुर के मध्य में निवासित उरांवों के बीच, गिरता गया तथा चाला–पच्चो देवी का स्थान उनसे श्रेष्ठ हो गया। किन्तु आज भी उरांवों का विश्वास है कि पाट राजा उनकी तथा गाँव की सुरक्षा करता है तथा गाँव के समस्त नादों को नियंत्रित करता है। यही कारण है कि पाट राजा को देसौली–पाट भी कहा जाता है। राँची तथा मध्य छोटानागपुर के अन्य पठारी क्षेत्र में पाट राजा को खूँट–नाद से जोड़ दिया गया है तथा उन्हें इस क्षेत्र में खूँट–पाट के नाम से जाना जाता है।

पाट–नाद या पहाड़ देवता की पूजा–पाहन गाँव की ओर करता है तथा उन्हें बलि अर्पित करता है। सावन माह में कदलेता पर्व के दूसरे दिन गाँव का पाहन पाट देवता को मुर्गे की बलि चढ़ाता है तथा उनकी पूजा करता है। छोटानागपुर के मध्यवर्ती भाग में कुछ उरांव गाँवों में दाढ़ा या दाढ़ा दैसोली नाद की पूजा को पाट देवता से अधिक महत्व दिया जाने लगा है। ग्रामीणों के विश्वास के अनुसार दाढ़ा–देसौली गाँव के नादों को पूरी तरह नियंत्रण में रखता है। इस क्रम में दाढ़ा–देसौली पाट राजा का स्थान ग्रहण करता जा रहा है तथा पाट राजा क्रमशः उपेक्षित होने लगे हैं तथा इनका प्रभाव क्रमशः घटता जा रहा है।

डाढ़ा–देसौली :

डाढ़ा–देसौली का निवास स्थान गाँव की सीमा पर स्थित कोई उँची भूमि या टांड माना जाता है। उस भूमि को डाढ़ा–टोंका या डाढ़ा–टांड़ कहा जाता है। इस भूमि के एक भाग पर कृषि न करके उसे डाढ़ा–देसौली के लिए सुरक्षित छोड़ दिया जाता है। यदि इस निषेध का उल्लंघन किया गया तो वह व्यक्ति या उसके पशु को मौत का शिकार होना पड़ता है। पाट राजा की तरह यह भी गाँव की रक्षा करता है किन्तु यह एक क्रोधी तथा भयानक नाद या देवता माना जाता है जिसकी किसी प्रकार की उपेक्षा घातक सिद्ध हो सकती है।

कुछ गाँवों में एक अन्य नाद 'देसौली' का आवास माना जाता है। इसके लिए एक अलग कुंज या झाड़ी होती है जहाँ वह रहती है। कुछ उरांव गाँवों में देसौली

को डाढ़ा की पत्नी माना गया है तथा इन क्षेत्रों में डाढ़ा–देसौली की संयुक्त पूजा का विधान दिखलाई पड़ता है। मध्य छोटानागपुर पठार के कुछ क्षेत्र ऐसे है जहाँ डाढ़ा–देसौली में कोई भेद नहीं किया जाता। एक ही नाद का यह सम्मिलित नाम है। पलामु क्षेत्र में डाढ़ा की पत्नी के रूप में 'धेड़ी' का नाम आता है।

डाढ़ा–देसौली की पूजा निश्चित समय के अन्तराल पर गाँव वाले विधिवत् करते हैं। वह व्यक्ति जिसकी टांड़ भूमि में डाढ़ा–देसौली का निवास है वह खेत से अर्जित धन से डाढ़ा–देसौली की पूजा करता है। यद्यपि पूजा एवं चढ़ावा की रीति भिन्न–भिन्न स्थानों पर भिन्न–भिन्न है फिर भी एक लम्बे अन्तराल के उपरान्त एक भैंस की बलि दी जाती है। यह अन्तराल 4–5 वर्षों का होता है। बीच के वर्षों में मुर्गे या बकरे की बलि देकर डाढ़ा–देसौली को तुष्ट रखा जाता है। पूजा का कार्य प्रायः गाँव का पाहन करता है। इसकी अनुपस्थिति में खेत–टांड़ का स्वामी भी पूजा कर सकता है।

खेत टांड़ में लकड़ी का एक खूंटा गाड़ दिया जाता है। खूंटे के मध्य में एक लोहे की कील ठोंक दी जाती है जिस पर मांस का प्रसाद चढ़ाया रहता है। इसकी पहचान एवं सुरक्षा हेतु मिट्टी की हांडी चढ़ा कर मिट्टी से लीप दिया जाता है। कुछ वर्षों के बाद इस खूंटे को नए खूंटे से बदल दिया जाता है। उस समय विशेष समारोह मनाया जाता है तथा भैंस की बलि चढ़ाई जाती हैं। अन्य नाद की तरह, डायन या जादू–टोना करने वाला साधक डाढ़ा–देसौली को भी साधते तथा इससे अपनी इच्छानुसार काम कराते हैं। चूँकि यह नादों में श्रेष्ठ माना जाता है अतः इसकी मारक शक्ति का काट शीघ्र ओझा या माटी नहीं ढूंढ़ पाते। यह रुष्ट होने पर सर्वाधिक खतरनाक सिद्ध होता है। अन्यथा गाँव की सीमा पर गॉव वालों से पूजा प्राप्त करते हुए गाँव की सुरक्षा में अहर्निश लगा हुआ रहता है। इस प्रकार यह कल्याणकारी नाद देवतुल्य माना जाता है। उरांव ध्यान रखते हैं कि डाढ़ा–देसौली की पूजा में कमी न रहे।

महादानिया :

कुछ गॉवों में महादानिया नाद को पूजा चढ़ाया जाता है। गाँव वालों के अनुसार महादानिया डाढ़ा–देसौली से भी खतरनाक और शक्तिशाली नाद है। कुछ गाँवों में गाँव वाले इसे डाहा–पच्चो नाम से जानते हैं। कहा जाता है कि महादानिया को 'नर बलि' से ही तुष्ट किया जा सकता है क्योंकि पशु बलि निम्नस्तर का होता है और महादानिया नाद उसे स्वीकार नहीं करता। उरांव धर्म में 'महादानिया' का प्रवेश हिन्दू राजाओं एवं ज़मींदारों के सम्पक्र में आने के उपरान्त हुआ है। ये राजा तथा बड़े–बड़े जमींदार, राज्य, विजय तथा इसी प्रकार की महत्वकांक्षी इच्छाओं को पूरा करने के लिए महादानिया को साधते तथा तुष्ट करते थे। इस क्रम में वे नर–बलि अर्पित करते थे। इसे उरांव 'ओडेका' कहते हैं।

महादानिया की पहचान भी लकड़ी का खूंटा है जो एक स्थान पर गाड़ दिया जाता है और जिसके सिर पर लोहे की कील ठोकी रहती है। हिन्दू प्रभाव के कारण कुछ स्थानों पर खूंटे से कुछ दूरी बनाकर ईंट का घेरा डाल दिया जाता है और पूजा की स्थितियों से पता चल जाता है कि यह महादानिया का स्थान है। महादानिया की पूजा पाहन नहीं करता अपितु इसके लिए महादानिया–पाहन की एक अलग संस्था बन चुकी है। ये पाहन जमीन्दारों एवं राजाओं से कर–मुक्त भूमि प्राप्त करते और अपनी जीविका चलाते हैं। यह भूमि भी सरकारी कागजों में महादानिया–भूमि के नाम से अभिज्ञापित होती है।

महादानिया की पूजा क्रमशः घटती जा रही है और कुछ ऐसे ही गाँव रह गए हैं जो जमीन्दारों के प्रभाव में हैं और यहाँ दशहरा के अवसर पर बलि अर्पित कर महादानिया को तुष्ट करने का प्रयास किया जाता है। अब यह विलुप्त हो चुका है।

महादेव :

'महादेव' एक ऐसे देवता है जिनका संबंध सामान्य उरांव से कुछ कम और ओझा, माटी या उन साधकों से है जो डायनों एवं जादू–टोना से त्रस्त उरांवों का उपचार करने की विद्या का ज्ञान रखते हैं तथा ये विद्या की शक्ति प्राप्त करने के लिए महादेव की साधना करते हैं। महादेव की पूजा प्रायः उरांव गाँवों में होती है। गाँव में एक महादेव–मांडा या महादेव–स्थान होता है। यहाँ एक अण्डाकार पाषाण–पिण्ड रहता है जिसकी महादेव मान कर पूजा की जाती है। पिण्ड से सटकर लोहे का त्रिशूल गड़ा हुआ होता है। उरांवों के विश्वास के अनुसार पाषाण–पिण्ड भूमि तोड़कर स्वतः उपर आ जाता है। और तब पाहन या गाँव के किसी व्यक्ति को स्वप्न में आदेश होता है कि महादेव भूमि फोड़कर अमुक स्थान पर प्रकट हुए हैं उनकी शीघ्र पूजा प्रारम्भ की जाय। स्वप्न की बात पूरे गाँव में फैल जाती है और तब समारोहपूर्वक भुई–फोड़ महादेव की पूजा शुरू हो जाती है।

जादू–टोना तथा अन्य व्याधियों से मुक्ति दिलाने के अतिरिक्त प्रायः गाँवों की निःसंतान स्त्रियाँ संतान की इच्छा से महादेव की पूजा करती है। यद्यपि उरांवों का विश्वास है कि महादेव उनके गाँव की रक्षा करते हैं तथा डायनों एवं जादू–टोना के प्रभाव से उन्हें सुरक्षित रखते हैं अतः महादेव उनके ग्राम देवता हैं किन्तु महादेव की पूजा की विधियों से तथा उनकी प्रार्थना से स्पष्ट है कि वे हिन्दुओं से उरांवों द्वारा ग्रहण कर लिए गए देवता है।

देवी–माई :

उरांवों में पूजित "देवी माई" हिन्दुओं से ग्रहण की गई है। उरांव गाँव की सीमा पर प्रायः पलास वृक्ष देवी–स्थान होता है जहाँ 'देवी माई' की पूजा होती

है। प्रायः चार खम्भों के उपर एक छप्पर डालकर देवी–स्थान बनाया जाता है। देवी स्थान के केन्द्र में तीन, पाँच या सात मिट्टी के कोणदार स्तनाकार पिण्ड बने होते हैं जो 'देवी माई' के प्रतीक होते हैं तथा इन्हीं की पूजा होती है। कुछ उरांव–धुमकुड़िया में भी स्तनाकार चित्र बने हुए पाये जाते हैं। ये देवी–मॉ के प्रतीक स्वरूप होते हैं। देवी माई तथा देवी स्थान प्रायः सभी उरांव गाँवों में पाया जाता है तथा उरांवों के मन में देवी के प्रति विशेष आस्था बनी हुई होती है। महादेव लिंग तथा मॉ स्तन की पूजा उरांवों के लिए नई बात नहीं है अपितु यह प्राचीन काल से चली आ रही उरांवों की शक्ति एवं संतति विस्तार की अवधारणा से मेल खाती है। देवी माँ गाँव के लोगों की स्वास्थ्य, श्री एवं कल्याण की चिन्ता करती है तथा उरांवों को निरोग रखते हुए उनके परिवार एवं उनकी सम्पत्ति–वृद्धि में सहायक होती है।

छप्पर बुढ़िया :

उरांव देवी–देवता एवं नादों के समुदाय में कुछ नाद ऐसे होते हैं जो सभी उरांवों में प्रचलित न होकर कतिपय गाँवों एवं क्षेत्रों से जुड़े होते हैं तथा वहॉ के निवासियों से पूजा प्राप्त करते हैं। पूजा की अवधि का अन्तराल एक वर्ष से लेकर 12 वर्ष तक हो सकता है। छप्पर बुढ़िया एक ऐसी ही नाद है जो बेड़ो थानान्तर्गत बन्दी गॉव में पूजी जाती है। छप्पर बुढ़िया को हर बारहवें वर्ष में भैंस की बलि अर्पित की जाती है।

छप्पर बुढ़िया की पूजा एवं उसके भय की कहानी वांदी गाँव के लोगों के बीच प्रचलित है। गाँव वालों का कहना है कि सैकड़ों साल पहले एक बुढ़िया गाँव के छोर पर रहती थी और वह अपने घर का छप्पर उरांव–मजदूरों से छवा रही थी। उसने अपनी लड़की से कहा कि कदू को काटकर रसा लगा दो जिससे मजदूरों को काम करने के उपरान्त कुछ खाने को दिया जा सके। मजदूरों ने कदू का अर्थ मनुष्य की बलि अथवां मॉस से समझा और बुढ़िया की विभिन्न हरकतों से अनुमान हुआ कि यह एक डायन है। भयातुर मजदूर गाँव आये और गाँव वालों को जब सब बातें ज्ञात हुई तो वे वह गाँव छोड़कर दूसरे गाँव में जा बसे।

समय बीतता गया। पुनः उस गाँव में कुछ उरांव रहने और खेती करने लगे इन्हीं में एक जादी उरांव था। यह माती था और डायनों को वश में करने की विद्या तथा उनकी मार का काट जानता था। वह एक दिन अपना खेत जोत रहा था कि डायन उसकी पत्नी का वेष बनाकर उसे एक प्याला जल पीने को दी। जादो ने समझ लिया कि वह डायन थी अतः उसने पानी पीने का बहाना करते हुए पानी को नीचे गिरा दिया। दूसरे दिन डायन पुनः आई। जादो सतक्र था तथा कुछ लोहे के चने लोहार से बनवाकर साथ लाया था। उसने डायन से मुँह

खोलने को कहा और तुरन्त लोहे के चने उसके मुँह ठूँस दिए। डायन समझ गयी कि वह पकड़ी गयी और अब उसका बचना मुश्किल है अतः जादो से समझौता किया कि वह गाँव के लोगों को नहीं सतायेगी किन्तु उसे खाने को कुछ मिलना चाहिए। इस समझौते के अनुसार 12 वर्ष के अन्तराल पर छप्पर बुढ़िया को भेंड़ एवं भैंस की बलि अर्पित की जाती है। कहते हैं कि गॉव के पुराने वासिन्दे पुनः गाँव में आकर रहने लगे।

चण्डी पहाड़ :

कुछ गाँवों में पहाड़ियों की विशिष्ट रचना या ऐसी ही विशिष्ट प्राकृतिक स्थितियों में किसी–न–किसी नाद को उससे संयुक्त कर पूजा और बलि का प्रचलन आरम्भ हो जाता है और उस नाम विशेष पर नाद का नाम रख दिया जाता है। लोहरदगा थाना अर्न्तगत 'जामगाई' नामक गाँव की सीमा पर एक पहाड़ी भाग है जो बहुत ऊँचाई पर है। उसी के पास एक खोह है जिसमें बरसात का पानी इकट्ठा होता है। गॉव के लोग इस ऊँची पहाड़ी के शीर्ष पर चण्डी का वास मान चुके हैं और उसकी पूजा करते हैं। गाँव का पाहन गॉव के लोगों के साथ पहाड़ी पर जाता है। और एक बॉस से उपर कच्चा कपड़ा लपेट कर उसमें सिन्दूर पोत कर पहाड़ी के शीर्ष नोक को सिन्दूर से टीकता है। पहाड़ की विशेषता यह है कि गॉव वालों को खोह के पास से ढलान पर हाथी के पैरों के चिन्ह दिखलाई पड़ते हैं।

चण्डी पहाड़ की पूजा श्रावण माह में होती है पाहन दो मुर्गे की बलि ढलान के उस स्थान पर अर्पित करता है जहॉ से हाथी के पद चिन्ह का उसे अनुमान होता है पुनः दो मुर्गे की बलि खोहे को पास और अन्त में दो मुर्गे की बलि चण्डी पहाड़ की शीर्ष चोटी के निकट अर्पित करता है। इसके पश्चात पाहन का सहायक पुजार खोह के निकट जाकर खोह के जल में दूध ढालता है। यह देखा जाता है कि ढाले गए दूध से खोह का सम्पूर्ण जल दुग्धमय सफेद रंग का हो गया कि नहीं। यदि ऐसा नहीं हो पाता तो इसे शुभ नहीं माना जाता। गाँव वालों के विश्वास के अनुसा खोह का दुग्धमय जल हाथी के पद–चिन्हों पर दूध बन कर उभर जाना चाहिए। लौटते समय गाँव के लोग ध्यानपूर्वक इसकी जॉच करते हैं। यदि पद–चिन्हों पर दूध के कम सूखे हुए या गीले चिन्ह नहीं दिखलाई पड़ते तो पुजार उन पर एक–दो बूंद दूध के गिराता हुआ नीचे ढाल तक जाता है। गाँव वालों का कहना है कि उनके पूर्वज के अनुसार खोह में डाला गया दूध स्पष्टतः हाथी के पद–चिन्हों पर उभर जाता है किन्तु पिछले एक–दो पीढ़ियों से न हाथी के पद–चिन्ह स्पष्ट दिखलाई पड़ते हैं और न उस पर दूध के कण। फिर भी चण्डी पहाड़ डगमगाई ग्रामवासियों की विपतियों से रक्षा करता है तथा उनकी खेती के लिए समय पर पानी की वर्षा कर देता है।

बड़ंदा पीपर :

बड़ंदा पीपर की पूजा मुख्यतः जलवृष्टि के उद्देश्य से होती है। पश्चिमी छोटानागपुर के प्रायः सभी उरांव गाँवों में बड़ंदा पीपर की पूजा का प्रचलन हैं। 'मुई–चिटखा' नाम के पेड़ का एक प्रकार जिसे 'हाजी पीपर' भी कहते हैं, प्रत्येक उरांव गाँव में पाया जाता है। उरांव विश्वास के अनुसार इस पेड़ का बादलों से सीधा सम्बन्ध है तथा इसकी विधिवत् पूजा करने से पूजा के दिन अथवा एक–दो दिन में वर्षा का होना निश्चित है। गाँव की महिलाएँ एक समूह में मिट्टी के घड़े में जल लेकर बड़ंदा पीपर के निकट जाती हैं। इसके पूर्व महिलाएँ जाकर गोबर से इर्द–गिर्द की भूमि लीपकर शुद्ध किए हुए होती है। कभी–कभी इन महिलाओं के साथ गॉव का पाहन भी जाता है। वह विशेष प्रार्थना के साथ पेड़ में धूपबती जला कर खोसता है। कुछ गाँवों में पाहन पेड़ के चारों ओर कच्चा सूत लपेटता है और उसके उपरान्त धूपबती चढ़ाता है। महिलाएँ पेड़ की जड़ में अपने–अपने घड़े का पानी ढालती हैं।

यदि उस दिन अथवा एक–दो दिन में जल की वृष्टि नहीं होती तो पाहन घोषित कर देता है कि पूजा के विधान में कहीं कुछ त्रुटि रह गई है तथा सभी विधियाँ एक बार पुनः दोहराई जाती है। बड़ंदा पीपर जल बरसाने वाला नाद माना जाता है।

वनशक्ति गांढ़ा–ढोड़ा–चतुर–सीमान :

उपरोक्त चर्चित महत्वपूर्ण ग्राम्य नादों के अतिरिक्त कुछ छोटे–मोटे नाद गाँव में विभिन्न स्थानों पर इर्द–गिर्द बिखरे हुए होते हैं जिन्हें कोई विशिष्ट नाम या पूजा का महत्व नहीं प्राप्त है किन्तु जो उरांव जीवन को प्रभावित करने से नहीं चूकते। इन नादों में वन में पास की बहती हुई नदी – गाढ़ा, नाले, ढोड़ा चारों सीमाओं में यत्र–तत्र–चतुर–सीमान आदि नाद हैं जो गाँव के इन स्थानों में बसते हैं तथा अवसर पाकर गाँव वालों को परेशान करते हैं। कभी–कभी तो गाढ़ा–ढोड़ा नहाने वालों के पैर खींच कर गहराई में ले जाते हैं तथा उस व्यक्ति के शरीर को मारकर उसके 'एख' को अपने में सम्मिलित कर लेते हैं। उरांव गावों में इन चारों नादों का एक सामूहिक नाम दिया जाता है और पाहन के अनुसार जब आवश्यकता पड़ती है तो इन नादों की एक साथ गोठाई और पूजा की जाती है।

तूसा–बूढ़ा :

छोटानागपुर के पठार में छोटे–बड़े सोतों की बहुतायत है और प्रायः सभी गाँव एक–दो सोतों के निकट बसे हुए पाये जाते हैं। सोतों को 'तुसी' शब्द से जाना जाता है। उरांव विश्वास के अनुसार इस तूसा में नादों का वास होता है। प्रत्येक तूसा में कम से कम एक नाद का होना आवश्यक है। कभी–कभी उरांव

लोग प्रत्येक तूसा के नाद की अलग–अलग पूजा करते एवं चढ़ावा चढ़ाते हैं किन्तु कभी–कभी सभी तूसा–नादों को, जिसे सामूहिक नाम 'तूसा–बूढ़ा' दिया जाता है, अन्य देवी–देवताओं की पूजा के साथ इनके नाम पर भी पूजा अर्पित कर दी जाती है। किन्तु कुछ गाँवों में इन तूसा नादों की कोई पूजा नहीं की जाती अपितु उन्हें टीका या बाँधा जाता है जिससे इनकी पवित्रता बनी रहती है।

गाँव की स्त्रियाँ इन सोतों में सामूहिक रूप से शिशु–जन्म के अवसर पर या किसी की मृत्यु पर स्नान करती है और मानती है कि उनके स्नान के उपरान्त सोते का जल अशुद्ध हो गया है तथा पीने लायक नहीं रह गया है। अतः उसकी शुद्धता के लिए सोते के उद्भव स्थल पर एक पाषाण पिण्ड खड़ा कर दिया जाता है जिसको सिन्दूर से टीक कर तथा कुछ जल छिड़क कर स्त्रियाँ पवित्र कर देती है और इसके बाद ही सोते का जल ग्रामीणों के पीने के योग्य हो पाता है।

वर्गीकृत देवी–देवता एवं नाद :

वर्गीकृत देवी–देवता का तात्पर्य ऐसे देवी–देवताओं से है जो किसी एक विशेष वर्ग द्वारा विशेष रूप से पूजित होते हैं तथा उनकी पूजा एवं साधना करके यह वर्ग एक विशेष क्षेत्र में सफलता प्राप्त करता है। ऐसे देवी–देवताओं में प्रथम नाम चण्डी का आता है।

चण्डी :

चण्डी अविवाहित युवा वर्ग की देवी है तथा इनका क्षेत्र शिकार में सफलता दिलाने तक सीमित है। चण्डी की पूजा विवाहित पुरुष के लिए निषिद्ध है। महादेव की तरह चण्डी की पूजा उन्हें एक अण्डाकार पाषाण पिण्ड में प्रतिष्ठित मान कर की जाती है। उरांवों में ऐसा विश्वास है कि भई–फूट महादेव की तरह चण्डी का भी पिण्ड पृथ्वी फोड़ कर प्रकट होता है और चण्डी किसी ग्रामीण को स्वप्न देती है कि मैं अमुक स्थान पर प्रकट हो चुका हूँ तुम लोग मेरी पूजा तथा अन्य प्रकार की व्यवस्था शीघ्र करो।

चण्डी के मुख्य पाषाण पिण्ड के नीचे उसी प्रकार अण्डाकार छोटे–छोटे पाषाण के टुकड़े बिखरे रहते हैं। उरांवों का मानना है कि ये छोटे पिण्ड वस्तुतः बड़ी चण्डी से उत्पन्न उसके अंश है। इनमें भी वही शक्ति आ जाती है। मुख्य चण्डी स्थान में स्थापित पिण्ड ने विगत कुछ वर्षों में फलफूल कर बड़ा आकार धारण कर लिया है।

चण्डी की मुख्य पूजा प्रतिवर्ष माघ पूर्णिमा को जाती है। लगभग आठ दिन पहले गाँव के सभी उरांव अखड़ा में उपस्थित होते हैं और आगामी पूर्णिमा के दिन 'ऐड़ा मोखोत'[33] का दिन निश्चित करते हैं। नौजवान लड़के घर–घर जाकर याद दिलाते हैं कि उस दिन के लिए पर्याप्त चावल की मदिरा तैयार रखी जाय।

वे कहते हैं–"माघेगी पूर्नमासिनु एड़ा मोखोर। जाल्दी झाराबिओं मखले, मालबिओ काचरी मान।" (अर्थात माघ के महीने में पूर्णिमा को वे खसी खायेंगे। चावल की मदिरा शीघ्र तैयार होगी अन्यथा वह इस्तेमाल के योग्य नहीं रह जायेगी।)

पूर्णिमा के दिन गाँव के अविवाहित युवा दो पंक्तियों में या तो खड़े हा जाते हैं अथवा बीच में आने–जाने का स्थान छोड़ते हुए बैठ जाते हैं। उस स्थान को प्रातःकाल पाहन की पत्नी गोबर से लीप कर शुद्ध कर दिए होती है। उन लड़कों में से एक ऐसा युवा जो अदृश्य शक्तियों के प्रति अधिक संवेदनशील रहता है 'पाइचलवा' की भूमिका निभाता है। अर्थात् उसके उपर अलौकिक शक्तियाँ आ जाती है तथा अलौकिक शक्तियॉं को लेकर वर चण्डी के पाहन का चुनाव करता है।

चण्डी–पाहन का चुनाव : लोढ़ा–चालन विधि से

जिस प्रकार गाँव का एक पाहन होता है उसी प्रकार चण्डी–पूजा के लिए एकत्रित युवाओं में से पाहन का चुनाव किया जाता है जो चण्डी–पूजा का कार्य निष्पादित करता है। पाहन के घर से सरना–सूप मंगा कर उसमें कुछ अरवा चावल रख दिया जाता है। एक पत्थर का लोढ़ा पाइचलवा अपनी हथेली के नीचे पृथ्वी पर चलाता है। उस समय तक सभी को विश्वास हो जाता है कि पाइचलवा के उपर देवी आ गई हैं और उनकी अलौकिक शक्ति से लोढ़ा कतार में खड़े लड़कों की ओर स्वतः ढुलगंता जाता है। लोढ़ा जिस युवक का पैर स्पर्श कर लेता है वही चण्डी पाहन मान लिया जाता है। तथा एकत्रित सभी या उनमें से एक प्रतिनिधि युवक नए निर्वाचित चण्डी पाहन का पद प्रच्छालन करता है।

पूजा

लगभग 10 बजे नया चण्डी पाहन स्नान करके चण्डी टांड़ पहुँचता है जहाँ उसके दल के युवक पहले से एकत्रित रहते हैं। चण्डी पाहन चण्डी पिण्ड पर सिन्दूर के तीन टीके लगाता है तथा अरवा चावल चढ़ाता है। धुमकुड़िया के अन्य युवा भी इसी क्रिया को दुहराते हैं कि "ठिक्से मेनके एमहयं कक्थान सिकार एमान पिटतुगे।" (अर्थात् हमारी बातों को ध्यान से सुनो जिससे कि तुम हमें अच्छे शिकार मारने के योग्य बनाओं)। अब बलि की बकरी को अरवा चावल खाने को दिया जाता है और जब वह चावल खा रही होती है चण्डी–पाहन बलुआ अर्थात् कुल्हाड़ी की तेज मार से उसके गर्दन को धड़ से अलग कर देता है। कटा हुआ सिर कुछ समय के लिए चण्डी–पिण्ड पर रख दिया जाता है जिससे चण्डी का रक्त–प्यास तृप्त हो सके। पुनः लड़के सिर और धड़ के खाल को साफ कर माँस को काटते तथा पकाते हैं। अलग बर्तन में चावल पकाया जाता है। चावल की मदिरा के साथ अविवाहित लड़के चावल तथा मॉंस का आनन्दपूर्वक खान–पान

करते हैं। यह सारा कार्यक्रम चण्डी टांड़ में सूर्यास्त के बाद तक चलता रहता है। चण्डी टांड़ में पूजा की समाप्ति जतरा झण्डा लेकर घुमकुड़िया की ओर समारोह में चलने से होती है सभी युवक गाजे–बाजे के साथ धुमकुड़िया पहुँचते हैं। वहाँ गाँव की युवतियाँ उनका साथ देती हैं तथा रात देर तक नृत्य चलता रहता है।

चण्डी पूजा से सम्बन्धित एक अन्य धार्मिक कृत्य सम्पादित होने से शेष रह जाता है जिसमें नव–निर्वाचित युवा चण्डी पाहन माघ के महीने के अंतिम दिनों में अपने एक–दो सहयोगियों के साथ अर्धरात्रि के उपरान्त सर मुड़ा कर, स्नान से शुद्ध पूर्णतः नग्न लौकी के तुम्बे में जल लेकर चण्डी टांड़ पहुँचता है और उस जल से चण्डी पिण्ड को स्नान कराता है तथा तेल और सिन्दूर से चण्डी पिण्ड को टीकता है। वह पूजा करते हुए कहता है–'भलासे सेवा नाना लगदन। इसुंग सिन्द्री चिआर्की एड़पा कला लगदन। बारा कोस तेरों कोसान्ति बराए–कि एंधाइ पद्दान्ति घोड़ ओनु बाराए–कि खातरे'।[34]

कहा जाता है कि चण्डी विभिन्न रूपों में प्रकट होते हैं। कभी वह शेर का रूप ग्रहण करता है तो कभी हाथी या सर्प। यदि इस अवसर पर युवा पाहन डर गया तो निश्चय वह दण्डित होगा, एक धक्का पायेगा कि बुखार या पेट की पीड़ा अथवा अन्य बीमारी से वह आग्रस्त हो जायेगा। उरांवों का विश्वास है कि चण्डी कभी–कभी प्रसन्न होकर विभिन्न रूपों में प्रकट होता है।

उरांवों में धार्मिक विश्वास में नादों का या देवी/देवताओं का विभिन्न रूप ग्रहण करना एक सामान्य–स्वीकृत प्रक्रिया है।

आछरायल/आचराइन :

जिस प्रकार से चण्डी युवा–अविवाहित उरांवों का वर्गीकृत पूज्य देवता है उसी प्रकार आछरायल और उनका साथी जोंदा उरांव स्त्रियों द्वारा पूजित तथा उन्हीं की देवी हैं। प्रत्येक खूंट कम से कम जीवन में एक बार अछरैल की पूजा करता है जिससे परिवार की सभी विवाहित एवं अविवाहित अथवा वृद्ध महिलाओं की हर तरह की सुरक्षा आछरायल की कृपा से सुनिश्चित हो जाय। आच्छायल किसी पाषाण–पिण्ड या खूंटे या वस्तु में नहीं प्रतिष्ठित होती अपितु उसकी पूजा उसे निराकार मान कर की जाती है।

आछरायल की पूजा में भाग लेने के लिए परिवार से सम्बन्धित सभी विवाहित स्त्रियों जैसे पुत्री, भतीजी, पोती, बहन आदि को पति सहित आमंत्रित किया जाता है। वे पूजा के निर्धारित दिन से एक दिन पूर्व आ जाते हैं तथा पूजा के दिन सभी को पूजा के समय तक उपवास रखना पड़ता है। वे स्नान कर नया/साफ वस्त्र पहन कर कतारबद्ध पूजा के लिए बैठ जाते हैं यदि किसी कारण खूंट की कोई लड़की अनुपस्थित रही तो उसके स्थान पर मिट्टी का एक पिण्ड उसकी

उपस्थिति के रूप में बनाकर कतार में बैठा दिया जाता है। इसी प्रकार अविवाहित लड़कियों के बगल में मिट्टी का पिण्ड उनके भावी पति के नाम पर बना कर बैठाया जाता है। इस प्रकार खूंट को सभी विवाहित और अविवाहित लड़कियों की उपस्थिति उनके वर्तमान पति के साथ या अविवाहित के भावी पति के साथ कतारबद्ध करने के उपरान्त आछरायल की पूजा प्रारम्भ होती है।

खूँट या परिवार का एक पुरुष आछरायल की पूजा के लिए अपनी आर्थिक स्थिति के अनुसार, सुअर या भेड़ या बकरे की बलि चढ़ाता है। वह बलि चढ़ाते हुए आछरायल से प्रार्थना करता है कि–"ओ आछरायल। आप हमारे खूँट की नारियों, वृद्ध एवं बालिकाओं को कष्ट एवं रोग से बिलग रखिए। उन्हें किसी प्रकार की बीमारी एवं दुःख मत दीजिए।"

बलि के उपरान्त बलि चढ़ाने वाला बलि के रक्त को खूंट के उपस्थित सभी लड़कियों तथा उनके पतियों पर छिड़ कर उन्हें आछरायल द्वारा संभावित बीमारी एवं कष्टों से मुक्त करता है।

दूसरी सुबह लड़कियां अपने पति के साथ अनिवार्य रूप से ससुराल चली जाती हैं भले ही दूसरे दिन पुनः आ जायें।

आछरायल की यह पूजा प्रत्येक खूंट में एक बार आवश्यक रूप से रोग निवारण हेतु होती है। बच्चा जन्म के उपरान्त मां के दूध में कमी को सुधारने के लिए या बार–बार शिशु के बीमार पड़ने पर भी, आछरायल की पूजा का विधान है तथा उन्हें बलि प्रदान किया जाता है।

आछरायल की पूजा का सम्बन्ध मुख्यतः स्त्री वर्ग से जुड़ा हुआ है। ऐसा विश्वास किया जाता है कि यदि आछरायल की पूजा भली प्रकार की जाय तो नैहर अर्थात पिता के घर से लड़की के साथ प्रायः उसमें समा कर आने वाला 'नैहरन्ता नाद' लड़की के साथ नहीं आ पाता और पति–पत्नी का जोड़ा सुखी रहता है।

जोदा :

आछरायल की तरह जोदा भी स्त्रियों के हित से सम्बन्धित नाद है, किन्तु आछरायल सभी उरांवों के बीच सभी गाँव के खूंटों में पूजित है जबकि जोदा कुछ निश्चित उरांव गाँवों में पूजा जाता है। कुछ क्षेत्रों में जोदा के विषय में उरांवों को कोई भी ज्ञान नहीं हैं। जोदा निराकार तथा किसी वस्तु या पिण्ड द्वारा अभिव्यक्त नहीं किया जाता है।

जोदा की पूजा आछरायल की पूजा के ठीक दूसरे दिन सम्पादित होती है। सारी विधियाँ और प्रक्रिया लगभग आछरायल पूजा विधि की तरह होती है। इसमें

भी खूँट की लड़कियाँ अपने पति अथवा भावी पति के पिण्ड के साथ कतारबद्ध होकर भाग लेती है। तथा भेड़ की बलि चढ़ायी जाती है। पूजा के दूसरे दिन लड़कियाँ अपने पति के साथ मायका छोड़कर ससुराल चली जाती है।

खूँट नाद :

प्रत्येक खूँट का एक नाद रहता है जिसे पूजा चढ़ाना एवं तुष्ट रखना उस खूँट का दायित्व होता है। कहा जाता है कि खूँट नाद अपने खूँट का हित चिन्तक और कल्याणकारी होता है किन्तु कभी–कभी कुछ खूँट नाद बलात खूँट पर लद जाते हैं और उस खूँट के सदस्यों को अत्यधिक परेशान करते हैं।

खूँट–नाद की पूजा का आरम्भ उरांव समाज में उस युग में ही हो गया था जब उरांवों ने छोटानागपुर में कदम रखा था और जंगलों को काट कर खेती योग्य भूमि तथा घर के लिए जमीन निकाली थी। तत्कालीन मान्यता यह थी कि जंगल की सफाई कर जो खूँट अपने लिए भूमि तैयार करता है वह इस जंगली भाग में बसनेवाले नाद को अव्यवस्थित और आवास विहीन कर देता है। अतः वहाँ का नाद कहाँ जाये। फलतः व्यवस्था दी गई कि खूँट के लोग अपने क्षेत्र के नाद की पूजा करें और बलि चढ़ा कर उन्हें सदैव संतुष्ट रखें। चूँकि ये नाद प्रत्येक खूँट से जुड़े हुए होते हैं। अतः स्वाभाविक है कि उस खूँट की खूँट–नाद अनिवार्य रूप से हित चिन्ता करेंगे। इनकी पूजा के लिए खूँट की कुछ भूमि सुरक्षित रख दी जाती है, ऐसे खेत को "नाद–खेता" नाम दिया जाता है।

खूँट नाद में एक अन्य प्रकार का योग हुआ है जो निसन्देह एक परिवर्ती विकास है। यदि किसी खूँट के सदस्य ने किसी व्यक्ति की हत्या कर दी है तो मृतक उस परिवार का खूँट–भूत बन कर छा जाता है और पर्याप्त चढ़ावा प्राप्त करता है। संभवतः वह उस परिवार से इस प्रकार चढ़ावा प्राप्त कर बदला लेता है।

मूल खूँट नाद का स्वरूप निराकार होता है वह प्रायः परिवार का शुभ–चिन्तक होता है।

बड़ंदा–पच्चो :

वे उरांव जो भूइंहर नहीं है तथा जिनका कोई खूँट या खूँट–नाद नहीं है बड़ंदा–पच्चो की पूजा करते है जिससे उनकी वह कमी पूरी हो जाती है जो खूँट–नाद की पूजा करने से भुइंहरों को प्राप्त होती है। बड़ंदा–पच्चो या दाड़ पहाड़ी और कुछ अन्य नाद जैसे चिंगरी नाद, गोयसाली नाद, आदि का पूजा सामान्य उरांव करते हैं क्योंकि वे भुइंहर नहीं है और न उनके परिवार से कोई खूँट–नाद संयुक्त है।

उरांवों में प्रचलित असुर कथा के अनुसार 'बड़ंदा' किसी असुर की विधवा थीं जिसकी मृत्यु धरमेस ने भट्ठी में फंसाकर कर दी थी।[35] इसको सात बेटियाँ मानी जाती हैं जिनमें प्रमुख हंकार बाई, पोस बाई, किरो बाई आदि है। उरांव धर्म में इन सभी को परिस्थिति के अनुसार पूजा चढ़ावा प्राप्त होता रहता है। बड़ंदा किसी गृह या वंश–विशेष से पूजित होती है तथा उस वंश के लोगों का हित–चिन्तन करती है।

बड़ंदा की पूजा लाभकारी होती है। पूजा के लिए तिथि सामान्यतया माघ–पूर्णिमा निश्चित कर ली जाती है और सभी भैयाद या परिवार के ज्येष्ठों को आमंत्रण द्वारा पूजा की तिथि की सूचना दे दी जाती है। निश्चित दिन पूजा एवं बलि की सामग्री लेकर उपवास रखते हुए परिवार वाले किसी खुले मैदान या पहाड़ी के निकट पहुँचते हैं। यह स्थान गोबर से लीप कर शुद्ध किया हुआ है और तीन से पाँच दिन तक मिट्टी के पिण्ड बड़ंदा नाद के रूप में बना दिए जाते हैं जिसे तेल और सिन्दूर से टीका जाता है। बलि हेतु लाए गए पशु को स्नान करा कर उसे सिन्दूर से टीका जाता है तथा बड़ंदा को अर्पित करते हुए परिवार का ज्येष्ठ प्रार्थना करता है–

—"हुदि, दांगड़ा नाद। खेड़–खेख्खन विसिरकान किदान खिन्दकान, कि दांगड़ा पसआ लागदन इन्नान्तिम सपना आअके चिमा, नड़ी आमके कोरता। अच्छा से राखे, असुर–असुराइन्धी नाद हिव। आव चिगाड़िन गाड़ो इ उल्लान पनर दिन नु, आर दोहा गौएन साली नानौर"

हिन्दी

"ओ दांगड़ा नाद स्वीकार करो। मेरे हाथ–पाव को भूल जाओ। मैंने यह बलि–बैल खरीदी है और तुम्हें चढ़ा रहा हूँ। आज से तुम हमें दुःस्वप्न और ज्वर नहीं देना। शान्त रहना। तुम असुर–असुराइन के नाद हो। आज से एक पक्ष के भीतर हम चिंगड़ी या बॉस को खड़ा करेंगे (अर्थात चिंगड़ी को भी बलि द्वारा पूजा अर्पित करेंगे) और ढाहा गोयसाली को भी बलि अर्पित कर पूजा करेंगे।"

पूजा क्रम में आगे प्रार्थना की जाती है कि –"उसे डांगड़ी नाद, उद्द बड़ंदा, नेहा बड़ंदा आप पाँच/सात/बारह वर्ष तक शान्त रहें। अर्थात् इस अवधि के पश्चात् परिवार वाले पुनः स्मरण करेंगे। खूँट–नाद के स्थान पर वे उरांव जो भुइंहर नहीं हैं, अपने एक वंश वृक्ष का कोई परिवार अलग मकान बनवाकर या अन्य किसी कारण से रहना प्रारम्भ कर देता है तो उसे अलग होने के 3 वर्ष से 12 वर्ष के भीतर एक बार बड़ंदा–पच्चो की पूजा आवश्यक रूप से करनी होगी। इस पूजा द्वारा विलग हुआ व्यक्ति अपने वंश वृक्ष के अनुसार एक वंश में व्यवस्थित माना जा सकता है।

चिंगड़ी नाद :

बड़ंदा–पच्चो की पूजा के पन्द्रहवें दिन घर के द्वार पर बांस के दो पोल एक दूसरे से स्पर्श करते हुए गाड़ दिया जाता है। दोपहर को आमंत्रित भैयाद इकट्ठा हो जाते हैं। परिवार का एक ज्येष्ठ पंच के रूप में दण्डा–कट्ठा पूजा का आयोजन करता है जिसके निरीक्षण के लिए एक माती नियुक्त कर लिया जाता है। एकत्रित लोगों के बीच धरमेस की कथा सुनाई जाती है और प्रार्थना किया जाता है —"आज बारह भाई असुर एवं तेरह भाई लोधार को एक बांस के पोल से जो 12 फीट लम्बा और 13 फीट चौड़ा है लोहा गलाने वाली भट्ठी में धोंक दिया गया है। उनका कुभाषी मुख अब उहू बड़ंदा, हांकर बाई, पोल बाई, चिगुर गाड़ी दाहा, गोएनसाली में परिवर्तित हो गया है। मैं इन सभी को आज पूजा द्वारा तुष्ट करता हूँ। अब कोई बीमारी, बुखार, दुःस्वप्न या भयाक्रान्त करनेवाली क्रियाएँ आप लोगों के द्वारा नहीं होनी चाहिए।"

गोएनसाली नाद :

गोएनसाली नाद की पूजा पशुओं को निरोग और स्वस्थ रखने के लिए किया जाता है। जिस दिन चिंगड़ी नाद की पूजा होती है उसी दिन एक मुर्गा गोशाला में प्रविष्ट कराया जाता है जो गोशाला भूमि पर बिखरा अरवा चावल खाता रहता है। घर का ज्येष्ठ गोशाला में प्रवेश कर "टुक्को ओथोरना" करता है अर्थात् मुर्गे को बाहर उड़ा देता है। बाहर एक व्यक्ति मुर्गों को पकड़कर गोसोएली नाद या गोहार देवता या गोड़िया मुर्गे की बलि देता है। बलि चढ़ावा के पश्चात् प्रार्थना की जाती है कि–अब हमने आपको पूजा चढ़ा दिया। अब आप हमारे सारे पाप और बीमारियाँ लेकर चले जाइए। अब हमें किसी बीमारी या अन्य आपदाओं से परेशान नहीं किजीएगा।

सुरजाही पूजा :

चिंगड़ी नाद पूजा के उपरान्त सुरजाही पूजा होती है। सुरजाही देवता को डांड़ राजा भी कहते हैं और पूजा अथवा बलि किसी उंचें डांड़ भूमि पर नदी, तालाब या सोते के किनारे अर्पित की जाती है। इसमें परिवार के सभी स्त्री–पुरुष एवं संबंधी व्रत रखते एवं भाग लेते हैं। जिस सफेद बकरे की बलि देनी होती है उसे शुद्ध कर सिन्दूर से टीक कर भूमि पर अरवा चावल बिखेर कर खाने को देते हैं और जब वह अरवा चावल खाता रहता है कुल्हाड़ी से उसके गर्दन पर प्रहार कर बलि चढ़ाते हैं। प्रार्थना करते हैं–ओ सुरजाही देवता हम आपको बलि अर्पित कर रहे हैं, आज से हमें कष्ट न देकर स्वास्थ्य एवं सम्पन्नता प्रदान कीजिए।

सुरजाही देवता अन्य कोई नहीं अपितु सूर्य देव या धरमेस हैं। देवता के नाम तथा पूजा में सफेद खसी या सफेद मुर्गे की बलि से निश्चित होता है कि धरमेस

की पूजा की जा रही है। घर के उपरोक्त सभी देवी/देवताओं में धरमेस की पूजा आवश्यक समझी गई है। इस पूजा के उपरान्त विलग होकर नया परिवार चलाने वाले लोगों का धार्मिक दायित्व लगभग पूरा हो जाता है। सुरजाही पूजा के पश्चात् कहा जाता है–"एड़या खोजरास" घर पूरा हो गया।

जादू–टोना :

उरांव जन–जाति का धार्मिक एवं सामाजिक जीवन उनमें प्रचलित जादू–टोने के विश्वासों या अंधविश्वासों से गहराई से प्रभावित रहा है। उरांवों द्वारा पूजित देवी–देवतागण, विशिष्ट अलौकिक शक्तियॉं, जो क्षेत्रीय देवी–देवता के रूप में, कृषि, पहाड़, वन, टांड़ में पूजित होते हैं या मृतकों की वे आत्माएँ जो अतृप्त होती हैं तथा जिनसे सदैव उरांवों का भय बना रहता है या तालाब, नदी, पोखर, बांस–बंसवाड़ के नाद जो चढ़ावा प्राप्त करने के लिए उरांवों को व्याधियॉं भेजकर चेतावनी देते हैं, इन सबकी पूजा उरांव निर्धारित समय पर और कभी–कभी आवश्यकता आ पड़ने पर करता है। पूजा का अथवा बलि समर्पित करने का उद्देश्य प्रायः देवता अथवा नादों से प्रसन्न कर कुछ लाभ प्राप्त करना रहता है, किन्तु कभी–कभी उन्हें तुष्ट करना भी रहता है कि वे किसी प्रकार की व्याधि या विपत्ति भेजकर उरांवों को रोग ग्रस्त न करें।

भय के कारण देवी–देवता एवं नादों की पूजा करना आदिम जन–जातियों के धर्म की विशिष्टता रही है। मुण्डा एवं उरांव धर्म के अधिकांश बोंगा या नाद जिन्हें कालान्तर देवी–देवता जैसा आदर एवं स्थान दिया गया, असुरों की वे विधवाएँ हैं जिन्हें सिङ्बोंगा या धरमेस ने बुद्धि–कौशल से मार डाला था। चूँकि असुर स्वभाव से ही अहंकारी, लोभी, दुष्ट और विनाशकारी प्रवृति के थे अतः उनकी पत्नियों में भी वंशगत गुणों का होना स्वाभाविक था। असुरों की पृष्ठभूमि में असुर–पत्नियों से अच्छाई या कल्याण की उपेक्षा नहीं की जा सकती थी। फलतः उरांव जन–जीवन उपर्युक्त मनोवैज्ञानिक भावना के कारण इन नादों एवं अदृश्य शक्तियों से सदैव त्रस्त रहा है और उनकी पूजा का उद्देश्य उन्हें तुष्ट एवं शांत करना रहा है, यद्यपि उरांव यह भी मानता है कि धरमेस ने असुरुविधवाओं को स्वीकार कर उन्हें देव–रूप प्रदान किया है।

नादों या अदृश्य अलौकिक शक्तियों की विनाशकारी प्रकृति या बलि प्राप्त कर तुष्ट होने की रूचि का सर्वाधिक लाभ जादू–टोना के साधको ने उठाया। ये साधक विभिन्न तंत्र–मंत्र एवं पूजा के द्वारा इनमें से कुछेक नादों को अपने बस में कर लेते हैं तथा उनसे अपनी इच्छानुसार काम कराते हैं या वशीकृत नादों के द्वारा जिस शत्रु का विनाश करना होता है, उस पर मारक व्याधियॉं प्रक्षेपित करते हैं। उरांव जीवन में इस प्रकार के जादू–टोना का इतना अधिक प्रचलन है कि

इस दिशा में संलग्न जादूगर या साधक तथा डायनों की एक संस्था विकसित हो चुकी है। अपने पड़ोसियों या अन्य लोगों से बदला लेने के लिए या उन्हें गिराने के लिए जलन या शत्रुतावश उरांव इन डायनों या जादूगरों की सेवाएँ गुप्त रूप से प्राप्त करता है तथा साधकों के नादों का इस्तेमाल शत्रु के विनाश हेतु करता है।

रोग होता है तो उसका निदान भी ढूँढ़ लिया जाता है। डायनों या जादू–टोना के साधकों द्वारा साधित नादों से प्रक्षेपित एवम् विपत्तियों के प्रभाव को निरस्त करने के लिए उरांव धर्म में सोखा एवं भगतों की एक संस्था विकसित हुई जिन्होंने ऐसी विद्या का ज्ञान अर्जित किया जिससे न केवल वे नादों का पता चला लेते हैं अपितु कभी–कभी प्रक्षेपित नाद को अच्छे चढ़ावा का विश्वास दिलाकर उसे अपने पक्ष में कर लेते हैं या अपने देवी–देवता की शक्ति का उपयोग कर जादू–टोना के मार को निष्प्रभावी कर देते हैं।

इस प्रकार उरांव धर्म में जादू–टोना द्वारा नादों या अदृश्य शक्तियों को साध कर उनसे किसी शत्रु के विनाश का उपाय करना तथा इनके विपरीत इन विनाशकारी जादू–टोना उपायों का दूसरे देवी–देवता को अपने पक्ष में कर प्रतिकार करना तथा उनके प्रभाव को निरस्त करना दोनों प्रकार की वृत्तियॉ पनपी हैं। इन दोनों वृत्तियों की शक्ति का स्रोत वे ही नाद या बोंगा या देवी–देवता तुल्य अदृश्य शक्तियॉ हैं जिन्हें सामान्य स्थिति में सभी उरांव धर्मानुसार पूजा करते एवं निर्धारित समय पर बलि भी समर्पित करते है।

डायन :

उरांवों के विश्वास के अनुसार संसार में कुछ ऐसे लोग पाये जाते हैं जिनकी दृष्टि और वाणी में विनाशकारी प्रभाव स्वतः उत्पन्न होता है। व्यक्ति का यह गुण प्रायः जन्मजात रहता है। व्यक्ति का तात्पर्य पुरुष या स्त्री दोनों से है किन्तु अध्ययन के उपरान्त पाया गया कि गुण प्रायः स्त्रियों में बहुतायत से पाया जाता है। इस प्रकार की स्त्री की दृष्टि यदि शिशु पर पड़ जाय तो वह तुरन्त बीमार पड़ जायेगा। या ऐसी स्त्री के मुख से कोई विनाशकारी बात निकल गई तो उसका तुरन्त असर होने लगता है। ऐसे स्त्री–पुरुष के 'एख' को दुष्ट माना जाता है।

यद्यपि उरांव समाज में ऐसी स्त्रियॉ कुदृष्टि वाली मानी जाती है तथा सभी इनसे अपने बच्चे बचा कर रखने की कोशिश करते हैं किन्तु डायन जैसी घृणा नहीं झेलनी पड़ती। ऐसी एख–दुष्टाओं और डायनों में अन्तर है। वस्तुतः डायन को जादू–टोने की विद्या गुरु के द्वारा सीखनी एवं साधनी पड़ती है तब कहीं वह ऐसी कार्य–क्षमता अर्जित कर पाती है जिससे नादों को वशीकृत कर सके तथा उनसे इच्छित काम करा सके।

डायन–दीक्षा :

डायन की दीक्षा वर्ष में एक बार होती है। यह सारा कार्य कार्तिक अमावस्या की काली रात, बस्ती से दूर किसी सुनसान स्थान में अत्यन्त गोपनीयता से सम्पादित होता है। निकट के गाँव की सभी डायने उस दिन निश्चित स्थान पर पहुँचती हैं और अर्धरात्रि के उपरान्त निर्वस्त्र होकर, अपने कटि पर मात्र लम्बी–लम्बी घास के झाडू को झीने रूप में फैलाकर डायन नृत्य करना प्रारम्भ करती हैं। चीते की एक खोपड़ी रखी होती है जिस पर एक दिया मंद प्रकाश से जलता रहता है। नृत्य के बीच जादू–टोना सम्बन्धित क्रियाएं सिखा दी जाती हैं। मंत्र–साधना, जादू–मारना या प्रक्षेपित करना तथा जादू–टोना विद्या की अन्य तकनीकी गूढ़ बाते गुरु नयी शिष्याओं को बारीकी से बतलाती है और अभ्यास कराती है। पहले से विद्या सीखी हुयी डायनें इस क्रिया में सहायक का काम करती है। नयी प्रशिक्षिकाओं को 'डायन–धर्म' के अनुसार प्राण देकर भी गोपनीयता को तोड़ना नहीं पड़ता। उसकी उन्हें शपथ लेनी पड़ती है। प्रशिक्षण–प्रक्रिया का यह एक आवश्यक अंग है। गुरु सहित सभी डायनें नयी प्रशिक्षत डायनों से सामूहिक प्रश्न करती है–"कोड़ी पासा सहबे कि टांगी पासा सहबे ?" अर्थात क्या तुम कुल्हाड़ी के डण्डे से सजा पाना पसन्द करोगी या फावड़े की बेंट से या (अपनी गोपनीयता को भंग करोगी) ?इसके उत्तर में नयी डायनें कहती हैं कि वे सभी दण्ड सहन कर लेंगी किन्तु धर्म अर्थात् डायन–धर्म की गोपनीयता का भेद नहीं खोलेंगी। वे एक स्वर से उत्तर देती हैं–"साहब गुरु, सहब–सहब–सहब।"

उरांव ग्रामीणों का विश्वास है कि डायनों के इस नृत्य को यदि किसी पुरुष ने देख लिया तथा किसी डायन की उस पर दृष्टि पड़ गई तो उसकी शीघ्र मृत्यु निश्चित है। प्रायः डायनें ऐसे पुरुष के जिगर को अपनी जादू से निकाल कर पीपल के पत्ते में बन्द कर पीपल के पेड़ पर रख देती है। पुरुष को कुछ भी अनुभव नहीं होता। पुनः डायनें एक निश्चित दिन मंत्र द्वारा जिगर को नष्ट कर देती हैं। उस दिन उसी क्षण उस व्यक्ति की मृत्यु हो जाती है। अतः डायनों की दृष्टि से ग्रामीण सदैव बचने की कोशिश करते हैं।

डायन–कार्य विधि :

डायन अपने लक्ष्य को मारने, पीड़ित करने या रोगग्रस्त करने के लिए मुख्यतः निम्नलिखित विधियॉं अपनाती है :–

(क) मसान विधि :

इस विधि के अर्न्तगत डायन एक फटा पुराना कपड़ा लेकर एक पोटली बनाती हैं या कुछ डायनें मिट्टी का छोटा घड़ा या पुरवा लेकर उसमें भुना हुआ अरवा चावल, मुर्गे की टांग, सिर, कुछ कटा हुआ मॉस रक्त, किसी जानवर की

सींग एवं हड्डियाँ रख कर ढक देती हैं। इस प्रकार पोटली या मिट्टी का पुरवा जिस गाँव या घर को विपत्ति से मारना होता है उस गाँव में या घर की चहारदीवारी में उसे चुपचाप गाड़ दिया जाता है। मंत्राभिसिक्त वस्तु वसीकृत नाद को आमंत्रित करता है क्योंकि नाद जानता है कि डायन द्वारा सौंपे गए काम को पूरा करने के उपरान्त उसे मुर्गे एवं पशु के बलि का चढ़ावा मिलेगा। अतः डायनों के अनुसार जादू का यह मार निश्चित रूप से सफल होता है और प्रभावित गाँव या घर आपदाओं से घिर जाता है। इसका उपचार कोई कुशल ओझा या सोखा ही कर पाता है। छिपे स्थान से पोटली या पुरवा निकाल लाता है तथा नाद को और अच्छे बलि का आश्वासन देता है।

(ख) जादू–बान या नजरी–बान :

यह मंत्र–शक्ति जादू का तीर एक लम्बी दूर तक मार कर सकता है। घास का एक छोटा तीर लेकर डायन उसे मंत्रों से अभिसिक्त कर देती है तथा उसे लक्ष्य को साध कर चलाती है। इसका निशाना कभी खाली नहीं जाता और जिस जानवर या व्यक्ति पर बान गिरता है उसके चेहरे या शरीर के जोड़ों में अनायास पीड़ा शुरू हो जाती है। उरांवों के विश्वास के अनुसार इस प्रकार की अकस्मात पीड़ा से स्पष्ट है कि जादू–बान लगा है और तुरन्त किसी ओझा या भगत को बुलाकर इसका उपचार कराया जाता है।

(ग) जिगर–निष्कासन :

जादू द्वारा किसी व्यक्ति के ह्रदय निकाल लेने की विद्या अनुभवी एवं कुशल डायन ही जानती है। यह साधना मुख्यतः सोहराई की रात्रि अर्थात अमावस्या को साधित की जाती है। जादू–टोना की दृष्टि से कार्तिक अमावस्या की रात अत्यन्त संवेदनशील रात होती है तथा उस दिन का साधा हुआ जादू या मंत्र कभी खाली नहीं जाता। जिस व्यक्ति की हत्या करनी होती है इस रात्रि को मंत्र द्वारा डायन उस व्यक्ति के शरीर से उसका ह्रदय निकाल लेती है और उसे पीपल के पत्ते में लपेट कर पीपल के पेड़ में रख देती है तथा उसकी मृत्यु का एक निश्चित दिन तय कर देती है। देखा गया है कि ऐसे व्यक्ति की अकारण मृत्यु हो जाती है।

(घ) चोर देवा या काली बिल्ली :

डायन रूप बदलने में सिद्ध होती हैं। विशेषकर वह काली–बिल्ली या कभी–कभी अंगूठे के आकार के मनुष्य का रूप धारण कर लेती है और चोरों की तरह चुपचाप घर में प्रविष्ट हो जाती हैं। वह सोते हुए व्यक्तियों का मुँह से बहता हुआ लार चाटकर उसे रोग ग्रस्त कर देती है या अपनी छाया उस पर डालकर भयंकर स्वप्न द्वारा उसे डरा देती है और जगने पर वह मानसिक रूप से असामान्य हो जाता है। उरांव लोगों की दृष्टि यदि घर में या घर के निकट किसी काली

बिल्ली पर पड़ती है तो वे तुरन्त पकड़कर मार डालते हैं। उनके विश्वास के अनुसार जैसे–जैसे काली बिल्ली का शरीर तोड़ा जाता है वैसे–वैसे शरीरारोपित डायन का भी शरीर टूटता है और बिल्ली की मृत्यु के साथ उसकी मृत्यु हो जाती है।

डायनों द्वारा साधित नाद कभी–कभी रुष्ट होकर डायन एवं उसके परिवार पर भी प्रहार कर देते हैं। अतः डायन नादों के इस्तेमाल और उनकी पूजा तथा उन्हें मानता के अनुसार बलि समर्पित करने में बड़ी सावधानी बरतती हैं।

डायनों की भाँति 'बिसहा' भी जादू–टोना द्वारा रोग एवं मृत्यु भेजने में कुशल होते हैं। बिसहा पुरुष होता है। उसे अपनी कला में डायनों जैसी कुख्याति नहीं प्राप्त है, फिर भी कुछ उरांव इनकी सहायता से अपने शत्रुओं को मारने एवं परास्त करने का उपाय करते हैं। बिसहा गाँवों में यत्र–तत्र ही दिखलाई पड़ते हैं। ये बहुत कम संख्या में पाये जाते हैं। कहा जाता है कि इन्हें विषैले पदार्थों का अच्छा ज्ञान होता है। बिसहा जादू–टोना के साथ–साथ कुछ ऐसे विषैले उपाय करता है कि उसका लक्ष्य बच नहीं पाता। डायनों की विद्या के साथ–साथ जादू–टोना एवं विष का उपयोग करने वाले बिसहा जादू–टोना क्षेत्र का परिवर्ती विकास है।

मती :

माती यद्यपि नादों का पता लगाने तथा उनके द्वारा लाई गई विपत्तियों एवं आपदाओं से उरांवों को त्राण दिलाने का काम करते हैं किन्तु मांग करने पर वह डायनों एवं बिसहा की तरह भूत भेज कर किसी को विपत्ति में डालने या किसी की जीवन लीला समाप्त कर देने का कुकर्म भी करते हैं अतः उन्हें भगत एवं सोखा की श्रेणी में नहीं रखा जाता जो रोग–मुक्ति का ही उपाय करते हैं तथा समाज में लोगों से प्रतिष्ठा प्राप्त करते हैं। माती काला और सफेद (श्वेत) दोनों प्रकार के जादू–टोना में सिद्वहस्त माना जाता है। उरांव समाज में मातियों की संख्या पर्याप्त है और ये प्रायः हर गाँव में मिल जाते हैं।

माती अपने जादू–टोना एवं इनके निराकरण की शिक्षा–दीक्षा किसी नामी गुरु के शरण में, उनकी कठिन सेवा से प्राप्त करता है। गुरु किसी एक साधना–कक्ष में पल्थी मार कर भूमि पर बैठते हैं तथा इनके सामने अर्ध–चन्द्रकार बनाते हुए उनके शिष्य भी इसी प्रकार पल्थी लगा कर बैठते हैं। उनके घुटने पर एक सूप और सूप में अरवा चावल रहता है। दाहिने हाथ की हथेली पर वे सूप के चावल के रगड़ने की गति के साथ एक लयात्मक संतुलन बना रहता है जिससे उस बंद कक्ष का सम्पूर्ण वातावरण अलौकिक हो जाता है। क्रमशः कोई एक शिष्य जो अधिक संवेदनशील होता है अपने सिर एवं शरीर को झटकने

लगाता है। ये वे लक्षण हैं जिनसे ज्ञात होता है कि उसके उपर नाद सवार हो चुका है। इस अवसर पर गुरु धूपबती जलाता है तथा घंट, घड़ियाल और शंख बजा कर नाद का स्वागत किया जाता है। स्वर के मद्धिम होने पर नाद–गीत जिसमें विभिन्न बलि का वर्णन होता है गाया जाता है। मातियों को विश्वास है कि यह गीत नाद को संतुष्ट कर देता है। तदुपरान्त 'उतरना' गीत गाकर नाद उतारा जाता है।

माती की अमीष्ट देवीः काली माई :

माती द्वारा आह्वान किये गये नाद सामान्य कोटि के या भटके हुए नाद होते हैं किन्तु मातियों की आराध्य देवी काली–माई या बूढ़ी–माई होती हैं। कहा जाता है कि काली–माई के रंथ और डांक दो सेवक हैं जो आवश्यकता पड़ने पर किसी भी नाद या अलौकिक शक्ति को पकड़कर अपनी स्वामिनी काली–माई के सामने प्रस्तुत कर सकते हैं।

माती काली–माई की स्थापना एवं उनकी पूजा तथा बलि में चढ़ावे का पूरा ध्यान रखता है। रथ–यात्रा के दिन आषाढ़ के माह में प्रायः माती अपने घर की सीमा के किसी एक पाट या मिट्टी की वेदी बनाता है और उस पर मिट्टी के तीन पिण्ड बना कर बैठाता है। इसके निकट लोहे का त्रिशुल गाड़ता है जिससे स्थानीय काली–माई का अभाष होने लगता है। तदुपरान्त कुछ तांबे के सिक्के पिण्ड के निकट बिखेर कर मॉं के पिण्ड को पूरी तरह तेल–सिन्दूर से टीक दिया जाता है।

इस प्रकार पाट पर काली–मॉं की पूरी तरह प्राण–प्रतिष्ठा हो जाने पर एक लाल मुर्गा तथा एक काली खंसी की बलि चढ़ाई जाती है तथा चावल की हड़िया का अर्ध्य समर्पित किया जाता है। माती के कुछ शिष्य रहते हैं जो बिल्ली स्थान की देख–रेख एवं काली पूजा के सभी काम को निष्पादित करने में सहायक होते हैं। पाट–चेला प्रत्येक प्रातः सफेद मिट्टी या पोतनी मिट्टी के लेप से पूरा स्थान लीप कर शुद्ध करता है तथा फूल–चेला गुलाची फूलों की व्यवस्था करता है जिससे काली–माई की पूजा की जाती है। कार्तिक की अमावस्या या सोहराई की रात के नवें दिन माती काली–माई की धूमधाम से पूजा करता एवं काले बकरे की बलि चढ़ाता तथा हड़िया अर्पित करता है।

मातियों द्वारा उपचार :

रोगी के घर के ओसारे को या एक किसी बाहरी कमरे को गोबर से लीप कर शुद्ध कर रोगी को खाट पर लिटा दिया जाता है। माती के निकट सूप में अरवा चावल, मिट्टी के बरतन में तेल घी एक नया मिट्टी का दीप जिसमें तेल और बाती हो, कुछ हवन की सामग्री रखी रहती है। माती अग्नि प्रज्वलित करता है तथा मंत्रोच्चारण करता है। जिसमें एक–एक कर सभी देवी–देवता, भूत–प्रेतों, गुरु

एवं नामी दिवंगत मातियों का आह्वान किया जाता है कि रोगी को निरोग करने में पूजा में लगे हुए माती की सहायता करें। माती सूप से चावल निकालकर एक वृत्त की बनाता है तथा मंत्र द्वारा उसे बॉधता है। इसे भूमि–बंधना क्रिया कहते हैं। इसका उद्देश्य नाद भूत–प्रेत, डायन या किसी माती द्वारा पूजा कार्य में यदि किसी प्रकार का विघ्न डालने का प्रयास किया जाये तो वह प्रयास वृत्त की रेखाओं से टकराकर वापस चला जायेगा। इसके उपरान्त पिंड–बंधना द्वारा माती अपने शरीर को मंत्र द्वारा बांधता है। जिससे दुष्ट शक्तियॉ उसे प्रभावित न कर सकें। अब माती दीपक जलाता है तथा उसके तेल में बीच की अंगुली डाल उॅगली को दीपक के चारो ओर भूमि पर बुलाता है। वह दीप–बरना कृत्य हुआ। मंत्रोच्चारण द्वारा माती प्रयास करता है कि कोई भी नाद आकर दीपक की लव में लीन हो जाये या सवार हो जाये। किन्तु माती का प्रयास सदैव दीप–लव में रंथ को प्रतिष्ठित करने का होता है और इसमें वह सफल भी होता है।

अब माती अपनी शिखा से एक बाल तोड़ कर दीपक जलाता है तथा भूमि पर कुछ मिट्टी डालता है। इस प्रकार बाल जलाकर वह नरबलि दे देता है और भूमि में मिट्टी डालकर 'माटी में मिलाय देव' कहकर उसका क्रिया–कर्म कर देता है।

नाद का पता लगाना :

सारी तैयारी कर लेने के उपरान्त माती नाद को पकड़ने या पता लगाने की क्रिया प्रारम्भ करता है। यह दो प्रकार की होती है, कुछ माती अरवा चावल से नाद को पकड़ते हैं और कुछ दीपक को लव द्वारा। यह मातियों की अपनी–अपनी साधना एवं विधि पर निर्भर करता है।

(क) **अरवा चावल की गिनती** से नाद के पता लगाने की विधि लम्बी है। माती सूप के अरवा चावल से कुछ दाना अपनी चिढुकी में ले लेता है। मंत्रोच्चारण करते हुए कहता हैं –

'एह महाराज अगर फलना (नाम) नाद इ पिंड में हो, तो पंचो बिड़ा एक लहासी दे, झूठ विचार करना नहीं चाहिए, हेये धरती उपरे परमेश्वर बिचमें (देवता के) पंचरूपी होकर के विचार करना चाहिए। देउता के समा हय। दूध के दूध बाकी के पानी विचारना चाहिए गउ के जैसा अगली धार तैसा पिछला धार। गाउ के मास कुता खाय कुता मास गउ नेहि खाय। बन भरल पात, देख भरल नाद, सेकर खोजी नेहि। खुनिका खोजि हद ....।'

इस प्रकार की हिन्दी में माती प्रार्थना करने के उपरान्त चुटकी का चावल भूमि पर रखता है तथा दो–दो चावलों का जोड़ा अलग करता है। यदि जोड़ा बन जाने के पश्चात् एक चावल शेष रहता है तो यह क्रिया पाँच बार की जाती है

और देखा जाता है कि निष्कर्ष सही था। अतः जिस नाद के नाम पर अकेला चावल बचता है उस नाद की घोषणा सबके सम्मुख कर देता है–कि दोहराई समाइत–के फलां (नाद का नाम) हय।

जब जोड़ा पूरा बन जाता है तो माती अर्थ बैठाता है कि भूत "रिझा रहा है" सामने नहीं आ रहा है। तब माती 'नाद रसगिया' प्रयास द्वारा ऐसे नाद का पता लगाता है तथा 'समाइते' के सम्मुख घोषित कर देता है।

(ख) **दीपक की लव से**–कुछ माती चावल के उपर रखे जलते दीप के अतिरिक्त एक और दीप जलाते हैं और इसे अपने हाथ में रखकर पहले दीप के सम्मुख करते हैं जो स्थिर प्रकाश देता हुआ जल रहा है। अब माती नाद का क्रम से नाम लेता हुआ प्रत्येक नाम पर थोड़ा चावल, चावल दीप पर फेंकता है जिससे दीपक की लव इधर–उधर मुड़ती है। यदि "लव" माती के हाथ में रखे दीपक की मुड़ती है तो नाद पकड़ लिया जाता है। इस विधि में चूँकि मान लिया जाता है कि दीपक के लव मं 'रंथ' प्रतिष्ठित है अतः वह खूनी को, जिसने बीमारी दी है, जानता है। रंथ की जानकारी लव के माती की ओर झुकने से नाद के नाम पर, स्वीकृति मानी जाती है। इस प्रकार दीपक की लव के संकेत पर नाद पकड़ लिया जाता है और 'समाइत' के सम्मुख घोषित कर दिया जाता है।

बाही–पकड़ना :

अब माती चावल के ढेर में से एक चावल उठाता है जिसके साथ दो–तीन चावल के दाने लगकर उठ जाते हैं। माती की चिटुकी के एक चावल से सटा हुआ चावल 'भूत' का चावल होता है माती उस चावल को पकड़कर बाहर यह करते हुए कहता है कि आज से तुम इस घर में प्रवेश नहीं करना। वह उसे संतुष्ट करने के लिए बलि चढ़ाने का वचन भी देता हैं। वह हल्दी को तीन टुकड़ों में तोड़कर तीन रेखाएँ खींचता है जिसे पार कर नाद अब घर में नहीं प्रवेश कर सकता है।

नाद को डाढ़ा नाद के जिम्मे सौंपना :

माती साल या अन्य पेड़ों की पत्तियों से एक सिंगी बनाता है तथा कुछ कपड़ा लपेट कर एक मुसैली (ब्रश) बनाता है। मुसैली को तेल में भिंगो कर तेल से भूमि पर मनुष्य की एक आकृति बनाता है। अब वह दीपक के निकट कुछ नमक, सिन्दूर और अपनी पोटली से मंत्र–सिक्त कोई वस्तु (कपड़ा) जड़ी या अन्य कोई ठोस वस्तु निकालता है जिसे भाषा में 'बांक' कहते हैं और सिन्दूर के पास रख देता है। वह अपनी किसी बॉयी अंगुली से, सुई चुभो कर, रक्त निकालता है। रक्त को चावल पर, जिससे नाद का पता लगाया गया था टीकता है। मुसैली को मशाल की तरह जला दिया जाता है। अब माती कहता है–दोहाई नट–नटिन के।

इस पिण्ड के जो प्रेत हय कहीं भागल–परायल हो चने–चपरी लुकल हो हाजिर कैल चाही। ऐसा कहकर जलती मशाल में माती इस प्रकार देखता है जैसे नट–नटी ने नाद पकड़ कर मशाल की लौ में उसे बैठा दिया हो। माती रोगी का दाहिना हाथ पकड़ता है और क्रमशः सभी देवता जो उसके ज्ञान में हैं, का नाम लेता है–बूढ़ी माई, काली माई–आदि। माती मशाल को सिन्दूर के चारों ओर यह कहते हुए घुमात है कि "नव मन सिन्दूर, नव मन काजर, सोरहो सिंगार बतीसी लहंगार देंगे" कहकर वह मशाल को बाएँ पाँव के नीचे दबाता और बुझा देता है। कभी–कभी सूप से ढंक कर बुझाता है।

मशाल को पुनः जलते दीप से जलाया जाता है और पृथ्वी पर बनी मानव आकृति के चारों ओर घुमाया जाता है। माती कहता है–"तुमको पिंड बदल पिंड देते हय। आज तारिक से तुमको तेलक हय। आग–पाछ नेहि करना चाहिए, आग–पाछ करेसे पसुआ के जनमल।"

माती अपना बायॉं पांव उठा कर सिंगी उसके नीचे रख लेता है और त्रीवता से जलती हुई मशाल को सिंगी में डाल कर सिंगी का मुँह बन्द कर देता है और कहता है–"दोहाइ नागापुर के डाढ़ा, तुमको नाद जिम्मा देते हय, नाद के जिम्मा ले लो। मास खाइहे, हाड़ जोगाइहे। जिस रोज हम खोजेंगे उसे रोज देओगे। छाओ महीना के बिसेख मांगते हय, तब माली–माती से पूजा देकर जहा के हो तहा कर बैठाय देंगे। आउर नेहि खोजेंगे तो माट्टी मिसाल कर दिहे।"

माती छोटानागपुर के शक्तिवान् नाद डाढ़ा को इस दुष्ट को कम से कम छः माह के लिए जिम्मा देकर अब सभी देवताओं को जो पूरब से आए हैं पूरब, पश्चिम से पश्चिम यथा स्थान श्रद्धापूर्वक भेजता है। पूरे स्थान की सफाई गोबर लीप कर दी जाती है।

जब छः माह बीतने को आता है तो घर का एक व्यक्ति माती से सम्पक्र करता है और पूछता है कि अगली पूजा कैसे की जाएगी। और माती निश्चित समय पर पूजा कर निष्कासित नाद तथा डाढ़ा को तुष्ट करता है। माती की उपरोक्त विद्या, जिसके द्वारा वह रोगियों का उपचार करता है, दुष्ट–नादों से घर को मुक्त कराता है तथा डायन एवं विसहा द्वारा प्रक्षेपित नाद एवं आपदाओं को अपनी विद्या द्वारा प्रभावहीन करता है समाज के हित में होता है अतः माती की धार्मिक एवं सामाजिक स्थिति घृणास्पद नहीं होती जब कि डायन और विसहा की सारी विद्या विनाश कार्यों में लगती है अतः इन्हें समाज ने केवल घृणा की दृष्टि से देखता है अपितु पकड़े जाने पर दण्डित करता है तथा कभी–कभी गाँव से निष्कासित कर देता है। वस्तुतः डायन, विसहा या जादू–टोना का प्रयोग विपरीत धर्मी हैं तथा इनकी प्रणाली विपरीत धर्मी प्रणाली है। धरमेस ने नादों को सामर्थ्य

एवं शक्ति इसीलिए नहीं समर्पित की थी कि वे उसका दुरुपयोग करें अपितु उन्हें जाति के कल्याण की जिम्मेदारी दी गई थी किन्तु ये नाद अपनी लोलुप एवं दुष्ट प्रकृति के कारण न केवल डायनों एवं विसहाओं के वसीकृत हो जाते हैं अपितु उरांव जाति के विनाश के उपाय भी करते हैं।

चूंकि ये नाद उरांव धर्म के एक अंग है और इनका दायित्व जाति का भला करना है किन्तु ये धर्म का अंग होते हुए भी धर्म के विपरीत कार्य करते हैं तथा इन्हीं की शक्ति का उपयोग कर जादू–टोना जैसा अधर्मी कार्य किया जाता है अतः इन नादों की सेवा पर आधारित यह प्रणाली विपरीत धर्मी प्रणाली कही जा सकती है।

इस प्रणाली के काट के स्वरूप जो भगत, सोखा, ओझा लोगों की संस्था विकसित हुई वह धर्म के समानान्तर चलने वाली समानान्तर–धर्मी प्रणाली है जिसमें इन नादों से उत्कृष्ट एवं अधिक शक्ति–सम्पन्न नादों एवं देवी–देवताओं का उपयोग प्रक्षेपित जादू–टोना के प्रभावों को निरस्त करने के लिए किया जाता है। ये साध ाक प्रायः महादेव, देवी माई की पूजा करते हैं तथा इन्हीं की शक्ति का लाभ उठाकर नादों की मार को निष्प्रभावी करते हैं। माती की पूजा का सम्बन्ध काली–माई से है जो 'बलि' के चढ़ावा से अधिक प्रसन्न होती है जब कि महादेव की पूजा फल–फूल, दूध एवं मिष्ठान्न से होती है। उरांवों के अनेक गाँवों में महादेव–स्थान पाया जाता है। अधिकांश महादेव–पिण्ड रूप में स्वतः भूमि तोड़ कर उपर प्रगट होते हैं तथा अपने प्रगट होने की सूचना वह स्वप्न या ऐसे ही माध्यमों से अपने प्रिय पात्रों को दिया करते हैं। ये भुई–फूट महादेव के नाम से जाने जाते हैं।

भगत या सोखा :

भगत या सोखा अपनी समस्त शक्तियाँ विशेषकर भगवान महादेव के अनुग्रह से प्राप्त करते हैं किन्तु भगवान का अनुग्रह सभी को सहज प्राप्त नहीं होता अपितु जो उरांव पूरी तरह मन से महादेव को समर्पित रहता है तथा ऐसा जीवन व्यतीत करता है जिसमें महादेव के भक्तों के लक्षण हों, तो उसे अपना प्रिय पात्र समझकर भगवान महादेव उसे प्रेरणा प्रदान करते रहते हैं। कुछ दिन बाद देखा जाता है कि वह महादेव की भक्ति में रात–रात भर जागता रहता एवं बड़बड़ाता रहता है। उरांवों के मध्य यह बात फैल जाती है कि वह रात को सीधे महादेव से बातें करता है। भगत की इस प्रकार की स्थिति घर वालों के लिए कभी–कभी चिन्ता का विषय बन जाती है। माती की तरह भगत या सोखा का कोई नियमित प्रशिक्षण नहीं होता। उसकी शक्तियाँ स्वतः उसमें, उसकी भक्ति के फलस्वंरूप आ जाती है, यद्यपि विभिन्न क्रिया–कलापों जैसे नाद, निष्कासन, रोग मुक्ति, रोग के प्रकारों के अनुसार रोग मुक्ति के विभिन्न उपाय आदि की विधियाँ उसे सीखनी

पड़ती है। कुछ भगत एवं सोखा घोषित करते हैं कि वे मंत्रादि भी नहीं सीखते अपितु ये मंत्र स्वतः उनके मुख से उच्चरित होते रहते हैं।

इस प्रकार भगत एवं सोखा की विधिवत् किसी गुरु से शिक्षा–दीक्षा नहीं होती फिर भी उन्हें भक्ति के अतिरिक्त बहुत कुछ प्रशिक्षण लेना पड़ता है। इसे वे देकर सीखतें है या किसी को गुरु मानकर उससे सभी रोग–निवारण विधियों का ज्ञान प्राप्त करते हैं तथा किन–किन विधियों में कौन–कौन सी सामग्री की आवश्यकता पड़ती है इसकी भी सूची स्मरण कर रखते हैं। मातियों की तरह भगत एवं सोखा के विधिवत् प्रशिक्षण का कोई प्रचलन नहीं है। इनकी शक्ति महादेव की कृपा है।

भगत या सोखा का पद पाना :

महादेव का सामान्य भक्त भगत या सोखा का पद नहीं प्राप्त कर सकता। इसके लिए न केवल विक्षिप्तावस्था तक की भक्ति चाहिए अपितु उसे व्यवस्थित होने के लिए अपने घर की सीमा या अन्य किसी निकट एवं उपयुक्त स्थान में देव–स्थान भी चाहिए जिसे वे 'महादेव–कुड़ि' या 'देव–कुड़ि' कहते हैं। महादेव–कुड़ि स्थापना के पूर्व भगत की दो स्थितियॉ रहती है। उसे स्वप्न होता है कि भूमि तोड़ कर अमुक स्थान पर महादेव का पिण्ड उभर आया है। इस प्रकार यह भगवान का आदेश अपने प्रिय–भक्त को होता है कि उस पिण्ड की तुम सेवा करो और दूसरी स्थिति भक्ति की विक्षिप्तावस्था में घर से निकल कर दूर किसी सुनसान स्थान में चला जाता और वहॉ पूरे एक दिन या कुछ और दिन भगवान की तपस्या में निमग्न रहना और इस प्रकार गाँव–घर में प्रचारित हो जाना कि अमुक व्यक्ति महादेव से सीधा बात करता है तथा भगवान का प्रिय–पात्र है।

मातियों के बीच से भी इन परिस्थितियों में कुछ भगत निकल आते हैं। देखा जाता है कि गुरु से प्रशिक्षण प्राप्त करने की प्रक्रिया में मातियों में से एक–दो प्रशिक्षु जो अधिक संवेदनशील एवं सात्त्विक वृत्ति के होते हैं सुमिरन करते–करते अकस्मात उठ खड़े होते हैं और विक्षिप्तों की तरह जंगल में चले जाते हैं। कुछ दिन उपरांत जंगल के शान्त वातावरण में महादेव की कठिन भक्ति करते हुए वे उनका 'दर्शन' प्राप्त कर लेते हैं। तदुपरान्त अपने गाँव लौटते हैं। इस बीच उनके गॉव तथा पास–पड़ोस के गॉवों के बीच उसकी भक्ति की तथा महादेव के दर्शन की चर्चा फैल जाती है। वह शांत–चित्त लौटता है और घर में एक स्थान देव–कुड़ि के रूप में निर्मित कर विधिवत् अपने धंधे में लग जाता है। स्वप्न द्वारा आदेश पाकर या जंगल में तपस्या द्वारा भगवान का दर्शन प्राप्त कर भगत या सोखा जो ख्याति अर्जित करता है वहीं उसके पद की मान्यता का आधार हो जाता है तथा उसकी रोगियों से व्यवहार करने की मनोवैज्ञानिक कुशलता, भाव–भंगिमा उसे सुदूर गाँवों तक उसकी स्वीकृति दिलाने में महत्वपूर्ण भूमिका निभाती है।

महादेव–कुड़ि एवं भगवान की पूजा :

भगत या सोखा की ख्याति उसके स्वयं कौशल के अतिरिक्त उसके देव–स्थान की व्यवस्था की भव्यता पर भी निर्भर करती है। भगत स्वप्न द्वारा महादेव के पिण्ड का भूमि–फोड़ कर उपर प्रगट होना, प्रायः अपने घर के किसी बाहरी कोने में देखता है और तब वह स्वप्न की बात पास–पड़ोस में प्रचारित कर उस स्थान पर पहुँचता है तो वहाँ महादेव का पिण्ड पाता है। उरांव इन्हें **'भूई–फूट महादेव'** की संज्ञा देते हैं। उस स्थान को मिट्टी के चबुतरे से कुछ उँचा कर पुनः उसके केन्द्र में पाषाण–पिण्ड को प्रतिष्ठित किया जाता है। पिण्ड के निकट लोहे का त्रिशूल गाड़ दिया जाता है। पिण्ड के चारो ओर एक घेरा बना दिया जाता है जिससे जल, दूध, फल आदि का प्रसाद एक निश्चित मार्ग से निकल सके एवं एकत्रित किया जा सके। चबूतरे पर 10–12 फीट ऊँचे पतले बॉस में एक लाल झण्डा टंगा रहता है जो दूर से महादेव–स्थान की सूचना देता है। पूरा चबूतरा कभी–कभी चारों कोने पर बॉस के या बल्ली के खड़े खम्भे पर पड़े छप्पर से आच्छादित रहता है।

महादेव की पूजा पूर्णतः दूध, फल, फूल, मधु एवं मिष्ठान या गुड़ से की जाती है। धूपबती, घी हवन की सामग्री का उपयोग होता है। पूजा के प्रबंध के लिए भगत या सोखा के कुछ शिष्य होते हैं जिनका काम बंटा हुआ होता है। सूर्य की किरण निकलने के पूर्व गोबर से लीपकर एक शिष्य उस स्थान को साफ–सुथरा एवं पवित्र करता है तो दूसरा शिष्य पुष्पादि एकत्रित कर पूजा के सभी सामान जुटाता है। भगत प्रति प्रातःकाल स्नान कर बिना अन्न–जल ग्रहण किए महादेव की स्तुति, सुमिरन करता है। दूध से पिण्ड को स्नान कराता है। फूल, अक्षत छिड़काव करता है, धूप जलाता है, घड़ी–घण्ट तथा शंख का भी उपयोग करता है। सम्पूर्ण देव–कुड़ि धूप की सुगन्ध एवं धूप से तथा सुमिरन के सस्वर उच्चारण एवं घंट–घड़ियाल से गूँज उठता है। इस प्रकार की पूजा का सामान्यतः उरांवों के मन पर गहरा प्रभाव पड़ता है।

भगत का सामाजिक जीवन :

भगत का सामाजिक जीवन उसके पेशे की पवित्रता से निर्देशित होता है। उसका सम्पूर्ण कार्य–क्रम प्रातः से लेकर रात्रि तक निश्चित है। नियमित स्नान, पूजा, ध्यान, आगत रोगियों एवं उनके शुभ–चिन्तकों का समाचार प्राप्त करना एवं सुझाव देना। बुलाने पर कठिनाई से किसी के घर जाना (भगत किसी के घर शीघ्र नहीं जाना चाहता क्योंकि इससे उसकी प्रतिष्ठा एवं गम्भीरता में ह्रास आने लगती है)। लोगों से बातचीत करते समय संयम बरतना। अत्यन्त कम बोलना। भाषा की अपेक्षा भाव–भंगिमा का अधिक उपयोग करना।

भगत खान–पान की पवित्रता कठोरता से निभाता है। भगत विवाहित जीवन जी सकता है तथा दूसरे घर की लड़की अपने घर ला सकता है। यदि भगत विवाहित है तथा उसको पुत्र हैं तो वह पुत्र के लिए भी दूसरे घर की लड़की लाता है। भगत के घर में मांस, मदिरा पूरी तरह निषिद्ध है। सभी को सात्विक भोजन पर रहना पड़ता है। घर में आने वाली उसकी स्त्री को या उसकी बहू को भगत के घर के नियमों का पालन करना पड़ता है। लड़की के माता–पिता का परिवार महुआ उरांव अर्थात शराब–मांस पीने–खाने वाला उरांव हो सकता है, किन्तु विवाहित हो जाने के उपरान्त लड़की को भगत के घर के नियमों के अनुसार चलना पड़ता है। यहॉं तक कि जब वह अपने मायके लौटती है तो उसे न केवल मांस–मदिरा से दूर रहना होता है अपितु उन बरतनों को भी छूने की मनाही है जो इस क्रम में इस्तेमाल किए गए हों। वह अपना भोजन भी परिवार से हटकर शुद्धतापूर्वक अलग बनाती है तथा अपना बरतन–भांडा अलग रखती है।

महादेव का भक्त होते हुए भी परम्परागत चली आ रही पूजा की पाहन विधियों की भगत न उपेक्षा करता है और न तिरस्कार क्योंकि ये सब समाज के द्वारा बंधी एवं स्वीकृत विधियॉं हैं। वह पितरों की पूजा उन्हें अरवा चावल एवं हड़िया अर्पित करता है। 'चाल–पच्चो' की पूजा में वह चंदा देता है तथा भाग लेता है किन्तु बलि देने तथा उसका प्रसाद या मांस खाने में वह हिस्सा नहीं बंटाता। इस प्रकार वह अन्य पर्वों एवं पूजा में भी समाज से जुड़ा हुआ रहता है किन्तु उसे अपनी सीमाओं का ध्यान रहता है और किसी भी शर्त पर वह अपनी सात्त्विक पवित्रता नष्ट नहीं होने देता। वस्तुतः उसकी सात्त्विकता का सीधा संबंध उसकी विद्या की प्रभावपूर्ण क्षमता एवं उसकी ख्याति और जीवन प्रतिष्ठा से संयुक्त होता है।

रोग का निदान एवं उपचार :

भगत के पास अपने या अपने बाल–बच्चों के रोग के निदान के लिए, ख्याति के अनुसार निकट दूर से लोग आते हैं। इसके लिए भगत एक निश्चित समय निर्धारित किए हुए होता है। यह समय प्रायः दिन में कुछ सूर्य आसमान में चढ़ जाने के पश्चात् होता है। आने वाले साथ में चढ़ावा के रूप में डलिया लेकर आते हैं जिसमें फल, फूल, शहद, दूध, अगरबती, हल्दी, सिन्दूर, हवन की सामग्री, धूपबती बारह किस्म के अन्न आदि होते हैं। डलिया महादेव को चढ़ा कर शिष्य रख लेता है तथा आगत को जाते समय उसमें से कुछ प्रसाद स्वरूप प्रदान करता है।

उरांवों में यह विश्वास बन गया है कि भगत को महादेव की कृपा से एक दूसरी दिव्य–दृष्टि प्राप्त है। सामान्यतः भगत नाद को निष्कासित करने का दायित्व नहीं ग्रहण करता किन्तु दिव्य–दृष्टि से उन नादों को देख लेता है जो रोग अथवा

विपत्तियों के कारण बने हुए हैं। वह रोगी के सम्मुख या उसके नाम से एक फूल या पत्ती उठाता है तथा कुछ मंत्रोंच्चारण करते हुए अपनी दृष्टि फूल की पंखुड़ियों या पत्ती पर गड़ा देता है। कुछ क्षण पश्चात् ऐसा प्रतीत होता है कि नाद स्पष्टतः पंखुड़ी/पत्ती पर उभर आया है जिसे भगत देख लेता है तथा उसका नाम बता देता है।

भगत रोगी पर आपतित जादू–टोना या भूतों के प्रभाव को नष्ट कर रोगी को रोगमुक्त करने के लिए, रोगी के सामने बैठ जाता है। यदि रोगी बैठ सकता है तो बैठा दिया जाता है अन्यथा वह चारपाई पर लेटा रहता है। भगत खड़ी हल्दी के टुकड़े, बारह प्रकार के अन्न, कोयले का चूरा, चूल्हे की जली लाल मिट्टी का चूरा लेकर, मिला कर चूर्ण बना देता है, तथा पास में ही गोइठे की अग्नि प्रज्वलित कर लेता है। वह चूर्ण को दाहिनी मुट्ठी में भर कर रोगी के चारों ओर फेरता है। इस क्रम में वह रोगी को अपनी मुट्ठी से एक बार स्पर्श कर लेता है। ऐसा करते हुए वह महादेव, तथा धरती माई का सुमिरन एवं आह्वान करता जाता है कि वे नाद को भगाने में सहायक हों। मुट्ठी के चूर्ण को, फेरा लगाकर, रोगी को स्पर्श कराकर पास प्रज्वलित अग्नि में डाल दिया जाता है। कुछ भगत अग्नि का प्रयोग नहीं करते अपितु, उस चूर्ण को बाहर फेंक देते हैं। यह क्रिया कम–से–कम पाँच बार की जाती है। उद्देश्य यह है कि मुट्ठी के चूर्ण को जब रोगी के शरीर से स्पर्श कराया जाता है तो रोगी के शरीर का नाद चूर्ण में खिंच आता है। पुनः उस चूर्ण को अग्नि में डाल दिया जाता है जहाँ चूर्ण जल जाता है और धुएँ के रूप में नाद घर के बाहर निकल आता है। इस क्रिया के उपरान्त भगत अपने मुँह से पूरी हवा फेंकता हुआ रोगी पर फूँक मारता है तथा नाद को सम्बोधित करते हुए कहता है कि हल्दीयुक्त ये सब सामग्री तुम ग्रहण करो और जहाँ से आए हो उस स्थान लौट जाओं। यदि तुमने मुड़कर इस रोगी को देखा तो तुम्हारी टांग तोड़ दी जायेगी। इस प्रकार भगत की भाषा अधिकारपूर्ण शासकों जैसी होती है जिसका प्रभाव रोगी पर पड़ता है। कहते हैं रोगी को वह कुछ दवा भी देता है और रोगी निरोग हो जाता है।

कुछेक भगत कई गाँव में अपनी विद्या एवं शक्ति के कारण पर्याप्त प्रसिद्धि पा जाते हैं और उनके यहाँ रोगियों की भीड़ लग जाती है। ये सभी रोगी जिस क्रम से डलिया लाते हैं उसी क्रम से देखे एवं सुने जाते हैं। धन, मर्यादा, सामाजिक प्रतिष्ठा किसी भी प्रकार का प्रभाव इस क्रम को तोड़ नहीं पाता। इसे तोड़ना महादेव के विधान को तोड़ना है।

भगत की मृत्यु के उपरांत उनके द्वारा निभाए गये सात्त्विक जीवन का पास–पड़ोस के उरांवों पर गहरा प्रभाव पड़ता है। भगत का कोई शिष्य या उसका पुत्र जो योग्य होता है भगत के दायित्व एवं कार्यों को आगे बढ़ाता है। आगे

चलकर इन्हीं में से ब्राह्मन या गोसाई द्वारा दीक्षित भगत, जिन्हें 'नेम्हा भगत' कहा जाता है, महादेव एवं देवी माई को काले–बकरे की बलि चढ़ा कर सिद्धि प्राप्त करने लगे। ये बकरे का मॉस तथा मछली खाना वर्जित नहीं मानते हैं। आषाढ़–माह में महादेव एवं देवी मॉ की विधिवत् पूजा काले बकरे की बलि से वर्ष में एक बार अवश्य किया जाता है। किन्तु वे भगत जो वैष्णव गोसाई गुरु परम्परा में है किसी भी प्रकार की जीव हत्या के विरूद्ध है तथा मांस एवं मदिरा से दूर अत्यन्त निश्चित भोजन एवं नियमित जीवन व्यतीत करते हैं।

भगवान महादेव के प्रति भगत की भक्ति तथा उसका सात्त्विक जीवन ने केवल क्षेत्र के उरांवों के लिए श्रद्धा एवं अनुकरण का विषय बन गया अपितु इससे उरांव धर्म में वर्णित अधिकांश देवताओं के उपर महादेव का प्रभुत्व भी स्थापित हो गया। उरांव धर्म के देवता, व्यावहारिक रूप में मुख्यतया असुरों की विधवाएँ, पाट, डाहा, पहाड़, टांड़ या अन्य स्थानों से जुड़े नाद है। कहा जाता है वन में जितनी पत्तियॉ हैं उरांव समाज में पग–पग पर उतने नाद हैं। जब, जहॉ, जैसे हुआ किसी घटना से सम्बद्ध कोई नाद उभर आया, उसकी पूजा हुई, नियमित पूजा होने लगी और उस क्षेत्र में वह नाद क्रमशः व्यवस्थित एवं प्रभावी हो गया। नादों की बहुलता के कारण उरांव जीवन में अंधविश्वास के साथ–साथ रहन–सहन खान–पान मांस–मदिरा के भक्षण स्वरूप उनके जीवन–स्तर में काफी गिरावट आ गई। भगत सम्प्रदाय के प्रचलन से उरांव समाज में आशातीत सुधार हुआ है तथा महादेव के प्रभाव के कारण नादों की शक्ति एवं आतंक का ह्रास हुआ है जिससे उरांव धर्म अब क्रमशः अधिक देवोन्मुखी हो रहा है। भय से पूजा की उपेक्षा श्रद्धा एवं भक्ति से धरमेस की पूजा होने लगी है।

गोत्र एवं टोटम

उरांव समाज में 'गोत्र' सामाजिक संस्था के रूप में विकसित हो चुका है। गोत्र का सीधा सम्बन्ध विवाह की संस्था और धरमेस की इच्छा से है। गोत्र का तात्पर्य एक वंश में समस्त विस्तृत परिवार से है जो किसी एक पूर्वज के वंश–वृक्ष के रूप में फैले हुए हैं। चूँकि ये परिवार किसी एक माता–पिता के रक्त से निर्मित और विस्तृत हैं अतः उरांव मानते है कि एक गोत्र के युवक–युवती भाई–बहन हुए और इसीलिए इनमें विवाह सम्बन्ध स्थापित नहीं हो सकता। वैवाहिक रक्त सम्बन्धित पवित्रता बनाए रखने के लिए 'गोत्र' नामक संस्था का उद्‌भव और विकास हुआ है।

उरांव धर्म में विवाह संस्कार को काफी महत्व दिया जाता है क्योंकि विवाह बिना धरमेस की इच्छा और स्वीकृति के नहीं हो सकता। उरांवों की मान्यता के अनुसार धरमेस ने वर–वधू का युग्म पहले से ही अपने यहॉ निश्चित कर रखा है।

भूमि पर रहनेवाले उरांवों का अब यह कर्त्तव्य होता है कि धरमेस द्वारा निश्चित वर–वधू की तलाश कर, उन्हें विवाह सूत्र में आबद्ध करें। धरमेस इस कार्य में उरांवों का मार्ग–दर्शन विभिन्न प्रतीकों एवं संकेतों द्वारा किया करते हैं। यद्यपि धरमेस ने प्रथम पुरुष–स्त्री (भाई–बहन) को उरांव जाति के विस्तार के लिए पति–पत्नी स्वरूप व्यवहार करने के लिए उत्प्रेरित किया था किन्तु उस समय वे मात्र स्त्री–पुरुष थे और भाई–बहन जैसी भावना विकसित नहीं हो पाई थी। उस भावना के विकास के साथ–साथ एक वंश, एक रक्त की समस्या सामने आयी और निश्चित किया गया कि सगोत्र विवाह धर्म एवं धरमेस की इच्छा के विरूद्ध है।

गोत्र की पहचान के लिए प्रत्येक नाम के साथ एक 'टोटम' संयुक्त कर दिया गया। हिन्दू धर्म में गोत्र की पहचान ऋषि के नाम से होती है जो गोत्र का मूल पिता होता था किन्तु उरांव समाज में किसी एक चल या अचल प्राणी या वस्तु को जिसे 'टोटम' के रूप में मूल परिवार ने स्वीकार कर लिया था, उसी के नाम से परिवार के लोग जिस किसी गाँव या देश में रहते हैं, पहचान लिये जाते हैं। यदि किसी परिवार ने विपत्ती आ पड़ने पर किसी जीव की सहायता माँगी और उस जीव ने सहायता कर परिवार को विपत्ति से उबारा तो परिवार वालों ने श्रद्धापूर्वक उस जीव को अपने वंश का 'टोटम' मान लिया। उसका माँस भक्षण इस परिवार के सदस्यों के लिए निषिद्ध है तथा वैसे किसी प्रकार की हानि नहीं पहुँचाते अपितु उपकार मानकर उसकी सेवा में लगे रहते हैं।

किसी एक परिवार द्वारा एक विशेष 'टोटम' अपनाने की अनेक कथाएँ उरांव समाज में प्रचलित हैं। कच्छप गोत्र के अनुसार उनके पूर्वजों को एक कछुए ने विपत्ति के समय नदी पार करने में सहायता दी थी अतः उसके प्रति कृतज्ञता और आदर प्रकट करते हुए पूर्वजों ने अपने वंश को 'कच्छप' गोत्र से पहचाने जाने की घोषणा की और तब से उस परिवार से फैले सभी सदस्य स्वयं को कच्छप नाम से संयुक्त करते हैं तथा कच्छप के प्रति श्रद्धा भाव रखते हैं।

यही स्थिति कुजूर गोत्र की है। पारम्परिक कथा के अनुसार एक उरांव जंगल में कुजूर पेड़ के नीचे सो गया। यह देखकर कुजूर पौधे की एक लता फैलाकर उस व्यक्ति के शरीर को चारों ओर से लपेट कर सुरक्षित कर ली कि जंगली जीव–जन्तु उसे खा न जाये या सांप उसे डस न ले। जब व्यक्ति की नींद खुली तो वह अत्यन्त उपकृत हुआ और उसने अपने वंश का नाम 'कुजूर' रखा। इस प्रकार जितने भी उरांव अपने नाम के साथ कुजूर जोड़ते हैं, कुजूर गोत्र के होते हैं। ये कुजूर पौधे को हानि नहीं पहुँचाते।

उरांव समाज में प्रचलित प्रत्येक टोटम के साथ कुछ–न–कुछ घटनाएँ जुड़ी हुयी हैं। कतिपय घटना बार–बार पुनरावृत्ति के कारण अपनी मौलिक स्थिति से

हटकर अन्य प्रकार से वर्णित होने लगती है या उसी गोत्र के लोग जो किसी अन्य क्षेत्र में जा बसे होते हैं दूसरे प्रकार की कथा जोड़ देते हैं। यही कारण है कि किसी–किसी टोटम से जुड़ी हुई दो–तीन कथाएं उरांव समाज में प्रचलन में चल पड़ी है। उरांवों में प्रचलित प्रमुख टोटम निम्नलिखित है:–

1. अद्दो (बैल), 2. अल्ला(कुत्ता), 3. अंगल टोपो(एक प्रकार का कुंज), 4. अमरी (चावल का रसा), 5. आइन्द(एक सर्पाकार मछली), 6. एक्का(कछुआ), 7. एर्गो(चुहा), 8. ओरगोरा(पक्षी), 9. ओरुगा(खेत का चुहा), 10. कान्दा(कन्दा), 11. किन्दा(नारियल), 12. किन्दुआर(एक प्रकार का मछली), 13. किस(सुअर), 14. किसपोट्टा(सुअर की अंतड़ी), 15. कुजूर(एक प्रकार का फल), 16. कुन्द्री (रसदार तरकारी बनाने वाली सब्जी), 17. कुसुआ(मछली की एक जाति), 18. केओन्द (एक प्रकार का फल), 19. केन(मछली की एक जाति), 20. केन्दी(एक प्रकार का वृक्ष), 21. केरकेट्टा(झाड़ियों में रहनेवाली गौरेया), 22. कैथी(एक प्रकार की सब्जी), 23. कोकरो(मुर्गी), 24. कोसुआर(मछली की एक जाति), 25. खल्खो(एक प्रकार की मछली), 26. खाखा(चमकीला काला कौआ), 27. खेकसा(एक प्रकार की सब्जी), 28. खेस(धान), 29. खोइआ(जंगली कुता), 30. गरवा(सारस) 31. गाड़ी(साधारण बन्दर), 32. गिधि (गिद्ध), 33. गिसलिह(एक प्रकार का पक्षी), 34. गेदे(बतख), 35. गोदो(मगर), 36. गोन्दरारि(एक प्रकार का वृक्ष), 37. चिग्लो(सियार), 38. चिद्रा(गिलहरी), 39. जुब्बी(दलदली स्थान जहॉ से पानी का स्रोत भी हो), 40. टोप्पो(एक प्रकार की पक्षी जिसकी पूँछ लम्बी होती है), 41. तिर्की(छोटा चुहा), 42. तिग्गा(बन्दर की एक जाति), 43. तिरकुआर(पक्षी की एक जाति), 44. तिरु(मछली की एक जाति), 45. धेहुआ(काले रंग का लघु कार का एक पक्षी जिसकी पूँछ लम्बी होती है), 46. पान्ना(लोहा), 47. पुसरा (कुसुम वृक्ष का फल), 48. पुतरी(एक प्रकार का वृक्ष), 49. बरवा(जंगली कुता), 50. बाकुला(धान चुगने वाली एक चिड़िया), 51. बाखला(एक प्रकार का वृक्ष), 52. बॉध(एक स्थान जहॉ पानी रुका हो), 53. बान्दो(जंगली बिल्ली), 54. बारा, 55. वासा(एक प्रकार का वृक्ष), 56. विआह(एक बड़ी मछली जिसकी पीठ पर कांटा होता है), 57. बेख(नमक), 58. मदगी(महुआ का पेड़), 59. मिंज(मछली की एक जाति), 60. मुंजनियार(एक प्रकार का लता), 61. सन्दा(लोमड़ी), 62. रोड़ी(एक प्रकार का वृक्ष), 63. लिटा(मछली की एक जाति), 64. लकड़ा (चीता), 65. लिंडा(सर्पाकार मछली की एक जाति), 66. साल (एक प्रकार की मछली), 67. हलमान (हनुमान त्र बड़े बन्दर की एक जाति)।

गोत्र एवं टोटम :

उपरोक्त टोटमों के अध्ययनों से स्पष्ट है कि उरांव वन–प्रान्तरों में रहनेवाली एक ऐसी जन–जाति रही है जिसका नदी, तालाब, पोखरों से निकट का सम्बन्ध रहा है। टोटमों में मछलियों की विभिन्न जातियों के नाम आए हैं तथा इनकी एक

अच्छी संख्या है। इसके अतिरिक्त पक्षियों एवम् विभिन्न प्रकार के वृक्ष भी गिनाए गए हैं। उरांव के किसी भी वंश द्वारा किसी टोटम को अनायास या अकारण नहीं अंगीकार किया गया है। इनमें कोई–न–कोई उपकार–जन्य घटना जुड़ी हुयी है जो उस वंश में परम्परा से कही–सुनी जाती है।

किसी वंश द्वारा टोटम अंगीकार करने की प्रथा का मुख्य कारण उस टोटम द्वारा उस वंश के लोगों की पहचान थी। एक घर से अनेक घर, गाँव बसे और पुनः सुदूर स्थानों तक फैले किन्तु अपने नाम के साथ टोटम को जोड़ लेने के कारण इनकी पहचान एक वंश के रूप में बनी रही और वे एक गोत्र के सदस्य हुए जिनमें विवाह सम्बन्ध निषिद्ध घोषित किया गया। एक ही गोत्र की युवक–युवतियाँ गाँव–टांड़ में मुक्त विचरण करती है विभिन्न क्रिया–कलापों में भाग लेती है, नाचती–गाती हैं तथा ऐसी प्रचुर संभावनाएँ रहती हैं कि उनमें प्रेम का उदय हो और शारीरिक संबंध भी स्थापित हो जाये; किन्तु गोत्र की भावना उनको गहराई से पकड़े हुए होती है कि वे एक दूसरे को भाई–बहन के रूप में ही देखते हैं। यद्यपि ऐसे उदाहरण हैं किन्तु संख्या कम है, जब गोत्र की जानकारी के अभाव में एक गोत्र के युवक–युवतियों में शारीरिक संबंध हो गया हो। ऐसे पति–पत्नी को दण्ड स्वरूप पड़हा के सदस्यों को भोज खिलाना पड़ता है।

गोत्र एवं टोटम एक दूसरे से पूरी तरह जुड़े हुए हैं। टोटम से गोत्र की पहचान हो जाती है। उरांव समाज में नाम के साथ टोटम को संयुक्त करने की रीति प्रचलित है अतः जब किसी व्यक्ति या किसी युवती के पिता का नाम सामने आता है तो नाम के साथ उपाधि से गोत्र का पता चल जाता है।

टोटम : विभाजन एवं परिवर्तन :

टोटम के प्रति उरांव जन–जाति में श्रद्धा एवं निषेधों का मिश्रित व्यवहार पाया जाता है। उरांव लोग अपने टोटम के प्रति उपकृत होते हैं तथा आदर भाव रखते हैं। निषेध आदर भाव का ही फल है। निषेध का तात्पर्य कुछ कार्य वर्जित हैं जैसे– टोटम को वे किसी प्रकार की हानि नहीं पहुँचा सकते, उसकी हत्या करना, माँस खाना, वृक्षादि की टहनियाँ या पत्ती तोड़ना या लकड़ी के रूप में उस विशेष वृक्ष को जलाना आदि वर्जित है। तिर्की (बच्चा चुहा) गोत्र के उरांवो में निषेधों का प्रचलन इस सीमा तक है कि वे चूहे के मारने, मांस खाने या अन्य हानियाँ पहुँचाने के सामान्य निषेधों के साथ–साथ वे किसी भी ऐसे नवजात जानवर जैसे कुते का बच्चा, बिल्ली का बच्चा आदि जिसकी अभी आँख नहीं खुली हो, देखना अनुचित मानते हैं। चूँकि ऐसा करने से नवजात चूहे के बच्चों की स्मृति जाग उठती है। इस प्रकार के निषेध तिर्की गोत्र में प्रचलन पा चुके हैं।

टोटम के स्वरूप एवं उसकी प्रकृति के कारण काल–क्रम में क्रमशः ऐसे टोटम के प्रति गोत्र के कुछ अधिक महत्वाकांक्षी लोगों के मन में हीनता का भाव

आने लगता है और अच्छे टोटम को अपने साथ जोड़ लेते हैं। यद्यपि ऐसे उदाहरण कम हैं किन्तु नए टोटम को अपनाने की वृत्ति कुछ उरांवों में पाई गई है। किसपोट्टा का अर्थ सुअर की अंतड़ी होता है और उरांव जिन्हें नृशास्त्रियों ने 'सुअर खाने वाली जाति' के नाम से प्रसिद्धि प्रदान करने की कोशिश की है, उपकार की विशेष परिस्थितियाँ में एक वंश ने 'किसपोट्टा' टोटम को अपना लिया था और वे किसपोट्टा गोत्र से अभिज्ञापित हुए। कालान्तर में लोहरदगा थाना के कुछ गाँवों में किसपोट्टा गोत्र के लोगों ने 'कसायी' टोटम को अपना लिया। कसायी एक प्रकार का वृक्ष है। अब वे किसपोट्टा से कसायी वृक्ष के प्रति निषेधों का पालन करते हुए यद्यपि वे किसपोट्टा के भी निषेधों का पालन करते हैं किन्तु किसपोट्टा न कहलाकर कसायी कहलाना सम्मानजनक मानते है।

टोटम में इस प्रकार का स्थानान्तरण, अर्थात एक टोटम से दूसरे टोटम में स्थानान्तरित होना, एक श्रेष्ठतर टोटम से संयुक्त होने की भावना से उत्प्रेरित होता है। यद्यपि नए टोटम को अपनाने में टोटम के प्रति निकटता, आदर–भाव आदि कारक काम करते हैं।

ऐसी कुछ अन्य वृत्तियाँ देखने को मिली है जब किसी एक टोटम के वंश के लोग टोटम के किसी विशेष अंग के साथ संयुक्त होकर अपना अलग टोटम बनाते है।[36] डॉ0 फ्रेजर ने इसे विभाजित–टोटम का नाम दिया है। का ही उदाहरण लिया जा सकता है। किसपोट्टा टोटम का 'किस' टोटम से टुटकर एक नया टोटम बना है। किस का अर्थ सुअर और पोट्टा का अर्थ अंतड़ी है। उरांव समाज में 'किस' टोटम का पूरी तरह प्रचलन है। किस टोटम के उरांवों में से कुछ ने किस या सुअर के एक अंग अंतड़ी (पोट्टा) को लेकर टोटम बनाए और इसी के नाम से अभिज्ञापित हुए।[37]

टोटम का धार्मिक पक्ष :

टोटम के प्रति साधारणतः उरांव जनजाति की प्रवृत्ति आदरपूर्ण, मित्रवत् या कभी–कभी साधारण होती है किन्तु कुछ टोटम इतने सशक्त होते हैं कि उनमें उरांवों की श्रद्धा तथा आस्था देवताओं जैसी हो जाती है। उरांव जतरा में प्रायः देखा जाता है कि विभिन्न गाँवों से युवक उरांव अपने कंधे पर एक लकड़ी का पटरा लिए हुए होते हैं जिस पर शेर (लकड़ा टोटम), सूअर (किस टोटम), बैल (अद्दो टोटम), पक्षी या वृक्षादि विभिन्न टोटमों की आकृतियाँ मिट्टी अथवा लकड़ी की बनी होती है। कभी–कभी कोई गोत्र अपने टोटम को पीतल के चादर से बनाता है और श्रद्धापूर्वक जतरा में सम्मिलत होता है।

जतरा की यात्रा पर प्रस्थान करने के पूर्व प्रत्येक पड़हा में टोटम की पूजा की जाती है। गाँव का पाहन टोटम की मूर्त्ति को, धर्मानुसार विभिन्न कृत्यों को

सम्पादित करते हुए सिन्दूर का टीका लगाता है और मुर्गे की बलि चढ़ाता है और हड़िया भी समर्पित करता है। इस प्रकार विधिवत् पूजा करने एवं चढ़ावा चढ़ाने के बाद ही गांव के लोग जतरा टांड़ के लिए प्रस्थान करते हैं।

उरांवों के विश्वास के अनुसार उनके टोटम में अद्भुत शक्ति होती है जिसे जाग्रत करने के लिए उनकी पूजा की जाती है और मुर्गे का चढ़ावा चढ़ाया जाता है। जतरा के अवसर पर प्रत्येक गोत्र का एक झण्डा होता है जिस पर प्रायः उनके टोटम का चित्र बना रहता है। टोटम–सहित झण्डे की पूजा की जाती है। इस पूजा का उद्देश्य टोटम में निहित शक्ति को जाग्रत करना है। जतरा में जब दो दलों के बीच स्पर्धा प्रारम्भ हो जाती है तो टोटम की कृपा से दल की जीत होती है।

जतरा टांड़ तक की यात्रा के क्रम में यदि दूरी लम्बी है तो उरांव युवक अपने कंधे स टोटम की मूर्ति को गाँव के अखड़ा में ही उतारते हैं तथा वहाँ कुछ समय आराम करते हैं। इस गाँव के लोग उन मूत्तियों की पूजा करते हैं और मुर्गा चढ़ाते हैं। पूजा का चढ़ावा वह मुर्गा वहाँ बलि नहीं किया जाता अपितु पटरे में बाँध दिया जाता है और गाँव लौटने पर किसी को दे दिया जाता है।

झण्डे पर टोटम का चित्र बनने से प्रायः यह टोटम गाँव का प्रतीक चिन्ह[38] बन जाता है किन्तु गाँव वालों के इसके प्रति श्रद्धा और भक्ति तथा पाहन द्वारा धार्मिक विधि से टोटम की पूजा के कारण टोटम सामान्य जीव न होकर उस विशेष गाँव के लिए अलौकिक शक्तियों से युक्त देव–तुल्य मूर्त्ति हो जाता है। जतरा के अतिरिक्त शिकार के लिए या अन्य किसी कार्य के लिए जब उरांव जंगल जाता है तो वह टोटम स्मरण कर प्रस्थान करता है। उसे विश्वास है कि जब टोटम ने उसके पूर्वजों की विपत्ति में सहायता की थी तो उसकी भी सहायता करेगा। गोत्र के लोगों द्वारा सामान्य जीवों में टोटम को उपर स्थान दिया जाता है।

यद्यपि टोटम को धरमेस से नहीं जोड़ा जाता किन्तु पूजा विधियाँ उसी प्रकार अपनायी जाती है। टोटम की उपयोगिता गोत्र के लिए है और गोत्र की उपयोगिता भाई–बहन में वैवाहिक संबंध रोकने के लिए है। गोत्र के बाहर विवाह करने तथा वर–वधू के चुनने में गोत्र की सराहनीय भूमिका होती है। आजकल गोत्र (टोटम) का प्रचलन क्रमशः कम होता जा रहा है और इसकी उपयोगिता विवाह तक सीमित रह गयी है। आज के युवक–युवतियाँ यह भी नहीं जानते कि उनकी माँ का गोत्र क्या है या उनके अन्य निकट के सम्बन्धियों का गोत्र क्या है। कोई उरांव अपने पिता के गोत्र में नहीं किन्तु माँ के गोत्र की लड़की से विवाह कर सकता है।

पर्व

उरांव जन–जाति के जीवन की वास्तविक अभिव्यक्ति उसके द्वारा वर्ष भर मनाए गए क्रमिक पर्वों, नृत्यों एवं गीतों में होती है। पर्वों को नृत्य एवं गीत के आयोजन से विहीन नहीं किया जा सकता। गीत तथा विभिन्न आयोजन धर्म को मूल केन्द्र मान कर पर्व से जुड़े रहते हैं। धर्म के मूल में मुख्यतः तीन सार–बिन्दु होते हैं– (क) धरमेस तथा/या पितर तथा/या क्षेत्रीय देवता (नाद) से प्रार्थना कि वे उरांवों के व्यक्तिगत, पारिवारिक एवं समस्त गॉव के जीवन पर, पशु तथा कृषि पर, आने वाली विपत्तियों एवं रोगों का प्रतिकार कर उनकी रक्षा करें तथा उन्हें समृद्ध करें। (ख) विभिन्न पर्वों द्वारा सम्बन्धित देवताओं या नादों को प्रसन्न करना अन्यथा उनके रुष्ट हो जाने से आपदाओं का शिकार होने का भय तथा (ग) अनुग्रह एवं कृतज्ञता व्यक्त करने के लिए मनाए गए पर्व। उरांवों का धार्मिक जीवन इन पर्वो से वर्ष भर बॅधा रहता है क्योंकि चैत (फरवरी–मार्च) माह से प्रारम्भ होकर वर्ष भर चलने वाले पर्व लगभग प्रत्येक मास किसी–न–किसी मौसम, वनश्री, शिकार की सफलता, अच्छी कृषि एवं पशुधन आदि से संयुक्त रहते हैं। यही कारण है कि मन से निर्मल, छल–प्रपंच रहित सह्रदय उरांव कठिन शारीरिक परिश्रम के उपरान्त जब पर्वों के धार्मिक अनुष्ठान में तल्लीन हो जाते हैं तो प्रतीत होता है उनके नृत्य एवं गीत के बीच साक्षात देवता किसी–न–किसी रूप में उनके बीच घुल–मिल जाते हैं और साथ–साथ नृत्य करने लगते हैं।

उरांव जन–जाति के धार्मिक जीवन से जुड़े प्रमुख पर्व निम्नलिखित हैः–

पर्व	माह जब मनाया जाता है
फागु	फरवरी–मार्च
सरहुल	मार्च–अप्रैल
हरिअरी	जून–जुलाई
कादलोटा	अगस्त (भादों, चॉद के दसवें दिन)
करम	अगस्त (कादलोटा पर्व के दूसरे दिन)
जीतिया	अगस्त–सितम्बर (करम के दसवें दिन)
सोहराई	अक्टुबर–नवम्बर (कार्तिक)
खर्रा–पूजा	नवम्बर

उरांव यद्यपि कृषि–प्रधान जाति मानी जाती है किन्तु अब भी उरांव स्त्रियॉ वन में खाद्य बीजों एवं फूलों को चुनने के लिए समूह में चली जाती है और महुआ, बेर, खाद्य जड़ें या मूल तथा ऐसी ही उपयोगी वस्तुएँ चुन लाती हैं। उरांवों का प्रमुख पर्व खद्दी या सरहुल का सम्बन्ध वन्य खाद्य वस्तुओं एवं पुष्पों से जुड़ा

हुआ है। वन सम्पदा में शिकार की भी गणना होती है। फागु–सेन्द्रा का सम्बन्ध उरांव युवकों के शिकार अभियान से है। इसी प्रकार फगुआ तथा सरहुल दोनों पर्व वनीय जीवन से जुड़े हुए हैं तथा उरांव गीतों में इनको मनाने की बात साथ–साथ गाई गई है:–

हाएरे खद्दी मनाओत ! ....हाएरे फागु मनाओत !!

फागु :

विगत वर्ष की विदाई और आगत वर्ष के स्वागत स्वरूप फागु पर्व अंग्रेजी माह के फरवरी–मार्च में मनाया जाता है और यहीं से चैत्र माह प्रारम्भ होता है।

पर्व से एक दिन पहले उरांव युवक रेंड़ का पौधा और सेमर पेड़ की डालियाँ काट कर लाते हैं तथा गाँव के निकट खुले मैदान में उसे गाड़ देते हैं। उस पर घास–भूसा लकड़ी लाद कर खूब उँचा बना देते है जैसे हिन्दुओं द्वारा 'होलिका' बनायी जाती है। यदि गाँव में कोई हिन्दू जमीन्दार होता है तो वह या उसकी तरफ से धूपादि इस लकड़ी के ढेर को समर्पित की जाती है अन्यथा गाँव का पाहन धूपबती और चावल की पकाई हुई रोटी समर्पित करता है। कुछ गाँवों में इस प्रकार की कोई पूजा नहीं होती और एकत्रित ग्रामीण आनन्दपूर्वक हल्ला मचाते हुए इस ढेर में आग लगा कर उठती लपटों के साथ उछलते–कुदते एवं उल्लसित होते हैं।

उरांवों की दृष्टि में यह मात्र लकड़ी का अम्बार होता है। इसकी राख का कोई महत्व नहीं है। न यह खेतों में अधिक उर्वरता के लिए बिखेरी जाती है और न ही इसे कोई उरांव अपने माथा या शरीर से लगाता है। हिन्दुओं की तरह न इसमें घर के सरसों के उबटन की मैल ही जलाई जाती है और न होलिका की कहानी की कोई छाया उरांव मन मस्तिष्क पर होती है। अधिक–से–अधिक इस अग्नि–दहन को नए वर्ष की खुशहाली के लिए समर्पित मानते हैं।

किन्तु इस पर्व का महत्वपूर्ण अंश दूसरे दिन फागु–सेन्द्रा का मनाया जाना है। फागु–सेन्द्रा के अन्तर्गत उरांव युवक शिकार पर निकलते हैं। यह पर्व पूर्णतः शिकार की सफलता एवं शिकार की देवी चण्डी की पूजा से जुड़ा हुआ है। धांगर–पाहन[39] फाल्गुन की एक्कम अर्थात प्रथम चन्द्र से पूर्णचन्द्र के दिन तक वह रात्रि में अकेले पूर्णतः नग्नावस्था में घड़े में जल, कुछ गॉवों में बकरी का दूध लेकर चण्डी स्थान या चण्डी टांड़ तक जाता है और चण्डी–पिण्ड को जल या दूध से स्नान कराता है और तेल मिश्रित सिन्दूर से देवी को टीकता और उनकी पूजा करता है। कभी–कभी धांगर–पाहन के साथ 2–3 युवक रात्रि में उसके साथ चण्डी स्थान तक जाते हैं किन्तु चण्डी पूजा का सारा धार्मिक–कृत्य धांगर पाहन स्वयं अपने हाथों से पूरा करता है।

फागु के दूसरे दिन गाँव के युवक परम्परागत शिकार पर जाने की धार्मिक विधि का निर्वाह करते हैं जिसे लोद्दो–सेन्द्रा कहते हैं। कुछ गाँवों में 'जरजरी–शिकार' की धार्मिक विधियाँ मनायी जाती है जो फागु–सेन्द्रा के अर्न्तगत इसका अन्तिम चरण होती है। जरजरी–शिकार के अर्न्तगत वनों से फल–फूल या अन्य खाद्य–सामग्री को संग्रह करना उरांव–जीवन का अभिन्न भाग रहा है। संग्रहीत सामग्री पाहन के घर स्थापित चाला–पच्चो देवी को सर्वप्रथम अर्पित किया जाता है। तथा इसके उपरान्त ही उसका उपभोग उरांव करते हैं।

यद्यपि जंगलों के क्रमशः बीड़र हो जाने के कारण शिकार मात्र एक प्रथा की क्रिया रह गई है फिर भी उरांव युवक चण्डी–देवी का आशीष पाकर शिकार पर निकलते हैं। उरांव समाज में हिरण का शिकार अधिक पसन्द किया जाता है। किन्तु कदाचित ही कभी हिरण किसी उरांव युवक की तीर का निशाना बन पाता होगा फिर भी एक बहन को बड़ी अभिलासा होती है कि उसका भाई हिरण का शिकार कर सफलतापूर्वक गाँव वापस लौटे। वास्तविकता से कौन मुकर सकता है। उरांव फागु गीतों में बहन इस तथ्य को लेकर व्यंग्य भी करती है।[40]

इस प्रकार उरांव जन–जाति द्वारा मनाया जाने वाला फागु पर्व पूर्णतः वन से खाद्य सामग्रियों के संग्रह से सम्बन्धित है जिसमें उरांवों के पारम्परिक शिकार पर जाने एवं शिकार की सफलता एवं स्वयं की सुरक्षा के लिए शिकार की देवी चण्डी कर पूजा सम्मिलित है।

उरांव धर्म एवं जीवन के अधिकांश अध्ययन–कर्ता मानते है कि फागु पर्व उरांवों ने हिन्दुओं से ग्रहण किया है। यही बात मुण्डाओं के लिए कही जाती है। मुण्डा एवं उरांव जन–जातियों द्वारा मनाए जाने वाले फागु पर्व का यदि गहराई से विश्लेषण किया जाए तो 'फागु' नाम तथा रेंड़ी के पेड़ एवं सेंमल की डालियों पर घास–भूसा एकत्रित कर हिन्दुओं की होलिका की नकल करते हुए लकड़ी का अम्बार लगाना और उसे जलाना दो ऐसी बातें हैं जो हिन्दुओं की होली से सतही तौर पर मेल खाती है। लकड़ी के अम्बार में होलिका–दहन का जो धार्मिक तथ्य या होली पर्व की आत्मा है, उरांवों के उस लकड़ी के ढेर में कहीं भी नहीं है। न उसकी पूजा होती है और न उस राख को पवित्र माना जाता है; न ऐसी कोई भावना है कि वर्ष भर का पाप उसमें स्वाहा होता है। यह उरांव युवकों के उल्लास मनाने का एक साधन मात्र है तथा इस आयोजन का किसी भी स्थिति में धर्म से कहीं संयोग नहीं दिखलाई पड़ता।

उरांव जन–जाति में फागु पर्व हिन्दुओं की होली से लगभग पन्द्रह दिन पहले मनाया जाता है और यह पर्व वस्तुतः सरहुल के महापर्व की पूर्वपीठिका है। उरांव का जीवन किस प्रकार वनीय सम्पदा से जुड़ा है उसी प्रकार यह पर्व भी है और सरहुल पर्व भी है। इसीलिए 'खद्दी मनओत–फागु मनओत' उरांव पारम्परिक गीतों

में साथ–साथ आया है। उरांव एवं मुण्डा धर्म के अनेक अध्येताओं[41] द्वारा 'फागु' नाम से मान लेना कि उरांवों ने फागु पर्व हिन्दुओं से ग्रहण किया है, तर्कसंगत नहीं प्रतीत होता। हिन्दुओं की होली या फगुआ पर्व का कोई भी धार्मिक या सामाजिक पक्ष उरांव के फागु पर्व में नहीं दिखलाई पड़ता। अतः प्रतीत होता है कि उरांव या मुण्डा जाति द्वारा सरहुल के पर्व मनाए जाने वाले इस पर्व को 'फागु–पर्व' का नाम दे दिया गया है जो फाल्गुन में मनाया जाता है। इस पर्व से अर्थात् फाल्गुन की अंतिम तिथि से सरहुल पर्व की तैयारी प्रारम्भ हो जाती है। अतः पूरी संभावना है कि यह पर्व सरहुल का ही प्रारम्भिक चरण रहा हो जिसका कोई नाम न रहा हो। कालान्तर में हिन्दुओं के सम्पक्र के कारण इसे 'फागु' कहना शुरू किया गया हो। बाद में 'फागु' नाम सरहुल के इस प्रथम चरण से जुट गया प्रतीत होता है। पहले पर्व एक–एक माह तक चलते रहे हैं और आखिरी दिन उनका समापन धूम–धाम से होता रहा है। सरहुल की भी यही स्थिति है। इस प्रकार 'फागु पर्व' मे मात्र नाम का आरोपण है और कोई भी धार्मिक अथवा सामाजिक कृत्य या कार्य हिन्दुओं से नहीं मिलता–जुलता। अतः यह कहना कि फागु पर्व उरांव एवं मुण्डा जन–जाति ने हिन्दुओं से ग्रहण किया है अप्रमाणिक एवम् पूरी तरह अताक्रिक है। फागु नाम का आरोपण इस पर्व का परवर्ती विकास है।

फागु पर्व पूरी तरह उरांव जीवन एवं धर्म से जुड़ा हुआ है। विद्वानों ने पर्व का सूक्ष्म विश्लेषण किए बिना पर्व को हिन्दू से प्रभावित मान लिया है। उनका कहना है कि फागु पर्व में होलिका का प्रज्वलित होना हिन्दूओं की नकल है क्योंकि उरांव परम्परा में कोई ऐसी घटना नहीं है जो होलिका के समतुल्य देखा जा सके। उरांवों द्वारा फागु पर्व में अग्नि प्रज्जवलन नई श्रृष्टि का प्रतीक है। उरांवों का 'होलिका' से कुछ भी लेना–देना नहीं। हम जानते हैं कि जब सृष्टि पापमय हो गई थी और सीधी सादे का जीना कठिन हो गया था तो धरमेस ने वर्तमान पापमय सृष्टि का विनाश कर नई सृष्टि सृजित करने की योजना बनाई और इसके लिए "अग्नि–वर्षा" की गई। फागु पर्व में उरांवों द्वारा पाप के ढ़ेर को प्रज्जवलित करना धर्म–गाथा "अग्नि–वर्षा" का प्रतीक है जिसके उपरान्त नई सृष्टि की संरचना की गई। हम जानते हैं कि फागु माह के पश्चात् चैत माह से नया वर्ष प्रारम्भ होता है। अतः फागु पर्व पूरी तरह जनजातीय धर्म–गाथा की स्मृति स्वरूप मनाया जाता है जिसमें विगत वर्ष के पाप अर्थात् उरांव लोग आपसी ईर्ष्या, द्वेष, घृणा आदि पाप को जला कर नष्ट कर देते हैं तथा नया उल्लास पूर्ण जीवन नए वर्ष से प्रारम्भ करते हैं। अज्ञानतावश "फागु" पर्व की जो भी व्याख्या की जाय लेकिन उरांव इस पर्व को "अग्नि–वर्षा" की स्मृति में मनाते हैं। हिन्दुओं के फागु पर्व से जनजातीय पर्व का कुछ लेना–देना नहीं है।

सरहुल :/खद्दी/खेख़ेल बेंजा :

सरहुल या कुडुख भाषान्तर्गत खद्दी या खेख़ेल–बेंजा पर्व चैत माह (मार्च–अप्रैल) में मनाया जाता है। यह उरांव जाति का सर्वाधिक लोकप्रिय पर्व है। सरहुल को मुण्डा एवं उरांव दोनों जन–जातियों द्वारा अत्यन्त महत्वपूर्ण पर्व की संज्ञा दी जाती है। सरहुल की तैयारी फागु पर्व से ही प्रारम्भ हो जाती है। पाहन सरहुल पर्व के व्रत, पूजा तक अन्य कार्यों के सम्पन्न करने की तिथि घोषित कर देता है। गाँव में जब तक सरहुल पर्व नहीं मना लिया जायगा गाँव का कोई भी उरांव (उराइन) वनों से फल, बीज, फूल, मूल आदि खाद्य सामग्री न संग्रह कर सकता है न उसका सेवन ही कर सकता है। वस्तुतः सरहुल पर्व प्रकृति में आने वाले नए फल–फूलों का पर्व है जो समस्त प्रकृति की सम्पन्नता इन जन–जातियों को समर्पित करता है और ये जन–जातियॉ श्रद्धापूर्वक अनेक पूजा एवं धार्मिक कृत्यों को पूरा करते हुए इसे सोल्लास ग्रहण करती है जैसे प्रकृति का प्रथम प्रसाद ग्रहण कर रही हों।

उरांव सरहुल पर्व को ही खद्दी या खेखेल–बेंजा भी कहते हैं। खेखेल–बेंजा का तात्पर्य धरती का विवाह। धरती अर्थात समस्त प्राकृतिक सम्पदा को धारण करने वाली। इसका विवाह सूर्य से सरहुल पर्व पर सम्पन्न होता है। सूर्य की गर्मी तथा धरती की उर्वरता का सीधा सम्बन्ध है। प्रकृति के इस भौगोलिक रहस्य को धरती–सूर्य के विवाह के रूप में, अनेक जाति धर्मों में अपने–अपने स्वरूप के अनुसार उद्घाटित किया गया है। सरना धर्म में इस अवसर पर गाँव के धर्म–पुरोहित पाहन को सूर्य मानकर उनका विवाह पहनाइन को धरती मान कर किया जाता है। यह विवाह सभी ग्रामीणों की उपस्थिति में गाँव का महतो एवं उसकी पत्नी बड़े धूम–धाम से कराते हैं। उरांवों की मान्यता के अनुसार इस विवाह का सीधा प्रभाव उनकी कृषि की उपज पर पड़ता है।

सरहुल पर्व के मुख्य समारोह तक पहुँचने के पूर्व उरांव जन–जाति को अनेक प्रकार के धार्मिक कृत्यों को विभिन्न चरणों में पूरा करना पड़ता है जिनमें प्रमुख निम्नलिखित हैः

सरहुल–पर्व की घोषणा एवं तैयारी :

आज प्रायः समस्त छोटानागपुर में सरहुल का पर्व एक निश्चित तिथि पर मनाया जाता है किन्तु शताब्दियों पूर्व जब सुदूर स्थानों तक फैली जन–जातियों में सम्पक्र एवं संवाद–संवहन की संभावना कम थी, कोई ताल–मेल नहीं बैठ पाता था अतः सरहुल के पर्व के दिन को महतो एवं पाहन आपसी सहमति से निश्चित करते थे। यह फागु पर्व के लगभग 15–20 दिन बाद सभी गाँवों में मनाया जाता था। अतः सरहुल पर्व आज की तरह पूर्व निर्धारित तिथि पर पूरे छोटानागपुर में

नहीं मनाया जाता था। उस काल में गाँव के पाहन एवं महतो को पर्व की तिथि की घोषणा सार्वजनिक रूप से करनी तथा तदनुसार तैयारी करनी पड़ती थी। तैयारी का तात्पर्य पर्व के लिए आवश्यक सामग्री का प्रबन्ध करना होता था।

गाँव के पाहन एवं पुजार पर पर्व की सामग्री एकत्रित करने का दायित्व होता था। पाहन 'चिलगी–मैया' के नाम पर गाँव के सभी परिवार से एक पैला धान या महुआ इकट्ठा करता था जिसे पैसे से परिवर्तित कर कुम्हार से घड़ा एवं अन्य आवश्यक मिट्टी के बर्तन लिए जाते थे। लोहार पाहन के लिए एक छुरी बनाकर देता था जिसका बलि के समय पहली बार प्रयोग होता था। इसके अतिरिक्त कुछ गाँवों में लोहार को बैठी, और कलछुल भी बनाकर देना पड़ता था क्योंकि नए बरतन से ही पूजा के प्रसाद को वितरित करने की रीति गाँवों में परम्परा से चली आई है। आज यह सभी सामान, चंदा एकत्रित कर पाहन सरलता से उपलब्ध कर देता है।

अन्य तैयारी में हड़िया का भी महत्वपूर्ण स्थान है। पाहन 3–4 सेर चावल मिट्टी के घड़े में उबाल कर उसे ठण्ढा करता है और ठण्डा हो जाने पर उसमें मदिरा बनाने के लिए "बिच्छी" रानू डालता है और इस प्रकार हड़िया बनाकर उसे शुद्ध रूप से सरहुल के पर्व के लिए रख दिया जाता है। कुछ गाँवों में पुजार भी 3–4 सेर चावल की मदिरा तैयार कर सरहुल पर्व के लिए सुरक्षित रख देता है।

दरी–छितना :

इस धार्मिक कृत्य का उद्देश्य जल के उस स्रोत की सफाई करना है जिसका उपयोग गॉव के लोग वर्ष भर करते है। प्रायः उरांव गाँव किसी–न–किसी नदी के किनारे बसा है या निकट ही कोई सोता है। ऐसा न रहने पर तालाब या पोखर होते हैं जो "सरना–दरी" का काम करते हैं। जिस गाँव में ऐसी कोई सुविधा नहीं रहती वहॉ दरी–छितना क्रिया सम्पन्न करने के लिए एक गड्ढा खोद लिया जाता है तथा उसे जल से भर दिया जाता है। पाहन, पुजार एवं महतो गाँव के कुछ उरांवों को साथ लेकर सरना–दरी जाते हैं। वे अपने साथ पानी उलीचने के लिए मिट्टी का बना तावा या बांस का नहुला या जोगी ले लेते हैं साथ ही पूजा की सामग्री जिसमें सिन्दूर एवं तेल का होना आवश्यक है।

सरना–दरी का जल उलीचने के उपरान्त पुजार सरना–दरी के परम्परा से पूजित किसी पाषाण खण्ड पर तेल पोतता है, सिन्दूर टिकता है तथा उसकी विधिवत् पूजा करता है। सरना–दरी की पूजा करने के उपरान्त पाहन–सहित यह पूरा दल किसी अन्य नदी, सोता या पोखर में स्नान करता है। यह दल स्नान से पवित्र हो जाने के बाद पाहन के घर पहुँचता है जहाँ उन्हें घर की बनी हड़िया पीने को दी जाती है। चावल की इस पवित्र हड़िया को 'दरी–छिसुआ हांडी' का नाम दिया गया है।

चण्डी–झण्डा गाँव की वह पवित्र सम्पत्ति है जिसे पाहन बॉस के बने बक्से में सुरक्षित अपने घर रखता है और विशेष अवसर पर ही बड़ी श्रद्धा एवम् प्रार्थना के बाद उसे बाहर यह कहते हुए निकलता है कि–"माघे माघे परुवा दो नायांगो...... आदि" चण्डी–झण्डे को छोटे–छोटे लकड़ी के दो टुकड़े में बॉध दिया जाता है और पुनः इस झण्डे को उन दो बांसों में जो पाहन के द्वार के दोनों ओर गाड़े हुए होते हैं ऊँचाई से लगभग 2–3 फीट नीचे इस प्रकार बॉध दिया जाता है कि दोनों झण्डों का मुख एक तरफ रहे।

पाहन के द्वार पर चण्डी झण्डा चढ़ाने के उपरान्त चाला–पच्चो देवी को सरना सूप में प्रतिष्ठित करने की समस्त क्रिया सम्पन्न की जाती है। जब तक चाला–पच्चो को सूप में बैठा नहीं दिया जाता पाहन के द्वार का चण्डी झण्डा नहीं उतरता। झण्डा उतार कर पुनः श्रद्धापूर्वक उसे पाहन बांस के बक्से में यथावत् रख देता है। चण्डी झण्डा बॉस पर उपर फहराने से सरहुल पर्व का विधिवत् प्रारम्भ होता है तथा सरना–सूप में सरना देवी को वर्ष भर के लिए बैठाने के उपरान्त झण्डे के उतारने से पर्व का समापन होता है।

नेगा–अम्म :

सरहुल सम्पन्न किया जाने वाला यह धार्मिक कृत्य आने–वाले वर्ष में वर्षा–ऋतु की स्थिति तथा उस दिशा का ज्ञान कराने के लिए जिधर से मानसून आयेगा किया जाता है। उरांवों का जीवन, जो वनीय खाद्य–पदार्थों से चलकर कृषि पर आश्रित रह गया है वर्षा से अत्यधिक प्रभावित होता है। अनुकूल वर्षा होने पर उनकी कृषि अच्छी होती है।

अर्ध–रात्रि व्यतीत हो जाने के कुछ समय पश्चात् पुजार के साथ पाहन/महतो या अन्य एक–दो ग्रामीण उरांव एक बहंगी में दोनों किनारे दो नया घड़ा लटका कर सरना–दरी की ओर जाते हैं। वे इस बात का प्रयास करते हुए कि कोई भी मनुष्य मार्ग में सामने न आए और आए भी तो उसे अनदेखा कर वे सरना–दरी की ओर बढ़ जाते हैं। पुजार क्रमशः चारों घड़ा सरना–दरी के पवित्र जल से भरता है। घड़ा भरने की विशेष रीति है। घड़ा सीधे लम्बवत् मुँह उपर रखते हुए पानी में डुबाया जाता है। थोड़ा भी इसे आड़ा–तिरछा नहीं होना चाहिए। जब इस प्रकार सरना–दरी के पवित्र जल से चारों घड़े भर दिये जाते हैं तो पुनः घड़े को दो–दो कर बहॅगी में रख कर पुजार सरना–स्थल तक जाता है। यहॉ बहॅगी के बॉस की नोक से चारो दिशाओं में गड्ढा बना दिया जाता है और इन्हें नाली बनाती हुई रेखाओं से मिला कर आयत की एक आकृति बना दी जाती है। चारों कोने पर सरना–दरी के पवित्र जल से युक्त घड़े रख दिये जाते हैं। सम्पूर्ण क्रिया पूरी तरह मौन रह कर निस्तब्ध वातावरण में पूरी की जाती है। जिससे कृषि की

देवी चाला–पच्चो का ध्यान घड़े की ओर के अतिरिक्त अन्यत्र न भटकने पाये। मौन में देवी का आह्वान निहित रहता है।

दूसरे दिन प्रातः सूर्योदय होने पर पाहन, पुजार महतो तथा गाँव के अन्य वरिष्ठ उरांव सरना–स्थल पर साथ–साथ पहुँचते हैं। एक–एक कर पाहन घड़े का ढक्कन उठाता है तथा पानी की सतह देखता है। यदि घड़े उसी प्रकार पूरी तरह भरे पाये गए तो सभी प्रसन्न हो उठते हैं कि इस वर्ष पर्याप्त वर्षा होगी। एक–दो घड़े में यदि जल का सतह नीचे आ गया तो उसी प्रकार निर्णय लिया जाता है कि किस दिशा से मानसून अधिक आयेगा और किस दिशा से मानसून आने की संभावना न्यून रहेगी। चूँकि गाँव की कृषि की देवी चाला–पच्चो हैं और ये सारे प्रतीकात्मक निष्कर्ष उनकी छाया में निकाले गए हैं अतः इन निष्कर्षों पर उरांवों का पूरा विश्वास होता है और इसी पूर्वानुमान पर वे अपनी कृषि की योजना बनाते हैं।

पूजा हेतु मुर्गे, मछलियां, केकड़े एकत्रित करना :

घड़े के जल से वर्षा का शुभ–अशुभ का ज्ञान प्राप्त करने के उपरान्त सरना स्थल से सभी लोग पाहन के घर आते हैं और घर में बनाए गए चावल की मदिरा का आनन्द लेते हैं। इसी क्रम में कुछ ग्रामीणों से पूजा हेतु जानवरों को एकत्रित करने का आदेश दिया जाता है। कुछ लोग घर–घर जाकर बलि हेतु मुर्गा इकट्ठा करते हैं तो कुछ निकट के तालाब या नदी में मछली पकड़ने जाते हैं। सरहुल के अवसर पर एक रस्सा "डुबकी तियान" बनाया जाता है। जिसमें मछली, कौहड़ोरी[42] और दाल का होना आवश्यक है। दाल की अच्छी फसल के लिए, पूजा–विधि के लिए केकड़े की आवश्यकता पड़ती है। अतः कुछ युवक कुदाल लेकर केकड़ा इकट्ठा करने लग जाते हैं। चूँकि धरती पर हल चलाना, खोदना या इस प्रकार का कोई भी कार्य सरहुल पर्व तक निषिद्ध होता है अतः पाहन पूजा हेतु केकड़ा निकालने के लिए धरती का खोदा जाना वर्जित नहीं मानता। कुछ गांवों में चाला–पच्चो देवी को बकरी की बलि भी चढ़ाई जाती है।

सरहुल का धार्मिक–स्नान :

पाहन के घर पर पुजार, महतो तथा गांवक के अन्य वरिष्ठ उरांव सरहुल के धार्मिक स्नान के लिए एकत्रित हो जते हैं। गोड़इत अपने नगाड़े बिगुल और बासुरी आदि यंत्रों के साथ पाहन के घर पहले से ही तैयार रहता है। अब वह नगाड़ा पीटते तथा बाजा बजाते पहले से निश्चित तालाब या नदी की ओर सभी को ले जाता है जहाँ स्नान हेतु उन्हें छोड़कर बाजा बजाते हुए गांव की ओर लौटता है तथा आधी दूरी तय कर मार्ग में रुक जाता है।

तालाब या नदी के किनारे एकत्रित ग्रामीणों में सर्वप्रथम पाहन स्नान करता है। स्नान करने की विशेष–विधि निश्चित हैं पाहन अपने दोनों हाथ आकाश की

ओर उपर कर नदी में डुबकी लगाता हैं। यदि स्नान करते समय हाथ का कोई भाग शरीर से स्पर्श कर गया तो अगले वर्ष सारा गांव मकड़ों की भरमार से त्रस्त हो जायेगा। अतः सभी स्नानकर्ता सावधानी बरतते हैं और हाथ को सीधा आकाश की ओर किए हुए स्नान करते हैं। स्नान करने के उपरान्त पाहन के नेतृत्व में सभी लोग गांव की ओर लौटते हैं।

गांव के अर्ध मार्ग पर गोड़इत के बाजा का स्वर जब गाँव की स्त्रियों को सुनाई पड़ता है तो वे समझ जाती है कि पुरुष वर्ग स्नान कर आ रहा है अब उनकी बारी है। पाहन की स्त्री की बांयी तरफ पुजार की स्त्री सभी ग्रामीण स्त्रियों का नेतृत्व करते हुए स्नान हेतु नदी या तालाब की ओर बढ़ती हैं। पाहन तथा पुजार की स्त्री अपने सर पर मिट्टी का एक कटोरा लिए हुए होती है जिसमें उर्द का दाल भिंगा कर रखा रहता है। स्त्रियों का यह दल अर्ध मार्ग पूरा कर स्नान के लिए आगे बढ़ जाता है।

गोड़इत आधे रास्ते पर टूंग वृक्ष की टहनियों या न मिलने पर किसी भी वृक्ष की टहनी मार्ग में बिछा देता है। जिस पर से पाहन एवं उसके साथी चलते हुए पाहन के घर की ओर बढ़ते हैं। गोड़इत बाजा बजाते हुए पाहन के घर तक इन्हें पहुँचा कर पुनः आधे रास्ते पर आकर रुक जाता है जहां पाहन की स्त्री के नेतृत्व में भींगे वस्त्रों समेत स्त्रियाँ स्नान कर पहुँचती हैं। इन्हें भी गोड़इत बाजे–गाजे के साथ पाहन के घर तक पहुँचाता है।

पाहन एवं साथी घर लौटते समय ऊँचे स्वर में गाते और भजन के अन्तिम पद 'हिआ हि दल–दल–'' पर उल्लास में भूमि पर पैर पटकते हुए घर पहुँचते हैं।

गीत–

तेला दाबसा गोंसाई, मक्का दाबसा
गोंसाई सारेम।
हाएरे खद्दी मनओत, हाएरे फागु मनओत
गोंसाई सारेम।
हिओ–ही–दल–दल, हिओ–ही–दल–दल[43]

स्त्रियाँ गाते हुए लौटती हैं–

मुना झरा भईयारो, बोथा झरा।
हाएरे खद्दी मनओत, हाएरे फागु मनओत
इन्ना खोंदेम गोंसाई सारेम
हिओ–ही–दल–दल,
हिओ–ही–दल–दल[44]

जल–कीड़ा :

पाहन के घर पर पुरुष पहले पहुँच चुके हैं। वहाँ अनेक घड़े जल से भर कर रखे हुए हैं। बाजे–गाजे का स्वर सुनाई पड़ने लगा जिससे निश्चित हो गया कि स्त्रियाँ स्नान कर लौट रही है। सभी पुरुष पाहन के आंगन में पानी का घड़ा लेकर तैयार हो जाते हैं और जैसे ही स्त्रियाँ आंगन में प्रविष्ट होती है आनन्दमय उल्लास से उनके उपर घड़े का पानी उड़ेलना प्रारंभ करते हैं। स्त्रियाँ आंगन में इधर–उधर उछलती हैं और पुरुष उनके उपर दौड़ा कर पानी डालते हैं तथा उन्हें पूरी तरह तर–बतर कर देते हैं। आंगन की भूमि भी पानी से पूरी तरह गीली हो जाती है। लथ–पथ स्त्रियां पुरुषों को "गाली" (ऐसे गीत जो जल–कीड़ा के अवसर पर स्त्रियाँ गाती हैं और जिनमें असामाजिक शब्दों एवं संकेतों की भरमार होती है) गाना शुरू कर देती हैं और गीतों से हटकर भी गंदी–गंदी गालियाँ देती हैं। पुरुष इसे आनन्दपूर्वक स्वीकारते हैं और एक हुड़दंगमय किन्तु उल्लासपूर्ण दृश्य पाहन के आंगन में कुछ समय तक चलता रहता है। तदन्तर पाहन अपनी पत्नी को आदेश देता है कि वह पूजा हेतु पवित्र मदिरा तैयार करें। पहनाइन घर के भीतर और पुजार की पत्नी आंगन के बाहर खुले मैदान में 'मदना–भरना' हेतु हड़िया तैयार करने चली जाती हैं। शेष ग्रामीण घर प्रस्थान करते हैं।

इसुम सिन्दरी या पाहन–पहनाइन विवाह :

सरहुल पर्व की धार्मिक क्रियाओं में गाँव के पाहन एवं पहनाइन का विवाह महत्वपूर्ण स्थान रखता है। यह विवाह सूर्य–धरती के विवाह की प्रतीकात्मक अभिव्यक्ति है जिसका उद्देश्य "अच्छी उपज" का होना है। उपज के उद्देश्य से ही विवाह किया जाता है। सृष्टि का यह जीवन्त धर्म है।

जल–क्रीड़ा के उपरान्त ग्रामीण अपने घर से टोकरी में चावल, दाल जो कुछ उनसे संभव हो सकता है, पूजा हेतु लाते हैं विशेषकर चावल लाते हैं तथा पुजार को समर्पित करते हैं। पुजार उन्हें आशीष देता हुआ भेंट स्वीकार करता है तथा टोकरी को एक से उपर एक रखता जाता है। टोकरी रखने की एक विशेष विधि अपनाई जाती है। गाँव की आबादी कुछ खूंटों में बंटी रहती है जैसे पाहन का खूंट, महतों–खूंट, मुण्डा खूंट आदि। कुछ ग्रामीण भुइंहर नहीं होते और दूसरे गाँव से आकर बस जाते हैं। जिन्हें "गैरो" कहा जाता है। पुजार टोकरी को खूंट के अनुसार एक के उपर एक रखता जाता है। इस प्रकार गाँव में जितने खूंट हैं टोकरियों का उतना लम्बवत् स्तम्भ खड़ा हो जाता है। जो गैरो हैं और किसी खूंट में काम नहीं आते उनकी टोकरी उस खूंट के साथ रख दी जाती हैं जिनके टीले में वे रहते हैं या जिनसे उनका निकट का सम्बन्ध होता है।

अब महतो पाहन के आंगन में एक बड़े आकार का पत्थर का सिलौट रखता है और उसपर भूंसे का तीन बण्डल औ उस पर एक जुआ रखता है। वह 3–4

आम की पत्तियों का अन्तिम छोर चीर कर, दोने की तरह किसी तिनके से गूंथ कर सिलौट के पास रख देता है। अब आंगन में ससम्मान आवाज लगाता है– "ओ पाहन–पहनाइन। गाँव वालों की भेंट आ चुकी है। आप अब तैयार होकर आइए।"

पाहन, पहनाइन के साथ घर से बाहर आता है। वह सरना–सूप पर नई तैयार हड़िया को छिड़कता है। सरना–सूप या 'केतर' पाहन के घर के पवित्र सरना–कुड़ि में टंगा रहता है। मदिरा छिड़क कर सूप नीचे रख देता है और भूमि पर पल्थी मार कर बैठ जाता है। वह सरना–सूप बगल में दबाए रखता है। अब पुजार नए घैला या बटारी में पानी लेकर आता है और पाहन के पूर्व दिशा में पल्थी मार कर बैठ जाता है। पाहन की पत्नी पाहन के सूप में अरवा चावल डालती है और पुजार की पत्नी नए घैले से पुजार की बटारी में ठण्डा जल ढालती है। अब पाहन अपना सूप और पुजार–बटारी लिए हुए खड़े होते हैं। पुजार की पत्नी घड़े के शेष जल को पाहन एवं पहनाइन से सर पर उंडेल देती है। पाहन–पहनाइन क्रमशः चलकर सिलौट के पास पहुँचते हैं। पुजार आगे–आगे मार्ग से बटारी में जल गिराता हुआ बढ़ता है और पीछे–पीछे पाहन सूप से थोड़ा चावल गिराते हुए आगे बढ़ता है। सिलौट के पास पहुँचकर पाहन अपने सूप के साथ सिलौट पर रखे हुए जुए पर बैठ जाता है। पुजार उसके दाहिने भूमि पर पल्थी मार कर बैठ जाता है। पुजार तथा पाहन की पत्नी अपने भींगे कपड़े सहित जाती है। पहनाइन पाहन की बांयी ओर बैठ जाती है और पुजार की पत्नी पहनाइन के बांए बैठती है। सरना–सूप के बांए कोने में जो पुराना चाकू खोंसा हुआ था उसे निकाल लिया जाता है और पाहन उसे सामने खड़े किसी व्यक्ति को थमा देता है। नया चाकू उस स्थान पर विधिवत् खोंस दिया जाता है।

गाँव का महतो हाथ में चादर लेकर पाहन और उनके बांए बैठी पहनाइन का सिर एवं मुख चादर से ढँक देता है। महतो की पत्नी मिट्टी के चुक्का में कड़ुआ–तेल (सरसो का तेल), 'कीया में सिन्दूर और बॉस अथवा काठ की बनी कंघी लेकर पहले पाहन के पास जाती है और उसके सिर में तेल लगाकर कंघी से बाल काढ़ कर, दाहिने हाथ की बच उंगली के पोर से पाहन के भंवों पर तथा दोनों कनपटी पर सिन्दूर का टीका लगाती है। पुनः वह पहनाइन के सिर पर तेल लगाकर, कंघी पर दाहिने हाथ को चिटुकी से सिन्दूर लेकर पहनाइन की मॉग को सिन्दूर से भरती है। इस प्रकार सभी की उपस्थिति में महतों एवं उसकी पत्नी द्वारा पाहन–पहनाइन का विवाह सम्पन्न होता है। ऐसी ही क्रिया पुजार एवं पुजारिन के साथ भी सम्पन्न होती है।

पच–बालर का आह्वान :

पाहन–पहनाइन के विवाह के उपरान्त महतो पाताल–लोकवासी अपने पितरों का आह्वान करता है। सिलौट के बगल में आम की पत्ती के दोने में वह नयी बनी

हड़िया ढाल कर और यह कह कर कि आप लोग थके और प्यासे हैं वह पाहन के मुख से हड़िया का स्पर्श कराता है, पहनाइन के मुख से स्पर्श कराता है। पुनः पुजार एवं पुजारिन के ओंठों से स्पर्श करा कर एक उत्साहपूर्ण उद्गार के साथ-साथ 'उलू-उलू' कहते हुए आम के उसे दोने को मकान के छप्पर पर फेंक देता है। यह क्रिया तीन बार की जाती है।

पुनः महतो साल के पत्ते का तीन दोना तैयार करता है, हड़िया से भरता है। दो दोना सामने के लोगों को दे देता है तथा एक अपनी बायीं हथेली पर रखता है और दाहिनी ऊंगली उसमें डुबों कर हड़िया को पृथ्वी पर पितरों का आह्वान करते हुए छिड़कता है। हम जानते हैं उरांव धर्म की मान्यता के अनुसार पृथ्वी के नीचे उनके मृत-पूर्वजों का देह-विहीन एख उसी प्रकार रहता है जिस प्रकार उरांव सशरीर इस पृथ्वी पर रहता है। जिस तरह पृथ्वी के उपर परिवार का ज्ञान उसके खूँट से होता है उसी प्रकार पितरों का विभाजन भी खूँट के अनुसार होता है। महतो पितरों को यह कहते हुए कि आज सरहुल का पर्व है हम पृथ्वी के निवासी पर्व मना रहे हैं आप भी तृप्त होइए[45], साल पत्ते के दोने की हड़िया पृथ्वी पर छिड़कता है। हर खूंट के लोग इस प्रकार अपने पाताल-लोकवासी पितरों को तृप्त करते हैं। किन्तु समस्या उन लोगों की है जो गाँव के भुइंहर नहीं हैं किन्तु सम्बन्ध में आते हैं या जो (कोयल के पार) विदेशों में जा बसे हैं। ऐसे लोगों में से कोई एक सबकी तरफ से पितरों को चावल का हड़िया अर्पित करता है। तात्पर्य यह है कि गाँव में रहनेवाले हर खूंट के लोग अपने गोत्र के मृत-पूर्वजों को, या जिनका खूंट नहीं है अपने पूर्वजों का आह्वान करते हैं तथा पृथ्वी पर चावल की हड़िया छिड़क कर उन्हें समर्पित करते हैं तथा झुक कर पृथ्वी को सिर से स्पर्श करते हैं। इस प्रकार पितरों का अभिवादन कर उनसे विदा लेते हैं।

'आर्शीवादी चावल' का वितरणः

प्रत्येक खूंट की चावल की टोकरियों में से पाहन-खूंट की टोकरियॉं अलग की हुई होती है। कोई एक व्यक्ति पाहन खूंट द्वारा लाए गए चावल की टोकरियॉं या सूपों में से तीन बार पूरी अंजलि भर कर पाहन के पूजा के सूप में डाल देता है और पाहन का झुक कर अभिवादन करता है। पाहन उसमें से एक चुटकी चावल उठाता है और अपने खूंट के सूप में डाल देता है। यह चावल खूंट वालों के लिए 'आर्शीवादी-चावल' कहलाता है। खेती के समय इस चावल को कुछ गोबर और ताबें के पैसे के साथ बीज में मिला देते हैं। उरांवों के धार्मिक विश्वास के अनुसार पूजित आर्शीवादी चावल मिलाकर सभी चावल-बीज को पवित्र तथा दुष्ट नादों से रक्षित बना देता है कि उपज अच्छी होती है।

प्रत्येक खूंट का आर्शीवाद चावल अलग-अलग होता है। महतो खूंट का भी आर्शीवाद चावल इसी प्रकार अलग कर दिया जाता है और बीज के साथ बोआ

जाता है। जो भुइंहर नहीं है वे अपने निकट के खूंट से आर्शीवाद चावल प्राप्त कर बीज में मिलाने का और बीजारोपण का कार्य सम्पन्न करते हैं।

चलानु–गुचा या जुलूस में सरना स्थल जाना :

पाहन अपने घर से मुख्य पूजा के लिए गाँव के सरना–स्थल की ओर बाजे–गाजे के साथ समूह में प्रस्थान करता है। अरवा चावल से भरा हुआ सरना–सूप लेकर पाहन और बटारी में जल लेकर पूजार चलता है। अन्य लोग पूजा के लिए एकत्रित सामान लेकर चलते हैं कोई चावल बहंगी पर उठा लेता है तो कोई पूजा के लिए एकत्रित मुर्गे जाल से भर कर चलता है। कलछुल, बरतन, साल पत्ते का दोना, कच्चा सूत, सिन्दूर आदि पूजा के लिए आवश्यक सामग्री जलूस के साथ सरना–स्थल पहुँचती है। पुजार मुख्य सरना वृक्ष की परिक्रमा इस तरह से करता है कि अन्त में सरना वृक्ष उसकी बांयी ओर पड़े। पुजार अपनी बटारी से पानी की बूंदें गिराता आता है। पाहन पूर्व की दिशा की ओर मुँह कर एक पत्थर पर बैठ जाता है और पुजार बटारी के लिए हुए उसके बॉए खड़ा हो जाता है।

पूजा की तैयारी :

कुछ मिनट पश्चात् पाहन उठकर उस स्थान पर जाता है जहॉ पिछले वर्ष पत्थर के टुकड़ों से चूल्हा बना हुआ था। वह, उनमें से कुछ टुकड़ों को जिन्हें वह ठीक समझता है अलग कर देता है। ग्रामीणों में से कुछ लोग आगे आते हैं और पुराने चुल्हे के पत्थरों का लेते हुए एक नया चुल्हा बनाते हैं। इस बीच पाहन कच्चे सूत से मुख्य सरना–वृक्ष के तीन या कहीं–कहीं पाँच फेरे लगाकर बॉध देता है। पुजार लगभग डेढ़ फीट की चौड़ाई अठारह फीट की लम्बाई में घास साफ कर एक स्थान निकालता है. जिसे अखड़ा कहते हैं और जो स्थान बलि समर्पण हेतु प्रयुक्त होता है। थोड़ी–थोड़ी दूरी पर एक मुट्ठी अरवा चावल रख दिया जाता है जिसे बलि के लिए लाए हुए मुर्गे खाते रहते हैं। इस चावल को अखड़ा के बलिदान की 'कुरी' कहते हैं। इस पट्टी के दक्षिणी छोर पर अन्तिम कुरी से चार–पाँच फीट दूर अलग हट कर एक मुट्ठी चावल विशेष रूप से रखा जाता है जिसे सफेद मुर्गा खाता है और जिसकी बलि धरमेस के लिए की जाती है। पाहन, पुजार तथा अन्य सहयोगी पूर्वाभिमुख होकर बैठ जाते हैं कुछ गांवों में सरहुल के अवसर पर सूअर या खसी की बलि चढ़ाई जाती है। यदि ऐसा होता है तो इसके लिए डेढ़ फीट चौड़ा तथा 4–5 फीट लम्बाई में घास साफ कर बलि हेतु स्थान निकाल लिया जाता है अन्यथा सारी तैयारी पहले की तरह ही चलती है।

बलि का अर्पण :

पाहन पुजार से जल मांगता है। पुजार अपनी बटारी से जल देता है जिससे पाहन हाथ–मुँह–पैर धोता है और अपने सिर तथा अन्य अंगों पर छिड़क कर

पवित्र करता है। अब वह अपनी अंजली में चावल लेकर कुरी से थोड़ा दूर हटकर, खेत में जैसे बीच डाला जाता है लगभग उसी प्रकार चावल की तीन बीड़र रेखाएँ पृथ्वी पर बना देता है। इस बीच पुजार रंग के अनुसार मुर्गों को भिन्न–भिन्न देवी–देवताओं या नादों को समर्पित करने के लिए अलग–अलग छांटता है। डाढ़ा–देसवाली के लिए लाल कुछ गांवों में काले सफेद (मिश्र) मुर्गे, भूरी मुर्गी चाला–पच्चो के लिए काली मुर्गी चण्डी के लिए सफेद मुर्गा धरमेस के लिए। बचे हुए रंग के मुर्गे–मुर्गियाँ सभी क्षेत्रीय देवी–देवताओं के नाम "गाढ़ा–टोड़ा–चतुर–सीमान" से अभिज्ञापित चढ़ाए जाते हैं। इस नाम के अन्तर्गत चारों दिशाओं के नाद भी आ जाते हैं।

पुजार सरना–सूप से छुरी निकाल कर पाहन को देता है। पुनः पुजार लाल मुर्गा पकड़ कर बटारी के जल से मुर्गे के सिर, पैर तथा पूंछ को धोता है तथा उस मुर्गे को पाहन को दे देता है। पाहन वहाँ रखा अरवा चावल मुर्गे को खाने को देता है। जब मुर्गा चावल खा रहा होता है पाहन उसके सिर को छुरी से काट देता है और कहता है–"ओ डाढ़ा देसवाली या गाँव–देउती हम सब आपको यह बलि अर्पित कर रहे हैं।'

इसी प्रकार एक के बाद एक भूरे रंग का मुर्गी चाला–पच्चो या सरना–बुढ़िया को, काली–मुर्गी चण्डी को तथा शेष चतुर सीमान, खूंट, डांट आदि क्षेत्रीय देउती एवं नादों को अर्पित किया जाता है। किन्तु इनके सिर पूरी तरह काट कर धड़ से अलग नहीं किये जाते अपितु थोड़ा लटकता रहता है। पाहन कहता है–"ओ नाद, मुआ, चुड़ैल और तुम सभी के समूह जो जिधर पूरब, पश्चिम, उत्तर, दक्खिन चारों दिशाओं में हो, जिन पड़हाओं में हों यह बलि एवं उसका मांस तुम सबके लिए है, इसे भरपेट खा लो और अपने में वितरित कर लो। और देखो की हमारे गांव के बाल–वृद्ध स्त्री–पुरुष सरहुल के अवसर पर खूब नाचे–गायें और समृद्धि एवं सम्पत्ति से भर जायें।"

अन्त में धरमेस की बलि, उन्हें विशेष रूप से समर्पित की जाती है। पाहन छुरी से जल को पूरी तरह साफ कर लेता है कि रक्त का एक कण भी उसमें कहीं न रह गया हो। पुनः वह अपना हाथ साफ करता है, कुरी रेखा से सबसे दक्षिणी भाग पर धरमेस को बलि समर्पित करने के लिए पहुँचता है। धरमेस को सफ़ेद मुर्गे की बलि दी जाती है और यदि सफ़ेद मुर्गा उपलब्ध नहीं हो सका तो उसके स्थान पर सफेद अण्डे की बलि दी जाती है। धरमेस को बलि अर्पित करते हुए पाहन प्रार्थना करता है।

"निन धरमे बाबा हिकदाम, अक्काम, बालकाम, आदिन साम डूहाके। एमहाए खन्न माला इरि। निधाए खन्न इरि। निनिम बाबा हिकदए सम्मड़अके।[46]

धरमेस को सबसे अन्त में दक्षिणी छोर से बलि अर्पित करने का तात्पर्य यह बताया जाता है वह दक्षिण से भूत–प्रेतों, कल्याणकारी एवं दुष्ट आत्माओं को एवं क्षेत्रीय नादों को नियंत्रित करता है। सरना–वृक्ष के पूर्वी भाग से उत्तर को गई हुयी कुरी पट्टी का दक्षिणी छोर इस प्रकार होता है कि मानस कुरी पट्टी पर उस भाग से सरलता से नियंत्रण किया जा सकता है। इससे स्थान एवं दिशा का महत्त्व ज्ञात होता है।

पुजार पाहन से छुरी लेकर साफ करता है और पुनः सरना–सूप में यथा स्थान प्रतिष्ठित कर देता है।

पाहन गांव के अहीर द्वारा लाये गए दूध एवं जल को कुरी चावल पर अर्पित करता है। पुनः पांच बलि चढ़ाए गए मुर्गे की टांग पकड़ कर हवा में चारों दिशाओं में लहराता है और लहरा कर सरना–स्थल पर एकत्रित खूंट–विहीन अ–भुइंहर ग्रामीणों की ओर यह कहते हुए उछाल कर फेंकता है – "हुदी हारो जिम्मा, चिचकान कामा।" (हम तुम्हें इसे देते हैं। इन्हें पकाओ)। बलि चढ़ाए गए मुर्गे–मुर्गियों के पर नोच कर इसे साफ कर कुछ मांस के टुकड़े कर दिए जाते हैं। पहले चार साफ किए हुए मुर्गे को सूप से लगभग एक सेर चावल लेकर पकाया जाता है। बाद में अलग से चावल और शेष साफ किए मुर्गे–मुर्गियाँ पकायी जाती हैं।

धरमेस को चढ़ावा गया मुर्गा इन सबसे अलग रखा जाता है। उसे साफ कर, साल की चार पत्तियों के बीच थोड़ा चावल मिलाकर, पत्तियों को चारो ओर से सींक से नाथ कर एक पोटली बना ली जाती है और चूल्हे की ऑच पर इसे शनैःशनैः भूना जाता है।

जब यह सब कुछ पकाने कार्य चलता रहता है, यदि ग्रामीणों ने सूअर एवं बकरे की बलि चढ़ाने का प्रबन्ध किया है, जो प्रथा क्रमशः अब लुप्त होती जा रही है। तो उसके लिए अलग से साफ की हुई भूमि का उपयोग होता है। सूअर के अगले एवं पिछले पैर को साथ–साथ बांध कर उसे बलि के स्थान पर लिटा दिया जाता है। पाहन एक मुट्ठी अरवा चावल सूअर के मुँह पर फेंकता है। इसके बाद दो–तीन ग्रामीण कुल्हाड़ी लेकर आते हैं तथा उल्टी कुल्हाड़ी से सूअर के सर पर प्रहार करते हैं। इस प्रकार सूअर की बलि चढ़ती है किन्तु यह बल किसी देवता या क्षेत्रीय नादों के नाम अर्पित नहीं होती अपितु यह बलि उन अनाम भूतों के नाम होती है जिनकी संख्या का कोई अनुमान किसी धर्मज्ञ को नहीं होता। इस बलि में पाहन भाग नहीं लेता है।

सुअर की सफाई या इसके मांस को अलग से कुछ लोगों के द्वारा या किसी पारिवारिक घर में पकाया जाता है। यही स्थिति बकरे के बलिदान की है। यह भी

बिना किसी नाम लिए अदृश्य शक्तियों को अर्पित कर दी जाती है। सरना–स्थल में निश्चित स्थान पर बकरा लाया जाता है, और पाहन उसे अरवा चावल खाने को देता है। बकरे की बलि मुर्गे की बलि की तरह पाहन स्वयं अपने हाथ से करता है। इसके लिए वह बैंठी या उपलब्ध होने पर तलवार का उपयोग करता है।

बकरे की भी सफाई ग्रामीण अलग से करते और पकाते हैं। इसके लिए सरना स्थल में अलग चूल्हा बनाया जाता है या कभी–कभी किसी परिवार में इसका मांस पकवा दिया जाता है।

काक्रो सरजना या केकड़ा का भूना जाना :

पूजा प्रारंभ करने से पूर्व सामग्रियों को इकट्ठा करने के क्रम में देखा गया था कि गांव के कुछ युवक कुदाल लेकर केकड़ा पकड़ने के अभियान पर निकले हुए थे। सरहुल के अवसर पर केकड़े के भूनते और चिटख–चिटख कर फूटते हैं उसी प्रकार उर्द दाल की या अन्य दाल की बालियां फूटेंगी। यह कार्य उन ग्रामीण महिलाओं के जिम्मे होता है जो सरहुल के दिन उपवास नहीं रखती।

सायंकाल सरना–स्थल से कुछ लोग पाहन के घर जा–जा कर देखते हैं कि भोज को तैयारी पूरी हो चुकी है कि नहीं। अन्तिम जानकारी लेने के लिए पाहन, पुजार महतो तथा गाँव के अन्य वयो–वृद्ध गोड़इत बाजे–गाजे के साथ पाहन के घर प्रस्थान करते हैं जहाँ उपवास कर रही स्त्रियाँ भोज की तैयारी में लगी हुयी रहती है। बाजे की आवाज सुनकर वे स्त्रियाँ जो उपवास नहीं रखी हैं तथा अपने घरों में हैं चूल्हे की आँच में केकड़ों की भूनना प्रारम्भ करती है। यह कार्य–क्रम पाहन के गांव में आगमन के साथ प्रारम्भ हो जाता है। केकड़े सीधे आग में भुने जाते हैं और कुछ केकड़े चूल्हे के उपर धागे से बाँध कर लटका दिये जाते हैं। यह कार्य दाल की अच्छी फसल के उद्देश्य से मनाया जाता है। आगे में भूने जाने वाले केकड़े के फटने या चिटकने की ध्वनी पर स्त्रियाँ कहतीं है कि खेत में इसी प्रकार दाल फलियों से चिटख–चिटख कर फूटे तथा टंगे हुए केकड़े के पैर चूल्हे की आँच से कड़े और सीधे हो जाते हैं जैसे दाल के पौधे का 'झुम्पा'।

इस प्रकार सरहुल पर्व के अर्न्तगत दाल की अच्छी फसल के लिए काक्रों सरजना कृत्य उपवास न रखनेवाली औरतों द्वारा मनाया जाता है।

पाहन का पहनाइन द्वारा स्वागतः

बाजे की ध्वनि से पाहन एवं उनके साथियों के आने का अनुमान हो जाता है अतः उनके स्वागत के लिए पहनाइन और पुजार की पत्नी द्वार आ खड़ी होती है। पुजार की पत्नी के हाथ में जलभरा लोटा होता है और पहनाइन के एक हाथ

में जलता हुआ दिया और दूसरे हाथ में सरसों का तेल होता है। पुजार की पत्नी पहले पाहन के पांव में तेल मलती है और पुनः उसे जल से धोती है। यही क्रिया वह पुजार के साथ भी करती है।

इसी प्रकार स्वागत हो जाने के उपरान्त पाहन और और उस स्थान पर पहुँचते हैं जहॉ पवित्र सरना–सूप टांगा रहता है। पाहन सरना सूप को ठीक टांगने वाली जगह के नीचे रख देता है तथा पल्थी मार कर बैठ जाता है। पुजार जलवाली बटारी को सूप के दाहिने रख देता है और पाहन की बगल में पल्थी मार कर बैठ जाता है। पाहन इस अवसर के लिए तैयार की गई चावल की हड़िया जिसे "तपावन–हड़िया" कहते हैं, में से एक दोना से कुछ हड़िया सरना–सूप को समर्पित करता है और शेष पान कर जाता है। पुजार अपने दोने में से थोड़ी हड़िया बटारी पर गिराता है और शेष पी जाता है।

पाहन, पुजार के साथ उठकर घर में भोज की तैयारियों का निरीक्षण करता है तदन्तर साथियों के साथ सरना–स्थल पर लौटने की तैयारी करता है। इस क्रम में जब वे अपना सूप एवं बटारी उठाने के लिए झुकते हैं पुजार की पत्नी एक बड़े घड़े से जल बटारी में भरती है और शेष जल वह पाहन एवं पुजार के सिर पर उड़ेल देती है। इस बीच दूसरी स्त्रियाँ भी घड़े या अन्य बरतनों से पाहन एवं पुजार तथा एकत्रित पुरुषों पर पानी फेंकना शुरु कर देती हैं तथा उन्हें कीचड़ से लथ–पथ कर देती है। इस प्रकार पानी एवं कीचड़ से लथ–पथ पाहन अपने साथियों सहित आनन्दपूर्वक बाजे–गाजे के साथ सरना स्थल लौटता है।

चेपराई मुर्गा :

पाहन की अनुपस्थिति में उनका कोई भैयाद जिसे पाहन सरना स्थल पर छोड़ गया है एक मुर्गें को गला मरोड़कर मार डालता है। यह चेपराई मुर्गा कहलाता है इस मुर्गे के पर नोच कर, पूरी सफाई कर वह उसे अपने कीचड़ के भीतर छुपा लेता है।

ओना–मोखना :

सरना–स्थल तक पाहन के लौटने पर चावल और मुर्गे के मांस की तहरी (खिचड़ी) तैयार हो चुकी रहती है। पाहन प्रथम चार मुर्गे की बलि से बनी तहरी और धरमेस को चढ़ाए गए मुर्गे का भुना हुआ मांस जिसे 'पातपुर' कहते हैं लेकर चूल्हे के किनारे चारों ओर देवी–देवताओं को नाम से समर्पित करता है। ये हैं– डाढ़ा, देसवाली, चाला–पच्चो और चण्डी।

इस बीच एकत्रित उरांव पंक्ति में खाने को बैठ जाते हैं। पुजार उनके सम्मुख साल का एक–एक पत्ता रख देता है और पाहन तहरी को प्रसाद के रूप में सभी के पत्ते पर वितरित करता है। वह चार पत्तों में तहरी अलग से से रखता है

जिसमें एक उसके एवं उसकी पत्नी के लिए तथा पुजार एवं एवं उसकी पत्नी के लिए होता है। पाहन एवं पुजार पत्नी के पत्ते के प्रसाद को नहीं छूता। पाहन पहले अपने पत्ते में से एक या दो निवाला खाता है और तब वह एकत्रित उरांवों को खाने की अनुमति देता है। प्रसाद ले लेने के बाद पाहन एवं पुजार उठ कर हाथ–मुँह धोते है।

पुजार पुनः एकत्रित ग्रामीणों के सम्मुख पत्ता रखता है जिस पर पाहन शेष मुर्गों से बनी हुई तहरी को परोसता है। पुजार एवं पाहन साथ–साथ उठते और हाथ–पांव धोकर भोजन के लिए बैठते हैं। इसी समय चेपराई मुर्गा वाला व्यक्ति सहसा उठ खड़ा होता है और जूठे हाथ–मुँह गाँव की ओर भागता है जिसे जली हुयी लकड़ी लेकर पकड़ो–मारो कहते हुए दौड़ाते हैं। तथा कुछ दूर बाद लौट आते हैं। गोड़इत एवं घासी पंक्ति से अलग बैठकर भोजन करते हैं किन्तु अहीर जो दूध देता है और कुम्हार जिसने बरतन दिए हैं पाहन से सिद्धा पाते हैं कि अलग पकाकर खाना खायें। मुर्गे के मांस से बनी तहरी सम्पूर्ण आयोजन का मुख्य प्रसाद होता है। स्त्रियों के लिए सरना–स्थल पर तैयार प्रसाद निषिद्धहै।

स्त्रियों का भोज :

स्त्रियों का भोज समाप्त होते–होते काफी रात हो चुकी होती है। इस बीच सरना–स्थल से सभी सामान, बरतन आदि साफ कर, लेकर गांव के लाग वापस लौंटते हैं। सारी रात वे नाचते–गाते एवं हड़िया पीते रहते हैं। रात को गाए जाने वाले गीत अश्लील एवं कामोत्तेजक होते हैं। इस प्रकार का नृत्य गीत सारी रात चलता रहता है।

धांगर पाहन या मुत्री–चण्डी का पाहन :

रात्रि नृत्य के उपरान्त सभी अपने घर चले जाते हैं। सायंकाल गांव के ध ांगर–पाहन का चुनाव किया जाता है। धांगर पाहन अविवाहित नवयुवकों में से उन्हीं के द्वारा चुना जाता है। यह चुनाव सायंकाल गाँव के अखड़ा में होता है। पहनाइन अखड़ा का स्थान गोबर से लीप कर शुद्ध कर देती है। सायंकाल गांव के सभी अविवाहित नव– युवक अखड़ा में एकत्रित होते हैं। वे साथ में एक लोढ़ा लाते हैं तथा अरवा चावल से भरा हुआ सूप गोबर से लीपे स्थान पर लोढ़े को पूर्व– पश्चिम दिशा में बनाते हुए रख देते हैं। उरांवों की धारणा के अनुसार 'लुगु' नामक एक अदृश्य शक्ति या 'नाद' लोढ़े में निवास करता है। एक युवक सूप को अपने बायें हाथ से दाब लेता है तथा अन्य उसमें से एक–एक मुट्ठी चावल ले लेते तथा दो कतार में इस प्रकार पंक्ति–बद्ध खड़े हो जाते हैं कि बीच से कोई आ जा सकता है।

युवकों में से अधिक संवेदनशील युवक जिसकी "एख" हल्की मानी जाती है और जिस पर दैवी शक्तियॉ सरलता से आसन्न हो सकती हैं, से कहा जाता है

कि वह सहारे से लोढ़ा पकड़ ले। लोढ़े पर युवक अरवा चावल का अक्षत डालना प्रारम्भ करते हैं। देखते–देखते लोढ़े में गति आ जाती है और इस प्रकार दैवी–शक्ति से प्रभावित लोढ़ा जिस युवक के पैर का स्पर्श कर देता है वह उस गांव का धांगर पाहन चुन लिया जाता है। धांगर पाहन को ही शिकार की देवी मुत्री–चण्डी की पूजा का अधिकार होता है अतः उसे मुन्री–चण्डी पाहन भी कहा जाता है।

पुंप–खेरना या फूल खुसी :

सरहुल पर्व का यह एक महत्वपूर्ण अंग है जो पुजार के 'बटारी सौंपना' और पाहन के 'सूप–बैठाना' से पूर्व सम्पन्न किया जाता है। पाहन के घर पर बाजे–गाजे के साथ गोड़इत जाता है और उसकी पत्नी पीछे–पीछे एक टोकरी में साल के पुष्प एवं पत्ते लिए हुए पाहन के घर पहुँचती है। वह टोकरी पुजार को दे देती है। पुजार साल की कलियों, फूलों एवं पत्तों को एक सूप में क्रम से सजाता है। ध्यातव्य है कि सरना–सूप को उसकी बलि के लिए प्रयुक्त छुरी के साथ यथास्थान सरना–कुड़ि में पाहन पहले ही रख देता है अन्यथा सूप के किसी भी अशुभ या अशान्त सम्पक्र में आ जाने के कारण ग्रामीण चाला–पच्चो देवी के रोष के भाजन हो सकते हैं।

गाँव के महतो तथा अन्य लोग क्रमशः पाहन के पास आते है। पुजार उस स्थान पर उपस्थित पुरुष के कान में तथा प्रत्येक स्त्री के केश में साल–पुष्प खोंसता है तथा एक अन्य व्यक्ति उन लोगों को हड़िया से स्वागत करता है। पाहन के घर पर 'पुंप–खेरना' क्रिया सम्पन्न होने के उपरान्त पुजार के साथ सरना–कृषि में जाकर ठीक टंगे हुए सरना–सूप के नीचे पल्थी मार कर बैठ जाता है। पुजार पाहन की बॉयी ओर पल्थी मार कर बैठता है। पाहन एवं पुजार को साल के पत्ते के दोने में चावल की हड़िया दी जाती है। अपने दोने में से पुजार एवं पाहन थोड़ी हड़िया पृथ्वी को समर्पित करते हैं और गाते है–

हाएरे खद्दी मनओत, हाएरे फागु मनओत, सारोम।
ले ! ले ! ले ! मुनो झारा दे ओमोन–धाराइय झारा
सारे गोसाई सारीम।

हायरे खद्दी मनायओ, हायरे, फागु मनायओत सारीम।[47]

स्त्रियां भी इस अवसर पर पहनाइन के नेतृत्व में गाती हैं–

रहरी चखना गोंसाई
झुरूंगा चखना गोंसाई
बारोई चखना गोंसाई
खेसारी चखना गोंसाई

हाएरे खद्दी मनओत, हाएरे फागु मनओत,
हाएरे गोसाई सरीम।[48]

अब पुजारिन एक घड़ा जल लाती है और पुजार के बटारी को जल से भर देने के उपरान्त शेष जल पाहन एवं पुजार के सिर पर उड़ेल देती है। इस प्रकार जल से भींगे पाहन साल पुष्प भरे सूप को उठा लेते हैं और पुजार अपनी जल से भरी बटारी ले लेता है तथा गोड़इत के बाजे के साथ पाहन एवं पुजार कुछ वरिष्ठ ग्रामीणों को लेकर गांव में घर-घर घूमना प्रारम्भ करते हैं। किसी उरांव के द्वार पर जब यह दल पहुँचता है तो पुजार बटारी से जल गिरा कर द्वारा पर एक वृत्त बनाता है और पुनः पाहन एवं पुजार घर के उस भाग में जाते हैं जहाँ अन्न या कृषि का भण्डार रखा रहता है। इस स्थल पर पुजार एक बड़ी वृत्ताकार गोलाई जल गिराते हुए बनाता है तथा उसके बीच में पाहन और पाहन के दाहिने पुजार पूर्वाभिमुख पल्थी मार कर बैठ जाते हैं। घर की स्वामिनी पीतल की एक थाली, जल और सरसों का तेल लेकर पहले पाहन का पांव तेल से पीतल की थाल में रखकर मलती है। तदुपरान्त जल से पाद-प्रक्षालन करती है। यही क्रिया पुजार के साथ भी दुहरायी जाती है। शेष तेल पाहन एवं पुजार के वक्ष एवं केश में लगाया जाता है तथा आगत वरिष्ठ उरांवों का भी पांव तेल से मर्दन कर जल से प्रक्षालित किया जाता है।

गृह-स्वामिनी इस प्रकार सबका स्वागत करती है। अब वह पाहन के सम्मुख अपना आंचल फैलाती है जिसमें पाहन अपनी अंजलि में पुष्प लेकर गृह-स्वामिनी के आंचल में अर्पित करता है। गृह-स्वामिनी पुष्प भरे आंचल को अपने माथे लगाकर पाहन के प्रति आभार व्यक्त करती है। यह क्रिया तीन बार की जाती है। पुजार अन्य उपस्थित पुरुषों के कान में और स्त्रियों के केश में साल पुष्प खोंसता है। वह बटारी के जल से भूमि भिगों कर भींगी मिट्टी से उपस्थित लोगों के माथे पर तिलक लगाकर उन्हें आशीषता भी है।

जैसे ही पाहन-पुजार के साथ की टोली एक घर से दूसरे घर प्रस्थान करती है पहनाइन, पुजारिन स्त्रियों की टोली लेकर उस घर में प्रवेश करती है तथा मोरा (धान की सूखी बालियों का ढेर) के निकट जहाँ पाहन एवं पुजार ने जल के घेरे के अन्दर पूजा की थी नृत्य करना प्रारम्भ कर देती है। वे तब तक नृत्य करती है जब तक चावल की हड़िया तैयार होकर नहीं आ जाती। वे एक-एक दोना चावल की हड़िया-पान करती हैं और धान के मोरा पर उसी प्रकार कीचड़ आदि डालकर, उसे गींज कर नृत्य करते एवं 'रहर-चखना' का गीत गाते दूसरे घर की ओर प्रस्थान करती हैं। प्रयास किया जाता है कि पहनाई की सीमा में आने वाले गांव के सभी घरों मे एक बार यह क्रिया सम्पन्न की जाय तथा सभी लोग पाहन के हाथ से पुष्प ग्रहण करें। सायंकाल होते-होते पहनाइन-पुजारिन अपनी साथिन स्त्रियों के साथ घर लौट कर पाहन की प्रतीक्षा करती हैं। बाजे-गाजे के साथ पाहन गाँव में साल-पुष्प वितरित कर पुजार और साथियों के साथ वापस लौटता है।

पाहन एवं पुजार के स्वागतार्थ दो पीतल की थाल रखा रहता है जिसमें वे खड़े हो जाते हैं। पहले पहनाइन एवं पुजारिन अपने पतियों के पैर को तेल से मलती है पुनः पुजारिन पाहन के पैर एवं पहनाइन पुजार के पैर को तेल से मलती है। तदुपरान्त पाद प्रक्षालन का कार्य सम्पन्न होता है जिसमें पहनाइन एवं पुजारिन क्रमशः पाहन एवं पुजार का जल से पादप्रक्षालन करती हैं। इस स्थान से पाहन एवं पुजार सीधा घर में बने सरना–कुड़ि में प्रवेश करते हैं और उपर टंगे हुए सरना–सूप के नीचे पल्थी मार कर बैठ जाते हैं। पाहन अपना सूप भूमि पर रख देता है और सूप की बगल में पुजार अपना बटारी रखता है। इस घर में किसी का प्रवेश पुजार की आज्ञा के बिना निषिद्ध है यहाँ तक की पाहन के घर के लोग भी सरना–सूप को स्पर्श नहीं कर सकते जब तक कि सूप स्थित सरना देवी को 'हड़िया' अर्पित न कर दिया जाये।

सरहुल पर्व का सरना–स्थल पर पूजा के उपरान्त यह सबसे महत्वपूर्ण धार्मिक एवं सामाजिक कृत्य हैं। पाहन का गांव के सभी घरों में जाना तथा सरना–पुष्प के साथ उन्हें आशीषना अनिवार्य है। यदि कुछ घर छूट जाते हैं तो उपरोक्त समस्त विधियाँ दूसरे दिन पुनः अपनायी जाती है तथा पाहन, पुजार तथा वरिष्ठ ग्रामीण उरांव एक बार शेष घरों का गोड़इत के बाजे–गाजे के साथ परिक्रमा करते हैं। यदि गांव बड़ा होता है तो यह कार्यक्रम तीन दिन या जब तक सभी घर स्पर्शित न हो जायें, चलता रहता है।

बटारी सौंपना :

'बटारी सौपन' तथा 'सरना–सूप बैठाना' सरहुल पर्व का समापन कार्यक्रम है। बटारी का सम्बन्ध पुजार और सरना–सूप का सम्बन्ध पाहन से है। 'सरना–कुड़ि' वह घर है जहाँ गाँव के सभी घरों में पुंप–खेरना पूरा कर अर्थात साल–पुष्प वितरित कर पाहन एवं पुजार सरना–सूप के नीचे पल्थी मारकर बैठता है। पुजार की पत्नी घड़ा जल से जाकर पुजार के बटारी को जल से भरती हैं तथा बटारी पुजार को उठाकर देती है जिसे पुजार अपनी बाएँ बांह में दबा लेता है। कुछ गांवों में पहनाइन या अन्य कोई वरिष्ठ स्त्री पुजार को ससम्मान चिलम चढ़ा हुआ हुक्का देती है। पुजार को हुक्का पीते हुए सवारी उसके घर के लिए निकलती है। उल्लासपूर्ण दृश्य रहता है। कुछ युवक पुजार को कंधे पर उठा लेते हैं। वह बाएँ बांह से बटारी दाबे, दाँये हाथ से हुक्का लिए हुए होता है। जुलूस में पाहन, पहनाइन तथा पाहन के घर पर उपस्थित सभी लोग सम्मिलित होते हैं। यह जुलूस पाहन के घर से पुजार के घर पहुँचता है।

पुजार का जुलूस आते देख कर पुजार के घर एकत्रित उरांव लोग मिट्टी के घड़े में भरे हुए जल को आंगन में लाते हैं तथा सभी घड़ों का जल आंगन में

उड़ेल देते हैं। जुलूस के पहुंचने पर वहां सभी नृत्य करते हैं जिससे आंगन कीचड़–मय हो जाता है।

उरांवों के विश्वास के अनुसार जितना ही आंगन भींगा एवम् कीचड़मय होगा उतना ही उस वर्ष वर्षा होगी और जमीन जोतने योग्य होगी तथा उपज बहुत अच्छी होगी। इस समारोह का समापन हड़िया एवं भोजन से होता है। हड़िया बटारी में रखकर वितरित की जाती है।

सूप–बैठाना :

सरहुल पर्व की यह अन्तिम क्रिया है जिसमें पाहन वर्ष भर के लिए सरना देवी को सूप में बैठाता है और प्रार्थना करता है कि–आज से आप शान्तिपूर्वक इस सूप मे विराजिए।

सरना–सूप में चाला–पच्चो देवी या सरना–बुढ़िया का स्थान होता है।

दूसरे प्रातः एक घड़ा चावल की मदिरा जिसे "सूप–बैठाना हड़िया" कहते हैं सरना–कुड़ि में लाया जाता है। पाहन सरना–कुड़ि में प्रवेश करता है, एक दोना 'हड़िया' लेता है और सरना–सूप पर इसे छिड़कता एवं शेष उड़ेल देता है एवं प्रार्थना करता है कि अब सरना–देवी सूप में एक वर्ष के लिए 'बैठ' जाय।

उरांवों के विश्वास के अनुसार यदि सूप में किसी प्रकार की गति या हरकत आती है या दिखलाई पड़ती है तो उरांव समझ जाते हैं कि सरना–बुढ़िया सूप छोड़कर बाहर निकलती हैं, और रुष्ट हैं। अतः सरना सूप को खूंटी पर टांगते समय इन सभी बातों का भलीभांति विचार कर लिया जाता है कि किसी भी प्रकार यहॉ तक की आंधी एवं तूफान में भी सूप हिलने–डुलने न पाये। सूप को पूरी तरह दीवाल से सटाकर एवं खूँटी से बॉध कर टांगते हैं।

सरना–सूप को पूरी तरह व्यवस्थित कर एवं 'सूप बैठना–हड़िया' से 'सरना–बुढ़िया' या चाला–पच्चो को वर्ष भर के लिए तृप्त कर एवं प्रार्थना कर कि आगामी पर्व तक सूप में चूपचाप बैठी रहें, जब पाहन सरना–कुड़ि से बाहर निकलता है तो पर्व के प्रारम्भ के एक दिन पहले पाहन के द्वार पर टांगा गया चण्डी झण्डा उरांवों द्वारा विधिवत उतार लिया जाता है। चण्डी–झण्डा उतारना सरहुल पर्व के समापन की धर्म–सम्मत घोषणा मानी जाती है।

हरिअरी पर्व :

हरिअरी पर्व आषाढ माह में मनाया जाता है जब धान, गोंदली, मडुआ और कपास के बीज सभी खेतों में बो दिए जाते हैं और सर्वत्र पृथ्वी हरी–हरी दिखलाई पड़ने लगती है। हरिअरी पूजा सामुहिक रूप से और कभी–कभी व्यक्तिगत रूप से भी की जाती है। इस पूजा के उपरान्त ही उरांव खेतों में धान रोप सकते हैं।

हरिअरी पूजा में क्षेत्रीय देवताओं के अतिरिक्त पूजा करने वाले अपने पितरों एवं खूंट के मृतक पूर्वजों को चढ़ावा स्वरूप बलि अर्पित करता है। किन्तु प्रायः यह पूजा गांव के लोग सामुहिक रूप में मनाते है।

हरिअरी पूजा का कोई दिन निश्चित नहीं है। अपनी सुविधा के अनुसार प्रत्येक गांव का महतो पाहन से विचार–विमर्श कर हरिअरी पूजा का एक दिन निश्चित करता है। इस दिन की सूचना गोड़इत द्वारा पूरे गांव में दे दी जाती है। पूजा के लिए बलि हेतु मुर्गे की व्यवस्था या तो गांव वाले चन्दे से करते हैं या प्रत्येक वर्ष एक घर के बाद दूसरे घर को क्रमवार मुर्गे की व्यवस्था करनी पड़ती है। महतो गोड़इत को आदेश देता है कि इस वर्ष किस घर से मुर्गे लाने हैं।

निश्चित दिन कुछ धूप चढ़ जाने के उपरान्त पाहन अपने सहायक पुजार तथा पनभरा के साथ गांव के उस टांड़ पर पहुँचता है जहॉ हर वर्ष हरिअरी पर्व का आयोजन होता है। इस स्थान को पहले से ही गोबर से लीपकर पवित्र कर दिया जाता है। पाहन का सूप बलि चढ़ाने वाली छुरी के साथ जमीन पर रख दिया जाता है। बलि हेतु लाए गए मुर्गे को चावल चुंगने के लिए मुट्ठी–मुट्ठी चावल कुछ–कुछ दूरी पर रख दिया जाता है। यह चावल जिस देवता के नाम से रखा जाता है उस देवता की "कुरी" कहलाता है। यदि इस अवसर पर किसी बकरे की बलि चढ़ानी है तो पाहन या पुजार उस खसी को शुद्ध कर सिन्दूर से टीकता है। अब पाहन एक–एक मुर्गे को बारी–बारी से हाथ में लेता है। और एक–एक देवता को सम्बोधित करते हुए कहता है – मैं हरिअरी समर्पित करता हूँ। आप देखें कि गांव मे किसी प्रकार का रोग या विपत्ति न प्रवेश करें। आप गांव के स्वामी हैं यदि कोई आपदा या रोग घुसता है तो आप उनका मार्गान्तरण कर दें। कृपया देखें कि गांव के सभी लोग शान्ति एवं प्रसन्नता से जीवन–यापन करें। आप अच्छी वर्षा दें जिससे अच्छी फसल एवं सम्पन्नता से हमारा गांव खुशहाल हो।

इस प्रकार कुरी पर चुगाए गए प्रत्येक मुर्गे को उठाकर देवताओं एवं पूर्वजों से पाहन इसी प्रकार प्रार्थना करता है एवं मुर्गे को पुजार सौंपता जाता है। यह क्रिया पुनः दुहराई जाती है जब एक–एक मुर्गे को पुजार बलि हेतु पाहन को सौंपता है। पाहन मुर्गे को देवता के नाम पर छुरी से भेंट चढ़ाता है और आधा चुंगे हुए कुरी के चावल पर मुर्गे के रक्त को छिड़क देता है। प्रत्येक देवता को परम्परानुसार उनके पसन्द के रंग के मुर्गे की बलि दी जाती है जैसे धरमेस को सफेद, डाढ़ा को लाल, सरना–बुढ़िया को कासरी, देसाउली को भूरे रंग के मुर्गे की बलि अर्पित की जाती है। धब्बेदार मुर्गे पितरों एवं गैराही खूंट के मृतक आत्माओं को समर्पित किए जाते हैं।

बलि दिए गए मुर्गे की कलेजी निकाल कर साल के पत्ते मे बंद का उबाला जाता है तथा मुर्गे के शेष मांस को चावल के साथ तहरी बनाया जाता है। कलेजी में से कुछ भाग निकाल कर पाहन पुनः अदृश्य शक्तियों को अर्पित करते हुए भूमि पर रखता है, हड़िया गिराता है और तदन्तर उपस्थित लोगों को हड़िया पीने की अनुमति देता है जिसके उपरान्त प्रसाद स्वरूप सभी तहरी का भोज करते हैं। इस भोज में मात्र पुरुष भाग लेते हैं। स्त्रियाँ वर्जित हैं।

भोज के उपरान्त चूल्हे का पत्थर, मिट्टी का बरतन, पत्तल आदि जो कुछ वहाँ प्रयोग में आया है जमीन खोद कर गाड़ दिया जाता है। तदुपरान्त सभी गांव लौटते हैं तथा दूसरे दिन से धान रोपाई करने के धर्मानुसार अधिकारी हो जाते हैं।

कादलोटा :

उरांवों द्वारा कादलोटा पर्व उगते हुए फसल की सुरक्षा के लिए मनाया जाता है। कादलोटा पर्व जादू–टोना, कुभाषण, एवं कुदृष्टि के कारण होनेवाली हानियों के विरूद्ध सुरक्षात्मक प्रयास है। कादलोटा पर्व में मुख्यतया गांव के देवता डाढ़ा–देसउली की पूजा की जाती है कि लोगों को नजर–गुजर से वह कृषि की रक्षा करे। कादलोटा के दूसरे दिन दण्डा–कट्टा पूजा होती है जिसमें किसी प्रकार के जादू–टोना, नजर–गुजर, टोटका या ऐसे ही किसी विनाशक प्रयास के निवारण की विधिवत् व्यवस्था रहती है।

भादों माह की दसवीं चांद को कादलोटा प्रायः सभी उरांव गांवों में मनाया जाता है। जिस प्रकार हरिअरी पर्व मनाने के लिए बलि हेतु मुर्गे इकट्ठा किए जाते हैं उसी प्रकार इस पर्व के लिए भी गांव में क्रम से पूजा हेतु सामग्री इकट्ठा की जाती है। मुर्गे की बलि चढ़ाने एवं प्रार्थना की सम्पूर्ण विधियां यथावत मनायी जाती है किन्तु प्रार्थना में इतना और जोड़ दिया जाता है कि गाँव के देवता, स्थान–स्थान के भी नाद, जिन्हें चढ़ावा चढ़ाया जा रहा है कृपया देखें कि उनकी लहलहाती हुई फसल को कोई नजर–गुजर या जादू–टोना न मार दे। जब कभी दिखलाई पड़नेवाली अच्छी फसल से भी तुलना में कम और दुर्बल अनाज पैदा होता है तो उरांव कृषक को पूरा विश्वास होता है कि उसकी फसल को किसी न अन्तर्घात कर जादू–टोना द्वारा नष्ट किया है।

नजर–गुजर या जादू–टोना की मार से बचने के लिए उरांव प्रायः 'भेलवा' की टहनियों का उपयोग करते हैं। दण्डा–कट्टा पूजा में भी भेलवा की टहनियों का प्रमुख उपयोग होता है। कादलोटा पर्व के दिन गांव के युवक जंगल में चले जाते हं और वहाँ से भेलवा, कंद तथा सिन्दुआर की टहनियां काट कर गट्ठर बनाकर गांव में लाते हैं। इन पेड़ों की टहनियाँ विषाक्त होती है। पूजा की एक

चुटकी अरवा चावल को टहनी में बांध कर उरांव कृषक खेत में गाड़ देता है। उरांवों को यह पूरा विश्वास है कि इस प्रकार बचाव करने से किसी भी प्रकार के नजर–गुजर या जादू–टोना का प्रभाव उनकी कृषि पर नहीं पड़ेगा।

करम–पर्व :

'करम' छोटानागपुर की जन–जातियों में एक प्रसिद्ध एवं बहु–प्रचलित पर्व है। इस पर्व का उद्देश्य 'करम' देवता को, उनकी पूजा कर, प्रसन्न करना है जिससे पूजा करने वाले का घर धन–सम्पत्ति से भरा रहता है और उसके बुरे दिन नहीं आते। उरांवों में करम पूजा मुख्यतया स्त्रियों द्वारा मनाया जाता है। करम गीतों से स्पष्ट है कि बहन अपने भाई की श्री–समृद्धि और स्वास्थ्य के लिए 'करम' की पूजा करती है।[49]

जावा फूल लगाना :

करम पर्व की तैयारी युवक–युवतियाँ नौ दिन पहले शुरू कर देते हैं। उस दिन स्नान कर युवतियां एक स्थान पर जमा होती हैं और नाचते–गाते निकट नदी की ओर बालू हेतु जाती है। नदी पर सखुआ पत्ता पत्तल में बालू भर कर उसे दउरी (टोकरी) में रखकर पुनः वापस नाचते–गाते अपने–अपने घर चली जाती हैं। उस दउरी को घर के किसी शुद्ध स्थान पर रखकर उसमें जौ, गेहूं बो देती है और उसे धूप–धूवन द्वारा पूजा कर प्रतिदिन हल्दी पानी से सींचा करती है तत्पश्चात् भोजन ग्रहण करती है जो क्रमशः करम–पूजा के दिन तक चलता है। नौवां दिन इनमें बीज अंकुरित हो जाते हैं जिसे "जावा फूल" कहा जाता है।

करम डाली काटना :

करम पूजा के दिन स्त्री–पुरूष सभी उपवास रखते हुए गोलाकार पूजा स्थल का निर्माण करते हैं। संध्या के समय कुछ अविवाहित युवकों एक स्थान पर करम डाल काटने हेतु जमा होते हैं। बुलुवा या कुल्हाड़ी अरवा चावल, कच्चा सूत, सिंदूर, धूप–धुवन, घी और आग लेकर युवक करम पेड़ की ओर नाचते–गाते प्रस्थान करते हैं। करम पेड़ के जड़ चारो ओर गोबर से लीप कर पवित्र करते हैं, एक युवक कच्चा सूत लेकर उठता है तथा करम पेड़ का सात चक्कर लगाकर सात बार सूत लपेट देता है तत्पश्चात् पेड़ को सिंदूर से टीका जाता है और आग, धुप, धुवन, घी से अर्पित कर करम देव की अराधना करते हुए उनसे कृपा एवं आर्शीवाद मांगते हैं और उसे पूजा स्थल पर चलने का अनुरोध करते हैं।

"हे करम राजा, धरम राजा! एतेक इल्ला नीन टोंका टोड़ांग तू रहचकय, खूटा मन नू रहचकय–इला निंगन होआ बाचकय। इला नीन करम राजा अखड़ा तू रओय–आना इजाका रओप। हे करम राजा, धरम राजा! दूरा अला एम परिक्षा

लगदय। इन्देसो–अलगे–चलगे खुड़ीगं–पछागे, खद्दगे–खुरांगे–उर्मी तू निर्मे बराकहत बरआ नेः कन।"

("हे करम राजा, धरम राजा! इतने दिनों तक तू टांड़ में जंगल में रहा, खूंटे पर रहा– आज तुम्हें लेने आये हैं। आज तूं अखड़ा में होगा–अखड़ा खड़ा रहेगा। हे करम राजा, धरम राजा! देख आज हम फूल बरसा रहे हैं इसलिए कि अन्न–धन, गांव–देश, बाल–बच्चे सबों पर तेरी आशीष कृपा आनी चाहिए।")

प्रार्थना के उपरान्त युवक पेड़ पर चढ़कर शुद्ध डाल तीन डालियां जो चार–पांच फीट लम्बा हो, को काट डालते हैं और उसे जमीन से बिना स्पर्श कराये वापस नाचते गाते पूजा स्थल की ओर आते हैं। गांव की सीमा पर प्रतीक्षारत स्त्री–पुरुष उन्हे परछकर(स्वागत नेगकर) धूम–धाम से उसे गाँव की ओर ले जाती हैं ।

करम डाली का आरोपण :

उपवास किया हुआ युवक या गांव का पाहन अखड़ा पहुच कर थोड़ी–थोड़ी दूरी पर तीन गड्ढा खोदता है। यह गड्ढा गोबर से लीपे गए स्थान पर बनाया जाता है। लोटे में पानी, दूध, कच्चा सूत, सिन्दूर, धुवन, घी और आग का प्रबन्ध पहले से रखा जाता है। करम की डाली को गड्ढों में डाल कर उसे मिट्टी से भर कर खूब दबा दिया जाता है तथा लोटे से पानी देकर गड्ढे में डाली की पकड़ मजबूत की जाती है तदनन्तर कच्चे सूत का सात फेरा प्रत्येक डाली पर लगाया जाता है। सूत बांधने के बाद, आग में धुवन एवं घी डालकर पवित्र धुआं डाली को दिखाया जाता है। इसके उपरान्त दूध, अक्षत अर्पण कर करम की डाली को तीन बार प्रणाम कर उठ जाया जाता है। इस प्रकार करम की डाली के लगाने का चरण पूरा होता है और करम कथा प्रारम्भ की जाती है ।

करम पूजा से संबंधित दो प्रकार की कथा उरांव समाज में प्रचलित है। करमा और धरमा दो भाई की कथा रांची लोहरदगा और गुमला के आस–पास प्रचलित है तो सात भाई और एक बहन की कथा छत्तीसगढ़ और मध्य प्रदेश की तरफ अधिक प्रचलित है। किन्तु दोनों के भाव, घटनाक्रम तथा अंत में उपदेश और शिक्षा एक ही है। संक्षेप में दोनों का सार एक ही है।

लोकगीतों में सात भाइयों के गीत सर्वत्र गाए जाते हैं। यद्यपि यह गाथा इतिहास की वस्तु नहीं है किन्तु उरांव समाज इससे पूरी तरह प्रभावित है तथा इससे संबंधित लोकाचार समाज में विकसित हैः–

सत भईया सत करत गाहय,
सातो गोतनी सेवा करम.....

आयो न सेवा करयं, बाबा न सेवा करय
सातो गोतनी सेवा करयं..................

करम पूजा का प्रचलित दूसरी गीत–

के भईया उपासय, के भईया पियासय
चला जांव गंगा नहाय
नहाय–धोवाय भेला समादूर रे
चला जांव करम का सेवा

के भईया उपासय के भईया पियासय....
एके छेंव काटय, दुयो छेंव काटय
तीन छेंव काटल करम का हारी
के भईया उपासय के भईया पियासय.।

(एक प्रचलित कथा[50] का संक्षिप्त)

एक गांव प.ार में सात भाई और बहन थी। सातों भाई विवाहित थे। उनकी पलिया अपनी ननद को ईर्ष्या की दृष्टि से देखती थी किन्तु सभी भाई अपनी बहन को प्यार करते थे। बड़ा भाई अपनी बहन को बहुत चाहता था। एक बार सातों भाई व्यापार करने के लिए निकले। सबसे बड़ा भाई करमा तथा उससे छोटा भाई धरमा था। बहन भी साथ जाना चाहती थी क्योंकि उसे डर था कि भाईयों की अनुपस्थिति में उसकी भाभियां उसको सताएंगी। किन्तु भाई इसके लिए तैयार नहीं हुए। बहन को भाभियों के बीच रहना पड़ा। इसमें बहिन की अपने भाइयों के प्रति त्याग एवं स्नेह की अभिव्यक्ति है ।

भाइयों के चले जाने के उपरान्त लड़की की भाभियां उससे छुटकारा पाने की योजनाएं बनाने लगीं जो इस प्रकार थीं –

(1) बाधिन का दूध : लड़की की भाभियों ने उसके छुटकारा पाने के लिए उससे कहा कि तुम जंगल जाकर बाधिन का दूध लेकर आओ। यह एक ऐसा काम था कि बाधिन उसे देखते ही खा जाती, दूध लाना तो दूर की बात है। रोती कलपती लड़की घड़ा उठाकर जंगल की ओर चली। जंगल में उसे बाधिन के बच्चे खेलते–कूदते मिले। लड़की उन्हें देखकर रोने लगी। बच्चों के पूछने पर उसने सारी बात बतलाई बच्चों ने कहा तुम घड़ा रख कर भाग कर छुप जाओ। बाधिन थोड़ी देर बाद बच्चों को दूध पिलाने आयी। बाधिन ने बच्चों से कहा "मानुस का गंध आ रहा है" किन्तु बच्चों ने उससे कहा कि ऐसा नहीं है और वे दूध पीने लगे। दूध पिलाकर बाधिन जाने लगी तो बच्चों ने कहा कि हम लोगों को तुम्हारे न रहने पर भूख लगती है अतः घड़े में दूध दे दो। बाधिन ने घड़े में दूध दे दिया और शिकार के लिए जंगल में चली गयी। अब लड़की बाहर निकली और घड़े में बाधिन का दूध लेकर खुशी–खुशी घर लौटी। भाभियों को विश्वास नहीं हुआ जिसकी रक्षा करम देवता करते हैं उसको कोई अनिष्ट नहीं कर सकता।

1. छेद घड़े में पानी : इस बार भाभियों ने नया उपाय सोचा। उन्होंने एक घड़े में सात छेद कर दिया और कहा कि इस घड़े में नदी से पानी लाओ नहीं तो तुम्हें घर से निकाल दिया जायेगा। लड़की घड़ा लेकर नदी के किनारे गई किन्तु घड़े में पानी निकल जाता था। वह रोने लगी। उसकी रूलाई सुन कर नदी की मेंढ़की को दया आ गयी। सात मेंढ़कों के बच्चे घड़े में घुसकर छेदों पर चिपक गए। लड़की पानी लेकर खुशी–खुशी घर लौटी।

2. सांप की सहायता : अब भाभियां लड़की से बहुत ज्यादा जलने लगीं। इस बार उन्होंने नया उपाय सोचा और लड़की से बोलीं कि जंगल से एक बोझा लकड़ी लाओ किन्तु रस्सी का इस्तेमाल करोगी तो घर में घुसने नहीं दिया जायेगा। लड़की जंगल गई और लकड़ियां इकट्ठा कर रोने लगी। उसकी रूलाई सुनकर एक सांप सामने आया और रोने का कारण पूछा। लड़की ने पूरी बात बता दी। सांप रस्सी के समान लकड़ी के बण्डल पर लिपट गया और लड़की खुशी खुशी घर लौटी। लकड़ी रख दी। सांप चला गया। भाभियों को आश्चर्य हुआ। वे कोई नया उपाय सोचने लगीं।

3. सरसों (राई) का चुनना : इस बार उसकी भाभियों ने एक सेर सरसों लेकर खेत में छींट दिया और लड़की से बोलीं कि पूरा सरसों चुन कर लाओ। नहीं तो तुम्हें घर से निकाल दिया जायेगा। किन्तु यह असंभव काम था। लड़की बिखेरे गए सरसों के पास बैठकर रोने लगी। कुछ चिड़ियां उसके पास आई और रोने का कारण पूछा। तदनन्तर वे सरसों चुनने में लग गईं। कुछ समय में बिखरा हुआ सरसों टोकरी में एकत्रित हो गया। लड़की सरसों की टोकरी लेकर घर लौटी। इससे उसकी भाभियां जलभुन गईं। इस बार भाभियों ने अन्तिम योजना बनाई कि घने जंगल में ले जाकर लड़की को वहां छोड़कर चला आया जाय। वे लड़की को लोकर भीतर घनघोर जंगल में चली गईं। लड़की को पेड़ पर चढ़ाकर गूलर तोड़ने के लिए कहा। लड़की पेड़ पर चढ़ गई और गूलर तोड़–तोड़ कर भाभियों को देने लगी। भाभियों का जब पेट भर गया तो वे लड़की को पेड़ पर चढ़ा छोड़ कर गांव लोट आईं। उन्होंने सोचा जब तक गूलर होगा, लड़की खायेगी उसके बाद भूख से तड़प कर मर जायेगी। लड़की वहीं रहने लगी।

कुछ समय बाद परिवार क्रमशः निर्धनता का शिकार होने लगा। अन्न की कमी,, बीमारी,,कलह से घर का विनाश होने लगा। सभी स्त्रियों ने मिलकर इससे छुटकारा पाने का उपाय सोचना शुरू किया। उन्हें धरमा की याद आई कि वह धरम–कार्य में कुशल था, कोई पूजा–पाठ कर सकता था। अन्त में स्त्रियों ने विचार किया कि परिवार का सबसे बड़ा भाई "करमा" है अतः उसकी पूजा करने से उनकी गरीबी दूर होगी। वे जंगल गईं और वहां से करम पेड़ की तीन डालियां लाई तथा इन डालियों को आंगन में गाड़ कर उनकी पूजा करने लगीं।

इन तीन डालियों को (क) पारणे दवर के नाम पर, (ख) गांव के नाम पर तथा (ग) परिवार के नाम पर गाड़ा गया था। इधर सब भाई व्यापार कर घर लौटे। वे चलते चलते थक गए थे, अतः अपने गांव से थोड़ी दूरी पर पड़ाव डाल दिये थे। उन्हें घर की चिन्ता सताने लगी,, अतः छोटा भाई समाचार लाने के लिये घर चला गया। घर पहुंचकर उसने देखा कि उसकी पत्नी और भाभियां करम के नृत्य–गीत में तल्लीन हैं। छोटा भाई भी नृत्य–गीत में सम्मिलित हो गया तथा भूल गया कि वह समाचार लेने आया था। छोटे भाई के वापस न पहुंचने पर बड़े भाई ने उससे बड़े को समाचार लाने के लिए भेजा किन्तु वह भी नृत्य–गीत में तन्मय हो गया। एक–एक कर बड़े भाई ने सभी भाई को समाचार लाने को भेजा किन्तु सभी नृत्य–गीत में तन्मय हो गए और अब बड़ा भाई करमा अकेला रह गया। छोटे भाईयों की उपेक्षा से क्रोधित बड़ा भाई करमा उठा और गांव की ओर चल पड़ा। चलते–चलते जंगल में एक गूलर का पेड़ मिला। वह नीचे बैठ कर विश्राम करने लगा। यह वही पेड़ था जिस पर भाभियों ने लड़की को छोड़ रखा था। पेड़ के नीचे अपने भाई को देखकर लड़की की ममता जागी और उसकी आंखों से फर्र–फर्र आंसू गिरने लगे। जब आंसू बड़े भाई के ऊपर गिरा तो उसने देखा कि उसकी बहन रो रही है। उसने अपनी बहन को नीचे उतारा और अपनी अनुपस्थिति में उस पर डाले गए यातना से और क्रोधित वह अपनी बहन को लेकर घर पहुंचा। उसने देखा परिवार के सभी लोग उसके आने की परवाह न कर नृत्य–गीत में लीन हैं। उसने क्रोध में आकर चढ़ावे के लिए रखा दूध ठोकर मार कर गिरा दिया तथा करम की डालियों को उखाड़ फेंका। करमा के इस व्यवहार से करम देवता रूष्ट हो गए और करम के परिवार के विनाश के दिन शुरू हो गए। अपनी हानि, भाईयों में कलह और घर में अशांति शुरू हो गई। करमा की पत्नी ने उसे समझाया कि यह नतीजा करम देवता के अपमान का कारण है। करमा की यह बात समझ में आ गई उसने शुद्धता पूर्वक करम की तीन डालियां जंगल से लाकर उन्हें स्थापित किया और करम देवता की विधिवत पूजा की। करम देवता की कृपा से पहले से भी खुशहाल हो गये, घर अन्न–धन से भर गया। करम–धरम से जुड़ी कुछ और कहानियां प्रचलित हैं। इन सभी कहानियों का केन्द्रीय भाग यही है कि करम देवता की डाली उखाड़ने के अपमान के कारण वे दीनता में पहुंच गए तथा अपना भूल सुधार करने के उपरान्त पुनः खुशहाल हो जाते हैं।

(दूसरी प्रचलित कथा[51] का संक्षिप्त)

करमा और धरमा दो भाई थे । प्राकृतिक विपदा के कारण दोनों घोर आर्थिक संकट से गुजर रहे थे। अतः दोनों धन कमाने के लिए विदेश चले गए। बाहर भागय ने साथ दिया और दोनों ने अच्छा धन अर्जित किया। बहुत दिन बीत गए। घर की याद आई तो दोनों घर/गांव की ओर चले। जंगल पहाड़–पर्वत पार

करते हुए भादो एकादशी की संध्या को वे गांव की बाहरी सीमा पर पहुंचे। मांदर की ताल, झाल मंजीरों की झंकार तथा नृत्य–गीत की लय–धुर से सारा गांव प्रति ध्वनित है। कानन्द विभोर था। आदिवासी मान्यतानुसार गांव देवता के सीमा के अन्दर बिना परछाए/नेग (एक परम्परागत पद्धति) किये अन्दर नहीं जाना चाहिए। अतः दोनों भाई सीमा पर रूककर राहगीरों द्वारा अपने घर स्वागतार्थ या परछाने के लिए संदेश भेजने लगे। किन्तु किसी में भी इस उल्लासपूर्ण दिवस पर इनकी सुध नहीं ली। बाध्य होकर करमा ने अपने छोटे भाई धरमा को ही भेजा। किन्तु वह भी अन्य की करम पूजा में तल्लीन हो करमा की खबर देना भूल गया। अपमानित महसूस करता हुआ करमा स्वयं गांव आ धमका। गांव का दृश्य देख वह बेहद गुस्से में आ गया। इसने पूजा स्थल तहस–नहस कर करम डाल को उखाड़कर फेंक दिया और अपने परिवार को प्रताड़ित किया। समय बीतता गया । करमा के दुर्दिन प्रारम्भ हो गए। अर्जित धन शीघ्र ही व्यय हो गए और दो जून भोजन के लाले पड़ गए तो वह पत्नी के साथ धरमा के यहां मजदूरी करने लगा। जबकि धरमा दिन व दिन उन्नति करता चला गया था। एक दिन धान रोपाई के भोजन–भात के समय करमा के साथ कुछ अव्यवस्था हो गई। करमा ने इसे अपना अपमान समझा और धरमा के खेत जाकर धान उखाड़ फेंक डाला और मेंढ़ काट डाला किन्तु पुनः सब यथावत हो गए। करमा भयभीत एवं स्तब्ध खड़ा था कि आकाशवाणी हुई कि उसने करम पूजा करम डाल उखाड़ फेंका है उसी पाप की वह सजा पा रहा है और उसके जीवन के सारे कष्टों का कारण भी यही है। करमा राजा के समक्ष अपने पापों का प्रायश्चित कर यदि वह करम–पूजा करेगा तो पुनः उसके सुदिन वापस आ जायेगें ।

करमा का ह्रदय परिवर्तन हो गया। वह श्रद्धापूर्वक करम देव की खोज में निकल पड़ा। मार्ग में इसे सर्व प्रथम एक तालाब मिला। पीने के लिए उसने पानी अंजली में उठाया तो देखा कि पानी में कीड़े हैं। तालाब मालिक ने इसका कारण करम गोसाई से पूछ आने को कहा । इसी क्रम में उसे फल का बगान मिला तो आम में कीड़े थे, गाय मिली तो दूध में खून आ रहा था, चूड़ा कूटने वाली महिला का चूड़ा टूट सा रहा था और अन्त में मगरमच्छ मिला जो पीड़ा से तड़प रहा था। सबने करम देव से कष्टों का निवारण पूछ आने को कहा। मगरमच्छ ने पीठ में करमा को बैठाकर सात समुद्र पार कराया। सामने विशाल करम वृक्ष दिव्य प्रकाशमान् था। करमा श्रद्धापूर्वक वस्त्र स्वरूप कच्चा सूता वृक्ष के चारो ओर लपेटा। अक्षत, तेल, सिंदूर, धूप, धवन अर्पित किया तथा सच्चे श्रद्धा से अराधना की,, अपने भूलों के प्रति क्षमा याचना की। उनकी कृपा एवं आर्शीवाद मांगा। तत्पश्चात् करम की तीन सुकोमल शुद्ध डालियां काट कर कंधे में डाली एवं करम की स्तुति करता वापस गांव की ओर चला। वापसी में क्रमशः उसने मगरमच्छ

को बताया कि उसने करम पूजा में चुड़ा हमेंशा लालच से बेचा था, गाय के मालिक ने बियाने के बाद प्रथम दूध का प्रसाद वितरण नहीं किया और ना ही पूजा के लिए दूध दिया। फल–बगान के मालिक ने बिना पैसों के भूखे राहगीर को आम नहीं दिया और करम–पूजा पर आम मांगने पर महतो पाहन को दुत्कारा, और तालाब के मालिक ने किसी को भी तालाब का उपयोग करने की अनुमति नहीं दी। यहां तक कि करम–पूजा पर भी वह तालाब निषेध रहा। कारण ज्ञात होने के पश्चात् सभी कि करम–पूजा किया एवं करम अराधना समर्पित भाव से प्रारम्भ किया। करमा अपने गांव पहुंचा और सारे विधि विधान एवं अनुष्ठान के साथ करम गाड़कर पूजा अर्चना की ।

उक्त कथा के बीच–बीच में उपवास कर्त्ता अरवा चावल का लोगों को करम डाल में अर्पण करने के लिए देते हैं और छींटते हैं। कथा समाप्ति के पश्चात् करम डाल का सात फेरा कर आरती,, धूप, धुवन एवं करम डाल को टीका जाता है और गीत एवं नृत्य प्रारम्भ हो जाता है जो सारी रात चलता रहता है। दूसरे दिन प्रातः करम डाल के उखाड़ लिया जाता है और घर–घर घुमाया जाता है। लोग करम डाल को सिंदूर से टीकते हैं और दूध डालते हैं। अंत में करम डाल को निकट के तालाब सोते या नदी में विसर्जन कर दिया जाता है। पुनः घर पर स्नान आदि करने के बाद डण्डा कट्टा या भेलवा फाड़ी किया जाता है और भेलवा (काजू वृक्ष का डाल) को धान खेत में गाड़ दिया जाता है ।

करम–दर्शन[52]

सरहुल के समान करम पूजा भी झारखण्ड का ख्याति प्राप्त पर्व है। इस पर्व का धर्म–दर्शन भी सरहुल से भिन्न नहीं एवं मूलतः कृषि पर आधारित है, तथा बहन–भाई के प्रति प्रगाढ़ प्रेम की अभिव्यक्ति भी है। जनजातीय परम्परा में कहा गया है कि करमा और धरमा दो भाई थे। कथा में अन्य कोई भी आदिवासी चलन या प्रकार का नाम हो सकता था। लेकिन किसी विद्वान ने इसमें अन्तनिहित धर्म दर्शन को उद्घाटित करने का प्रयास नहीं किया। वस्तुतः यह जीवन–कर्म+धर्म का सम्मिलित परिणाम है। कृषक "कर्म" से भाग नहीं सकता। उसे परिश्रम करना होगा और मात्र कर्म से जीवन अधूरा होता है। अतः उसे धर्मेस (ईश्वर) की कृपा की भी आवश्यकता है।[53] करम पेड़ स्वयं–भू है, स्वतः पैदा होता है ईश्वरीय है। करम कथा से स्पष्ट है कि मूलतः"कर्म" मार्ग से विचलित होता है, अतः पीड़ा का कारण बनता है। इसके विपरीत धर्म एक सही दिशा का निर्देश देता है और तदनुसार प्रकृति द्वारा इच्छित मार्ग पर चलकर सूख का लाभ करता है। वस्तुतः समस्त सृष्टि, वस्तु और उर्जा से संचालित है जिसे वैदिक साहित्य में–जड़ एवं चेतन की संज्ञा दी जाती है। जब चेतन जड़ में प्रविष्ट हो जाता है अर्थात् जड़ एवं चेतन का सही समन्वय होता है तो सृष्टि का संतुलित संचालन होता है।

"कर्म एवं धर्म" जड़ एवं चेतन के प्रतीक है। जड़ स्वयं में मृत्यु है तथा चेतन स्वयं में असार्थक है। जब जड़ एवं चेवन का समन्वय होता है तो सृष्टि जागृत होती है, सक्रिय होती है और सर्वत्र जीवन का प्रकाश आता है। यह दार्शनिक विश्लेषण जनजाति के उस मानसिक ऊँचाई का संकेत देता है जो सभ्यता की चरम परिणति को प्राप्त होता है।

उरांव समाज में प्रायः विवाहित लड़कियां करम पर्व मनाने के लिए अपने मायके आ जाती है जहाँ अपनी पुरानी सहेलियों के साथ अखड़ा में नाचती गाती हैं। चूंकि बहन भाई के कल्याणार्थ करम राजा की पूजा करती है अतः उसे मायके आना आवश्यक हो जाता है। इस अवसर पर माती अपने शिष्यों को जंगल से बाहर, गांव से दूर, किसी खूले स्थान पर एकत्रित करता है तथा उन पर मंत्र का प्रयोग करता है जिससे कुछ शिष्य प्रभावित होकर ऐसा व्यवहार करने लगते हैं जैसे उनके उपर देवी–देवता सवार हो गए हों। वे झूमते–झूमते पृथ्वी पर अपना सिर टेक देते हैं। जो शिष्य ऐसा नहीं कर पाता उसे घास के बने कोड़े से पीटा जाता है। इस प्रकार करम–दिवस का लाभ माती लोग अपनी विद्या की साधना में लगाते हैं।

इस पर्व में गांव–घर की भलाई की कामना तथा श्रीवृद्धि से साथ बहन को महत्त्व दिया गया है। विभिन्न परिवर्तनों के आधार पर अपने उद्देश्य के अनुसार करम पर्व विभिन्न स्थानों पर विभिन्न रूपों में मनाया जाता है। इस प्रकार करम पर्व की मनौती देवता के अनुसार भिन्न–भिन्न प्रकार से की जाती है तथा विधि एवं उद्देश्य के अनुसार उन संक्षिप्त पूजाओं को निम्नलिखित रूप में पहचानते हैं—

(क) घुड़िया या बुढ़िया करम (ख) असारी करम (ग) बरोया करम (घ) थपड़ी करम (ड़) ठड़िया करम (च) लहसुआ करम (छ) लुझकी करम (ज) दसई करम।

जीतिया पर्व :

जीतिया–पर्व, करमा पर्व के बारहवें दिन मनाया जाता है। इस पर्व का उद्देश्य संतान की सुरक्षा और उसके अच्छे भविष्य की कामना है। यह पर्व मुख्यतः सन्तानवती माताओं द्वारा कठिन उपवास एवं व्रत के साथ मनाया जाता है। यह पर्व सार्वजनिक रूप से नहीं मनाया जाता। व्यक्तिगत रूप से जो उरांव परिवार अपनी पुरुष–संतान की सुरक्षा के लिए परम्परा से जीतिया पर्व मनाता आया है इस पर्व में विशेष रूप से रुचि लेता है। किन्तु देखा–देखी प्रायः सभी उरांव घरों में जीतिया पर्व का प्रचलन हो गया और यह पर्व किसी–न–किसी रूप में सभी उरांव परिवारों द्वारा मनाये जाने लगा है। प्रस्तुत इस पर्व को उरांव जाति के बीच अच्छी प्रसिद्धि मिली है और इसमें पाहन भी भाग लेने लगे है।

यद्यपि जीतिया सार्वजनिक स्थान पर नहीं मनाया जाता है फिर भी प्रत्येक घर की महिलाएँ गांव के किसी एक घर में एकत्रित होकर इस पर्व सम्बन्धित

कथा सुनती हैं, तथा पर्व को सामुहिक रूप से मनाती हैं। जीतिया पर्व मनाने के लिए प्रत्येक वर्ष किसी ग्रामीण के घर को क्रम से निश्चित कर दिया जाता है।

माताएं जीतिया पर्व के एक दिन पहले से निराजल उपवास करती हैं। सांयकाल स्नान कर वे घर के प्रत्येक कमरे के द्वार पर खीरे का पत्ता, एक खीरा, कोंहड़े और झिर्गी का फूल तथा एक रोटी का टुकड़ा धागे में गूंथ कर लटका देती है। खीरा–पुलिंग बच्चे का प्रतीक स्वरूप होता है। इसके पश्चात् पाहन के घर के आंगन में तीन जीतिया–पीपर की टहनी गाड़ता है तथा सुगन्ध धूप से पूजा करता है। घर की महिलाएँ भी यही करती हैं। वे घी के दीप भी जीतिया पीपर के नीचे जलाती हैं। रात्रि को जीतिया–पीपर की टहनी से धागे का एक गण्डा बनाकर लटकाते हुए बॉध दिया जाता है। किसी–किसी गांव में इस गण्डे को बच्चों की बांह में भी बॉधा जाता है।

दूसरी सुबह मुंह अंधेरे जीतिया–पीपर आदि एकत्रित कर घर की वरिष्ठ–सधवा महिला मौन, गाँव के बाहर दूर जाकर किसी तालाब या निर्जन स्थान में भी सभी सामान रख कर वापस चली आती है। यह व्रत लगभग 24 घंटे का होता है। घर लौटने के उपरान्त प्रसाद स्वरूप खीरा काटकर खाया और उसका टुकड़ा वितरित किया जाता है।

यद्यपि जीतिया पर्व हिन्दुओं के सम्पक्र के कारण कुछ शताब्दियों पूर्व उरांव जन–जाति में प्रविष्ट हुआ है किन्तु अब यह भली भांति प्रचलन में है। उरांव पाहनों के अनुसार इस पर्व की लोकप्रियता का कारण संतान की भलाई से इसका सम्बन्धित होना है। साथ ही इस पर्व में मॉ द्वारा रखा गया व्रत अन्यन्त कष्ट–साध्य होता है जिससे पर्व के प्रति अन्य स्त्रियों में श्रद्धा भाव अपेक्षाकृत अधिक जाग्रत हो चुका है। उरांव–प्रकृति के अनुसार पर्व की रात्रि को सभी परिवार में हड़िया–भोज चलता है किन्तु इसके पूर्व पितरों को श्रद्धा–पूर्वक उनका अंशदान समर्पित कर दिया जाता है।

सोहराई :

पशु–धन की सुरक्षा और वृद्धि से सम्बन्धित सोहराई पर्व कार्तिक की अमावस्या की रात प्रायः सभी उरांव धर्मों में व्यक्तिगत रूप से मनाया जाता है। हिन्दुओं की दीपावली की तरह कच्चे मिट्टी के दिए में करंज का तेल भरकर गो–शाला, गोबर–गढ़ा, रसोई घर, आंगन के वृक्ष, घर के आगे–पीछे सभी कमरों ताखों तथा द्वार पर कार्तिक अमावस्या की रात प्रारम्भ होते ही जला दिया जाता है। प्रयास रहता है कि दीप रात भर जलता रहे। गोशाला में धूप एवं अन्य सुगन्धित पदार्थ जलाया जाता है तथा पशुओं के लिए उस रात विशेष रूप से उर्द, महुआ और बोदी मिला कर पकाया जाता है जो दूसरी सुबह खिलाया जाता है।

दूसरे दिन प्रातः काल पशुओं को किसी सोते, नदी या तालाब के पास ले जाकर पूरी तरह रगड़ कर उन्हें नहलाया जाता है। इस बीच घर की महिलायें गोशाला को पूरी साफ–सुथरा कर लेती हैं स्नान केरने केश पश्चात् जब पशु गोशाला लौटते हैं तो गृह–स्वामिनी इन पर चावल की बनी हुई हड़िया छिड़कती है तथा इन्हें नमक के साथ 'ओल' खाने को दिया जाता हैं। इनके सींग तेल एवं सिन्दूर से टीके जाते हैं तथा इनके माथे पर भी सिन्दूर का टीका लगाया जाता है।

परम्परानुसार गोसाला के देवता को जिन्होंने गोड़ैया या गोहार देवता कहा जाता है संतुष्ट करने के लिए मुर्गे की बलि चढ़ाई जाती है। सम्पन्न उरांव जिनके पास गाय–भैंसों की अच्छी सम्पत्ति हैं 'गोड़ैया' को विधिपूर्वक सुअर का बलि कर चढ़ाते हैं कुछ गांवों चन्द कर सूअर खरीदा जाता है और सर्वजनिक रूप से गाँव के समस्त पशुओं के कल्याणर्थ 'गोड़ैया' को विधिवत् समर्पित किया जाता है।

गोड़ैया को विधिवत बलि अर्पित करने के उपरान्त रात का पकाया हुआ उर्द का दाल पशुओं को खाने के लिए दिया जाता है। तदुपरान्त घर का कोई पुरुष पशुओं को टहलाने एवं चराने जंगल–टांड़ की ओर ले जाता है। कुछ धनी उरांव पशुओं की देख–रेख एवं चारागाही के लिए 'अहीर' नियुक्त करते हैं यह नियुक्ति भी सोहराई के अवसर पर किया जाता है। ये अहीर अधिकांशतः हिन्दू होते हैं और उरांव गांवों में आकर बसे हुए होते है।

दूसरे दिन दासा–मासा मनाया जाता है। यह एक स्वांग है जिसे गांव के अविवाहित युवक निभाते हैं वे पुआल और घास–पात की सहायता से विभिन प्रकार के स्त्री–पुरुष का रूप धारण कर प्रत्येक घर से कुछ चन्दा लेते हुए तथा घर क मच्छड़ एवं मक्खियों को भगाने का स्वांग करते शेर मचाते आनन्दपूर्वक पूरे गांव की परिक्रमा करते हैं स्वांग–कर्ता लड़कों को उरांव समाज में 'दुन्दु' कहा जाता है।

सोहराई के दिन उरांवों द्वारा अहीरों को पूरा सम्मान दिया जाता है। 'गोड़ैया' को बलि अर्पित करने के उपरान्त अहीर नगाड़ा एवम् ढोलक की थाप पर नाचता हुआ पाहन के घर पहुचँता है जहाँ पहनाइन उसे पानी भरे बोतल पीतल की थाल में खड़ा कर उसका पाद–प्रक्षालन करती है। इसके उपरान्त अहीर ताड़ के पत्ते पर बैठता है और उसे पीने के लिए चावल की हड़िया दी जाती है। इस बीच पहनाइन अहीर के पैना (डण्डा जिससे वह पशुओं को नियंत्रित करता है) को सिन्दूर एवं तेल से टीकती है। पाहन के घर से अहीर सीधा अपने घर जाता है और अपनी पत्नी अहीरिन को साथ लेकर आगे–आगे गोड़इत के नगाड़े और ढोल

के पीछे–पीछे गाता–नाचता प्रत्येक उन घरों में जाता है जिनके पशु को वह चराता है। प्रत्येक घर में अहीर का पाहन के घर जैसा स्वागत होता है पूरे गांव में अहीर नाचता गाता घूमता है। पीतल के थाल के बगल में सभी उरांव कुछ अनाज रख देते हैं जिन्हें अहिरिन उठा लेती है पीतल की थाल के जल को बाहर फेंक कर उसमें कुछ पैसे और हड़िया डाल दिया जाता है। अहीर पशुवत् झुक कर हड़िया पीता है तथा पैसा उठाकर अगले घर की ओर प्रस्थान करता है।

यद्यपि उरांव जन–जाति कृषि प्रधान है किन्तु पशुओं के प्रति उनकी निर्भरता न्यून नहीं है। पशुओं की सुरक्षा के लिए प्रायः वह गांव में निवासित एक–दो अहीर घरों से सहायता लेते हैं। श्रम को सम्मान देनेवाली उरांव जन–जाति सोहराई के दिन न केवल पशुओं की पूजा करती है तथा गोसाली नाद को बलि समर्पित करती है अपितु पशुओं की देख रेख एवं चारागाही के लिए वर्ष भर के लिए जिस अहीर को नियुक्त करती है, पहनाइन एवं गृह–स्वामिनी द्वारा उसके पांव को धोकर उसे उचित सत्कार एवं सम्मान भी प्रदान किया जाता हैं।

खर्रा–पूजा या खरिहानी :

खर्रा–पूजा वर्ष का अन्तिम पर्व है। यह पर्व फसल कट जाने के उपरान्त जब समस्त कटाई खलिहान में एकत्रित हो जाती है तो दवाई या खरिहानी प्रारम्भ करने के पूर्व खर्रा–पूजा सम्पन्न करना पड़ता है। गांव का कोई भी किसान खर्रा–पूजा सम्पन्न हो जाने के उपरान्त ही अपने खलिहान में काम शुरू करता है।

खर्रा–पूजा सम्पूर्ण गांव के लिए सामूहिक रूप में मनाया जाता है किन्तु कुछ धनी मानी उरांव व्यक्तिगत रूप से भी अपने खेत–खलिहान की पूजा कर लेते हैं। सामूहिक रूप से पूजा हेतु गांव का पाहन एक दिन निर्धारित करता है। इस दिन प्रातः काल स्नान कर पवित्र रूप से पाहन के नेतृत्व में गांव के लोग गांव टांड़ में एकत्रित होते हैं। यह स्थान सपाट पठारी होता है अतः किसी भी प्रकार की स्थान सम्बन्धी असुविधा नहीं होती। पाहन गांव के लोगों से मुर्गे इकट्ठा करवा लेता है और गोबर से लीप कर साफ किए गए स्थान पर करवा चावल की 'कुरी' रखता जाता है। हर 'कुरी' से मुर्गे चावल चुंगते रहते हैं। दक्षिणी छोर पर एक अन्य 'कुरी' शुद्ध रूप से रखी जाती है जिससे धरमेस के लिए बलि हेतु निश्चित सफेद मुर्गा चावल चुंगता है।

पाहन सभी देवताओं एवं नादों के नाम पर मुर्गे को चावल चुंगाता एवं बलि अर्पित करता है। अन्त में छुरी पूरी तरह साफ करके धरमेस को सफेद मुर्गे की बलि चढ़ाई जाती है। मुर्गे का रक्त एवं चावल का हड़िया चावल की प्रत्यक कुरी पर अर्पित किया जाता है। खर्रा–पूजा के उपरान्त पाहन समूह में सर्वप्रथम अपने

घर पहुँचता है और खलिहान में काम शुरू करता है। अब गांव के अन्य लोग भी अपने खलिहान में खरिहानी प्रारम्भ कर सकते हैं।

कुछेक उरांव व्यक्तिगत रूप से खर्रा–पूजा करते हैं। वे अन्य नादों के साथ–साथ खूंट के पूर्वजों की भी पूजा करते हैं तथा उनको संतुष्ट करने के उपरान्त ही खलिहान में काम प्रारम्भ करते है। जिस प्रकार सोहराई का सम्बन्ध पशु धन से है उसी प्रकार खर्रा–पूजा का सम्बन्ध कृषि से है।

संस्कार

उरांव जन–जाति के धार्मिक विश्वास के अनुसार उनके धर्म के विभिन्न श्रेणी के देवता एवं नांद, उनके जीवन के गति को विभिन्न स्तरों पर प्रभावित करते हैं। उरांव जन–जाति में गर्भाधान से लेकर मृत्यु पर्यन्त और यहाँ तक कि मृत्यु के उपरान्त, पाताल–लोक स्थित उनके वंश तथा खूंट के शरीर–विहीन 'एख' के पच–बालर में मृतक की एख को सम्मिलित करा देने तक की धार्मिक क्रिया को जीवन का एक ऐसा स्तर माना जाता है जो संस्कार के अर्न्तगत आता है। वस्तुतः उरांव जीवन अनेक स्तरों में बंटा हुआ है और जीवन के प्रत्येक स्तर में प्रवेश करने के पूर्व कुछ ऐसी धार्मिक क्रियाएँ की जाती है जिससे उरांव का वह स्तर निर्विघ्न हंसी–खुशी बीत जाये। जीवन का प्रत्येक स्तर वस्तुतः सम्पूर्ण जीवन की एक तैयारी होता है और हर अगले स्तर के लिए पृष्ठभूम की तरह काम करता है। यही कारण है कि संस्कारों का एक क्रम बना हुआ है और उरांव जीवन संस्कारों की एक–एक सीढ़ी को पार करता हुआ आगे बढ़ता है। प्रत्येक स्तर का संस्कार व्यक्ति की आयु के अनुसार निश्चित है। इस प्रकार संस्कार उरांव जीवन को आयु के प्रत्येक मोड़ पर एक निश्चित लक्ष्य की ओर ढालता हुआ अग्रसर होने में सहायक होता है। उरांव जीवन निम्नलिखित प्रमुख संस्कारों से आबद्ध हैः–

(क) षष्ठी या शुद्धि–करण संस्कार

(ख) नामकरण संस्कार

(ग) जूड़ो–एड़ा या केश बंधन संस्कार

(घ) जोख एड़पा या धुमकुड़िया में प्रवेश संस्कार

(ड़) विवाह संस्कार

(च) मृत्यु संस्कार

छठी या शुद्धि–करण संस्कार :

शिशु के जन्म के पांचवे दिन छठी या शुद्धि–करण संस्कार मनाया जाता है। जन्म से लेकर छठी तक माँ, उसके सभी वस्त्र एवं सामान, कक्ष आदि अशुद्ध माने जाते हैं। अशुद्धावस्था में इनका संबंध बाहरी संसार से पूरी तरह पृथक किया

जाता है। उरांवों के विश्वास के अनुसार इस अवधि में माँ एवं शिशु की दशा इतनी संवेदनशील होती है कि ये शीघ्रता से जादू–टोना, नजर–गुजर या नादों एवं चुड़ैलों के स्पर्श से या छाया से या उनके प्रति प्रेषित किसी जादूई मार से तुरंत प्रभावित हो जाते हैं। अतः इन्हे बाहरी सम्पक्र से पूरी तरह सुरक्षित रखा जाता है, साथ ही इनके सिरहाने लोहे का कोई अस्त्र या टुकड़ा रख दिया जाता है जिससे भय खाकर चुड़ैल, नाद या प्रेतात्माएँ प्रसूता एवं उसके शिशु को स्पर्श न कर सके।

वस्तुतः सम्भावित नादों एवं भूतों से बचाव की तैयारी गर्भाधान के समय से ही प्रारम्भ हो जाती है। उरांव मानते हैं कि जब वे किसी गांव के लड़की ब्याह कर अपने घर लाते हैं तो उस लड़की के साथ–साथ लड़की के पिता के गांव एवं खूंट का नाद लग जाता है और उसके ससुराल तक चला जाता है जिससे मुक्ति के लिए 'जोदा–कामना' विधि द्वारा पूजा करनी पड़ती है। यह मात्र प्रथम गर्भाधान के अवसर पर सम्पन्न की जाती है।

जोदा–कामना : गर्भाधान के लक्षण प्रगट होने पर गर्भवती स्त्री के पिता को उसका दामाद या समधी आमंत्रित करता है जो अपने कुछ निकट रिश्तेदारों को लेकर अपनी लड़की के ससुराल पहुँचता है। सदा की तरह उनका पांव–प्रक्षालन कर स्वागत किया जाता है और बाहर खुले स्थान पर बैठने के लिए चटाई बिछा दी जाती है।

बलि हेतु एक सुअर लाया जाता है। दूसरे गांव से आए हुए लोगों को सामने बैठा कर सुअर को अरवा चावल खाने को दिया जाता है तथा उसके उपर अरवा चावल का अक्षत छिड़का जाता है जिससे वह सूअर बलि के उपयुक्त हो सके। तदुपरान्त कुल्हाड़ी से उसके सिर पर प्रहार कर उसे छिन्न कर दिया जाता है। ऐसा कहते हुए बलि को समर्पित किया जाता है – "आज से गर्भवती माँ के गांव के देवता, नाद या पितर आप अपना चढ़ावा स्वीकार करें तथा इस स्त्री को मुक्त कर दें।"

इस प्रार्थना पर लड़की के गांव से आए लोग पिता सहित सिर हिलाकर सहमति प्रकट करते हैं तथा बलि स्थान से होते हुए दामाद के घर में प्रविष्ट होते है।

इस बलि द्वारा मान लिया जाता है कि लड़की के मायके अर्थात् पिता के गांव के देवता, खूंट के नाद तथा अन्य नाद संतुष्ट होकर लड़की का पीछा छोड़कर वापस अपने स्थान चले जाते हैं और लड़की मायके के नादों के प्रभाव से शुद्ध होकर अपने पति के घर की हो जाती है।

'जोदा–कामना' सुविधानुसार गर्भाधान के प्रथम तीन माह के भीतर सम्पन्न कर लिया जाता है अन्यथा गर्भस्थ–शिशु पर उनके नाना के घर के देवी–देवता

एवं नादों का कुप्रभाव पड़ सकता है। बच्चे के जन्म पर 'नार काटना' की क्रिया पूरी करने के उपरान्त प्रायः सभी बच्चों को 'गान्दुर–गढ़ा' (गोबर इकट्ठा करने के लिए बनाया गया गड्ढा) में फेंक दिया जाता है। घर की कुछ स्त्रियाँ नवजात शिशु को लेकर गोबर गड्ढे के पास ले जाती है। बच्चे को ले जाने वाली स्त्री इस प्रकार अभिनय करते हुए कि शिशु निरर्थक हे गोबर में रख देती है। उसी समय दूसरी स्त्री उसे उठा लेती है और पुनः सभी स्त्रियाँ वापस आ जाती है। यह विधि भूत–प्रेतों एवं क्षेत्रीय नादों को धोखा देने या भ्रमित करने के लिए की जाती है जिसमें शिशु को उपेक्षित समझकर उनकी दृष्टि शिशु को न लग सके। शिशु के नार को अरवा चावल, पुराना झाडु और पुरानी टोकरी के साथ घर के निकट बरतन मांजने के स्थान पर या कूड़ा फेंकने के स्थान पर गहराई से गाड़ दिया जाता है।

शिशु की नाभि से सूखे हुए नाल–मूल के गिरने पर तुरंत उसे किसी गुप्त स्थान पर चुपचाप गाड़ दिया जाता है। उरांव स्त्रियाँ जो बंध्या होती है और संतान उत्पन्न करने में असक्षम होती हैं, उनके विश्वास के अनुसार, यदि उस नाल–मूल को खा लेती है तो उनमें संतान उत्पन्न करने की क्षमता आ जाती है और वह स्त्री जिसके शिशु का नाल–मूल खाया जाता है, बंध्या हो जाती है। धर्म, जादू–टोना एवं अंध विश्वास के बीच उरांव जीवन में इस प्रकार के अनेक सुरक्षात्मक उपाय अपनाए जाते हैं, जो धर्म के अंग बन गए हैं।

पैसारी : छोटे–बड़े सभी उरांव घरों में शिशु के जन्म के दिन या जन्म के दो–तीन दिन के अंदर पैसारी पूजा द्वारा शिशु पर आनेवाली आपदाओं के निवारण का उपाय किया जाता है। इस विधि का निष्पादन गांव का पाहन करता है तथा गांव–देवता को प्रसन्न करता है।

गांव का पाहन नवजात शिशु के सिर पर पूजा का अरवा चावल कुछ पैसे सहित उसका माथा स्पर्श करते हुए फेरता है और पुनः भूमि पर रख देता है। इसी प्रकार वह एक मुर्गा लेता है, अरवा चावल चुगाता है पुनः मुर्गे को शिशु के सिर पर फेरता हुआ भूमि पर रख देता है। यह बलि का मुर्गा है जिसे पाहन अपनी इच्छानुसार अपने घर ले जाकर बलि चढ़ाएगा। इस प्रकार पैसारी द्वारा पाहन शिशु के सर पर से उसकी समस्त आपदाएँ या बालाएँ उतार लेता है और उसे अरवा चावल तथा मुर्गे में समाहित कर देता है जिनका चढ़ावा गॉव–देवता को चढ़ा दिया जाता है। इस प्रकार शिशु आपदाओं से मुक्त एक लम्बी आयु के लिए आशीषा जाता है।

पैसारी के पश्चात् षष्ठी या शुद्धिकरण का दिन आता है। यह शिशु के जन्म के बाद का प्रायः पांचवॉ/छठा दिन होता है। प्रसूता माँ सहित घर की स्त्रियाँ गाँव के निकट किसी सोते, नदी या तालाब में स्नान हेतु जाती है। माँ के नाखून

साफ कर हल्दी एवं तेल लगा दिया जाता है। मॉ को स्नान के उपरान्त साफ वस्त्र धारण करना पड़ता है। इस बीच सारा घर गोबर से लीप कर साफ–सुथरा शुद्ध कर दिया जाता है। छठी का स्नान कर घर लौटती है।

छठी का स्नान गांव के किसी जलाशय, सोते या नदी में वर्जित है। प्रसूता की सारी अशुद्धि एवं गन्दगी से गांव के जल के दूषित हो जाने का भय रहता है। इसीलिए गांव के बाहर के किसी नदी, सोते का उपयोग किया जाता है जिसमें गांव की सारी गन्दगी जल के उस स्रोत में घुलमिल जाती है तथा गांव अपवित्र नहीं होने पाता है।

छठी संस्कार क उपरान्त प्रसूता मॉ एवम् बालक सभी लोगों को स्पर्श कर सकते हैं तथा लोगों के सम्पक्र में आ सकते हैं। इस संस्कार का उरांव धर्म में अत्यन्त महत्व है क्योंकि इसी के बाद शिशु उरांव जाति में सम्मिलित हो पाता है, अर्थात् अशुद्ध पिछला जीवन त्याग कर नए जीवन की सीढ़ी पर कदम रखता है।

नामकरण संस्कार या नामे–पिंजना :

उरांव जनजाति में शिशु के नामकरण करने की एक विशेष विधि प्रचलित है जिसमें पितरों एवं अदृश्य शक्तियों के सहयोग से शिशु का नाम निश्चित किया जाता है। जब शिशु लगभग छः माह या इससे अधिक का हो जाता है तो मॉ–बाप उसके नामकरण की व्यवस्था करते हैं। प्रायः छः माह से एक वर्ष के भीतर नामकरण कर लिया जाता है। इससे पूर्व बालक या बालिका का नाम उस दिन पर पड़ जाता है जिस दिन उसका जन्म हुआ है। सोमवार को जन्म लेने वाले बालक को 'सेमरा' तथा बालिका को लोग 'सोमारी' कहना प्रारम्भ कर देते हैं। इसी प्रकार मंगरा–मंगरी, बुधुवा–बुधिनी, बिरसा–बिरसी (वृहस्पतिवार) सुकरा–सुकरी या सुक्कर, शनीचरवा–सनीचरी तथा एतवा–एतवरिया यदि किसी पर्व के अवसर पर बालक–बालिका का जन्म होता है तो दिन की अपेक्षा वह पर्व के नाम से ही ज।ना जाता है है जैसे करमा–करमी, फगुआ–फगुनी, जितना–जितनी (जो जीतिया के दिन पैदा हुआ है) आदि।

नामे–पिंजना द्वारा धार्मिक विधि से बालक का नामकरण उसका वास्तविक नाम होता है जिसका उपयोग विवाह या अन्य अवसरों पर होता है। यह नाम प्रायः मृत पूर्वजों के नाम पर रखा जाता है। नामे–पिंजना के प्रातः काल गांव का गोड़इत बालक के केश का चुन्दी स्थान छोड़कर मुण्डन करता है। बाल को किसी निकट के नदी में प्रवाहित कर दिया जाता है।

उरांवों के विश्वास के अनुसार इस प्रकार प्रवाहित बाल इसी प्रकार किसी अन्य लड़का–लड़की के प्रवाहित बाल से सागर में या बड़ी नदी में मिल जाता है जिस लड़के या लड़की का बाल जिस लड़की या लड़का से संयोग करता है वही

उसका भावी वैवाहिक जीवन साथी बनता है। यह सम्मिलन ईश्वरीय विधान के अर्न्तगत होता है।

केश मुण्डन करने के उपरान्त गोड़इत एक बड़ा पत्ते का दोना पानी भर कर लड़के/लड़की के सामने लाता है। गांव के पाहन एवं अन्य गांव के वयो–वृद्ध उरांवों के सम्मुख दोने के पानी में तीन अरवा चावल गिन कर डाला जाता है। पानी में चावल डालने का काम प्रायः गांव का पंच या सबसे वृद्ध व्यक्ति करता है। जिस समय गिन कर तीन चावल का दाना पानी में डाला जाता है उपस्थित एक अन्य व्यक्ति शिशु के पिता पक्ष अथवा माँ पक्ष के किसी मृत–पूर्वज का नाम लेता है।

जिस नाम पर चावल के दाने यदि पानी पर तैरते हुए इस प्रकार निकट मिल जाते हैं कि उनके वे कोने जिससे वे धान से जुड़े हुए थे संयोग करते हैं तो मान लिया जाता है कि अदृश्य शक्तियों ने अमुक पितर के नाम पर चावल के दाने को मिलाकर संकेत कर दिया है कि उक्त पूर्वज के नाम पर शिशु का नाम रखा जाए। और शिशु का नाम पंच द्वारा पूर्वज के नाम पर घोषित किया जाता है। यदि दाने आपस में नहीं मिलते तथा थोड़ी देर बाद पानी में डूब जाते हैं तो मान लिया जाता है कि अदृश्य शक्तियों ने शिशु के लिए, लिए गए नाम पर सहमति व्यक्त नहीं की है।

असफल होने पर यह क्रिया चावल के अन्य तीन दानों के साथ किसी मृत–पूर्वज के नाम पर पुनः दोहराई जाती है। प्रतीक्षा की जाती है कि चावल के दोने के कोर आपस में मिल जाये किन्तु ऐसा नहीं होने पर तथा चावल के बीजों के डूब जाने पर पुनः किसी अन्य पितर के नाम पर चावल के तीन बीज डाले जाते हैं। इस प्रकार जब अदृश्य शक्तियाँ चावल के दाने को जिस पूर्वज के नाम पर मिला देती है पंच द्वारा उसके नाम को शिशु नाम रखकर घोषित कर दिया जाता है।

वास्तविक नाम की घोषणा होते ही गोड़इत की पत्नी बच्चे को तेल एवं हल्दी लगाती है तथा उसे ठण्ढे पानी से स्नान कर नए कपड़े पहनाती है। गोड़इत को इस कार्य के लिए अनाज या कुछ पैसे दिए जाते हैं।

यद्यपि शिशु नामकरण संस्करा सम्पन्न होने के उपरान्त उसे उसका ईश्वर के विधान द्वारा निश्चित नाम रख दिया जाता है। लेकिन घर के लोग तथा अन्य शुभचिन्तक इस नए नाम को गुप्त रखने का प्रयास करते हैं। नियमतः नया वास्तविक नाम मिल जाने के उपरांत दिन या पर्व पर प्रचलित शिशु का नाम समाप्त हो जाना चाहिए क्योंकि एक ही गाँव में एक ही नाम के बहुत से लड़के एवं लड़कियाँ मिलने लगते हैं किन्तु माँ–बाप और घर के अन्य सदस्य शिशु के वास्तविक नाम को सामान्यतः फैलाते नहीं है। उरांवों की धारणा है कि जादू–टोना करने वाले लोग यदि बीमारियों से आग्रस्त हो जाएगा। चूंकि शिशु का नाम उस लोक की

सहमति से चुना गया है जिस लोक में भूत एवं नांद विचरित करते रहते हैं और चूंकि जादू–टोना में नादों का उपयोग किया जाता है अतः नाम पर चोट करना ज्यादा सरल होता है। अतः शत्रुओं से सावधानी निभाते हुए शिशु के वास्तविक नाम को गुप्त रखने का प्रयास किया जाता। यह प्रयास प्रारम्भिक दिनों तक ही चल पाता है। ज्यों–ज्यों बालक बड़ा होता है 'नामे–पिंजना' द्वारा निर्धारित नाम से वह पहचाना जाने लगता है।

जूड़ो–एड़ा या केश बंधन :

जूड़ो–एड़ा संस्कार उरांव बालक/बालिका के जीवन के बाल्यकाल की समाप्ति और किशोरावस्था में प्रवेश के संकेत स्वरूप मनाया जाता है। गाँव के सभी पुरुष–स्त्रियॉ, लड़के/लड़कियॉ माघ पूर्णिमा के दूसरे दिन महतो या पंच के घर एकत्रित होते हैं। वे साथ में एक मोढ़ा धान लाते हैं। धान का मोढ़ा लड़कों को एक पंक्ति में तथा उसके सामने लड़कियों का दूसरी पंक्ति में रख देता है। हर परिवार की लड़के/लड़कियॉ मोढ़े पर आमने–सामने बैठ जाते हैं। अब गांव की एक महिला तेल लेकर एक छोर से दूसरे छोर तक बैठे सभी लड़के लड़की के सिर पर डाल देती है। यह क्रिया अन्य उपस्थित स्त्रियॉ भी करती है जिससे कभी–कभी तेल की इतनी अधिक मात्रा हो जाती है और प्रत्येक लड़की के सिर को मल कर तेल को पूरे केश में फैलाकर उसे फांक करती है तथा उसमें गॉठ लगाकर लकड़ी की कंघी खोंस देती है। इस प्रकार सभी लड़कियों के केश में गांठ लगाकर कंघी खोंस दी जाती है।

ऐसी ही क्रिया लड़कों के साथ एक पुरुष निभाता है। वह सभी लड़कों के केश में तेल मिलाता एवं उनके केश के दो भाग कर उनमें गॉठ बांधता और कंघी खोंसता आगे बढ़ता जाता है। इस प्रकार जब सभी लड़कों के केश में गॉठ बंध जाती है तो सायंकाल की दावत के साथ 'जूड़ो–एड़ा' धार्मिक कृत्य को समाप्त मान लिया जाता है।

जूड़ो–एड़ा के पूर्व किसी भी लड़के या लड़की का किसी भी भांति केश–विन्यास नहीं किया जाता। इस संस्कार द्वारा लड़के एवं लड़कियॉ को किशोरावस्था में प्रविष्ट समझा जाता है। बिना जूड़ो–एड़ा संस्कार के किसी भी लड़की को विवाह योग्य नहीं माना जाता। इसी प्रकार धुमकुड़िया में प्रवेश के लिए उरांव लड़के का 'जूड़ो–एड़ा' होना आवश्यक है। जूड़ो–एड़ा संस्कार विगत एक शताब्दी से क्रमशः विभिन्न गांवों में विलुप्त होता जा रहा है तथा जोख–एड़पा का प्रचलन बढ़ता जा रहा है।

जोख एड़पा या धुमकुड़िया में प्रवेश :

धुमकुड़िया उरांव जन–जाति में एक ऐसी संस्था है जहाँ उरांव युवकों को हर प्रकार की शिक्षा मिलती है तथा वे यहॉ कार्य–कुशलता अर्जित करते हैं। जूड़ो–एड़ा

के उपरान्त बालक जोख–एड़पा में प्रवेश पाने के योग्य घोषित कर दिया जाता है किन्तु यह आवश्यक नहीं है कि सभी उरांव युवक को धुमकुड़िया गें स्थान प्राप्त हो जाए।

प्रवेशार्थियों की संख्या को देखते हुए प्रायः प्रत्येक गांव के नए किशोरों का प्रवेश हर तीसरे साल लिया जाता है। माघ शुक्ल पक्ष के प्रथम दिन धुमकुड़िया के युवक पूर्वाह्न पश्चात शिकार पर निकल जाते हैं। वे शाम ढलते–ढलते गांव की छोर पर एक खुले स्थान पर, जो कुछ शिकार किया है, लेकर पहुँचते हैं। प्रवेशार्थी उस स्थान को लीप–पोतकर साफ करते हैं तथा लाये हुए शिकार की भी खाल खींचकर उसे बोटी–बोटी कर पकाने योग्य बनाते हैं। इस बीच धुमकुड़िया के पुराने युवक आपस में विचार–विमर्श करते हैं कि किस किशोर को धुमकुड़िया में प्रवेश के लिए चुना जाये। जब वे निर्णय लेते हैं तो प्रत्येक ऐसे किशोर के लिए साल पत्ते का पैकेट बनाकर उसमें कुछ मांस रखकर खरकासे गूँथ कर बंद कर देते हैं, तथा चुने हुए युवकों के घर पर यह पैकेट दे देते हैं। पैकेट के मांस के खाने के साथ वह नवागन्तुक युवक धुमकुड़िया का सदस्य बन जाता है।

इस प्रकार नए प्रविष्ट युवक के माता–पिता धुमकुड़िया के संचालन हेतु करंज का तेल, धान, लकड़ी या ऐसी ही आवश्यक वस्तुओं का योगदान करते हैं जिसे धुमकुड़िया का शुल्क कहा जा सकता है। उरांव युवक की व्यावहारिक एवं बौद्धिक शिक्षा धुमकुड़िया में रह कर सम्पन्न होती है। धुमकुड़िया उरांव युवक एवं युवतियों को धर्म एवं समाज की दृष्टि से सुसंस्कृत करने वाली प्रेरणाप्रद संस्था है।

विवाह–संस्कार :

उरांव जन–जाति में विवाह एक आवश्यक धार्मिक संस्कार माना जाता है। आठ–दस गांवों में प्रयास करने से भी कदाचित ही कोई उरांव अविवाहित मिल पायेगा। उरांव धर्म में प्रकृति, कृषि, पर्व सर्वत्र सृष्टि के विकास हेतु विवाह की व्यवस्था की गई है। कुएँ, पोखर, फल देनेवाले वृक्ष की भी विधिवत् विवाह किया जाता है। धान रोपने के पूर्व अच्छे और अधिक दाने के लिए उसका विवाह आवश्यक है। उरांवों का प्रमुख पर्व सरहुल (खद्दी बेंजा) धरती और सूर्य के विवाह के प्रतीक स्वरूप मनाया जाता है तथा गॉव के धर्म–पुरोहित पाहन एवं उनकी पत्नी पहनाइन का प्रतिवर्ष पर्व के अवसर पर ग्रामीणों के सम्मुख विधिवत् विवाह कराया जाता है। उरांवों की धारणा है कि अच्छी कृषि, अच्छे फल, पर्याप्त जल तथा हर प्रकार के समृद्धि के लिए यह आवश्यक है। कुएँ, पोखर का विवाह न करने से जल का अभाव रहेगा तथा जो कुछ जल होगा उसमें कीड़े पैदा हो जाएँगे तथा कुएँ एवं पोखर का जल अपेय हो जाएगा, फल के वृक्ष फलों से लद नहीं सकेंगे और जो फल लगेंगे उनमें कीड़े पड़ जायेंगे, धान अंकुरित नहीं हो

पायेगा या उसमें कीड़े लग जायेंगे। अविवाहित मानव जीवन के साथ भी इसी प्रकार के दुष्परिणाम जुड़े हुए हैं। अतः पागलपन एवं अस्वाभाविक विकारों से ग्रस्त होने की आशंका के कारण उरांव समाज में कदाचित ही कोई पुरुष या स्त्री अविवाहित दिखलाई पड़े।

विवाह धरमेस का आदेश है। उसने पति–पत्नी निश्चित कर रखा है। लड़का–लड़की या उनके माता–पिता पर निर्भर नहीं करता कि वह किसे जीवन साथी चुने। यदि धरमेस के विधान के विरूद्ध काम होगा तो अनेक आपदाओं द्वारा धरमेस अपनी असहमति और रोष प्रकट कर देता है। प्रायः उरांव लड़के–लड़कियाँ अपने गोत्र का विचार करते हुए जीवन साथी चुन लेते हैं और इसकी सूचना अपने अभिभावक को दे देते हैं। अभिभावक इस संबंध को आपसी विचार–विमर्श से परखते है और तदन्तर विवाह निश्चित होने की प्रक्रिया के बीच धरमेस द्वारा भेजे गए प्रतीक–संदेशों का भी अध्ययन करते हैं। यदि सब कुछ अनुकूल होता है तो विवाह सम्पन्न होता है।

उरांवों जनजाति में वैवाहिक धार्मिक कृत्यों को दो खण्डों में विभाजित किया जा सकता है– (क) विवाह निश्चित करने की प्रक्रिया के अर्न्तगत आनेवाले धार्मिक कृत्य एवं (ख) वैवाहिक प्रक्रिया सम्बन्धी धार्मिक कृत्य।

(क) उरांव धर्म में विवाह की अपेक्षा विवाह निश्चित करने की प्रक्रिया अधिक आशंकापूर्ण होती है तथा वयोवृद्ध उरांव एवं अगुआ इसमें काफी सावधानी बरतते हैं। लड़के का पिता लड़के की इच्छा जान कर अथवा स्वयं अपने से पहल कर लड़की के माता–पिता के पास 'अगुआ' (कुछ जगहों पर 'अगिया' कहते हैं)। अगुआ लड़की के माता–पिता की, उनके पूर्वजों की, गोत्र की, भाई–बहन की संख्या आदि की पूरी सूचना प्राप्त कर लड़के वाले को लड़की के खानदान की उपयुक्तता बतलाता है। दोनों पक्षों की बुनियादी सहमति हो जाने के उपरान्त अगुआ करम पर्व के उपरान्त भादो माह में लड़की वाले के घर जाता है तथा लड़के के पक्ष से विवाह का प्रस्ताव रखता है। लड़की के अभिभावक प्रस्ताव के औचित्य हेतु अपने एक–दो विश्वस्त एवं चतुर मित्र या सम्बन्धी को लड़के की स्थिति की जानकारी लेने के लिए उसके घर भेजते हैं जो तम्बाकू लेने के बहाने लड़के के घर पहुँचता है।

जब दोनो पक्ष विवाह के लिए सहमत हो जाते हैं तो कन्या पक्ष से वर के लोगों को 'खेडनोड़हना' अर्थात् पद–प्रक्षालन क्रिया हेतु आमंत्रण दिया जाता है। इस दिन वर की ओर से तीन अथवा पाँच सम्बन्धी कन्या के घर पहुँचते हैं। वे प्रातःकाल मुर्गा के बांग पर कन्या के गाँव के लिए रवाना हो जाते हैं। इतनी सुबह प्रस्थान करने का उद्देश्य मार्ग में मिलने वाले अशुभों से सुरक्षा का उपाय है।

कन्या के घर पहुँचने पर वहाँ भी महिलाएँ एक मिट्टी के भरुका में तेल और एक या दो–तीन जैसा सामर्थ्य होता है, पीतल के थाल लेकर स्वागतार्थ आती है और उनके पांव में तेल लगाकर तथा पीतल की थाल में पाद–प्रक्षालन करती हैं।

सगुन–असगुन का निर्णय :

स्वागतोपरान्त आंगन, बरान्डा किसी कमरे में चटाई पर आगत मेहमानों को बैठा कर कन्या पक्ष से एक व्यक्ति आता है और अगुआ से पुछता है कि मार्ग में उन्हें बुरे अपशकुन मिले थे अथवा नहीं। यदि नकारात्मक उतर मिलता है तो सभी संतुष्ट होकर आगे का कार्यक्रम बनाते है।

उरांवों के अनुसार अच्छे सगुनों में, भरा हुआ घड़ा, जलता हुआ दीपक, शव ले जाते हुए लोग जैसे लक्षण आते हैं। अपशकुनों में उरांव लोग ढेचुआ का कॉव–कॉव की चीख, बाएँ से दाएँ जाती हुई लोमड़ी द्वारा रास्ता काटना, खाली घड़ा दिखलाई पड़ना, गड्ढे या खेत या कहीं भी टोकरी में गोबर ले जाते हुए किसी का रास्ते में पड़ जाना आदि।

उरांवों के विश्वासों के अनुसार अगुआ द्वारा किया गया यह प्रयास यदि धरमेस की इच्छा के अनुकूल है तो वह मार्ग में, गाँव छोड़ते समय तथा अन्य अवसरों पर शुभ संकेत भेजता है तथा इस प्रकार विभिन्न प्रतीकों के माध्यम से अनुभवी उरांव धरमेस की सहमति का अनुमान लगा लेते हैं। इसके विपरीत यदि उरांव अपने प्रयास से कोई गलत जोड़ा या युग्म बनाने का प्रयास करते हैं तो धरमेस अशुभ प्रतीकों के माध्यम से उरांवों को अपनी असहमति अभिव्यक्त कर देता है। फिर भी यदि ऐसा कोई युग्म बनता है और किसी स्वार्थवश विवाह सम्पन्न कर दिया जाता है, तो उरांवों की मान्यता के अनुसार उसकी परिणति किसी पक्ष के मृत्यु में होती है।

शकुन या अपशकुन को बार–बार परखा जाता है कि कहीं कोई त्रुटि न रह गई हो। कन्या के घर आए हुए वर पक्ष के लोगों में राह में मिलने वाले शकुनों–अपशकुनों की पूछ–ताछ एवं उस पर गम्भीरता से विचार करने के उपरान्त उन्हें रात्रि–भोज दिया जाता है। भोज के समय सरसों या करंज के तेल में एक मोटी बत्ती डालकर नया दीप जलाया जाता है। यदि दीप मेहमानों के भोजन तक यथावत् जलता रहता है तो मान लिया जाता है कि धरमेस की इस विवाह के लिए पूरी सहमति है। यदि मार्ग में कुछ छोटा–छोटा अपशकुन भी आ पड़ा होगा तो रात्रि में जलाए गए इस दीप के अनवरत लव के साथ जलते रहने से सभी छोटे–छोटे अपशकुनों का निराकरण हो जाता है। किन्तु यदि यह दीप बुझ जाता है, किसी कारण गिर या टूट जाता है तो मार्ग के सभी शकुन के होते हुए भी विवाह का सारा प्रयास यहीं पर समाप्त कर दिया जाता है और वर पक्ष के लोग

भोजन के बीच में ही उठ जाते हैं। दीपक के बुझ जाने का तात्पर्य किसी पक्ष का अनिवार्य रूप से मृत्यु माना जाता है।

दीपक बुझने के अतिरिक्त मेहमानों के कन्या के गांव में रहने तक यदि कोई मिट्टी का घड़ा टूट जाता है या किसी वृक्ष से बिना किसी ऑधी–पानी के अकस्मात् कोई डाल टूट कर गिर पड़ती है या तेल भरा बरतन उलट जाता है तथा जमीन पर पसर जाता है तो विवाह का प्रस्ताव यहीं भंग कर दिया जाता है। ये अपशकुन भी किसी पक्ष के मृत्यु के संकेतक हैं। अतः मार्ग के सभी शकुन के ऊपर इन अपशकुनों की गणना होती है और उरांव मानते हैं कि धरमेस ने इस प्रकार की अंतिम चेतावनी दे दी हैं क्योंकि उसके विधान में यह वैवाहिक जोड़ा नहीं बना हुआ है। अब भी यदि विवाह होता है और धरमेस की चेतावनी की उपेक्षा की जाती है तो निश्चित रूप से किसी–न–किसी पक्ष को इस उपेक्षा का दण्ड भुगतान पड़ता है।

मुही–एरा :

रात्रि–भोज के पूर्व मेहमानों के सम्मुख एक घड़ा चावल की हड़िया लाई जाती है जिसे अवसर के अनुकूल 'खेता बिना बोड़े या 'नेग बोड़े कहा जाता है। इस घड़े में जल डालकर हड़िया बनाया जाता है। इसके बाद हड़िया को एक अन्य मिट्टी के घड़े में ढाला जाता है जिसमें से तीन सर्खी (एक प्रकार का मिट्टी का बरतन) भर कर दो कन्या पक्ष के लोगों को तथा एक सर्खी गांव के पंच को दिया जाता है। लड़के के पक्ष से आए लोगों में से अगुआ या कोई वरिष्ठ उरांव साल के एक दोने में यह मदिरा लेकर तीन बार धरती पर गिराते हुए पितरों को समर्पित करता है तथा उनसे प्रार्थना करता है कि–''फलाना–गाही और फलानी–गाही बेन्जा ठिक–ठिक मांज। से इरछालू उल्ला कोड़े–कोड़े कालो। इआरिम पाच्चो–पाचगी मान्नारनेकआ।[54] इसके उपरान्त वर पक्ष से एक अनुभवी व्यक्ति खड़ा होता है तथा रिवाज के अनुसार एक परम्परागत सधा हुआ छोटा–सा वक्तव्य देता है जिसके उतर में उसी प्रकार परम्परा से निश्चित एक वक्तव्य कन्या पक्ष के किसी व्यक्ति द्वारा दिया जाता है। तदुपरान्त कन्या आती है और वर का पिता उसके मुख देखने अथवा कन्या का भली प्रकार निरीक्षण का कार्य करता है और अन्त में मुँह–दिखाई के रूप में सामर्थ्य के अनुसार होने वाली वधू को एक अच्छा उपहार देता है जिसे 'मुही एरा' कहते हैं।

यह क्रिया विभिन्न नामों से जानी जाती है किन्तु भोजन के पूर्व निष्पादित यह विधि मुख्यतया 'मुही एरा' या कुछ स्थानों पर वितरित मदिरा का महत्व देते हुए 'नेगबोड़े' कही जाती है।

'मुही एरा' का कार्य–क्रम समाप्त होने के उपरान्त दोनों पक्षों का सम्मिलित रात्रि–भोज चलता है। भोज–क्रम में वर पक्ष का एक व्यक्ति अपने चावल के

पत्तल को कन्या–पक्ष के किसी एक व्यक्ति के चावल के पत्ते से बदल लेता है। ऐसा एक बार कन्या पक्ष वाले भी करते हैं। इस प्रकार अपने बगल या सामने बैठे वर एवं कन्या पक्ष के लोगों के बीच भात का बदलाव होता है।

भोजन उपरान्त एक अन्य महत्वपूर्ण कार्य "बाई–नोड़ना" शेष रह जाता है। बाई–नोड़ना का तात्पर्य मुँह–धुलाना है। कन्या पक्ष से एक महिला जल तथा हल्दी से घुला कुछ पानी लेकर आती है तथा वर–पक्ष के लोगों का हाथ–मुँह धुलाने का दायित्व उठाती है। हाथ–मुँह धुलाने के क्रम में वह आगत मेहमानों की धोती के एक कोने को हल्दी के रंग से रंगती जाती है। उसी रात्रि या दूसरे दिन तड़के ही वर पक्ष के लोग अपने गाँव वापस लौटते हैं।

ऐसी ही क्रिया वर के प्रायः खरिहानी या फसल की कटाई और दवाई के पश्चात् मनायी जाती है। आमन्त्रित कन्या पक्ष के लोग पाँच या सात की संख्या में वर के घर पहुँचते हैं तथा घर की महिलाएँ आगत मेहमानों का पाद–प्रक्षालन कर स्वागत करती है। उसके उपरान्त उन्हें सादर घर में या घर के बाहर बरामदा में बैठा दिया जाता है तथा हड़िया से स्वागत किया जाता है। जब हड़िया की गरमी से कन्या पक्ष के लोग अपनी थकान मिटा कर कुछ मस्ती में आते हैं तो वर को सबके सामने बुलाया जाता है। वर अपने दो मित्रों के साथ आता है और झुक कर कन्या पक्ष के सभी मेहमानों को प्रणाम करता है। इस क्रम में सभी मेहमानों की जाँच–दृष्टि वर पर लगी होती है। वे जब वर को अच्छी प्रकार देख कर पसन्द कर लेते है तो स्वीकृति स्वरूप उसे सभी कन्या पक्ष के लोग कुछ न कुछ उपहार स्वरूप देते हैं। वर के कन्या के पिता की गोद में या अन्य किसी कन्या पक्ष के वरिष्ठ व्यक्ति की गोद में बैठा दिया जाता है। यह निकट से निरीक्षण की सुविधा प्रदान करने के लिए किया जाता है। सन्तुष्ट श्वसुर वर को एक अच्छा उपहार देकर विदा करता है। भोज–भात के उपरान्त कन्या पक्ष वाले प्रायः उसी दिन अपने गाँव लौट आते हैं। उनके लौटते समय वर के घर द्वार पर कुछ पुआल एकत्रित कर जला दिया जाता है, जैसे किसी संभावित अशुभ या जादू–टोना के प्रभाव को द्वार के बाहर ही जला कर समाप्त कर दिया गया हो।

लगन–बंधी :

कन्या एवं वर का दोनों पक्षों की तरफ से भली प्रकार निरीक्षण के उपरान्त अब आगे के कार्य–क्रम में विवाह का दिन निश्चित करना होता है जिसे 'लगन–बंधी' कहा जाता है। वर पक्ष के घर से कन्या पक्ष के अपने गांव लौटने के सप्ताह दो सप्ताह वर पक्ष से दो–तीन उरांव कन्या के लगन बंधी के लिए पहुँचते हैं तथा विवाह का दिन निश्चित करते हैं। वृहस्पतिवार एवं शनिवार का दिन शुभ कार्यो के लिए अच्छा नहीं माना जाता। विवाह के लिए कन्या या वर का जन्मदिन

भी नहीं रखा जाता। जन्मदिन स्मरण करने की कोई विशेष विधि उरांवों में प्रचलित नहीं है किन्तु जन्मदिन के आधार पर नाम पड़ जाने से प्रायः प्रत्येक परिवार में वर एवं कन्या का जन्म का दिन याद रहता है। शुक्ल पक्ष की तृतीया, पंचमी, सप्तमी, नवमी, एकादस तथा त्रयोदस को शुभ माना जाता है। विवाह का दिन निश्चित हो जाने के पश्चात आगत मेहमानों का भात एवं हड़िया से स्वागत किया जाता है।

कोहा–पाही :

'कोहा–पाही' एक बार लड़का और एक बार लड़की के घर मनाया जाता है। लगन बंधी के दिन के कुछ दिन पूर्व कन्या पक्ष का अगुआ एक दो गाँव के वरिष्ठ लोगों के साथ वर के घर जाता है। परम्परागत रीति से उसका पद–प्रक्षालन किया जाता है तथा उसे चावल की हड़िया दी जाती है एवं नाश्ता तैयार कराया जाता है। कुछ दिन चढ़ने के पश्चात् सूअर या खसी मांस हेतु काटा जाता है और उसे दोनों पक्ष के लोग मिलकर खलियाते एवं बोटियाते है।

अपराहन् होते–होते कन्या पक्ष से 18–20 उरांव गोड़इत के बाजे, नगाड़े, सिंधा के साथ वर के घर पहुँचते हैं। इन मेहमानों का भी तेल से मल कर पीतल की थाल में पैर धोया जाता है। जब सब कुछ व्यवस्थित हो जाता है तो वर के घर से कोई उरांव या उराइन (जो विधुर या विधवा न हो) हाथ में एक चटाई लेकर बाहर आते हैं तथा इसे हवा के ऊपर नीचे तीन बार झटकते हैं। इसके उपरान्त चटाई लेकर वह वापस चला जाता है और अन्य कोई इस अवसर के लिए बनायी हुई हड़िया का एक घड़ा जिसे 'खेताउन–बोड़े' कहते हैं लाता है तथा उसे पानी डालकर ढीला करता है। इस हड़िया से मिट्टी के नए घड़े भर दिये जाते हैं जिसमें से एक कन्या पक्ष के गांव के पंच को तथा दूसरा वर पक्ष के गांव के पंच को समर्पित किया जाता है।

वर पक्ष का पंच अपने साथियों के साथ चावल की मदिरा लेकर अखड़ा चला जाता है जबकि कन्या पक्ष के लोग अपने पंच के साथ किसी निकटवर्ती अन्य खुले स्थान में जाते है। यहॉ खुलकर मदिरा का सेवन करते हैं किन्तु पीने के पूर्व गांव का पाहन साल के दोने में मदिरा भर कर तीन बार भूमि पर अर्पित करता है। पहला अर्पण अपने खूँट के पितरों के नाम करता है। दूसरा अर्पण दूसरे पक्ष अर्थात् वर द्वारा कन्या एवं कन्या द्वारा वर पक्ष के खूँट के पितरों के नाम तथा तीसरा अर्पण अपने–अपने गांव के 'गाँव देउती' के नाम होता है। इस प्रकार प्रसाद स्वरूप 'खेताउना–बोड़े' पीकर दोनों दल लड़के के द्वार पर वापस आकर आसन ग्रहण करते हैं।

अब वर तलवार या लोहे का पार्न–सोटा लेकर अपने दो साथियों सहित एक आगे एवं एक पीछे प्रवेश करता है। इस पर कन्या पक्ष के तीन् उरांव उठते हैं

और तीनों लड़कों को गोद में उठाकर अपने स्थान पहुँचते हैं और उन्हें अपने घुटने पर बैठा लेते हैं। बारी–बारी से कन्या पक्ष के लोग उठते हैं और वर को कुछ उपहार देते हुए अपने स्थान पर आकर बैठ जाते हैं। उपहार देते समय सभी तीन लड़के मेहमानों का पैर छूकर अपने माथे लगाते हैं। इस प्रकार गोड़ लगने का यह 'गोड़–लागी' कार्यक्रम चलता है। यह कार्यक्रम जब तक चलता रहता है, कन्या पक्ष का कोई व्यक्ति हंसिये में कपड़ा भिंगोकर तब तक मशाल जलाए रखता है। यद्यपि अभी दिन का उजाला शेष रहता है किन्तु यह प्रकाश इस उद्देश्य से किया जाता है कि वर को पूरी तरह कन्या पक्ष के लोग देख सुन ले, निरीक्षण एवं जॉच कर लें।

पुंप–मेझना :

उपस्थित मेहमानों का पुष्पोपहार प्रदान करने की प्राचीन रीति विवाह के पूर्व निभानी पड़ती है। वर पक्ष से तीन युवक फूलों की डलिया लेकर मेहमानों का स्वागत करने के लिए उपस्थित होते हैं। वे पहले कन्या पक्ष के लोगों को एक–एक फूल समर्पित करते हैं तथा उनका पैर छूकर हाथ अपने माथे लगाते हुए 'गोड़–लागी' करते हैं। जिनके केश लम्बे होते है फूल उसमें खोस दिया जाता है या कान पर लगा दिया जाता है। कन्या पक्ष के लोगों को पुष्प अर्पित करने के उपरान्त यही क्रिया वर पक्ष के उपस्थित लोगों के साथ निभाई जाती है तथा उनका भी 'गोड़–लागी' क्रिया जाता है। इस प्रकार 'पुंप–मेझना' का दर्शन आज के सभ्य समाज में श्रद्धा एवं स्नेह से पुष्प समर्पित करने की रीति में देखा जा सकता है।[55] इस अवसर पर पंचो के बीच 'कन्या–मूल्य' भी तय कर लिया जाता है। कुछ ऊँच–नीच, नरम–गरम होने के बाद पंच एक निश्चित राशि कन्या के मूल्य स्वरूप निर्धारित कर देते हैं। कन्या पक्ष वाले अब कपड़े की मांग करते हैं। कपड़े पर पंचों के निर्णय की बात नहीं चलती अपितु कन्या–पक्ष जो मांगता है उसे उचित मान लिया जाता है। कम से कम कन्या की मॉं, उसकी आजी (यदि जीवित है) तथा उसके छोटे भाई के लिए वस्त्र आवश्यक माना जाता है।

मिलनी :

अब पूर्व–पश्चिम दिशा की ओर फैलाई गई चटाई पर वर एवं कन्या पक्ष के पंच कुछ वरिष्ठ ग्रामीण इस प्रकार अपनी–अपनी तरफ बैठते हैं कि उनके बीच हडिया का एक घड़ा और कुछ बरतन भली–भांति रखा जाये इन बरतनों में दो पीतल का जग रहता है जो एक वर एवं दूसरा कन्या का प्रतीक होता है। दोनों जग को चावल की इस अवसर के लिए बनाई गई हड़िया से भर देते हैं। कुछ गाँवों में इसमें मात्र जल भरते हैं। कन्या का जग वर की अपेक्षा ऊँचाई पर रखा जाता है– इस प्रकार कि कन्या के जग में हड़िया डालते रहने से स्वमेव वर का

भी जग हड़िया से भर जाये। इस जग पर हैसियत के अनुसार चॉंदी का एक सिक्का रखा जाता है। जग एक दूसरे को स्पर्श करते हुए रखे जाते हैं।

दोनों पक्ष के लोगों के बीच कुछ हंसी–मजाक चलता है। यद्यपि कन्या का मूल्य पंचों द्वारा निर्धारित हो चुका रहता है किन्तु कन्या पक्ष के लोग वर पक्ष को समय की संख्या के अनुपात में रखी हुई बड़ियों में से ज्यादा बड़ियॉं भेजते हैं किन्तु वर पक्ष के लोग उन्हें उतनी ही बड़ियॉं वापस करते हैं जिससे निर्धारित कन्या मूल्य पुनः निश्चित हो जाता है। इस पर सभी आनन्दित होते हैं तथा एक–दूसरे को बॉंह में भर कर नाचते गाते हैं। दी हुई हड़िया पीते हैं। पुनः वर के घर से मदिरा लाकर कन्या पक्ष के लोगों को दी जाती है जो एक दूसरी जगह हट कर खसी की टांग भून कर चखना करते एवं हड़िया पीते हैं। रात्रि भोज तक यह कार्यक्रम चलता रहता है।

कोहा–पाही :

वर की तरह कन्या के घर की कोहा–पाही की रस्म पूरी की जाती है। दूसरी या तीसरी सुबह कम से कम दो व्यक्ति जिन्हें 'जुड़ब खितु' कहा जाता है वर के घर से कन्या के घर पहुँचते हैं। लगभग सभी क्रियाऍं वैसी ही पूरी की जाती है जैसे वर के घर की गयी थी। अन्तर यह है कि कन्या अपने अन्य दो सहेलियों के साथ एक प्रकार के वेश में सज्जित आती है। एक सर पर पानी का घड़ा दूसरी चावल की हड़िया का घड़ा लिए हुए होती है। कन्या द्वारा 'गोड़–लागी' की रस्म पूरी करने के उपरान्त पंचों द्वारा निश्चित 'कन्या का मूल्य' एवं वस्त्र वर पक्ष के लोग कन्या के पिता या अभिभावक को अर्पित करते हैं कन्या मूल्य मिल जाने के उपरान्त विवाह की तैयारी शुरू की जाती है।

विवाह की तैयारी :

जिस दिन कन्या के घर 'कोहा–पाही' की रस्म पूरी की जाती है उसी रात वर और कन्या दोनों के घर चावल के लड्डु वितरण हेतु बनाए जाते हैं। इसके अतिरिक्त विवाह की तैयारी में निम्नलिखित सामग्री पहले से एकत्रित कर ली जाती है: –

एक नया केतर(सूप), नया दौरा(बड़ा टोकरा), नयी दौरी(छोटी टोकरी), नया मिट्टी का कड़सा भांडा (कलस), एक मिट्टी की टाट्टी (मिट्टी का दिया जिसके चारों दिशाओं में बत्ती निकलने के लिए खरंचा बना रहता है), दुब्बा घाछी (दूब घास), सिन्द्री(सिन्दुर), आब्दा तिखिल (धूप में सुखाया चावल), आब्दा–तिखिल–गाही–मुंहा (धूप में सुखाया अरवा चावल), थोड़ा बेक(नमक), मनि(सरसों), खेना–बल्का(गांठ हल्दी), खेस(धान का एक गट्ठर), पुआल के साथ, उर्द की दाल, मानि इसुंग(सरसों का तेल), जो किसी सधवा स्त्री द्वारा घर पर बीज पेर कर निकाला गया हो, और

वह पूरे दिन उपवास पर रही हो, दो घड़ा बोड़े(हड़िया : एक घड़ा चावल की दूसरा घड़ा महुआ की)।

उपरोक्त कोई भी सामग्री किसी विधवा द्वारा स्पर्श से पूरी तरह सुरक्षित रखी जाती है। धान के गड्डर बनाने में पूरी सावधानी बरती जाती है। एक नौजवान व्यक्ति दैनिक कर्मो से निवृत्त होकर पूरी एकाग्रता से धान के डण्ठलों को चुनकर बटाई के पहले इकट्ठा कर लेता है। इस बीच उसे किसी प्रकार का अपावन कार्य नहीं करना होता न मुँह से ही लार या थूक निकालना होता है।

विवाह के दिन प्रातःकाल ही आंगन, घर का बाहरी भाग या वराण्डा, तथा अन्य खुला स्थान गोबर से लीप कर साफ कर दिया जाता है। उपरोक्त सभी सामग्री लेकर आंगन में रख दिया जाता है। अरवा चावल, हल्दी, दूब, सरसों का बीज कलश में रख दिया जाता है। कलश में चुनकर धान का डण्ठल इस प्रकार रखा जाता है कि धान की बालियाँ उपर रहे तथा धान के पत्ते फैल कर कलश का मुँह इस प्रकार से ढंक ले जैसे कोई ढक्कन चारों ओर से मुँह ढंक लेता है। इस पर एक बड़ा दीप रखा जाता है जिसकी दो बत्तियाँ दोनों कोनों से बाहर निकली रहती है। दीप में कड़ुआ तेल के अतिरिक्त उर्द भी डाल दिया जाता है। दीप जला दिया जाता है। नाछुआ या बौगी अथवा छोटी टोकरी में कन्या के माँ की साड़ी, थोड़ा चावल, सिन्दूर एवं तेल इसुंगसिन्द्री रस्म के लिए रखा रहता है और इसे साल की पत्तियों से ढंक कर धान की डण्ठलों से बनायी गई रस्सी से बाँध दिया जाता है। बोगी और कलश आंगन में अगल–बगल रखा जाता है।

पाहन आता है। वह कलश और बोगी को भींगे हुए चावल के अक्षत एवं सिन्दूर से तीन टीका दोनों पर लगाता है वह साल के पत्ते के दोने में थोड़ी चावल की मदिरा लाता है और उसे बोगी तथा कलश पर छिड़कते हुए गाँव–देउती का आह्वान करता है। वह प्रार्थना करता है कि "गांव के समस्त नादों के आप स्वामी हैं अतः कृपया देखिए कि समस्त वैवाहिक कार्यक्रम विघ्न रहित सम्पन्न हो और नव–विवाहित दम्पत्ति आपस में हंसी–खुशी से रहें।" इस प्रकार का कार्यक्रम वर एवं कन्या दोनों के घरों में पूरा किया जाता है।

वर यदि सम्पन्न घर का है तो टट्टू पर नहीं तो बारातियों के साथ पैदल ही कन्या के गांव आता है। उसको तलवार, लोहे की छड़ी या दण्डा या कुछ–न–कुछ लोहे का उपकरण दे दिया जाता है। यह मार्ग में आनेवाली विघ्न बाधाओं से बचाव हेतु दिया जाता है। राह में यदि आम का कोई पेड़ मिलता है तो उसकी छाया में कुछ देर रुककर वर कच्चे धागे का तीन फेरा लगाता है और भीगे चावल के अक्षत तथा सिन्दूर से तीन बार टीकता है। चूंकि बारात में स्त्री–पुरुष सभी बाराती बनकर चलते हैं अतः कोई अनुभवी सधवा स्त्री वर को इस प्रकार के

कार्यों में सहायता पहुँचाती रहती है। बाराती अपने साथ समय का खाना–पीना (हड़िया) ले आते हैं क्योंकि जब तक विवाह सम्पन्न नहीं हो जाता वे लड़की के घर का आज के दिन अन्न–पानी ग्रहण नहीं करते। विवाह की रस्म पूरी होने तक वर एवं कन्या को उस दिन व्रत रखना पड़ता है।

बारात के गांव सीमा पर आते ही कन्या पक्ष के सभी स्त्री–पुरुष, युवा अगवानी हेतु सीमा पर पहुँच जाते हैं। युवा वर्ग, छड़ी, डंडा, गदा ऐसे ही सामान्य शस्त्रों के साथ लैश होते हैं जैसे आए हुए लोग उन्हें लूटने आ रहे हों जिनका प्रतिरोध करना उनका धर्म है। अब यह मात्र औपचारिकता रह गयी है और युद्ध का एक स्वांग होता है किन्तु ऐसी अनेक कथाएँ गांवों में कही और बतायी जाती है जब दोनों पक्षों में सचमुच की कुछ लड़ाई हो गयी थी और लोग घायल हुए थे तथा उठा–पठा कर लाए गए थे।

इस अवसर पर दोनों पक्षों से एक दूसरे पक्ष पर गाली की बौछार होती है तथा गंदे गाली भरे गीत गाए जाते हैं। यह गाली–गलौज अपनत्व का द्योतक है। इस बीच कन्या पक्ष की एक सधवा सर पर एक छोटा घड़ा जल से भर कर लाती है जो आम की पत्तियों से ढका रहता है। वह आम की पत्ती से पानी निकाल कर पहले वर को अभिभूषित करती है तदुपरान्त अन्य लोगों पर भी आम की पत्ती से जल छिड़कती है। यह एक प्रकार का आशीषयुक्त स्वागत करना है।

अब दो या तीन कन्या पक्ष के लोग वर को अपने कंधे पर उठा लेते है तथा गॉव की सीमा से घर तक वर को भूमि स्पर्श कराये बिना लाते हैं। वर पक्ष के भी एक या दो व्यक्ति वर के पीछे–पीछे कन्या के घर जाते हैं किन्तु शेष सभी बाराती उनके लिए पूर्व निर्धारित डेरा या जनवासा में पहुँचते तथा अपने खाने–पीने की व्यवस्था में लग जाते हैं।

गुर्खी–निखरना :

यह एक महत्वपूर्ण क्रिया है जो प्रायः सभी उरांवों द्वारा देश–परदेश में सर्वत्र पूरा किया जाता है। कन्या के घर पहुंचने के उपरान्त वर एवं कन्या दोनों का पाद–प्रक्षालन होता है और इसके उपरांत कन्या और वर दोनों लोटा के उपर धान के पुआल का पॉच गड्डर और उसके ऊपर जुआ, और जुए के उपर उन्हें खड़ा किया जाता है। कन्या वर के आगे उससे सट कर इस प्रकार खड़ी हो जाती है कि वर अपने बाएँ पैर के अंगूठे तथा उसके बगल की उँगली के बीच में कन्या के दाएँ पैर की एड़ी इस प्रकार पकड़ लेता है जैसे दो जबड़ों के बीच कोई चीज दबाई गई हो। यह क्रिया परदे के घेरे के भीतर होतीी है। भीतर वर एवं वधू की सहायतार्थ एक–दो महिलाएँ रहती हैं। परदे के बाहर कुछ युवक तलवार भांजते रहते हैं जो कुदृष्टि नजर एवं जादू–टोना के प्रभाव को मार भगाने का

प्रयास होता है। बाहर गोड़इत नगाड़ा और बांसुरी बजता रहता है और भीतर महिलाएँ ब्याह के गीत गाती रहती है।

कुछ देर बाद परदा हटा लिया जाता है और वर तथा वधू को नहाने के लिए दूसरी जगह ले जाया जाता है जहाँ दो मिट्टी के घड़े में निकट के सोते या नदी या किसी अन्य स्रोत से कुँआरी लड़कियों द्वारा लाए गए जल से उन्हें आपाद मस्तक स्नान कराया जाता है। लड़के को लड़की के घर की कोई महिला तथा लड़की को लड़के के घर की एक महिला सर एवं शरीर रगड़–रगड़ कर स्नान कराती है। स्नान के उपरान्त तेल में भिगोंए हुए सिन्दूर से लड़का लड़की के माथे पर सिन्दूर का टीका लगाता है। इसी क्रम में एक महिला सिलौट, दूसरी लोढ़ा, तीसरी कलश, चौथी धान का गट्ठर आदि सर पर लेकर नाचना–गाना शुरू कर देती है। यह विवाह नृत्य जब तक चलता है भींगे हुए लड़के और लड़की को नया वस्त्र पहना दिया जाता है। इसके उपरान्त लड़का कुछ समय के लिए जनवासा चला जाता है जहाँ बाराती लोग टिके हुए होते हैं।

इसुंग–सिन्द्री :[56]

इसुंग–सिन्द्री अर्थात् सिन्दूर दान या सिन्दूर से मांग भरने की क्रिया विवाह का मूल कृत्य है। कुछ समय बाद जनवासे से जब वर लड़की के घर पर पुनः जाता है तो उसके आते ही एक चटाई तीन बार हवा में उपर–नीचे करके झटकी जाती है। और पुनः उसे दक्षिण–उत्तर दिशा में बिछा दी जाती है। अब चटाई पर वर एवं कन्या पूर्वाभिमुख बैठते हैं। कन्या के वर के बाएँ बैठती हैं। कन्या के घर की महिलाएँ किया–सिन्द्री (सिन्दूर का लकड़ी का डिब्बा या सिन्होरा) लेकर आती हैं। वर पक्ष की महिलाएँ पहले से अपना किया–सिन्द्री लिए होती है। दोनों पक्ष की महिलाएं अपने–अपने किया–सिन्द्री की अदला–बदली करती है। इस बीच लड़की की बड़ी बहन या उसकी भाभी वर कन्या दोनों के केश काढ़ती है तथा कन्या की मॉग निकालते हुए केश काढ़ती है। तथा उसका अन्त में जूड़ा बांध देती हे। तेल में भिंगाया हुए सिन्दूर वर कन्या के माथे एवं मॉग में भरता है। तथा कन्या वर के माथे एवं कनपटी के पास सिन्दूर लगाती है। कुछ स्थानों में प्रचलन के अनुसार सिन्दरू लगाने का काम कन्या की बड़ी बहन या भाभी पूरा करती है। सिन्दूर से मार्ग भरते समय बांसुरी, बजता रहता है। तथा विवाह का गीत पूरे उत्साह से गाया जाता है। इसुंग–सिन्द्री के उपरान्त लड़की वधू हो जती है तथा तत्क्षण बाद अपने व्यवहार में तदनुसार परिर्वतन लाना पड़ता है कि वह अब अपने माता–पिता के देश की नहीं रह गई अपितु श्वसुर के देश की हो गई है। सिन्दूर पहनाने की महत्व अनेक उरांव लोक कथा में अभिव्यक्त है।

इसुंग–सिन्द्री के पश्चात् इसुम–सिन्द्री क्रिया होती है जिसमें वर पक्ष की महिलाएँ अपने एक घड़े चावल की मदिरा से कन्या पक्ष के महिलाओं को साल के

दोने में हड़िया पीने को देती है तथा इसी प्रकार वधू पक्ष की महिलाएँ अपने घड़े में से वर पक्ष .की महिलाओं को चावल की हड़िया देती है। हड़िया पान करन के पूर्व कन्या पक्ष की वे महिलाएँ जिन्होंने वर को हल्दी नहलाया और सिन्दूर–दान में सहायक हुई हैं सर्वप्रथम तीन दोना हड़िया वर को पान हेतु देती हैं। जब वह हड़िया पी लेता है। तभी अन्य महिलाएँ अपने–अपने दोना को ओठों से लगाती है। कुछ गांव में इस अवसर पर पाहन आ जाता। हड़िया पीने की किय्रा प्रारम्भ होने के पूर्व वह तीन दोना हड़िया से भूमि पर गाँव–देउती को सर्वप्रथम अर्पण करता है। इसके पश्चात् कन्या पक्ष के खूंट पितरों को मदिरा का अंजलि दी जाती है।

सभी जब हड़िया पीना शुरू कर देते है तो वर एवं वधू सभी उपस्थित लोगों का अभिवादन कर उस स्थल से हट जाते हैं। वधू अपने घर के कमरें में तथा वर जनवासे में बारातियों के बीच लौट जाता है।

खिरी–तेंगना :

इस वैवाहिक कर्म में वर एवं वधू को पाँच बार दोने में चावल की मदिरा रख कर ओठों से लगाया जाता है तथा उल्–उल् का शब्द करते हुए इसे घर या झोंपड़ी के छप्पर पर फेंक दिया जाता है। यह कार्य कुछ मजाक से भी भरा रहता है अतः वधू की बड़ी बहन या उसकी भाभी मुख्य रूप से खिरी–तेंगना बोड़े का उपयोग करती है। किन्तु ओठों से लगनेवाली मदिरा को पीया नहीं जाता है। यह एक प्रकार का टोटका है जिससे किसी प्रकार की यदि व्याधि बाधा है तो हड़िया में समाकर वह छप्पर की ओर फेंक दी जाये जहाँ से घर के बाहर हो जायेगी। इसी प्रकार पाँच बार हड़िया वधू के भी ओठ से लगाकर छप्पर पर फेंक दिया जाता है।

इसके बाद वर–वधू को सम्बोधित करते हुए भावी–जीवन सम्बन्धी कुछ उपदेश दिए जाते हैं। यह उपदेश प्रायः कोई वृद्ध पुरुष नए जोड़े को देता है। कोई समर्थ एवं कुशल महिला भी उपदेश दे सकती है जिसका प्रमुख अंश निम्नलिखित है:–

1. बबुस सेन्द्राकालो स कारंगा–कालो स। एरेत–लग्गो तीर लग्गो लंगड़ा मानोस आसिन लंगड़ा आमकेला, आमैया मिन्दिका माला ?
2. अउर मैया, चुल्हानु ऐरखोस, चुंजकानु उम्बलोस, आसिन उम्बलोस, आमकेला आ, आउर चुल्हानु इर्खिवोस आमकेबा ! भैया मिन्दिका माला।
3. डांगरा मोचा काओस। आदिन ओंदरोस। आदिन इर्तके, माई, आदिन अहड़ा आधा मोखे। आदिन बाबू मोखो–होले मोखामकेबा बाबू। मेंदाए का माला?

4. आउर भुदांग लो तोक्खा काओ, मन्नेंती खतरओ। आदिवासी ख़ेडड एसरो ख़ेकरम एसरो आदिन लांगडी मान्जा आदिन ठूटी मान्जा आमकेला बाबू। मेन्दाए का माल्ग बाबू?
5. नगद नानके ओन्के। इन्नन्तिम संगे नानके ओन्के इन्नन्तिम सग्गे रअके चुनके। खिरी खिरी आन्ति तेलाखोप्पानु माने खिरी आन्ति तेलाखोप्पानु।

मेरे इरिः मेना बाबू मेनाङ मैया इन्तान्ति मिंजकिराके, मेना बाबू मेंज किराके।[57]

सभी सिन्द्री :

खिरी–तेंगना के उपरान्त वर–वधू को ले जाकर सभा–सिन्द्री का रस्म पूरा किया जाता है। एक चटाई पर दुल्हन के वर के बाई ओर पूर्वाभिमुख बैठाया जाता है तथा वर–वधू दोनों को तेल में भीगे सिन्दूर का टीका वर पक्ष एवं वधू पक्ष की स्त्रियाँ लगाती हैं तथा यह युग्म घूम–घूम कर सभी बड़ों को प्रणाम करता एवं आशीष लेता है। दुल्हन अपने घर तथा वर बारातियों के बीच लौट जाता है।

मन्दी ओना :

जनवासे से पुनः वर लाया जाता है तथा वधू के साथ उसे भात एवम् करी (उर्द के वरी की) दी जाती है। वर–वधू के भोजन लेने के उपरान्त बाराती एवं घराती भोजन करते हैं। भोज के उपरान्त बाराती बिदा लेते हैं तथा वधू साथ में एक तीर या लोहे की कोई वस्तु जिससे कुदृष्टियॉ एवं जादू–टोना या अन्य विपत्तियों का प्रतिकार हो सके लेकर जाती है। उसे अपने गाँव की सीमा तक घर के लोग पहुँचते हैं।

वर के घर वधू का स्वागत :

लड़के के घर के पहुँचते ही वधू का पाद–प्रक्षालन लड़के के घर की कोई महिला पीतल की थाल में करती है। अब दो टोकरी लाई जाती है। इन्हीं में पैर रखकर लड़के और लड़की को घर में प्रवेश करना पड़ता है। आगे लड़की रहती है और पीछे लड़का जो अपने पैर के अंगूठे तथा बगल की उँगली से लड़की की एड़ी दबाए रखता है। एक–एक डग टोकरी बढ़ाई जाती है और उसमें दोनों के पैर एक साथ रख कर बढ़ते हैं। द्वार पर पहुँचने पर दूल्हे की छोटी बहन द्वार रोकती है और कुछ नेग पाकर रास्ता छोड़ती है। दुल्हन के कमरे में प्रवेश के उपरान्त 'दन्डा–कट्टा' की पूरी प्रक्रिया सम्पन्न की जाती है तभी दुल्हन कहीं निकल पाती है। अब गाँव के निकट की नदी या सोते अथवा तालाब से लाए गए जल से उसे स्नान कराया जाता है और घर की कोई महिला या गोड़इत की पत्नी उसका केश–विन्यास करती है तथा सिन्दूर से मांग टीकती है।

घर में आयी नयी बहु का गॉव के दरी से परिचय कराना आवश्यक है अतः दूसरी सुबह पति–पत्नी गाँव के सोते या नदी पर जाते हैं तथा पत्नी स्नान करने

के उपरान्त दरी के पत्थर को तेल एवं सिन्दूर से टीकती है। लाया हुआ सिन्दूर वहीं सोते में बहा दिया जाता है। पति–पत्नी लौटते समय दो घड़ा जल लेकर लौटते हैं। यह जल पति एक बहंगी में लाता है। घर पहुँचने पर जल का घड़ा लड़के का भाई ले लेता है। वर या वे वधू पर घड़े से पानी डालते हैं जिसे बचाव करती हुई वह घर में प्रवेश कर जाती है। यह क्रिया पति के बड़े भाई तथ वधू के बीच उस निषेध का संकेत है कि बड़े भाइयों के किसी भी प्रकार के स्पर्श से छोटे भाई की पत्नी दूर रहेगी। इस प्रकार वधू अपने ससुराल में व्यवस्थित हो जाती है।

मृत्यु–संस्कार

उरांव धर्म–दर्शन के अनुसार मनुष्य के शरीर में जीव एवं आत्मा (एख) दो भिन्न शक्तियाँ निहित रहती है। जीव का सम्बन्ध उसके भौतिक शरीर से होता है और एख मनुष्य का मूल एवं स्वतंत्र तत्व है। एक शरीर को छोड़कर जहाँ चाहता है विचरण करने चला जाता है और पुनः शरीर में लौटकर प्रविष्ट हो जाता है। ऐसा प्रायः मनुष्य की सुप्त या अधिक बीमारी में संज्ञा–हीनता की अवस्था में होता है। सोये हुए व्यक्ति का शरीर और शरीर में जीव रहता है किन्तु एख नहीं भी रह सकता है। जो व्यक्ति स्वप्न में देखता है; वह विचरण करते हुए एख के माध्यम से देखता एवं अनुभव करता है। व्यक्ति के जागने पर एख तत्काल लौट कर शरीर में प्रविष्ट कर जाता है। उरांवों का मानना है कि एख विहीन शरीर जीवित रह सकता है किन्तु कुछ ही दिनों के लिए संज्ञाहीन एवं रोगग्रस्त अवस्था में। उदाहरणस्वरूप यदि स्वप्न देखते हुए व्यक्ति को हड़बड़ा कर उठा दिया जाय और उसका विचरण करता हुआ 'एख' लौट कर शरीर में प्रविष्ट नहीं कर पाये तो परिणामस्वरूप जगने के पश्चात् वह व्यक्ति पागल एवं रोगग्रस्त हो जाता है और कुछ ही दिनों बाद उसका भौतिक शरीर एवं जीव भी नष्ट हो जाता है अर्थात् उसकी मृत्यु हो जाती है।

मृत्यु की स्थिति में उरांव धर्म मानता है कि व्यक्ति का भौतिक शरीर और उसका जीव जो भौतिक शरीर की ऊर्जा होता है, नष्ट हो जाता है किन्तु उसका 'एख' अजर–अमर है। उरांव धर्म में 'एख' को शरीर विहीन व्यक्ति की संज्ञा दी जाती है। अर्थात् 'एख' उसी प्रकार भूख, प्यास, आनन्द, क्रोध, राग–द्वेष का अनुभव करता है जिस प्रकार वह सशरीर करता था। 'एख' अपने पराये की पहचान करता है और चूंकि वह उस अदृश्य लोक में विचरण करता है जिस लोक में देवी, देवता, क्षेत्रीय नाद, भूत, प्रेत विचरण करते रहते हैं अतः वह अपने परिवार के लोगों पर आने वाली विपत्तियों को देख लेता है तथा उनसे उनकी रक्षा करने का प्रयास भी करता है।

उरांव धर्म में व्यक्ति की मृत्यु के उपरान्त उसका 'एख' पाताल लोक में रहनेवाले पूर्वजों से जा मिलता है। इस प्रकार जैसे जीवित उरांवों की वंश–परम्परा

या खूँट एवं गोत्र चलता है उसी प्रकार पाताल लोक में मृत्यु के पश्चात् एख अपने खूंट के एखों के बीच ही व्यवस्थित होता है। एखों में भी वंश एवं परिवार का विचार चलता है। मृत्यु संस्कार की जो सबसे महत्वपूर्ण क्रिया है वह पच्च–बालर स्थित पारिवारिक 'एखों' के बीच मृतक के 'एख' को ठीक–ठीक व्यवस्थित करना तथा उनसे प्रार्थना करना कि आपके 'वंश के फलां–फलां के ये पुत्र या पौत्र हैं, आपके पास जा रहे हैं इन्हें स्वीकार करें।'

मृत्यु संस्कार में अरवा चावल का प्रयोग वर्जित है और उसना चावल का प्रयोग होता है। मृत्यु के उपरांत श्मसान घाट ले जाने के पूर्व शव को स्नान कराकर मुँह में उसना चावल तथा पैसा रख दिया जाता है। यह कार्य प्रायः घर की स्त्रियाँ करती हैं। वे कहती है–'ओन्दा, ओन्ना, अक्कु एमान अम्बकाए। आक्कु निधाए इहरे इरकाए। हुरमी रोग–पाप हो आरकी काला।'[58]

उरांव लोकाचार में मृत्यु–संस्कार को सर्वाधिक महत्व दिया जाता है। इस संस्कार के माध्यम से मृतक की एख को पाताल–लोक में विराजमान अपने पितरों के एख–समूह या पच–बालर में सम्मिलित कराया जाता है जैसे कोई नव–विवाहित अपने पिता का गृह त्याग कर सदा के लिए पति के नए घर में सम्मिलित करा दी जाती है। पाताल–लोक के पितरों का समूह या पच–बालर ऐसा परिवार है जिसमें पृथ्वी लोक से विदा होकर एख का एक सदस्य के रूप में सम्मिलन हो जाता है। सम्मिलन की धार्मिक–क्रिया, किसी नदी या जल–कुण्ड में, जहाँ पारिवारिक गोत्र का पुल्खी–पाषाण गड़ा रहता है, मृतक की अस्थि को विसर्जित करने से पूरी होती है। उरांव धर्म–दर्शन के अनुसार पाताल लोक में अपने पितरों के बीच पहुँचने का यही प्रवेश–मार्ग है। इस प्रकार अस्थि–विसर्जन या हड़बोड़ी की धार्मिक–क्रिया को उरांव लोकाचारान्तर्गत कोहा–बेंजा की संज्ञा दी गई है। कोहा–बेंजा का अर्थ महान–विवाह होता है, जिसे हड़िबोली केन्द्रीय क्रिया है।

कोहा–बेंजा के पूर्व, इस क्रिया की तैयारी हेतु, मृत्यु–संस्कार को अनेक चरणों से होकर गुजरना पड़ता है जो मृत्यु से लेकर कोहा–बेंजा तक की एख–यात्रा के मध्य पड़ता है। इस क्रम में उरांव लोकाचार के अन्तर्गत मृत्यु–संस्कार का एक ऐसा असामान्य किन्तु विशिष्ट चरण आता है जो कदाचित ही विश्व की किसी जाति या जन–जाति में पाया जाता हो। इस चरण के अन्तर्गत शव को कुछ समय के लिए दफनाया जाता है तथा समय पूरा हो जाने पर शव को कब्र से निकाल कर जलाया जाता है। दफनाने एवं जलाने की दोनों रीतियाँ एक ही शव के साथ निभाई जाती हैं जो उरांव धर्म–सम्मत है। यह पद्धति उस मृतक के साथ अपनाई जाती हैं जिसकी मृत्यु ''खद्दी'' एवं ''कोहा–बेंजा'' की बीच की अवधि में हुई होती है।

मृत्यु–संस्कार का उपरोक्त असामान्य चरण असहज होते हुए भी तर्क–संगत है। धर्म एवं रीति–रिवाज उस प्राकृतिक परिवेश से भी प्रभावित होते हैं जिसमें वह जाति शताब्दियों से रहती आई है। छोटानागपुर के वनीय एवं पठारी भू–भाग पर बसने वाली उरांव जन–जाति को लगभग अप्रैल माह से अक्टुबर–नवम्बर तक भीषण वर्षा का सामना करना पड़ता है। कभी–कभी तो मूसलाधार वर्षा का क्रम पूरे सप्ताह अबाध चलता रहता है। इन परिस्थितियों में शव को मसना तक ले जाना एवं उसे चिता में जलाना तथा उससे जुड़ी मृत्यु–संस्कार की अन्य क्रियाएँ सम्पन्न करना असंभव होता था। अतः यह प्रथा विकसित हुई कि जब तक वर्षा का प्रकोप है तब तक के लिए शव को भूमि में दफन कर रखा जाये अर्थात शव को भूमि में सुरक्षित रखा जाये। चूंकि वर्षा का प्रकोप छोटानागपुर के इस क्षेत्र में सरहुल पर्व (अप्रैल माह) से खर्रा–पूजा (अक्टूबर–नवम्बर) तक कुछ–न–कुछ बना रहता है अतः यह असामान्य रीति उरांव मृत्यु–संस्कार में प्रविष्ट कर गई कि सरहुल एवं खर्रापूजा के बीच के मृतक का शव सीधे मसना ले जाकर नहीं जलाया जायेगा अपितु शव को भूमि में दफना दिया जायेगा और खर्रा पूजा के कुछ दिन पूर्व उसे कबाड़ कर पुनः चिता पर जलाया जायेगा। जिनकी मृत्यु उपरोक्त अवधि के बीच नहीं होती उन्हें सीधे मसना ले जाया जाता है जहाँ शव को चिता की अग्नि में समर्पित कर दिया जाता है।

कोहा–बेंजा की क्रिया पूरे गांव एवं गोत्र की सामूहिक रूप में सम्पन्न की जाती है। इसके लिए पाहन एवं महतो कोई उपयुक्त दिन निश्चित करते हैं। यह दिन प्रायः कार्तिक पूर्णिमा की षष्ठी होती है। कुछ गांवों में कोहा–बेंजा अगहन–पूर्णिमा की षष्ठी को मनाया जाता है। कोहा–बेंजा की हड़बोली क्रिया के अनुसार मृतक की अस्थि कुण्डी में जल–समर्पित की जाती है। अतः उन सभी परिवारों के लोग कोहा–बेंजा के इस वार्षिक समारोह के लिए, परिवार के, उस वर्ष के मृतक या मृतकों की अस्थि को कलश में विधिवत् सुरक्षित रखते हैं जिन्हें कब्र में न रख कर सीधे मसना में चिता पर जला दिया गया होता है। और जिन शवों को सीधे नहीं जलाया गया होता है, उन शवों को औपचारिक दफन के उपरान्त भूमि से कबाड़ कर निकालते हैं, तदुपरान्त मसना के चिता पर जलाते एवं उनकी अस्थि एकत्रित कर कलश में रखते हैं एवं कोहा–बेंजा के दिन अस्थि को जल–समर्पित कर देते हैं। इस प्रकार कोहा–बेंजा के दिन विगत एक साल में देश–विदेश में गाँव के जितने लोगों की मृत्यु हुई है, सभी के अस्थि कलश एकत्रित कर समारोह पूर्वक सामूहिक रूप से गोत्र की कुण्डी में जल–समर्पित किया जाता है।

एख माखा या छाई भितरना :

मृत्यु–संस्कार के अन्तर्गत 'एख–माखा' या 'छाई–भितरना' की क्रिया उरांव धर्म–दर्शन के अनुसार अत्यन्त महत्वपूर्ण है। उरांव धर्म–दर्शन में एख को शरीर–विहीन

व्यक्ति की संज्ञा दी गयी है। अर्थात शरीर नष्ट हो जाने के पश्चात् भी व्यक्ति नहीं मरता, वह अपने संबंधों के संदर्भ में बना रहता है। यह संबंध पृथ्वी के उपर तथा पृथ्वी के नीचे पाताल लोक में स्थापित पितरों से जुड़ा रहता है। वर्ष में एक दिन जो प्रायः कार्तिक पूर्णिमा की षष्ठी या अगहन पूर्णिमा की षष्टी होता है, वर्ष भर में मृत सभी व्यक्तियों के एख को, कोहा–बेंजा क्रिया द्वारा पाताल–लोक स्थिति पितरों से संयुक्त करा दिया जाता है। इस स्थल पर प्रश्न उठता है कि मृत्यु के क्षण से कोहा–बेंजा के अस्थि–जल–समाधि तक के बीच की अवधि में एख की क्या स्थिति रहती है। क्या वह स्वतंत्र विचरण करता रहता है या घर के लोग कोहा–बेंजा तक के लिए एख को कहीं स्थापित करते हैं। यदि एख को स्वतंत्र छोड़ दिया जाय तो इह–लोक में अराजक स्थिति उत्पन्न होने की संभावना उत्पन्न हो जाती। इस परिस्थिति में एख को कोहा–बेंजा के लिए 'उस दिन' उपलब्ध कर पाना कठिन होता। अतः मृत्यु के बाद की पहली क्रिया एख को निश्चित स्थान पर स्थापित करना होता है जिससे उसे भटकना न पड़े और कोहा–बेंजा के लिए एख उपलब्ध रहे। मृत्यु से कोहा–बेंजा की बीच की अवधि के लिए एख को घर में स्थापित करने की क्रिया को एख मांखा या छाई–भितरना की क्रिया कहते हैं। यह क्रिया मृत्यु के दिन ही सम्पन्न की जाती है। जैसे–

(क) सरहुल तथा कोहा–बेंजा के बीच की अवधि में मृत्यु होने पर कब्र में शव को दफन करने के उपरान्त या

(ख) कोहा–बेंजा एवं सरहुल के बीच की अवधि में मृत्योपरान्त चिता पर शव को जला देने के उपरान्त।

छाई भितरना की क्रिया :

यह क्रिया मृतक की छाया के वापस घर लौटने की जांच स्वरूप की जाती है। जिस कमरे में मृतक ने अंतिम श्वास ली थी उस कमरे में एक छोटा लाल रंग का मुर्गा लाया जाता है तथा सूप से उसना चावल चुंगने के लिए उसे दिया जाता है। उस कमरे में एक व्यक्ति रहता है जो कमरे को भीतर से बंद रहता है। कमरे के भीतर पीतल के जल भरे लोटे के मुँह के ऊपर पत्तियों पर दीपक रखा रहता है जिसे तेल एवं बत्ती डालकर प्रज्जवलित कर दिया जाता है।

इस बीच घर की महिलाएँ मसान घाट् की ओर जाती हैं। वे अपने साथ दातुन जैसा तीन डंठल, कुछ पुआल, कोयले का जलता टुकड़ा, हल की फाल तथा हसिया लिए हुए होती है। श्मसान घाट की ओर आधी दूरी पूरी करने के उपरान्त वे मार्ग में एक स्थान पर रूक जाती है। वहाँ वे डंठल गाड़कर, उस पर पुआल फैला कर प्रतीक स्वरूप एक छोटी सी कुटिया बना लेती है। तदन्तर उस कुटिया में आग लगा दी जाती है। जलती हुयी प्रतीकात्मक कुटिया की ओर संकेत करती हुई वे तीन बार उँचे स्वर में सम्बोधित करते हुए कहती हैं–

"बारा फलना (मृतक का नाम) निधाइ कुम्बा ओला लग्गी"

(अर्थात ओ फलना (मृतक का नाम) तुम्हारी कुटिया जल रही है।

कुटिया जलाने और मृतक के नाम पुकारने का उद्देश्य मृतक की एख को कुटिया के निकट बुलाना होता है। इस क्रिया से यह मान लिया जाता है कि एख कुटिया के पास आ गया। अब महिलायें फाल को हसिया से बजाती हुई घर की ओर लौटती हैं। राह में बिल्कुल मौन चलती हुई घर पहुँचती है और द्वार बंद पाती है। सर्वत्र निस्तब्धता छाई रहती है। द्वार के सम्मुख वे बोलती हैं–

—"द्वार खोलो"

—"तुम कौन हो अपने या अनजाने" घर के भीतर बैठा आदमी पूछता है।

—"अपने"

—"दुख रादर कि सुख रादार" घर के भीतर बैठा आदमी पूछता है।

—"सुख रा–द्दाम" महिलाऍं उतर देती है।

और यह जानकर की महिलाऍं दुख भगाकर सुख लाई है, आदमी द्वार खोल देता है। उस समय सबकी दृष्टि घर में जलते हुए दीपक की लव पर जाती है। यदि लव स्थिर जल रहा है तो मान लिया जाता है कि मृतक की एख या छाया घर में नहीं भितराई है, अर्थात् प्रविष्ट नहीं हुई है। यदि लव कम्पित होता रहता है तो स्पष्ट हो जाता है कि मृतक की छाया घर में प्रविष्ट कर गई है। पूरी तरह निश्चित होने के लिए जमीन पर राख बिखेर दिया जाता है क्योंकि मृतक की छाया किसी भी छोटे–मोटे पशु या सर्प का रूप ग्रहण कर आ सकती है। ऐसा होने पर राख पर उसके पद–चिन्ह बन जायेंगे या कुछ–न–कुछ राख में छायांकित हो जायेगा जिसे बड़ी सर्तकता से देखा जा सकता है। इस प्रकार मृतक की एख को बाहर स्वतंत्र विचरण करने की आराजक स्थिति में न छोड़कर छाया–भितरना क्रिया द्वारा घर में लाकर कोहा–बेंजा क्रिया तक के लिए स्थापित कर दिया जाता है।

औपचारिक दफनाना :

उरांवों के मृत्यु–संस्कार की क्रियाओं में एक ऐसी अवधि आती है जिसके बीच मृत्यु होने पर शव को मसान में अग्नि को समर्पित नहीं किया जाता अपितु शव को भूमि में गाड़ कर प्रतीक्षा की जाती है कि निर्धारित अवधि व्यतीत हो जाये तब शव को निकाल कर विधिवत् मसान में चिता पर समर्पित किया जाए। यह अवधि अप्रैल–मई से अक्टूबर–नवम्बर के बीच की है। मई से वर्षा गहन रूप से प्रारम्भ हो जाती है तथा धान की रोपनी हेतु पौधे अंकुरित हो जाते है। इस प्रकार धान के अंकुरण के समय से फसल की कटाई अर्थात अक्टूबर–नवम्बर माह तक के बीच मरनेवालों का शव अस्थायी तौर पर जमीन में दफन कर दिया जाता है।

कटाई समाप्त होने के उपरान्त शव जमीन से निकाल कर मसान घाट पर जलाया जाता है। यह कार्य वार्षिक 'कोहा–बेन्जा' के अन्तर्गत सम्पन्न होता है।

दफनाने के रीति के अनुसार उत्तर–दक्षिण दिशा में एक 5–6 फीट गहरा गड्ढा खोदा जाता है। इसमें करंज की तीन लम्बी डालियॉ काट कर चिमटे की तरह मोड़कर गड्ढे के पूरब–पश्चिम दीवालों से स्पर्श करते हुए नीचे सतह पर जमा दी जाती है। इसी प्रकार शव को, गड्ढे की दांयी ओर रखते हुए, गड्ढे की तीन परिक्रमा करायी जाती है और तदुपरान्त शव गड्ढे में रख दिया जाता है। शव के मुँह में या कहीं–कहीं कपड़ें में बॉध कर शव के सिर के नीचे हैसियत के अनुसार ताम्बे, पीतल या चॉदी के सिक्के रख दिये जाते हैं। निकट का संबंधी एक मुट्ठी मिट्टी पहले डालता है और इसके बाद क्रमशः गड्ढा मिट्टी से भर दिया जाता है। एक मिट्टी की गगरी में पानी भर कर शव के मस्तिष्क के ठीक सीध में उपर भूमि पर रखकर उसमें नीचे से तीन छेद कर दिया जाता है कि पानी शनैःशनैः नीचे से निकल कर उस स्थान तक फैल जाए। तीन दातुन भी जिसे 'मसना–दांतन' कहते है रख दिया जाता हैं।

इस संस्कार के उपरान्त सभी किसी नदी तालाब में स्नान करते हैं। वे जब वापस मृतक के घर लौटते हैं तो आंगन गोबर से लीप कर उसके एक कोने में भूसी रख दी जाती है। प्रत्येक व्यक्ति के सामने लकड़ी का जलता हुआ कोयले का टुकड़ा रख दिया जाता है। इस पर कोने में रखी भूंसी लाकर डाली जाती है तथा तेल भी अर्पित किया जाता है। भूंसी एवं तेल के जलने से धुऑं उठता है तो व्यक्ति को स्पर्श करता हुआ उसे पवित्र कर देता है। समिधा से उत्पन्न धुएँ की पवित्रता प्रायः अनेक धर्मों में स्वीकारी गयी है। धूम्र से शुद्ध होने के उपरान्त वही व्यक्ति पैर की ठोकर से जलते हुए कोयले को बिखेर देता है। इस प्रकार धूम्र से शुद्धि के उपरान्त वह पास में ही रखे हल्दी के घोल को अपने उपर छिड़क कर और भी शुद्ध हो जाता है। शव–संस्कार की अशुद्धता से स्वयं को शुद्ध कर लेने के उपरान्त सभी लोग अपने–अपने घर प्रस्थान करते हैं।

मृत्यु–संस्कार का विधान

सरहुल और खर्रापूजा के मध्य मृत्यु की स्थिति में शव को भूमि में दफनाने के विशेष संस्कार के पश्चात् शवदाह एवं मृत्यु संस्कार की सम्पूर्ण क्रियाएँ पाँच दिनों में पूरी की जाती है। ये क्रियाएँ घर से शव निष्कासन, दाह, हड़बोड़ी तथा पद्दाकामना तक विस्तृत हैं। पहले दिन की क्रिया में दफन किए गए शव को निकालना और उसका दाह संस्कार करना है। चूंकि परम्परानुसार कोहा–बेंजा, किसी गॉव में कार्तिक पूर्णिमा के छठे दिन या किसी गांव में अगहन पूर्णिमा की षष्ठी के दिन समारोह पूर्वक मनाया जाता है अतः इससे चार दिन पूर्व मृत्यु–संस्कार

की अन्य क्रियाएँ सम्पन्न करना प्रारम्भ कर दी जाती है। इस प्रकार उरांव मृत्यु–संस्कार (श्राद्ध–कर्म) शुद्धिकरण तक में कुल पॉच दिन लगते हैं।

प्रथम दिन

मृत्यु–संस्कार–क्रम में सर्वप्रथम भूमि में दफन किए गए शव को कबाड़ कर उपर लाना तथा उसे चिता को समर्पित करना होता है। इस कार्य के लिए गाँव के पुरुषों को आगे आना पड़ता है। वे आम के वृक्ष से लकड़ियाँ काटते और मसना में चिता तैयार करते हैं। गाँव के किसी भी वृक्ष से लकड़ी काटी जा सकती है। इसके लिए कोई रोक–टोक नहीं सकता। चिता तैयार करने के उपरान्त पुरुष कुदाल से कब्र खोदना प्रारम्भ करते हैं और जब शव दिखलाई पड़ने लगता है तो रुक जाते हैं तथा मृतक के घर सूचना भिजवाते हैं। सूचना मिलते ही परिवार के सभी लोग एवं मेहमान समूहों में विलाप करते हुए मसना पहुँचते हैं। इनके पहुँचने के उपरान्त शव को, जो चटाई या लकड़ी के पटरे पर रखा होता है, चटाई या पटरा समेत उपर उठा लेते हैं और गड्ढे केपास रख देते हैं। दुखी परिवार जन विलाप करते हुए शव को दतवन देते हैं। और स्नान कराते हैं। स्नानोपरान्त शव को हल्दी तथा सिन्दूर का तीन टीका लगाया जाता है। तदुपरान्त शव के मुँह में कुछ चावल, सिक्के एवं कौड़ी रखी जाती है।

कब्र से निकाले गए शव को स्नानादि की क्रिया के उपरान्त चिता पर रखा जाता है। चिता पर पुनः शव को जल अर्पित किया जाता है तथा हल्दी एवं तीन बार सिन्दूर का टीका लगाकर उसे कफन से ढक दिया जाता है। इस बीच महिलाएँ उसना चावल के दाने पूरे मसना में छींटती हैं। शव का शीश दक्षिण की ओर होता है तथा पैर उत्तर की ओर। मृतक का पुत्र या कोई निकट सम्बन्धी मुखाग्नि देता।

खर्रापूजा और सरहुल के बीच की अवधि में मृत्यु होने पर शव दफनाने का विधान नहीं है अपितु सीधे मसना ले जाकर चिता को समर्पित करना होता है। घर में व्यक्ति की मृत्यु होते ही महिलाओं को घोर विलाप शुरू हो जाता है। गाँव की अन्य महिलाएँ विलाप सुनकर मृतक के घर सूप या नाचुआ (एक छोटी टोकरी) में कुछ धान लेकर पहुँचती हैं। अब तक शव को घर से बाहर के आंगन में निकालकर रख दिया जाता है। शव के पास एक खाली टोकरी रखी रहती है। महिलाएँ साथ लायी हुयी धान को खाली टोकरी में डाल देती है।

शव को घर से मुख्य द्वार से बाहर निकाला जाता है तथा कमरे में राख छिड़क कर द्वार तब तक के लिए बन्द कर दिया जाता है जब तक लोग मसना से सभी क्रियाएँ पूरी कर न लौंटे। शव को ठण्डे पानी से स्नान कराया जाता है। यदि शव किसी सधवा स्त्री का है तो सिन्दूर को तेल में मिलाकर उसके माथे को टीका जाता है और उसकी मांग में सिन्दूर भरा जाता है।

इस बीच गाँव के कुछ पुरुष लकड़ी एक अरथी तैयार कर लेते हैं। इस अर्थी पर शव का शीश दक्षिण एवं पैर उत्तर[59] की ओर रखते हुए चढ़ाया जाता है और तब एक नये कपड़े से, जिसे कफन कहते हैं शव को ढक दिया जाता है। पहले ऐसी प्रथा थी कि शव चाहे पुरुष हो या स्त्री का अर्थी को अपने कंधे पर रखकर महिलाएं मसान तक ले जाती थी[60] किन्तु यह प्रथा क्रमशः लुप्त हो गई है और अर्थी पुरुष मसान तक ढो कर ले जाते हैं, जहाँ पहले से बनी हुयी चिता पर शव को रखा जाता है। शेष क्रियाएँ पूर्ववत् होती हैं जैसे मुखाग्नि देने के पूर्व सभी निकट महिला सम्बन्धियों द्वारा सिर पर तेल गिराना, उसना चावल एवं सिक्का शव के मुँह में डालना, आदि। चिता के पास रखा हुआ मोटा भी जला दिया जाता है।

चिता में पूरी तरह अग्नि प्रज्वलित होने पर महिलाएं स्नानार्थ घाट की ओर प्रस्थान करती हैं। मार्ग में वे एक प्रकार का घास जिसे 'फूट–चिरी' घास कहते हैं, चुनती हुई घाट पहुँचती हैं। यह घाट कुण्डी या मसना के निकट के नदी या जलाशय से अलग होता है। घाट पर स्नान करने के उपरान्त या अस्वस्थ महिलाओं द्वारा मुँह–हाथ–पैर आदि प्रक्षालन के उपरान्त फूट–चिरी घास से उपर जल छिड़ककर वे स्वयं को शुद्ध करती हैं। इसके साथ ही महिलाएँ अपने उपर हल्दी का जल या हल्दी का छिड़काव करती है। इस प्रकार शुद्ध होकर महिलाएँ घर की ओर प्रस्थान करती हैं।

तदुपरान्त पुरुषों के स्नान करने की बारी आती है। श्मसान घाट पर जिसे 'मसना' कहते हैं, 2–3 पुरुष चिता की देख–रेख के लिए रुक जाते हैं और शेष स्नान करने के लिए घाट पर पहुँचते हैं। सभी क्रियाएँ पूर्ववत् दुहराई जाती है। स्नान एवं अपने उपर हल्दी का छिड़काव कर वे भी घर की ओर प्रस्थान करते हैं।

रात्रि में गांव के सभी लोग सरना–स्थल पर एकत्रित होते हैं। इसके पूर्व पाहन नेग करते हुए मसना में हल्दी एवं जल छिड़कर मसना को शुद्ध कर चुका होता है। सरना–स्थल पर पच–बालर को हड़िया समर्पित किया जाता है। एकत्रित लोग भी हड़िया ग्रहण करते हैं। यह कार्यक्रम देर रात तक चलता है। आज से पूरा गांव अपवित्र माना जाता है क्योंकि "छुतका" लग जाता है। गाँव में किसी आये हुए मेहमान को अब घर का भोजन नहीं दिया जा सकता। उसे घर के बाहर अच्छे बर्तन में बने भोजन को पत्तल पर खाने के लिए दिया जाता है। "छुतका" से छुटकारा, कोहा–बेंजा के पश्चात् गांव को पवित्र करने वाली क्रियाओं के उपरान्त हो पाता है।

दूसरा दिन

चिता जलने के दूसरे दिन **"नाल ओड़ा तिरिखना"** (दोन चिड़ि खूँदना) की क्रिया पूरी की जाती है। प्रातः गाँव के पुरुषों की टोली नग्नावस्था में निकटस्थ

किसी जलाशय के पास जाती है, जहाँ जल की मात्रा न्यून किन्तु झाड़–झंखाड़ ज्यादा हो। इन परिस्थितियों में झाड़ियों में चिड़ियों का घोंसला बन जाता है। पाहन साथ होता है। नवयुवक एक विशेष प्रकार की चिड़िया पकड़ते हैं और पाहन को सौंप देते हैं जो इसे बांस के छाता के उपर बांध कर नचाता है। नवयुवक अपना वस्त्र पहन लेते हैं और एक निश्चित दूरी, हाथ से धान की बाली नोचते एवं उसे गमछा या किसी कपड़े में रखते हुए, तय करते हैं। तदन्तर वे सभी सरना–स्थल पर आते हैं जहाँ गोत्र (पत्थर) देवता की पूजा और कलश की स्थापना होती है। कलश की स्थापना उसी प्रकार होती है जिस प्रकार विवाह संस्कार के समय की गई थी। धान की बाली कलश के मुख के बाहर निकली हुई तथा शेष भाग कलश के भीतर। कलश के मुख पर ढक्कन रख दिया जाता है। कलश के ढक्कन के उपर तीन मुँह का दिया और पाहन तथा महतो के यहाँ कुल तीन कलश सरसों का तेल भरकर रख दिया जाता है। कलश पनभरा तैयार करता है। सरना स्थल पर रात्रि 8–9 बजे तक यह कार्यक्रम चलता है तदन्तर लोग घर वापस आ जाते हैं।

इस दिन एक और विशेष कार्यक्रम होता है। रात्रि के समय गोड़इत अपना नगाड़ा बजाता हुआ पूरे गाँव की परिक्रमा करता है। नगाड़ा बजा–बजा कर वह गांव के मृतकों के एखों को जो यदि अपने स्थापित स्थान से विचलित होकर बाहर आ गए होते हैं, उन्हें नगाड़े की ध्वनि द्वारा उनके स्थान पर पूर्नव्यवस्थित करता है। गोड़इत इस क्रिया को रात्रि 9 बजे, अर्धरात्रि 12 बजे और प्रातः होने के पूर्व 2 बजे, तीन बार पूरा करता है। तीन बार नगाड़ा बजाते हुए गांव की परिक्रमा करने का उद्देश्य यह है कि पहली एवं अर्धरात्रि के दूसरी बार भी नगाड़े की ध्वनि के साथ एख अपने स्थापित स्थान पर नहीं पहुँच सका है तो अर्धरात्रि के उपरान्त 2 बजे नगाड़े की ध्वनी के साथ एक अवश्य अपने स्थान पर व्यवस्थित हो जायेगा। गोड़इत का नगाड़ा बजाने का क्रम किसी भी प्रकार बीच में नहीं टूटता है। वह अपने घर से नगाड़ा बजाता हुआ निकलता है और पूरे गांव का बिना रुके नगाड़ा बजाते हुए परिक्रमा करने के उपरान्त अपने घर में घुस जाता है।

तीसरा दिन

तीसरे दिन प्रातःकाल पाहन सहित गाँव के कुछ प्रतिष्ठित लोग खलिहान के निकट जहाँ खर्रा–पूजा मनाया जाता है एकत्रित होते हैं। गोबर से लीपकर स्थान साफ किया रहता है। इस पर कुछ चावल बिखेर कर मुर्गा बांध दिया जाता है। सभी स्नान कर खर्रा–स्थल पर पहुँचते हैं, पत्थर का चूल्हा बनाते हैं, उसे पानी से शुद्ध करते हैं, हल्दी छिड़कते हैं तथा चूल्हे के पत्थर पर सिन्दूर का तीन टीका लगाते हैं। मुर्गे की बलि दी जाती है और उसका रक्त चूल्हे को समर्पित किया जाता है।

चूल्हे को विधिवत पवित्र करने के उपरान्त आग जलाई जाती है। ढेकी से सद्यः कूटा हुआ उसना चावल तथा बलि चढ़ाए हुए मुर्गे के मांस से तहरी बनाई जाती है जिसमें चावल, मुर्गे का मांस एवं नमक के अतिरिक्त और कुछ नहीं होता। तहरी एवं हड़िया भूमि पर अर्पित कर पच–बालर को समर्पित किया जाता है। उपस्थित सभी लोग हड़िया एवं तहरी का सेवन करते हैं तथा सरना स्थल से होते हुए घर लौटतें है। इसके उपरान्त घर में उतर–खिला की क्रिया प्रारंभ हो जाती है।

उतुर–खिला :

मृतक के आंगन मे या बाहरी बरामदे में लगभग एक फीट की गोलाई का 6–7 इंच गहरा गड्ढा खोदा जाता है। उस गड्ढे में तला हुआ बिनौला (कपास का बीज), उर्द, टोटनी, लोहसिंगा (लौह चूर्ण) और धान का लावा, जितिया, पीपल के पत्ते के दोने में कर गड्ढे के किनारे रख दिया जाता है। एक दोने में हल्दी का घोल रखा जाता है। इस तैयारी के पश्चात् गाँव का एक वयोवृद्ध व्यक्ति पूर्वाभिमुख गड्ढे के पश्चिमी किनारे पर बैठता है। उसे एक लाल मुर्गा दिया जाता है जिसकी बलि वह अपने हाथ से सिर तोड़ कर तथा उसकी चोंच निकाल कर करता है। इसके निकलते रक्त और चोंच को गड्ढे में डाल दिया जाता है। इसके बाद अन्य उपस्थित लोग, मुख्य दाने से जिसमें तला हुआ बिनौला, लावा, उर्द आदि रखा हुआ होता है थोड़ा–थोड़ा हिस्सा बाएँ हाथ से निकालते हैं और गड्ढे में डालते जाते हैं और इसके उपरान्त हल्दी के घोल का स्पर्श कर स्वयं को शुद्ध करते हैं। गड्ढे में अन्न डालते समय वे कहते हैं – ''फलना (नाम) गोत्र–गाही पच्चो–पच्चगी खेखेलकिया रादर, इसिनहु सगे नानके'' इस प्रकार पाताल–लोकवासी पितरों से प्रार्थना की जाती है कि वे अपने खूँट के व्यक्ति के 'एख' को अपने बीच शामिल कर लें।

इस क्रिया के साथ दण्डा–कट्टा या भेलवाफारी धार्मिक–क्रिया भी सम्पन्न की जाती है जिससे किसी भी प्रकार के आधि–दैविक दोषों एवं आपदाओं का निवारण हो सके तथा आनेवाले जादू–टोना या प्रेत प्रभाव से सुरक्षा हो सकें।

होचोल–पुंप पेसा :

घर की महिलाएँ श्मसान घाट जाती है तथा वहाँ से मृतक की अवशिष्ट अस्थियाँ बाएँ हाथ से इकट्ठा करती है। उन्हें धोती हैं तथा उनपर हल्दी का लेप करती है। इसके उपरान्त नए मिट्टी के घड़िया (छोटा घड़ा) मे रखती हैं। सम्बान्धियों द्वारा इस घड़े में कुछ सिक्के भी डाल दिए जाते हैं। घड़िया पुआल की बड़ेरी पर रखा जाता है। कुश घास की एक पिण्डी या लिंग जो मृतक के प्रतीक के रूप में होता है बनाकर घड़े में अस्थियों के साथ रख दिया जाता है। एक महिला

चिता के स्थान को गोबर से लीप कर साफ–सुथरा कर देती है तथा एक अन्य महिला सिन्दुआर की टहनी से उस गोबर से साफ किए हुए स्थान को उपर से झाडू लगाती है। अस्थियों के साथ घड़े में आधा उबला हुआ चावल रख दिया जाता है।

हड़बोड़ी या अस्थि–जलार्पण :

हड़बोड़ी या अस्थि–जलार्पण कोहा–बेंजा की केन्द्रीय क्रिया है जिसके अर्न्तगत मृतकों के एख को पितरों के एखों के बीच स्थापित किया जाता है। उरांव धार्मिक व्यवस्था में घर, गाँव, पहाड़, पृथ्वी और समस्त दिशाओं की शान्ति के लिए आवश्यक है कि पाताल–लोक में रहनेवाले पितरों के बीच मृतक की एख को विभिन्न धार्मिक क्रियाओं द्वारा पहुँचा दिया जाए तथा मृतक जिस खूंट का हो उस खूंट के पितरों द्वारा उसे अपना लेने की प्रार्थना की जाये। प्रार्थना का क्रम मृत्यु के उपरान्त अपनायी गई प्रायः सभी विधियों में स्पष्ट दिखलाई पड़ता है किन्तु 'हड़बोली' सामूहिक रूप से मनाई जानेवाली वह संस्कार विधि है जिसकी प्रक्रियाओं के अर्न्तगत भू–लोक से एख को विदा कर पाताल–लोक वासी गोत्र के पितरों के एख के बीच सम्मिलित एवं स्वीकृत करा दिया जाता है। इस दिन छोटी–छोटी घड़िया में मृतकों की विधिवत् संग्रहीत अस्थियॉ महिलाऍ अपनी बांयी हथेली पर लेकर समूह में बाजे–गाजे के साथ 'कुण्डी' की ओर जाती है। 'कुण्डी' किसी नदी, तालाब या बहते जलस्रोत में पत्थर की गड़ी शिलाओं का वह स्थान है जहाँ के भुइंहरों एवं जेठरैयतों के मृतकों की अस्थियॉ जलार्पित की जाती है। सामान्यतः एक गांव के भुइंहरों की एक कुण्डी होती है। इस कुण्डी के किनारे पत्थर की छोटी–बड़ी शिलाऍ गड़ी रहती है। ये शिलाएँ 'पुल्खी' कही जाती है। गॉव के अलग–अलग गोत्र के सभी मृतकों की अस्थियाँ धार्मिक रीति के अनुसार गोत्र की निश्चित पुल्खी के नीचे समाधिस्थ की जाती है। यह वही द्वार है जिससे होकर मृतक का एख पाताल–लोक में गोत्र के मृत–पितरों से मिल जाता है।

कभी–कभी उरांव अपना गाँव छोड़कर दूसरे गांव में बसते है। ऐसी स्थिति में हड़बोड़ी के दिन उन्हें मृतक की अस्थि लेकर अपने पहले के गाँव में जाना पड़ता है तथा गोत्र की परम्परागत पुल्खी–पत्थर के नीचे मृतक की अस्थि समाधिस्थ करनी पड़ती है। यदि एक तरह के खूंट के निवासियों की संख्या किसी गाँव से अधिक हो जाती है तथा वे गाँव में पूराने भुइंहरों के समानान्तर अपनी रैयत बना लेते हैं तो क्रमशः वे अपनी कुछ दूर हटकर अलग कुण्डी बना लेते हैं। इस प्रकार गाँव के प्रत्येक खूंट या भुइंहरों अर्थात मूल–निवासियों की एक कुण्डी होती है तथा उस कुण्डी के किनारे पत्थर की शिलाएँ 'पुल्खी' होती है जो गाँव के प्रत्येक गोत्र के लिए निश्चित हैं। हड़बोड़ी के दिन गाँव से लेकर कुण्डी तक बाजे–गाजे के बीच वैवाहिक समारोह जैसा दृश्य उपस्थित हो जाता है।

गाँव की महिलाएँ बाएँ हाथ की हथेली पर आरोपित अस्थि कलश लेकर समूह में कुण्डी की ओर चलती है गोड़इत आगे–आगे बाजा बजाता चलता है तथा पुरुष पीछे–पीछे चलते हैं। कुण्डी[61] में पहुँच कर गोत्र के अनुसार पुल्खी के निकट महिलाएँ खड़ी हो जाती हैं। अब उनके हाथ से उनके परिवार के पुरुष कलश छीन कर शीघ्रता से अस्थियाँ नीचे उलट देते हैं तथा कलश को पुल्खी पत्थर पर तोड़ देते हैं। अब स्त्रियाँ अपने–अपने गोत्र के पुल्खी पत्थर को धोकर उस पर खिचड़ी रखकर पुल्खी को समर्पित करती हैं। पाहन चारों तरफ हल्दीयुक्त जल छिड़क कर स्थान को पवित्र करता हैं। अब पुरुष कुण्डी से कुछ उपर जाकर पुरुष नाद पोखर/घाट में और महिलाएँ भी महिलाओं के लिए बने नाद पोखर/घाट में जाकर स्नान करती हैं। उधर कुण्डी से सभी के चले जाने के बाद गांव का भण्डारी खैनी–चूना या तम्बाकू हाथ से मलकर धरती पर रखते हुए कहता है–

"पच्च–बालर, निभागे चूना–तामकू चियाअः लागद्म एक आक्कू एम काला लागदम। हुरमी मांग पूरा काला लगादेय।"

(ओ पितर हम तुम्हें चूना एवं तम्बाकू समर्पित कर रहें हैं, इसे स्वीकार करो; अब हम जा रहें है। सभी क्रिया–कर्म अब पूरे हो चुके हैं, हम जा रहे हैं।)

नाद पोखर/घाट से स्त्री–पुरुष स्नानादि से निवृत होकर फूलचिड़ी घास (एक–दो) चुनते हुए घर की ओर प्रस्थान करते हैं। घर पर फूलचिड़ी घास से उन पर हल्दी पानी छिड़का जाता हैं फिर हाथ में हल्दी पानी दिया जाता है। उसके बाद तेल दिया जाता है, जिससे सिर, शरीर में छिड़कर तथा मलकर शुद्ध हुआ जाता है। पुनः सभी लोग धुमकुड़िया के निकट अखड़ा में एकत्रित होते हैं। प्रत्येक व्यक्ति के सामने जलता हुआ लकड़ी का टुकड़ा रख दिया जाता है। इस पर कोने में रखी भूंसी लाकर डाली जाती है और तेल अर्पित किया जाता है। भूसी एवं तेल के जलने से धुँआ उठता है जो व्यक्ति के शरीर को स्पर्श करता हुआ उसे पवित्र कर देता है। धूम्र से शुद्ध होने के उपरान्त वही व्यक्ति पैर की ठोकर से जलते हुए कोयले को बिखेर देता है।

तत्पश्चात् एक दिन पहले तैयार किया हुआ कलसा (विवाह में प्रयुक्त श्रृंगार कलसा की तरह) अखड़ा में लाया जाता है। कलसा के दिया को प्रज्जवलित कर दिया जाता है। धुमकुड़िया में रखे लकड़ी के हाथी–घोड़ा की मालिश की जाती है। सिन्दूर का तीन टीका लगाया जाता है तथा समस्त नेग का निर्वाह करते हुए रंगवा मुर्गे की बलि दी जाती है। इसके बाद उसे उठाकर अखड़ा में रख दिया जाता है। गांव के पाहन, पुजार महतो या प्रतिष्ठित व्यक्ति उक्त हाथी/घोड़े पर सवार होते हैं और पूरे गाजे–बाजे तथा गीत के साथ पूरा गांव जतरा टांड़ की

ओर प्रस्थान करता है। जतरा टांड़ पहुँचकर यह यात्रा पूर्णतः उत्सव, समारोह में परिवर्तित हो जाती है। लोग हाथी/घोड़ा तथा कलसा के साथ पूरे वेग से जतरा टांड़ की तीन परिक्रमा करते हैं और अन्त में किसी निश्चित स्थान पर हाथी/घोड़ा तथा कलसा को रख देते हैं। कुछेक व्यक्ति इसकी पहरेदारी करते हैं तथा शेष सभी लोग रंगारंग कार्यक्रम तथा नाच–गाने में लीन हो जाते हैं। यह कार्यक्रम देर रात तक चलता रहता है। और इस प्रकार तीसरे दिन की क्रिया समाप्त होती है।

चौथा दिन

उरांव धर्मानुसार मृत्यु संस्कार संबंधित क्रियाकलापों में "नैग बैंजा" कार्यक्रम अत्यन्त महत्वपूर्ण है। इस प्रकार का आयोजन चौथे दिन होता है। नैग का तात्पर्य पाहन या पुजार से है तथा बेंजा का तात्पर्य पाहन–पहनाइन या पुजार–पुजारिन का वैवाहिक आयोजन। यह आयोजन पाहन के घर में प्रारम्भ होता है जहाँ गाँव के लोग एकत्रित होते हैं। इस स्थल पर विवाह संबंधी सभी नेगों को पूरा करते हुए पाहन–पहनाइन एवं पुजार–पुजारिन का विवाह विधिवत् सम्पन्न किया जाता है। पाहन के आवास पर वैवाहिक कार्यक्रम सम्पन्न कर सभी लोग अखड़ा में एकत्रित होते हैं। धुमकुड़िया (जोख एड़पा) से त्रिवर्षीय प्रशिक्षण प्राप्त कर युवक युवतियाँ जो वैवाहिक संबंधों के लिए निश्चित या वाग्दत्त हो चुके रहते हैं, अखड़ा में उपस्थित होते हैं। युवक अपने साथ कोंहड़ा लाते हैं और युवतियाँ नौ पैला भूना चावल या मूढ़ी लाती हैं। कोंहड़ा एक विशेष स्थान पर रख दिया जाता है तथा कोंहड़ा लाने वाले युवक को मुष्टिका के एक ही प्रहार से कोंहड़ा तोड़ना पड़ता है। यदि वह असफल होता है तो उसे कुछ आर्थिक दण्ड देना पड़ता है जिसका उपयोग भोजन–भात या अन्य क्रिया–कलापों में होता है।

पाहन एवं पुजार कोंहड़े को पकाते हैं। इस क्रिया में भाग लेने वाले युवक, युवती तथा उनके परिवार के सदस्य सामूहिक भोजन में सम्मिलित होते हैं। इस बीच पाहन एवं महतो के घर से एक दिन पूर्व स्थापित तीनों कलसों को, अखड़ा स्थल पर लाया जाता है। देर रात तक नृत्य गीत चलता रहता है और अंत में अखड़ा से कलशों को पुनः पाहन एवं महतो के आवास पर स्थापित करने के साथ ही चौथे दिन का क्रिया–कर्म समाप्त माना जाता है।

मृत्यु संस्कार संबंधित चौथे दिन का समस्त कार्यक्रम वैवाहिक है। न केवल नैग बेंजा के अर्न्तगत पाहन–पहनाइन एवं पुजार–पुजारिन का विवाह सम्पन्न किया जाता है अपितु गाँव के उन समस्त भावी जोड़ों का जिनका विवाह होना निश्चित हो चुका है, आज के दिन भोज–भात में सम्मिलित होना आवश्यक एवं शुभ माना जाता है। इस विधि के अर्न्तगत "सम्मिलन" की रहस्यात्मक भावना निहीत है। मृत्यु के दो चरम छोर हैं। उरांव धर्म–दर्शन के अनुसार एक छोर सदा के लिए

विलगाव या विदाई है तथा दूसरा छोर सदा के लिए सम्मिलन है। विवाह सम्मिलन का प्रतीक है। प्रकृति एवं पुरुष का सम्मिलन संसार के अधिकांश धर्म–दर्शन के मूल में पाया जाता है। रहस्यवादी इस सम्मिलन को आत्मा का परमात्मा में विलय स्वीकारते हैं तथा मृत्यु के समस्त क्रिया को विवाह अर्थात् "दुलहिन का पिया घर जाना" मानते हैं। "पिया का घर" ही स्वामी का घर होता है जहॉ जाकर एख या तेल से सने गाढ़े सिन्दूर से बार–बार टीके जाने के उपरान्त एख की इस भौतिक जगत से विदाई की जाती है।

कोहा बेंजा जो तीसरे दिन की प्रमुख क्रिया है वह सम्मिलन बिन्दु है जिसे शाश्वत मिलन की संज्ञा दी जा सकती है अर्थात् सिन्दूर से टीके जाने के उपरान्त इसमें दुलहिन का पिया (अर्थात अपने सबसे प्रियः पिया = प्रिय) से सम्मिलन का रहस्यवादी दर्शन अन्तर्गभित है। अतः सामान्य दृष्टि से कोहा बेंजा का दर्शन उन विद्वानों को भी समझ में आ जाता है जो उरांव धर्म–दर्शन से सुपरिचित नहीं है। चौथे दिन की क्रिया नैग–बेंजा के औचित्य को इस संदर्भ में देखा जा सकता है। उरांव धर्मानुसार यद्यपि लड़की के घर पर सम्पन्न की जानेवाली वैवाहिक क्रिया प्रमुख है, किन्तु विदाई के उपरान्त एक बार पुनः लड़के के घर पर वैवाहिक क्रियाएँ दोहराई जाती है। विवाह संस्कार लड़के के घर पर वैवाहिक कार्यक्रम सम्पन्न होने के उपरान्त ही पूर्ण माना जाता है। इस प्रकार कोहा–बेंजा का समापन नैग–बेंजा के साथ होता है और एख सदा के लिए पचबालर में सम्मिलित हो जाता है। ध्यातव्य है कि यह सम्मिलन शाश्वत होता है। यही कारण है कि उरांव धर्म में पुनर्जन्म नहीं होता।

चौथें दिन के नैग–बेंजा का धार्मिक महत्व भावी वैवाहिक सम्बन्धों से जुड़ा हुआ है। करम पर्व से नैग बेंजा के बीच की अवधि वैवाहिक कार्य के लिए वर्जित है। जब तक कोहा बेंजा अर्थात् महान विवाह सम्पन्न नहीं हो जाता धर्मानुसार गांव में लड़के–लड़कियॉ का विवाह नहीं हो सकता है। नैग–बेंजा के उपरांत गाँव में विवाह सम्पन्न किया जा सकता है। नैग–बेंजा मृत्यु संस्कार की अंतिम क्रिया है किन्तु अभी भी गांव अशौच या छुतक से प्रभावित रहता है। पाँचवें दिन की क्रिया पद्दा कमना "छुतका" से गाँव को मुक्त कराने के लिए सम्पन्न की जाती है। चूँकि छुतका भी मृत्यु के कारण होता है इसीलिए पाँचवे दिन की क्रिया "पद्दा कमना" भीं मृत्यु संस्कार के अर्न्तगत आती है।

पॉचवा दिन

पांचवे दिन अन्तिम दिन गॉव के सभी व्यक्ति अखड़ा में एकत्रित होते हैं। उन सभी घरों से, जहॉ उस वर्ष मृत्यु हुई है, एक घड़ा घड़िया स्थल पर पहुँचा दिया जाता है। इसके अतिरिक्त कद्दू या लौकी के खोल में अथवा दो नए घड़े में

जिसमें किसी प्रकार का काला धब्बा या अन्य कोई विकृति न हो, जल भर दिया जाता है। पाहन एक में ताम्बे का तथा दूसरे में चांदी का सिक्का डाल देता है। इस प्रकार जल शुद्ध हो जाता है। अब पाहन के नेतृत्व में सभी लोग अखड़ा से जुलूस के रूप में, गाँव में, एक छोर से प्रवेश करते हैं तथा मार्ग में पड़नेवाले सभी छोटे–बड़े स्थानों एवं घरों पर कद्दू या घड़े से पानी निकालकर छिड़कते हुए तथा उसे पवित्र करते हुए आगे बढ़ते जाते हैं। इस क्रम में पचबालर का आह्वान करते हुए वे कहते चलते हैं:–

"इन्ना पच्चो–पचगी। फलना (गोत्र का नाम लेते हैं) पच–बालर घी कुण्डी अद्‌आ लगदय।"

(मैं अमुक गोत्र की कुण्डी को पवित्र करता हूँ। गाँव सुख एवं सम्पन्नता से रहे)

गाँव के परिक्रमा के अन्तिम चरण में धरमेस को सफेद मुर्गे की बलि अर्पित की जाती है तथा प्रार्थना किया जाता है कि – "हे बिड़ि–बेलाई एम आक्कु पद्दान अद्घा लगदयः आक्कु इमहय काम वेश वेशिन माना नेका। इक्सानुम कओन हो ले, आच हु आम्बान चाखपा नेका।"

(ओ सूर्य देवता ! अब हम लोग गाँव को शुद्ध कर रहें है। अब से हमारे कार्य ठीक–ठाक होते रहें। यदि हम कहीं गमन करें तो हमें कांटे न चुभें।)

अब बलि के मुर्गे के मांस एवं मृतकों के घर से आए हुए चावल को मिलाकर तहरी बनाई जाती है जिसे "सूड़ी" कहते हैं। सूड़ी पकाने में नमक के अतिरिक्त किसी प्रकार का भी मिर्च–मशाला या तेल घी का उपयोग नहीं होता है। अखड़ा में उपस्थित सभी लोग सूड़ी खाते हैं और शुद्ध होते हैं। मिर्च–मशाला रहित होते हुए भी सूड़ी का अपना निराला स्वाद होता है। सूड़ी धरमेस का प्रसाद है तथा शुद्ध रूप से पकाया जाता है जिसे खाकर एख, शरीर एवं मन शुद्ध हो जाता है। भोजन के उपरान्त लोग हंसी खुशी घर लौंटते हैं।

पद्‌दा–कमना की क्रिया गांव को शांत करने तथा मृत्यु अशौच या छुतका से मुक्त करने के लिए की जाती है। इस प्रकार पांचवें दिन मृत्यु संस्कार का समापन होता है।

विशेष परिस्थितियों में मृत्यु संस्कार का विस्तार पांच दिनों से घटाकर चार या इससे भी कम दिनों तक सीमित कर दिया जाता है। किन्तु संस्कार का प्रत्येक चरण आवश्यक रूप से पूरा करना पड़ता है। एक विषम परिस्थिति उस समय उत्पन्न होती है जब मृत्यु संस्कार चल रही प्रक्रिया के बीच गांव में किसी की मृत्यु हो जाती है। यदि इस मृतक की एख को चल रही मृत्यु संस्कार की प्रक्रिया

में सम्मिलित नहीं किया जायेगा तो पूरे वर्ष एख की स्थिति त्रिशंकुवत बनी रहेगी। फलतः ज्यों ही मृत्यु का समाचार प्राप्त होता है उसी क्षण, उसी स्थिति में मृत्यु संस्कार में सम्मिलित कर लिया जाता है।

उरांव धर्म में मृत्यु संस्कार को सर्वाधिक धार्मिक एवं सामाजिक महत्व दिया जाता है। यही कारण है कि इसे कोहा–बेंजा कहा जाता है। किसी भी संस्कार के अर्न्तगत एक से अधिक क्रियाएँ आती हैं। इन क्रियाओं में सर्वाधिक महत्त्वपूर्ण या नाभिक क्रिया के नाम पर सम्पूर्ण क्रिया का नाम पड़ जाता है। वस्तुतः जिस क्रियान्तर्गत गोत्र की कुण्डी में अस्थि को समर्पित किया जाता है, कोहा–बेंजा कहलाता है। मृत्यु संस्कार की यह केन्द्रीय या नाभिक क्रिया है। धर्मानुसार प्रत्येक गोत्र के पितर या पच–बालर पृथ्वी के नीचे भू–तल में निवास करते हैं। अस्थि–समर्पण की क्रिया द्वारा मृतक के एख का पच बालर से सम्मिलन होता है और वह पृथ्वी से नाता तोड़कर सदा के लिए पच बालर के बीच चला जाता है; यही कोहा–बेंजा या महान विवाह है। इसके पूर्व की समस्त क्रियाएँ कोहा–बेंजा की तैयारी होती हैं और इसके बाद की समस्त क्रियाएं कोहा–बेंजा की समापन क्रियाएँ है जिसकी पुष्टि नैगा–बेंजा से होती है। तदन्तर पद्दा कमना द्वारा अशौच या छुतका मिटाकर गाँव, शरीर तथा एख को शांत एवं शुद्ध कर लिया जाता है।

कोहा–बेंजा के संदर्भ में खेखेल–बेंजा के महत्व का आकलन करना अभीष्ट है। हम देख चुकें हैं कि खेखेल–बेंजा या सरहुल धर्मानुसार धरती का सूर्य से विवाह है। प्रतीक स्वरूप पहनाइन का पाहन से एवं पुजारिन का पुजार से विवाह होता है, जिसकी अनुकृति मृत्यु–संस्कारान्तर्गत चौथे दिन नैगा–बेंजा में दिखलाई पड़ती है। यह उरांव धर्म की मूल–भूत विशिष्टता है। खेखेल–बेंजा एवं कोहा–बेंजा दो छोर हैं जिनके बीच कृषक उरांव प्रकृति से तारतम्य बनाए रखता है। खेखेल–बेंजा अर्थात् धरती का विवाह यदि उर्वरता हेतु बीजारोपण का प्रतीक है तो कोहा–बेंजा उसका अन्त या समापन है। कोहा बेंजा के उपरान्त ही छुतका मिटता है और खलिहान का अन्न खाने योग्य हो पाता है। खेखेल–बेंजा से कोहा–बेंजा तक की यात्रा बीजांकुरण से उसकी "इति" या समापन तक की यात्रा है, जैसे खेखेल–बेंजा एवं कोहा–बेंजा जीवन यात्रा के दो छोर हों–एक अंकुरण तो दूसरा इसका समापन।

मृत्यु के अशौच या छुतक का विचार उरांव जीवन में गहराई से प्रविष्ट कर चुका है। यहाँ तक कि इसे धार्मिक एवं सामाजिक मान्यता प्राप्त हो चुकी है। परिवार के किसी सदस्य की (जिनमें इनका कृषि–जीव अर्थात् गाय–बैल आदि भी सम्मिलित रहता है) किसी पर्व या संस्कार के दिन मृत्यु होती है तो उस पर्व या संस्कार को तब तक नहीं मनाया जाता जब तक पुनः उस पर्व या संस्कार के दिन ही घर में किसी जीव का अवतरण नहीं हो जाता है। इस प्रकार मृत्यु संबंधी अनेक मान्यताएँ उरांव धर्म तथा पूरे आदिवासी समाज में प्रचलित है। ऐसी ही

एक मान्यता है कि किसी बीहड़ निर्जन या भयोत्पादक स्थान पर यदि शव की तरह निस्पंद दक्षिण दिशा की ओर सिर कर कोई व्यक्ति पड़ जाता है या सो जाता है, तो वह जंगली जानवरों, नादों एवं अन्य विपत्तियों से सुरक्षित रहता है। गाँव के वृद्ध यहाँ तक कहते हैं कि शिकारी जानवर उस शिकार का मांस नहीं खाते जो भूमि पर दक्षिण शीश कर गिरता है या पड़ा रहता है या मर जाता है। शिकारी जानवरों के बीच इस प्रकार की भावना निःसंदेह शताब्दियों पूर्व जब जंगल में जानवरों का भी सशक्त सामुदायिक जीवन रहा होगा, प्रविष्ट कर गई होगी। बड़े वृद्ध अपने अनुभवों के आधार पर ऐसा कहते हैं। वस्तुतः मान्यताओं के औचित्य एवं अनौचित्य पर विचार करना एक अन्य पक्ष है किन्तु जो प्रचलन शताब्दियों से चला आ रहा है और अनेक परीक्षाओं से होता हुआ स्थिर प्रथा का स्वरूप ग्रहण कर लेता है, उसका आधार काल्पनिक या दुर्बल नहीं हो सकता है।

यहां पर यह चर्चा अत्यन्त अभीष्ठ है कि सम्पूर्ण उरांव जीवन खेखल–बेंजा और कोहा बेंजा के कालक्रम में नियंत्रित एवं अन्तर्निहित है। उरांव के सभी क्रिया–कलाप चाहे वह पर्व त्योहार हो, संस्कार हो या सामाजिक व्यवस्था से यह इन्हीं काल खण्डों के अनुरूप वर्ष भर चलते हैं। इसके साथ ही उरांव की सामाजिक संरचना में सामूहिकता, सामुदायिकता, सहकारिता का अद्‌भुत संगम है। सभी पर्व एवं संस्कार व्यक्तिगत ना होकर सामूहिक होते हैं एकाध अपवाद को छोड़कर। किन्तु यह अपवाद भी अंत में सामूहिकता पर आ जाता है। उदाहरणस्वरूप यदि सोहराई पर्व खलिहान, गोशाला, घर, लक्ष्मी पशुधन या निजी सम्पन्नता हेतु होता है किन्तु दूसरे ही दिन इनका समापन सोहराई जतरा लगा कर सामूहिक रूप से होता है। इसी प्रकार गांव में एक दिन में एक ही विवाह होता है। बारातियों के स्वागत सत्कार के लिए सारा गॉव जबावदेह होता है। कन्या पक्ष के आंमत्रित तथा गाँवईया मेहमान भी अपने–अपने घर से साग–सब्जी,, तेल तथा अनाज का सहयोग विवाह घर को दे कर करते हैं और साथ ही नए दामपत्य की शुरूआत के लिए वर–वधू को उपहार भी देते हैं किन्तु यह उपहार कमोवेश दाता के घर समतुल्य उपलक्ष्य में वापस किये जाते हैं। उरांव के समस्त पर्व एवं संस्कार इसी आदान–प्रदान की सहकारिता प्रक्रिया द्वारा सम्पन्न होती है। खाने–पीने तथा सत्कार में भेद भाव नहीं किया जाता है। प्रचलित उरांव कहावत है कि जात कटे तो कटे, किन्तु पांत नहीं कटे।

इसी प्रकार मृत्यु संस्कार में मृत्यु पर समयानुसार दफनाने या जलाने की तत्कालिक क्रिया पूर्ण कर दी जाती है और एक व्यक्ति के मृत्यु संस्कार में शामिल अन्य व्यक्ति स्नान कर भूसी तेल के धुँए तथा हल्दी लेप कर छुतका मिटाकर अपने–अपने घर प्रस्थान कर जाते हैं। शव को यदि जलाया जाता है तो उसकी अस्थि उसके घर वाले घड़े में रखकर घड़े का घर के किसी विशिष्ठ

स्थान पर या आँगन के किसी पेड़ की शाखा से बाँधकर लटका सुरक्षित रख देते हैं। यह कृत देश–विदेशों किसी भी स्थान पर किया जा सकता है। पुनः कोहा बेंजा के समय सही अर्थों में श्राद्ध की सारी प्रक्रिया सामूहिक तौर पर अपने गांव/गोत्र के मसना/कुण्डी में पूरी की जाती है। कोहा–बेंजा या श्राद्ध कर्म किसी परिवार विशेष का ना होकर, किसी गाँव विशेष का ना होकर कई गाँवों को मिलाकर बने पड़हा क्षेत्र का होता है जिसके अन्तर्गत पाँच सात गाँव से लेकर 21 या 27 गाँव तक आते हैं कहीं–कहीं पर कोहा–बेंजा कई पड़हा में एक साथ एक ही दिन अपने–अपने मसना/कुण्डी में सम्पन्न किया जाता है। कोहा–बेंजा (महान विवाह) की यह भव्य और विशाल क्रिया देखने योग्य होती है जब सारा का सारा गाँव इस क्रिया में रमे रहते है।

संदर्भ

1. राँची डिस्ट्रिक्ट गजेटियर (1970) पृ. 41.
2. हान–**उरांव फोकलोर** संख्या 4, पृ. 29–30
3. एस.सी. राय, **द उरांव आफ छोटानागपुर**, पृ. 27.
4. सरहुल पर्व के अवसर पर लाभ उठाकर म्लेच्छों ने अचानक रात्रि में उरांवों पर आकमण कर उन्हें पराजित किया था। (देखिए घटना का सप्रमाण विस्तार पृ. 43 पर।)
5. "सरना" शब्द का अर्थ एवं व्याख्या कुडुख–कोश में किया गया है।

   (क) किया रूप में — आगे बढ़ना, उन्नति करना, सरल होना – ।

   (ख) संज्ञा रूप में — पवित्र वन–खण्ड, कुडुख पूजा स्थल

   — कुडुख कोश; नागालैण्ड भाषा परिषद, कोहिमा।
6. 'धांगर" एक हिन्दी शब्द उरांव का युवक अथवा श्रमिक के लिए बहुतायत से प्रचलन में था। चूंकि ये धांगर देश के विभिन्न भागों में काम करने के कारण तत्कालीन अंग्रेज लेखकों के सम्पर्क में आये फलतः इनके लिए प्रयुक्त 'धांगर' शब्द पूरी जाति के लिए कमशः रूढ़ हो गया। देखिएः–

   (i) Walter Hemilton, in **Description of Hindoostan** Vol I, p. 288.

   (ii) **East India Gazetteer**, 2nd Edn. Vol I, pp. 415-16.

   (iii) "The Kurukh or Oraons of Chotanagpur are the people best known in many parts of India as "Dangers"- Col. Dalton in Ethnology of Bengal, p. 245.

   (iv) Grierson, **Linguistic Survey IV**, p. 410- "Dhangari" is the language of Dhangars.
7. S.C. Roy - "He (Oraon) recognises that natural causes and conditions as well as human effort and human industry may ordinarily produce definite desired result" - ORC, p. 3.
8. S.C. Roy - "Although it appears that originally none of the Oraon-spirits was regarded as beneficent contact with higher culture has

since helped in investing a few of them with a beneficent or rather potentially beneficent nature". ___ **Oraon Religion and Custom,** p. 2.

9. S.C. Roy — "....the Earth is full of spririts as a tree is full of leaves". O.R.C. p. 66.

10. 'भूइंहर'' शब्द हिन्दी मूल का तद्भव शब्द है जिसे उरांवों ने बिहार प्रवास के मध्य ग्रहण किया है। मुण्डा लोग इसे 'खूंट कट्टीदार' कहते हैं। उरांवों ने 'खूंटकट्टीदार' की अपेक्षा 'भूइंहर' शब्द को अधिक ग्रहणशील माना। ऐसा प्रतीत होता है कि बंगाल में इसी अर्थ में **''भुइंया''** शब्द जो कालकम में भौमिक हो गया, प्रयुक्त होता था। इस संदर्भ में **''बारह–भुइंया''** की ऐतिहासिक घटना द्रष्टव्य है जब **17वीं** शताब्दी में बारह प्रमुख प्रधानों ने सम्पूर्ण बंगाल को आपस में बॉट लिया था। भुइंया या भूइंहर श्रेष्ठ एवं प्रभावशाली वर्ग के लोग होते हैं।

11. प्रारंभ में लगान की कोई व्यवस्था नहीं थी। भूइंहरों से मात्र यह अपेक्षा की जाती थी कि वे उन नादों की पूजा करें तथा उन्हें प्रसन्न रखें जिनके क्षेत्र से जंगल काट कर भूमि भार निकाली गई है। मात्र इतना ही था। किन्तु जमीन्दारी एवं जागीरदारी प्रथा के प्रचलन से सभी भूइंहारी–भूमि लगान के अर्न्तगत ले ली गई। फिर भी पाहन और पाहन–सहायकों की भूमि को लगान–मुक्त रखा गया। अंग्रेजों द्वारा दी गई भूमि–बन्दोबस्ती में खूंट–भूतखेता, गैराही भूत–खेता, पहनाई तथा पुजार खेत को लगान मुक्त रखा गया है। पाहन या पुजार इन खेतों का लाभ उठा सकता है किन्तु इनका विकय या दान नहीं कर सकता। क्योंकि खेत उसके पद से जुड़े होते हैं और उसका पद हस्तान्तरित होता है।

—बंगाल एक्ट–दो, 1969 (छोटानागपुर टेन्योर एक्ट) के अर्न्तगत भूइंहरी रजिस्टर में पहनाई भूमि के आधार पर।

12. पाहन को बैगा और कुछ गांवों मे ''नैग'' भी कहते हैं। यह कुडुख नाम है।

13. इन्हें 'आद्या' अर्थात् आदि निवासी या 'श्रेश्ठ रय्यत' भी कहते हैं।

14.

अन्ति आस अनियास कोहन	तब उसने (धरमेस ने) कहा—–
''निन चाला पच्चो मानके''	तुम चाला पच्चो होओ
सन्निरिन देसौरी मानके,	छोटी तुम देसौरी होओ, खूँट होओ
खूंट मानके,	चिरो होओ मनुश्य तुम्हें
चिरो मानके मनुखरिन खोखराके,	प्रसाद बलि चढ़ाएंगे ।।
आर भोग अरगोर निमागे'' ।।	(अर्थात् तुम्हारे भोजन का प्रबन्ध करो)

—उरांव धर्मगाथा से (देखिए परिशिष्ट)।

15. Rev. P. Dehon: When they use Dharmes the idea of God is entirely seperated from the sun..."

—Memoirs of the Asiatic Society of Bengal (1906) **Vol. I, p. 125.**

16. Rev. P. Dehon: When they use Bhagwan they naturally **look to the** Sun as Kols do

—Memoirs of the Asiatic Society of Bengal (1906) **Vol. I, p. 125.**

17. (a) S.C. Roy — O.R.C. p. 16

सरहुल के अवसर पर अन्य देवी–देवताओं से अलग हटकर धरमेस के लिए सफेद मुर्गे की बलि चढ़ाई जाती है।

18. Dalton, "... like the Mundas, they acknowledge a Supreme God, adored as Dharma or Dharmes, the Holy One, who is manifest in the Sun".—**Descriptive Ethnology of Bengal.** p. 256.

19. Dalton, "Dharmes can not and does not interfere of the spirit of evil once fastens upon us ......it is therefore, of no use to pray to Dharmes or to offer sacrifices to him." D.E.B. p. 256.

20. Col. Dalton -"...though acknowledge, recognised and revered he (Dharmes) is neglected whilst the malignant spirits are adored".

—**Descriptive Ethnology of Bengal,** p. 256.

21.

	हिन्दी
"कृ अन्तके सोना अरा,	तब सोना और रूपा (चाँदी से ढका)
रूपा–तुरू झबरारकास उरखास.."	हुआ वह (निकला)

22. S.C. Roy — "Finally in extreme distress, when other dieties or spirits fail him, the Oraon offers prayers and sacrifices to Dharmes as a last resource". — ORC. P. 16.

23. हिन्दी अनुवादः तुम धरमेस हमारे पिता हो। ज्ञान या अज्ञान से यदि किसी भूत की पूजा में कोई त्रुटि रह गई हो तो उस प्रेत के रोष को तुम रोकना। तुम्हारी आँखें सबकुछ देखती है।

24.

	हिन्दी
"कृ कुक्कोस बरछान इलदास	–लड़के ने बरछा फेंका और तलवार
दरा फरीलन झोलवास अन्तिले	चलाया। तब राक्षस मर गया.."

—अग्निवर्षा से उद्‌धृत

25.

	हिन्दी
"धरमेस	धरमेस
घोख्वस कि राकस राजिनु गमकारोस	सोचा कि राक्षस (की शव) देश में
होले मनुखरगे मण्डी अम्म माला	दुर्गन्ध फैलायेगा।
सुहओ खने आस चिप–चेप टिड़आ	तो मनुश्य के लिए दाना–पानी अच्छा
केरस"	नहीं लगेगा, तब उसने अग्निवर्षा की"

—अग्निवर्षा से उद्‌धृत

26.

	हिन्दी
"कृ अन्ति अस अनियस,	"–तब उसने कहा—
कोहन "निन चाला पच्चो मानके	तुमसे बड़ी "चाला पच्चो होओ
सन्निरिन "देसरसी मानके, खूंट मानके	छोटी राद "देरौरी होओ,
चिरो मानके मनुखारिन खोखरा के	खूंट होओ, चिरो होओ मनखारिन
आरभोग अरगो और निमगेः"	होओ मनुश्य तुम्हें भोग लगाएगा।

—असुर अवदान से

विशेषः– चिरो मनखरिन खोखरा का तात्पर्य चिरो, असलगो, और राम भवन जंगली कटीली लताओं से है जो जंगल मार्ग में उरांवों के पैरों को बाँध देते हैं तथा उसमें से रक्तस्राव होने लगता है। उरांवों के विष्वास के अनुसार इन कटीली जंगली लताओं में रक्त के प्यासे नादों का वास रहता है।

27.	**हिन्दी**
"सिरा–सिता नाले नु, ककड़ो–लता एड़पा–न	सिरा–सीता मैदान के केकड़े के
भाई–बहिन, रहचर सिरा–सिता–नेल–नु	खोह में भाई–बहन रहते थे
चिरु बरुंग कुन्दिया	सिरा–सिताओं
जुरि–जुरि रहकचत भयारे	वहाँ चिरु घास उगा था
	वहाँ जोड़े में भाई–बहिन रहते थे।

28. उरांव में एक सामान्य कहावत है कि मृतकों की आत्माएँ **"खेखेल किय रअदर"** पृथ्वी के नीचे बसती है —– "खेखेल किया पच–बालर मेरखान, धरमे" – पितरों की आत्माएँ पाताल में और धरमेस आकाश में रहता है।

29. मृतक यदि पुरुष है तो **'इसिन हूं'** और यदि नारी है तो **'इदिन हूं'** शब्दों का प्रयोग होता है।

30. रेवरेण्ड डेहन तथा उनके स्कूल के विचारक।

31. अब हम तुम्हें दूर भेज रहे हैं। अब से तुम्हारी आँखें और तुम्हारा सिर हमारी तरफ न मुड़ा हो।

32. निन चाला पच्चो मानके ज्येष्ठ चाला पच्चो हो जाये। **—असुर अनदान**

33. ड़ा–मोखोत– खसी खाने का दिन। अर्थात् चण्डी पूजा के दिन खसी का प्रसाद मिलता है अतः परोक्ष रूप में चण्डी पूजा का दिन न कह कर उरांव इस भाषा का प्रयोग करते हैं।

34. हिन्दीः मैं आपको पूरी तरह पूजा कर रहा हूँ। मैं आपको तेल–सिन्दूर समर्पित करने के उपरान्त घर जा रहा हूँ। (मेरा शिकार) 12–13 कोस से घोड़े के पीठ पर सवार होकर (अर्थात शीघ्रता से.) मेरे गाँव में आ गिरे।

35. रेवरेण्ड पी. डेहन के अनुसार बड़ंदा एक पुरुष नाद जो असुर–विधवा के गर्भ से उत्पन्न हुआ था। –

देखिए– **Memoirs of the Asiatic Society of Bengal** Vol. I No. 9, p. 132.

36. Dr. Frazer: Split-Totems - **Totemism and Exogamy** Vo. I, p. 10.

37. Ibid: "**....the segmentation of single original clan which had a whole animal for its totem into a number of totems, either of which took the name either of a part of the original animal or of a sub-species of it".** p. 54

38. झण्डे पर बने चिन्ह और टोटम में सामान्यतः अध्ययनकर्ता अन्तर नहीं कर पाते। किन्तु झण्डे के चिन्ह को टोटम जैसा महत्व प्राप्त नहीं है। टोटम को गाँव के भूइंहर या मूल निवासी जिस श्रद्धा की दृष्टि से देखते हैं कालान्तर में आबादी में अन्तर्मिश्रण के कारण अन्य लोग वैसा व्यवहार नहीं करते। टोटम और झण्डे के चिन्ह में भी अन्तर होने लगा है।

उदाहरण स्वरूप–

गॉव जामगाई, थाना लोहरदगा के भुइंहर का गोत्र टोटम (लकड़ा) चीता–जतरा में ले जाते हैं लकड़ी की मूर्त्ति **चीता** की

किन्तु गॉव चितरकोटा, रॉची के भुइंहर मिंज (एक प्रकार की मछली) जतरा में ले जाते हैं चिन्ह स्वरूप **बैल** की मूर्त्ति।

गॉव कुदारको के भुइंहर का गोत्र तिर्की (छोटा चुहा) जतरा में ले जाते हैं चिन्ह स्वरूप **घोड़ा** की मूर्त्ति।

गॉव डिघिया, के भुइंहर का गोत्र खेस (धान) किन्तु जतरा में चिन्ह स्वरूप ले जाते हैं **हाथी।**

गॉव विनवीसा के भुइंहर का गोत्र टोप्पो (एक पक्षी) किन्तु जतरा में ले जाते हैं चिन्ह स्वरूप **टेंग्रा–खूंटा।**

39. **धांगर–पाहन:** गॉव के पाहन की तरह सरना देवी की इच्छा से अविवाहित युवकों द्वारा चुना जाता है। धांगर पाहन का धार्मिक कर्त्तव्य शिकार की देवी 'चण्डी' की पूजा करना है।

40.

क –	ख
सेंदरा कादय भईया	कहां रे पांचो भईया,
करेगा करेगा कादय	कहां रे तीरा चलाये
मझि–मझि–भईया अम्बके मना	हरिणा तो चल गेला,
अल्लन धरदय दरा	कहां रे तीरा चलाये देला
लियो लियो ब: दय	
मझि मझि भईया अम्बके मना ।	

41. फागु पर्व को मुण्डा एवं उरांव जनजातियों ने हिन्दुओं से ग्रहण किया है – इस विचार के पक्षधर अधिकांश धर्म–अध्येता है जिनमें प्रमुख निम्नलिखित है किन्तु इन्होंने अपन कथन की पुश्टि में कोई तर्क या प्रमाण प्रस्तुत नहीं किया है।

(a) S.C. Roy - ORC, p. 140.

(b) A. Van Exem - RSMT, p. 153.

(c) Hofmann E.M. - p. 3200 and many others.

42. उरद दाल की बनी बड़ी

43. ओ केओंद वृक्ष के देवता ! ओ साल वृक्ष के देवता

फागु देवता ! सरहुल देवता !

ओ यह अभी सरहुल है ! ओ वह फागु है

फागु देवता ! सरहुल देवता !

आओ हम सब खेलें, हम सब खेलें ।

44. नए चावल की मदिरा के भगवान। मदिरा का तल घट !

ओ यह सरहुल है ! ओ वह फागु है

फागु भगवान ! सरहुल भगवान

आओ हम सब खेलें, हम सब खेलें ।

45. महतो पितरों को हड़िया समर्पित करते हुए कहता है: – "पच–बालरो इन्ना एम पुना खद्दी नानदम। जिन पच्चो–पाचगी खद्दर के मोख–के, ओनके पच–बालरो ताचि मामानु रुसि–रागे आमके माना। लारनु दोस्ती–नु और कोयल रूसि–रागे आमके माना।

– ओ हमारे गोत्र के पितर ! आज सरहुल पर्व मनाया जा रहा है। ओ पितरात्मा तुमने खा–पी लिया है। और पितर आत्मा तुम हमारी बुआ और मांसियों से मामा लोगों से मत दुखी होना वे जो शत्रु मित्र हैं, देश–विदेश में हैं, मत दुखी होना।

46. **हिन्दी**

"ओ धरमे, हमारे बाबा ! हमसे जाने–अनजाने जो त्रुटियाँ रह गई हों तुम पूरा कर देना। हमारी ऑखें (नादों को) नहीं देखती। तुम्हारी ऑखें देखती हैं। तुम हमारे पिता हो तुम उन सब को (जिन्हें हम देखते या जानते हैं तथा जिन नादों को हम नहीं जानते) नियंत्रित रखना।"

47. **हिन्दी**

लो ! लो ! लो ! नयी चावल मदिरा के देवता।

लो हड़िया सम्बन्धियों के लिए

यह सरहुल देवता है।

ओ यह सरहुल मनाओ यह फागु मनाओ।

48. रहर, मुरुंग = बोदी, बराई, खेसारी विभिन्न दालों के नाम हैं। जिनका उपयोग हड़िया के साथ चखना के रूप में होता है। स्त्रियों द्वारा गाए जाने वाले इस सरहुल गीत में दाल का उल्लेख 'काक्रो सरजना' अर्थात् केकड़ा भूनने की किया से संयुक्त है जिससे स्त्रियों ने केकड़ के चटखने और दाल के फूटने में एकरूपता पाई है।

49. भादों की एकादशी करम गड़ावय,

पारवती उपासल आवय,

खोया में नावा फूल खोसले आवय,

रसिका मान्दरिया लोराते आवय......।

50. पाहन सम्मेंलन में निर्णीत तथ्य पर आधारित 26.06.98, सिसई, गुमला ।

51. पाहन सम्मेंलन में निर्णीत तथ्य पर आधारित 4.10.98, बेड़ो, रांची तथा 5.11.98 मुड़मा, रांची ।

52. पाहन सम्मेलन के निर्णीत तथ्य पर आधारित 4.10.98 बेड़ो तथा 5.11.98 मुड़मा, रॉंची।

53. उपरिवत्

54. **हिन्दी**

"फलाना (वर) और फलानी (कन्या) के बीच विवाह निष्चित हुआ है। कृपया वे दोनों (आप ऐसा करें कि) अपने दिन अच्छी प्रकार (आनन्दपूर्वक) जीयें। कृपया ये दोनों एक लम्बी वृद्धावस्था तक की आयु जीयें।

55. पुम्प–मेझना रीति उरांवों के वैवाहिक रीति में कब से प्रारम्भ है समय के अंधकार के परदे में विलीन है। क्या यह उरांवों की अपनी स्वयं की रीति है जो उनके वनीय जीवन के प्रतीक स्वरूप मानी जा सकती है या किसी बाहरी प्रभाव का परिणाम है ? रोहतासगढ़ से पूर्व उरांवों का सम्पर्क आर्यों से था और छोटानागपुर आने के पष्चात् मुण्डा एवं यहाँ आकर बसे हिन्दुओं से हुआ। जहाँ तक मुण्डाओं का प्रष्न है उनकी वैवाहिक रीतियों से ऐसी कोई रीति नहीं दिखलाई पड़ती और हिन्दुओं में बहुत बाद मे जाकर सम्पन्न परिवारों द्वारा पूजा के समय माला पहनाकर बारातियों के स्वागत का प्रचलन है। किन्तु यह प्रचलन कुछ शताब्दी का हुआ विकास है। अतः प्रतीत होता है कि 'पुम्प–मेझना' रीति उरांवों की अपनी और पुरानी शताब्दियों से चली आ रही परम्परागत रीति है जिसमें 'गोड़–लागी' द्वारा विनम्रता एवं आदर के साथ पुश्प का समर्पण श्रद्धा और स्नेह का चिन्ह बन जाता है। आज प्रायः संसार के सभी धर्म एवं समाज में आगत मेहमानों को पुश्पोहार भेंट किया जाता है क्या सभ्य समाज में आज प्रचलित यह पुश्पोहार की रीति का उद्‌गम–मूल उरांवों के 'पुम्प–मेझना' में तलाशा जा सकता है ? ध्यातव्य है कि देव–पूजा या अन्य पूजा में पुश्प का उपयोग द्रविड़–संस्कृति की देन है (देखिए प्रथम अध्याय)।

56. देखिए परिशिश्ट : इसुंग–सिन्द्री

57. **हिन्दी**

क. **बाबू** शिकार पर जाता है। उसे तीर से चोट लगती है (और) वह लंगड़ा हो जाता है। ओ **मैया उसे** लंगड़ा मत कहना। तुम मुझे सुनती हो कि नहीं ?

ख. **अरे मैया यदि वह** चूल्हा में मैला कर देता है या धान कूटने की ओखली में मूत्र कर देता **है तो वह मत कहो कि** उसने चुल्हा मैला किया है या ओखली में मूत्र त्याग किया है। ओ **मैया क्या तुम मेरी बात** सुन रही हो या नहीं ?

ग. यदि वह मृत पशु का शव काटने जाता है तो वह उसे (मांस) काट कर लाता है। क्या तुम उसे पकाओगी। तुम दोनों आधा–आधा मांस खाना। ओ बाबू यदि वह (अधिक) खाती है तो मत कहना उसने (ज्यादा) खाया है। तुम सुनते हो कि नहीं ?

घ. और यदि वह पाकड़ पेड़ से भूतांग तोड़ने जाती है और यदि वह नीचे गिर जाती है और उसका पैर टूट जाता है हाथ टूट जाता है ओ बाबू उसे मत कहो कि वह पैर से लंगड़ी है हाथ से लूली है। तुम मुझे सुन रहे हो कि नहीं बाबू ?

ङ. अच्छी प्रकार काम करो, अच्छी प्रकार पीओ। बाबू सुनो, तुम भी सुनो ओ मैया ! आज के दिन से साथ–साथ काम करो साथ–साथ खाओ।

अब तुम दोनों सबको प्रणाम करो और घर में जाओ।

58. **हिन्दी**

"लो, जाओ। अब तुमने हमें क्यों छोड़ दिया है। आज तुमने अपना मार्ग देख लिया है। जाओ और हमारे सभी रोग–बाप अपने साथ लेते जाओ।

59. कुछ गांवों में या उरांव समाज में शव का शीश उत्तर तथा पांव दक्षिण रखा जाता है।

60. S.C.Roy, ORC, p. 126.

61. 'कुण्डी' शब्द संस्कृत के कुण्ड से लिया हुआ प्रतीत होता है। नदियों में 'जलकुण्ड' वह स्थान होता है जिसे किसी धार्मिक कृत्य के लिए प्रयोग में लाते हैं। प्रतीत होता है कि अस्थि विसर्जन की रीति उरांवों ने आर्यों से ग्रहण की है। नर्मदा तट से पश्चिमी भारत एवं पूर्वी भारत तक की यात्रा में उरांव आर्यों के सम्पर्क में रहे थे।

62. यद्यपि जल–प्रलय की धर्मगाथा प्रायः संसार के अनेक धर्म–ग्रन्थों में पाई जाती है किन्तु महा–प्रलय में 'मनु' का बच जाना और पुनः उनसे मानव जाति के विस्तार की कथा स्पष्ट रूप से मुण्डाओं ने हिन्दुओं से ली है। इस कथा में मुण्डा तत्व मनु की आठ संतानों में चार पुरुष एवं चार नारी का होना है। मुण्डा रोड़ा, मनका और सोद्तो मुण्डारी नाम है जबकि कथा के नायक 'मनु' यथावत् हिन्दू महापुरुष की कथा से ले लिए गए हैं।

5

उपसंहार

छोटानागपुर की मुण्डा एवं उरांव जन–जातियों के धर्मों के अध्ययन का गंभीरतापूर्वक प्रयास सर्वप्रथम ईसाई मिशनरियों द्वारा 1850 ई0 में प्रारम्भ हुआ। इन मिशनरियों का प्रयास यद्यपि आत्मनिष्ट एवं उद्देश्य गर्भित था किन्तु इनके द्वारा संकलित एवं प्रकाशित सामग्री अब तक की श्लाघनीय उपलब्धि कही जा सकती है। मिशनरियों के अतिरिक्त कतिपय अन्य छिट–फुट प्रयास विभिन्न संस्थाओं एवं व्यक्तियों द्वारा हुआ हैं, परन्तु इन सभी प्रयासों को मानवशास्त्रीय या समाजशास्त्रीय अध्ययन तक सीमित रखा गया है। आज तक छोटानागपुर की इन जन–जातियों के धार्मिक विकास को क्रमबद्ध संयोजित करने का प्रयास नहीं हुआ है।

इस संयोजन में, (क) छोटानागपुर प्रवेश के पूर्व रोहतासगढ़ तथा मूल–स्थान से रोहतासगढ़ तक के सहस्त्रों वर्षों के भटकाव–क्रम में मुण्डा एवं उरांवों का धार्मिक जीवन, (ख) छोटानागपुर प्रवेश के उपरान्त असुरों से युद्ध एवं सरना धर्म में बोंगाओं एवं नादों का प्रादुर्भाव, (ग) विपरीत–धर्मी जादू–टोना के विरूद्ध समानान्तर धर्मी देंवड़ा, ओझा, माती एवं सोखा की संस्थाओं का विकास, (घ) 15वीं. एवं 16वीं. शती में वैष्णव धर्मियों एवं कबीर पंथियों का प्रभाव तथा आधुनिक युग में मुण्डा एवं उरांव धर्मों में सुधारवादी प्रवृतियों का अनुगमन, उल्लेखनीय चरण हैं।

मुण्डा धर्मः–

कोल कही जानेवाली मुण्डा जनजाति के मूल स्थान तथा भारत आव्रजन सम्बन्धी पारम्परिक, विलियम श्मिट के भाषागत, एवं हागसन एवं हट्टन आदि के प्रजातीय – तथा दाणी के – ऐतिहासिक साक्ष्यों के विश्लेषण के उपरान्त इस निष्कर्ष पर पहुँच गया कि दक्षिण–पश्चिम चीन के युनान प्रदेश से दक्षिण मंगोलिया, तिब्बत, हिमालय के दर्रों से होती हुयी यह जनजाति विभिन्न टोलियों में हिमाचल प्रदेश एवं पश्चिमोत्तर दिशा में सिन्ध प्रान्त तक पहुँची थी तथा दक्षिण में नर्मदा के तट तक फैल गई थी। उरांवों, गोड़ों एवं आर्यों से युद्ध एवं पराजय के कारण मुण्डाओं को पूर्व–दक्षिण की ओर हटना पड़ा था। वृष्णियों से इनकी पारम्परिक शत्रुता थी। वह कृष्णा के विरूद्ध कुरुक्षेत्र में कौरव पक्ष से मुण्डाओं ने युद्ध किया

था। कौरवों के पतन के फलस्वरूप विभिन्न टोलियों में जंगल–पहाड़ों में छिपते–बसते, गंगा–यमुना के मैदान में तथा उत्तर प्रदेश के अनेक जिलों से होते हुए मुण्डा लोग अन्ततोगत्वा रोहतासगढ़ के सुरक्षित क्षेत्र में पहुँचे थे। सहस्त्रों वर्षों के निवास एवं भटकाव काल में, इनमें से कुछ टोलियाँ स्वयं को सुरक्षित रखने के प्रयास में जंगल–पहाड़ों में लुप्त हो गई या अब भी वन्य–जीवन जी रही हैं और कुछ हिन्दु सानिध्य एवं प्रभाव में आकर हिन्दूकृत हो गई। वे प्रजातीय लक्षणों के अतिरिक्त अपनी भाषा, संस्कृति, धर्म की समस्त पहचान खो चुकी है, इनमें शबर, खरवार, चेरो जातियां प्रमुख है।

अपनी भाषा, परम्परा एवं धर्म को सुरक्षित रखते हुए एवं अनेक आपदाओं को झेलते हुए मुण्डा रोहतासगढ़ पहुँचे। यहाँ वे कुछ शताब्दी ही स्थिर रह पाये थे कि खरवारों ने इन पर आक्रमण कर दिया। पारम्परिक एवं ऐतिहासिक साक्ष्यों के अनुसार खरवार प्रमुख माधोदास ने अपने लड़के के लिए मुण्डा–प्रमुख रिसा मुण्डा से उसकी लड़की का हाथ मांगा था और मुण्डाओं ने धर्म–च्युत खरवारों को अपनी लड़की देना अपमानजनक माना था, फलतः युद्ध, मुण्डाओं की पराजय एवं पुनः भटकाव की स्थिति। कुछ समय बाद मुण्डाओं ने सोन नदी पार किया और पूर्व दिशा की ओर बढ़े। उनमें से एक टोली शिखरभूम पहुँची तथा कालान्तर में संथाल कहलाई एवं दूसरी टोली सिङ्बोंगा द्वारा रिसा मुण्डा को दिए गए स्वप्न के निर्देश पर लोहरदगा के पश्चिमोत्तर स्थिति सहरघाटिया दर्रा पार करती हुई स्थायी निवास की तलाश में अपने "सोना लेकम दिसुम" छोटानागपुर पहुँची।

इन समस्त प्रकरणों से स्पष्ट है कि छोटानागपुर में प्रवेश करनेवाली मुण्डा जनजाति ने यथाशक्ति अपनी संस्कृति, अपना धर्म अपनी परम्परा एवं अपने जातीय गौरव को बनाए रखने का प्रयास किया है। यद्यपि खान–पान एवं रहन–सहन के जंगली–जीवन के आधार पर तत्कालीन मुण्डाओं को सभ्यता–सोपान में निचले स्तर पर पाया गया था किन्तु उनके कट्टर, रूढ़िवादी, अनुदार स्वभाव के कारण उनके पारम्परिक रीति–रिवाजों, उनकी संस्कृति एवं धर्म में सहज परिवर्तन की अपेक्षा नहीं की जा सकती थी। कोल कही जानेवाली मुण्डा जनजाति के सहोदर असुरों ने जिन मायावी शक्तियों, प्रेतलीलाओं तथा बलि–प्रधान पूजा और इसी के अनुसार अपने इष्टदेवों को अपनाया था छोटानागपुर की मुण्डा जनजाति पर छोटानागपुर प्रवेश एवं वहाँ पहले से रह रहे असुरों से युद्ध के पश्चात् इस प्रकार की प्रवृत्तियों का उन पर उल्लेखनीय प्रभाव पड़ा था।

रे.एफ. हाफमैन का कहना है कि मुण्डाओं पर आव्रजन एवं भटकाव काल में किसी 'सन–कल्ट' का प्रभाव पड़ा था। हाफमैन का यह विचार मुण्डाओं के सर्वशक्तिमान ईश्वर 'सिङ्बोंगा' को लक्ष्य कर पैदा हुआ है। सिङ्बोंगा अर्थात सूर्यदेवता। देखा गया है कि विश्व के अधिकांश धर्मों की प्रारम्भिक अवस्था में

सम्पूर्ण सृष्टि को उर्जा देने वाले, प्रचण्ड ज्वालायुक्त, देदीप्यमान नक्षत्र सूर्य का महत्व सर्वोपरि रहा है। अतः मुण्डाओं का सूर्य को सर्वशक्तिमान ईश्वर मानना उनके धर्म का स्वाभाविक विकास रहा था।

मुण्डा धर्म गाथाओं में (क) जल–प्लावन की स्थिति से पृथ्वी की उत्पत्ति, वनस्पति, जीव–जन्तु एवं मानव की उत्पत्ति, जाति का विस्तार, प्रथम हल, समय का विभाजन आदि धर्म गाथाएँ मानव के प्रारम्भिक युग से सम्बन्धित हैं।

(ख) **अग्नि वर्षा**: मानव जाति में पाप की वृद्धि के कारण सृष्टि को पुनः नए सिरे से बसाने के लिए एक बार मानव जाति को निर्मूल करने का विधान है।

(ग) **असुर–अवदान**: असुरों के पतन से सम्बन्धित है।

पृथ्वी, मनुष्य एवं जाति की उत्पत्ति सम्बन्धी मुण्डा धर्मगाथा में अजीमगढ़ (उत्तर प्रदेश का एक जिला आजमगढ़) का उल्लेख आया है। पृथ्वी की उत्पत्ति एवं जीव–जन्तुओं के सृष्टि के उपरान्त हुर पक्षी के एक अण्डे से भाई–बहन युग्म का जन्म माना गया है। यह प्रथम मानव युग्म था। इस प्रकार मुण्डा धर्मगाथा के अनुसार मुण्डाओं का मूल–स्थान आजमगढ़ रहा है और यहीं से उनके जाति का विस्तार हुआ है।

वस्तुतः मुण्डा जनजाति के भटकाव काल में आजमगढ़ का काफी महत्व रहा है। इस क्षेत्र में मुण्डाओं के निवास एवं प्रभाव के पुरातात्विक प्रमाण पाये गए हैं। यही कारण है कि धर्मगाथाओं में आजमगढ़ को अधिक महत्व प्रदान किया गया है। स्थानीय परम्पराओं से ज्ञात होता है कि इक्ष्वाकु वंश की 37वीं पीढ़ी के दाशरथी राम जब आजमगढ़ से गुजरे थे तो उस समय तक शबर एवं असुर आजमगढ़ छोड़ चुके थे तथा राजभरों की वहाँ प्रधानता थी। यदि राम का समय 2000–1500 ई0पू0 माना जाय तो मुण्डा लोग 3000–2500 वर्ष ई.पू. आजमगढ़ छोड़ चुके थे। चूंकि मुण्डाओं को रोहतासगढ़ लगभग छठी शती ई.पू. छोड़ना पड़ा था अतः 'अग्नि–वर्षा' तक सम्बन्धित सभी धर्मगाथाएँ मुण्डाओं के छोटानागपुर प्रवेश के पूर्व के धार्मिक जीवन से जुड़ी हुई निश्चित होती है।

छोटानागपुर प्रवेश के पूर्व मुण्डाओं की धार्मिक स्थिति पर निम्नलिखित प्रकाश पड़ता है:–

1. सिङ्बोंगा तथा 'होड़ो' अर्थात् मानव के बीच आजा और पौत्र का सम्बन्ध था।
2. सिङ्बोंगा सशरीर प्रथम मानव–युग्म के बीच आते थे और उन्हें निर्देश देते थे।
3. सिङ्बोंगा ने सृष्टि में बीमारी भेजी। इसके पूर्व बीमारी नहीं थी।

4. सिङ्बोंगा ने रोग से मुक्ति तथा निवारण का उपाय 'सफेद मुर्गे की बलि' बतलाया। रोग निवारण हेतु बलि की परम्परा का चलन हुआ।
5. सिङ्बोंगा स्वयं प्रसाद अर्थात बलि का मांस नहीं लेता अपितु अपने सेवकों में वितरित कर देता है।
6. प्रथम युग्म द्वारा प्रश्न पूछने पर कि वह मात्र रक्त के कुछ बूंद क्यों चाटता है सिङ्बोंगा सदा के लिए अन्तर्ध्यान हो गया है। अब भी वह उनके बीच विचरण करता रहता है किन्तु मुण्डा लोग उसे देख नहीं पाते। अब मुण्डाओं की दिव्य दृष्टि नष्ट हो गई है।
7. अब तक सिङ्बोंगा के अतिरिक्त मुण्डा धर्म में अन्य कोई देवता नहीं हैं।
8. सिङ्बोंगा स्वयंभू हैं।
9. सिङ्बोंगा के 'आजा' के कल्पित रूप की एक परिकल्पना थी किन्तु कोई मूर्त्ति या मंदिर नहीं था।
10. पूजा के रूप में बलि का विधान था किन्तु किसी पूजा स्थल या पुजारी की व्यवस्था नहीं विकसित हुई थी।
11. सिङ्बोंगा की कोई पत्नी नहीं थी। वे अविवाहित थे।

अग्निवर्षा और सिङ्बोंगा

1. अग्नि वर्षा सिङ्बोंगा के सूर्य–शक्ति का एक अंश है।
2. सिङ्बोंगा पापी मनुष्य को सहन नहीं करता तथा उनके विनाश का उपाय करता है।
3. सिङ्बोंगा को 'होड़ो' और उसके जाति के प्रसार की चिन्ता है अतः उसने मिसि–सिङ्बोंगा या नगे–एरा से, जिसने अग्निवर्षा मे एक भाई–बहन युग्म को छिपा कर सुरक्षित रखा था, 'भाई–बहन' को वापस मांगा तथा उन्हें पति–पत्नी के रूप में रहने की प्रेरणा दी।
4. इस युग तक मुण्डा धर्म में एक क्षेत्रीय देवी मिसि–सिङ्बोंगा अर्थात् सिङ्बोंगा की बहन का प्रादुर्भाव हुआ था। यह देवी प्रचण्ड अग्नि को सह सकती हैं तथा दलदली अथवा जलीय क्षेत्र की देवी है। इसने अपने प्रताप से सिङ्बोंगा के प्रचण्ड अग्नि से, एक जोड़ा भाई–बहन को बचा लिया था तथा सिङ्बोंगा को यह युग्म सशर्त्त लौटाया था कि वह पुनः अग्निवर्षा नहीं करेगा। असुर अवदान के उपरान्त मिसि–सिङ्बोंगा का विकास नगे–एरा में हुआ और इनके चरित्र में आसुरी वृत्ति के लक्षण प्रविष्ट करने लगे।

अग्निवर्षा धर्मगाथा में मिसि–सिङ्बोंगा के अतिरिक्त स्त्री रूप में पार्वती नाम से सिङ्बोंगा की एक पत्नी का भी उल्लेख आया है, जिसने उनसे आग्रह किया था कि अग्नि की वर्षा थोड़ी मात्रा में करें अन्यथा सम्पूर्ण सृष्टि नष्ट हो जायेगी। अधिकांश मुण्डा पाहन मानने को तैयार नहीं है कि सिङ्बोंगा विवाहित थे तथा उनकी कोई पत्नी थी। मुण्डा धर्म–दर्शन के अनुसार सिङ्बोंगा की बुद्धि किसी समस्या पर स्वयं उनसे तर्क–वितर्क करती थी। पत्नी का उल्लेख सिङ्बोंगा की बुद्धि का व्यक्तिकृत रूप है। मुण्डा धर्म में तीन प्रमुख संस्कार छठी, विवाह एवं मृत्यु संस्कार हैं।

छोटानागपुर प्रवेश के पूर्व मुण्डा धर्म में विवाह संस्कार को महत्व दिया जाने लगा था किन्तु गोत्र की संस्था का विकास अब तक नहीं हो पाया था। फिर भी मुण्डा किसी जाति में विवाह सम्बन्ध स्थापित करने के पक्ष में नहीं थे। छठी संस्कार का छोटानागपुर में महत्व दिखलाई पड़ता है। मुण्डा धर्म के अनुसार छठी संस्कार के उपरान्त ही शिशु जाति में सम्मिलित हो पाता है। छोटानागपुर प्रवेश के पूर्व छठी संस्कार का कोई महत्व नहीं था।

मुण्डा धर्म में 'मृत्यु संस्कार' एक आवश्यक एवं महत्वपूर्ण धार्मिक कृत्य है। इसके द्वारा मृतक का रोआ अपने पूर्वजों के रोआ–परिवार में सम्मिलित हो पाता है। छोटानागपुर के पहले मुण्डाओं के मृत्यु संस्कार में 'ससान–दिरी' का विकास नहीं हुआ था। यह एक परवर्ती विकास है।

पितरों की पूजा का कोई व्यवस्थित रूपरूप नहीं विकसित हो पाया था। छोटानागपुर आने के शताब्दियों पश्चात् क्रमशः 'अदिंग' और ओड़ा बोंगाको के पूजा–विधान का विकास हुआ जो मुण्डा धर्म में 'पितरों' के महत्वपूर्ण स्थान में प्रमाण हैं।

सरना धर्म का प्रादुर्भाव :

धर्म की उपरोक्त पृष्ठभूमि के साथ जब मुण्डाओं ने छोटानागपुर में प्रवेश किया तो वहाँ पहले से रह रहे असुरों से उनका सामना हुआ। युद्ध में असुर पराजित हुए और मुण्डाओं ने उन्हें पश्चिम दिशा की ओर खदेड़ दिया। असुर अवदान से ज्ञात होता है कि मुण्डा लोग असुरों की कतिपय धार्मिक एवं सांस्कृतिक व्यवस्था से अप्रभावित नहीं रह सके थे।

छोटानागपुर में प्रवेश करने के उपरान्त मुण्डाओं के खूंटों ने जंगल की कटाई कर अपने लिए भूमि साफ की थी और इस क्रम में उन्होंने जंगल का कुछ भाग सीमाबद्ध कर छोड़ दिया था। यह स्थान सरना–स्थल कहलाया। मुण्डाओं के विश्वास के अनुसार इस सीमाबद्ध स्थल के वृक्षों पर 'हातु–बोंगाको' का निवास था जो समस्त गांव की विभिन्न आपदाओं से सुरक्षा करता था। असुरों के पतन

के उपरान्त जब सिङ्बोंगा ने असुर–विधवाओं को बोंगा के रूप में परिवर्तित किया तथा उन्हें विभिन्न क्षेत्रों का दायित्व सौंपा तो मुण्डा धर्म में बोंगा स्वरूप देवताओं की संख्या में वृद्धि हुई। इस विधान के अनुसार सरना–स्थल का दायित्व चण्डी–बोंगा को सौंपा गया। चण्डी बोंगा न केवल गाँव की सुरक्षा करता है अपितु 'कृषि और शिकार' पर जाने पर जानवरों से उसकी देखभाल भी करता है। इस प्रकार सभी बोंगाओं में चण्डी बोंगा सर्वाधिक उपयोगी पूज्य एवं मुण्डाओं के निकट है। कालक्रम में चण्डी बोंगा, सरना बूढ़ी के नाम से ख्यात हुआ और सरना स्थल मुण्डाओं के अधिकांश पूजा एवं धार्मिक कृत्यों से जुड़ गया और इस प्रकार मुण्डा–धर्म का सरना–धर्म के नाम से प्रादुर्भाव हुआ।

असुर–विजय के उपरान्त मुण्डाओं के सरना धर्म में निम्नलिखित विकास हुए–

1. सिङ्बोंगा द्वारा असुर विधवाओं को बोंगा के रूप में सरना–धर्म में स्वीकारना। सरना–धर्म में बोंगाओं की संख्या में वृद्धि।
2. पाहन एवं पुजार की नई संस्था का विकास। धार्मिक कृत्यों पर पाहन का पूर्ण नियंत्रण। पाहन का चुनाव सरना देवी की इच्छा से और इस प्रकार पाहन, मुण्डा एवं देवताओं के बीच एक कड़ी।
3. प्रमुख धार्मिक एवं सार्वजनिक कृत्यों के लिए एक निश्चित स्थान का विकास और वह स्थान है 'सरना–स्थल'। इससे पूर्व मुण्डा लोग किसी स्थान विशेष से जुड़े हुए नहीं थे और व्यक्तिगत रूप में अपना धार्मिक कृत्य पूरा कर लिया करते थे।
4. 'अदिंग' बोंगाकों का विकास और प्रत्येक मुण्डा परिवार में, घर के भीतर, पूर्वजों के 'रोआ' के लिए एक स्थान की व्यवस्था एवं अधिकांश अवसरों पर उनकी पूजा।
5. सरना स्थल एवं सरना वृक्ष का धार्मिक महत्व।
6. निश्चित बोंगा के लिए निश्चित रंग के मुर्गे की बलि का विधान और सबसे हट कर सिङ्बोंगा के लिए सफेद मुर्गे की बलि।

संस्कार एवं पर्व का विकास :

1. संस्कार एवं पर्वो की संख्या में क्रमशः वृद्धि। हिन्दुओं का सम्पक्रजन्य प्रभाव।

(क) छठी संस्कार का महत्व। छठी संस्कार के पूर्व गर्भस्थ एवं जन्म लिया हुआ शिशु अशुद्ध माना जाता है। छठी संस्कार से पवित्र होने के उपरान्त ही वह मुण्डा जाति का सदस्य होता है।

(ख) छठी संस्कार के पूर्व मृत्यु होने पर शिशु का कोई संस्कार नहीं होता किन्तु छठी संस्कार के एक दिन बाद भी मृत्यु होने पर मृत्यु संस्कार की सभी विधियों का पालन होता है क्योंकि तब शिशु मुण्डा जाति का सदस्य हो चुका होता है।

2. (क) विवाह संस्कारः सिङ्बोंगा लड़के–लड़की का जोड़ा जनमते ही निश्चित कर देते हैं। मार्ग के शकुन एवं अपशकुनों के विचार से वर एवं वधू का निश्चय होता है। सिङ्बोंगा की इच्छा नहीं होती तो मार्ग में अपशकुन भेजकर वह अभिभावकों को सूचित कर देता है और रिश्ते का प्रयास वहीं समाप्त कर दिया जाता है। वर एवं वधू दोनों पक्ष अपशकुनों की उपेक्षा नहीं करते।

(ख) विवाह एक ईश्वरीय बन्धन है।

3. (क) मृतक संस्कार में क्रिया–कर्मों की वृद्धि। ससान–दिरी की परम्परा का प्रारम्भ एवं विकास। किली के अनुसार अस्थि का दफनाया जाना।

(ख) मृतक की रोआ को पारिवारिक 'अदिंग' में बैठाने की क्रिया।

4. पर्वो की संख्या में वृद्धिः छोटानागपुर में कृषि कर्म में वृद्धि के कारण कतिपय पर्व कृषि से भी संयुक्त जैसे– बतौली, जोमनामा, हरिअरी आदि।

5. (क) सरहुल या बा पर्व का मनाया जाना। छोटानागपुर में फागु, दसई, करमा, सोसो बोंगा आदि पर्वों का प्रारम्भ एवं विकास।

(ख) फागु, दसई, करमा आदि पर्वों पर हिन्दु प्रभाव का विचार।

6. (क) सोहराई पर्व पशु की सुरक्षा से सम्बन्धित एक पुराना पर्व कार्तिक अमावस्या की रात्रि में मनाया जाता है। पाहन की आवश्यकता नहीं होती। यह पर्व 'पाहन' के उद्भव के पूर्व विकसित हो चुका था।

6. (ख) कार्तिक अमावस्या की रात्रिः वैधों के लिए जड़ी–बूटियों के संकलन का महत्वपूर्ण अवसर तथा डायनों के लिए दीक्षा का अवसर। मान्यता है कि कार्तिक अमावस्या की रात्रि 'साधना' अधिक व्रीव एवं सफल होती है। हिन्दुओं में भी दीपावली की रात मंत्रों को साधने का प्रचलन है।

7. पर्वो के साथ उसी अनुसार गीतों का संयोग, नृत्य एवं स्थान विशेष पर सामुहिक उत्सव।

8. कतिपय पर्वो में पाहन द्वारा पूजा का विधान, विशेषकर ऐसे पर्व जो सामुहिक रूप से मनाए जाते हैं। कुछ पर्वों में स्वयं गृहस्वामी या गृह–स्वामिनी पूजा कार्य सम्पादित करते हैं।

9. संस्कार एवं पर्वो में सुधार की प्रक्रिया अनवरत चल रही है। पर्वों में सांस्कृति कार्यक्रमों एवं आमोद–प्रमोद की प्रधानता की ओर अधिक झुकाव।

जादू–टोना, डायन तथा देंवड़ा आदि की संस्थाओं का विकास :

यद्यपि छोटानागपुर में प्रवेश के पहले भी मुण्डा जीवन जादू–टोना एवं मायावी शक्तियों से प्रभावित था किन्तु असुर अवदान के उपरान्त इस दिशा में पर्याप्त वृद्धि हुई। सिङ्बोंगा द्वारा असुर विधवाओं को बोंगा रूप में सरना–धर्म में प्रतिष्ठित करने से बोंगाओं की संख्या में स्वमेव वृद्धि होने लगी। छोटे–मोटे भयावह स्थानों से कई बोंगा जुड़ गए और स्थानीय स्तर पर उसकी पूजा एवं चढ़ावा का प्रबंध होने लगा। जंगल–पहाड़ों के बीच जीवन व्यतीत करने वाले मुण्डाओं के लिए भयावह दृश्यों एवं स्थानों का अभाव नहीं था। पुनः नदी के किसी विशेष घाट पर या पोखर में मुण्डा किसी लड़के के डूबने की घटना घटी कि वहाँ एक बोंगा के होने की कल्पना कर ली गई और घटनाओं की आवृत्ति से क्रमशः इस प्रकार के बोंगा रूढ़ होकर नियमित चढ़ावा प्राप्त करने लगे। मुण्डाओं में कहावत है कौन ज्यादा – जंगल के पत्ते या बोंगाओं की संख्या ?

बोंगाओं की संख्या की वृद्धि के साथ जादू–टोना का प्रभाव मुण्डा जीवन पर गहराई से पड़ा। धर्मशास्त्रियों एवं पाहनों ने आपत्ति की कि जादू–टोना या डायनों का संबंध न सिङ्बोंगा से है और न उन बोंगाओं से है जिनकी पूजा सिङ्बोंगा द्वारा अधिकृत पाहन करते हैं। वस्तुतः बोंगाओं की संख्या वृद्धि के साथ इनके दो वर्ग हो गए थे एक वे बोंगा जो पाहनों से पूजित थे तथा एक वर्ग वह जिन्हें पाहन पारम्परिक एवं धर्म सम्मत नहीं मानता था और उनकी पूजा करना अपना अपमान समझता था। ऐसे बोंगा जो पाहनों से पूजित नहीं थे, धर्म सम्मत नहीं माने जाते थे और ये ही डायनों द्वारा साधित किये जाते थे।

हमने देखा कि मुण्डा जीवन पर मध्ययुग में जादू–टोना एवं डायनों का प्रभाव काफी गहराई से पड़ चुका था और प्रायः मुण्डाओं के जीवन के अनेक क्रिया–कलापों को, इनके प्रति बने विश्वास, नियंत्रित करने लगे थे।

अन्य बोंगाओं की तरह डायनों तथा जादू–टोना साधकों द्वारा साधित बोंगा भी अदृश्य लोक वासी माने जाते थे। पाहनों के एकाधिकार को तोड़ने के लिए डायनों ने अपना संबंध सिङ्बोंगा से जोड़ लिया था और मुण्डाओं के बीच सिङ्बोंगा की पहली पत्नी पार्वती के 'प्रथम–डायन' के रूप में अच्छा प्रचार मिला था और 'सात–परबतिया' बहनों का सम्प्रदाय चल पडा था। इस प्रकार डायनों का प्रभाव मुण्डा जनजाति पर विस्तृत एवं गहराई से पड़ने लगा था। किन्तु डायनों के अधिकांश क्रिया–कलाप गुप्त एवं अकल्याणकारी होते थे अतः इन्हें 'विधर्मी–धारा' की संज्ञा मिली। कालान्तर में मुण्डा लोक कथाओं में प्रचलित हुआ कि पार्वती के

कुकृत्यों के कारण सिङ्बोंगा ने उसे घर से निकाल दिया। इस प्रकार डायन एवं जादू–टोना के क्रिया–कलापों को सिङ्बोंगा का समर्थन प्राप्त नहीं हुआ फलतः इसे अधार्मिक माना गया।

छोटानागपुर में विधर्मी धारा जादू–टोना की मारक शक्तियों को निरस्त करने के लिए देंवड़ा ओझा सोखा की एक समानान्तर धर्मी संस्था का विकास हुआ। इसके लिए हिन्दु देवी–देवताओं एवं सदानी भाषा के मंत्रों का उपयोग किया गया। आम धारणा थी कि मुण्डाओं से हिन्दू अधिक उन्नत एवं शक्तिशाली हैं अतः उनके देवता भी अधिक शक्तिशाली थे और उनके सम्मुख बोंगाओं की विनाशक शक्ति नहीं टिक पायेगी। इन संस्थाओं को इन मनः स्थितियों का लाभ मिला। ऐसे देवी–देवताओं में महादेव, काली, चण्डी एवम् दुर्गा प्रमुख है।

जादू–टोना एवं डायनों के विरूद्ध यद्यपि मुण्डा समाज में स्वतः आक्रोश उभर चुका था किन्तु कतिपय धर्म प्रचारकों ने न केवल जादू–टोना एवं डायनों के विरूद्ध अपितु मुण्डाओं के रहन–सहन, खान–पान तथा बलि प्रथा की कुप्रथा के विरूद्ध भी इस जनजाति को जाग्रत करने का प्रयास किया। कबीर–पंथियों के आचरण का प्रभाव मुण्डाओं पर दो तरफा हुआ। एक सीधे कबीर–पंथियों द्वारा दूसरा स्वासियों के सानिध्य से। स्वासी लोग अधिकांशतः कबीर–पंथी थे तथा पेशे से बुनकर। कबीर–पंथियों ने उपवास तथा निकृष्ट भोजन से परहेज पर बल दिया। मुण्डाओं की जाति प्रथा की आलोचना कबीर–पंथियों ने की। जीवों के प्रति दया तथा परमपिता के प्रति सच्ची निष्ठा एवं दृढ़ विश्वास की भावना कबीर–पंथियों ने मुण्डाओं में प्रचारित करने का प्रयास किया।

पंचपरगना क्षेत्र के मुण्डाओं का जीवन वैष्णव धर्म के प्रभाव में आ गया था। 15वीं शती में चैतन्य महाप्रभु नीलांचल से पुरी जाते हुए कुछ समय पंचपरगना क्षेत्र में रूके थे तथा अपने उपदेश से यहाँ की जन–जातियों को प्रभावित किया था। जीव हत्या और मांस भक्षण के प्रति इन जन–जातियों में घृणा के भाव पैदा हुए थे तथा बोंगाओं की बलि द्वारा पूजा पद्धति से गहरा आघात लगा था। वैष्णव धर्म प्रभावित कवि विनन्द दास ने करम–पर्व संबंधी अपने गीतों में अपने धार्मिक विचार जोड़ दिये थे जिसे मुण्डाओं ने प्रेम से गाया और स्वीकारा।

छोटानागपुर क्षेत्र में बने विभिन्न मंदिर एवं मूर्त्तियों तथा उनकी पूजा–पद्धतियों और उनसे संबंधित हिन्दुओं के आचरण को देखकर भी मुण्डाओं में आशातीत सुधार हुआ है। उड़ीसा के मंदिर कला के आधार पर निर्मित शिव–शक्ति–सूर्य सम्प्रदाय और वैष्णव समूह के मंदिर जो बूराडीह, हाराडीह, बामला, पानाडीह स्थानों में हैं, मुण्डाओं के आक्रषण केन्द्र रहे हैं। काँची और करकरी नदी की घाटी में मंदिरों के जो अवशेष मिलते हैं वे 6–7 शती पुराने हैं और इस तथ्य के प्रमाण

हैं कि इनका मुण्डा के जीवन पर गहरा प्रभाव पड़ा है। पंच परगना का यह क्षेत्र मुण्डा बहुल रहा है। वैष्णव समूह के मंदिर जो देओसा नगर, जगरनाथनगर, बोड़िया, कोराम्बे में पाये गये थे मुण्डा बहुल क्षेत्र में पड़ते हैं तथा इन क्षेत्रों में मुण्डाओं के रहन–सहन एवं धार्मिक चिन्तनधारा को प्रभावित करने में सफल हुए हैं।

बिरसा–धर्म का संस्थापक बिरसा मुण्डा भी वैष्णव धर्म के कतिपय गुणों से प्रभावित था। उसने खान–पान की पवित्रता पर पर्याप्त बल दिया था। बिरसा–धर्म सरना धर्म के कतिपय गुणों से प्रभावित था। उसने खान–पान की पवित्रता पर पर्याप्त बल दिया था। बिरसा–धर्म सरना धर्म के समानान्तर कतिपय अनुयायियों को लेकर आगे बढ़ने का एक प्रयास था जिसमें बिरसा को "भगवान" मान लिया गया था; किन्तु इस बात को अधिकांश मुण्डा स्वीकार करने को तैयार नहीं थे। स्वयं को भगवान कहकर बिरसा ने सर्वशक्तिमान सिङ्बोंगा का अपमान किया है और इस प्रकार उसने मुण्डाओं के सरना धर्म का अपमान कियाा है। बिरसा का महत्व धर्म की अपेक्षा उसकी सरदारी लड़ाई के आन्दोलन में निहित है।

ईसाई मिशनरियों तथा आज की दीक्षा–शिक्षा के कारण मुण्डाओं के सरना–धर्म में अपेक्षित सुधार हुए हैं। ये सुधार उनके अंध–विश्वासों, खान–पान एवं रहन–सहन की निकृष्टता को लेकर हुए हैं। अधिकांश मुण्डा धर्म के अध्येयताओं, विशेषकर ईसाई और ब्रिटिश सरकार कालीन हिन्दू अध्येताओं द्वारा इस बात का खुल कर प्रचार किया गया है कि मुण्डा–जाति दुष्ट एवं अहितकारी बोंगाओं की पूजा करती है, जो सुखा तथा अनेक प्रकार के रोग, महामारी एवं मृत्यु भेजकर मुण्डाओं को कष्ट देने का आनन्द लेते हैं। मुण्डाओं का उद्देश्य इन दुष्ट पराशक्तियों की पूजा कर, इन्हें संतुष्ट करना है जिससे वे मुण्डाओं की बरबादी का कारण न बन सके। मुण्डा जाति के धर्म को 'भूत–प्रेतवाद' की संज्ञा दी गई है जो पूरी तरह गलत एवं भ्रामक है।

यह अवश्य है कि सिङ्बोंगा द्वारा बनाए गए बोंगा असुर मूल के थे। कालान्तर में अनिष्टकारी बोंगाओं के साथ असुर–मूल के बोंगाओं को लपेट देना अनुचित होगा। बाद में विकसित दुष्ट बोंगाओं को सरना–धर्म में कोई स्थान नहीं है। और न पाहन उनकी पूजा करता है। इन बोंगाओं का लक्ष्य कर एवं महत्वपूर्ण मान कर जिनका मुण्डा–धर्म से कोई सम्बन्ध नहीं है, मुण्डा–धर्म को "एनिमिज्म" की संज्ञा देना, तक्र–संगत नहीं है।

मुण्डा धर्म में सिङ्बोंगा द्वारा उन मुण्डाओं को दण्ड देने का विधान है जो कर्त्तव्यच्युत हो जाते हैं। यह दण्ड–धर्मविहित है। बोंगाओं द्वारा व्याधियाँ भेजकर या इसी प्रकार कष्ट देकर मुण्डाओं को सचेत करने एवं सन्मार्ग पर लाने का धार्मिक विधान है। इस अवसर पर मुण्डा बोंगाओं को चढ़ावा–चढ़ा कर तुष्ट करते

एवं अपनी कर्त्तव्यहीनता के लिए क्षमा याचना करते हैं। बोंगाओं का कल्याणकारी स्वरूप प्रायः प्रत्येक पर्व, सामुदायिक, धार्मिक आयोजन या अन्य धार्मिक कृत्यों में स्पष्ट उभर कर सामने आता है। देसौली बोंगा या हातु बोंगाको या जाहेर बूढ़ी, चण्डी बोंगा आदि मुण्डाओं की कृषि की वृद्धि और शिकार के समय युवकों की हिंसक पशुओं से सुरक्षा का दायित्व निभाते हैं। ओड़ा बोंगाको या पितर देवता परिवार की सुरक्षा एवं श्रीवृद्धि की चिन्ता करते रहते हैं। इसी प्रकार अन्य बोंगा भी है। ये सभी बोंगा क्षेत्रीय देबताओं का दायित्व उसी प्रकार निर्वाह करत है जिस प्रकार वैदिक क्षेत्रीय देवता वास्तोष्पति तथा क्षेत्रपति या लिथुआनियन क्षेत्रीय देवता सुत्वरस, बाउषिस्, जारिक्सउस् तथा गोथा या रोमन क्षेत्रीय देवता सातुर्नुस, सीरीस तथा फ्लोरा।

सिङ्बोंगा द्वारा स्वीकृत सभी बोंगाओं में सिङ्बोंगा का अंश होता है और वे सिङ्बोंगा द्वारा दिए गए दायित्वों का निर्वाह करते हैं। सिङ्बोंगा मुण्डा जाति के सर्वशक्तिमान ईश्वर हैं। हम 'सिङ्बोंगा' को 'सूर्य–देवता' कह सकते हैं। किन्तु आज के सूर्य देवता नहीं अपितु सर्वशक्तिमान् एवं सर्वश्रेष्ठ ऋगवेदकालीन सूर्य जिनके एक स्वरूप का प्रतिनिधित्व विष्णु करते थे। कालक्रम में जब विष्णु का प्रभाव बढ़ा तो हम जानते हैं कि उनके अंश से अनेक अवतारों एवं देवताओं का स्वरूप विकसित हुआ। सिङ्बोंगा ने भी विभिन्न क्षेत्रीय बोंगाओं को उत्पन्न किया और उन्हें अपना कुछ अंश शक्ति तथा कुछ दायित्व समर्पित कर उनमें देवत्व विकसित किया। इस प्रकार मुण्डा धर्म या सरना धर्म 'एनीमिज्म' से बहुत दूर बहु–देवतावादी धर्म में विकसित हो चुका है।

उरांव/कुड़ुख :

छोटानागपुर निवासी उरांव जनजाति के धर्म के इतिहास के अध्ययनक्रम में देखा गया कि उरांव जनजाति के मूल–स्थान एवं मूल–स्थान से रोहतासगढ़ तक के भटकाव–क्रम में इस जनजाति पर कतिपय विकसित जातियों का सम्पक्र–जन्य प्रभाव पड़ा है। मूल–स्थान तथा रोहतासगढ़ तक की यात्रा के संदर्भ में दो प्रमुख परिकल्पनाएँ विचारणीय हैं, प्रथम परिकल्पना कर्नल इ. डाल्टन, रेवरेण्ड पी. डेहन तथा एस.सी. राय की है जो द्रविड़ मूल की उरांव जनजाति का मूल–स्थान दक्षिण भारत मानते हैं तथा कोंकण से गुजरात– नर्मदा नदी का तट पकड़ते हुए पूर्व दिशा की ओर– विन्ध्य–पर्वत श्रेणियों को पार कर–अमरकंटक वन तथा सोन नदी पार कर शाहाबाद, रोहतासगढ़ तक की यात्रा का मानचित्र प्रस्तुत करते हैं। किन्तु इस प्रश्न पर कि उरांवों के पूर्वजों की उत्पति दक्षिण भारत में हुई है उपरोक्त लेखक मौन हैं यद्यपि एस.सी. राय मानते हैं कि द्रविड़ों का जीवन दक्षिण भारत से उस युग से जुड़ा हुआ है जहाँ इतिहास समय के मोटे अंधकारपूर्ण परत को भेद कर पहुँच नहीं पाता। इस संदर्भ में:–

क–भू–शास्त्रियों का यह कथन है कि जल–प्लावन के क्रमिक घटने की स्थिति में दक्षिण के पठार में वनस्पति एवं जीव–जन्तुओं की उत्पत्ति की पर्याप्त संभावनाएँ थी,

ख–आर.सी. मजुमदार का उल्लेख (एन्सियण्ट इण्डिया) है कि कुछ इतिहासकारों का विचार है "अर्ली मैन" की उत्पत्ति दक्षिण भारत में हुई थी तथा वे प्रथम हिमयुग के अन्तिम चरण में पंजाब की ओर प्रव्रजन कर गए थे जहाँ द्वितीय हिमयुग के प्रारम्भिक चरण में अर्थात् आज से लगभग 5 लाख वर्ष पहले उनके पाये जाने की पुष्टि शिवालिक पहाड़ियों के तल से पाए गए पाषाण खण्डों एवं अन्य पुरातात्त्विक साक्ष्यों से होती है,

ग–आर.के. चौधरी का कथन है कि ईसा से लगभग 40 हजार वर्ष पहले दक्षिण भारत में "होमोसैपिन" नामक मानव पाये जाते थे तथा

घ–भाषा–शास्त्रियों का यह मानना है कि द्रविड़ भाषा का दक्षिण भारत में स्वतः विकास हुआ है तथा यह विदेश की किसी अन्य भाषा से सम्बन्धित नहीं है।

उपरोक्त तथ्य सोचने की एक दिशा देते हैं कि दक्षिण भारत में 'पूर्व मानव' की उत्पत्ति हुई थी ?यद्यपि पाश्चात्य मानवशास्त्री एवं इतिहासकार स्वीकारने को तैयारी नहीं है कि भारतभूमि पर किसी नर–बानर से मनुष्य की उत्पत्ति हुई है।

द्वितीय परिकल्पना पाश्चात्य इतिहासकारों की है। इनके अनुसार भूमध्यसागर की ईजियन (प्रोटो–आस्ट्रेडालयड) तथा पश्चिम एशिया माइनर की आर्मेनाइड प्रजातियों के विलयन से द्रविड़ों की उत्पत्ति हुई है। द्रविड़ लोग भूमध्यसागर से अरब क्षेत्र पार करते हुए ईसा के लगभग 5 हजार वर्ष पूर्व पश्चिमोत्तर भारत में प्रविष्ट हुए थे। एम.एल. तिर्की ने, जो भारत सरकार द्वारा जनजातीय जीवन के अध्ययन के लिए नियुक्त थे, मोहनजोदड़ो एवं हड़प्पा से क्रमशः यमुना–गंगा मैदान पार करते हुए उरांवों की यात्रा शाहाबाद एवं रोहतासगढ़ तक निश्चित की है। तिर्की के अनुसार 1750 ई.पू. आर्यों से पराजित होकर यह जनजाति लगभग 8–7 शताब्दी ई.पू. शाहाबाद पहुँची थी। यहाँ इस जनजाति ने अपना अच्छा प्रभाव विस्तार किया था। शाहाबाद के उपरांत उरांवों ने रोहतासगढ़ में सुरक्षित स्थान प्राप्त किया था। उस समय तक मुण्डा लोग खरवारों से पराजित होकर रोहतासगढ़ से छोटानागपुर के लिए पलायित हो चुके थे।

प्रव्रजन काल तथा इससे पूर्व, उरांव जनजाति को आर्यों का सानिध्य प्राप्त हुआ था तथा इनके रहन–सहन एवं विचारों में पर्याप्त परिष्कार भी हुआ था। इनकी पारम्परिक गाथाओं एवं बाल्मीकि रामायण के विभिन्न संदर्भो में आये वर्णनों से इस तथ्य की पुष्टि होती है कि दाशरथी राम के लंका अभियान के समय यह जनजाति दक्षिण के जंगलों में निवासित थी। कंद, मूल, फल एवं कृषि पर मुख्यतः

आश्रित यह जनजाति खान–पान में शुद्धता बरतती थी। जाति के जन्म एवं विस्तार संबंधी पारम्परिक धर्मगाथाएँ इनके वनीय जीवन के अनुकूल रहीं हैं। दक्षिण के वनीय प्रदेश में एक तपस्वी ऋषि के 'उर' से प्रस्तावित रक्त से उत्पन्न होने के कारण उनकी संतति उरांव कहलाई। इस धर्मगाथा में किसी तपस्वी ऋषि से उरांवों का इस प्रकार संयुक्त होना, इन पर आर्य प्रभाव का संकेत करता है।

जाति के पतन एवं पुर्ननिर्माण सम्बन्धी परम्परा से चली आ रही धर्मगाथा "अग्निवर्षा" से भी उरांवों पर आर्यों के प्रभाव का अनुमान होता है। यह कथा महाभारत की उस कथा के अधिक निकट है जब कि भीम ने अज्ञातवास काल में ब्राह्मन के एकमात्र पुत्र की रक्षा के लिए स्वयं को राक्षस के सम्मुख प्रस्तुत किया था तथा उसका वध कर नगरवासियों को त्राण दिलाया था। धरमेस ने विधवा के पुत्र के रूप में इसी प्रकार राक्षस का वध कर बेलातपुर निवासियों को उससे त्राणा दिलाया था। धरमेस ने शव से निकलनेवाली दुर्गन्ध को, सृष्टि की रक्षा के लिए, नष्ट करना आवश्यक माना था। कथा में दुर्गन्ध का सांकेतिक अर्थ पाप, मद, मत्सर एवम् मानव जाति में विभिन्न कुवृत्तियों की वृद्धि था; जिससे सामान्य मनुष्य का जीवन कष्टकर हो गया था। अतः मनुष्य की इस जाति को नष्ट कर पुनः एक नयी जाति के निर्माण के लिए धरमेस ने अग्निवर्षा की थी। इस संदर्भ में धरमेस का वर्णन उनकी पत्नी सीता एवं भतीजे हलुमान (हनुमान) की पृष्टभूमि में दाशरथी राम जैसा प्रतीत होता है।

छोटानागपुर प्रवेश के पूर्व रोहतासगढ़ तक उरांव धर्म में कल्याणकारी एवं अनिष्टकारी दो विपरीत अदृश्य शक्तियों का विकास हो चुका था। कल्याणकारी देवता 'धरमेस' के रूप में थे तथा अनिष्टाकारी में 'नजर–गुजर' एवम् "बाई–भाक" की शक्तियाँ मानी जाती थी। धर्म की प्रारम्भिक विकासावस्था में अन्य जनजातियों की तरह उरांवों ने भी 'सूर्य' को सर्वश्रेष्ठ देवता माना था। उरांवों के सर्वश्रेष्ठ देवता धरमेस के गुण एवं स्वरूप की अवधारणा सूर्य से विकसित हुई है।

छोटानागपुर प्रवेश के पूर्व 'उरांवों के सर्वश्रेष्ठ देवता' को 'बिड़ि–बेलास' नाम से जाना जाता था जिसका अर्थ 'सूर्य–देवता' हैं। रोहतासगढ़ से पलायन की स्थिति में उरांव दो टोलियों में विभक्त हो गए थे। एक टोली छोटानागपुर पहुँची और उरांव कहलाई तथा दूसरी टोली 'मालेर' जनजाति के नाम से राजमहल की पहाड़ियों में जा बसी थी। मालेर जनजाति अपने सर्वशक्तिमान एवं सर्वश्रेष्ठ देवता को पुराने नाम 'बेड़ो' से पुकारती थी। यह नाम 18वीं शती के प्रारम्भिक दशकों तक सामान्यतः प्रचलन में था। बेड़ो का अर्थ सूर्य होता है। "धरमेस" नाम से माले जनजाति अनभिज्ञ है। अर्थात् उरांवों के देवता "धरमेस" का नाम छोटानागपुर में विकसित हुआ है। एक अन्य द्रविड़ मूल की जनजाति खोंड, सृष्टिकर्ता ईश्वर को 'बेडु–पेन्नु' कहती है तथा यह जनजाति भी 'धरमेस' नाम से अपरिचित है।

वस्तुतः छोटानागपुर प्रवेश के उपरांत उरांव धर्म में "धरमेस" की अवधारणा हिन्दुओं के भगवान की तरह विकसित हुई है। धरमेस, जो सूर्य से अभिव्यक्त होते थे, छोटानागपुर में क्रमशः सूर्य से अधिक उपर अर्थात सर्वोपरि शक्ति के रूप में प्रतिष्ठित हुए। उरांवों को, जब सूर्य को सम्बोधित करना पड़ता है, तो वे 'सूरज भगवान' शब्दों का प्रयोग करते हैं। स्पष्ट है कि इस प्रकार सूरज भगवान 'धरमेस' से नीचे धरमेस से निम्न श्रेणी में उनके आधीन अवस्थित होते हैं। धरमेस के प्रभाव में आनेवाली असुर शक्तियों में भी देवत्व का विकास उरांव धर्म की विशेषता है। उरांव परम्परा के अनुसार "चाला–पच्चो" या कृषि की देवी जो प्रारम्भ में अनिष्टकारी प्रेतात्मा मानी जाती थी, क्रमशः दैवी शक्तियों से विभूषित होकर "धरती माँ" कहलाई जिनका विवाह उरांव धर्म के अनुसार प्रतिवर्ष सूर्य देवता से खद्दी या सरहुल पर्व पर समारोहपूर्वक मनाया जाता है। चाला–पच्चो का विकास छोटानागपुर से पूर्व रोहतासगढ़ में हो चुका था। उरांव धर्म में ऐसे अन्य नाद भी रहे हैं जो धरमेस के सम्पक्र से कल्याणकारी चरित्र में विकसित होकर देवताओं की श्रेणियों में प्रतिष्ठित हुए हैं। यह विकास छोटानागपुर की भूमि पर हुआ है। यह उरांव धर्म के इतिहास का उल्लेखनीय चरण है।

छोटानागपुर प्रवेश के पूर्व उरांव लोग जनेउ धारण करते थे, खान–पान में शुद्धता बरतते थे, नृत्य एवं संगीत इनकी आत्मा में बसता था। "बिड़ि–बेलास" या सूर्य को सर्वशक्तिमान कल्याणकारी देवता मानते थे, खद्दी तथा अन्य पर्वो को ऋतु के अनुसार मनाया करते थे, मृत्यु का अर्थ शरीर का क्षय मानते थे तथा "एख" अर्थात् आत्मा को शरीर विहीन व्यक्ति मानते थे जो शरीर त्याग के उपरान्त भी परिजनों से सम्बन्ध बनाए रखता था। पितर पूजा का विधान था किन्तु गोत्र का वर्गीकरण नहीं हो पाया था। नजर–गुजर एवं बाई–भाक की अनिष्टकारी अदृश्य शक्तियों पर विश्वास था जो कालान्तर में छोटानागपुर में जादू–टोना के विकास में सहायक हुआ। इसी प्रकार उरांव धर्म में नादों का प्रभाव लगभग 18वीं शती तक बना रहा।

छोटानागपुर प्रवेश करने पर उरांवों का सामना मुण्डाओं से हुआ। मुण्डा अब तक छोटानागपुर के पश्चिमी क्षेत्र में पूरी तरह व्यवस्थित हो चुके थे तथा सरना–स्थल एवं पाहनों का महत्व स्थापित हो चुका था। कतिपय इतिहासकारों जैसे– एस.सी. राय, हॉफमैन, एन. कुमार आदि का मानना है कि छोटानागपुर प्रवेश करने के उपरान्त उरांवों ने मुण्डाओं की शरण ली थी तथा उनके खान–पान एवं धर्म को स्वीकार किया था और मुण्डा लोग उनके लिए अपना घर–बार छोड़कर पूर्व दिशा की ओर पुनः जाकर बस गए थे। इस विषय पर विस्तार से चर्चा हो चुकी है। वस्तुतः छोटानागपुर के पश्चिमोत्तर भाग में स्थित दर्रें से होते हुए जब उरांव छोटानागपुर में प्रविष्ट हुए तो इनके दबाव में मुण्डाओं को अपना घर–बार छोड़कर

पूर्व एवं पूर्व – दक्षिण दिशा की ओर पलायित होना पड़ा था। चूंकि इस क्षेत्र में मुण्डाओं की एक धार्मिक व्यवस्था स्थापित हो चुकी थी और उरांव उस समय संक्रमण–काल की स्थिति में थे अतः बने–बनाए सरना–स्थल से जुड़ जाने में उरांवों को कोई आपत्ति नहीं हुई। मुण्डाओं की अपेक्षा उरांव अधिक हंसमुख, मिलनसार एवं उदारवादी हैं। कट्टरता या रूढ़िवादिता इनके प्रजातीय गुणों में नहीं आती। मुण्डाओं की उरांवों ने कृषि की उन्नत तकनीक से अवगत कराया और शिकार पर जीवनयापन की अपेक्षा मुण्डाओं के जीवन को कृषोन्मुख किया। एक ही भौगोलिक एवं आर्थिक परिस्थितियों के बीच शताब्दियों से जीवन–यापन करते हुए इन जनजातियों में प्रर्याप्त सांस्कृतिक, धार्मिक एवं रक्त संबंधी–मिश्रण हुआ। चूंकि अब तक उरांव धर्म का विकास छोटानागपुर की पृष्ठभूमि में नहीं हो सका था अतः उरांवों के अधिकांश रीति–रिवाज एवं पूजा विधियॉ मुण्डाओं से प्रभावित हुई। मुण्डा धर्म में, असुरों के सम्पक्र के कारण, बोंगाओं का प्रभाव सहज ही स्थापित हो चुका था जिसका असर उरांवों के मूल धर्म में स्थित नजर–गुजर एवं बाई–भाक का विकास नादों में देखा जा सकता है। इस प्रकार धरमेस एवं चाला–पच्चो को छोड़ कर उरांव धर्म में अन्य देवी देवता तथा छोटानागपुर की भूमि पर पूर्णतया मुण्डा धर्म से ग्रहण किए गए हैं। कालक्रम में हिन्दु देवताओं का भी प्रवेश उरांव जनजाति में दिखलाई पड़ता है किन्तु इन देवताओं का अधिकांशतः उरांवीकरण भी हुआ प्रतीत होता है।

'नाद' का अर्थ सताने वाला होता है जो कालक्रम में सताने वाला भूत के अर्थ में रूढ़ हो गया। यह विचारधारा उरांवों की इस कुप्रवृति का परिणाम थी कि किसी भी सामान्य घटना के पीछे वे नादों की सक्रियता ढूँढ निकालते थे। यदि राह चलते पैर में कांटा गड़ गया तो निश्चित रूप से उस क्षेत्र का कोई रक्त–पिपासु नाद था जो रक्त पीने के लिए कांटे में छुप गया था। अतः उरांव के लिए उस क्षेत्र के नाद को मुर्गा चढ़ाकर उसे तृप्त करना आवश्यक हो जाता था। उरांव धर्म में नादों की संख्या जंगल में पत्तों से कम नहीं थी। नादों की दो श्रेणियॉ होती थीं, दुष्ट नादः उन मृतकों की आत्मा हैं जिनकी मृत्यु अस्वाभाविक हुई है। सामान्य नादः उन मृतकों की आत्मा हैं जिनकी मृत्यु स्वाभाविक रूप से हुई है। उरांव धर्म में दुष्ट नादों के लिए कोई स्थान नहीं है। पाहन इन्हें नहीं पूजता।

उरांव धर्म में 'पच–बालर' का काफी महत्व है। पच–बालर पितरों का समूह है जो सम्बद्ध परिवार का सदैव हित–चिन्तन करता रहता है। ये उच्च कोटि के में स्थान पाते हैं। धरमेस, चाला–पच्चो के बाद पच–बालर का स्थान आता है।

पाट–राजा गाँव के समस्त नादों को नियंत्रित करता है। इस प्रकार यह गांव की बीमारियों एवं अन्य आपदाओं से रक्षा करता है। प्रायः किसी गांव के सीमा के किसी पहाड़ पर पाट–राजा का निवास होता है। पाट–राजा का 'चाला–पच्चो' से

भी अधिक महत्व था किन्तु क्रमशः उनकी शक्ति और पूजा में गिरावट आई और उन्हें देसउली से जोड़कर 'देसउली–पाट' या खूंट नाद से जोड़कर 'खूंट–पाट' का स्थान प्राप्त हुआ। धरमेस से जुड़े रहने के कारण चाला–पच्चो अधिक पूज्य बनी रहीं। "देवी माई" और "महादेव" का उरांव धर्म में प्रवेश हिन्दू प्रभाव माना जाता है। उरांवों में मन्दिर या मूर्त्ति पूजा का प्रचलन नहीं है किन्तु गांव की सीमा पर 3–5 या 7 मिट्टी के स्तन–स्वरूप पिण्डों को स्थापित कर पास में त्रिशुल गाड़ कर पुष्प, अन्न, दूध आदि से "देवी माई" की पूजा गाँव के हितार्थ की जाती है। श्रावण माह में देवी माई की विशेष रूप से पूजा की जाती है। बलि चढ़ाने का विधान नहीं है, किन्तु गाँव में महामारी फैलने पर भेंड़ की बलि चढ़ाया जाता है। यह स्थान देवी स्थान या देवी–मांडा (मण्डप) के नाम से जाना जाता है। प्रायः देवी स्थान के पास ही 'महादेव–मांडा' भी होता है जिसमें महादेव की पूजा होती है। महादेव की पूजा का भार अधिकांशतः माती, ओझा एवं भगतों पर होता है।

उरांव धर्म में देवी माई एवं महादेव का प्रवेश नादों के बढ़ते हुए आतंक को रोकने का एक सशक्त प्रयास था। जादू–टोना एवं डायनों का प्रभाव मुण्डाओं से सम्पक्र के कारण तेजी से फैलना शुरू हो गया था और मध्ययुग तक आते–आते इसके आतंक को निरस्त करने के लिए विकसित ओझा, मातियों की संस्था ने क्रमशः हिन्दू देवता महादेव एवं देवी–माई की शक्ति साधना को अधिक महत्त्व देना प्रारम्भ किया था। हिन्दुओं के उँचे रहन–सहन तथा देवी–देवताओं की भव्य पूजा विधियों को देखकर उरांव–मन में अपने नादों की तुलना में हिन्दु देवी–देवता अधिक शक्तिशाली स्वरूप लेकर उभरे थे। साथ ही इन देवी देवताओं के साथ जुड़ी धर्म–कथाएँ भी उरांव–मन पर अपनी उँची दैवी शक्ति का छाप छोड़ने में सफल हुई थी। इस प्रकार जादू–टोना तथा डायनों की बढ़ती हुई विधर्मीधारा को प्रभावहीन करने की आवश्यकता की पूर्ति हेतु हिन्दु–देवताओं एवं मंत्रों को लेकर ओझा, माती तथा भगतों की एक समानान्तर धर्मी धारा स्वतः विकसित हुई। भगतों की यह खान–पान, रहन–सहन की शुद्धता तथा पूजा–पाठ की पवित्रता एवम् भक्तिपूर्ण भावना उरांव धर्म में 'भगत–आन्दोलन' की पृष्ठ–भूमि की भूमिका निभा सकी थी।

उरांव धर्म में नादों का प्रभाव–विस्तार छोटानागपुर में मुण्डा–सम्पक्र का परिणाम है। छोटानागपुर के पूर्व उरांव धर्म में 'नजर–गुजर' एवं 'बाई–भाक' के रूप में अनिष्टकारी अदृश्य शक्तियों की अवधारणा थी किन्तु उनका विस्तार छोटानागपुर में ही हुआ। उरांव मानते हे कि मृत्यु के कारण शरीर नष्ट हो जाने के उपरान्त मनुष्य का 'एख' सभी संबंधों की यथावत् बनाए रखता है। उरांव धर्म–दर्शन के अनुसार पाताल–लोक में प्रत्येक गोत्र के पितरों का अपना निवास है। मृत्यु एवं 'कोहा–बेंजा' संस्कार के उपरान्त मृतक का 'एख' पाताल–लोक में अपने पितरों

के बीच भेज दिया जाता है। जब तक यह अंतिम क्रिया, नहीं होती मृतक का एख भू–लोक में विचरण करता रहता है। उरांव धर्म–विधि के अनुसार मृत्यु संस्कार सभी मृतकों का नहीं होता विशेषकर जिनकी मृत्यु अस्वाभाविक होती है। फलस्वरूप ऐसे मृतकों का 'एख' अतृप्त विचरण करता रहता है तथा दुष्ट नाद की संज्ञा पाता है। सामान्य भाषा में इन्हीं नादों को 'भूत' कहा जाने लगा है। यह अवधारणा उरांव धर्म का परवर्ती विकास है।

उरांव जाति से सम्बन्धित विभिन्न संस्कारों में छठी, विवाह एवम् मृत्यु तीन संस्कारों का विशेष महत्व है। छठी संस्कार द्वारा शिशु जाति में सम्मिलित किया जाता है, विवाह संस्कार धरमेस की जाति–विस्तार योजना में सहायक होता है तथा मृत्यु संस्कार द्वारा एख को पाताल–लोक वासी पितरों के बीच सम्मिलित करा दिया जाता है। गोत्र के अनुसार ही पुल्खी–पाषाण एवं कुण्डी का उपयोग 'कोहा–बेंजा' में किया जाता है। एक पुल्खी के नीचे एक गोत्र के मृतकों की अस्थियॉ दफन की जाती है। "कोहा–बेंजा" वह मृत्यु संस्कार है जिसका अर्थ 'महान–विवाह' होता है। यह प्रतिवर्ष जनवरी–फरवरी महीने में मनाया जाता है। इस क्रिया के उपरान्त ही मृतक का एख 'पच–बालर' में सम्मिलत हो पाता है।

उरांव विवाह में गोत्र के बाहर वर–वधू का चुनाव होता है। उरांव मान्यता के अनुसार धरमेस वर–वधू के जोड़े को पहले से निश्चित कर चुका होता है। धरमेस वर–वधू की तलाश में विभिन्न शकुन एवं अपशकुनों द्वारा माता–पिता की सहायता करता है। इस प्रकार विवाह एक धार्मिक सम्बन्ध है जो धरमेस की इच्छा से निश्चित होता है। यह कोइ सामाजिक संविदा नहीं है कि जब चाहे तोड़ दें। फिर भी उरांव विभिन्न परिस्थितियों में विवाह विच्छेद एवं पुनर्विवाह को विधि सम्मत मानते हैं। किन्तु हिन्दु प्रभाव एवं विभिन्न आंदोलनों के कारण विवाह–संस्था का विकास त्रीव गति से हुआ है और विवाह–विच्छेद तथा विवाह पूर्व यौन सम्बन्धों को उरांव घृणा की दृष्टि से देखते हैं।

नृत्य, संगीत तथा तनाव–रहित जीवन उरांवों की जातिगत विशेषता है। इनके इस चरित्र की अभिव्यक्ति एवं भर मनाए जानेवाले पर्वों में होती है। नृत्य एवं गीत पर्वों के मूल में निहित धार्मिक भावना से जुड़े रहते हैं। पर्वों के मूल में मुख्य तीन सार बिन्दु हैं–

क. धरमेस/पितर/क्षेत्रीय देवताओं से, व्यक्तिगत, परिवारिक एवं समस्त गाँव, पशु, कृषि पर आनेवाली आपदाओं के प्रतिकार के लिए, प्रार्थना एवं पूजा स्वरूप पर्व,

ख. देवताओं एवं नादों की अप्रसन्नता के निवारण हेतु पर्व एवम् पूजा तथा

ग. अनुग्रह एवं कृतज्ञता प्रदर्शन करने के लिए मनाए गए पर्व। पर्वों में फागु(फरवरी–मार्च), सरहुल(मार्च–अप्रैल), हरिअरी(जून–जुलाई), कादलोटा

(अगस्त), करम (अगस्त), जीतिया (अगस्त–सितम्बर), सोहराई (अक्टुबर–नवम्बर), खर्रा पूजा (नवम्बर–दिसम्बर) प्रमुख हैं।

इन पर्वों के क्रमिक विकास में हिन्दू एवं मुण्डाओं का प्रभाव देखा गया है। मुण्डा एवं उरांवों के अधिकांश पर्व समान है जिनका उद्‌भव एवम् विकास छोटानागपुर के निवास–काल में हुआ है। फागु, करम एवम् जीतिया पर हिन्दू प्रभाव स्पष्ट है फिर भी इनकी अन्तर्धारा में उरांव धर्म–दर्शन अधिक प्रबल है। उरांव का शिकार खेलना एवं शिकार की देवी चण्डी की पूजा करना उरांवों की पारम्परिक धार्मिक क्रिया में आता है। फागु पर्व के मूल में 'फागु–सेन्द्रा' है जिसमें उरांव युवक शिकार पर निकलते हैं। किन्तु हिन्दुओं के "फागु" पर्व के मूल में होलिका–दहन है। यह एक मौलिक अन्तर है। करमा एवं जीतिया का कथा–पक्ष हिन्दू धर्म प्रभावित है तथा सम्बन्धित विधि–विधान भी लगभग उसी प्रकार अपनाया गया है। इस पर विस्तार से चर्चा हुई है। सोहराई पर्व कार्तिक की अमावस्या रात्रि को मनाया जाता है। पशुओं के रक्षार्थ यह पर्व गृहस्वामी द्वारा निर्धारित विधियों से मनाया जाता है। उरांव लोक–कथा में शाहाबाद आव्रजन के क्रम में उरांव महिला द्वारा सोहराई के पर्व का उल्लेख आया है। ऐसा प्रतीत होता है उस समय उरांवों की सामाजिक अवस्था पशुपालन से उपर नहीं उठ पाई थी। यद्यपि सोहराई पर्व उरांवों की पशुपालन जीवन से सम्बन्धित है किन्तु पशुओं से हटकर उरांवों में कार्तिक अमावस्या की रात्रि का अन्य महत्व भी दिखलाई पड़ता है। डायनों, जादू–टोना साधकों तथा वैद्यों के लिए अमावस्या की रात्रि उनकी दीक्षा एवं साधना के लिए सर्वोत्तम मानी जाती है। अमावस्या की रात्रि को एकत्रित की गई जड़ी–बूटियों में विशेष शक्ति आ जाती है। हिन्दुओं में दीपावली की रात्रि जादू–टोना की साधना के लिए सर्वोत्तम मानी जाती है। उरांव धर्म में अभी भी पर्वों एवं मेलों के विकास की प्रक्रिया चल रही है जो क्रमशः विभिन्न सांस्कृतिक कार्यक्रमों से संयुक्त हो जाते हैं। 'जतरा' का विकास इसका एक उदाहरण है।

उरांव धर्म की दो मूल प्रवृत्तियों में 'नजर–गुजर' एवं 'बाई–भाक' को मुण्डाओं के सम्पक्र में काफी बढ़ावा मिला। भूत–प्रेतों तथा दुष्ट नादों की संख्या में असीमित वृद्धि के कारण जादू–टोना एवं डायनों के प्रभाव–विस्तार में भी इससे सहायता मिली। हिन्दुओं की शक्ति एवं उच्च–जीवन के आधार पर उरांव–मन में यह धारणा सहज उत्पन्न हुई कि उनके धर्म के कतिपय पूज्य देवताओं की तुलना में हिन्द् देवता अधिक शक्तिशाली होते हैं। हिन्दु देवताओं में 'महादेव' का चरित्र उरांव प्रकृति के अनुकूल है साथ ही हिन्दुओं में महादेव सर्वसुलभ देवता है, गाँव, पहाड़, टांड़, खोह सभी स्थानों पर इनकी पूजा होती दिखलाई पड़ती है। दुष्ट प्रवृत्तियों को दबाने एवं उनकी मारक–शक्ति को निरस्त करने में उरांवों ने 'महादेव' को अंगीकार करना प्रारम्भ किया। भगत आन्दोलन के पूर्व मातियों, सोखाओं एवं

ओझाओं की संस्था के विकास में महादेव पूजा की प्रमुख भूमिका प्रमुख थी। मातियों एवं ओझाओं के साधना–क्रम में जब गुरु अनेक शिष्यों को एक साधना–कक्ष में बन्द कर दीक्षा, मंत्र एवं कीर्तन से उत्प्रेरित करता था तो उनमें से कोई एख–संवेदनशील शिष्य विक्षिप्तावस्था में उठता और जंगल की ओर भाग जाता था। उरांवों के विश्वास के अनुसार जंगल में एकान्तवास में उसे 'महादेव' की कृपा प्राप्त होती थी और जब वह वापस लौटता था तो गांव एवं निकटवर्ती गांवों में उसकी साख एक 'सिद्ध भगत' की बन जाती थी। चूंकि उरांवों के अनुसार बीमारियों के पीछे नादों का हाथ होता था अतः दूर–दूर से उरांव लोग व्याधि से मुक्ति पाने के लिए इस भगत के पास आते थे। भगत का रहन–सहन खान–पान शुद्ध होता था। इसी प्रकार एक अन्य भगत की भी बहुतायत से वृद्धि हुई जो 'भूई–फूट महादेव' का साधक होता था। भगत को स्वप्न होता था कि अमुक स्थान पर 'महादेव' भूमि में है या भूमि से उपर रहे हैं, उनकी पूजा करो। स्वप्न की बात प्रचारित कर वह भूमि से 'महादेव' का पिण्ड प्राप्त करता था और पुनः अपने मकान के आंगन में चबूतरा बना कर महादेव–पिण्ड को प्रतिष्ठित कर देता था। भूई–फूट महादेव के भी पूजक नेम–धरम से रहते थे तथा सामान्य उरांवों के साथ पंक्ति में भोजन न कर 'सिद्धा' प्राप्त करते थे। इन महादेव भगतों का विकास 9–10 वीं शती के लगभग प्रारम्भ हुआ प्रतीत होता है। पन्द्रहवीं–सोलहवीं शताब्दी के मध्य चैतन्य महाप्रभु की कृष्ण भक्ति का प्रभाव उरांवों के उपर उतना नहीं पड़ सका था जितना पंच परगना के मुण्डाओं पर पड़ा था, किन्तु कबीर पंथियों का पश्चिमी रॉची के उरांवों के रहन–सहन पर अच्छा प्रभाव पड़ा था।

सोलहवीं शती में छोटानागपुर के राजा दुर्जनशाल के ग्वालियर कैद से मुक्त होकर लौटने के उपरान्त पूरे क्षेत्र में सामाजिक, आर्थिक एवं धार्मिक जीवन में क्रान्ति की लहर चल पड़ी थी। देश के विभिन्न राजाओं के दरबार की शान–शौकत एवं अन्य क्रिया–कलापों को देखकर दुर्जनशाल ने अपने दरबार एवं छोटानागपुर में न केवल धर्मविद् ब्राह्मणों, क्षत्रियों की संख्या में वृद्धि की अपितु विभिन्न पर्वों एवं धार्मिक अनुष्ठानों का आयोजन भी किया। ये आयोजन मुण्डा एवं उरांव जन–जातियों के धार्मिक चिन्तन में क्रांतिकारी परिवर्तन लाने में सफल हुए। परिवर्तन की यह दिशा आनेवाले शताब्दियों के धार्मिक आन्दोलन में मुखर हो सकी थी।

उन्नीसवीं शताब्दी के प्रारम्भिक दशकों में कबीर के अनुयायियों का प्रवेश रॉची के पश्चिमी भाग में हुआ। ये मध्यप्रदेश, के रायपुर एवं विलासपुर जिलों में आये थे तथा अपने उपदेशों से उरांवों को प्रभावित किया था। कबीर पंथियों ने उरांवों को जीव–हत्या एवं मांस, मदिरा से दूर रहने की सलाह दी थी तथा मूर्त्तिपूजा का विरोध करते हुए परमब्रह्म की साधना पर बल दिया था। भूत–प्रेतों तथा जादू–टोना के अंधविश्वासों को दूर करते हुए इन प्रचारकों ने गुरु की

महिमा का बखान किया था और उरांवों को समझाया था कि गुरु की भक्ति और उपदेशों के अनुसार आचरण करने से मनुष्य का कल्याण होता है। पटना शहर के चकनूरी मठ से इनके गुरु आते थे तथा तुलसी की गुटिका की कण्ठमाला पहना कर उरांवों को दीक्षित करते थे। उरांव कबीर पंथियों की रॉंची के पश्चिम सिमडेगा, गुमला एवं घाघरा में अच्छी संख्या है। इनका रहन–सहन एवम् खान–पान शुद्ध एवम् सात्त्विक होता है।

बीसवीं शती के दूसरे दशक में टाना भगतों का उदय उरांव धर्म के इतिहास का एक उल्लेखनीय अध्याय रहा है। टाना भगतों में उरांवों के धार्मिक एवं सामाजिक तथा आर्थिक दशाओं को सुधारने में महत्त्वपूर्ण भूमिका निभायी है। उन्होंने अपने समाज में प्रचारित किया है कि भूत–प्रेत, नाद एवं अन्य देवता जिनकी हम शताब्दियों से पूजा करते आ रहे हैं, आज तक हमारी दशा सुधारने में सहायक नहीं हुए। इसके विपरीत हम जो उन्नत जाति के लोग थे इन शोषक देवताओं एवं प्रेतों के चक्कर में पड़कर पूरी तरह विनष्ट हो गए हैं, सामाजिक दृष्टि से हीन और आर्थिक दृष्टि से दुर्बल हुए हैं। वस्तुतः ये देवता उरांवों के देवता नहीं है अपितु मुण्डाओं के बोंगा हैं जिन्हें हमलोगों ने अपने धर्म में घुसने दिया है। ताना भगतों के अनुसार उरांवों का मूल धर्म 'कुडुख–धर्म' है जिससे उरांव भटक गए हैं। टाना भगतों ने पुनः अपने कुडुख–धर्म में वापस लौट आने के लिए उरांवों का आह्वान किया। टाना भगतों के आन्दोलन के मुख्य बिन्दु निम्नलिखित थेः–

1. मुण्डा धर्म से आयात किये गए भूत, प्रेत, बोंगा एवं नाद सभी देवताओं का कुडुख धर्म से निष्कासन।
2. हड़िया, मांस–भक्षण, बलि, सरना–स्थल पर पूजा, विवाह पूर्व यौन सम्बन्ध, आभूषण आदि से दूर रहकर एक सामान्य एवं सात्त्विक जीवन व्यतित करना है।
3. प्राचीन विवाह प्रथा को समाप्त करना तथा मात्र एक देवता महादेव, जिनमें धरमेस की अभिव्यक्ति होती है, की पूजा करना।

भगत–आन्दोलनों के अतिरिक्त 1894 ई. में प्रारम्भ किया गया आर्य–समाज का शुद्धि–करण अभियान, संस्कृत विहार के विभिन्न कार्यक्रमों द्वारा जन–जातियों को हिन्दू जीवन–पद्धति एवं धर्म की ओर आकर्षित करने का प्रयास, बाल योगेश्वर के "डिवाइन लाइट मिशन" के द्वारा विशेषकर सिमडेगा एवम् गुमला क्षेत्र की जन–जातियों के मध्य, साधना द्वारा आत्म–विकास के सिद्धान्त का प्रचार, आदि कुछ ऐसे प्रयास हैं जिनका उद्देश्य न केवल आदिवासियों का अन्य धर्मों में धर्मान्तरण रोकने तथा धर्मान्तरितों को पुनः शुद्ध कर जाति में वापस लाने के उद्देश्य से किया गया है अपितु इनके धार्मिक उत्थान के लिए भी किया गया है। इन आंदोलनों का मुण्डा एवं उरांव जन–जातियों पर कहीं–कहीं सीधा और कहीं

परोक्ष रूप से प्रभाव पड़ा है तथा उनके धार्मिक – विश्वासों एवं जीवन शैली में अपेक्षाकृत सुधार हुआ है। सुधार की यह गति शिक्षा के प्रसार तथा उद्योगों के विस्तार से तीव्रतर हुई है।

मुण्डा एवम् उरांवों के सरना–धर्म का तुलनात्मक ऐतिहासिक सर्वेक्षण :

मुण्डाओं के प्रवेश के पूर्व छोटानागपुर में असुर जनजाति रहती थी तथा यहाँ की मिट्टी को गला कर उससे लोहा निकालने का मुख्य पेशा करती थी। कोल कही जानेवाली अनेक जन–जातियों में मुण्डा के साथ असुरों का भी नाम आता है अतः असुर उसी मूल के थे जिस मूल के मुण्डा लोग थे, किन्तु असुरों की अपेक्षा मुण्डा जनजाति खान–पान एवं धार्मिक चिन्तन में कुछ परिष्कृत थी। असुरों को पराजित कर जब मुण्डा व्यवस्थित हुए तो शिकार की अपेक्षा कृषि पर जीवन आधारित होने के कारण उन्हें भूमि की आवश्यकता पड़ी। गाँव को बसाने तथा खेती योग्य भूमि निकालने के क्रम में उन्होंने जंगलों को काटना प्रारम्भ किया। इस क्रम में गांव से लगी जंगल की थोड़ी भूमि सीमाबद्ध कर मुण्डाओं ने छोड़ दी क्योंकि उनकी धार्मिक धारणा के अनुसार गांव में आने वाली विपत्तियॉ रोग–व्याधियों तथा अन्य देवी आपदाओं से, सीमाबद्ध क्षेत्र में निवास करने वाला "हातू–बोंगाको" गाँव की सुरक्षा करेगा। कालक्रम में हातू–बोंगाकों का यह निवास स्थल "सरना–स्थल" कहलाया। असुर अवदान से इस तथ्य पर प्रकाश पड़ता है कि असुर मूल के कुछ प्रभावशाली क्षेत्रीय प्रेतों (देवताओं – बाद में) मुण्डाओं ने अपने धर्म में "बोंगाओं" के नाम से अंगीकार कर लिया था। इन बोंगाओं में चण्डी बोंगा सरना–स्थल पर प्रतिष्ठित हुई और क्रमशः सरना बूढ़ी एवम् सरना देवी के नाम से पाहनों द्वारा पूजित हुई। सरना स्थल के अतिरिक्त पहाड़, नदी, पोखर, घाटी आदि स्थानों पर भी बोंगाओं के प्रतिष्ठित होने का सिलसिला मुण्डा धर्म में प्रारम्भ हुआ तथा कृषि की सुरक्षा एवं अच्छी कृषि के लिए, पशु–धन की सुरक्षा के लिए भी विभिन्न बोंगाओं की पूजा प्रारम्भ हुई। पितरों के रूप में ओड़ा बोंगाकों को घर के भीतर अदिंग में प्रतिष्ठित किया गया। ये सभी बोंगा गाँव एवं परिवार पर आने वाली आपदाओं एवम् बीमारियों से, कृषि की हानि एवं परिवार पर पड़नेवाली विपत्तियों से मुण्डाओं की रक्षा करते थे और सिङ्बोंगा के विधान के अनुसार मुण्डा लोग इन बोंगाओं की विधिवत् पूजा करते एवं मुर्गे की बलि चढ़ाते थे। ये सभी बोंगा कल्याणकारी थे तथा परमेश्वर सिङ्बोंगा का अंश विधमान था। यही कारण है कि जिन अध्येताओं ने इन तथ्यों का गंभीरता से अध्ययन किया है वे मुण्डा धर्म को बहुदेवतावादी मानते हैं। कालान्तर में बोंगाओं की संख्या में अप्रत्याशित वृद्धि हुई। घटना–घटना, स्थान–स्थान से दुष्ट बोंगाओं की संख्या एवं आतंक की वृद्धि से मुण्डा जनजीवन त्रस्त होने लगा। इन्हीं बोंगाओं की लपेट में कल्याणकारी बोंगा भी घसीट लिये गये तथा मुण्डा धर्म को 'एनीमिज्म' की संज्ञा दी गई जो मुण्डा–धर्म की वास्तविक पहचान नहीं है। सिङ्बोंगा द्वारा बनाए गए बोंगा देवता हैं।

मुण्डा जनजाति जब छोटानागपुर में लगभग व्यवस्थित हो रही थी कि रोहतासगढ़ से पराजित एवं पलायित उरांवों का दल सुरक्षित स्थान की तलाश में पश्चिमी लोहरदगा के सहरघाटिया दर्रे से छोटानागपुर में प्रविष्ट हुआ। चूंकि उरांवों का प्रवेश पश्चिम से हुआ था और मुण्डा लोग भी पश्चिमी छोटानागपुर में बसे हुए थे अतः उरांवों का सामना मुण्डाओं से हुआ और मुण्डा लोग उरांवों के लिए अपना घर–बार खेत–मैदान एवं सरना–स्थल छोड़ कर पूर्व एवं दक्षिण पूर्व दिशा की ओर पलायित हुए। उरांव आर्यों के सानिध्य से खान–पान रहन–सहन तथा कृषिकर्म में मुण्डाओं से अधिक परिष्कृत एवं उन्नत अवस्था में थे। वे "बिड़ि–बेलास" अर्थात् सूर्य को भगवान या परमेश्वर मानते थे। वे 'राम–माँ सीता–हलुमान' की भी स्मृतियाँ संजो कर साथ लाये थे। उरांव अत्यन्त सरल स्वभाव के परिश्रमी और उदारवादी प्रकृति के होते हैं। इन्होंने मुण्डाओं के धर्म–स्थानों को नष्ट न कर यथावत् स्वीकार कर लिया। अन्तर केवल इतना था कि सरना–स्थल पर उन्होंने अपने पारम्परिक एवम् धार्मिक अवधारणा के अनुरूप 'चाला–पच्चो' देवी को प्रतिष्ठित कर दिया। इसी प्रकार उरांवों ने क्रमशः गाँव की सीमा के पहाड़ों पर पाट–राजा को, टांड़ पर डाढ़ा–टांड़ या डाढ़ा–देसउली को, अच्छे शिकार तथा हिंसक पशुओं से शिकार के समय रक्षा के लिए चण्डी देवी को, परिवार की रक्षा के लिए पितरों के रूप में पच–बालर को स्वीकारा एवं प्रतिष्ठित किया। ये सभी कल्याणकारी देवता हैं। कालान्तर में उरांव धर्म में भी बोंगाओं की तरह नादों का बाहुल्य हुआ तथा हर घटना या स्थान से किसी–न–किसी अनिष्टकारी नाद या भूत–प्रेत को जोड़ देना उरांवों का स्वाभाव बन गया। भगत–सम्प्रदाय भूत–प्रेतों का प्रभाव, मुण्डाओं से आयात किया हुआ मानता है तथा उरांवों के मूल धर्म को 'कुडुख–धर्म' की संज्ञा देता है। किन्तु छोटानागपुर में उरांवों की सर्वाधिक लोकप्रिय, पूजित एवं प्रमुख देवी चाला–पच्चो का सरना देवी के रूप में सरना–स्थल से जुड़ जाने से तथा उरांव धर्म का प्रायः सभी सामुदायिक धार्मिक कृत्य सरना स्थल पर निष्पादित होने से उरांवों का धर्म भी क्रमशः 'सरना–धर्म' के नाम से ख्यात हुआ। उरांव कालक्रम में छोटानागपुर में जमने एवं फैलने लगे थे। प्रथम शती ई. में जब छोटानागपुर के प्रथम राजा फणिमुकुट राय का सिंहासनारोहण हुआ था? उरांव लोग छोटानागपुर में पूरी तरह व्यवस्थित हो चुके थे। फणिमुकुट राय को राजा चुनने में मुण्डाओं के साथ उरांवों ने भी सहयोग किया था। कालान्तर में जब गैर–मुण्डा मूल के फणिमुकुट राय पर मुण्डाओं ने अपना अधिकार जमाना शुरू किया तो उरांवों ने भी एक कथा प्रचलित कर दी। कथा के अनुसार फणिमुकुट राय उरांव मूल के थे और उनके दादा लखन भगत–सुतियाम्बे में रहते थे।

मुण्डा एवं उरांवों के बीच एक ही वातावरण तथा भौगोलिक एवम् आर्थिक परिस्थितियों में रहने के कारण न केवल पर्याप्त धार्मिक, सांस्कृतिक एवं सामाजिक आदान–प्रदान हुआ अपितु रक्त–मिश्रण भी हुआ। चूँकि उरांवों का प्रजातीय गुण

सरल एवं उदारवादी था तथा मुण्डा लोग स्वभाव से कठोर एवं रूढ़िवादी थे और ये छोटानागपुर में उरांवों से पहले रहते आ रहे थे अतः मुण्डाओं का प्रभाव उरांवों के धार्मिक कृत्यों, संस्थाओं एवम् पूजा विधियों पर पड़ा है। साथ ही मुण्डाओं के अनेक पर्वों एवं संस्कारों का भी प्रभाव उरांवों की इन संस्थाओं के विकास पर पड़ा है। फिर भी छोटानागपुर के पूर्व अर्जित धार्मिक विश्वास एवं अवधारणाये उरांवों के सभी संस्थाओं के विकास के मूल में काम करती रही हैं। यही कारण है कि सतही रूप से एक जैसे दिखलाई पड़ने वाले मुण्डा एवम् उरांवों के देवता, पर्व, संस्कार आदि तह तक जाने में भिन्न दिखलाई पड़ने लगते हैं। 'सरना–धर्म' सम्बन्धित ऐसा ही भ्रम अधिकांश अध्येताओं में व्याप्त है। कुछ इतिहासकार यहाँ तक कहते हैं कि उरांवों ने मुण्डाओं की शरण ली और उनके धर्म एवं संस्कृति को ग्रहण कर लिया किन्तु यह सच नहीं है। मूल रूप से मुण्डाओं के सरना–धर्म में एवं उरांवों के सरना–धर्म में उतना ही अन्तर है जितना सिङ्बोंगा एवं धरमेस की अवधारणा एवम् स्वरूप में।

सिंङ्बोंगा बनाम धरमेस

मुण्डाओं के परमेश्वर सिंङ्बोंगा और उरांवों के धरमेस है। इन दोनों परमेश्वरों का विकास छोटानागपुर में हुआ है। इन देवताओं तथा अन्य देवताओं के ऐतिहासिक विकास की चर्चा हो चुकी है। हमने देखा है कि छोटानागपुर आगमन के पूर्व मुण्डा लोग किसी "सन–कल्ट" के प्रभाव में थे। सिंङ् का अर्थ सूर्य होता है और बोंगा का अर्थ निवास। 'बोंगा' कालान्तर में ईसाई मिशनरियों की व्याख्या के कारण क्रमशः भूत–प्रेत के अर्थ में रूढ़ हो गया। अतः 'सिंङ्बोंगा' में 'बोंगा' के कारण उस दिव्यता का अभाव दिखलाई पड़ता है जो 'धरमेस' शब्द में है। पूर्व–द्रविड़ मूल की उरांव जनजाति के ईश्वर "बिड़ि–बेलास" थे जिनका विकास छोटानागपुर में 'धरमेस' के रूप में हुआ है। धरमेस की अवधारणा हिन्दुओं के भगवान के समकक्ष है। सोपान क्रम में सूर्य या सूरज–भगवान इनसे निम्नश्रेणी में अवस्थित हैं। अनेक पारम्परिक धर्मगाथाओं में धरमेस के साथ सीता एवम् हनुमान को संयुक्त पाया गया है जिससे 'धरमेस' में यदा–कदा दाशरथी राम की झलक मिल जाती है। इसके विपरीत सिंङ्बोंगा के साथ कभी–कभी पार्वती का नाम आया है और सिंङ्बोंगा, – महादेव के निकट दिखलाई पड़ते हैं। पार्वती के नाम का उपयोग 'प्रथम डायन' के रूप में भी हुआ है। इससे आभासित है कि 'सिंङ्बोंगा' के स्वरूप और चरित्र में धरमेस की अपेक्षा बोंगा तत्व अधिक प्रबल है। यदि 'बोंगा' के भाव को विकृत न किया गया होता तो सिंङ्बोंगा भारोपीय वैदिक सूर्य के समतुल्य होते जिनसे विष्णु आदि जैसे देवताओं का उद्भव हुआ है।

अन्य देवता

मुण्डा धर्म में अन्य देवताओं में सभी का विकास छोटानागपुर में क्षेत्रीय देवता के रूप में सिंङ्बोंगा के आदेश से हुआ है। इन सभी देवताओं के नाम एवं प्रकृति

में 'बोंगा तत्व' पाया जाता है। कुछ उदाहरण – बुरुबोंगा त्र पहाड़ी पर रहनेवाला देव, इकिर बोंगा त्र गहरे जल में रहने वाल देव, चण्डी बोंगा त्र सरना स्थल पर रहने वाला देव– क्रमशः सरना देवी के रूप में परवर्ती विकास, ओड़ा–बोंगाको त्र पितर (पितृ) देव, आदि। उरांव धर्म में चाला–पच्चो छोटानागपुर के पूर्व विकसित हो चुकी थी। पच–बालर की भी पृष्ठभूमि रोहतासगढ़ तक तैयार हो चुकी थी किन्तु इसका विकास छोटानागपुर में हुआ। पाट–राजा, डाढ़ा देसौली, चण्डी पहाड़, छप्पर बुढ़िया, बड़ंदा पच्चो, गाढ़ा–ढोड़ा या चतुर सीमान जैसे देवी–देवताओं का विकास छोटानागपुर में हुआ है। हिन्दू प्रभाव से उरांव धर्म में महादानिया, महादेव, देवी माई, चण्डी आदि देवी–देवताओं का भी प्रवेश हो चुका है।

मुण्डारी भाषा में 'बोंगा' को पुलिंग माना जाता है। यद्यपि सिंङ्बोंगा ने असुरों की विधवाओं को बोंगा बनाया था किन्तु ये सभी बोंगा बन कर पुलिंग माने गए हैं। उरांवों में देवता तथा देवी दोनों का प्रचलन है। हिन्दू देवी–देवताओं का प्रवेश मुण्डाओं की अपेक्षा उरांवों के बीच अधिक संभव हुआ है।

पर्व :

मुण्डा एवं उरांवों में विगत सहस्त्रों से एक ही वातावरण में रहते हुए पर्याप्त धार्मिक एवं सांस्कृतिक आदान–प्रदान हुआ है, परिणामस्वरूप इनके अधिकांश पर्व तथा सामुदायिक एवं धार्मिक कृत्य लगभग एक जैसे मनाए जाते हैं। फिर भी कुछ पर्वो का विकास इन जन–जातियों के अपने धार्मिक विश्वासों के आधार पर हुआ है।

मुण्डाओं के प्रमुख पर्व : मागे–फागु–बा या सरहुल–होन बा–बतौली–करमा–दसई

कोलोम–सिंङ्बोंगा–जोमनामा–सोहराई–सोसोबोंगा।

उरांवों के प्रमुख पर्व : फागु–सरहुल या खद्दी या ख़ेख़ेल बेंजा–हरिअरी ––काटलोदा––करम

जीतिया–सोहराई–खर्रा पूजा।

मागे पर्व में कृषि के लिए नियुक्त नौकरों से एक प्रकार का वार्षिक अनुबन्ध होता है कि वे वर्ष भर काम करेंगे तथा उसके पारिश्रमिक स्वरूप कितना अनाज एवम् अन्य सुविधाएँ प्राप्त करेंगे। इस अनुबंध को धार्मिक आधार देकर पक्का कर लिया जाता है। इस पर्व का विकास मुण्डाओं में इसलिए पाया जाता है कि अधिकांश उरांव स्वयं अपनी कृषि की देख–रेख करते हैं।

अधिकांश समाजशास्त्री 'फागु' पर हिन्दुओं के होली का प्रभाव मानते हैं किन्तु यह पर्व यद्यपि हिन्दुओं के होली पर्व का आवरण लिए हुए है किन्तु मूल रूप में यह जन–जातीय पर्व है। इसमें 'होलिका दहन' का कोई दर्शन नहीं दिखलाई

पड़ता अपितु 'फागु–सेन्द्रा' मनाया जाता है जिसमें मुण्डा एवं उरांवों की शिकार की देवी चण्डी की पूजा होती है और युवक शिकार के लिए जंगल में जाते हैं। अतिरिक्त कुछ लकड़ी एवं घास–फूस जलाने के होलिका का कोई स्वरूप नहीं दिखलाई पड़ता। इसके विपरीत "असुर अवदान" की छाया दिखलाई पड़ती है जब जलते हुए ढेर के चारों ओर युवक मुंह में पुआल लेकर कौवे की आवाज निकालते हुए चक्कर लगाते हैं।

सरहुल मुण्डाओं की अपेक्षा उरांव लोग ज्यादा धूम–धाम एवं विस्तार में मनाते हैं। मूल रूप से यह पर्व उरांवों का है। सरहुल एवं सोहराई दोनों पर्व छोटानागपुर प्रवेश के पूर्व उरांव लोग मनाया करते थे।

उरांव जनजाति 'कादलोटा' पर्व खड़ी फसल की सुरक्षा के लिए मनाते हैं जिसमें नजर–गुजर एवं 'बाई–भाक' तथा अन्य आनेवाली विपत्तियों को दूर रखने के लिए विषैला 'भेलवा' की टहनियाँ खेत के बीच गाड़ दी जाती है। यह पर्व छोटानागपुर में विकसित हुआ था जब नादों या प्रेतात्माओं का विनाशकारी प्रभाव बढ़ गया था।

करम पर्व हिन्दू प्रभाव में विकसित प्रतीत है। उरांवों में "जीतिया" पर्व माताएँ संतान की सुरक्षा के लिए मनाती है। यह पूरी तरह हिन्दू समाज में प्रचलित 'जिउतिया' का उरांव रूप में अनुकरण है। मुण्डा लोग इस पर्व को नहीं मनाते। अधिकांश पर्व कृषि और पशु–धन की सुरक्षा से जुड़े हुए हैं और इन सभी का विकास छोटानागपुर की धरती पर हुआ है।

"सोसोबोंगा" का आयोजन मुण्डा लोग भूत–प्रेतों से परिवार एवम् घर की सुरक्षा के लिए करते हैं। इसका अनुष्ठान प्रायः वे ही मुण्डा करते हैं जिन्हें अपने परिवार पर जादू–टोना के मार की आशंका रहती है।

मुण्डा एवं उरांवों के पर्वों के ऐतिहासिक विकास के अध्ययन स्वरूप देखा गया है कि इनके अधिकांश पर्व छोटानागपुर में विकसित हुए हैं और ये पर्व इनके कृषि, पशु, शिकार तथा परिवार की रक्षा एवं उन्नति से सम्बन्धित हैं जिसमें नजर–गुजर एवम् दुष्ट बोंगाओं या प्रेतों से सुरक्षा का प्रयास भी रहा है। कतिपय पर्वों पर हिन्दू प्रभाव दिखलाई पड़ता है। उरांव पर्वों में मुण्डाओं की अपेक्षा विभिन्न प्रकार के नृत्य एवं गीतों का अधिक समायोजन है और इन नृत्य–गीतों के प्रकार, पर्वो की प्रकृति के अनुरूप व्यवस्थित हैं।

संस्कार :

मुण्डा एवं उरांव दोनों जनजातियों का जीवन जन्म से मृत्यु तक विभिन्न संस्कारों से आबद्ध है जिनमें छठी, विवाह और मृत्यु संस्कार अत्यधिक महत्वपूर्ण है।

मुण्डाओं के मुख्य संस्कार :

गर्भस्थ शिशु की सुरक्षा हेतु गड़ासीबोंगा–नाल छेदन–छठी–नामकरण सूतम–तोल (करधनी बंधन)–लुटुर–टुकई (कर्णवेध)–अड़ंदी (विवाह)–शव या दाह संस्कार।

उरांवों के मुख्य संस्कार :

छठी या शुद्धिकरण–नामे पिजना–जूड़ो एड़ा–जोख–एड़पा–विवाह–मृत्यु संस्कार या कोहा–बेंजा।

मुण्डा एवं उरांव दोनों जन–जातियों के अधिकांश संस्कारों में उद्देश्य एवम् विधि की दृष्टि से लगभग एकरूपता पाई जाती है जैसे छठी संस्कार, नामकरण या नामे पंजिना, अड़ंदी या विवाह संस्कार आदि। उरांव जनजाति में जूड़ो–एरा अर्थात जूड़ा–बंधन संस्कार युवतियों के लिए उनके यौवन–जीवन में प्रवेश–चिन्ह स्वरूप निष्पादित होता है। इसी प्रकार जोख–एड़पा संस्कार भी है। उरांव समाज में धुमकुड़िया का प्रचलन है। गाँव में धुमकुड़िया एक ऐसा मकान या झोपड़ होता है जहाँ अविवाहित युवक एवं युवतियाँ एकत्रित होती तथा वैवाहिक तथा गृहस्थ जीवन सम्बन्धित प्रशिक्षण प्राप्त करती है। धुमकुड़िया में प्रवेश के अवसर पर यह संस्कार किया जाता है।

मुण्डा एवम् उरांव जनजाति के मृत्यु–संस्कार में अन्तर पाया जाता है। मुण्डा एवम् उरांव दोनों जन–जातियों के धर्म–दर्शन के अनुसार मनुष्य का सम्बन्ध मृतक की आत्मा अर्थात् 'रोआ' अथवा 'एख' से सदा बना रहता है। किन्तु उरांव पाताल–लोक में अपने पितरों के प्रतिष्ठित होने की अवधारणा रखते हैं तथा इसी आधार पर पुल्खी के नीचे कुण्डी में मृतक का अस्थि दफनाते तथा सामुहिक रूप से वर्ष में एक बार 'कोहा–बेंजा' समारोह मनाते हैं जिसमें मृतकों की 'एख' का पितरों के समूह में सम्मिलन कराया जाता है। वर्ष भर के मृतकों का एक साथ, एकबार मृत्यु–संस्कार करना उरांवों की यह न केवल धार्मिक अपितु जातिगत विशेषता भी है। मुण्डाओं में ऐसा कोई वार्षिक समारोह आयोजित नहीं किया जाता।

मुण्डा पितरों को अपने घर के भीतर एक सुरक्षित स्थान में प्रतिष्ठित करते हैं जिसे 'अदिंग' कहते हैं। मुण्डा धर्म में पितरों को प्रतिष्ठित करने तथा उन्हें परिवार के सुख–दुख से जुड़ा रखने के लिए 'अदिंग' को घर के भीतर स्थान दिया गया है।

गोत्र या किली :

मुण्डा एवं उरांव दोनों जन–जातियों में गोत्र या किली का विचार किया जाता है। मुण्डा जनजाति में किली का प्रारम्भ विशेष अवसर पर जिसे एक ऐतिहासिक

घटना माना जा सकता है 'इक्कीस पड़हा' की सहमति से सुतियाम्बे में हुआ था। क्रमशः किली और टोटम की संख्या, जनसंख्या में वृद्धि के साथ अधिक होती जा रही है। लगभग प्रत्येक किली और टोटम से सम्बन्धित कोई–न–कोई कथा जुड़ी हुई है।

उरांव जनजाति में 'गोत्र' का विकास किसी ऐतिहासिक घटना से जुड़ा हुआ नहीं है। यह स्वतः स्वाभाविक रूप से विकसित हुआ है। गोत्र के साथ टोटम का संयोग किसी–न–किसी कथा में गुम्फित है। अब तक मुण्डा एवम् उरांव, प्रत्येक जनजाति में सौ से अधिक किली या गोत्र विकसित हो चुके हैं। अध्ययनक्रम में देखा गया कि किली में परिवर्तन एवम् रूपान्तरण के एक–दो उदाहरण प्रकाश में आए हैं। परगना सोनपुर के चिउर तथा चालदान्दु गाँव के लोग बान्दो (जंगली बिल्ली) किली के थे किन्तु इनमें से अधिकांश परिवार घटना विशेष के कारण बिनगॉव में जाकर बस गए और हेरेन्ज किली में वहॉ के पड़हा द्वारा अंगीकृत कर लिये गये। कुछ समय पश्चात् सोनपुर लौटने पर बान्दो किली के सदस्यों ने उक्त परिवार को किली के ससानदिरी में मृतक के क्रिया–कर्म से वंचित कर दिया था। किन्तु इस प्रकार की धार्मिक समस्या किली अथवा गोत्र के इतिहास में अपवाद स्वरूप दिखलाई पड़ती है। गोत्र के रूपान्तरण का उदाहरण पंचपरगना के अर्ध–हिन्दुकृत मुण्डाओं में भी दिखलाई पड़ता है। यद्यपि इस क्षेत्र में नाग, ताउ, संगा गोत्र के मुण्डा विशेष रूप से पाये जाते हैं किन्तु सांडी (बैल) गोत्र के मुण्डा क्रमशः अपने को शाडिल्य गोत्रीय घोषित करते हैं। हिन्दुओं में यह गोत्र शाण्डिलय ऋषि से जुड़ा हुआ है। पंचपरगना के पूर्वी क्षेत्र में 'शाण्डिलयों' की अच्छी संख्या हैं।

यद्यपि परिवर्तन एवम् रूपान्तरण के एक–दो उदाहरण ही मिलते हैं किन्तु जनसंख्या की वृद्धि के कारण गोत्र एवं किलियों में उप विभाजन एवं प्रति–विभाजन हुआ है।

परिशिष्ट–एक

मनोवा कोब : दोबड़ा जोनोम

मुसिग्ङ चिन्ता मंणि अयः कोड़ा मनु करकदेन तेअःदअःलोटारेएः ओमाइआ। मनु लोटा रअःदअःएः लेल केदा मेन्दो एनरे मोयोद् हइ होन मेनाःइंया। एन हइ होन मनु केए मेताइ तना हे मनु बन्चौइङ में ओड़ोः आइंओ अयर रिंग्ङ बन्चौ मेया। मनु हइअः नेया जगर अयुम केद्ते पुराअःएःदन्दा गिड़ी जना, ओड़ोएः कुलि किया हे होन हइ अम चिलका तेइ बन्चौ में औरिङ मरग्ङो जकेद् आइंआ पुराअः बोरो मेनाः चिहःचि हइ को जोपोम तना एना मेन्ते आइं मोयोद् चटुरे दो तङन में ओड़ोः हुड़िग्ङ लेकाइ मरग्ङ जन ची मोटोद् पुखरी रे तल तैमे, एनाएते ओड़ोः गेइ मरग्ङ जनचि गड़ा ते इदि तैमे, एन हिड़िग्ङ दिन रेगे मरग्ङ बाड़ी हिजुआ एना मेन्ते अम मोयोद् डोंगा बइ जोम में ओड़ाः एन गड़ा ते इदिमे। ओड़ोः एनरे अबेन बरन किग्ङ देएः बेन एन दिपली गे मरंगा बाड़ी हिजुअःओड़ोः दिसुम डुम्बई गोअः। ओड़ो ओते रे सोबेन मेनअः तेअः नाशोअः एस्कर अबेन गे बेन बन्चौओअः। हइअः नेया काजी को अयुम केद् ते एना कभी कोएः एटेः केदा, ठीक एन सिर्मागे मरग्ङ बाड़ी हिजु लेना। हइ डोग्ङरेआ पेन्दा अयः दिरिङ तेएः सब केदा। ने मरग्ङ बाड़ी ते गोटा दिसुम डुम्बई लेना। सलग्ङी बुरू कोहयते गेल मोंडे मुका सालग्ङी डिग्ङ लेना ओड़ोः ओतेर बर हिस्सी गेलमा दअः डिग्ङ लेना ने बाड़ी ते अतेरेन सोवेन जीव जानवर को जियन जना एस्कर अकिग्ङ बारी सरेःजना। होड़ा होन कोअः मपारग्ङ शहर को ओड़ोः हुपडिग्ङ हातु को सोबेन हस्सा ते तोपा जना। ने दिसुम रअः लोर गड़ा को एन दिपली गे बै जना, हुपुडिग्ङ बुरू को बइ जना। डोग्ङा हिमालय बुरू गेनारे टेकद् जना। मनु अयः कुड़ी हयते होन होपोन ओड़ोः ओतेरेन जानवर को सिरजो रुड़ा ओका मनो पुरभः किग्ङ चिन्ता तन तेकेना ओड़ोः (भगवन) सुसार नगे ग्ङेनते मोयोद् बेदि किग्ङ होन गांडा ओमालिग्ङ में आद् ओतेरे सिदा लेका जो दरू को ओमोनोः का ओड़ोः जीव जानवर कोते दिसुम रेणेगोः का ओड़ोः होड़ो होन ओ अमा जी रअः सेंडा ओमा कोम, जेमाज़े अलो–काको रिड़िग्ङमेका। एना अम अमअः मोचाते जगर केयाते होड़ोः कोतअः उदुब तमे। ओड़ो लोल सरम रे दीवा कन तैकेना, चिअःचि होड़ो जीव जानवर कोते दिसुम रेणेगोः का ओड़ोः होड़ो होन को अमा जी रअः सेंडा ओमा कोम, जेमाजे अलो–काको रिड़िग्ङमेका। एना अम अमअः मोचाते जगर केयाते होड़ाः कोतअः उदुब तमे। ओड़ोः लोल सरम रे दीवा कन तैकेना, चिअःचि होड़ो ओनोल सकम तेगेको कनेसा को रिडिग्ङ में तना ओड़ोः एना र अः सजाइ नग्ङेन्तेम जियन को तना। मनुअः अनासी लेका गोटा दिसुम दरूतसाद् ते पेरेः जना ओड़ोः जीव जानवर को पेरेः केदा आद् को रेणेः केदा।

ओते दिसुम नवॉ रूड़ा जना ओड़ो: होड़ो कोवा: पोए पाप बुअल गिड़ी जना। मनु तकिग्ङ इरल होड़ो होन को होबा जना। इनकु रे ओड़ो: उपुं होड़ो कोड़ा होन को ओड़ो: उपुन होड़ो: कुड़ी होन का। इनकु दग्ङड़ा, दग्ङड़ी जन चि अको गेको अपडांन्डी जना। भगवन इनकु सोबन जुदा–जुदा कभी रअ: आशीए–पसेए: ओमद कोआ। मनुअ: होन कोअ: नुतुम मरग्ङनि: मुण्डा, मंग्लानि: रोड़ा, एटा: नि: ननका लिटा नि: सोद्‌तो पुथी तेकैना। मनुअ: अय: होन को पुग पुर दाशा सोबेन अ:ए उदुबद् कोआ। निकु सोबेन मनुअ: होन को (मनवाँ) कजिओ: जना। निकुअ: होन कोगे लिसिंग्ङ गपा ने दिसुम (भारतरेन) आदिवासी ऐनेटे: होड़ो कोको कजिओ तना। मेन्दो निकु अकोअ: हाड़ाम होड़ो कोअ: सेसेन चीलीन को बगे केदा। एना मेन ते एटा: को बिर होड़ो (जंगली) को मेता को तना आद् निकुअ: सोबेन काजि दनग्ङ जना।

हिन्दी

एक बार चिन्तामणि ने अपने पति मनु को दतवन करने के लिए लोटे में पानी दिया। मनु ने देखा कि पानी में एक मछली का बच्चा है, जो मनु से कह रहा है, मनु, तुम मुझे बचाओ तो मैं भी एक दिन तुम्हें बचाउँगी। मछली की बात सुनकर मनु को बड़ा आश्चर्य हुआ। मनु ने पूछा, हे मछली, तुमको मैं कैसे बचाऊँ ?और तुम किस विपत्ति से मुझे बचा सकोगी ?मछली ने कहा जब तक मैं बड़ी नहीं हो जाती जब तक मेरे लिए बहुत डर है, क्योंकि मछलियाँ छोटी मछलियों को खा जाती हैं, इसलिए तुम मुझे एक घड़े में रख दो। जब मैं कुछ बड़ी हो जाऊँ तो मुझे पोखरे में छोड़ देना। और बड़ी होने पर नदी में ले जाना। जब बाढ़ आवे तो एक नाव बना कर तुम उस नदी में ले जाना और उस नाव पर चढ़ जाना। उस बाढ़ से दुनिया डूब जाएगी और सभी मनुष्यों का नाश हो जाएगा। केवल तुम्हीं बचोगे।

मछली की बात सुनकर मनु ने वैसा ही किया। उसी वर्ष भयंकर बाढ़ आयी। मछली ने मनु की नाव को अपनी सींग पर रख लिया। सारी दुनिया डूब गयी। पानी उँचे पर्वतों के भी उपर चढ़ गया। पचास दिन तक सारी धरती डूबी रही, सभी जीव–जन्तु मिट गये केवल वही दोनों शेष रह गए।

बाढ़ उतरने पर मनु बड़े चिन्तित हुए कि इस पृथ्वी पर फिर पेड़–पौधे और जीव–जन्तु कैसे पैदा होंगे। उन्होंने भगवान की पूजा के लिए बेदी बनाई और बलि दी। फिर भगवान से वरदान मांगा।

भगवान ने प्रसन्न होकर धरती पर फिर पेड़–पौधे और जीव–जन्तु पैदा किये। मनु की आठ संतानें हुई, जिनमें चार लड़के और चार लड़कियाँ थीं। उनके बड़े होने पर आपस में विवाह हुआ। सबको अलग–अलग काम सौंपा गया। बड़े लड़के का नाम मुण्डा, मझले का रोड़ा, तीसरे का नाम मनका और सबसे छोटे का सोद्‌तो था। पीछे मनु के उन्हीं लड़कों की संतान सारे देश में फैल गई।

परिशिष्ट–दो

सृष्टि–रचना

सृष्टि के प्रारम्भ में सर्वत्र जल था। सिङ्बोंगा सृष्टि रचना के लिए चिंतामग्न थे। उन्होंने पहले कछुआ बनाया, इसके बाद क्रमशः केकड़ा और जोंक (केचुआ) बनाया। उन्होंने इन तीनों को क्रमशः आदि समुद्र के तल से मिट्टी लाने का आदेश दिया। केवल केचुआ समुद्र तल से मिट्टी लाने में सफल हुआ। इस मिट्टी से सिङ्बोंगा ने "ओटे दिसुम" (सुन्दर देश) बनाया। इस पर उन्होंने पेड़–पौधे तथा विभिन्न वनस्पतियाँ उगाई। अब सिङ्बोंगा ने विभिन्न आकार, प्रकार के पशु–पक्षी बनाए जो पृथ्वी पर विचरण एवं कल्लोल करने लगे। इसके बाद एक अत्यन्त स्मरणीय घटना घटी। 'हुर' पक्षी ने एक अण्डा दिया। इस अण्डे में से एक लड़का एवं एक लड़की, प्रथम पुरुष एवं स्त्री (तोता हड़म–तोता बूढ़ी) निकले। ये ही होरो होंको (मुण्डाओं) के प्रथम जनक थे।

इस प्रथम युग्म को यौन सम्बन्धों का ज्ञान नहीं था। सिंगबोंगा ने उन्हें इलि (चावल की मदिरा = हड़िया) बनाना सिखाया। इलि पीकर वे दोनों मदमस्त हुए और उनसे तीन पुत्र मुण्डा, नानका, रोरा उत्पन्न हुए जिनकी संताने संसार में फैल गई। यह घटना आजमगढ़ में घटी थी।

विशेष

यही कारण है कि मुण्डा लोग केचुए की हत्या बचाने का प्रयास करते हैं।

- मुण्डाओं की धारणा के अनुसार हुर पक्षी दलदली स्थान पर अण्डा देती है और अपने सम्पूर्ण जीवन काल में मात्र एक अण्डा देती है।
- मुण्डा लोग हाथ में एक अण्डा लेकर शपथ लेते हैं। यह प्रथा उनकी जाति की, अण्डे से उत्पत्ति की, उनकी धारणा की पुष्टि करती है।
- आजमगढ़ उत्तर प्रदेश का एक जिला है। इस लोक कथा के आधार पर एस.सी. राय ने मुण्डाओं का आजमगढ़ से चलकर रोहतासगढ़ होते हुए छोटानागपुर आना प्रमाणित करने की चेष्टा की है। ऐतिहासिक प्रमाणों से इसकी पुष्टि नहीं होती।
- इलि या चावल की मदिरा का मुण्डा जीवन एवं धर्म में इतना अधिक महत्व है कि कोई भी धार्मिक कृत्य इलि के अभाव में सम्पन्न नहीं हो सकता।
- 'महाप्रलय' की धर्मगाथा में मनु के चार पुत्र एवं चार पुत्रियों की चर्चा है जिनसे मानव जाति संसार में फैली। ये चार पुत्र हैं–मुण्डा, रोड़ा, मनका और सोदतो। 'सृष्टि रचना' के प्रस्तुत विवरण में तीन संतानों का उल्लेख है।

परिशिष्ट–तीन

असुर अवदान
(मुण्डा धर्म गाथा से)

आहो सिङ्बोगा राजा दैवी कुंवारी
अमगः दिशुम दो, अमगः गमय् दो
बिलकन् गेय दो, हरूब कन् गेय दो
पूरूबो कोना रे, पछिमी कोना रे
उतरो कोना रे, देखिनो कोना रे
अमगः सिरिजन् अमगः उपुजन।

....

आहो गोमके, आहो चोम्के
लेल् नम् तइले, चिन नम् तइले
एकासी पिड़ि रे, तिरासि बदिरे
बारो भाई असुर को तेरो भाई देवता को
सिपुद् तन् गेय को, लेबेद् तन गेय को।
एलङ् तन गेय दो, एयुर तन गेय दो
सिर्म दुदुगर, ओतेयो कोबांसी
चिलङ् चिकय, मेरे लङ् रिकब।
दाते हो सिराबियॉं, दासे ही सिरा संग
सोने केरा डुंटी, रूपे केरा टैणि
चौरा बौरा बंडि जा बिसिरि
सेंगेल, गम हित, बंडि जेटे खिति
मन तिङ् लेकोवइ, बुझातिङ् लेकोव।

....

सिङ्बोगा राजा दैवी कुंवारी
कजि केद गेय किङ्, बकण केद् गेय किङ्
अबेन हले तबु, लङ् चेड़ें लोखोन
अबेन हले तबु, बोवोः चेढ़े कजुरू
अबुवः दिसुम्रे, अबुवः गमव् रे
अइम बेटेकव दुकु आद बलायं तना
बारो भाई हसुर को, तेरो भाई देवता को
निद–सिंगि को सिपुद् तन् गेय दो
सिंगी–सटूब को लेबेद् तन् गेय दो
एलङ् तन् गेय दो, एयुर तन् गेय दो
उपल बा पुखुरी, अंजेद् तन् गेय दो
तड़या बा बन्देल रोड तन् गेय दो

....

मर लङ् सेनेया, भरलङ् विरिद्
सेनो जन् गेया किङ् बिरिद जन गेय किङ्
हुड़िङगे दुरङ् दः, मरंङ् गे दुरङ् दः
हुड़िङगे रॉंची बुरु, मरंङ् गे रॉंची बुरु
तेबःलेद गेयकिङ्, सेटेर लेद् गेय किङ्
नेरे चिय बाबू नेरे चिम दो।
हेया ददा, हेया भैया
नेरे गे दी मा, नेरे गे थ किद् मा।
पुरुवो लेलेमे, पछिमो लेलेमे
उतरो लेलेमे, दखिनो लेलेमे
सोबेन् तेइ मरङ् मा, सोबेन ते पुरः मा।
हेन्दे निः को ओमामा हेन्दे निः आठ में
अरः निः को ओमामा अरः निः आठ मे
कबरा निः को ओमामा कबरा नि आठ में
अ तलङ् ओन् में पुंडि ते पुंडि सिम्
अ तलङ् चेद् में पुंडि ते पुंडि मेरम।
मरङ् जो बीते, रॉंची बुरु रे

....

असुर जा होन् को, असुर जा गण को
ककों मनातिङ् जन, ककों बुझातिङ् जन्
कसरा कोड़ दो तोरो कोड़ दो
तर तीरे को सब् किः गेय दो
लुटुकुम हड़म् किङ् लुटुकुम बुड़िय किङ्
तर तीरे को सब् किः गेय दो
आलोपे इदीय, आलोपे ओरीया
पटि जा ब ब दो, सुड़तजा कोदे दो
दिनः गे होरो जद् इनिःजंगि जद्
मेन्ते देरङ् किङ् कजिया को तन दो
मेन्ते देरङ् किङ् कुदुम को तन दो
हसुर जा होन् को का गेको मनतिङ् जन्
हसुर जा गण को क गेको बुझातिङ् जन्
कसरा कोड़ दो तोरो कोड़ दो
ओर किः गेय को, इदि किः गेय को
गेल बर कोड़ा हिसि बर कुड़ी
तेबा लिः गेय को, सेटेर् लिः गेय को
लंद तन् गेय को, रसिक तन् गेय को।
हसुर जा होंन को हसुर जा गण को
कुपुली तन गेया को कपजि तन् गेय को
चिलिकबु बोंगय, मरेयबु पौड़ेय।
कसरा कोड़ दो तोरो कोड़ दो
किज केद् गेय दो कुदुम केद् गेय दो
बोंगा दोपे बोंगा इ पौड़ा दोपे पौड़ेय
नवागे गण्डिकि, नवागे बिताल
पुन्डी मेरोग् उरते चपुव तबु दबेपे।
डिंड मा कुड़ी किङ्, जलमय कोड़ किङ्
सिपुदे ककिङ् लेबेद ककिङ्।
गेल बर कोड़ा रे हिसि बर कुड़ी रे
कसरा कोड़ दो तोरो कोड़ दो
बोलो जन् गेय दो, सोड़ो जन् गेय दो
कोड़ा बितराते, कुड़ी अतोमाते
कजि तन गेय दो, जगर तन गेय दो
एमा निद, एमा सिंगि
सिपुदिङ् पे हो चपादिङ् पे हो
एमा निद, एमा सिंगि
होवा जन् गेया दो, पुरवजन गेय दो
डिन्डा कुड़ि किङ् जलगय कोड़ किङ्
नवा चटु दःते, उलि सुड़ सकम्ते
हिरची किः गेय को, तिर्पि किः गेय को
कसरा कोड़ दो तोरो कोड़ दो
नारी होर ते घेरा होर ते
निर उडूड़ लेनाए, सेटेर उड़ङ् लेनए
सोनागे समाडोम् हिरागे बौंरा
लोटा दो, थाड़ी दो, चिपादो डुबादो
सब उड़ङ् केदए, सेटेर उड़ङ् लेनए
निति–मिकि तन् दो, जक जक तन्
लेलकिः गेय को चिनः किः गेया को
रेः जइ गेंय को चिनः किः गेया को।
कसरा कोड़ दो तोरो कोड़ दो
कजि केद् गेय को, बकङ केद् गेय को
आलोपे रेगि, आलोपे रचइङ
अपेदो हग संगि, अपेदो बोय संगि
गेल बेल बर कोड़ा, हिसि वर कुड़ी दो
सोना ते चॉदी ते पेरेय कन गेय को
हीराते रूपाते, तुंसिया कन गेय को
आउ जोम गेया पे, सेटेर जोम् गेय पे।
हसुर जा होन् को हसुर जा गण को
गेल वर कोड़ा रे, हिसि बर कुड़ी रे
निर् बोलो जन को, निर अदेर केद को
कोड़ बारि कोड़ को, बोलो जन् गेया को
कुड़ि बारि कोड़ को, बगे जन् गेया को
कसरा कोड़ दो तोरो कोड़ दो
कजि केद् गेया दो, तोरो कोड़ दो
हे बोंगा जुगुनी मर तलङ् लेल कोम
उकुवकन, दनङ कन् सोबेन को लेल् कोम
बागो जुगुनी लेल् तन गेय दो
नेते हेनेते लेल् तन गेय दो

लेल नम तइ दो, चिना नम् तइ दो
हे बाबू कसरा, हे बाबू तोरो
नै देरङ् नतः रे, नी देरङ् नतः रे
उकुवकन् गेयाए, दनङ कन् गेयाए।
कसरा कोड़ दो तोरो कोड़ दो
सेन् नम् कियाए, सेटेर नम् कियाए।
कजिइय तनए, कुदामइय तनए।
अम् हो हग, अम हो बोय
सोना समड़ोम, हिरा बौंरा
कको ओमम, कको चेदम
अमो बोलो में, सोड़ो जन गेयाए
बोलो जन गेयाए, सोड़ो जन गेयाए
कसरा कोड़ दो तोरो कोड़ दो
सोना दिदि दो, रूपा कौवा दो।
कजियाई तना दो, बंकड़ाई तना दो।
कोतेर उकुवकन, जेता रे दनङ कन
सोबेन् को दञड़ा कोम, जोतो को खोजर कोम्
सोना दिदि दो, रूपा कौवा दो।
दञड़ा तन् गेय दो, खोजर तन् गेय दो
लेल् नम् तइय दो, चिनः नम् तइय दो
हनिय कसरा, हनिय तोरो
जूल पिड़िगिरे अतिरितेः हरूवा कन।
सेन् नम् कियाए, सेटेर नम् कियाए
बोरा रेः सजुकि गड़ रे अतु किः
अतु जन् गेवाए, बुआल जन् गेयए।
कसरा कोड़ दो तोरो कोड़ दो
हसुर जा कुड़ि को, हसुर जा बुड़ि को
कजियको तन दो, तोरो कोड़ दो
मरना सिपुदेपे, मरना लेबेदे पे
सिपुद् जद् गेया को, लेबेद् जद् गेय को।
कोड़ा बितराते, कुड़ी अतोमाते
अयुमोः तन दो, अतेनोः तन दो
एयङ् तन् गेया को, अब तन् गेय को
रः तन गेय को, इयम तन गेया को

हसुर जा कुड़ि को, अयुम् केद गेय.को
हसुर जा कुड़ि को, अतेन् केद गेय को
बोरो तन् गेय को, चिरि तन् गेय को
एलय कसरा एलय तोरो
अलेयः कोड़ को, लेयः हग को
चिको चिक तन् मेरे की रिक तन्
रः तन गेय को, रुम्बुले तन गेय को
अलोपे रस्य, अलीपे रूम्बुले
हग को संगिय, बोय को संगिय
सोना गे समड़ोम, हिरा गे बौंरा
रेपेः तन् गेय को, रचअ तन् गेय को
उड्डुडोः गेय को, सेटेरोः गेय को
मेन्ते दरेङ् होए, कजिय को तन दो
मेन्ते दरेङ् होए, कजिय को तन दो
मेन्ते दरेङ् होए, कुदुम को तना दो
नारी होरा ते, घेरा होरा ते मयोम्
मयोम् गे लिंगि तन्
किरूम् गे सिरिङ् तन्
हसुर जा कुड़ि को, हसुर जा बुड़ि को
रः तन् गेय को, इयम् तन् गेय को
कसरा कोड़ दो, तोरो कोड़ दो
कजि केद् गेय दो गेन् केद् गेय दो
मेरा गे मयोम् मेरा गे किरूम्
संगि हग तेकोवा, संगि बोय तेकोम
पान को जाम् तन् कसैली को नबे तन्
बेःजद् गेया को, थू जद् गेय को
एन गे लिंगि तन्, एन गे परिङि तन्।
दोबा चटु दः ते, हेस सकम् ते
हिरची केदा को तिर्पि केद को
गेल बर कोड़ा, हिसि बर कुड़ी
ओटः केद् गेय को, निःकेद गेय को।
जङ् ते जउगे, मुकुते मुकुगे
लेल् केद् गेय को, चिना केद गेय को
हसुर जा कुड़ि को, हसुर जा बुड़ि को।
रः तन् गेय को, इयम तन् गेय को।
सिङ्बोंगा राजा, दैवी कुंवारी
बारी बिदिया केद, तेरी छयन केद्

तुड़ि सुतम् ते; बदि बयर् ते
सिरर्मा तेए रकब्, तन्, चेतन तेःए सेनोः तन्।
हसुर जा कुड़ि को, हसुर जा बुड़ि को
ती रेको सब् किः कट रेको रचः किः
कजि तन गेय को, अर्जितन् गेय को
अलेयः अपसुल, अलेयः जोपोतोन्
उदुब् तुकालेम, चुण्डुल तुकालेम
मेन्ते देरङ् को, कजिइय तन दो
मेन्ते देरङ् को, बकणै तन दो।
सिङ्बोंगा राजा, दैवी कुवांरी
कजिय को तन दो, बकड़ांको तना दो
कुल् दुतम् केन इ, कुल दरण केन्
कगेपे मनाति, कगेपे बुझाति
अलेगे सिङ्बोंगा अलेगे मरंङ् देवता
मेन्ते पे कजि केद, मेन्ते पे बकण केद्
सिङ्बोंगा राजा, दैवी कुवांरी
रचःगिड़ि जद् को, हुदुम गिड़ि जद् को
गड़ रे ढोरा रे, डोबा रे, इकिर रे
सरना रे, बुरू रे, बिर रे, कन्दर रे
उयुः जन केया को, बटि जन् गेय हो।
बुरू रे उयुः जानिःबुरू बोंग जन दो
इकिर रे उयुः जानिः इकिर बोंग जन दो
डोबारे उयुःजनिः नगे एरा जन दो
सरना रे उयुःजानिः चण्डी बोंगा जन दो।
इन्कु असुल् नङ्, इन्कु जोतोन नङ्
हतु तल रे पांड होनेः दो किः
दिसुम तल रे सोखा होनेःए जोगव किः।
हसुर जा कुड़ि को, हसुर जा बुड़ि को।
कजिय को तन दो, कुदुम को तन दो
कजि पे अयुम् रे, बकण पे अतेन रे
असुलोः गेय पे जोतोनः गेय पे
सिङ्बोंगा राजा, दैवी कुंवारी
तुड़ि सुतम ते, बदि वयर् ते
रकब जन् गेयए, चेतनेन् जन् गेयए

उपल्बा पुखुरी, तड़य बा बन्देल
पेरेः जन गेया को, जड़ङ् जन् गेया दो
गाछेयो, विरिचष्ठ, सुड़ जन् गेय दो।
तसद् जा रूङः ओमान जन् गेय दो।
चरियो पृथी, चरियो कोना
मनोवा होन् को, जीव जन्तु को
चेंणे–मिपुरूद, चैंरयो चुन–गनि
सोबेन् को बुगिन् जन, जोतो को सुकु जन
सोबेन् को उङः तन्, को पाम तन्।
सिङ्बोंगा राजा, दैवी कुंवारी
दिसुम् ताबु दो, बिपति तबु दो
वइ रूड़ के दो, सुगड़ रूड़ केद दो
दुकू तबु दो बिपति तबु दो
सेनोः जन् गेय दो, निर् जन् गेय दो
हिसिंग चेंट सोबेन् बु बगेःका
हग को बोया को निरल् बु तइन क
मेन्ते देरङ् को जपगर तन् दो
मेन्ते देरङ् को कपाजि तन् दो
हे भगवान राजा, हे देवी कुमारी।
देश तुम्हारा दुनिया तुम्हारी है।
यह जो फैला हुआ है, यह जो बिछा हुआ है
पूरब कोने में, पश्चिम कोने में
उत्तर कोने में, दक्खिन कोने म
तुम्हारी ही सृष्टि है, तुम्हारी ही रचना है
....
हे मालिक, हे स्वामी
हम लोगों ने देखा, हम लोगों ने पहिचाना
एकासी मैदान में तेरासी टांड़ में
बारह भाई असुर, और तेरह भाई देवता
फूँक रहे हैं, धौंक रहे हैं।
ऑच लग रही है, धौंके लग रही है।
आकाश में ऑधी है, धरती पर कुहासा
(छा रहा) है।
हम लोग क्या करें ?हमलोग कैसे रहें?

हे सिराविर्यों लाओ, हे सिरासंगा लाओ,
सोने की डुंटी और रूपा की टंइड़ी
चंवरा भंवरा, बांड़िया विसिरी
आग का बीज, और आग का खेती
हम मनाने चलेंगे हम बुझाने जायेंगे।

....

हे भगवान राजा, हे देवी कुमारी।
भगवान ने कहा, भगवान ने बताया–
हे भाई लोकोन लं–पक्षी, हे कजरू वोचो पक्षी,
अपने देष में, अपने दुनिया में
हमें बहुत दुख हो रहा है, हमें बहुत कश्ट
हो रहा है।
एकासी टांड़ में, तेरासी मैदान में
बारह भाई असुर, (और) तेरह भाई देवता
रात दिन फूँक रहे है, रात दिन धौंक रहे हैं।
हमें आंच लग रही है, हम झुलस रहे हैं।
कमल–फूल की पोखरी, कुमुद फूल की बावली
सूख रही है, तप रही है
चलो चलेंगे, चलो उठेंगे
वे चले गये वे उठ गये
छोटे दुरंडा में बड़े दुरंडा में
वे चले गये वे पहुँच गये
रॉची का छोटा पहाड़, रॉची का बड़ा पहाड़
वे जा पहुँचे, वे जा उतरे
हे बाबू क्या यहॉ रखोगे ?
हे दादा यहीं रखेंगे, हे दादा यहीं छोड़ेंगे
पूरब भी देखो, पष्चिम भी देखो
उत्तर भी देखो, दक्खिन भी देखो
तुम्हारा हम सत्कार करेंगे
सब कुछ पूरा करेंगे
यदि काला जीव (लोग) दें तो उसे ले चलो
लाल जीव को दें तो उसे भी ले लो

कवरा को दें कवरा को ले लो
सफेद मुर्गा मुझे दे दो
सफेद बकरा मुझे दे दो
उसने बड़े भाई को रॉची पहाड़ पर छोड़ दिया

....

असुरों के लड़के, असुरों के बच्चे
मानते नहीं है, समझते नहीं है
खसरा लड़के का, तोरो लड़के का
एक हाथ धर लिया, एक हाथ पकड़ लिया
लुटुकुम बूढ़े ने, लुटुकुम बुढ़िया ने
दूसरा हाथ धर लिया, दूसरा हाथ पकड़
लिया
नहीं इसे मत ले जाओ, नहीं इसे मत छीनो
चटाई पर का धान, पत्थर पर का मडुआ
यही देवता है, यही रखवाली करता है
वे इस तरह कह रहे हैं, वे इस तरह बता
रहे हैं
असुरों के लड़कों ने, असुरों के बच्चो ने
कुछ नहीं माना, कुछ नहीं सुना
खसरा लड़के को, तोरो लड़के को
घसीट ले गये, छीन ही ले गये
बारह कोठी, बाईस भट्ठी (जहॉ थी)
वहॉ ले गये, वहॉ पहुँचा दिया
वे बहुत खुष हैं, वे बहुत हँस रहे हैं
असुरों के लड़के, असुरों के बच्चे,
पूछताछ कर रहे हैं, बातचीत कर रहे हैं
इसे कैसे पूंजे ?इसे कैसे बलि दें ।
खसरा लड़के ने, तोरो लड़के ने
उनसे कहा, उनको बताया
मैं एक बात कह लूं, मैं एक बात बोल लूँ
बलि दो दोगे ?पूजा तो करोगे ?

धौंकनी नई हो, फुंकनी नई हो
सफेद कमरे के चमड़े से मढ़ दो
कुँवारी लड़की कुंवारा लड़का
उसे फूँके, उसमें धौंकनी चलावें।
बारह कोठी में, बाईस भट्ठी में
तब वह घुस गया, तब वह समा गया
कोठी के भीतर से, भट्ठी के अन्दर से
वह कहता है, वह बोलता है–
सात दिन फूंको, सात रात धौंको
सात दिन पूरा हुआ सात रात बीत गई।
कुँवारी लड़की कुंवारा लड़का
नये घड़े का पानी ले नये आम के पत्ते से
(कोठी पर) छिड़कने लगे (भट्ठी पर) झिमकने लग
खसरा लड़का, तोरो लड़का
नाली के रास्ते से, घेरे की राह से
दौड़कर निकला, भागकर बाहर आया
सोना का, हीरा का
थाली और लोटा, कटोरा
हाथ में लेकर, साथ में लेकर
बाहर आया, बाहर निकला
चमचमाता हुआ झलमलाता हुआ
दिखाई दे रहा है जान पड़ रहा है
लोग लूट रहे हैं लोग (उससे) छीन रहें है।
खसरा लड़का, तोरो लड़का
कहने लगा, बोलने लगा– मत लूटो, मत छीनो
तुम तो बहुत भाई हो, तुम तो बहुत बंधु हो
बारह कोठी, बाईस भट्ठी
सोना–चाँदी से भरी है हीरा–रूपा से पटी है
जाकर लाओ, समाकर निकालो।
असुरों के लड़के, असुरों के बच्चे
बारह कोठी में, बाईस भट्ठी में
दौड़कर घुस गये, जल्दी से समा गये
सभी पुरुश घुस गये, सभी मर्द समा गये

खसरा लड़का, तोरो लड़का
कहने लगा बताने लगा
हे भगजोगनी जाकर देखो
छिपा लुका सबको देखो
भगजोगनी देखने लगी, इधर उधर देखने लगी
एक को उसने देख लिया, एक को उसने जान लिया।
हे बाबू खसरा, हे बाबू तोरो
वह देखो वहाँ पर, उधर देखो वहाँ पर
(देखो) छिपा हुआ है, (देखो) लुका हुआ है।
खसरा लड़का, तोरो लड़का
चल गया पहुँच गया
कहने लगा बोलने लगा
हे भाई हे बन्धु
सोना–चाँदी, हीरा–रूपा
(वे लोग) तुम्हें नहीं देंगे, तुमको नहीं बाटेंगे
तुम भी घुस जाओ, तुम भी पैठ जाओ
वह भी घुस जाओ, वह भी बैठ जाओ
खसरा लड़का, तोरो लड़का
सुनहले गीध से रूपहले कौवे से
कह रहा है बोल रहा है
(देखो) कोई छिपा तो नहीं है ?कोई लुका तो नहीं है ?
वे खोज रहें हैं वे ढूँढ़ रहे हैं।
उन्होंने देख लिया, उन्होंने जान लिया।
हे खसरा यह देखो, हे तोरो, यह देखो।
चूल्हे के पिण्ड में ढकनी से ढका था।
वह पास चला गया, वह निकट जा पहुँचा।

बोरे में बन्द कर, बोरे में ठूँसकर
नदी में ढाल दिया, नदी में बहा दिया
(तब) वह गया वह डूब गया।
खसरा लड़का, तोरो लड़का
असुरों की युवतियों से असुरों की बुढ़ियों से
कहने लगा, बोलने लगा—
चलो अब धौंको, चलो अब फूंको
वे धौंकने लगी, वे फूंकने लगी
कोठी के भीतर से, भट्ठी के अंदर से,
सुनाई दे रहा है, मालूम हो रहा है
"हाय माँ" कह रहे हैं "हाय बाप" बोल रहे हैं।
असुर युवतियाँ सुन रही हैं, असुर नारियाँ
जान रही हैं।
वे डर रही हैं वे भयभीत हो रही हैं।
हे खसरा ! हे तोरो !!
हमारे आदमियों को, हमारो भाईयों को
तुमने क्या कर दिया, उनको क्या हो गया ?
(कि) वे रो रहे हैं, (कि) वे कलप रहे हैं।
तुम लोग मत रोओ, तुम लोग मत बिलखो
वे लोग बहुत भाई है, वे लोग बहुत बंधु हैं
वे लोग सोना–चाँदी, वे लोग हीरा–रूपा
लूटपाट कर रहें हैं, छीना–झपटी कर रहें हैं।
वे लोग तो निकलेंगे ही, वे तो बाहर आयेंगे ही–
इस तरह कह रहा है, इस तरह समझा रहा है।
नाली के रास्ते से घेरा की राह से
खून बह रहा है, रक्त निकल रहा है
असुरों की स्त्रियाँ, असुरों की बुढ़ियाँ
रो रही हैं कलप रही हैं।
खसरा लड़का तोरो लड़का
कह रहा है बोल रहा है
नहीं यह खून नहीं है, नहीं, यह रक्त नहीं है
वे लोग बहुत भाई हैं, वे लोग बहुत बंधु हैं
वे पान खा रहे हैं वे सुपारी चबा रहे हैं
उसी का थुक है, उसी का पीक है
वही बह रहा है, वही निकल रहा है।
पुराने घड़े का पानी, पीपल के पत्ते से
उसने कोठी पर छिड़का, उसने भट्ठी पर
झिमका
बारह कोठी बाईस भट्ठी
उन्होंने खोली, उन्होंने फोड़ी
उसमें हड्डी भरी थी, उसमें राख भरी थी
उन्होंने देखा उन्होंने जान लिया।
असुरों की स्त्रियाँ, असुरों की नारियाँ
रो रही हैं, बिलख रही हैं।
राजा भगवान ने दैवी कुमारी ने
बारह विद्या कर दी, तेरह लीला दिखाई
सूत से, रस्सी से, आसमान में चढ़ने लगा,
उपर जाने लगा

....

असुर स्त्रियों ने, असुर नारियों ने
पैर को पकड़ लिया, हाथ को पकड़
लिया
उससे वे कह रही हैं, उससे अरजी कर
रही हैं
हम लोग (अब) कैसे जियें ?हम लोग
कैसे पलें ?
उसका उपाय बताओ, उसका उपाय
कहो?
वे इस तरह कह रही हैं, वे इस तरह बोल
रही हैं।
भगवान राजा, दैवी कुमारी
कह रहे हैं बोल रही हैं
हमने दूत भेजा, हमने संदेष पठाया
तुम लोगों ने नहीं माना, तुम लोगों ने
नहीं सुना

तुम लोग बोलने लगे, तुम लोग कहने लगे
हमीं भगवान हैं, हमीं बड़े देवता हैं।
भगवान राजा दैवी कुमारी
खींचकर फेंक रहें है, छुड़ाकर फेंक रहें है
नदी में, नाले में, गड्ढे में, दह में
सरना में, पहाड़ में, जंगल में, तराई में
(वे सब) गिर गई (वे सब) धँस गई।
जो पहाड़ में गिरा वह बुरुबोंगा बना
जो पानी में गिरा वह इकिर बोंगा (जलभूत) बना
जो डोबा में गिरा वह नग–एरा बना
जो सरना में गिरा बह चण्डी बोंगा बना
उन्हीं की पूजा के लिए, उन्हीं की सेवा के लिए
गॉव में पाहन बना, ढोढा में टोला बना।
असुरों की स्त्रियों से, असुरों की नारियों से
कह रहा है, बोल रहा है
यदि तुम बात मानोगी यदि तुम लोग बात सुनोगी
तो जरूर पलोगी, तो जरूर जियोगी।
भगवान राजा दैवी कुमारी
सूते से रस्सी से
उपर को चढ़ गये, उपर को चले गये।

कमल—फूल की पोखरी, कुमुद—फूल की
बावली
पानी से उमड़ गई लबालब भर गई
पेड़—पौधे उग गये, घास—फूॅस बढ़
गये
चारो ओर चारों दिषा में
नर मानव, जीव—जन्तु
पक्षी—पखेरू, कीट पतंग
सभी खुष हुए, सभी खुष हुए।
सभी लोग सोचने लगे, सभी लोग
विचारने लगे।
सिंगबोंगा राजा ने देवी कुमारी ने
हमारे देष को, हमारे दुनिया को
फिर से बना दिया फिर से सिरजा दिया
हमारे सारे दुख हमारे सारे कश्ट
सभी चले गये सभी बीत गये।
सभी—लोग ईर्श्या—डाह छोड़ दें
सभी भाई बन्धु अच्छी तरह रहें।
इस तरह वे कहने लगे

परिशिष्ट–चार

उरांव धर्म–गाथा से
(मूल कुडुख भाषा में)

बारो भाईर असुरर तेरो भाईर
लोधरर, दिन–ना–राईत पन्ना धुकनरः
हंस–राज पंख–राज धरमेस–गही घोड़ो
दाना मल मुखी। अन्तले डिचुआ
मंगरू महतो बरजआ–केरा "अना हरो
भईरो, दिन–न–राइत पन्ना अम्बा
धुका।" अर अनिअर" बारो भाई
असुरम तेरो भाई लोधरम
दिन–न–राइत पन्ना चुकदम; एमिंम्गा
धरमेस इमिम बेलम––

....

अन्तिले धरमेस पन्ना धुकनान बरजआगे
खसरा–खुसरू मनजस, दरा तूसा–दुहरे–नू
उक्किआस। अन्तिले बारो भआई असुरर
तेरो–भाई–लोधरर–गाहि तंग मुक्क बगर
अम्म हो; आ बरचन। खसरा–खुसरू
कुक्कोस आरिन अनियास "चि अएंग अम्म।"

....

आरमझी ओन्टा रन्डी पच्चो
रहचा आदि–गुसन नेचस, "चि
अएंग अम्म।" "अरे बेटा एकतरती
बरचकय ?इसन बारो भाई असुरर
तेरो भाई लोधरर गही नामे–जगरकी
रा'ई, अलारिन पिटनर।" आद्द अम्म चिच्चा

....

"असुरर एड़नर।" "मल कालोन, पिटोर चिओर"
अन्तिले ताम–ताम अनिअर "कला हरो
आसिन धरआ ओन्द्राआ" अन्तले आस मेन्जस
"एन्द्र मन्जा हारो भाइरो ?"आर अनिआर
"पन्ना एम्हाय बगड़रा; हहुंगर–जुंगुर
नन्नर–चिआ"। "एंगन कुठिनु मंखा
निसगर, चिआ, साते उल्ला साते माखा धुकआ
पुना बिसालिनु अम्म ओदोरआः टटखा
डहूड़ा–तुरू छिटकअके। उथपुरी चारि–तुरू
वलिन कोल्के। "खसरा–खुसरूम एकासे
अनियस अन्नेम ननजर। अन्तले सोना अरा
रूपा–तुरू झबराकस उरखास। अर अनिअर
"अना भाई, एकसन, ईबड़न बिद्दकए ?"
"इ' अग कुठिनु बिद्दकन। निम बग्गे
रा' अदर। निम–गा–बग्गे बेद्दोर।" अन्तले
'कोरोओम का ?" "को–राआ", कोरचार होरमार।

....

"धुकआ बचास। धुकचर।
खेआगे होरमर अरमुर्रार। तंगमुख–
बगर मेन्जर, "एन्दर मन्नर बंग ?"
अ कुक्कोस, अनिअस "आर आन्ना–लगनर
मुक्का–खाद्द–गे–बग्गे हो–ओम; अउंगे अरबा–
नखरआ–लगनर।" केच्चार होरमर
सबद् माला खखरीई। "तिम्गआ; मोखरो
बिसालिनु अम्म ओन्द्राआ," खोखंडो डाहुड़न
ओद्राआ दारा छिटका, बलिन कोल्ला।"
अर कुल्लियर। खोचोल हुरहुर्री।"अना
बंग, एन्दर नन्जकए ?"––

....

घोड़ो नु धरमेस अरगिअस कि चल्लरास।
केरारकि मुक्कर झेकचर। "एमागे
जीना–पानी एदआ।" अन्तिले आस अनिअस
कोहन "–निन चाला पच्चो मानके

सन्निदिन, "देसवारी मनके, खूँट मानके
किरो मानके, मखरिन खोखराके,
अर भोग अरगोर निभागे।"

हिन्दी

बारह भाई असुर तेरह भाई
लोधर दिन–रात लोहा धौंकते हैं
हंसराज, पंखराज धरमेस के घोड़े
दाना नहीं खाते हैं। तब कौओ के राजा
मंगरू महतो ने मन किया, कहा "ओ
भाई, दिन–रात लोहा मत
धौंको।" वे बोले "बारह भाई
असुर, तेरह भाई लोधर
दिन–रात लोहा हम धौंकेगे, हम स्वयं
भगवान हैं, हम स्वयं राजा हैं—

....

तब भगवान लोहा धौंकना समाप्त
करने को खसरा बालक हुए और कुआँ जाने के रास्ते पर बैठे
तब बारह भाई असुर
तेरह भाई लोधर की पत्नियाँ
पानी लेने आईं। खसरा
बालक बोला "दो मेरी माँ जल।"

....

जब उनके बीच एक विधवा वृद्धा
थी। उससे भी उसने कहा – "माँ मुझे
जल दो।" "ओ पुत्र कहाँ से
आए हो। यहाँ बारह भाई असुर
तेरह भाई लोधार दुष्ट
हैं। मनुष्य को मार डालते हैं।" उसने पानी दिया

....

"असुर बुलाते हैं।" "नहीं जाउँगा, मार डालेंगे"
तब वे स्वयं–स्वयं बोले "जाओ उसे
पकड़ लो।"तब उसने पूछा–"क्या हुआ ए भाईयों?" उन्होंने
उतर दिया

''हमारा लोहा नहीं (बन रहा है) जादू–टोना
करो। मुझे भट्ठी में डाल दो,
ढक दो, सात दिन सात रात धौंको
'नए घड़े में जल लाओ, आम
की डंठल की पत्ती से जल छिड़को। उस पूरी डंठल से
द्वार खोलना'' खसरा–खुसरू जैसा
कहा वैसा किया गया।

....

तब सोना और
चाँदी से लदा हुआ वह (भट्ठी से) निकला। वे बोले
''ओ भाई, कहाँ से तुमने यह पाया। तुम बहुत से
हो। तुम लोग तो और अधिक पा सकते हो।'' तब''क्या प्रवेश
करें ?'' ''प्रवेश करो।'' तब भट्ठी में प्रवेश कर गए।

....

''धौंको'' कहा (लड़के ने)। (असुर स्त्रियों ने) धौंका
मरते हुए उनके शरीर अंकड़े। उनकी पत्नियों ने
पूछा – ''ओ पुत्र वे लोग क्या कर रहे हैं ?''
उस लड़के ने कहा – ''वे कह रहे हैं
बच्चों पत्नियों के लिए हम और इकट्ठा करेंगे इसलिए
(वे) लड़ रहे हैं।'' वे सब मर गए।
शब्द सुनाई नहीं पड़ रहे हैं। ''खोलो, काला
घड़ा पानी भर लाओ। सिन्दुआर की टहनी।
लाओ। पानी छिड़को। (भट्ठी का) द्वार खोलो
उन्होंने खोला। अस्थियाँ हड़बड़ा कर नीचे गिरीं। ''ओ
पुत्र, तुमने क्या किया ?''

....

घोड़े पर भगवान सवार होकर चलना शुरू किए
कि पत्नियों ने उन्हें रोका ''हमारे
खाने–पीने का क्या होगा ?'' तब उसने कहा
सबसे बड़ी से ''तुम चाला पच्चो होओ।''
छोटियों से ''तुम देसवाली होओ, खूँट होओ,
चिरो होओ, मनुष्य घात लगेंगे
वे तुम्हें भोग (बलि) अर्पित करेंगे।

परिशिष्ट–पाँच

अग्निवर्षा
(उरांव धर्मगाथा से)

(पाहनों, मातियों, सोखाओं एवं पुजारों आदि द्वारा विभिन्न धार्मिक कृत्यों के बीच जन–जाति के उद्भव से सम्बन्धित यह धर्मगाथा गाई जाती है। दण्डा–कट्ठा या भेलवाफरी पूजा के समय इस धर्मगाथा तथा असुर अवदान के गीतों का गाया जाना एक प्रथा बन चुकी है।)

इन्ना मुन्धुन्ता पुरखरगाही काहिनी–कथ्था (खीरी)
तेंगा–लगदन बेलातपुर त बेलस अरा राक्षस गही)
(आज पूर्वजों की मूल कहानी
मैं कह रहा हूँ बेलातपुर के राजा एवं राक्षस की)

राक्षस प्रत्येक आदमी को जो सैका चावल सहित जाता था, निगल जाता था। एक दिन विधवा बुढ़िया के पुत्र की बारी आई। बुढ़िया ने रोकर उसे मना किया। पर उसने 12 मन की तलवार उठाई, तेरह मन का भाला लिया। छकड़े को चावल से भरा और जब चला तो राक्षस को तीस कोस दूर से बैलगाड़ी की घण्टी की भयानक आवाज सुनाई पड़ने लगी। तब भयभीत राक्षस को लड़के ने कहा मुँह खोलो और मुझे भी खाओ। तब लड़के ने उसके मुँह में भाला ठूँस दिया तथा तलवार की वार से राक्षस को मार डाला। अब लड़के (धरमेस) ने सोचा कि जब राक्षस का शव सड़ेगा तब मनुष्य खाना–पीना नहीं कर सकेंगे। अतः (पाप के प्रतीक) राक्षस के शव को अग्निवर्षा करके नष्ट कर देना चाहिए।

"धोकेचस कि राक्षस राजिनु गैमकारोस
होले मनुखार–गे मान्डी, अम्म माला, सुहोओ।

....
धरमेस चिच–चेप टिड़आ केरस।"

पार्वती ने अपने पति (धरमेस) से कहा– छोटे कटोरे से अग्नि बरसाओ (पार्वती दयालू थी और नहीं चाहती थीं कि अधिक अग्निवर्षा से सृष्टि का विनाश हो)। तब धरमेस ने हलुमान से कहा– भतीजे ! मेरे साथ रहना। जब मैं अग्निवर्षा करूँ, ढोल पीटना जिससे लोग सतर्क होकर अपनी सुरक्षा करें। किन्तु धरमेस ने पीतल

की थाली भर कर आग बरसा दी और हलुमान (हनुमान) तेला–केंद फल खाने में मग्न रहे। ढोल पीटना भूल गये। तब भयंकर आग लगी। सभी देश, वनस्पति, प्राणि भष्म हो गए। किन्तु पार्वती ने एक नर एवम् एक नारी (भाई–बहन) को गंगला झाड़ियों के बीच, जिसे 'सिरा–सीता' कहा जाता है, केकड़े के बिल में छुपा दिया –

.... पार्वती
भय्या–बहिनिन नुड़ा सिरा–सीता
नाले–नु–गंगला–वैद्य ककड़ो लातानु।

और उन्हें मसूर की आधा दाल खाने को दिया। वे इस पर सात दिन और सात रात जीवित रहे। तब धरमेस ने पार्वती से कहा– मैं भूख से मर रहा हूँ। (क्योंकि कोई प्रसाद चढ़ाने वाला नहीं था और प्रसाद के चढ़ावे से ही देवताओं का भोजन होता है) पार्वती ने कहा– मैंने तुमसे थोड़ी अग्निवर्षा की प्रार्थना की थी किन्तु तुमने अधिक अग्निवर्षा की। अब आदमी कहॉ मिलेंगे (जो प्रसाद का चढ़ावा चढ़ाते)। तब धरमेस ने पार्वती से प्रार्थना की। तब पार्वती ने बताया – दो प्राणी गंगला वैद्य में छिपे हैं। सोने की छड़ी लेकर धरमेस चील्ह कोही (एक पक्षी) कुत्ते, लिलि, भूलि और खैरी के साथ 'भैया–बहिन' को ढूँढने निकले। तब कुत्तों ने सूंघकर गंगला झाड़ी के बीच केकड़े के बिल के पास भूंकना शुरू किया। धरमेस ने नर–नारी युग्म को पा लिया––

खने धरमेस मनुखारिन विदिअस, कि
ओच्चास; "बिपृष्ठन पार्वती" बाचास।

और धरमेस ने उन्हें हल दिया, बीज दिया, उनके लिए दिन–रात बनाए। चावल की खेती के जब एक ओर टिड्डियों ने, दूसरी ओर चूहे ने हानि पहुँचानी शुरू की तब धरमेस ने इस भैया–बहिन युग्म से कहा कि कृषि की रक्षा के लिए दण्डा–कट्टा या भेलवाफारी पूजा करो तो यह हानि नहीं होगी, इससे नजर–गुजर से रक्षा होगी। तब धरमेस ने भाई–बहन के बीच एक धींगरा रख दिया और कहा कि ओ मेरे पौत्र जब तुम इस लकड़ी के लट्ठे को पार कर उस तरफ जाकर सोओगे तो मानव जाति बढ़ेगी––

––––––––––––––अन्नुम अनि अस
"धिगरन मझिनु अटा। इजगो नत्तिस–(नाती)
चु तोस; धिंगरन कटके कि
काल्के होले, आलर बढ़रेओर।"

इस प्रकार प्रथम 'भैया–बहिन' से उरांव जाति का विस्तार हुआ।

परिशिष्ट–छः

इसुंग–सिन्दरी
(उरांव लोककथा)

(विवाह का सबसे महत्वपूर्ण धार्मिक कृत्य वधू को सिन्दूर से टीकना है। मात्र इस क्रिया से ही स्त्री सिन्दूर लगाने वाले की पत्नी हो जाती है। उरांव लोककथा में इसुंग–सिन्दरी का महत्व दर्शाया गया है।)

चार मित्र नौकरी की तलाश में घर से परदेश के लिए प्रस्थान किये। यात्रा के क्रम में एक रात उन्हें घने जंगल में बितानी पड़ी। वे एक आम के वृक्ष के नीचे सोये। तीन सोता था और एक को पहरेदारी पर जागना पड़ता था। पहला मित्र जो पहरेदारी कर रहा था, काठ पर नक्काशी करने में अत्यन्त कुशल था। उसकी दृष्टि पेड़ की एक टूटी शाख पर पड़ी। उसने छेनी से उसमें एक सुन्दर स्त्री की आकृति गढ़ दी। अब दूसरे मित्र की पहरेदारी का समय हुआ। वह सोनार था। उसकी दृष्टि जब नारी की आकृति पर गई तो उसने गढ़ कर गहनों से उसे अलंकृत कर दिया। अब तीसरे मित्र की पहरेदारी का समय आया। वह जुलाहा था। जब उसकी दृष्टि इस नारी आकृति पर पड़ी तो उसने उसे साड़ी पहनाकर विभूषित किया। अन्तिम और चौथा मित्र सिन्दूर का व्यापारी था। जब अन्य साथी सो गए तो पहरेदारी करते समय उसकी दृष्टि इस नारी आकृति पर पड़ी। उसने सिन्दूर लेकर उस आकृति की मांग टीक दी। मांग टीकते ही वह आकृति सजीव नारी के रूप में बदल गयी। यह देखकर चारों मित्र उसपर अपना अलग–अलग अधिकार जताने लगे तथा उनके बीच संघर्ष की स्थिति आ गई।

इसी समय वहाँ एक ऋषि का आगमन हुआ। चारों मित्रों ने अपना पक्ष ऋषि के सम्मुख रखा और उनसे न्याय करने का आग्रह किया। ऋषि ने इस प्रकार निर्णय दिया—

–जिस व्यक्ति ने उसकी आकृति गढ़ी वह उस कन्या का पिता है।

–जिस व्यक्ति ने साड़ी पहनायी वह उस कन्या का भाई है।

–जिस व्यक्ति ने गहना पहनाया वह उस कन्या का मामा है।

–जिस व्यक्ति ने मांग में सिन्दूर टीका वह उस कन्या का पति है।

ग्रंथ–सूची

आर्चर, डब्लू.जी.	लील खो–रआ खेखेल विधापति प्रेस, लहेरिया सराय, बिहार।
अहमद, जे,	बिहार के आदिवासी मोतीलाल बनारसी दास, दिल्ली (1957)
शर्मा एवं विक्रम	छोटानागपुर का भूगोल, राजेश पब्लिकेशन्स, नई दिल्ली, 1999.
त्रिगुणायत जगदीश	मुण्डा लोक कथाएँ बिहार राष्ट्रभाषा परिषद, पटना (1968)
त्रिगुणायत जगदीश	बन–देवता शिक्षक सहयोग भण्डार, रॉची
मुण्डा, दुलाल, चन्द्र	सुड़ा–सेंगेन कल्याण विभाग, बिहार सरकार, पटना, 1967
विद्यार्थी ललिता प्रसाद	बिहार के आदिवासी कॉलेज सेन्टर, पटना (1960)
Aquique MD:	Social History of Ancient India, Abhinav Pub. Houz Khas, New Delhi (1978)
Bage, Marsallan:	Phanamenolic der Munda-Religion. Berlin (1960)
Bhattacharya,s.	Studies in Comparative Munda Linquistics Indian Institute of Advance Studies Simla (1975)
Bhattacharya,s.	Some Munda Etymologies in N.H. Zide. Studies in Comparative Austro-Asiatic Linquistics Mouton (1966)
Bhattacharya,s.	Some More Munda Etymologies Prestidanam, MOUTON (1969)
Banerjee, G.C.	Introduction to Kharia Language Bengal Secretariate Press, Calcutta (1894)

Boniface Tirkey	The Smiling Uraon Navjyoti Niketan, Patna, 1989.
Burrow, T.	The Sanskrit Language, London (1955)
Bailey, F.G.	Tribe Caste and Nation, Oxford University Press in India (1960)
Bose, N.K.	Cultural Anthropology, Asia Publishing House, Bombay -1961.
Campion, Edmund	My Oraon Culture, Catholic Press, Ranchi
Cassirer	The Philosophy of Symbolic Forms Vol. II Mythical Thought, Yale University Press, London (1965)
Campbell Gorge	Specimens of Language in India Including those of the Aboriginal Tribes of Bengal, Central Provinces and the Eastern Frontier Bengal Secretariate Press, Calcutta (1874)
Cardon, L.	The Kharias and Their Customs Lonvarin, Belgium (1903)
Chatterji, A.N. & T. Das	The Notes of Saraikela Calcutta (1928)
Dalton, E.T.	Descriptive Ethnology of Bengal Govt. Press, Calcutta (1872)
Dani, A.H.	Pre-History and Proto-History of Eastern India Calcutta (1960)
Dasgupta, D.	Linguistic Studies in Juang, Kharia. Thar Lodha and Mal-Paharia Ghatwali Pahariya (1778)
Dhan, Rekha'o	These are my Tribesmen,- The Oraons, GEL Church Press, Ranchi,1967
Das, A.K.	Impact of Tea Industry on the Life of the Tribals of West Bengal Central Research Institute, Calcutta-1964
Dalton, E.T.	Tribal History of Eastern India Cosmos Publications, Delhi-1973
Desa. F.	Crisis in Chotanagpur A Redemptive Publication, Banglore (1975)
Eickstedi, E.Von	Die sore in Anthropologicher Anzeiqer, Stuttgart -1928.

Elvin Verrier	The Murie and Their Ghotul Oxford University Press, Calcutta-1943
Exam, A Van (SJ)	The Religions System of the Munda Tribes, Hans Volker and Kulturen, D-5205, ST. Augastin (1982)
Evans Pritcharo	New Religion. Clarendon Press, London,Oxford (1956)
Evans Pritcharo	Theories of Primtive Religion. Clarendon Press, Oxford (1865)
Fuch S (Stephen)	The Origin of Man and His Culture Asia Publishing House, Bombay (1963)
Fuchs Stephen	The Aboriginal Tribes of India The Royal Asiatic Society of Bengal Calcutta (1946)
Griffiths W.G.	The Kol Tribes of Central India The Royal Asiatic Society of Bengal Calcutta (1946)
Guha, B.S.	Racial Elements in Indian Population. Oxford Pamphlets on Indian Affairs, Oxford,1944
Ghurey G.S.	The Scheduled Tribes. Popular Book Depo. Bombay (1959)
Ghurey G.S.	The Aborigines—"So Called" and Their Future, Gokhale Institute of Pol. & Eco. Poona.
Hahn. F	Oraon Folk-Lore. Govt. Press, Patna (1931)
Gopal Lallanjee	Economic History of Northern India New Delhi (1969)
Hodgson, B.H.	Essaye Relating to Indian Subjects. Calcutta (1974)
Hoffmann, John S.J.	Encyclopaedia Mundarica 15 Vols. Govt. Press Bihar, Patna (1950-74)
Hunter W.W.	The Annals of Rural Bengal New York (1868)
Huton J.H.	Caste in India Bombay (1957)
Jha, J.C.	The Tribal Revolt of Chotanagpur (1831- 1832) Patna, Reprint, 1987.

Mishra A.K.	Economic History of India, Patna (1986)
Mishra P.K.	Religion in Puranas, Camec Pub., New Delhi (1989)
Mishra Y.K.	Religion in Bihar, Gaya (1977)
Know, Sten.	On Some Facts connected with the Tibeto-Burman Dialect spoken in Kanawar ZDMG. Vol. 59 Leipzig (1905)
Minz, N. (Ed)	Tribal Awakening Christian Literature Society Madras (1965)
Mahato. S.	Hundred Years of Christian Missionaties in Chotanagpur, G.E.L. Church Press, Ranchi (1972)
Mazumdar D.N.	Races and Cultures of India. Universal Publishes Ltd. Lucknow (1944)
Mazumdar D.M.	Himalayan Polyandry. Asia Publishing House Bombay (1962)
Mazumdar R.C.	Acient India. Motilal Banarsi Das, New Delhi (1982)
Orea Mennas Ram	Singubonga or, o, Eta, Eta Bongako Berlin (1975)
Patnayak J.	Social History of Ancient India Bhubneshwar (1979)
Prasad Dineshwar	Poetry Hoffmann on Mundari Jyoti, Ranchi-1979.
Prasad N.	Land and People of Tribal Bihar. Bihar Tribal Research Institute, Ranchi (1961)
Przyluski J.	Les Langues de Modde 4 Vols. 2nd Ed., Paris (1953)
Ponette P. Ed	The Munda World. Catholic Press, Ranchi (1978)
Purti P.N.J.	Kursinama oro Kiliko. Adivasi Sahitya Prachar Samiti Jamshedpur (1972)
Rosner Victor	The Flying Horse of Dharmes Satya Bharti Publicatives, Ranchi-1982.
Raghavaiah, V.	Tribal Revolts. Andhara Rastra Adimjati Sevak Sangh Netter (A.P.) (1971)

Roy Choudhary P.C.	Chhau Dance in Inside Bihar. Bookland Pvt. Ltd., Calcutta (1962)
Roy S.C.	The Mundas and Their Country Man in India, Ranchi, Reprint, 1995.
Roy S.C.	The Oraon of Chotanagpur Ranchi, Reprint, 1984.
Roy S.C.	Oraon Religion and Customs Calcutta, Reprint, 1972.
Risley, H.H.	The Tribes and castes of Bengal Secretariate Press, Calcutta (1891)
Risley, H.H.	The People of India, Calcutta (1915)
Sharma P. Dash	The passing Scene in Chotanagpur Maitryee Publications, Ranchi (1980)
Sachachidand	Profiles to Tribal Culture in Bihar Calcutta (1965)
Sarjorious J.	Migration in Chotanagpur Centre for International Studies MIT Massachusctts (1972)
Sebeok T.A.	An Examination of The Austro-Asiatic Language Family in Language, Baltimore (1942)
Sarkar S.S.	The Aboriginal Races of India, Calcutta (1915)
Schmiot W.	Dic Man-Khmar Voelker. Ain Bindeg licd Zwischen Voelkern Zentral asiens and astrenesians Braunscweig Calcutta (1906)
Sachachidand	Birsa: An Adivasi Fighter for Freedom
Sachachidand	The Tribal Villages of Bihar Manshi Ram Manohar Lal, Delhi (1968)
Srinivas M.N.	Religion and Society Among the Coorgs of South India. Clarendon Press, Oxford (1952)
Srivastava S.C.	The Thorns; A Study in Culture Dynamics. Agra University, Agra (1958)

Singh K.S.	Colonial Transformation of The Tribal Society in Middle India. Govt. of India, Ministry of Home Affairs, New Delhi (1978)
Singh Rajeshwar	Buddhism in Ancient Bihar, New Delhi (1979)
Vidyarth L.P.	Cultural Customs of Tribal Bihar. Punthi Pustak, Culcutta (1964)
Sinha & Chattopadhya	Chotanagpur Tenancy Act 1908 Rajpal & Co., New Delhi (1983)
Vidyarth L.P.	Cultural Configuration of Ranchi. Punthi Pustak-Calcutta (1969)
Vidyarth L.P.	Study of an Emerging Industrial City of Tribal India J.N. Basudeo & Co. Calcutta (1960-62)
Vidyarth L.P. & Shay K.N.	The Dynamics of Tribal Leadership in Bihar. Kitab Mahal, Allahabad Calcutta (1976)
Side, N.H.	Munda and Non-Munda; Austro Asiatic Languages Current Trends in Linguistics 4. Mounton Calcutta (1968)
Tirkey Boniface	The Smiling Oraon, NarJyoti Niketan Patna, 1989.
Tete, P.	A Missionary Social Worker in India, J.B. Hoffmann Sany Bharti, Ranchi 2nd Ed. 1986.

गजट, रिपोर्ट एवम् पत्र–पत्रिकाएँ

Kumar. N. (Editor)	1970	District Gazetteers Ranchi Gazetteers Branch Revenue Dept. Govt. of Bihar Patna
Roy Chaudhury, P.C. Editor	1957	District Gazetteers Hazaribagh, Suptt. Secretariate Press Govt. of Bihar, Patna
Roy Chaudhury, P.C. Editor	1961	District Gazetteers Palamau Govt. of Bihar, Patna
Roy Chaudhury, P.C. Editor	1966	District Gazetteers Shahabad Govt. of Bihar, Patna
Roy Chaudhury, P.C. Editor	1964	District Gazetteers Dhanbad, Govt. of Bihar, Patna
Roy Chaudhury, P.C. Editor	1958	District Gazetteers Singhbhum Govt. of Bihar, Patna
Malley , O.L.SS	1938	District Gazetteers Santhal Pargana, Govt. of Bihar.
Malley, O.L.SS	1999	2nd Indian Reprint New Delhi.
Davidson. J.	1931	Davidson's Report (1839) J B O R C.
Prasad. S.D.	1961	Census of India 1961 Bihar Part IX Suptt. Census Operations Bihar Patna.
Vidhyarthi L.P.	1961	Ghaghra: A Village in Chotanagpur (Census A Case Study India 1961, Monograph Series). Registrar General India, New Delhi.
Elvin Verrier	1943	The Aboriginals Oxford's Pamphlets on India Affairs.
Singh, S.	1972	Tribal Situation in India Proceedings of a Seminar (1972) India Institute of Advance Studies, Shimla.

Dalton, E.T.	1866	The Kols of Chotanagpur J A S B (35/2)
Ball. V.	1868	Notes of the Kherrias, an Aboriginal Race living in the Hill Tracte of Manbhum proceedings of the ASB.
Risley, H.H.	1877	In Statistical Account of Bengal Vol. II (Lohardaga). Vol. 17 (Manbhum).
Driver, W.H.P.	1888	Notes on some Kolarian Tribes JASB 57 (I)
Roberstson, B.	1993	Census of India 1891 Vol. XI Part I Report on Kharias, Korwas, Mandas, Rautias, Oraons and Santhals.
Bhattacharya S.	1970	Kinship Terms in Munda Languages Anthropos, 65.
ललिता प्रसाद विधार्थी	जनवरी 1950	उरांव लोक साहित्य को पृष्ठ भूमि अवन्तिका में प्रकाशित
सुश्री मनोरमा सिन्हा	अप्रैल 1959	आदिम जातियों में विवाह प्रथा आजकल, दिल्ली
डोमन साहु समीर	वैशाख 2010	संथाली लोकगीतों में दामपत्य जीवन, जनपद, दिल्ली
डोमन साहु समीर	कार्तिक 2010	संथाली में ईश्वर तथा जीवात्मा संबंधी मान्यता जनपथ, नई दिल्ली
कल्पतरु	5 मई 1950	उरांव गीत धर्मयुग, बम्बई
आशुतोष	मार्च 1949	उरांव जाति का धर्म और उनके देवी देवता, बिहार पटना
कृष्णादेव नारायण	जुलाई 1947	कुडुख और उनका खद्दी पर्व, विशाल भारत
जगदीश त्रिगुणायत	जून 1950	मुण्डा आंर उनकी भाषा सम्मेलन पत्रिका, पटना